LICITAÇÕES e CONTRATOS ADMINISTRATIVOS
Teoria e Prática

O GEN | Grupo Editorial Nacional – maior plataforma editorial brasileira no segmento científico, técnico e profissional – publica conteúdos nas áreas de concursos, ciências jurídicas, humanas, exatas, da saúde e sociais aplicadas, além de prover serviços direcionados à educação continuada.

As editoras que integram o GEN, das mais respeitadas no mercado editorial, construíram catálogos inigualáveis, com obras decisivas para a formação acadêmica e o aperfeiçoamento de várias gerações de profissionais e estudantes, tendo se tornado sinônimo de qualidade e seriedade.

A missão do GEN e dos núcleos de conteúdo que o compõem é prover a melhor informação científica e distribuí-la de maneira flexível e conveniente, a preços justos, gerando benefícios e servindo a autores, docentes, livreiros, funcionários, colaboradores e acionistas.

Nosso comportamento ético incondicional e nossa responsabilidade social e ambiental são reforçados pela natureza educacional de nossa atividade e dão sustentabilidade ao crescimento contínuo e à rentabilidade do grupo.

RAFAEL CARVALHO REZENDE OLIVEIRA

LICITAÇÕES e CONTRATOS ADMINISTRATIVOS
Teoria e Prática

14.ª edição revista, atualizada e ampliada

- O autor deste livro e a editora empenharam seus melhores esforços para assegurar que as informações e os procedimentos apresentados no texto estejam em acordo com os padrões aceitos à época da publicação, e todos os dados foram atualizados pelo autor até a data de fechamento do livro. Entretanto, tendo em conta a evolução das ciências, as atualizações legislativas, as mudanças regulamentares governamentais e o constante fluxo de novas informações sobre os temas que constam do livro, recomendamos enfaticamente que os leitores consultem sempre outras fontes fidedignas, de modo a se certificarem de que as informações contidas no texto estão corretas e de que não houve alterações nas recomendações ou na legislação regulamentadora.

- Fechamento desta edição: *02.01.2025*

- O autor e a editora se empenharam para citar adequadamente e dar o devido crédito a todos os detentores de direitos autorais de qualquer material utilizado neste livro, dispondo-se a possíveis acertos posteriores caso, inadvertida e involuntariamente, a identificação de algum deles tenha sido omitida.

- Direitos exclusivos para a língua portuguesa
  Copyright © 2025 *by* **Editora Forense Ltda.**
  Publicada pelo selo **Método**
  Uma editora integrante do GEN | Grupo Editorial Nacional
  Travessa do Ouvidor, 11
  Rio de Janeiro – RJ – 20040-040
  www.grupogen.com.br

- **Atendimento ao cliente: (11) 5080-0751 | faleconosco@grupogen.com.br**

- Reservados todos os direitos. É proibida a duplicação ou reprodução deste volume, no todo ou em parte, em quaisquer formas ou por quaisquer meios (eletrônico, mecânico, gravação, fotocópia, distribuição pela Internet ou outros), sem permissão, por escrito, da Editora Forense Ltda.

- Capa: Fabricio Vale

CIP-BRASIL. CATALOGAÇÃO NA PUBLICAÇÃO
SINDICATO NACIONAL DOS EDITORES DE LIVROS, RJ

O51L
14. ed.

    Oliveira, Rafael Carvalho Rezende
    Licitações e contratos administrativos : teoria e prática / Rafael Carvalho Rezende Oliveira. - 14. ed., rev., atual. e ampl. - [2. Reimp.] - Rio de Janeiro : Forense, 2025.
    448 p. ; 24 cm.

    Inclui bibliografia
    ISBN 978-85-3099-610-9

    1. Direito administrativo - Brasil. 2. Licitação pública - Legislação - Brasil. 3. Contratos administrativos - Brasil. 4. Serviço público - Brasil - Concursos. I. Título.

24-95552   CDU: 342.9(81)

Meri Gleice Rodrigues de Souza - Bibliotecária - CRB-7/6439

SOBRE O AUTOR

Visiting Foreign Scholar pela *Fordham University School of Law* (New York). Pós-Doutor em Direito pela Universidade do Estado do Rio de Janeiro (UERJ). Doutor em Direito pela UVA/RJ. Mestre em Teoria do Estado e Direito Constitucional pela PUC/RJ. Especialista em Direito do Estado pela UERJ.

Professor titular de Direito Administrativo do IBMEC. Professor do programa de pós-graduação *stricto sensu* em Direito – mestrado e doutorado do PPGD/UVA. Professor do Mestrado Acadêmico em Direito da Universidade Candido Mendes. Professor de Direito Administrativo da EMERJ.

Membro do Instituto de Direito Administrativo do Estado do Rio de Janeiro – IDAERJ.

Presidente do Conselho editorial interno da *Revista Brasileira de Alternative Dispute Resolution – RBADR*.

Procurador do Município do Rio de Janeiro. Ex-Defensor Público federal. Advogado, árbitro e consultor jurídico. Sócio fundador do escritório Rafael Oliveira Advogados Associados.

- 🌐: www.professorrafaeloliveira.com.br
  www.roaa.adv.br
- 🇫 @ProfessorRafaelOliveira
- ✖ @RafaelDirAdm
- 📷 @professorrafaeloliveira
- 💼 @professorrafaeloliveira
- ▶ @RafaelOliveira

AGRADECIMENTOS

A elaboração desta nova obra contou com o apoio e o incentivo de familiares, amigos e colegas de trabalho. Nada mais justo do que expressar aqui a minha gratidão a todos aqueles que, de alguma forma, contribuíram para a finalização do livro.

Inicialmente, agradeço aos meus pais, Celso Rezende Oliveira e Cleonice Carvalho Rezende Oliveira (Dúria), pelo amor inabalável.

À minha mulher, Alessandra Simões Bordeaux Oliveira, paixão da minha vida, sempre companheira, que nunca deixou de me incentivar na vida pessoal e profissional. O nosso amor é o segredo da nossa felicidade.

Aos meus filhos, Lucca Bordeaux Oliveira e Isabela Bordeaux Oliveira, paixões da minha vida, que me mostraram o que é o amor incondicional.

Não posso deixar de registrar, também, a importância da minha sobrinha, Karina de Oliveira Lomba, e da minha irmã, Renata Carvalho Rezende Oliveira, no caminho até a finalização deste trabalho. O amor suaviza qualquer desafio.

Registro, ainda, a minha eterna gratidão ao saudoso amigo e professor Marcos Juruena Villela Souto, que sempre apoiou a minha evolução acadêmica e pessoal.

Fico extremamente feliz e honrado com o prefácio do professor José dos Santos Carvalho Filho, referência nacional do Direito Administrativo e amigo admirável.

Aos meus alunos e leitores, o meu agradecimento especial pela ampla aceitação da obra.

Por fim, agradeço a Deus por iluminar a minha trajetória pessoal e profissional.

NOTA À 14.ª EDIÇÃO

A 14.ª edição do livro *Licitações e contratos administrativos* foi atualizada e ampliada com as seguintes novidades:

a) novos tópicos: a.1) controle prévio de legalidade pela assessoria jurídica; a.2) contratações públicas no estado de calamidade pública e a Lei 14.981/2024; e a.3) Lei Geral de Proteção de Dados Pessoais (LGPD) e contratações públicas;

b) atualização doutrinária e jurisprudencial, com menção às recentes decisões proferidas pelo STF e STJ;

c) referências às principais decisões e *informativos* do TCU;

d) inclusão de pareceres e orientações normativas da AGU;

e) atualização legislativa, com destaque para os seguintes diplomas normativos: e.1) Lei 14.903/2024 (Marco regulatório do fomento à cultura): estabelece o marco regulatório do fomento à cultura, no âmbito da administração pública da União, dos Estados, do DF e dos Municípios; e.2) Lei 14.981/2024: dispõe sobre medidas excepcionais para a aquisição de bens e a contratação de obras e de serviços, inclusive de engenharia, destinados ao enfrentamento de impactos decorrentes de estado de calamidade pública, entre outras medidas; e.3) Decreto 12.304/2024: regulamenta o art. 25, § 4º, o art. 60, IV, e o art. 163, parágrafo único, da Lei 14.133/2021, para dispor sobre os parâmetros e a avaliação dos programas de integridade, nas hipóteses de contratação de obras, serviços e fornecimentos de grande vulto, de desempate de propostas e de reabilitação de licitante ou contratado, no âmbito da administração pública federal direta, autárquica e fundacional; e.4) Decreto 12.218/2024: altera o Decreto 11.890/2024, que regulamenta o art. 26 da Lei 14.133/2021, para dispor sobre a aplicação da margem de preferência no âmbito da administração pública federal direta, autárquica e fundacional, e institui a Comissão Interministerial de Contratações Públicas para o Desenvolvimento Sustentável, entre outras medidas; e.5) Decreto 12.174/2024: dispõe sobre as garantias trabalhistas a serem observadas na execução dos contratos administrativos no âmbito da administração pública federal direta, autárquica e fundacional;

e.6) Instrução Normativa SEGES/MGI 79/2024: altera a Instrução Normativa 73/2022 para prever a hipótese de sorteio, bem como para atualizar porcentuais máximos para convocação de licitantes nas modalidades aberto/fechado e fechado/aberto quando for prevista a aplicação de margens de preferência.

Dedico a 14.ª edição aos amores da minha vida: minha mulher, Alessandra Simões Bordeaux Oliveira, e nossos filhos, Lucca Bordeaux Oliveira e Isabela Bordeaux Oliveira.

Boa leitura!

Janeiro de 2025.

O Autor

APRESENTAÇÃO

Este livro pretende abordar de maneira didática e aprofundada os principais temas relacionados às licitações e aos contratos administrativos.

A intenção é apresentar ao leitor um verdadeiro manual de licitações e contratos administrativos que concilia a teoria e a prática, representando um importante instrumento de consulta no dia a dia daqueles que se relacionam com o Estado, bem como dos estudantes em geral.

Com linguagem clara e objetiva, o texto apresenta as principais polêmicas sobre as licitações e os contratos administrativos, as respectivas opiniões doutrinárias e o entendimento jurisprudencial dos tribunais superiores, sempre acompanhados da opinião fundamentada do autor.

Em consequência, o leitor tem a possibilidade de conhecer e compreender os principais argumentos suscitados em importantes debates doutrinários e jurisprudenciais, formando o seu próprio juízo de valor.

Outra característica importante da obra é a menção dos principais entendimentos consagrados no Tribunal de Contas da União, órgão de extrema relevância na fixação de interpretações e diretrizes sobre o tema. As principais decisões do TCU, noticiadas nos *Informativos de Jurisprudência sobre Licitações e Contratos*, são indicadas ao longo do livro.

A jurisprudência do STF e do STJ, inclusive com menção dos respectivos informativos, também é apresentada com o objetivo de demonstrar a interpretação que vem sendo adotada nos tribunais superiores sobre temas polêmicos.

O público-alvo da obra são os Procuradores, Ministros, conselheiros e demais agentes dos Tribunais de Contas, agentes integrantes dos órgãos de controle interno do Estado, Juízes, Promotores de Justiça, advogados, estudantes, especialmente aqueles que buscam aprovação em concursos públicos, e todos os estudiosos do Direito Administrativo.

O livro é dividido em três capítulos.

No Capítulo 1, o texto apresenta uma visão geral e profunda das licitações.

Em seguida, no Capítulo 2, os contratos administrativos são objeto de análise detalhada, permitindo a compreensão dos seus conceitos, características e regime jurídico.

Por fim, no Capítulo 3, são destacados temas especiais e atuais sobre as licitações e contratos administrativos, tais como: a função regulatória das licitações e contratações públicas; a "teoria dos leilões"; cooperativas nas licitações; microempresas e empresas de pequeno porte e o tratamento diferenciado nas licitações; a participação de consórcios empresariais nas licitações; concessões comuns e Parcerias Público-Privadas (PPPs); licitações e contratos nas empresas estatais; consórcios públicos; parcerias com as entidades do Terceiro Setor; convênios administrativos, convênios de natureza financeira, contratos de repasse, acordos de cooperação técnica e acordos de adesão; licitações inclusivas e os impactos do Estatuto da Pessoa com Deficiência nas contratações públicas; licitações e contratações de soluções inovadoras pela Administração Pública na LC 182/2021; e programas de integridade (*compliance*) nas contratações públicas.

O Autor

PREFÁCIO

A história da evolução jurídica aponta para a certeza de que nem sempre as instituições administrativas apresentaram o desenho que as simboliza na modernidade.

Sem dúvida, contudo, essas instituições passaram a ter essência de tal dimensão, que assumiram a condição de instituições autônomas diante do Estado.

Várias são as razões oferecidas pelos estudiosos. Uma delas, porém, nos parece inarredável: o intervencionismo estatal na vida econômica e social. Na visão de CHARLES DEBBASCH, "le pouvoir politique détient toujours dans ces domaines le droit de décision".[1]

Do expressivo intervencionismo estatal nas relações jurídicas vieram a lume, entre outros institutos, as licitações públicas e os contratos administrativos. Ambos permeiam atualmente a Constituição em forma de princípio: contratos celebrados pela Administração reclamam, como regra, a realização do processo seletivo licitatório (art. 37, XXI, da CF).

Nesse viés, sempre é de boa lembrança reafirmar os dogmas tão bem difundidos por HELY LOPES MEIRELLES: "A licitação é o antecedente necessário do contrato administrativo; o contrato é o consequente lógico da licitação".[2]

Pois foram exatamente esses os temas que constituíram o foco deste excelente estudo do Prof. RAFAEL CARVALHO REZENDE OLIVEIRA.

Tive o prazer de fazer a leitura da obra e, de plano, identifiquei a sistemática própria do professor militante: a organização dos temas e a preocupação com o leitor, oferecendo exposição dotada de clareza e permitindo o exame dos tópicos em sequência lógica – elemento facilitador da compreensão.

O trabalho foi dividido em quatro pilares de sustentação: em primeiro lugar, o estudo da licitação; depois, os temas especiais sobre as licitações; em terceiro lugar, os contratos administrativos; e, por último, os temas especiais a respeito dos mesmos contratos.

Embalado pelas modernas correntes doutrinárias e pelas necessárias trilhas jurisprudenciais, o autor discorre com muita propriedade sobre os temas e propicia a quem os lê o integral conhecimento de seu conteúdo.

---

[1]   *Institutions et droit administratifs*. Paris: PUF, 1976. p. 31.

[2]   *Licitação e contrato administrativo*. 9. ed. São Paulo: RT, 1990. p. 16.

Reconhecendo a influência e a importância de vários trabalhos em sua formação intelectual, ERIC HOBSBAWN[3] exclama: "Diversas dessas obras moldaram minha vida". A presente obra tem toda a aptidão de também fazê-lo.

Aceitei, honrado, o convite de RAFAEL CARVALHO REZENDE OLIVEIRA para estas breves palavras de referência, não apenas por admirá-lo e respeitá-lo como um dos maiores estudiosos de Direito Administrativo, mas principalmente pela amizade que nos aproxima – embora muito mais em alma, do que em presença, por conta dessa vida de tantos e tão intensos compromissos.

A obra – como de praxe dizem os prefácios ao final – será indispensável nas prateleiras de nossas estantes. Creio, no entanto, que será ainda mais indispensável fora delas – no momento de sua leitura.

A confirmação da excelência advirá daqueles que a tiverem em mãos. Como apregoavam os romanos: "Ad hominem apud quem hoc scriptum in manu apparuerit".

Outubro de 2011.

José dos Santos Carvalho Filho
Mestre em Direito pela UFRJ.
Professor da Univ. Federal Fluminense – UFF (Pós-Graduação).
Membro do Instituto Brasileiro de Direito Administrativo – IBDA.
Procurador de Justiça do Rio de Janeiro (aposentado).
Consultor Jurídico do Ministério Público do Rio de Janeiro.

---

[3] *Tempos interessantes*. São Paulo: Cia. das Letras, p. 71.

ABREVIATURAS

ADC – Ação Declaratória de Constitucionalidade
ADI – Ação Direta de Inconstitucionalidade
AGU – Advocacia-Geral da União
BDI – Bonificações e Despesas Indiretas
CC – Código Civil
CDC – Código de Defesa do Consumidor
CRFB – Constituição da República Federativa do Brasil
CTN – Código Tributário Nacional
ETP – Estudo Técnico Preliminar
FCGP – Fórum de Contratação e Gestão Pública
FGP – Fundo Garantidor de Parcerias
FGTS – Fundo de Garantia do Tempo de Serviço
IN – Instrução Normativa
LAI – Lei de Acesso à Informação
LGPD – Lei Geral de Proteção de Dados
OS – Organizações Sociais
OSC – Organizações da Sociedade Civil
PCA – Plano de Contratações Anual
PL – Projeto de Lei
PMI – Procedimento de Manifestação de Interesse
PNCP – Portal Nacional de Contratações Públicas
PPP – Parceria Público-Privada
RE – Recurso Extraordinário
REsp – Recurso Especial
SPE – Sociedade de Propósito Específico
SRP –Sistema de Registro de Preços

STF – Supremo Tribunal Federal
STJ – Superior Tribunal de Justiça
TCE – Tribunal de Contas do Estado
TCU – Tribunal de Contas da União
TJ/RJ – Tribunal de Justiça do Estado do Rio de Janeiro
TR – Termo de Referência

SUMÁRIO

CAPÍTULO 1 – LICITAÇÃO 1

1.1. Conceito, objetivos e função regulatória... 1

1.2. Fontes normativas.. 4

1.3. Competência legislativa e aplicação da Lei de Licitações................................. 6

1.4. Princípios da licitação 10

    1.4.1. Princípio da competitividade 10

    1.4.2. Princípio da isonomia 11

    1.4.3. Princípio da vinculação ao edital.. 12

    1.4.4. Princípio do procedimento formal (formalismo moderado) 12

    1.4.5. Princípio do julgamento objetivo 13

    1.4.6. Princípio do planejamento 13

    1.4.7. Princípio do desenvolvimento nacional sustentável 14

    1.4.8. Princípios da publicidade e da transparência 16

    1.4.9. Princípios da eficiência, da celeridade e da economicidade 17

    1.4.10. Princípios da segregação de funções 17

1.5. Agente de contratação e comissão de contratação.. 18

1.6. Impedimentos para participação nas licitações e nos contratos 22

1.7. Objeto da licitação 24

    1.7.1. Obras e serviços de engenharia 27

    1.7.2. Serviços 32

        1.7.2.1. Terceirização: a superação da distinção entre atividade-meio × atividade-fim... 34

        1.7.2.2. Contrato de gestão para ocupação de imóveis públicos (contrato de *facilities*)... 37

        1.7.2.3. Quarteirização 38

        1.7.2.4. Serviços técnicos especializados de natureza predominantemente intelectual 39

        1.7.2.5. Serviços de publicidade.. 41

1.7.3.	Compras	42
1.7.4.	Alienações	48
1.7.5.	Locação de imóveis	49
1.7.6.	Licitações internacionais	50

1.8. Procedimentos auxiliares das licitações e contratações ... 51

1.8.1.	Credenciamento	52
1.8.2.	Pré-qualificação	53
1.8.3.	Procedimento de manifestação de interesse (PMI)	55
1.8.4.	Sistema de registro de preços (SRP)	56
1.8.5.	Registro cadastral	64

1.9. Destinatários da regra da licitação ... 65

1.9.1.	Administração Pública direta	66
1.9.2.	Administração Pública indireta	66
1.9.3.	Entidades controladas direta ou indiretamente pelo Poder Público	66

1.10. Contratação direta ... 67

1.10.1.	Inexigibilidade de licitação (art. 74 da Lei 14.133/2021)	68
	1.10.1.1. Fornecedor exclusivo (art. 74, I)	70
	1.10.1.2. Artistas consagrados (art. 74, II)	70
	1.10.1.3. Serviços técnicos especializados de natureza predominantemente intelectual (art. 74, III)	71
	1.10.1.4. Credenciamento (art. 74, IV)	73
	1.10.1.5. Aquisição ou locação de imóvel em determinados casos (art. 74, V)	73
1.10.2.	Dispensa de licitação (art. 75 da Lei 14.133/2021)	73
	1.10.2.1. Valor reduzido (art. 75, I e II)	74
	1.10.2.2. Licitação deserta e frustrada (art. 75, III)	77
	1.10.2.3. Necessidade de manutenção de garantias (art. 75, IV, *a*)	77
	1.10.2.4. Acordos internacionais (art. 75, IV, *b*)	78
	1.10.2.5. Pesquisa, inovação, desenvolvimento e tecnologia (art. 75, IV, *c*, *d*, V e XV)	78
	1.10.2.6. Gêneros perecíveis (art. 75, IV, *e*)	79
	1.10.2.7. Defesa e segurança nacional (art. 75, IV, *f*, e VI)	80
	1.10.2.8. Forças armadas (art. 75, IV, *g*, *h* e *i*)	80
	1.10.2.9. Entidades sem fins lucrativos (art. 75, IV, j, XIV, XV, XVII e XVIII)	81
	1.10.2.10. Obras de arte (art. 75, IV, *k*)	81
	1.10.2.11. Serviços especializados, aquisição ou locação de equipamentos para investigação criminal (art. 75, IV, *l*)	82
	1.10.2.12. Área da saúde (art. 75, IV, *m*, XII e XVI)	82
	1.10.2.13. Situações emergenciais e de instabilidade institucional (art. 75, VII e VIII)	82
	1.10.2.14. Contratação de entidades administrativas (art. 75, IX e XI)	85
	1.10.2.15. Intervenção no domínio econômico (art. 75, X)	86

| | | SUMÁRIO | XIX |

	1.10.2.16.	Profissionais integrantes de comissão de avaliação de critérios de técnica (art. 75, XIII)	87
	1.10.2.17.	Profissionais integrantes de comissão de avaliação de critérios de técnica (art. 75, XIII)	87
	1.10.3.	Licitação dispensada (art. 76, I e II, da Lei 14.133/2021)	87

1.11. Modalidades de licitação 88

    1.11.1. Pregão 89

    1.11.2. Concorrência 91

    1.11.3. Concurso 91

    1.11.4. Leilão 92

    1.11.5. Diálogo competitivo 93

1.12. Procedimento 96

    1.12.1. Fases do processo de licitação e a preferência pela forma eletrônica 96

    1.12.2. Fase interna ou preparatória 97

    1.12.3. Administração Pública Consensual e Gerencial: audiências públicas, consultas públicas e repartição de riscos 105

    1.12.4. Valor estimado da contratação: possibilidade de orçamento sigiloso ou publicidade diferida 107

    1.12.5. Controle prévio de legalidade pela assessoria jurídica 109

    1.12.6. Edital 117

    1.12.7. Margem de preferência 121

    1.12.8. Apresentação de propostas e lances 124

    1.12.9. Julgamento 126

    1.12.10. Habilitação 131

    1.12.11. Encerramento da licitação 138

1.13. Anulação e revogação da licitação 138

1.14. Impugnações, pedidos de esclarecimentos e recursos administrativos 140

1.15. Portal Nacional de Contratações Públicas (PNCP) 142

CAPÍTULO 2 – CONTRATOS ADMINISTRATIVOS 145

2.1. Conceito e a dicotomia contrato administrativo × contrato privado 145

2.2. Fontes normativas e competência legislativa 147

2.3. Sujeitos do contrato 148

2.4. Características 150

    2.4.1. Formalismo moderado 150

    2.4.2. Bilateralidade 151

    2.4.3. Comutatividade 151

    2.4.4. Personalíssimo (*intuitu personae*) 151

    2.4.5. Desequilíbrio 152

    2.4.6. Instabilidade 152

2.5. Formalização dos contratos 152

2.6. Garantias 157

2.7.	Alocação de riscos	160
2.8.	Cláusulas exorbitantes	161
2.9.	Equilíbrio econômico-financeiro dos contratos	163
	2.9.1. Reajuste	164
	2.9.2. Revisão	167
	2.9.3. Atualização monetária	168
	2.9.4. Repactuação	168
2.10.	Duração dos contratos	170
	2.10.1. Contratos por prazo certo e contratos por escopo	171
	2.10.2. Regra geral da duração: disponibilidade de crédito orçamentário	172
	2.10.3. Exceções: contratos com prazo superior à vigência do orçamento	175
	2.10.3.1. Projetos previstos no Plano Plurianual	175
	2.10.3.2. Serviços e fornecimentos contínuos	176
	2.10.3.3. Contratos com duração de até 10 (dez) anos e dispensa de licitação	179
	2.10.3.4. Contratos em que o Poder Público seja usuário de serviços públicos delegados sob o regime de monopólio e contrato por prazo indeterminado	179
	2.10.3.5. Contratos de geram receita e contratos de eficiência	180
	2.10.3.6. Contratos sob o regime de fornecimento e prestação de serviço associado	181
	2.10.3.7. Contratos de operação de sistemas estruturantes de tecnologia da informação	181
	2.10.3.8. Prorrogação contratual	181
2.11.	Gestão e fiscalização contratual	182
	2.11.1. Governança pública, integridade e fiscalização contratual	183
	2.11.2. O fiscal dos contratos administrativos	184
	2.11.2.1. Gestor × fiscal de contrato	184
	2.11.2.2. Espécies de fiscalização: técnica, administrativa e setorial	185
	2.11.2.3. Limites e possibilidades para nomeação do fiscal: o agente público pode recusar a nomeação?	186
	2.11.3. Contratação de terceiros para auxílio dos fiscais de contratos administrativos	189
	2.11.4. Fiscalização e o princípio da segregação de funções	189
	2.11.5. Normas de fiscalização contratual e princípio federativo	190
	2.11.6. Fiscalização nos contratos de obras e serviços de engenharia e o seguro-garantia como instrumento de incentivo à fiscalização por seguradoras	192
	2.11.7. Proteção e incentivos à função do fiscal de contratos	193
	2.11.8. Fiscalização, eficiência e inovações tecnológicas: dos carimbos à inteligência artificial	195
2.12.	Alteração contratual	199
	2.12.1. Espécies de alteração contratual	199
	2.12.2. Alteração unilateral: espécies e limites	200
2.13.	Inexecução contratual	201

2.13.1.	Inexecução culposa e exceção de contrato não cumprido (*exceptio non adimpleti contractus*)...	201
2.13.2.	Inexecução sem culpa	202
	2.13.2.1. Teoria da imprevisão...	203
	2.13.2.2. Fato do príncipe	204
	2.13.2.3. Caso fortuito e força maior	204

2.14. Extinção dos contratos... 205

2.14.1.	Motivos para extinção dos contratos administrativos	205
2.14.2.	Extinção unilateral, consensual, judicial ou arbitral	208
2.14.3.	Meios alternativos de resolução de controvérsias: conciliação, mediação, comitê de resolução de disputas (*dispute boards*) e a arbitragem....	209

2.15. Nulidade dos contratos 218

2.16. Recebimento do objeto contratual... 220

2.17. Pagamentos.. 221

2.18. Infrações e sanções administrativas 223

2.19. Controle das licitações e dos contratos 230

2.20. Responsabilidade civil nos contratos administrativos............................ 237

2.20.1.	Responsabilidade primária do contratado e responsabilidade subsidiária do Estado pela má execução do contrato	237
2.20.2.	Responsabilidade do Estado nas terceirizações pelos encargos trabalhistas e previdenciários...	238
2.20.3.	Responsabilidade pessoal do parecerista nas licitações................	239
2.20.4.	Responsabilidade do Estado, das concessionárias e permissionárias de serviços públicos..	242

CAPÍTULO 3 – TEMAS ESPECIAIS DE LICITAÇÕES E CONTRATOS ADMINISTRATIVOS.. 243

3.1. A função regulatória das licitações e contratações públicas 243

3.1.1.	Conceito e fundamentos..	243
3.1.2.	A função regulatória na Lei 14.133/2021......................................	250

3.2. Licitações públicas e a "teoria dos leilões" 251

3.3. Cooperativas nas licitações.. 254

3.4. Microempresas e empresas de pequeno porte (LC 123/2006) e o tratamento diferenciado nas licitações... 256

3.4.1.	Saneamento de falhas na regularidade fiscal e trabalhista	257
3.4.2.	Empate ficto ou presumido	258
3.4.3.	Possibilidade de licitações diferenciadas	258
3.4.4.	Exigências para aplicação do tratamento diferenciado previsto na LC 123/2006..	262
3.4.5.	Cédula de crédito microempresarial	263
3.4.6.	Aplicação do tratamento diferenciado da LC 123/2006 às cooperativas......	264
3.4.7.	ME e EPP na Lei 14.133/2021	264

3.5. A participação de consórcios empresariais nas licitações 265

3.6.	Concessões comuns de serviços públicos (Lei 8.987/1995)	266
3.6.1.	Conceito, fontes normativas e espécies	266
3.6.2.	Concessão × permissão × autorização	268
3.6.3.	Remuneração do concessionário: tarifas e outras receitas	271
3.6.4.	Equilíbrio econômico-financeiro nos contratos de concessão comum	273
3.6.5.	Projeto básico, projeto executivo e Procedimento de Manifestação de Interesse (PMI): elaboração por entidades privadas e participação na licitação para contratação de concessão comum de serviços públicos	276
3.6.6.	Modalidades de licitação	278
3.6.7.	Tipos de licitação	279
3.6.8.	Contratação direta: dispensa e inexigibilidade	280
3.6.9.	Cláusulas essenciais	281
3.6.10.	Prazo	281
3.6.11.	Prorrogação	282
3.6.12.	Subcontratação, subconcessão e transferência da concessão ou do controle acionário	284
3.6.13.	Encargos do poder concedente e da concessionária	286
3.6.14.	Direitos e obrigações dos usuários	287
3.6.15.	Extinção do contrato de concessão	289
	3.6.15.1. Advento do termo contratual	289
	3.6.15.2. Encampação	289
	3.6.15.3. Caducidade	290
	3.6.15.4. Rescisão	292
	3.6.15.5. Anulação	292
	3.6.15.6. Falência ou desaparecimento do concessionário	293
	3.6.15.7. Distrato, acordo ou extinção amigável	293
	3.6.15.8. Caso fortuito e força maior	294
3.6.16.	Arbitragem nos contratos de concessão	295
3.6.17.	Reversão dos bens	295
3.7.	Concessões especiais (Lei 11.079/2004) – Parcerias Público-Privadas (PPPs)	296
3.7.1.	Conceito, fontes normativas e espécies	296
3.7.2.	Projeto básico, projeto executivo e Procedimento de Manifestação de Interesse (PMI): elaboração por entidades privadas e participação na licitação para contratação de concessão especial de serviços públicos (PPPs)	300
3.7.3.	Justificativa para formatação da PPP	302
3.7.4.	PPP e responsabilidade fiscal: a interpretação do art. 28 da Lei 11.079/2004	302
3.7.5.	Edital e consulta pública	306
3.7.6.	Licenciamento ambiental	306
3.7.7.	Necessidade de autorização legislativa em determinados casos	307
3.7.8.	Modalidades de licitação: concorrência, lances de viva voz e procedimento	307
3.7.9.	Qualificação técnica e tipos de licitação	308
3.7.10.	Saneamento de falhas	309

3.7.11.	Remuneração do concessionário	310
3.7.12.	Repartição objetiva de riscos	311
3.7.13.	Equilíbrio econômico-financeiro nos contratos de concessão especial	313
3.7.14.	Valor mínimo do contrato	313
3.7.15.	Prazo contratual	315
3.7.16.	Objeto complexo	315
3.7.17.	Cláusulas essenciais	316
3.7.18.	Sociedade de Propósito Específico (SPE)	316
3.7.19.	Garantias diferenciadas e o Fundo Garantidor de Parcerias (FGP)	318
3.7.20.	Verificador Independente nas concessões comuns e PPPs	320
3.8.	Licitações e contratos nas empresas estatais	321
3.8.1.	Visão geral das empresas estatais e fontes normativas	321
3.8.2.	Licitação nas empresas estatais	323
3.8.3.	Contratos das empresas estatais	336
3.9.	Consórcios públicos	339
3.9.1.	Conceito e fontes normativas	339
3.9.2.	Características principais dos consórcios públicos antes e depois da Lei 11.107/2005	340
3.9.3.	Constitucionalidade das normas gerais sobre consórcios	342
3.9.4.	Partícipes do consórcio público	343
3.9.5.	Procedimento para instituição do consórcio público	343
3.9.6.	Personificação do consórcio	344
3.9.6.1.	Consórcio público de direito público: associação pública	345
3.9.6.2.	Consórcio público de direito privado	347
3.9.7.	Contrato de rateio	347
3.9.8.	Contrato de programa	348
3.9.9.	Dispensa de licitação	349
3.10.	Parcerias com as entidades do Terceiro Setor	350
3.10.1.	Serviços Sociais Autônomos (Sistema S)	351
3.10.2.	Contratos de gestão com as Organizações Sociais (OS)	352
3.10.3.	Termos de parceria com as Organizações da Sociedade Civil de Interesse Público (OSCIPs)	355
3.10.4.	Termo de fomento, termo de colaboração e acordo de cooperação com as Organizações da Sociedade Civil (OSCs)	357
3.10.5.	Desnecessidade de licitação e o processo seletivo objetivo nas parcerias com o Terceiro Setor	365
3.10.6.	Desnecessidade de licitação e o processo seletivo objetivo nas contratações com dinheiro público pelo Terceiro Setor	366
3.11.	Convênios administrativos	367
3.12.	Convênios de natureza financeira, contratos de repasse, acordos de cooperação técnica e acordos de adesão (Decreto 11.531/2023)	371
3.13.	Licitações inclusivas: os impactos do Estatuto da Pessoa com Deficiência (Lei 13.146/2015) nas contratações públicas	376

3.13.1.	A proteção das pessoas com deficiência no Direito Administrativo		376
3.13.2.	Licitações inclusivas e a Lei 14.133/2021		378

3.14. Licitações e contratações de soluções inovadoras pela Administração Pública: o regime jurídico da LC 182/2021 378

3.15. Programas de integridade e *compliance* nas contratações públicas 384

3.16. Contratações públicas no estado de calamidade pública e a Lei 14.981/2024 386

3.16.1. Direito Administrativo das catástrofes e estado de necessidade administrativo 387

3.16.2. Visão geral da Lei 14.981/2024 e as medidas excepcionais para contratações administrativas decorrentes de estado de calamidade pública 390

3.16.2.1. A exigência de declaração do estado de calamidade pública e a competência da sua decretação: necessidade de interpretação conforme a Constituição para prestigiar a autonomia dos Municípios 391

3.16.2.2. Flexibilização na fase preparatória da licitação 393

3.16.2.3. Tratamento especial para dispensa de licitação 394

3.16.2.4. Redução de prazos para a apresentação das propostas e dos lances nas licitações ou nas contratações diretas com disputa eletrônica 394

3.16.2.5. Regime jurídico especial do registro de preços 395

3.16.2.6. Regime jurídico especial dos contratos 396

3.17. Lei Geral de Proteção de Dados Pessoais (LGPD) e contratações públicas 399

3.17.1. Importância da proteção dos dados pessoais e visão geral da LGPD 399

3.17.2. Tratamento de dados pessoais pelo Poder Público 404

3.17.3. LGPD × LAI: necessidade de harmonização 407

3.17.4. LGPD nas licitações e contratos administrativos 409

REFERÊNCIAS BIBLIOGRÁFICAS 413

Capítulo 1

LICITAÇÃO

1.1. CONCEITO, OBJETIVOS E FUNÇÃO REGULATÓRIA

Licitação é o processo administrativo utilizado pela Administração Pública e pelas demais pessoas indicadas pela lei, com o objetivo de selecionar e contratar o interessado que apresente a proposta apta a gerar o resultado de contratação mais vantajoso, cumpridos, ainda, os objetivos de garantir a isonomia, de incrementar a competição, de promover o desenvolvimento nacional sustentável, de incentivar a inovação e de prevenir o sobrepreço, os preços manifestamente inexequíveis e o superfaturamento.

Os objetivos da licitação são (art. 11 da Lei 14.133/2021):[1] a) assegurar a seleção da proposta apta a gerar o resultado de contratação mais vantajoso para a Administração Pública, inclusive no que se refere ao ciclo de vida do objeto; b) assegurar tratamento isonômico entre os licitantes, bem como a justa competição; c) evitar contratações com sobrepreço ou com preços manifestamente inexequíveis e superfaturamento na execução dos contratos; d) incentivar a inovação e o desenvolvimento nacional sustentável.

A Lei de Licitações revela nítida preocupação com a eficiência e a sustentabilidade das contratações públicas, incluindo no rol dos objetivos da licitação a preocupação com o ciclo de vida do objeto a ser contratado e com a prevenção da prática do sobrepreço, do superfaturamento e dos preços manifestamente inexequíveis nos certames, além de exigir o incentivo à inovação.

Registre-se que o art. 6.º, LVI e LVII, da Lei 14.133/2021 apresenta a distinção entre sobrepreço e superfaturamento. De um lado, o sobrepreço é o "preço orçado para licitação ou contratado em valor expressivamente superior aos preços referenciais de mercado, seja de apenas 1 (um) item, se a licitação ou a contratação for por preços unitários de serviço, seja do valor global do objeto, se a licitação ou a contratação for por tarefa, empreitada por preço global ou empreitada integral, semi-integrada ou integrada". De outro lado, o superfaturamento é o "dano provocado ao patrimônio da Administração, caracterizado, entre outras situações, por: a) medição de quantidades superiores às efetivamente executadas ou fornecidas; b) deficiência na execução de obras e de serviços de engenharia que resulte em diminuição da sua qualidade,

---

[1]   O art. 3.º da Lei 8.666/1993 elencava os seguintes objetivos da licitação: a) garantir a observância do princípio constitucional da isonomia; b) selecionar a proposta mais vantajosa para a Administração; e c) promover o desenvolvimento nacional sustentável. A promoção do desenvolvimento nacional sustentável, como objetivo da licitação, foi incluída pela Lei 12.349/2010.

vida útil ou segurança; c) alterações no orçamento de obras e de serviços de engenharia que causem desequilíbrio econômico-financeiro do contrato em favor do contratado; d) outras alterações de cláusulas financeiras que gerem recebimentos contratuais antecipados, distorção do cronograma físico-financeiro, prorrogação injustificada do prazo contratual com custos adicionais para a Administração ou reajuste irregular de preços".

O procedimento administrativo licitatório tem por objetivo a seleção, dentro de um mercado no qual exista efetiva concorrência entre os licitantes, da proposta que tenha condições de gerar o resultado de contratação mais vantajoso para a Administração Pública, o que deve ser avaliado não apenas por critérios econômicos, mas também a partir de outros fatores que devem ser ponderados pela Administração Pública, tais como o desenvolvimento nacional sustentável (arts. 5.º e 11, IV, da Lei 14.133/2021), a promoção da defesa do meio ambiente ("licitações verdes" ou sustentáveis, como, por exemplo: arts. 18, § 1.º, XII; 34, § 1.º; 42, III; e 45, I e II, da Lei 14.133/2021),[2] a inclusão de pessoas com deficiência no mercado de trabalho (arts. 63, IV; 92, XVII; 116 e 137, IX, da Lei 14.133/2021), o fomento à contratação de microempresas e empresas de pequeno porte (LC 123/2006), o incentivo à contratação de mulher vítima de violência doméstica e de mão de obra oriunda ou egressa do sistema prisional (art. 25, § 9.º, da Lei 14.133/2021), entre outras finalidades extraeconômicas.

Trata-se da denominada "função regulatória da licitação".[3] Por esta teoria, o instituto na licitação não se presta, tão somente, para que a Administração realize a contratação de bens e serviços a um menor custo; o referido instituto tem espectro mais abrangente, servindo como instrumento para o atendimento de finalidades públicas outras, consagradas constitucionalmente.

Não obstante a relevância da função regulatória, a estipulação de finalidades extraeconômicas nas licitações públicas deve ser objeto de planejamento, motivação e razoabilidade, uma vez que a licitação não é o instrumento ordinário (ou principal) para solução dos inúmeros desafios da Administração Pública e a contratação pública tem por objetivo imediato a realização do objeto contratado (a execução da obra, a prestação do serviço, o fornecimento do bem etc.).

A licitação é uma regra constitucional (art. 37, XXI, da CRFB) que deve ser seguida para formalização de contratos pela Administração Pública. Trata-se, destarte, de procedimento administrativo instrumental, pois serve como instrumento necessário para o alcance de uma finalidade: a contratação pública.

É possível perceber que a Lei 14.133/2021 instituiu o atual regime das licitações e contratações públicas e incorporou, em grande medida, diversas tendências já encontradas no ordenamento jurídico pátrio, tais como: a) **planejamento e responsabilidade fiscal** (ex.: relevância da gestão pública na utilização de recursos públicos escassos); b) **celeridade do**

---

[2]   As "licitações verdes" ou "contratos públicos ecológicos" (*Green Public Procurement*) representam tendência consagrada no Direito Comunitário Europeu, que exige a utilização da contratação pública para implementação de políticas públicas ambientais. Nesse sentido, o "Livro Verde sobre a modernização da política de contratos públicos da UE – Para um mercado dos contratos públicos mais eficiente na Europa", publicado em 2011, propõe a utilização dos contratos públicos para proteção do meio ambiente. Sobre o tema, *vide*: ESTORNINHO, Maria João. *Curso de direito dos contratos públicos*. Coimbra: Almedina, 2012. p. 415-441.

[3]   Sobre a função regulatória da licitação, vide: SOUTO, Marcos Juruena Villela. *Direito administrativo das parcerias*. Rio de Janeiro: Lumen Juris, 2005. p. 86-89; Idem. Direito administrativo contratual. Rio de Janeiro: Lumen Juris, 2004. p. 6, 105, 328 e 424; FERRAZ, Luciano. Função regulatória da licitação. *A&C Revista de Direito Administrativo e Constitucional*, v. 37, p. 133-142, 2009.

Cap. 1 – LICITAÇÃO | **3**

procedimento, com a diminuição de formalidades desnecessárias e a utilização de tecnologia (ex.: inversão das fases de habilitação e julgamento; procedimentos eletrônicos); **c) promoção de valores constitucionais fundamentais** (ex.: sustentabilidade ambiental); **d) preocupação com a eficiência econômica na contratação** (ex.: fixação de critérios de desempenho para fixação de remuneração do contratado); **e) mais transparência** (ex.: a divulgação dos atos praticados na rede mundial de computadores), viabilizando o maior controle por parte da sociedade civil; e **f) governança pública e integridade nas contratações públicas** (ex.: incentivo ou exigência de instituição de programas de integridade das empresas que celebram contratos com a Administração Pública).[4]

De fato, a atual Lei de Licitações incorpora diversas tendências até então encontradas nas leis especiais. É possível perceber que o referido diploma legal preserva institutos previstos na Lei 8.666/1993 (ex.: algumas hipóteses de dispensa e de inexigibilidade de licitação) e estabelece regras tradicionalmente previstas na Lei 10.520/2002 (Lei de Pregão) e na Lei 12.462/2011 (Regime Diferenciado de Contratações Públicas – RDC). Assim, por exemplo, a realização do julgamento antes da habilitação, que encontra inspiração da Lei do Pregão, além do orçamento sigiloso, da contratação integrada e da remuneração variável de acordo com o desempenho do contratado, institutos tradicionalmente indicados na Lei do RDC.

Ademais, a atual Lei de Licitações reflete institutos consagrados na aplicação da Lei 13.303/2016 (Lei das Estatais), como os valores para dispensa de licitação, e nas leis de concessão de serviços públicos (Lei 8.987/1995 e Lei 11.079/2004), tal como ocorre com a previsão do Procedimento de Manifestação de Interesse (PMI).

Verifica-se, ainda, a positivação de orientações consagradas pelos órgãos de controles, especialmente o Tribunal de Contas da União. Assim, por exemplo, a possibilidade de pregão para contratação de serviços comuns de engenharia e a sua inaplicabilidade para contratação de obras (Súmula 257 do TCU), bem como a utilização preferencial da forma eletrônica nos certames que já era exigida para o pregão.[5]

A atual Lei de Licitações, contudo, não se resume à incorporação de disposições normativas e orientações dos órgãos de controle já conhecidas pelo ordenamento jurídico pátrio. Algumas novidades "reais" podem ser encontradas no seu texto, tal como ocorre, por exemplo, com a incorporação da modalidade do diálogo competitivo, tradicionalmente utilizado no Direito europeu (Diretiva 2004/18/CE do Parlamento Europeu e do Conselho), com a extinção das modalidades tomada de preços e convite.

A pergunta que fica é: a atual Lei de Licitações poderia ter sido mais ousada, com a incorporação de mais inovações no campo das contratações públicas? Havia a necessidade de um texto mais prolixo que aquele encontrado na Lei 8.666/1993 (a atual Lei apresenta 194 dispositivos contra 126 da antiga Lei)?

A impressão é a de que a atual Lei de Licitações, apesar de consagrar tendências importantes, que não eram previstas na Lei 8.666/1993, representa, em grande medida, uma repetição de disposições conhecidas pela comunidade jurídica, com pouco experimentalismo jurídico.

---

[4]   As referidas tendências foram apresentadas em outra oportunidade: OLIVEIRA, Rafael Carvalho Rezende. As tendências das licitações públicas na Administração Pública de Resultados. *Consulex*, v. 17, n. 393, p. 32-33, jun. 2013; OLIVEIRA, Rafael Carvalho Rezende; ACOCELLA, Jéssica. A exigência de *compliance* e programa de integridade nas contratações públicas: os Estados-membros na vanguarda. *Governança corporativa e* compliance. 2. ed. Salvador: JusPodivm, 2021. p. 73-98.

[5]   TCU, Acórdão 1.515/2011, Plenário, Rel. Min. Raimundo Carreiro, 08.06.2011.

É verdade que, no âmbito da Administração Pública do medo, marcada pela confusão entre o erro administrativo e o ato ímprobo, há pouco espaço para o experimentalismo jurídico por parte da Administração Pública.

Contudo, a legislação poderia servir, justamente, como barreira de segurança para inovações nas contratações públicas, com a previsão de novidades que poderiam ser testadas em ambientes controlados (*sandbox* regulatório nas contratações públicas).

Afinal de contas, após, aproximadamente, três décadas de aplicação da Lei 8.666/1993 e de elaboração de estudos sobre as licitações, a expectativa em torno do novo diploma legal era imensa.

Como tudo na vida, existem pontos positivos e negativos na atual Lei de Licitações.

De um lado, a adoção de soluções encartadas na Lei de Pregão, na Lei do RDC e em outros diplomas legais específicos representa, sem dúvida, importante avanço em relação ao regime jurídico tradicional de licitações. Além de garantir maior sistematicidade e coerência, a Lei 14.133/2021 incorpora as tendências legislativas que garantiram maior eficiência aos certames.

Por outro lado, o ponto negativo refere-se ao texto excessivamente detalhado e formalista, com pouca flexibilidade para adaptações necessárias às especificidades das contratações públicas, inserindo no mesmo balaio jurídico objetos contratuais que possuem complexidades diversas, incrementando os custos de transação nas contratações públicas.

Não obstante os importantes avanços em relação às normas contidas na Lei 8.666/1993, a atual Lei de Licitações, ao incorporar institutos consagrados em leis especiais, positivar orientações dos órgãos de controle e apresentar texto prolixo, parece, em grande medida, um grande "museu de novidades".[6]

Independentemente de eventuais críticas que podem ser apresentadas ao atual diploma legal, é possível constatar que o seu conteúdo apresente, em síntese, mais avanços que retrocessos em relação ao regime jurídico anterior.

1.2. FONTES NORMATIVAS

Em âmbito constitucional, três normas fazem referência à licitação, a saber: a) art. 22, XXVII, CRFB:[7] estabelece a competência privativa da União para legislar sobre normas gerais de licitação e contratação; b) art. 37, XXI, CRFB:[8] consagra a regra da licitação e admite que

---

[6]   A expressão foi inspirada na música de Cazuza: "Eu vejo o futuro repetir o passado; Eu vejo um museu de grandes novidades; O tempo não para; Não para, não, não para" (OLIVEIRA, Rafael Carvalho Rezende. A nova Lei de Licitações: um museu de novidades? *Revista Colunistas de Direito do Estado*, n. 474, 23.12.2020. Disponível em: <http://www.direitodoestado.com.br/colunistas/ rafael-carvalho-rezende-oliveira/a-nova-lei-de-licitacoes-um-museu-de--novidades>. Acesso em: 5 jan. 2021.

[7]   "Art. 22. Compete privativamente à União legislar sobre: [...] XXVII – normas gerais de licitação e contratação, em todas as modalidades, para as administrações públicas diretas, autárquicas e fundacionais da União, Estados, Distrito Federal e Municípios, obedecido o disposto no art. 37, XXI, e para as empresas públicas e sociedades de economia mista, nos termos do art. 173, § 1.º, III."

[8]   "Art. 37. [...] XXI – ressalvados os casos especificados na legislação, as obras, serviços, compras e alienações serão contratados mediante processo de licitação pública que assegure igualdade de condições a todos os concorrentes, com cláusulas que estabeleçam obrigações de pagamento, mantidas as condições efetivas da proposta, nos termos da lei, o qual somente permitirá as exigências de qualificação técnica e econômica indispensáveis à garantia do cumprimento das obrigações."

Cap. 1 – LICITAÇÃO | 5

a lei estabeleça exceções; c) art. 173, § 1.º, III, CRFB:[9] remete ao legislador a tarefa de elaborar o Estatuto próprio das empresas estatais econômicas, o qual conterá regras próprias de licitações e contratos.

No âmbito infraconstitucional, diversas leis tratam da licitação, cabendo destacar, exemplificativamente, as seguintes: Lei 14.133/2021 (normas gerais de licitações e contratos administrativos); LC 123/2006, alterada pela LC 147/2014 (tratamento diferenciado para microempresas e empresas de pequeno porte); Lei 8.987/1995 (concessão de serviços públicos); Lei 11.079/2004 (PPPs); Lei 9.427/1996 (ANEEL); Lei 9.472/1997 (ANATEL); Lei 9.478/1997 (ANP); Lei 12.232/2010 (licitações de publicidade); Lei 13.303/2016 (Lei das Estatais) etc.

Registre-se que, em termos históricos, não obstante a existência de marcos normativos mais remotos (exs.: Decreto 2.926/1862; arts. 49 a 58 do Decreto 4.536/1922; arts. 125 a 144 do DL 200/1967 etc.), o DL 2.300/1986 foi a primeira norma a estabelecer o "estatuto jurídico" das licitações e contratos administrativos.

Após a promulgação da Constituição da República Federativa do Brasil de 1988 (CRFB), que constitucionalizou o tema das licitações e contratos administrativos (exs.: arts. 22, XXVII e 37, XXI), o DL 2.300/1986 foi revogado pela Lei 8.666/1993, que instituiu normas gerais sobre licitações e contratos administrativos pertinentes a obras, serviços, inclusive de publicidade, compras, alienações e locações no âmbito dos Poderes da União, dos Estados, do Distrito Federal e dos Municípios.

Com a promulgação da Lei 14.133/2021, que constitui o atual Estatuto Jurídico das licitações e contratações administrativas, foram revogadas, de forma imediata ou diferida, as seguintes normas: a) os arts. 89 a 108 da Lei 8.666/1993, na data de publicação da Lei 14.133/2021; b) a Lei 8.666/1993 (Lei de Licitações e Contratos Administrativos), a Lei 10.520/2002 (Pregão), e os arts. 1.º a 47-A da Lei 12.462/2011 (Regime Diferenciado de Contratações Públicas – RDC), após decorridos dois anos da publicação oficial da Lei 14.133/2021. Nesse último caso, a revogação dos referidos diplomas legais foi postergada para o dia 30.12.2023, em razão da alteração promovida pela LC 198/2023 no art. 193, II, da Lei 14.133/2021.

Em consequência, a atual Lei de Licitações revogou, na data da sua publicação, os dispositivos da Lei 8.666/1993 relativos aos crimes e às penas, mas o art. 178 da atual Lei alterou o Código Penal para inserir, naquele diploma legal específico, os crimes praticados no âmbito das licitações e das contratações públicas.[10]

Em relação aos demais dispositivos da Lei 8.666/1993, assim como a Lei 10.520/2002 (Pregão), e os arts. 1.º a 47-A da Lei 12.462/2011 (RDC), não ocorreu a revogação imediata. Ao contrário, os referidos diplomas legais foram revogados no dia 30.12.2023, na forma do art. 193, II, da Lei 14.133/2021, alterado pela LC 198/2023.

Entre a promulgação da Lei 14.133/2021 e o dia 30/12/2023, os gestores públicos tiveram a possibilidade de optar entre a aplicação da atual Lei de Licitações e a dos regimes jurídicos tradicionais de licitação. Tratava-se de escolha inerente à discricionariedade dos gestores que

---

[9] "Art. 173. [...] § 1.º A lei estabelecerá o estatuto jurídico da empresa pública, da sociedade de economia mista e de suas subsidiárias que explorem atividade econômica de produção ou comercialização de bens ou de prestação de serviços, dispondo sobre: [...] III – licitação e contratação de obras, serviços, compras e alienações, observados os princípios da administração pública."

[10] Súmula 645/STJ: "O crime de fraude à licitação é formal, e sua consumação prescinde da comprovação do prejuízo ou da obtenção de vantagem".

não poderiam, contudo, mesclar os dispositivos da legislação tradicional com aqueles inseridos na atual Lei de Licitações, na forma do art. 191 da Lei 14.133/2021.

O objetivo do referido período de transição foi o de estabelecer um regime de transição para que os gestores públicos tivessem condições de conhecer melhor o novo regime licitatório, qualificassem as suas equipes e promovessem, paulatinamente, as adequações institucionais necessárias para efetividade dos dispositivos da Lei 14.133/2021.

A Lei 14.133/2021 dispõe que as suas normas entram em vigor na data de sua publicação (art. 194), observadas as seguintes regras de transição: a) o contrato cujo instrumento tenha sido assinado antes da entrada em vigor da atual Lei de Licitações continuará regido pelas regras previstas na legislação revogada (art. 190); b) até o dia 30.12.2023, a Administração Pública poderia optar por licitar ou contratar diretamente de acordo com a atual Lei ou de acordo com a Lei 8.666/1993, a Lei 10.520/2002 e a Lei 12.462/20211, com a expressa previsão no edital ou no aviso ou instrumento de contratação direta da opção realizada, vedada a aplicação combinada da atual Lei de Licitações com as referidas leis (art. 191, *caput* e parágrafo único); c) o contrato relativo a imóvel do patrimônio da União ou de suas autarquias e fundações continua regido pela legislação pertinente, aplicando-se a atual Lei de Licitações subsidiariamente (art. 192).

1.3. COMPETÊNCIA LEGISLATIVA E APLICAÇÃO DA LEI DE LICITAÇÕES

Na forma do art. 22, XXVII, da CRFB, compete à União legislar sobre normas gerais de licitações e contratos. É importante frisar que o texto constitucional estabeleceu a competência privativa apenas em relação às normas gerais, razão pela qual é possível concluir que todos os entes federados podem legislar sobre normas específicas.

Desta forma, em relação à competência legislativa, é possível estabelecer a seguinte regra:

a) União: competência privativa para elaborar normas gerais (nacionais), aplicáveis a todos os entes federados.

b) União, Estados, DF e Municípios: competência autônoma para elaboração de normas específicas (federais, estaduais, distritais e municipais), com o objetivo de atenderem as peculiaridades socioeconômicas, respeitadas as normas gerais.

A dificuldade, no entanto, está justamente na definição das denominadas "normas gerais",[11] pois se trata de conceito jurídico indeterminado que acarreta dificuldades interpretativas. Isso não afasta, todavia, a importância da definição das normas gerais, em virtude das consequências em relação à competência legislativa.

De lado a impossibilidade de fixação de um conceito preciso e sem a pretensão de estabelecer um rol exaustivo de normas gerais constantes da Lei 14.133/2021, é possível dizer que as referidas normas possuem razoável grau de abstração que garantem uniformidade ao processo de licitação em todas as esferas federadas, sem que interfiram nas peculiaridades regionais e locais de cada Ente Federado.

As normas gerais não podem interferir na autonomia federativa (art. 18 da CRFB). São normas gerais, por exemplo, aquelas que consagram princípios constitucionais e administrativos (ex.:

---

[11] Sobre o tema, vide: MOREIRA NETO, Diogo de Figueiredo. Competência concorrente limitada: o problema da conceituação das normas gerais. *Revista de Informação Legislativa*, Brasília, Senado Federal, n. 100, p. 127-162, out./dez. 1988; BORGES, Alice Gonzalez. *Normas gerais no Estatuto de Licitações e Contratos administrativos*. São Paulo: RT, 1991.

art. 5.º da Lei 14.133/2021), pois tais princípios devem ser observados por toda a Administração.[12] Por outro lado, no contexto da Lei 8.666/1993, o STF decidiu que algumas normas não seriam gerais, razão pela qual vinculariam apenas a Administração Federal (ex.: art. 17, I, *b*, e II, *b*, da Lei 8.666/1993, que equivalem, em certa medida, aos arts. 76, I, *b* e II, *b* da Lei 14.133/2021).[13]

De nossa parte, sustentamos o caráter específico (não geral) de alguns dispositivos da Lei 14.133/2021, tais como: a) art. 6.º, XXII (definição de obras, serviços e fornecimentos de grande vulto);[14] b) art. 8.º (determina que o agente de contratação seja servidor efetivo ou empregado público dos quadros permanentes da Administração Pública);[15] c) art. 10 (dispõe sobre a representação judicial ou extrajudicial, por parte da advocacia pública, do agente público que atua com fundamento em parecer jurídico);[16] d) art. 23, §§ 1º e 2º (elenca parâmetros para pesquisa de preços e definição do valor estimado da contratação);[17] e) art. 75, § 4º (dispõe sobre os pagamentos nas contratações diretas, em razão do valor, sejam realizados, preferencialmente, por meio de cartão de pagamento) etc.

Portanto, a Lei 14.133/2021 possui caráter híbrido: por um lado, é lei nacional no tocante às normas gerais; por outro, é lei federal em relação às normas específicas. Ressalte-se, ainda, que outros diplomas legislativos consagram normas gerais (ex.: a Lei 13.303/2016 consagra

---

[12] Nesse sentido: PEREIRA JUNIOR, Jessé Torres. *Comentários à lei das licitações e contratações da administração pública*. 7. ed. Rio de Janeiro: Renovar, 2007. p. 19. Carlos Ari Sundfeld, sem a pretensão de elaborar rol exaustivo, aponta os seguintes exemplos de normas gerais: a) normas que definem a obrigatoriedade de licitação (ex.: arts. 2.º, 24 e 25); b) normas que enunciam os princípios da licitação ou os direitos deles decorrentes (ex.: arts. 3.º e 4.º); e c) normas que definem modalidades de licitação (ex.: art. 22) (SUNDFELD, Carlos Ari. *Licitação e contrato administrativo*. São Paulo: Malheiros, 1994. p. 29-30).

[13] ADI 927 MC/RS, Pleno, Min. Rel. Carlos Veloso, julgamento 03.11.1993, *DJ* 11.11.1994, p. 30.635. O STF considerou constitucional a norma municipal, editada no exercício de competência legislativa suplementar, que proibiu a participação em licitação ou a contratação (Tema 1.001 da Tese de Repercussão Geral): a) de agentes eletivos; b) de ocupantes de cargo em comissão ou função de confiança; c) de cônjuge, companheiro ou parente em linha reta, colateral ou por afinidade, até o terceiro grau, inclusive, de qualquer destes; e d) dos demais servidores públicos municipais.

[14] Considera-se de grande vulto o contrato com valor superior a R$ 250.902.323,87 (art. 6.º, XXII, da Lei 14.133/2021 e Decreto 12.343/2024). Alguns entes federados estipularam, por atos normativos próprios, valores diversos daquele previsto na Lei 14.133/2021. Mato Grosso, por exemplo, promulgou a Lei estadual 12.148/2023 para indicar o valor de R$ 50.000.000,00. A questão é relevante, uma vez que o art. 25, § 4 º, da Lei 14.133/2021 obriga a implantação de programa de integridade nas contratações de grande vulto. Em abono à nossa tese, o STF considerou constitucional a norma municipal que exigiu a instituição de programa de integridade em contratações menores que aquele indicado na Lei 14.133/2021, em razão da necessidade de adaptação da exigência à realidade econômico-financeira do Ente Federado, com fundamento no princípio da moralidade (RE 1.410.340 AgR/SP, Rel. Min. Dias Toffoli, Segunda Turma, *DJe* 06.10.2023).

[15] Sobre o tema, vide: OLIVEIRA, Rafael Carvalho Rezende. Agentes de contratação na nova Lei de Licitações, *Solução em Licitações e Contratos*, v. 64, p. 37-46, jul. 2023.

[16] Sobre o tema, vide: VALE, Luís Manoel Borges do; OLIVEIRA, Rafael Carvalho Rezende. A inconstitucionalidade do art. 10 da Nova Lei de Licitações: a invasão de competência dos estados e municípios. *Solução em Licitações e Contratos – SLC*, n. 41, p. 31-40, ago. 2021.

[17] Nesse caso, o próprio art. 23, § 3º, da Lei 14.133/2021 dispõe que, nas contratações realizadas por Municípios, Estados e Distrito Federal, desde que não envolvam recursos da União, o valor previamente estimado da contratação poderá ser definido por meio da utilização de outros sistemas de custos adotados pelo respectivo ente federativo.

normas gerais para licitações e contratações realizadas por empresas estatais; a Lei 8.987/1995 dispõe sobre normas gerais para concessões comuns; a Lei 11.079/2004 prevê normas gerais para PPPs).[18]

Não obstante a preponderância do caráter nacional da Lei 14.133/2021, as suas disposições não são aplicadas em determinados casos. Assim, por exemplo, a Lei de Licitações não incide, em regra, sobre as empresas públicas, sociedades de economia mista e suas subsidiárias que são regidas pela Lei 13.303/2016 (Lei das Estatais), ressalvado o disposto no seu art. 178, que trata dos crimes em licitações e contratos administrativos (art. 1.º, § 1.º, da Lei 14.133/2021), bem como as hipóteses expressamente previstas na Lei 13.303/2016 (arts. 32, IV, 41 e 55, III).[19]

Quanto à esfera regulamentar, cada Ente Federado possui autonomia para editar os seus próprios decretos para regulamentação da Lei 14.133/2021, mas os Estados, o DF e os Municípios poderão aplicar os regulamentos editados pela União para execução da Lei de Licitações (art. 187 da Lei 14.133/2021).

Importante notar que o TCU, por meio da sua Súmula 222, determina que as suas decisões "relativas à aplicação de normas gerais de licitação, sobre as quais cabe privativamente à União legislar, devem ser acatadas pelos administradores dos Poderes da União, dos Estados, do Distrito Federal e dos Municípios". Em nossa opinião, sem desconsiderar a relevância do TCU, as suas atribuições não podem ferir a autonomia dos demais órgãos de controle, independentemente da esfera federativa.

A atual Lei de Licitações prevê, ainda, regras peculiares para: a) licitações e contratações realizadas em repartições públicas localizadas no exterior; b) licitações e contratações com recursos oriundos de agência oficial de cooperação estrangeira ou de organismo financeiro de que o Brasil seja parte; e c) contratações relativas à gestão, direta e indireta, das reservas internacionais do País.

Nesse sentido, as licitações e contratações realizadas no âmbito das repartições públicas sediadas no exterior obedecerão às peculiaridades locais e aos princípios básicos estabelecidos na Lei de Licitações, na forma de regulamentação específica a ser editada por ministro de Estado (art. 1.º, § 2.º, da Lei 14.133/2021).

Em relação às licitações e contratações que envolvam recursos oriundos de empréstimo ou doação oriundos de agência oficial de cooperação estrangeira ou de organismo financeiro de que o Brasil seja parte, podem ser admitidas (art. 1.º, § 3.º, da Lei 14.133/2021): a) condições decorrentes de acordos internacionais aprovados pelo Congresso Nacional e ratificados pelo Presidente da República; b) condições peculiares à seleção e à contratação, constantes de normas e procedimentos das agências ou dos organismos, desde que: b.1) sejam exigidas para a obtenção do empréstimo ou da doação; b.2) não conflitem com os princípios constitucionais

---

[18] Súmula 222 do TCU: "As Decisões do Tribunal de Contas da União, relativas à aplicação de normas gerais de licitação, sobre as quais cabe privativamente à União legislar, devem ser acatadas pelos administradores dos Poderes da União, dos Estados, do Distrito Federal e dos Municípios". Não obstante a relevância do TCU, as suas atribuições não podem ferir a autonomia dos demais órgãos de controle.

[19] A parte relativa ao campo penal não revela propriamente a aplicação da Lei 14.133/2021 às empresas estatais, mas da aplicação do Código Penal aos crimes praticados nas licitações e contratações realizadas pelas estatais. Ao contrário da Lei 8.666/1993, que elencava os crimes nas licitações, a Lei 14.133/2021 remeteu a matéria ao Código Penal. O tema das licitações e contratações realizadas por empresas estatais será aprofundado no item 3.8.

em vigor; e b.3) sejam indicadas no respectivo contrato de empréstimo ou doação e tenham sido objeto de parecer favorável do órgão jurídico do contratante do financiamento previamente à celebração do referido contrato.

Quanto às contratações relativas à gestão, direta e indireta, das reservas internacionais do País, inclusive de serviços conexos ou acessórios a essa atividade, as regras serão disciplinadas em ato normativo próprio do Banco Central do Brasil, assegurada a observância dos princípios estabelecidos no art. 37, *caput*, da CRFB (art. 1.º, § 5.º, da Lei 14.133/2021).

De acordo com o art. 2.º da Lei 14.133/2021, o seu regime jurídico será aplicado nas seguintes contratações: a) alienação e concessão de direito real de uso de bens; b) compra, inclusive por encomenda; c) locação; d) concessão e permissão de uso de bens públicos; e) prestação de serviços, inclusive os técnico-profissionais especializados; f) obras e serviços de arquitetura e engenharia; e g) contratação de serviços de tecnologia da informação e de comunicação.

A atual Lei de Licitações elenca hipóteses de não incidência de seus dispositivos. Nesse sentido, o art. 3.º da Lei 14.133/2021 dispõe que o novo diploma legal não incidirá nos seguintes contratos: a) que tenham por objeto operação de crédito, interno ou externo, e gestão de dívida pública, incluídas as contratações de agente financeiro e de concessão de garantia relacionadas a esses contratos; e b) contratações sujeitas a normas previstas em legislação própria.

Segundo o art. 4.º, *caput* e § 1.º, da Lei 14.133/2021, aplicam-se às licitações e contratos as disposições constantes dos arts. 42 a 49 da LC 123/2006 (Estatuto das Microempresas – MEs e empresa de pequeno porte – EPPs), salvo nos seguintes casos: a) no caso de licitação para aquisição de bens ou contratação de serviços em geral, ao item cujo valor estimado for superior à receita bruta máxima admitida para fins de enquadramento como EPP; e b) no caso de contratação de obras e serviços de engenharia, às licitações cujo valor estimado for superior à receita bruta máxima admitida para fins de enquadramento como EPP.

É oportuno destacar que os benefícios conferidos pela LC 123/2006 poderiam ser modificados ou afastados por lei ordinária, tal como ocorreu no art. 4.º, § 1.º, da Lei 14.133/2021.

Com efeito, o texto constitucional estabelece a necessidade de tratamento diferenciado às microempresas e às empresas de pequeno porte (arts. 146, III, d, 170, IX, e 179 da CRFB), reservando à lei complementar apenas as questões relacionadas à matéria tributária.

Em consequência, a LC 123/2006 instituiu normas gerais relativas ao tratamento diferenciado e favorecido a ser dispensado às microempresas e empresas de pequeno porte, especialmente em matéria tributária.

Destaque-se, contudo, que as normas relativas à participação das microempresas e às empresas de pequeno porte nas licitações e contratações públicas possuem caráter de lei ordinária, tendo em vista que essa matéria não foi reservada pelo constituinte ao campo da legislação complementar.

Não por outra razão, o art. 86 da própria LC 123/2006 dispõe que as matérias tratadas no referido diploma legal "que não sejam reservadas constitucionalmente à lei complementar poderão ser objeto de alteração por lei ordinária".

Em consequência, o art. 4.º, § 1.º, da Lei 14.133/2021, ao dispor sobre hipóteses de não incidência dos arts. 42 a 49 da LC 123/2006, afigura-se constitucional.

De acordo com o art. 4.º, § 2.º, da Lei 14.133/2021, a obtenção de benefícios a que se refere o *caput* do referido dispositivo fica limitada às MEs e às EPPs que, no mesmo ano-calendário de realização da licitação, ainda não tenham celebrado contratos com a Administração Pública em valores somados que extrapolem a receita bruta máxima admitida para fins de enquadramento como empresa de pequeno porte, devendo o órgão ou entidade exigir do licitante declaração de observância desse limite na licitação.

Nas contratações com prazo de vigência superior a um ano, será considerado o valor anual do contrato na aplicação dos limites previstos nos §§ 1.º e 2.º do art. 4.º da Lei de Licitações e Contratos Administrativos (art. 4.º, § 3.º, da Lei 14.133/2021).

1.4. PRINCÍPIOS DA LICITAÇÃO

A licitação, por ser um processo administrativo, pressupõe o atendimento dos princípios constitucionais aplicáveis à Administração Pública, notadamente aqueles expressamente previstos no art. 37, *caput*, da CRFB (legalidade, impessoalidade, moralidade, publicidade e eficiência).[20]

Ao lado dos princípios constitucionais, expressos e implícitos, existem princípios específicos que devem ser observados na licitação.

O art. 5.º da Lei 14.133/2021 apresenta os seguintes princípios da licitação: legalidade, impessoalidade, moralidade, publicidade, eficiência, interesse público, probidade administrativa, igualdade, planejamento, transparência, eficácia, segregação de funções, motivação, vinculação ao edital, julgamento objetivo, segurança jurídica, razoabilidade, competitividade, proporcionalidade, celeridade, economicidade e desenvolvimento nacional sustentável, devendo ser observadas, ainda, as disposições da LINDB.

Não obstante a extensão do rol de princípios, entendemos que o seu caráter é exemplificativo e não exaustivo. Mencione-se, por exemplo, o princípio do formalismo moderado que, apesar de não constar expressamente do art. 5.º, deve ser observado nas licitações e contratações públicas, conforme demonstra o art. 12, III, da Lei 14.133/2021.

Aliás, alguns princípios indicados na Lei de Licitações constituem, em verdade, princípios do Direito Administrativo e devem ser observados em qualquer atuação administrativa. É o que ocorre, por exemplo com os princípios da legalidade, da impessoalidade, da moralidade, da publicidade e da eficiência que são indicados no art. 37 da CRFB e no art. 5.º da Lei 14.133/2021.

Ademais, o referido rol apresenta princípios que levantam dúvidas quanto à sua própria caracterização como norma-princípio e que seriam naturalmente inseridos em princípios já positivados (ex.: a celeridade e a economicidade decorrem do princípio da eficiência; a transparência que pode ser inserida no princípio da publicidade).

Em razão do caráter exemplificativo do elenco e sem desconsiderar a relevância dos demais princípios, normalmente estudados nos cursos e tratados de Direito Administrativo, apresentaremos, a seguir, comentários sobre alguns dos principais princípios específicos da licitação.[21]

1.4.1. Princípio da competitividade

O caráter competitivo da licitação justifica-se pela busca da proposta apta a gerar o resultado de contratação mais vantajoso para a Administração Pública, motivo pelo qual é

---

[20] Sobre a importância dos princípios jurídicos no Direito Administrativo brasileiro, vide: OLIVEIRA, Rafael Carvalho Rezende. *Princípios do direito administrativo*. Rio de Janeiro: Lumen Juris, 2011.

[21] Sobre os princípios do Direito Administrativo, vide: OLIVEIRA, Rafael Carvalho Rezende. *Princípios do direito administrativo*. 2. ed. São Paulo: Método, 2013; OLIVEIRA, Rafael Carvalho Rezende. *Curso de direito administrativo*. 8. d. São Paulo: Método, 2020. p. 36-64.

vedado estipular exigências que comprometam, restrinjam ou frustrem o caráter competitivo do processo licitatório (art. 9.º, I, *a*, da Lei 14.133/2021).

O princípio da competitividade deve servir como norte interpretativo das cláusulas editalícias, de maneira a aumentar o universo de competidores.

Quanto maior a competição, maior a chance de encontrar a proposta mais vantajosa para a Administração Pública (ex.: a exigência de compra de editais, a vedação de participação de empresas que estejam em litígio judicial com a entidade administrativa e a restrição da participação às empresas que possuem sede no território do Ente Federado licitante frustram a competitividade).[22]

Por esta razão, o art. 4.º, III, *b*, da Lei 4.717/1965 (Lei da Ação Popular), estabelece a nulidade dos editais de licitação que contenham cláusulas restritivas da competição.[23]

A competitividade nas licitações públicas, com a implementação de ampla concorrência entre interessados, impõe a adoção de regras editalícias e contratuais que promovam a ampla participação de potenciais interessados, inclusive com a adoção de exigências que inibam a corrupção e conluios, tal como a formação de cartéis entre os participantes do procedimento licitatório.[24]

1.4.2. Princípio da isonomia

O princípio da isonomia tem profunda ligação com o princípio da impessoalidade, e significa que a Administração deve dispensar tratamento igualitário (não discriminatório) aos licitantes. A licitação deve assegurar "igualdade de condições a todos os concorrentes", conforme dispõe o art. 37, XXI, da CRFB.[25]

---

[22] O TCU decidiu que a restrição à participação de empresas, que estejam em litígio judicial com a entidade, nas licitações públicas, viola os princípios da impessoalidade e da competitividade (TCU, Acórdão 2.434/2011, Plenário, Rel. Min. Aroldo Cedraz, *DOU* 14.09.2011). O STF, por sua vez, declarou a inconstitucionalidade de norma estadual que estabelecia a necessidade de que os veículos da frota oficial fossem produzidos naquele Estado, critério arbitrário e discriminatório de acesso à licitação pública em ofensa ao disposto no art. 19, II, da CRFB (*Informativo de Jurisprudência do STF* n. 495).

[23] "Art. 4.º São também nulos os seguintes atos ou contratos, praticados ou celebrados por quaisquer das pessoas ou entidades referidas no art. 1.º [...] III – A empreitada, a tarefa e a concessão do serviço público, quando: [...] b) no edital de concorrência forem incluídas cláusulas ou condições, que comprometam o seu caráter competitivo."

[24] A preocupação com o combate aos cartéis nas licitações pode ser demonstrada pelas normas que fixam punições as pessoas que frustrarem o caráter competitivo do certame, tais como: a) Código Penal: "Art. 337-F. Frustrar ou fraudar, com o intuito de obter para si ou para outrem vantagem decorrente da adjudicação do objeto da licitação, o caráter competitivo do processo licitatório: Pena – reclusão, de 4 (quatro) anos a 8 (oito) anos, e multa"; b) Lei 12.846/2013 (Lei Anticorrupção): "Art. 5.º Constituem atos lesivos à administração pública, nacional ou estrangeira, para os fins desta Lei, todos aqueles praticados pelas pessoas jurídicas mencionadas no parágrafo único do art. 1.º, que atentem contra o patrimônio público nacional ou estrangeiro, contra princípios da administração pública ou contra os compromissos internacionais assumidos pelo Brasil, assim definidos: [...] IV – no tocante a licitações e contratos: a) frustrar ou fraudar, mediante ajuste, combinação ou qualquer outro expediente, o caráter competitivo de procedimento licitatório público". Sobre os cartéis nas licitações, vide: CARVALHO, Victor Aguiar de. *Cartéis em licitações*. Rio de Janeiro: Lumen Juris, 2018.

[25] De acordo com o TCU, a contratação pela Administração de empresas pertencentes a parentes de gestor público envolvido no processo caracteriza, diante do manifesto conflito de interesses, viola os

Da mesma forma, a isonomia guarda estreita relação com a competitividade, pois as restrições à participação de determinadas pessoas na licitação acarretam diminuição do número de possíveis interessados. Exemplo: a Administração não pode estabelecer preferências ou distinções em razão da naturalidade, da sede ou domicílio dos licitantes ou de qualquer outra circunstância impertinente ou irrelevante para o específico objeto do contrato, conforme previsão do art. 9.º, I, *b* e *c*, da Lei 14.133/2021.

Lembre-se de que a isonomia pressupõe, por vezes, tratamento desigual entre as pessoas que não se encontram na mesma situação fático-jurídica (tratamento desigual aos desiguais), desde que respeitado o princípio da proporcionalidade. Nesse sentido, por exemplo, a Constituição exige tratamento diferenciado em relação às cooperativas (art. 5.º, XVIII; art. 146, III, *c*; e art. 174, § 2.º, da CRFB; Lei 5.764/1971), bem como no tocante às microempresas e empresas de pequeno porte (art. 146, III, *d*, e art. 179 da CRFB; LC 123/2006).[26]

Cabe destacar, ainda, que o TCU admite a participação de entidades privadas sem fins lucrativos em licitações desde que o objeto da avença esteja em conformidade com os objetivos estatutários específicos da entidade. Por outro lado, a previsão de objetos estatutários demasiadamente abertos permitiria a participação das entidades em qualquer certame que tivesse por objeto a terceirização de serviços pela Administração, o que acarretaria discriminação não isonômica em favor das referidas entidades que possuem carga tributária menor que as sociedades empresariais.[27]

1.4.3. Princípio da vinculação ao edital

O instrumento convocatório (edital) é a lei interna da licitação que deve ser respeitada pelo Poder Público e pelos licitantes (art. 5.º da Lei 14.133/2021).

Com a promulgação da atual Lei de Licitações e a extinção da modalidade convite, o instrumento convocatório passou a ser sinônimo de edital, motivo pelo qual o legislador passou a utilizar a expressão "princípio da vinculação ao edital" (arts. 5.º e 92, II, da Lei 14.133/2021).

Trata-se da aplicação específica do princípio da legalidade, razão pela qual a não observância das regras fixadas no instrumento convocatório acarretará a ilegalidade do certame. Exemplos: a obtenção da melhor proposta será auferida necessariamente a partir do critério de julgamento (tipo de licitação) elencado no edital; os licitantes serão inabilitados caso não apresentem os documentos expressamente elencados no edital etc.

1.4.4. Princípio do procedimento formal (formalismo moderado)

Os procedimentos adotados na licitação devem observar fielmente as normas contidas na legislação. O referido princípio decorre do princípio constitucional do devido processo legal.

---

princípios constitucionais da moralidade e da impessoalidade. TCU, Acórdão 1.941/2013, Plenário, Rel. Min. José Múcio Monteiro, *DOU* 24.07.2013 (*Informativo de Jurisprudência sobre Licitações e Contratos do TCU* n. 161).

[26] As controvérsias relativas à participação de cooperativas e empresas de pequeno porte e microempresas em licitações serão estudadas adiante em tópico específico.

[27] TCU, Acórdão 2847/2019, Plenário, Rel. Min. Raimundo Carreiro, *Informativo de Jurisprudência sobre Licitações e Contratos do TCU* n. 382.

É oportuno ressaltar que o princípio do procedimento formal não significa excesso de formalismo, mas, sim, formalismo moderado.[28] Não se pode perder de vista que a licitação é um procedimento instrumental que tem por objetivo uma finalidade específica: celebração do contrato com o licitante que apresentou a melhor proposta.

A atual Lei de Licitações demonstra que o formalismo é moderado e não absoluto.

Nesse sentido, o art. 12 da Lei 14.133/2021 revela a preocupação do legislador com a relativização de formalidades desnecessárias nas contratações públicas, destacando-se, por exemplo: a) a possibilidade de aproveitamento dos atos que apresentem descumprimento de formalidades que não comprometam a aferição da qualificação do licitante ou a compreensão do conteúdo de sua proposta, evitando-se, portanto, o seu afastamento da licitação ou a invalidação do processo (art. 12, III); b) a prova de autenticidade de cópia de documento público ou particular poderá ser feita perante agente da Administração, mediante apresentação de original ou de declaração de autenticidade por advogado, sob sua responsabilidade pessoal (art. 12, IV); c) salvo imposição legal, a exigência do reconhecimento de firma somente será admitida nos casos de dúvida de autenticidade (art. 12, V); d) o contrato verbal será nulo e de nenhum efeito, mas se admitem, excepcionalmente, contratações verbais de pequenas compras ou de prestação de serviços de pronto pagamento, assim entendidas aquelas de valor não superior a R$ 12.545,11 (art. 95, § 2.º, e Decreto 12.343/2024); e) a possibilidade de saneamento ou convalidação de atos praticados com vícios formais que não afetem os direitos dos participantes do certame ou o interesse público (ex.: art. 71, I, art. 147 etc.).

1.4.5. Princípio do julgamento objetivo

O julgamento das propostas apresentadas pelos licitantes deve ser pautado por critérios objetivos elencados na legislação. A adoção de critérios subjetivos para o julgamento das propostas é contrária ao princípio da isonomia.

O art. 33 da Lei 14.133/2021 indica os seguintes critérios de julgamento: a) menor preço; b) maior desconto; c) melhor técnica ou conteúdo artístico; d) técnica e preço; e) maior lance, no caso de leilão; e f) maior retorno econômico.[29]

1.4.6. Princípio do planejamento

O princípio do planejamento encontra-se previsto no art. 5.º da Lei 14.133/2021. Em nossa opinião, o planejamento representa um dever da Administração Pública que decorre do princípio da eficiência (art. 37 da CRFB) e já era previsto no art. 6.º, I, do DL 200/1967.

---

[28] Nesse sentido, confira-se o entendimento do Superior Tribunal de Justiça: "Mandado de segurança. Administrativo. Licitação. Proposta técnica. Inabilitação. Arguição de falta de assinatura no local predeterminado. Ato ilegal. Excesso de formalismo. Princípio da razoabilidade. 1. A interpretação dos termos do Edital não pode conduzir a atos que acabem por malferir a própria finalidade do procedimento licitatório, restringindo o número de concorrentes e prejudicando a escolha da melhor proposta. 2. O ato coator foi desproporcional e desarrazoado, mormente tendo em conta que não houve falta de assinatura, pura e simples, mas assinaturas e rubricas fora do local preestabelecido, o que não é suficiente para invalidar a proposta, evidenciando claro excesso de formalismo. Precedentes. 3. Segurança concedida" (MS 5.869/DF, 1.ª Seção, Rel. Min. Laurita Vaz, *DJ* 07.10.2002, p. 163).

[29] Registre-se que o art. 45 da Lei 8.666/1993 apresentava os seguintes critérios de julgamento: a) menor preço; b) melhor técnica; c) técnica e preço; e d) maior lance ou oferta.

A preocupação com o planejamento das licitações e das contratações públicas pode ser verificada ao longo do texto da atual Lei de Licitações. O inciso VII do art. 12, por exemplo, demonstra a importância do planejamento para racionalização das contratações públicas, permitindo que os órgãos competentes de cada Ente Federado, na forma dos respectivos regulamentos, elaborem plano de contratações anual (PCA), com o objetivo de garantir o alinhamento com o seu planejamento estratégico, bem como subsidiar a elaboração das respectivas leis orçamentárias.[30] O PCA deverá ser divulgado e mantido à disposição do público em sítio eletrônico oficial e será observado pelo ente federativo na realização de licitações e na execução dos contratos (art. 12, § 1.º).

O estudo técnico preliminar (ETP) é o documento constitutivo da primeira etapa do planejamento de uma contratação que caracteriza o interesse público envolvido e a sua melhor solução e dá base ao anteprojeto, ao termo de referência ou ao projeto básico a serem elaborados caso se conclua pela viabilidade da contratação (art. 6.º, XX, da Lei 14.133/2021).

1.4.7. Princípio do desenvolvimento nacional sustentável

O desenvolvimento nacional sustentável é indicado como princípio e objetivo da licitação (arts. 5.º e 11 da Lei 14.133/2021).

O desenvolvimento de um país, é bom que se registre, não está restrito, somente, ao seu crescimento econômico.[31] Muito ao contrário, o "direito ao desenvolvimento" comporta a conjugação de diversos outros fatores que materializam liberdades substanciais, como, por exemplo, o aumento da qualidade de vida dos cidadãos, o incremento da liberdade política, a promoção da inovação tecnológica e o aumento da adequação/funcionalidade das instituições.[32]

Destaca-se que o art. 174, § 1.º, da CRFB remete ao legislador a competência para fixar "as diretrizes e bases do planejamento do desenvolvimento nacional equilibrado, o qual incorporará e compatibilizará os planos nacionais e regionais de desenvolvimento". Já o art. 219 da CRFB dispõe que o mercado interno integra o patrimônio nacional e "será incentivado de modo a viabilizar o desenvolvimento cultural e socioeconômico, o bem-estar da população e a autonomia tecnológica do País, nos termos de lei federal".

---

[30]   Em âmbito federal, o Decreto 10.947/2022 regulamenta o inciso VII do art. 12 da Lei 14.133/2021.

[31]   Fábio Nusdeo descortina o significado da expressão "desenvolvimento" na Constituição: "Já na atual Constituição de 1988, a expressão perdeu o seu qualificativo econômico para aparecer de maneira mais ampla e correta como desenvolvimento nacional (art. 3.º, II), quedando-se, pois, fora do Título VII dedicado à Ordem Econômica e Financeira. Como já acima assinalado, o desenvolvimento não pode ser restringido ao campo puramente econômico, devendo abarcar necessariamente o institucional, o cultural, o político e todos os demais. [...] Assim, investimentos em setores sociais como educação, saúde, habitação, se, num primeiro momento, parecem desviar recursos das aplicações diretamente produtivas ou econômicas, como estradas, usinas e poços de petróleo, na realidade irão poupar um conjunto muito severo de custos a se manifestarem logo adiante pela queda de produtividade da mão de obra, pelo aumento da criminalidade pelo solapamento da coesão social e tantos outros. Aliás, tem sido a constatação destes custos o que tem levado a se repensar o conceito e as manifestações do desenvolvimento" (NUSDEO, Fábio. Desenvolvimento econômico – um retrospecto e algumas perspectivas. In: SALOMÃO FILHO, Calixto (Coord.). *Regulação e desenvolvimento*. São Paulo: Malheiros, 2002. p. 19).

[32]   SEN, Amartya. *Desenvolvimento como liberdade*. São Paulo: Companhia das Letras, 2000. p. 17.

Na busca da implementação da sustentabilidade (econômica, social e ambiental), o legislador estabeleceu regras especiais.

Assim, por exemplo, o art. 26 da Lei 14.133/2021 admite a fixação de margem de preferência nos seguintes casos: a) bens manufaturados e serviços nacionais que atendam a normas técnicas brasileiras; e b) bens reciclados, recicláveis ou biodegradáveis, conforme regulamento.

De acordo com o art. 26, § 1.º, da Lei 14.133/2021, a referida margem de preferência: a) será definida em decisão fundamentada do Poder Executivo federal para os bens manufaturados e serviços nacionais que atendam a normas técnicas brasileiras; b) poderá ser de até 10% sobre o preço dos demais bens e serviços não indicados na margem de preferência; c) poderá ser estendida a bens manufaturados e serviços originários de Estados-Partes do Mercosul, desde que haja reciprocidade com o País prevista em acordo internacional aprovado pelo Congresso Nacional e ratificado pelo Presidente da República.

Quanto ao desempate entre licitantes, o art. 60 da atual Lei de Licitações elenca os seguintes critérios, nesta ordem: a) disputa final, hipótese em que os licitantes empatados poderão apresentar nova proposta em ato contínuo à classificação; b) avaliação do desempenho contratual prévio dos licitantes, para o que deverão preferencialmente ser utilizados registros cadastrais para efeito de atesto de cumprimento de obrigações previstas na Lei de Licitações; c) desenvolvimento pelo licitante de ações de equidade entre homens e mulheres no ambiente de trabalho, conforme regulamento; e d) desenvolvimento pelo licitante de programa de integridade, conforme orientações dos órgãos de controle.

Verifica-se que, ao contrário da legislação anterior, o art. 60 da Lei 14.133/2021 não mencionou o sorteio como critério de desempate. Não obstante o silêncio do legislador, sustentamos a possibilidade de inclusão nos editais do sorteio como último critério de desempate.[33]

Em igualdade de condições, não havendo desempate, será assegurada preferência, sucessivamente, aos bens e serviços (art. 60, § 1.º, da atual Lei de Licitações): a) produzidos ou prestados por empresas estabelecidas no território do Estado ou do Distrito Federal do órgão ou entidade da Administração Pública estadual ou distrital licitante ou, no caso de licitação realizada por órgão ou entidade de Município, no território do Estado em que este se localize; b) produzidos ou prestados por empresas brasileiras; c) produzidos ou prestados por empresas que invistam em pesquisa e no desenvolvimento de tecnologia no País; e d) empresas que comprovem a prática de mitigação, nos termos da Lei 12.187/2009, que trata da Política Nacional sobre Mudança do Clima – PNMC.[34] Os referidos critérios não prejudicam a aplicação do empate ficto ou presumido em favor das MEs e EPPs previsto no art. 44 da LC 123/2006 (art. 60, § 2.º, da Lei de Licitações).

---

[33] No mesmo sentido, a AGU, por meio do Parecer 00031/2024/DECOR/CGU/AGU, opinou pela viabilidade de utilização do sorteio como último critério de desempate, desde que haja previsão no edital, *vide*. A possibilidade de utilização do sorteio foi reconhecida pelo art. 28, § 2º, da IN SEGES/ME 73/2022, com a redação dada pela IN SEGES/MGI 79/2024, que prevê: "Permanecendo empate após aplicação de todos os critérios de desempate de que trata o *caput*, proceder-se-á a sorteio das propostas empatadas a ser realizado em ato público, para o qual todos os licitantes serão convocados, vedado qualquer outro processo".

[34] De acordo com o art. 2.º, VII, da Lei 12.187/2009, a mitigação compreende as "mudanças e substituições tecnológicas que reduzam o uso de recursos e as emissões por unidade de produção, bem como a implementação de medidas que reduzam as emissões de gases de efeito estufa e aumentem os sumidouros".

1.4.8. Princípios da publicidade e da transparência

O princípio da publicidade, previsto no art. 37 da CRFB, deve ser observado em qualquer atuação administrativa, inclusive, naturalmente, nas licitações e nas contratações públicas, como reiterado no art. 5.º da Lei 14.133/2021. A transparência, em nossa opinião, insere-se no próprio princípio da publicidade.

A visibilidade (transparência) dos atos estatais possui íntima relação com o princípio democrático (art. 1.º da CRFB), uma vez que permite o efetivo controle social da Administração Pública. No Estado Democrático de Direito, a regra é a publicidade dos atos estatais e o sigilo é exceção.

A publicidade é a regra nas licitações, ressalvados os casos de informações cujo sigilo seja imprescindível à segurança da sociedade e do Estado, na forma da lei (art. 13 da Lei de Licitações). É possível o sigilo provisório ou a publicidade diferida em duas hipóteses (art. 13, parágrafo único): a) conteúdo das propostas até a respectiva abertura; e b) orçamento estimado da contratação.

O eventual sigilo do orçamento estimado da contratação, que deve ser justificado e não prevalece para os órgãos de controle interno e externo, será mantido até a fase de julgamento e, em seguida, se tornará público. Durante o sigilo, a Administração divulgará o detalhamento dos quantitativos e das demais informações necessárias para a elaboração das propostas (art. 24, I e II, da Lei de Licitações).[35]

O Portal Nacional de Contratações Públicas (PNCP), previsto no art. 174 da Lei de Licitações, é o sítio eletrônico oficial que tem por objetivo divulgar os atos exigidos pela Lei de Licitações e garantir o acesso à informação, cumpridas as exigências da Lei 12.527/2011 (Lei de Acesso à Informação – LAI). Além da LAI, afigura-se necessário o cumprimento da Lei Geral de Proteção de Dados – LGPD.[36] A instituição do PNCP garante transparência e racionalidade

---

[35] De acordo com o art. 24, parágrafo único, da Lei 14.133/2021, na licitação em que for adotado o critério de julgamento de maior desconto, o preço estimado ou o máximo aceitável constará do edital da licitação. Embora não previsto na Lei 8.666/1993, o orçamento sigiloso, com a publicidade diferida, já era adotado no Regime Diferenciado de Contratações Públicas (art. 6.º da Lei 12.462/2011) e na Lei das Estatais (art. 34, *caput* e § 3.º, da Lei 13.303/2016).

[36] Nesse sentido, o Parecer 00009/2022/DECOR/CGU/AGU concluiu pela aplicação da LGPD aos dados pessoais tratados em razão de licitações e contratos administrativos. Alguns pontos do Parecer merecem destaque, a saber: a) os dados pessoais tratados em razão de licitações e contratos administrativos devem subsumir-se à nova Política desde a entrada em vigor da LGPD, mesmo no caso das licitações em curso e os contratos já firmados, que poderão ser revistos, caso necessário, para adaptação aos parâmetros impostos pela norma; b) o tratamento de dados pessoais pelas pessoas jurídicas de direito público deverá guardar compatibilidade com a finalidade específica informada ao titular para o fornecimento dos dados (art. 6.º) e "deverá ser realizado para o atendimento de sua finalidade pública, na persecução do interesse público, com o objetivo de executar as competências legais ou cumprir as atribuições legais do serviço público" (art. 23); c) o tratamento dos dados pessoais, no caso, poderá ocorrer se houver consentimento do titular do direito; para o cumprimento de obrigação legal; para a execução de contrato ou de procedimentos preliminares relacionados a contrato do qual seja parte o titular; e também na hipótese do uso compartilhado de dados necessários à execução de políticas públicas previstas em leis e regulamentos ou respaldadas em contratos, convênios ou instrumentos congêneres. (art. 7.º, inc. I, II, III e V); d) em razão do princípio da publicidade, "os agentes de tratamento devem adotar medidas de segurança, técnicas e administrativas aptas a proteger os dados pessoais de acessos não autorizados e de situações acidentais ou ilícitas de destruição, perda, alteração, comunicação ou qualquer forma de tratamento inadequado ou ilícito" (art. 46), "com o objetivo de proteger os

nas informações divulgadas pelo Poder Público, servindo como importante instrumento de acesso aos dados das licitações e das contratações públicas, o que facilita o exercício do controle social e institucional.

1.4.9. Princípios da eficiência, da celeridade e da economicidade

O art. 5.º da Lei 14.133/2021 de Licitações indica os princípios da eficiência, celeridade e economicidade. Em nossa opinião, a celeridade e a economicidade encontram-se inseridas no princípio constitucional da eficiência (art. 37 da CRFB, alterado pela EC 19/1998).

A preocupação com a eficiência pode ser encontrada em diversas passagens da atual Lei de Licitações. Na contratação de obras, fornecimentos e serviços, inclusive de engenharia, por exemplo, é possível a fixação da remuneração variável vinculada ao desempenho do contratado, com base em metas, padrões de qualidade, critérios de sustentabilidade ambiental e prazos de entrega definidos no edital de licitação e no contrato (denominado de contrato de *performance* ou de desempenho), na forma do art. 144 da Lei 14.133/2021.

Outro exemplo é a possibilidade de previsão no instrumento convocatório que contemple matriz de alocação eficiente de riscos que deverá estabelecer a responsabilidade que cabe a cada parte contratante, bem como mecanismos que afastem a ocorrência do sinistro e que mitiguem os efeitos deste, caso ocorra durante a execução contratual, na forma do art. 22, *caput* e § 1.º, da Lei 14.133/2021. A imputação dos riscos à parte que possui melhores condições de gerenciá-los contribui para a segurança jurídica e a economicidade do contrato.

Lembre-se, ainda, de que a economicidade deve ser considerada na elaboração do estudo técnico preliminar, que é o documento constitutivo da primeira etapa do planejamento de uma contratação (arts. 6.º, XX, e 18, § 1.º, IX, da Lei 14.133/2021).

1.4.10. Princípios da segregação de funções

O princípio da segregação de funções, previsto no art. 5.º da Lei 14.133/2021, consiste na distribuição e na especialização de funções entre os diversos agentes públicos que atuam nos processos de licitação e de contratação pública, com o intuito de garantir maior especialização no exercício das respectivas funções e de diminuir os riscos de conflitos de interesses dos agentes públicos. Verifica-se, portanto, que o referido princípio possui relação com os princípios da eficiência e da moralidade.

Ao tratar da segregação de funções, o art. 7.º, § 1.º, da Lei 14.133/2021 proíbe a designação do mesmo agente público para atuação simultânea em funções mais suscetíveis a riscos, de modo a reduzir a possibilidade de ocultação de erros e de ocorrência de fraudes na respectiva contratação. A mesma vedação é aplicada aos órgãos de assessoramento jurídico e de controle interno da Administração (art. 7.º, § 2.º). Assim, por exemplo, o servidor que atuou como pregoeiro ou agente de contratação não deve ser indicado como fiscal do futuro contrato. Igualmente, o pregoeiro não pode assumir a responsabilidade para elaboração do edital.[37]

---

direitos fundamentais de liberdade e de privacidade e o livre desenvolvimento da personalidade da pessoa natural" (art. 1.º); e e) há a necessidade de manutenção dos dados fornecidos pelos licitantes não contratados e pelos contratados após o encerramento do contrato, visando o cumprimento de obrigação legal (art. 16, I).

[37] TCU, Acórdão 2.146/2022, Plenário, Representação, Rel. Min. Aroldo Cedraz, *Informativo de Jurisprudência sobre Licitações e Contratos do TCU* n. 446. Antes da sua previsão expressa no art. 5.º da

É oportuno destacar que a segregação de funções possui relevância na execução dos atos atinentes à contratação pública e na atuação dos órgãos de controle, influenciando, inclusive, na imputação de responsabilidade. Mencione-se, por exemplo, a responsabilidade do gestor público por suas decisões, ainda que apoiadas em parecer jurídico, não sendo lícito responsabilizar civilmente o parecerista por sua opinião técnica, salvo na hipótese de dolo ou fraude (art. 184 do CPC).

1.5. AGENTE DE CONTRATAÇÃO E COMISSÃO DE CONTRATAÇÃO

Os agentes públicos indicados para o desempenho das atividades relacionadas aos processos de licitações e contratação públicas devem preencher os seguintes requisitos (art. 7.º da Lei 14.133/2021): a) a indicação deve recair, preferencialmente, sobre servidores efetivos ou empregados públicos dos quadros permanentes da Administração Pública; b) os agentes devem exercer atribuições relacionadas a licitações e contratos ou possuir formação compatível ou qualificação atestada por certificação profissional emitida por escola de governo criada e mantida pelo Poder Público; e c) os agentes não podem ser cônjuges ou companheiros de licitantes ou contratados habituais da Administração, assim como não podem ter com eles vínculo de parentesco, colateral ou por afinidade, até o terceiro grau, ou de natureza técnica, comercial, econômica, financeira, trabalhista e civil.

Ademais, a autoridade administrativa deverá observar o princípio da segregação de funções, vedada a designação do mesmo agente público para atuação simultânea em funções mais suscetíveis a riscos, de modo a reduzir a possibilidade de ocultação de erros e de ocorrência de fraudes na respectiva contratação. A mesma exigência deve ser observada nos órgãos de assessoramento jurídico e de controle interno da Administração.

As referidas exigências e vedações contribuem para implementação da gestão de pessoas por competências e para efetivação dos princípios da eficiência e da moralidade, uma vez que a função será realizada, preferencialmente, por profissionais de carreira, com conhecimento técnico sobre as licitações e contratações públicas e com segregação de funções, vedada a participação de agentes públicos no processo de contratação que envolva parentes ou pessoas que possam gerar conflitos de interesses.

Ao contrário da Lei 8.666/1993, a Lei 14.133/2021 estabelece, como regra, que a licitação será conduzida por órgão singular ("agente de contratação"), e não por órgão colegiado ("comissão de contratação"). Com clara inspiração na antiga Lei do Pregão, que indicava a condução do procedimento pelo pregoeiro, com auxílio da equipe de apoio, a Lei 14.133/2021 estipula que a licitação será conduzida por "agente de contratação", auxiliado pela equipe de apoio, que será indicado pela autoridade competente, entre servidores ou empregados públicos pertencentes aos quadros permanentes da Administração Pública, para tomar decisões, acompanhar o trâmite da licitação, dar impulso ao procedimento licitatório e executar quaisquer outras atividades necessárias ao bom andamento da licitação (art. 8.º da Lei 14.133/2021).

O agente de contratação é a "pessoa designada pela autoridade competente, entre servidores efetivos ou empregados públicos dos quadros permanentes da Administração Pública, para tomar decisões, acompanhar o trâmite da licitação, dar impulso ao procedimento licitatório e executar quaisquer outras atividades necessárias ao bom andamento do certame até a homologação" (art. 6.º, LX, da Lei 14.133/2021).

---

atual Lei de Licitações, a segregação de funções já era reconhecida e aplicada pelos órgãos de controle (TCU, Acórdão 2296/2014, Plenário, Rel. Min. Benjamin Zymler, j. 03.09.2014).

Conforme destacado, o agente de contratação deve ser servidor efetivo ou empregado público dos quadros permanentes da Administração Pública, na forma dos arts. 6º, LX, e 8º da Lei 14.133/2021.

Contudo, existe controvérsia doutrinária sobre o enquadramento dos referidos dispositivos legais nas categorias de normas gerais ou específicas de licitação. Na literalidade dos referidos dispositivos legais, os agentes de contratação deveriam ser, obrigatoriamente, servidores efetivos, em razão do caráter geral da Lei 14.133/2021.

De nossa parte, sustentamos que os arts. 6º, LX, e 8º da Lei 14.133/2021 devem ser considerados normas específicas, uma vez que a competência legislativa para definir o regime jurídico dos servidores, que exercerão determinadas funções públicas, inclusive aqueles inerentes aos agentes de contratação, deve ser inserida na autonomia dos entes federados.[38]

É verdade que o desempenho da função por servidores estatutários, ocupantes de cargo efetivos, garante maior independência ao agente de contratação e segurança jurídica aos participantes dos certames, o que justifica a preferência na indicação desses servidores, mas não há impedimento para que os entes federados, em situações excepcionais e justificadas, estabeleçam, em seus respectivos atos normativos, a possibilidade de indicação excepcional de servidores comissionados para atuarem como agentes de contratação, quando justificada a impossibilidade de indicação de servidores efetivos.

A competência do agente de contratação envolve a condução do processo de licitação, com a prerrogativa para tomar decisões, acompanhar o trâmite da licitação, dar impulso ao procedimento licitatório e executar quaisquer outras atividades necessárias ao bom andamento do certame até a homologação.

O momento inicial para o exercício da competência do agente de contratação não é claramente definido pelo art. 8.º da Lei 14.133/2021. Entendemos que o agente de contratação deve atuar a partir da publicação do edital, evitando-se a sua atuação na fase preparatória da licitação, em razão do princípio da segregação de funções, salvo previsão regulamentar em sentido contrário.[39]

O art. 8.º da Lei 14.133/2021 evidencia que a atuação do agente de contratação se encerra com a homologação do certame. Contudo, a partir da leitura conjugada do referido dispositivo legal com o art. 71, IV, da mesma Lei, constata-se que a competência para adjudicação e homologação

---

[38] OLIVEIRA, Rafael Carvalho Rezende. Agentes de contratação na nova Lei de Licitações, Solução em Licitações e Contratos, v. 64, p. 37-46, jul. 2023. No mesmo sentido: JUSTEN FILHO, Marçal. *Comentários à lei de licitações e contratações administrativas*. São Paulo: Thomson Reuters Brasil, 2021. p. 213; TORRES, Ronny Charles Lopes de. *Leis de licitações públicas comentadas*. 12. ed. São Paulo: JusPodivm, 2021. p. 105; AMORIM, Victor Aguiar Jardim de. Modalidades e rito procedimental da Licitação. In: DI PIETRO, Maria Sylvia Zanella (Coord.). *Licitações e contratos administrativos*: inovações da Lei 14.133, de 1º de abril de 2021. 2. ed. Rio de Janeiro: Forense, 2022. p. 182. Em âmbito federal, não haveria dúvida quanto à necessidade de aplicação da literalidade do art. 8.º da Lei 14.133/2021, exigindo-se que o agente de contratação seja servidor efetivo (TCU, Acórdão 1917/2024, Plenário, Rel. Min. Benjamin Zymler).

[39] OLIVEIRA, Rafael Carvalho Rezende. *Nova Lei de Licitações e Contratos Administrativos*. 3. ed. Rio de Janeiro: Forense, 2023. p. 51. De forma semelhante: JUSTEN FILHO, Marçal. *Comentários à lei de licitações e contratações administrativas*. São Paulo: Thomson Reuters Brasil, 2021. p. 214; AMORIM, Victor Aguiar Jardim de. Modalidades e rito procedimental da Licitação. In: DI PIETRO, Maria Sylvia Zanella (Coord.). *Licitações e contratos administrativos*: inovações da Lei 14.133, de 1º de abril de 2021. 2. ed. Rio de Janeiro: Forense, 2022. p. 183.

do certame é da autoridade superior e não do agente de contratação. Em consequência, o agente de contratação deve atuar até a fase de julgamentos dos eventuais recursos, com o envio do processo administrativo à autoridade superior para adjudicação e homologação da licitação.

Quanto à nomenclatura, destaca-se que, na modalidade pregão, o agente responsável pela condução do certame continuará designado como pregoeiro (art. 8.º, § 5.º, da Lei 14.133/2021). Não vislumbramos diferenças relevantes entre as figuras dos agentes de contração e o pregoeiro, mas apenas a distinção terminológica. Em verdade, o pregoeiro pode ser considerado o agente de contratação que atua no pregão.

O agente de contratação será auxiliado por equipe de apoio e responderá individualmente pelos atos que praticar, salvo quando induzido a erro pela atuação da equipe (art. 8.º, § 1.º, da Lei 14.133/2021).

Nas licitações que envolvam bens e serviços especiais, o agente de contratação poderá ser substituído por comissão de contratação, com regras de funcionamento definidas em regulamento, que será formada por, no mínimo, três membros, que responderão solidariamente por todos os atos praticados pela comissão, ressalvado o membro que expressar posição individual divergente fundamentada e registrada em ata lavrada na reunião em que houver sido tomada a decisão (art. 8.º, § 2.º, da Lei 14.133/2021).[40] Na modalidade diálogo competitivo, o certame será necessariamente conduzido por comissão de contratação composta de pelo menos 3 (três) servidores efetivos ou empregados públicos pertencentes aos quadros permanentes da Administração, admitida a contratação de profissionais para assessoramento técnico da comissão, na forma do art. 32, § 1.º, XI, da Lei 14.133/2021.

É possível estabelecer a seguinte relação entre os agentes públicos responsáveis pela condução dos certames e as modalidades de licitação a partir do quadro a seguir:

Modalidades	Condução da licitação
Pregão	Pregoeiro (art. 8.º, § 5.º, da Lei 14.133/2021).
Concorrência	Agente de contratação ou comissão de contratação (art. 8.º, *caput* e § 2.º, da Lei 14.133/2021).
Concurso	Comissão especial ou comissão julgadora (a Lei 14.133/2021 não foi clara em relação à condução do concurso, o que não impede a aplicação da mesma lógica do regime jurídico anterior, especialmente em razão da necessidade da presença de especialistas na comissão julgadora, que conheçam o objeto do certame, na forma a ser detalhada no edital).
Leilão	Leiloeiro oficial ou servidor designado pela autoridade competente (art. 31 da Lei 14.133/2021).
Diálogo competitivo	Comissão de contratação (art. 32, § 1.º, XI, da Lei 14.133/2021).

---

[40] A comissão de contratação é o "conjunto de agentes públicos indicados pela Administração, em caráter permanente ou especial, com a função de receber, examinar e julgar documentos relativos às licitações e aos procedimentos auxiliares" (art. 6.º, L, da Lei 14.133/2021). Em licitação que envolva bens ou serviços especiais cujo objeto não seja rotineiramente contratado pela Administração, poderá ser contratado, por prazo determinado, serviço de empresa ou de profissional especializado para assessorar os agentes públicos responsáveis pela condução da licitação (art. 8.º, § 4.º, da Lei 14.133/2021).

O art. 9.º da Lei 14.133/2021 estabelece vedações aos agentes públicos, tais como: a) admitir, prever, incluir ou tolerar, nos atos que praticar, situações que: a.1) comprometam, restrinjam ou frustrem o caráter competitivo do processo licitatório, inclusive nos casos de participação de sociedades cooperativas; a.2) estabeleçam preferências ou distinções em razão da naturalidade, da sede ou do domicílio dos licitantes; a.3) sejam impertinentes ou irrelevantes para o objeto específico do contrato; b) estabelecer tratamento diferenciado, de natureza comercial, legal, trabalhista, previdenciária ou qualquer outra, entre empresas brasileiras e estrangeiras, inclusive no que se refere a moeda, modalidade e local de pagamento, mesmo quando envolvido financiamento de agência internacional; e c) opor resistência injustificada ao andamento dos processos e retardar ou deixar de praticar, indevidamente, ato de ofício, ou praticá-lo contra disposição expressa de lei.[41]

O agente público de órgão ou de entidade contratante ou responsável pela licitação não poderá participar, direta ou indiretamente, da licitação ou da execução do contrato (art. 9.º, § 1.º). A vedação é aplicável, também, ao terceiro que auxilia a condução da contratação na qualidade de integrante de equipe de apoio, profissional especializado ou funcionário ou representante de empresa que preste assessoria técnica (art. 9.º, § 2.º).

Na eventual necessidade de defesa nas esferas administrativa, controladora e judicial, em razão de ato praticado com estrita observância de orientação constante em parecer jurídico elaborado na forma do § 1.º do art. 53, o órgão de assessoria jurídica promoverá, a critério do agente público, sua representação judicial ou extrajudicial, inclusive nas hipóteses de ex-servidores, salvo se houver provas da prática de atos ilícitos dolosos (art. 10, *caput* e §§ 1.º e 2.º, da Lei 14.133/2021).

Entendemos que o art. 10 da Lei 14.133/2021 é inconstitucional,[42] em razão da violação (i) da autonomia legislativa dos entes federados para fixação das normas de competência dos respectivos órgãos da Advocacia Pública (arts. 18 e 132 da CRFB) e (ii) da competência privativa do Chefe do Poder Executivo para iniciativa das leis que tratam do regime jurídico dos servidores públicos (art. 61, § 1.º, II, c, da CRFB). Observe-se que, ao versar sobre as atribuições conferidas aos Advogados Públicos, criando funções outras, o novo diploma normativo licitatório apresenta inequívoco vício de iniciativa.

Assim como sustentamos a inconstitucionalidade do art. 10 da Lei 14.133/2021, defendemos, com argumentos semelhantes, a inconstitucionalidade do § 20 do art. 17 da Lei 8.429/1992, incluído pela Lei 14.230/2021.[43] De acordo com o referido dispositivo legal, a assessoria jurídica, que emitiu o parecer atestando a legalidade da atuação administrativa, estaria obrigada defender os agentes públicos acusados de improbidade administrativa, o que pressupõe a atuação dolosa do agente público, revelando-se situação mais delicada que aquela apresentada na Lei de Licitações que, ao menos, afastava a obrigatoriedade da referida defesa no caso de prova de dolo. É oportuno destacar que o STF declarou a inconstitucionalidade parcial do § 20 do art.

---

[41]　As referidas vedações são aplicáveis, também, ao terceiro que auxilie a condução da contratação na qualidade de integrante de equipe de apoio, profissional especializado ou funcionário ou representante de empresa que preste assessoria técnica (art. 9.º, § 2.º, da atual Lei).

[42]　A tese foi defendida em outra oportunidade: VALE, Luís Manoel Borges do; OLIVEIRA, Rafael Carvalho Rezende. A inconstitucionalidade do art. 10 da Nova Lei de Licitações: a invasão de competência dos estados e municípios. *Solução em Licitações e Contratos – SLC*, n. 41, p. 31-40, ago. 2021.

[43]　VALE, Luís Manoel Borges do; OLIVEIRA, Rafael Carvalho Rezende. Os impactos da reforma da Lei de Improbidade Administrativa na advocacia pública. *Revista Brasileira de Direito Público – RBDP*, n. 76, p. 9-29, jan./mar. 2022.

17 da Lei 8.429/1992, incluído pela Lei 14.230/2021, para afirmar que não existe "obrigatoriedade de defesa judicial", mas a possibilidade dos órgãos da Advocacia Pública autorizarem a realização dessa representação judicial, por parte da assessoria jurídica que emitiu o parecer atestando a legalidade prévia.[44]

1.6. IMPEDIMENTOS PARA PARTICIPAÇÃO NAS LICITAÇÕES E NOS CONTRATOS

Estão impedidos de disputar a licitação ou participar da execução de contrato, direta ou indiretamente (art. 14 da Lei 14.133/2021): a) autor do anteprojeto, do projeto completo ou do projeto executivo, pessoa física ou jurídica, quando a licitação versar sobre obra, serviços ou fornecimento de bens a ele relacionados;[45] b) empresa, isoladamente ou em consórcio, responsável pela elaboração do projeto básico ou do projeto executivo ou empresa da qual o autor do projeto seja dirigente, gerente, controlador, acionista ou detentor de mais de 5% do capital com direito a voto, responsável técnico ou subcontratado, quando a licitação versar sobre obra, serviços ou fornecimento de bens a ela necessários; c) pessoa física ou jurídica que se encontre, ao tempo da licitação, impossibilitada de participar da licitação em decorrência de sanção que lhe foi imposta; d) aquele que mantiver vínculo de natureza técnica, comercial, econômica, financeira, trabalhista ou civil, ou seja cônjuge, companheiro ou parente em linha reta, colateral ou por afinidade, até o terceiro grau, de dirigente do órgão ou entidade contratante ou com agente público que desempenhe função na licitação ou que atue na fiscalização ou na gestão do contrato, devendo esta proibição constar expressamente no edital de licitação; e) empresas controladoras, controladas ou coligadas, nos termos da Lei 6.404/1976, concorrendo entre si; e f) pessoa física ou jurídica que, nos cinco anos anteriores à divulgação do edital, tenha sido condenada judicialmente, com trânsito em julgado, por exploração de trabalho infantil, por submissão de trabalhadores a condições análogas às de escravo ou por contratação de adolescentes nos casos vedados pela legislação trabalhista.

Os sobreditos impedimentos não obstam a licitação ou a contratação de obra ou serviço que inclua como encargo do contratado a elaboração do projeto básico e do projeto executivo nas contratações integradas e do projeto executivo nos demais regimes de execução (art. 14, § 4.º).

Quanto aos impedimentos indicados nas alíneas a e b, equiparam-se aos autores do projeto as empresas integrantes do mesmo grupo econômico (art. 14, § 3.º). O autor dos projetos e a empresa podem prestar serviço à Administração interessada no apoio das atividades de planejamento da contratação, de execução da licitação ou de gestão do contrato, desde que sob supervisão exclusiva de agentes públicos do órgão ou entidade (art. 14, § 2.º).

O impedimento citado na alínea c também será aplicado ao licitante que esteja atuando em substituição a outra pessoa, física ou jurídica, com o intuito de burlar a efetividade de sanção àquela aplicada, incluindo sua controladora, controlada ou coligada, desde que devidamente comprovado o ilícito ou a utilização fraudulenta da personalidade jurídica do licitante (art. 14, § 1.º).

---

[44] STF, ADI 7.042/DF e ADI 7.043/DF, Rel. Min. Alexandre de Moraes, j. 31.08.2022.

[45] No contexto da Lei 8.666/1993, o TCU decidiu pela ilegalidade da "participação do autor do projeto básico, ainda que indireta, em licitação ou na execução da obra, não descaracterizando a infração a ocorrência da exclusão do referido autor do quadro social da empresa participante da licitação, às vésperas do certame" (TCU, Plenário, Acórdão 2.264/2011, Rel. Min. José Múcio Monteiro, 24.08.2011, *Informativo de Jurisprudência sobre Licitações e Contratos do TCU* n. 77).

Aliás, o art. 160 da Lei de Licitações permite a desconsideração da personalidade jurídica quando utilizada com abuso do direito para facilitar, encobrir ou dissimular a prática dos atos ilícitos previstos na Lei de Licitações ou para provocar confusão patrimonial. Nesse caso, os efeitos das sanções aplicadas à pessoa jurídica serão estendidos aos seus administradores e sócios com poderes de administração, a pessoa jurídica sucessora ou a empresa do mesmo ramo com relação de coligação ou controle, de fato ou de direito, com o sancionado, observados, em todos os casos, o contraditório, a ampla defesa e a obrigatoriedade de análise jurídica prévia.

Nas licitações e contratações realizadas no âmbito de projetos e programas parcialmente financiados por agência oficial de cooperação estrangeira ou por organismo financeiro internacional, com recursos do financiamento ou da contrapartida nacional, não poderá participar pessoa física ou jurídica que integre rol de pessoas sancionadas por tais entidades ou declarada inidônea nos termos desta Lei (art. 14, § 5.º). Verifica-se, aqui, uma importante novidade na atual Lei de Licitações que impede a participação de empresas sancionadas por entidades estrangeiras nos certames integrantes de projetos e programas parcialmente financiados pelas referidas entidades. O assunto gerava polêmicas no âmbito da Lei 8.666/1993, que não continha previsão semelhante.

Em suma, as vedações apresentadas pelo art. 14 da Lei 14.133/2021 têm por objetivo evitar potenciais conflitos de interesses ou a concessão de vantagens competitivas nas licitações e contratações que coloquem em risco os princípios da isonomia, da competitividade e da moralidade administrativa.

É possível perceber que os impedimentos indicados nos incisos I e II do art. 14 da atual Lei de Licitações reproduzem, com pequenos ajustes, aqueles indicados no art. 9.º, I e II, da Lei 8.666/1993. Destaca-se, contudo, que o impedimento de participação do autor do projeto básico na licitação é afastado no regime da contratação integrada, no qual o contratado é o responsável pela elaboração dos projetos básico e executivo, cabendo ao Poder Público apresentar o anteprojeto (art. 46, § 2.º, da Lei 14.133/2021). Nesse regime, o autor do anteprojeto não poderá participar da licitação.

O art. 14, III, da Lei veda a participação de pessoa física ou jurídica que, no momento do certame, esteja impossibilitada de participar da licitação em decorrência de sanção administrativa. A hipótese possui vinculação com as sanções de "impedimento de licitar e contratar" e de "declaração de inidoneidade para licitar ou contratar". De acordo com o novo diploma legal, enquanto a sanção de "impedimento de licitar e contratar" restringe-se ao ente sancionador, a "declaração de inidoneidade" abrange a Administração Pública direta e indireta de todos os entes federativos, na forma do art. 156, III, IV, §§ 4.º e 5.º, da Lei de Licitações.

Em relação ao inciso IV do art. 14 da atual Lei de Licitações, o impedimento é mais amplo que aquele apresentado pelo art. 9.º, § 3.º, da Lei 8.666/1993.

Inicialmente, a atual Lei impede a participação na licitação de pessoa que mantenha vínculo de natureza técnica, comercial, econômica, financeira, trabalhista ou civil com dirigente do órgão ou entidade contratante ou com agente público que desempenhe função na licitação ou atue na fiscalização ou na gestão do contrato. No art. 9.º, § 3.º, da Lei 8.666/1993, por sua vez, o referido impedimento restringia-se à pessoa que tivesse "vínculo de natureza técnica, comercial, econômica, financeira ou trabalhista entre o autor do projeto, pessoa física ou jurídica, e o licitante ou responsável pelos serviços, fornecimentos e obras, incluindo-se os fornecimentos de bens e serviços a estes necessários".

Ademais, o art. 14, IV, da atual Lei inseriu o impedimento de participação na licitação de cônjuge, companheiro ou parente em linha reta, colateral ou por afinidade, até o terceiro grau, com dirigente do órgão ou entidade contratante ou com agente público atue na licitação, na fiscalização ou na gestão do contrato.[46] Trata-se de impedimento que pretende coibir o nepotismo no âmbito das contratações públicas, incorporando ao regime das licitações e contratações a vedação constante da Súmula Vinculante 13 do STF aplicável aos cargos comissionados.[47]

Já o inciso V do art. 14 da Lei impede a participação nas licitações e nas contratações das empresas controladoras, controladas ou coligadas, em razão do potencial risco à competitividade, uma vez que as referidas empresas pertencem ao mesmo grupo econômico. Considera-se empresa coligada a sociedade na qual a investidora tenha influência significativa (art. 243, § 1.º, da Lei 6.404/1976). A empresa controlada, por sua vez, é aquela "na qual a controladora, diretamente ou através de outras controladas, é titular de direitos de sócio que lhe assegurem, de modo permanente, preponderância nas deliberações sociais e o poder de eleger a maioria dos administradores" (art. 243, § 2.º, da Lei 6.404/1976).

Nesse ponto, é relevante notar que não há vedação legal, em princípio, para participação de pessoas jurídicas com sócios em comum na mesma licitação, o que não afasta a cautela por parte da Administração Pública para investigar o potencial conluio entre os licitantes.[48]

Por fim, o art. 14, VI, da Lei apresenta outra inovação relacionada ao impedimento de participação em licitações e contratações de pessoa física ou jurídica que, nos cinco anos anteriores à divulgação do edital, tenha sido condenada por decisão judicial transitada em julgado, em razão da exploração de trabalho infantil, da submissão de trabalhadores a condições análogas às de escravo ou da contratação de adolescentes nos casos vedados pela legislação trabalhista.

1.7. OBJETO DA LICITAÇÃO

O objeto da licitação é o conteúdo do futuro contrato que será celebrado pela Administração Pública.

---

[46] O parentesco em linha reta até o terceiro grau engloba os pais, filhos, avós, netos, bisavós e bisnetos do agente público. Já o parentesco em linha colateral até o terceiro grau compreende os irmãos, tios e sobrinhos. Por fim, o parentesco por afinidade até o terceiro grau envolve os parentes em linha reta até o terceiro grau do cônjuge ou do companheiro.

[47] O STF considerou constitucional a norma municipal, editada no exercício de competência legislativa suplementar, que proibiu a participação em licitação ou a contratação de cônjuge, companheiro ou parente em linha reta, colateral ou por afinidade, até o terceiro grau, inclusive, de qualquer destes; e d) dos demais servidores públicos municipais (Tema 1.001 da Tese de Repercussão Geral). Lembre-se de que o TCU, ao aplicar o regime jurídico previsto na Lei 8.666/1993, havia decidido que a relação de parentesco entre o sócio da empresa vencedora do certame e o autor do projeto caracterizaria a participação indireta deste na licitação, em afronta ao art. 9.º, § 3.º, da referida Lei. TCU, Plenário, Acórdão 2.079/13, Rel. Min. José Múcio Monteiro, DOU 07.08.2013 (*Informativo de Jurisprudência sobre Licitações e Contratos do TCU* n. 163).

[48] TCU, Acórdão 2.341/2011, Plenário, Rel. Min. Augusto Nardes, j. 31.08.2011; Acórdão 1.448/2013, Plenário, Rel. Min. Walton Alencar Rodrigues, j. 12.06.2013. Contudo, também no contexto da Lei 8.666/1993, o TCU considerou irregular a participação de pessoas jurídicas com sócios em comum nas seguintes situações: a) quando da realização de convites; b) quando da contratação por dispensa de licitação; c) quando existe relação entre as licitantes e a empresa responsável pela elaboração do projeto executivo; d) quando uma empresa é contratada para fiscalizar o serviço prestado por outra, cujos sócios sejam os mesmos (Acórdão 297/2009, Plenário, Rel. Min. Marcos Vinicios Vilaça, j. 04.03.2009).

De acordo com o art. 2.º da Lei 14.133/2021, o seu regime jurídico será aplicado nas seguintes contratações: a) alienação e concessão de direito real de uso de bens; b) compra, inclusive por encomenda; c) locação; d) concessão e permissão de uso de bens públicos; e) prestação de serviços, inclusive os técnico-profissionais especializados; f) obras e serviços de arquitetura e engenharia; e g) contratação de serviços de tecnologia da informação e de comunicação.

Verifica-se que o âmbito de incidência do referido dispositivo da Lei de Licitações é bastante amplo, o que não impede a apresentação de algumas considerações específicas sobre a sua interpretação.

Inicialmente, o art. 2.º da Lei menciona expressamente os contratos de compras, inclusive por encomenda. As aquisições por encomenda geravam dúvidas sobre o seu adequado enquadramento jurídico, uma vez que a contratação envolveria o fornecimento de bem e a prestação de serviços. O legislador pretendeu acabar com a controvérsia ao considerar expressamente como "compra" a aquisição por encomenda.

Em relação à "locação", indicada no art. 2.º da Lei 14.133/2021, é preciso destacar que o contrato de locação é de direito privado e submetido, de forma preponderante, à Lei 8.245/1991.

Conforme dispõe o art. 1.º, parágrafo único, a, 1, da Lei 8.245/1991, a Lei de Locações não é aplicável aos contratos de locação de imóveis de propriedade da União, dos Estados e dos Municípios, de suas autarquias e fundações públicas que continuam reguladas pelo Código Civil (arts. 565 a 578) e pelas leis especiais. Em relação aos bens públicos federais, o contrato de locação encontra-se regulado nos arts. 64, § 1.º, e 86 a 98 do Decreto-lei 9.760/1946, que estabelecem a possibilidade de locação dos imóveis federais para residência de autoridades federais ou de outros servidores federais e, eventualmente, para outros interessados.

Apesar da previsão legal do contrato de locação de bens públicos, a doutrina diverge sobre a sua viabilidade jurídica. De um lado, parcela da doutrina sustenta que os bens públicos podem locados a terceiros na forma do Código Civil e da legislação especial.[49] De outro lado, alguns autores defendem a inexistência de locação propriamente dita no uso privativo de bens públicos que deve ser instrumentalizado por institutos de direito público, sendo inadmissível a locação dos referidos bens.[50]

Entendemos que a locação é incompatível com a transferência do uso privativo dos bens públicos.[51] O regime jurídico especial dos bens públicos, a necessidade de continuidade das atividades administrativas e as prerrogativas públicas relacionadas à definição da necessidade e da destinação dos bens públicos são obstáculos à utilização de contratos de direito privado para definição da gestão do patrimônio público.

Aliás, o próprio legislador federal, apesar de mencionar a "locação" de bens públicos federais, afasta a aplicação da Lei de Locações (art. 1.º, parágrafo único, a, 1, da Lei 8.245/1991 e art. 87 do Decreto-lei 9.760/1946) e prevê a prerrogativa de a União rescindir, unilateralmente e a qualquer tempo, o contrato (art. 89, III e § 2.º, do Decreto-lei 9.760/1946). Ora, as

---

[49] CARVALHO FILHO, José dos Santos. *Manual de direito administrativo*. 24. ed. Rio de Janeiro: Lumen Juris, 2011. p. 1.094.

[50] MEIRELLES, Hely Lopes. *Direito administrativo brasileiro*. 22. ed. São Paulo: Malheiros, 1997. p. 445; MOREIRA NETO, Diogo de Figueiredo. *Curso de direito administrativo*. 15. ed. Rio de Janeiro: Forense, 2009. p. 393-394; GASPARINI, Diógenes. *Direito administrativo*. 12. ed. São Paulo: Saraiva, 2007. p. 862.

[51] OLIVEIRA, Rafael Carvalho Rezende. *Curso de direito administrativo*. 8. ed. Rio de Janeiro: Método, 2020. p. 660-661.

referidas características demonstram que a relação contratual é de Direito Público, e não de Direito Privado, razão pela qual é possível concluir que o legislador federal se utilizou de forma equivocada do termo "locação", quando, em verdade, o instituto é a concessão de uso.

Nada impede, contudo, a formalização do contrato de locação e a aplicação do direito privado nas hipóteses em que a Administração Pública figure na condição de locatária, bem como nos casos de locação de bens privados integrantes das pessoas jurídicas de direito privado da Administração Indireta. Nesses casos, os contratos de locação serão regidos predominantemente pela Lei 8.245/1991.

Não por outra razão, a Lei de Licitações não dedica tratamento detalhado aos citados contratos de locação, limitando-se a estabelecer, em seu art. 51, que, ressalvada a hipótese de inexigibilidade do art. 74, V, a locação de imóveis deverá ser precedida de licitação e de avaliação prévia do bem, do seu estado de conservação, dos custos de adaptações e do prazo de amortização dos investimentos necessários.

Outro ponto que merece relevo na interpretação do art. 2.º da Lei 14.133/2021 relaciona-se à tentativa de solução da dúvida sobre o regime jurídico aplicável às concessões e permissões de uso de bem público.

Isso porque a Lei 8.666/1993, em seu art. 2.º, determinava a incidência dos seus dispositivos às "concessões" e "permissões", mas sem indicar, expressamente, o conteúdo dos referidos contratos: serviços públicos ou uso de bens públicos.

Os contratos de concessão e de permissão de serviços públicos sempre foram submetidos à legislação especial (exs.: Lei 8.987/1995, Lei 11.079/2004 etc.), mas havia dúvida sobre a legislação regente das concessões e permissões de uso de bens públicos.

Com a redação do art. 2.º da Lei 14.133/2021, as concessões e permissões de uso de bens públicos submetem-se, em princípio, ao regime jurídico do novo diploma legal.

Entendemos, todavia, que a polêmica pode permanecer em relação à permissão de uso de bem público.

Em regra, as referidas permissões de uso, ao contrário daquelas que envolvem a delegação de serviços públicos, não são contratos. Consideradas atos administrativos discricionários e precários, as permissões de uso não deveriam receber o mesmo tratamento jurídico dispensado aos contratos administrativos, afastando-se a exigência de licitação, mas sem abrir mão da necessidade de realização de processo seletivo que garanta a isonomia da escolha do permissionário.

No entanto, na hipótese de permissão de uso de bem público "condicionada ou qualificada", com a fixação de prazo, direitos e deveres, a relação jurídica é contratual, submetida, naturalmente, à atual Lei de Licitações.[52]

Independentemente da discussão aqui apresentada, a atual Lei de Licitações não destaca tratamento específico às concessões e permissões de uso de bens públicos.

Quanto à contratação de serviços, a atual Lei de Licitações, assim como ocorria com a Lei 8.666/1993, não deve ser aplicada aos serviços prestados por agentes públicos, uma vez que o exercício da função pública é submetido à legislação especial. Assim, por exemplo, os servidores públicos estatutários e celetistas que são submetidos, respectivamente, ao Estatuto elaborado por cada Ente Federado e à CLT.

---

[52] Sobre o tema, vide: OLIVEIRA, Rafael Carvalho Rezende. *Curso de direito administrativo*. 8. ed. Rio de Janeiro: Método, 2020. p. 655.

Por fim, o art. 2.º da Lei 14.133/2021 determina a sua incidência às contratações de tecnologia da informação e de comunicação. Em razão das especificidades dos referidos contratos, o seu regime jurídico tem sido detalhado por atos normativos infralegais.[53]

Não obstante a amplitude do campo de incidência da Lei de Licitações, é preciso destacar que o seu regime jurídico não é aplicado aos seguintes contratos (art. 3.º da Lei 14.133/2021): a) ajustes que tenham por objeto operação de crédito, interno ou externo, e gestão de dívida pública, incluídas as contratações de agente financeiro e de concessão de garantia relacionadas a esses contratos; e b) contratações sujeitas a normas previstas em legislação própria.

Mencione-se, ainda, a inaplicabilidade da Lei 14.133/2021 às licitações e às contratações realizadas pelas empresas estatais que estão submetidas ao regime jurídico da Lei 13.303/2016 (Lei das Estatais), ressalvado o disposto no art. 178 da Lei de Licitações, que trata dos crimes em licitações e contratos administrativos tipificados no Código Penal (art. 1.º, § 1.º, da Lei 14.133/2021), além das hipóteses expressamente previstas na Lei 13.303/2016 (arts. 32, IV, 41 e 55, III).[54] Outra hipótese de não submissão à Lei de Licitações e Contratos Administrativos refere-se ao contrato de patrocínio, que envolve o patrocínio concedido pela Administração Pública aos eventos privados. O contrato em comento não é caracterizado como contratação administrativa sujeita à licitação, uma vez que o referido contrato não envolve os objetos indicados no art. 37, XXI, da CRFB e art. 2.º da Lei 14.133/2021.[55]

É possível a fixação de regras peculiares para as seguintes contratações (art. 1.º, §§ 2.º, 3.º e 5.º, da Lei 14.133/2021): a) licitações e contratações realizadas em repartições públicas localizadas no exterior; b) licitações e contratações com recursos oriundos de agência oficial de cooperação estrangeira ou de organismo financeiro de que o Brasil seja parte; e c) contratações relativas à gestão, direta e indireta, das reservas internacionais do País.

Os arts. 40 a 51 da Lei de Licitações, por sua vez, estabelecem o regime jurídico das compras, serviços, inclusive de engenharia, obras e locação de imóveis, cabendo ao art. 76 fixar o regime jurídico das alienações de bens da Administração Pública.

Os objetos da licitação serão destacados nos itens a seguir.

1.7.1. Obras e serviços de engenharia

A obra, na forma indicada no art. 6.º, XII, da Lei 14.133/2021, é "toda atividade estabelecida, por força de lei, como privativa das profissões de arquiteto e engenheiro que implica intervenção no meio ambiente por meio de um conjunto harmônico de ações que, agregadas,

---

[53] Em âmbito federal, por exemplo, a Instrução Normativa SGD/ME 1, de 04.04.2019, dispõe sobre o processo de contratação de soluções de Tecnologia da Informação e Comunicação – TIC pelos órgãos e entidades integrantes do Sistema de Administração dos Recursos de Tecnologia da Informação – SISP do Poder Executivo Federal.

[54] A parte relativa ao campo penal não revela propriamente a aplicação da Lei 14.133/2021 às empresas estatais, mas a aplicação do Código Penal aos crimes praticados nas licitações e contratações realizadas pelas estatais. Ao contrário da Lei 8.666/1993, que elencava os crimes nas licitações, a Lei 14.133/2021 remeteu a matéria ao Código Penal. O tema das licitações e contratações realizadas por empresas estatais será aprofundado no item 3.8.

[55] Nesse sentido, no contexto da Lei 8.666/1993: STF, RE 574.636/SP, Rel. Min. Cármen Lúcia, Primeira Turma, *DJe*-198 14.10.2011; STF, RE 953.113 AgR-AgR/DF, Rel. Min. Luiz Fux, Primeira Turma, *DJe*-292 19.12.2017.

formam um todo que inova o espaço físico da natureza ou acarreta alteração substancial das características originais de bem imóvel".

Existem, no entanto, determinadas situações de difícil distinção entre obra e serviço de engenharia, especialmente pela insuficiência das definições constantes da legislação.

Alguns critérios são sugeridos pela doutrina para distinção entre obra e serviço, tais como: a) na contratação de uma obra prepondera o resultado, consistente na criação ou modificação de um bem corpóreo (obrigação de resultado), e na contratação do serviço predomina a atividade humana, que produz utilidades para a Administração (obrigação de meio);[56] b) enquanto na obra, normalmente, o custo do material é superior ao da mão de obra, nos serviços a lógica é inversa.[57]

Não obstante as dificuldades na distinção entre os objetos contratuais, a legislação procurou estabelecer regime jurídico uniforme para as obras e serviços de engenharia, o que relativiza eventuais discussões concretas. É verdade, contudo, que a dificuldade na distinção pode gerar dúvidas, por exemplo, na utilização do pregão, que seria vedado para obras, mas permitido para serviços comuns de engenharia (art. 29, parágrafo único, da Lei 14.133/2021).

O TCU decidiu que a vistoria ao local das obras somente deve ser exigida quando imprescindível para a perfeita compreensão do objeto e com a necessária justificativa da Administração nos autos do processo licitatório, podendo ser substituída pela apresentação de declaração de preposto da licitante de que possui pleno conhecimento do objeto. Vale dizer: a visita deve ser compreendida como direito subjetivo da empresa licitante, não como obrigação imposta pela Administração.[58]

Conforme dispõe o art. 63, §§ 2.º e 4.º, da Lei 14.133/2021, na hipótese em que a avaliação prévia do local de execução for imprescindível para o conhecimento pleno das condições e peculiaridades do objeto a ser contratado, o edital de licitação poderá prever, sob pena de inabilitação, a necessidade de o licitante atestar que conhece o local e as condições de realização da obra ou serviço, assegurado a ele o direito de realização de vistoria prévia, com a disponibilização, pela Administração, de datas e horários diferentes para os eventuais interessados.

A vistoria, todavia, poderá ser substituída por declaração formal assinada pelo responsável técnico do licitante acerca do conhecimento pleno das condições e peculiaridades da contratação (art. 63, § 3.º, da Lei 14.133/2021).

Nos certames relacionados às obras e serviços de engenharia e arquitetura, sempre que adequada ao objeto da licitação, será preferencialmente adotada a Modelagem da Informação da Construção (*Building Information Modelling – BIM*) ou tecnologias e processos integrados similares ou mais avançados que venham a substitui-la, na forma do art. 19, § 3.º, da Lei 14.133/2021.

Em âmbito federal, a utilização do *Building Information Modelling* (BIM) ou "Modelagem da Informação da Construção" na execução direta ou indireta de obras e serviços de engenharia já encontrava previsão nos Decretos 9.983/2019 e 10.306/2020.

Trata-se de um conjunto de tecnologias e processos integrados que permite a criação, a utilização e a atualização de modelos digitais de uma construção, de modo colaborativo,

---

[56] JUSTEN FILHO, Marçal. *Comentários à lei de licitações e contratos administrativos*. 9. ed. São Paulo: Dialética, 2002. p. 108-109.

[57] GARCIA, Flavio Amaral. *Licitações e contratos administrativos*. 2. ed. Rio de Janeiro: Lumen Juris, 2007. p. 7.

[58] TCU, Acórdão 170/2018, Plenário, Auditoria, Rel. Min. Benjamin Zymler, 31.01.2018 (*Informativo de Jurisprudência sobre Licitações e Contratos do TCU* n. 339).

que sirva a todos os participantes do empreendimento, em qualquer etapa do ciclo de vida da construção (art. 3.º, II, do Decreto 10.306/2020).

Não constitui, portanto, novo regime de execução de obras e serviços de engenharia, mas, sim, um modelo digital, coordenado e colaborativo que conta com a participação dos profissionais envolvidos na concepção e na gestão de uma construção em todas as suas etapas, o que garante maior transparência e eficiência da contratação.[59]

A Lei 14.133/2021, ao tratar das obras e serviços de engenharia, revela importante preocupação com a sustentabilidade da contratação. Nesse sentido, por exemplo, as licitações de obras e serviços de engenharia devem observar (art. 45): a) disposição final ambientalmente adequada dos resíduos sólidos gerados pelas obras contratadas; b) mitigação por condicionantes e compensação ambiental, que serão definidas no procedimento de licenciamento ambiental; c) utilização de produtos, equipamentos e serviços que, comprovadamente, favoreçam a redução do consumo de energia e de recursos naturais; d) avaliação de impacto de vizinhança, na forma da legislação urbanística; e) proteção do patrimônio histórico, cultural, arqueológico e imaterial, inclusive por meio da avaliação do impacto direto ou indireto causado pelas obras contratadas; e f) acessibilidade para pessoas com deficiência ou com mobilidade reduzida.

As obras e serviços de engenharia podem ser executados de forma direta (por meio dos órgãos ou entidades administrativas) ou indireta (por meio da contratação de terceiros). A execução indireta pode ocorrer por meio dos seguintes regimes (art. 46 da Lei 14.133/2021):

a) empreitada por preço unitário (art. 6.º, XXVIII): contratação da execução da obra ou do serviço por preço certo de unidades determinadas (ex.: o valor deve ser pago ao final de cada unidade executada – metragem executada de fundações, de paredes levantadas, de colocação de piso etc.);

b) empreitada por preço global (art. 6.º, XXIX): contratação da execução da obra ou do serviço por preço certo e total (ex.: construção de uma escola por preço certo e determinado apresentado pelo licitante);[60]

---

[59] De acordo com Eastman: "Quando implementado de maneira apropriada, o BIM facilita o processo de projeto e construção mais integrado que resulta em construções de melhor qualidade com custo e prazo de execução reduzidos" (EASTMAN, Chuck; TEICHOLZ, Paul; SACKS, Rafael; LISTON, Kathleen. *Manual de BIM*: um guia de modelagem da informação da construção para arquitetos, engenheiros, gerentes, construtores e incorporadores. Porto Alegre: Bookman, 2014, p. 1). O Poder Público pretende alcançar os seguintes objetivos com a utilização do BIM: a) assegurar ganhos de produtividade ao setor de construção civil; b) proporcionar ganhos de qualidade nas obras públicas; c) aumentar a acurácia no planejamento de execução de obras proporcionando maior confiabilidade de cronogramas e orçamentação; d) contribuir com ganhos em sustentabilidade por meio da redução de resíduos sólidos da construção civil; e) reduzir prazos para conclusão de obras; f) contribuir com a melhoria da transparência nos processos licitatórios; g) reduzir necessidade de aditivos contratuais de alteração do projeto, de elevação de valor e de prorrogação de prazo de conclusão e de entrega da obra; h) elevar o nível de qualificação profissional na atividade produtiva; i) estimular a redução de custos existentes no ciclo de vida dos empreendimentos. Ministério da Indústria, Comércio Exterior e Serviços – MDIC. Estratégia BIM BR: Estratégia Nacional de Disseminação do *Building Information Modelling* – BIM, 2018, p. 12. Disponível em: http://www.mdic.gov.br/images/REPOSITORIO/sdci/CGMO/26-11-2018-estrategia-BIM-BR-2.pdf. Acesso em: 10 jan. 2020.

[60] Segundo o TCU, enquanto a empreitada por preço global deve ser adotada quando for possível definir previamente no projeto, com boa margem de precisão, as quantidades dos serviços a serem posteriormente executados no contrato (exs.: contratação de estudos e projetos; elaboração de

c) empreitada integral (art. 6.º, XXX): contratação de empreendimento em sua integralidade, compreendida a totalidade das etapas de obras, serviços e instalações necessárias, sob inteira responsabilidade do contratado até sua entrega ao contratante em condições de entrada em operação, com características adequadas às finalidades para as quais foi contratado e atendidos os requisitos técnicos e legais para sua utilização com segurança estrutural e operacional (ex.: o contratado deve realizar a obra, como a construção de um prédio, bem como implementar sistema de segurança, o sistema de refrigeração etc.);

d) contratação por tarefa (art. 6.º, XXXI): contratação de mão de obra para pequenos trabalhos por preço certo, com ou sem fornecimento de materiais (ex.: contratação de um eletricista para pequeno reparo na instalação elétrica da repartição pública);

e) contratação integrada: regime de contratação de obras e serviços de engenharia em que o contratado é responsável por elaborar e desenvolver os projetos básico e executivo, executar obras e serviços de engenharia, fornecer bens ou prestar serviços especiais e realizar montagem, teste, pré-operação e as demais operações necessárias e suficientes para a entrega final do objeto (art. 6.º, XXXII) (ex.: contratação de sociedade empresária para elaborar os projetos, básico e executivo, e construção de hospital público);

f) contratação semi-integrada (art. 6.º, XXXIII): regime de contratação de obras e serviços de engenharia em que o contratado é responsável por elaborar e desenvolver o projeto executivo, executar obras e serviços de engenharia, fornecer bens ou prestar serviços especiais e realizar montagem, teste, pré-operação e as demais operações necessárias e suficientes para a entrega final do objeto (ex.: após elaborar o projeto básico, a Administração Pública contrata empresa que será responsável pela elaboração do projeto executivo e a construção de escola pública); e

g) fornecimento e prestação de serviço associado (art. 6.º, XXXIV): regime de contratação em que, além do fornecimento do objeto, o contratado responsabiliza-se por sua operação, manutenção ou ambas, por tempo determinado (ex.: contrato para fornecimento de obra e prestação de serviços de *facilities*).

Verifica-se a ampliação dos regimes de execução indireta previstos no art. 10, II, da Lei 8.666/1993 (empreitada por preço global, empreitada por preço unitário, tarefa e empreitada integral). Ao lado dos regimes tradicionais, a Lei 14.133/2021 incluiu a contratação integrada, a contratação semi-integrada e o fornecimento e prestação de serviço associado.

Importante dizer que as contratações integrada e semi-integrada já eram previstas no âmbito das empresas estatais (art. 42, V e VI, da Lei 13.303/2016). A contratação integrada era igualmente prevista no RDC (art. 8.º, V, da Lei 12.462/2011).

Na contratação integrada, o contratado é responsável por elaborar e desenvolver os projetos básico e executivo, com fundamento no anteprojeto elaborado pela Administração Pública, executar obras e serviços de engenharia, fornecer bens ou prestar serviços especiais e realizar montagem, teste, pré-operação e as demais operações necessárias e suficientes para a entrega final do objeto (art. 6.º, XXXII, da Lei 14.133/2021).

---

pareceres e laudos técnicos), a empreitada por preço unitário deve ser preferida nos casos em que os objetos, por sua natureza, possuam uma imprecisão inerente de quantitativos em seus itens orçamentários (exs.: reformas de edificação; obras com grandes movimentações de terra e interferências; obras de manutenção rodoviária). TCU, Acórdão 1.977/2013, Plenário, Rel. Min. Valmir Campelo, j. 31.07.2013.

No caso da contratação semi-integrada, por sua vez, o contratado elabora e desenvolve o projeto executivo, executa obras e serviços de engenharia, fornece bens ou presta serviços especiais e realiza montagem, teste, pré-operação e as demais operações necessárias e suficientes para a entrega final do objeto (arts. 6.º, XXXIII, e 113 da Lei 14.133/2021).

Em relação à contratação de fornecimento com serviço associado, o contratado assume a obrigação de fornecer o objeto e manter a sua operação e/ou manutenção por prazo determinado, na forma do art. 6.º, XXXIV, da Lei 14.133/2021.

O regime de fornecimento com serviço associado cria o incentivo positivo de que a obra seja bem planejada e executada pelo contratado, uma vez que ele será o responsável pela prestação do serviço associado. Assim, é possível supor que o contratado pretenda realizar uma obra de qualidade, levando em consideração, inclusive, a diminuição dos custos dos serviços de operação e manutenção que serão prestados na sequência.

Trata-se de regime de execução contratual que apresenta semelhança com o regime da PPP administrativa de serviços administrativos que tem por objetivo a contratação de empresa privada que prestará serviços ao Estado, com remuneração assumida pelo Estado e sem tarifa, ainda que envolva a execução de obra ou fornecimento e instalação de bens, na forma do art. 2.º, § 2.º, da Lei 11.079/2004 (exs.: PPP administrativa para construção e operação de uma rede de creches ou restaurantes para servidores públicos, construção e gestão de arenas esportivas etc.).

É vedada a realização de obras e serviços de engenharia sem projeto executivo, ressalvada a hipótese prevista no § 3.º do art. 18 (art. 46, § 1.º, da Lei 14.133/2021). Contudo, na contratação integrada o projeto básico é dispensado e substituído pelo anteprojeto de acordo com metodologia definida em ato do órgão competente, observados os requisitos estabelecidos no inciso XXIV do art. 6.º (art. 46, § 2.º, da Lei 14.133/2021).

Os §§ 7.º e 8.º do art. 46 do PL 4.253/2020, que deu origem à atual Lei de Licitações, limitavam a utilização dos regimes de contratação integrada e semi-integrada às licitações para a contratação de obras, serviços e fornecimentos cujos valores superassem aqueles previstos para as PPPs, ou seja, valores acima de R$ 10.000.000,00. O limite de valor não seria aplicável para as hipóteses de contratação de projetos de ciência, tecnologia, inovação e ensino técnico ou superior.

Contudo, os §§ 7.º e 8.º do art. 46 do PL 4.253/2020 foram vetados pelo Chefe do Poder Executivo, uma vez que impediria a utilização dos regimes de contratação integrada e semi--integrada para obras, serviços e fornecimentos de pequeno e médio valor, em prejuízo à eficiência na Administração, além do potencial aumento de custos com a realização de posteriores aditivos contratuais e do risco de internalização de tecnologias diferenciadas em obras de médio e menor porte.

Nos regimes de contratação integrada e semi-integrada, o edital e o contrato deverão prever as providências necessárias para a efetivação de desapropriação autorizada pelo Poder Público, bem como (art. 46, § 4.º, da Lei 14.133/2021): a) o responsável por cada fase do procedimento expropriatório; b) a responsabilidade pelo pagamento das indenizações devidas; c) a estimativa do valor a ser pago a título de indenização pelos bens expropriados, inclusive de custos correlatos; d) a distribuição objetiva de riscos entre as partes, incluído o risco pela variação do custo da desapropriação em relação à estimativa de valor e aos eventuais danos e prejuízos ocasionados por atraso na disponibilização dos bens expropriados; e e) em nome de quem deverá ser promovido o registro de imissão provisória na posse e o registro de propriedade dos bens a serem desapropriados.

O projeto básico poderá ser alterado na contratação semi-integrada, desde que demonstrada a superioridade das inovações em termos de redução de custos, de aumento da qualidade, de redução do prazo de execução ou de facilidade de manutenção ou operação, assumindo a contratada a responsabilidade integral pelos riscos associados à alteração do projeto básico (art. 46, § 5.º, da Lei 14.133/2021).

A execução de cada etapa será obrigatoriamente precedida da conclusão e da aprovação, pela autoridade competente, dos trabalhos relativos às etapas anteriores (art. 46, § 6.º, da Lei 14.133/2021).

Os regimes de execução "empreitada por preço global", "empreitada integral", "contratação por tarefa", "contratação integrada" e "contratação semi-integrada" serão licitados por preço global e adotarão sistemática de medição e pagamento associada à execução de etapas do cronograma físico-financeiro, vinculadas ao cumprimento de metas de resultado, vedada a adoção de sistemática de remuneração orientada por preços unitários ou referenciada pela execução de quantidades de itens unitários (art. 46, § 9.º, da Lei 14.133/2021).

1.7.2. Serviços

De acordo com o art. 6.º, XI, da Lei 14.133/2021, serviço é "atividade ou conjunto de atividades destinadas a obter determinada utilidade, intelectual ou material, de interesse da Administração".

A contratação de serviços (terceirização) pode envolver a prestação de serviço específico ou a conjunção de diversos serviços de interesse da Administração Pública. Nesse último caso, é possível a celebração do "contrato de gestão para ocupação de imóveis públicos" (contrato de *facilities*), que envolve a prestação, em um único contrato, de serviços de gerenciamento e manutenção de imóvel, incluído o fornecimento dos equipamentos, materiais e outros serviços necessários ao uso do imóvel pela Administração Pública, por escopo ou continuados (art. 7.º, § 1.º, da Lei 14.011/2020).[61]

O regime jurídico da contratação de serviços é previsto nos arts. 47 a 50 da Lei 14.133/2021.

As licitações de serviços devem observar dois princípios (art. 47 da Lei 14.133/2021): a) da padronização, considerando a compatibilidade de especificações estéticas, técnicas ou de desempenho; e b) do parcelamento, quando for tecnicamente viável e economicamente vantajoso.

Quanto ao parcelamento, devem ser considerados (art. 47, § 1.º): a) a responsabilidade técnica; b) o custo para a Administração de vários contratos perante as vantagens da redução de custos, com divisão do objeto em itens; e c) o dever de buscar a ampliação da competição e evitar a concentração de mercado.

No tocante aos serviços de manutenção e assistência técnica, o edital deverá definir o local de realização dos serviços, admitindo-se a exigência de deslocamento de técnico no próprio

---

[61] O contrato de *facilities*, que já era admitido pelo TCU, envolve a prestação de serviços diversos (exs.: limpeza, vigilância, motorista, recepcionista, manutenção predial etc.) e demonstra que o parcelamento do objeto, previsto no art. 47 da Lei 14.133/2021, não é absoluto, uma vez que deve levar em consideração os aspectos técnicos e econômicos (economia de escala) da contratação. Antes da previsão contida no art. 7.º da Lei 14.011/2020, a viabilidade do contrato de *facilities* na Administração Pública já era admitida pelo TCU: Acórdão 929/2017, Plenário, Rel. Min. Jose Mucio Monteiro, j. 10.05.2017; Acórdão 1.214/2013, Plenário, Rel. Min. Aroldo Cedraz, j. 22.05.2013.

local da repartição ou a exigência de que a contratada tenha unidade de prestação de serviços em distância compatível com as necessidades da Administração (art. 47, § 2º).

Os serviços que serão contratados com terceiros envolverão as atividades materiais acessórias, instrumentais ou complementares aos assuntos que constituem área de competência legal do órgão ou da entidade, sendo vedado à Administração ou a seus agentes, na contratação do serviço terceirizado (art. 48 da Lei 14.133/2021): a) indicar pessoas expressamente nominadas para executar direta ou indiretamente o objeto contratado; b) fixar salário inferior ao definido em lei ou ato normativo a ser pago pelo contratado; c) estabelecer vínculo de subordinação com funcionário de empresa prestadora de serviço terceirizado; d) definir forma de pagamento mediante exclusivo reembolso dos salários pagos; e) demandar a funcionário de empresa prestadora de serviço terceirizado a execução de tarefas fora do escopo do objeto da contratação; e f) prever em edital exigências que constituam intervenção indevida da Administração na gestão interna do contratado.

Verifica-se que o art. 48 da Lei 14.133/2021 não prevê a terceirização de atividade-fim, uma vez que o referido dispositivo legal estabelece apenas a contratação de "atividades materiais acessórias, instrumentais ou complementares aos assuntos que constituam área de competência legal do órgão ou da entidade". Contudo, a interpretação do referido dispositivo legal deve ensejar controvérsias, como será destacado no tópico seguinte.

Outro ponto de destaque na Lei 14.133/2021 relaciona-se com a preocupação salutar de conflito de interesses e de nepotismo nas contratações de serviços.

Dessa forma, na terceirização, é vedado ao contratado contratar cônjuge, companheiro ou parente em linha reta, colateral ou por afinidade, até o terceiro grau, de dirigente do órgão ou entidade contratante ou de agente público que desempenhe função na licitação ou atue na fiscalização ou na gestão do contrato, devendo esta proibição constar expressamente no edital de licitação (art. 48, parágrafo único). Assim, a vedação do nepotismo, que já abrangia as nomeações para cargos em comissão, na forma da Súmula Vinculante 13 do STF, também deve ser aplicada nas terceirizações de serviços.

O art. 49, *caput* e parágrafo único, da Lei 14.133/2021 permite a contratação de mais de uma empresa ou instituição para executar o mesmo serviço, desde que essa contratação não implique perda de economia de escala e que a Administração mantenha o controle individualizado de cada contratado, quando: a) o objeto da contratação puder ser executado de forma concorrente e simultânea por mais de um contratado; e b) a múltipla execução for conveniente para atender à Administração.

Nesse caso, a Administração Pública poderá contratar simultaneamente duas ou mais empresas para prestar o mesmo objeto. Assim, por exemplo, desde que demonstrada a vantagem na fase preparatória da licitação, seria possível a contratação simultânea de serviços de manutenção, telefonia, *backup* e armazenamento de dados via sistema em nuvem etc.

É verdade que a Lei 14.133/2021 prevê o credenciamento que também pode ensejar a contratação simultânea das empresas previamente credenciadas. Enquanto o credenciamento permite a participação de todos os interessados que cumprirem as exigências padronizadas contidas no edital de chamamento público, a contratação simultânea, prevista no art. 49 da Lei 14.133/2021, pode restringir a quantidade de contratados.

Nas contratações de serviços com regime de dedicação exclusiva de mão de obra, o contratado deverá apresentar, quando solicitado pela Administração, sob pena de multa, comprovação do cumprimento das obrigações trabalhistas e com o FGTS em relação aos empregados diretamente envolvidos na execução do contrato, em especial quanto ao (art. 50

da Lei 14.133/2021):[62] a) registro de ponto; b) recibo de pagamento de salários, adicionais, horas extras, repouso semanal remunerado e décimo terceiro salário; c) comprovante de depósito do FGTS; d) recibo de concessão de férias e do respectivo adicional; e) recibo de quitação de obrigações trabalhistas e previdenciárias dos empregados dispensados até a data da extinção do contrato; e f) recibo de pagamento de vale-transporte e vale-alimentação, na forma prevista em norma coletiva.

1.7.2.1. *Terceirização: a superação da distinção entre atividade-meio × atividade-fim*

A terceirização envolve a contratação de empresa privada (interposta pessoa) para prestação de serviços à Administração.[63]

No âmbito legislativo, várias normas fundamentam a terceirização de serviços, destacando-se, por exemplo, o art. 10 do DL 200/1967 que, ao tratar da descentralização de atividades federais, dispõe:

> Art. 10. A execução das atividades da Administração Federal deverá ser amplamente descentralizada.
>
> [...]

---

[62] Em conformidade com o disposto no art. 3.º do Decreto 12.174/2024, nos contratos de serviços contínuos com regime de dedicação exclusiva de mão de obra, devem ser inseridas cláusulas que assegurem aos trabalhadores: a) a previsibilidade da época de gozo de suas férias, com vistas a conciliar o direito ao descanso e à garantia do convívio familiar com as necessidades do serviço; e b) a possibilidade de compensação de jornada de trabalho, desde que compatível com a natureza dos serviços, nas hipóteses de: b.1) diminuição excepcional e temporária da demanda de trabalho, inclusive em razão de recesso de final de ano, quando houver; e b.2) necessidade eventual de caráter pessoal de trabalhador em que não se mostre eficiente ou conveniente convocar trabalhador substituto. De acordo com o art. 4.º do Decreto 12.174/2024, nos contratos de prestação de serviços com regime de dedicação exclusiva de mão de obra ou predominância de mão de obra, a jornada semanal de trabalho de quarenta e quatro horas estabelecida em acordo individual escrito, convenção coletiva, acordo coletivo de trabalho ou dissídio coletivo poderá ser reduzida para quarenta horas, sem prejuízo da remuneração do trabalhador. Por fim, o art. 5.º do Decreto 12.174/2024 prevê: "Na contratação de serviços contínuos com dedicação exclusiva de mão de obra, somente serão aceitas, nos termos do edital, propostas que adotem, na planilha de custos e formação de preços, valor igual ou superior ao orçado pela administração, que corresponderá à soma do salário e do auxílio-alimentação. § 1º A critério da administração, mediante justificativa, outros benefícios de natureza trabalhista ou social poderão compor a planilha de custos e formação de preços. § 2º Os valores de que trata este artigo deverão ser estimados com base na convenção coletiva, no acordo coletivo de trabalho ou no dissídio coletivo adequado à categoria profissional que executará o serviço contratado, considerada a base territorial de execução do objeto do contrato".

[63] Segundo o TCU, é legítima a contratação conjunta de serviços terceirizados, sob gestão integrada da empresa contratada, no regime de empreitada por preço global e com enfoque no controle qualitativo ou de resultado, devendo a Administração, na fase de planejamento da contratação, estabelecer a composição dos custos unitários de mão de obra, material, insumos e equipamentos, bem como realizar preciso levantamento de quantitativos, em conformidade com o art. 7.º, § 2.º, inciso II, c/c o art. 40, § 2.º, inciso II, da Lei 8.666/1993, o art. 9.º, § 2.º, do Decreto 5.450/2005 e a Instrução Normativa Seges/MPDG 5/2017 (TCU, Acórdão 2.443/2018, Plenário, Tomada de Contas Especial, Rel. Min. Walton Alencar Rodrigues, 24.10.2018, *Informativo de Jurisprudência sobre Licitações e Contratos do TCU* n. 357).

§ 7.º Para melhor desincumbir-se das tarefas de planejamento, coordenação, supervisão e controle e com o objetivo de impedir o crescimento desmesurado da máquina administrativa, a Administração procurará desobrigar-se da realização material de tarefas executivas, recorrendo, sempre que possível, à execução indireta, mediante contrato, desde que exista, na área, iniciativa privada suficientemente desenvolvida e capacitada a desempenhar os encargos de execução.

Conforme destacado anteriormente, o art. 48 da Lei 14.133/2021 dispõe que os serviços que serão contratados com terceiros envolverão as atividades materiais acessórias, instrumentais ou complementares aos assuntos que constituem área de competência legal do órgão ou da entidade. Em consequência, a partir da literalidade do dispositivo legal, não seria admitida a terceirização de atividade-fim.

Todavia, com a promulgação da Lei 13.429/2017, que alterou a Lei 6.019/1974, não foi estabelecida vedação à terceirização de atividades finalísticas das tomadoras de serviços, o que demonstra a possibilidade de discussão quanto à interpretação do art. 48 da Lei 14.133/2021.

Com efeito, o art. 4.º-A da Lei 6.019/1974, alterado pela Lei 13.467/2017 (Reforma Trabalhista), considera "prestação de serviços a terceiros a transferência feita pela contratante da execução de quaisquer de suas atividades, inclusive sua atividade principal, à pessoa jurídica de direito privado prestadora de serviços que possua capacidade econômica compatível com a sua execução". Vale dizer: a terceirização pode envolver qualquer tipo de atividade (instrumental ou finalística) de interesse da Administração Pública contratante.

Em consequência, a nova legislação superou a distinção tradicional entre "atividade-meio" e "atividade-fim".

Após afirmar a inconstitucionalidade dos incisos I, III, IV e VI da Súmula 331 do TST, o STF, em repercussão geral, considerou lícita a terceirização ou qualquer outra forma de divisão do trabalho entre pessoas jurídicas distintas, independentemente do objeto social das empresas envolvidas, mantida a responsabilidade subsidiária da empresa contratante. De acordo com a Suprema Corte, a terceirização das atividades-meio ou das atividades-fim de uma empresa tem amparo nos princípios constitucionais da livre iniciativa e da livre concorrência.[64]

Aliás, o STF, em sede de repercussão geral, fixou a tese de que "o inadimplemento dos encargos trabalhistas dos empregados do contratado não transfere automaticamente ao Poder Público contratante a responsabilidade pelo seu pagamento, seja em caráter solidário ou subsidiário, nos termos do art. 71, § 1.º, da Lei 8.666/93".[65]

No referido julgamento, o STF afirmou que a dicotomia entre "atividade-fim" e "atividade-meio" é "imprecisa, artificial e ignora a dinâmica da economia moderna, caracterizada pela especialização e divisão de tarefas com vistas à maior eficiência possível, de modo que frequentemente o produto ou serviço final comercializado por uma entidade comercial é fabricado ou prestado por agente distinto, sendo também comum a mutação constante do objeto social das empresas para atender a necessidades da sociedade, como revelam as mais valiosas empresas do mundo". A Suprema Corte afirmou, ainda, que, além de suas vantagens inerentes, a terceirização não importa precarização às condições dos trabalhadores.

A terceirização apresenta algumas vantagens potenciais, a saber: a) aprimoramento de tarefas pelo aprendizado especializado; b) economias de escala e de escopo; c) redução da

---

[64] Tema 725 da Tese de Repercussão Geral do STF.

[65] Tema 246 da Tese de Repercussão Geral do STF.

complexidade organizacional; d) redução de problemas de cálculo e atribuição, facilitando a provisão de incentivos mais fortes a empregados; e) precificação mais precisa de custos e maior transparência; f) estímulo à competição de fornecedores externos; g) maior facilidade de adaptação a necessidades de modificações estruturais; h) eliminação de problemas de possíveis excessos de produção; i) maior eficiência pelo fim de subsídios cruzados entre departamentos com desempenhos diferentes; j) redução dos custos iniciais de entrada no mercado, facilitando o surgimento de novos concorrentes; k) superação de eventuais limitações de acesso a tecnologias ou matérias-primas; l) menor alavancagem operacional, diminuindo a exposição da companhia a riscos e oscilações de balanço, pela redução de seus custos fixos; m) maior flexibilidade para adaptação ao mercado; n) não comprometimento de recursos que poderiam ser utilizados em setores estratégicos; o) diminuição da possibilidade de falhas de um setor se comunicarem a outros; e p) melhor adaptação a diferentes requerimentos de administração, *know-how* e estrutura, para setores e atividades distinta.[66]

Alguns autores mencionam, ainda, a vantagem econômica na terceirização, pois haveria diminuição dos encargos trabalhistas e previdenciários.[67] Ocorre que os referidos custos e a margem de lucro serão embutidos no valor que será cobrado pela empresa terceirizada do Estado, o que pode acarretar, no final, desvantagem econômica para o Estado, razão pela qual a opção administrativa deve levar em consideração, em cada caso, os impactos financeiros da terceirização.[68]

Outro ponto de destaque da terceirização seria a fuga dos limites de gastos públicos com a remuneração de pessoal previstos no art. 19 da LC 101/2000 (Lei de Responsabilidade Fiscal – LRF).[69]

Isso porque o art. 18, § 1.º, da LRF dispõe que "os valores dos contratos de terceirização de mão de obra que se referem à substituição de servidores e empregados públicos serão contabilizados como 'Outras Despesas de Pessoal'".

A redação da norma em comento não é muito clara, uma vez que menciona a "terceirização de mão de obra", que não é permitida pela legislação (somente seria possível a terceirização de serviços), inserindo os respectivos valores nas despesas de pessoal. Enquanto as terceirizações (lícitas) de empreitada e de locação de serviços têm por objetivo o resultado (obra, projeto, pesquisa etc.) ou a atividade (limpeza, vigilância etc.), as terceirizações de mão de obra têm por objetivo a contratação de empregado, pessoa física, sendo a empresa contratada mera intermediária.

---

[66] As referidas vantagens foram mencionadas pelo STF (RE 760.931/DF, Rel. p/ acórdão Min. Luiz Fux, Tribunal Pleno, *DJe*-206 12.09.2017).

[67] Nesse sentido: DI PIETRO, Maria Sylvia Zanella. *Parcerias na administração pública*. 5. ed. São Paulo: Atlas, 2005. p. 229.

[68] Em sentido semelhante, Jessé Torres afirma que "os contratos de fornecimento de mão de obra atribuem à empresa contratada todos os ônus decorrentes da relação de emprego, porém é a Administração Pública que os satisfaz, porquanto os contratos também preveem que o contratante reembolsará os custos da prestação do serviço, além de pagar taxa de administração, remuneratória do fornecimento". PEREIRA JUNIOR, Jessé Torres. *Comentários à lei das licitações e contratações da administração pública*. 7. ed. Rio de Janeiro: Renovar, 2007. p. 170.

[69] O art. 19 da LRF dispõe: "Art. 19. Para os fins do disposto no *caput* do art. 169 da Constituição, a despesa total com pessoal, em cada período de apuração e em cada ente da Federação, não poderá exceder os percentuais da receita corrente líquida, a seguir discriminados: I – União: 50% (cinquenta por cento); II – Estados: 60% (sessenta por cento); III – Municípios: 60% (sessenta por cento)".

Nesse caso, uma possível interpretação, que é defendida por parcela da doutrina, seria no sentido de que a eventual celebração indevida do contrato de terceirização de mão de obra, acarretaria a inclusão das respectivas despesas no cálculo das despesas de pessoal.[70]

A preocupação do legislador é inserir os gastos com terceirizações ilícitas de mão de obra nos limites legais de despesas de pessoal, sendo certo que as terceirizações lícitas (de serviços) não se submetem aos limites fixados nos arts. 18 e 19 da LRF.

1.7.2.2. Contrato de gestão para ocupação de imóveis públicos (contrato de facilities)

A contratação de serviços (terceirização) pode envolver a prestação de serviço específico ou a conjunção de diversos serviços de interesse da Administração Pública.

Nesse último caso, é possível a celebração do "contrato de gestão para ocupação de imóveis públicos" (contrato de *facilities*) que envolve a prestação, em um único contrato, de serviços de gerenciamento e manutenção de imóvel, incluído o fornecimento dos equipamentos, materiais e outros serviços necessários ao uso do imóvel pela Administração Pública, por escopo ou continuados (art. 7.º, § 1.º, da Lei 14.011/2020).

A expressão "contrato de gestão" tem sido utilizada pelo ordenamento jurídico para situações distintas que não podem ser confundidas. Assim, por exemplo, o "contrato de gestão para ocupação de imóveis públicos" não se confunde com o contrato de gestão interno ou de desempenho, que é formalizado no âmbito interno da Administração Pública com o objetivo de garantir uma maior eficiência administrativa, por meio da estipulação de metas de desempenho e aumento da autonomia gerencial, orçamentária e financeira do órgão ou entidade administrativa, com fundamento no art. 37, § 8.º, da CRFB. Enquanto o art. 51 da Lei 9.649/1998, ao tratar das agências executivas, utiliza a expressão "contrato de gestão", o art. 2.º da Lei 13.934/2019 consagra a expressão "contrato de desempenho".

Igualmente, não se confunde com o contrato de gestão externo ou exógeno formalizado entre a Administração Pública e as Organizações Sociais ("OS"), com a previsão de metas de desempenho e de incentivos públicos (fomento) à entidade privada (art. 5.º da Lei 9.637/1998).

O "contrato de gestão para ocupação de imóveis públicos" ou contrato de *facilities*, que já era admitido pelo TCU, envolve a prestação de serviços diversos (exs.: limpeza, vigilância, motorista, recepcionista, manutenção predial etc.) e demonstra que o parcelamento do objeto, previsto no art. 47, II, da Lei 14.133/2021, não é absoluto, uma vez que deve levar em consideração os aspectos técnicos e econômicos (economia de escala) da contratação.[71]

O art. 7.º da Lei 14.011/2020 deve ser considerado norma geral, aplicável não apenas à União, mas, também, aos Estados, DF e Municípios. Não obstante a nomenclatura utilizada "contrato de gestão para ocupação de imóveis públicos", o referido ajuste não configura uma verdadeira espécie de uso privativo de bem público, o que acarretaria, *a priori*, a sua utilização exclusiva pela União, uma vez que a gestão patrimonial se insere na autonomia dos entes federados.

---

[70] Nesse sentido: DI PIETRO, Maria Sylvia Zanella. *Parcerias na administração pública*. 5. ed. São Paulo: Atlas, 2005. p. 237.

[71] Antes da previsão contida no art. 7.º da Lei 14.011/2020, a viabilidade do contrato de *facilities* na Administração Pública já era admitida pelo TCU: Acórdão 929/2017, Plenário, Rel. Min. Jose Mucio Monteiro, j. 10.05.2017; Acórdão 1.214/2013, Plenário, Rel. Min. Aroldo Cedraz, j. 22.05.2013.

Trata-se, de fato, de contrato de prestação e gerenciamento de serviços diversos por determinada empresa, que pode envolver, eventualmente, a execução de obras e o fornecimento de bens, razão pela qual, na forma do art. 22, XXVII, da CRFB, deve ser reconhecida a competência da União para fixação de norma geral de caráter nacional.

Não obstante o art. 7.º da Lei 14.011/2020 utilize a expressão "contrato de gestão para ocupação de imóveis públicos", levando em consideração a celebração do contrato de *facilities*, com serviços a serem executados nos "imóveis públicos" dos órgãos e da Administração Pública, não parece razoável impedir a celebração do referido contrato em imóveis privados utilizados pela Administração Pública, tal como ocorre, por exemplo, nos imóveis locados.

É importante destacar, mais uma vez, que o contrato de *facilities* já era admitido pelo TCU antes da promulgação da Lei 14.011/2020, o que demonstra que a existência de lei específica, embora seja recomendável para garantir maior segurança jurídica, não se revela essencial para formalização do referido ajuste que será regido pela Lei 14.133/2021 naquilo que não contrariar a legislação específica.

De acordo com o art. 7.º, § 2.º, da Lei 14.011/2020, o contrato de gestão para ocupação de imóveis públicos poderá: a) incluir a realização de obras para adequação do imóvel, inclusive a elaboração dos projetos básico e executivo; e b) ter prazo de duração de até 20 anos, quando incluir investimentos iniciais relacionados à realização de obras e o fornecimento de bens. Nesses casos, as obras e os bens disponibilizados serão de propriedade do contratante (art. 7.º, § 4.º, da Lei 14.011/2020).

1.7.2.3. Quarteirização

Ao lado da terceirização, largamente difundida na realidade brasileira, é possível verificar, no âmbito da Administração Pública, a denominada "quarteirização".

A "quarteirização" envolve a contratação de empresa especializada com a incumbência de gerenciar o fornecimento de serviços por terceiros à Administração. Trata-se, em verdade, da terceirização da atividade de gerenciamento à empresa que fiscalizará os demais contratos de terceirização no âmbito da Administração Pública.

Nesse contexto, Jessé Torres sustenta que a quarteirização é o estágio seguinte à terceirização, consistindo na

> [...] contratação, pela Administração, de um terceiro privado, especializado em gerenciar pessoas físicas ou jurídicas, os "quarteirizados", que o terceiro contratará para a execução de determinados serviços ou o fornecimento de certos bens necessários ao serviço público.[72]

Cite-se como exemplo de quarteirização a contratação de empresa especializada no gerenciamento da manutenção preventiva e corretiva de veículos de órgãos policiais. No referido contrato, a empresa privada, vencedora da licitação, tem o dever de gerenciar a frota de veículos da Administração, incluindo o fornecimento de peças, acessórios, mão de obra e transporte por guincho por empresas credenciadas.

---

[72] PEREIRA JÚNIOR, Jessé Torres. Manutenção da frota e fornecimento de combustíveis por rede credenciada, gerida por empresa contratada: prenúncio da "quarteirização" na gestão pública? *FCGP*, Belo Horizonte, ano 9, n. 102, p. 31, jun. 2010.

O TCU já teve a oportunidade de considerar válida a referida contratação, desde que observadas determinadas condições, sendo oportuno destacar os seguintes trechos do voto do revisor, Min. Benjamin Zymler:[73]

> [...]
>
> 26. Registro, ainda, que o modelo em discussão assemelha-se à chamada quarteirização, procedimento em que a gestão de um serviço já terceirizado – no caso concreto, a manutenção de veículos – é entregue a uma quarta entidade incumbida de gerenciar a atuação dos terceirizados – na situação em foco, o administrador da manutenção.
>
> 27. Trata-se de uma prática bastante disseminada no mercado privado, cuja adoção no âmbito da administração é salutar, pois demonstra empenho em modernizar métodos arcaicos, ineficientes e burocráticos de gestão e, com isso, melhorar o desempenho dos órgãos e entidades públicos.
>
> 28. Assim, por se tratar de inovação, que, em tese, está em consonância com normas e princípios que regem as licitações e a atuação dos agentes públicos, creio que esta Corte, no desempenho do papel de indutora de aprimoramento da gestão pública que tem pautado a atuação dos órgãos de controle no mundo moderno, deve abster-se de inibir o prosseguimento da tentativa de inovação em análise.

No âmbito da quarteirização, são instituídas duas relações jurídicas distintas: a) relação entre a Administração Pública e a empresa gerenciadora; e b) relação entre a empresa gerenciadora e as empresas prestadoras dos serviços terceirizados.

Não há, em princípio, relação jurídica entre a Administração Pública e as empresas prestadoras dos serviços terceirizados, mas, sim, entre a Administração e a empresa gerenciadora, razão pela qual o Estado não possui responsabilidade pelos atos praticados pelas quarteirizadas.

Quanto aos encargos trabalhistas, o TST já admitiu a responsabilidade subsidiária da Administração Pública na hipótese de descumprimento das obrigações trabalhistas pelas quarteirizadas.[74] Em nossa opinião, no entanto, a empresa gerenciadora, contratada pela Administração, deve responder antes da Administração pelos encargos trabalhistas não quitados pelas empresas quarteirizadas, especialmente pelo fato de competirem à empresa o gerenciamento e a fiscalização destes encargos.

1.7.2.4. *Serviços técnicos especializados de natureza predominantemente intelectual*

Os serviços técnicos especializados de natureza predominantemente intelectual recebem tratamento específico na Lei 14.133/2021.

De acordo com o art. 6.º, XVIII, da Lei de Licitações, os serviços técnicos especializados de natureza predominantemente intelectual são aqueles realizados em trabalhos relativos a: a) estudos técnicos, planejamentos, projetos básicos e projetos executivos; b) pareceres, perícias e avaliações em geral; c) assessorias e consultorias técnicas e auditorias financeiras e tributárias;

---

[73] TCU, Plenário, Acórdão 2731/2009, Rel. Min. Marcos Bemquerer Costa, *DOU* 20.11.2009.

[74] Vide, por exemplo: TST, 5.ª Turma, RR 203500-57.2006.5.18.0001, Rel. Min. Kátia Magalhães Arruda, *DJ* 07.10.2011; TST, 8.ª Turma, AI 151740-58.2003.5.01.0030, Rel. Min. Dora Maria da Costa, *DJ* 30.09.2011.

d) fiscalização, supervisão e gerenciamento de obras e serviços; e) patrocínio ou defesa de causas judiciais e administrativas; f) treinamento e aperfeiçoamento de pessoal; g) restauração de obras de arte e de bens de valor histórico; e h) controles de qualidade e tecnológico, análises, testes e ensaios de campo e laboratoriais, instrumentação e monitoramento de parâmetros específicos de obras e do meio ambiente e demais serviços de engenharia que se enquadrem na definição deste inciso.[75]

Entendemos que o rol de serviços é exemplificativo, admitindo-se que outros serviços sejam também considerados "serviços técnicos especializados de natureza predominantemente intelectual".[76]

Não é possível a utilização do pregão para contratação dos serviços técnicos especializados de natureza predominantemente intelectual (art. 29, parágrafo único, da Lei 14.133/2021).

Aliás, o critério de julgamento por técnica e preço deve ser preferencialmente utilizado nas licitações que se destinam à contratação dos citados serviços técnicos especializados (art. 36, § 1.º, I da Lei 14.133/2021), o que seria inviável na modalidade pregão que só autoriza a utilização dos critérios menor preço e maior desconto.

Nas hipóteses de contratação dos serviços técnicos especializados de natureza predominantemente intelectual previstos no art. 6.º, XVIII, a, d e h da Lei de Licitações, cujo valor estimado da contratação seja superior a R$ 376.353,48 (valor atualizado pelo Decreto 12.343/2024), o julgamento será por melhor técnica ou técnica e preço, na proporção de 70% de valoração da proposta técnica (art. 37, § 2.º, da Lei 14.133/2021).

Admite-se, contudo, a contratação direta, por inexigibilidade de licitação, de serviços técnicos especializados de natureza predominantemente intelectual, vedada a inexigibilidade para serviços de publicidade e divulgação (art. 74, III, da Lei 14.133/2021).[77]

Cabe destacar que o art. 3.º-A do Estatuto da OAB dispõe que os serviços profissionais de advogado são, por sua natureza, técnicos e singulares, quando comprovada sua notória especialização, nos termos da lei. De acordo com o parágrafo único do referido dispositivo legal, considera-se notória especialização o profissional ou a sociedade de advogados cujo conceito no campo de sua especialidade, decorrente de desempenho anterior, estudos, experiências, publicações, organização, aparelhamento, equipe técnica ou de outros requisitos relacionados com suas atividades, permita inferir que o seu trabalho é essencial e indiscutivelmente o mais adequado à plena satisfação do objeto do contrato.

Por fim, nas contratações de projetos ou de serviços técnicos especializados, o autor deverá ceder todos os direitos patrimoniais a eles relativos para a Administração Pública, hipótese em que poderão ser livremente utilizados e alterados por ela em outras ocasiões, sem necessidade de nova autorização de seu autor (art. 93 da Lei 14.133/2021).

---

[75] O mesmo rol de serviços é apresentado no art. 74, III, da Lei 14.133/2021.

[76] Nesse sentido, em relação ao art. 13 da Lei 8.666/1993, que apresentava rol semelhante, vide: PEREIRA JUNIOR, Jessé Torres. *Comentários à lei das licitações e contratações da administração pública*. 7. ed. Rio de Janeiro: Renovar, 2007. p. 180; JUSTEN FILHO, Marçal. *Comentários à lei de licitações e contratos administrativos*. 9. ed. São Paulo: Dialética, 2002. p. 140-141.

[77] Os contornos jurídicos da referida hipótese de inexigibilidade serão aprofundados no capítulo 1.10.

1.7.2.5. Serviços de publicidade

A Lei 12.232/2010 dispõe sobre as normas gerais para licitação e contratação de serviços de publicidade prestados por intermédio de agências de propaganda.

De acordo com o art. 2.º do diploma legal em comento, os serviços de publicidade são

[...] o conjunto de atividades realizadas integradamente que tenham por objetivo o estudo, o planejamento, a conceituação, a concepção, a criação, a execução interna, a intermediação e a supervisão da execução externa e a distribuição de publicidade aos veículos e demais meios de divulgação, com o objetivo de promover a venda de bens ou serviços de qualquer natureza, difundir ideias ou informar o público em geral.

As agências de publicidade devem apresentar "certificado de qualificação técnica de funcionamento", obtido perante o Conselho Executivo das Normas-Padrão (CENP), para participarem da licitação (art. 4.º da Lei 12.232/2010).

De acordo com o art. 5.º da Lei 12.232/2010, o procedimento de licitação deve observar uma das modalidades elencadas no art. 22 da Lei 8.666/1993, não havendo menção quanto à possibilidade de utilização do pregão.[78] Aqui, é oportuno lembrar que as referências à Lei 8.666/1993 contidas na legislação tradicional devem ser interpretadas como referências à Lei 14.133/2021, na forma do art. 189 da atual Lei de Licitações.

Entendemos que o pregão continua sendo inaplicável nas licitações para serviços de publicidade, especialmente em razão da necessária utilização dos critérios de julgamento por "melhor técnica" ou "técnica e preço", o que seria vedado no pregão que apenas permite os critérios "menor preço" ou "maior desconto" (art. 6.º, XLI, da Lei 14.133/2021). No procedimento de licitação deve haver fase específica para análise das propostas técnicas, bem como julgamento das propostas de preço antes da etapa da habilitação (arts. 6.º, I, e art. 11, § 4.º, I a XIV, da Lei 12.232/2010).

O projeto básico é substituído pelo *briefing*, que deve conter as informações claras e objetivas para que os interessados elaborem propostas (art. 6.º, II, da Lei 12.232/2010).

Quanto aos critérios de julgamento, conforme já destacado, somente poderão ser utilizados os tipos de licitação "melhor técnica" ou "técnica e preço" para escolha da melhor proposta (art. 5.º da Lei 12.232/2010).

A proposta técnica, na forma do art. 6.º, III, da Lei 12.232/2010, será composta de um plano de comunicação publicitária (art. 7.º), relacionado às informações contidas no *briefing*, e de um conjunto de informações referentes ao proponente (art. 8.º).

As propostas técnicas serão analisadas e julgadas por subcomissão técnica (art. 10, § 1.º, da Lei 12.232/2010).[79]

---

[78] No sentido da vedação do pregão para contratação dos serviços de publicidade, vide: MOTTA, Carlos Pinto Coelho. *Divulgação institucional e contratação de serviços de publicidade*. Belo Horizonte: Fórum, 2010. p. 96.

[79] A subcomissão técnica é constituída por, pelo menos, três membros que sejam formados em comunicação, publicidade ou *marketing*, ou que atuem em uma dessas áreas, e, pelo menos, 1/3 deles não poderá manter nenhum vínculo funcional ou contratual, direto ou indireto, com o órgão ou a entidade responsável pela licitação. A escolha dos membros da subcomissão técnica dar-se-á por sorteio, em sessão pública, entre os nomes de uma relação que terá, no mínimo, o triplo do número de integrantes da subcomissão, previamente cadastrados (art. 10, §§ 1.º e 2.º, da Lei 12.232/2010).

1.7.3. Compras

O art. 6.º, X, da Lei 14.133/2021 dispõe que a compra é a aquisição remunerada de bens para fornecimento de uma só vez ou parceladamente, considerada imediata aquela com prazo de entrega de até 30 dias da data prevista para apresentação da proposta.

O regime jurídico das compras é estabelecido pelos arts. 40 a 44 da Lei 14.133/2021.

O planejamento de compras deve considerar a expectativa de consumo anual, bem como observar os seguintes parâmetros (art. 40 da Lei 14.133/2021): a) condições de aquisição e pagamento semelhantes às do setor privado; b) processamento por meio de sistema de registro de preços, quando pertinente; c) determinação de unidades e quantidades a serem adquiridas em função de consumo e utilização prováveis, cuja estimativa será obtida, sempre que possível, mediante adequadas técnicas quantitativas, admitido o fornecimento contínuo; d) condições de guarda e armazenamento que não permitam a deterioração do material; e) atendimento aos princípios: e.1) da padronização, considerando a compatibilidade de especificações estéticas, técnicas ou de desempenho; e.2) do parcelamento, quando for tecnicamente viável e economicamente vantajoso; e.3) da responsabilidade fiscal, mediante a verificação da despesa estimada com a prevista no orçamento.

Nesse ponto, a atual Lei de Licitações não apresentou grandes inovações às previsões contidas nos arts. 15 e 16 da Lei 8.666/1993.

O termo de referência deverá conter os elementos previstos no inciso XXIII do art. 6.º e também (art. 40, § 1.º, da Lei 14.133/2021): a) especificação do produto, preferencialmente conforme catálogo eletrônico de padronização, observados os requisitos de qualidade, rendimento, compatibilidade, durabilidade e segurança; b) indicação dos locais de entrega dos produtos e das regras para recebimento provisório e definitivo, quando for o caso; c) especificação da garantia exigida e das condições de manutenção e assistência técnica, quando for o caso.[80]

Em relação ao princípio do parcelamento das compras, devem ser considerados (art. 40, § 2.º, da Lei 14.133/2021): a) a viabilidade da divisão do objeto em lotes; b) o aproveitamento das particularidades do mercado local, visando à economicidade, sempre que possível, desde que atendidos os parâmetros de qualidade; e c) o dever de buscar a ampliação da competição e de evitar a concentração de mercado.

É vedado o parcelamento das compras quando (art. 40, § 3.º, da Lei 14.133/2021): a) a economia de escala, a redução de custos de gestão de contratos ou a maior vantagem na contratação recomendar a compra do mesmo item do mesmo fornecedor; b) o objeto a ser contratado configurar sistema único e integrado e houver a possibilidade de risco ao conjunto do objeto pretendido; e c) o processo de padronização ou de escolha de marca levar a fornecedor exclusivo.

O tratamento dispensado ao parcelamento do objeto apresenta pontos em comum com aquele encontrado na Lei 8.666/1993 e legislação correlata.

O art. 15, IV, da Lei 8.666/1993 determinava que as compras, sempre que possível, deveriam ser subdivididas em tantas parcelas quantas necessárias para aproveitar as peculiaridades do mercado, visando economicidade. O parcelamento representava uma diretriz não apenas

---

[80] Em relação à última hipótese, a Administração, desde que fundamentada em estudo técnico preliminar, poderá exigir que os serviços de manutenção e assistência técnica sejam prestados mediante deslocamento de técnico ou disponibilizados em unidade de prestação de serviços localizada em distância compatível com suas necessidades (art. 40, § 4.º, da Lei 14.133/2021).

para compras, mas, também, para as obras e os serviços, desde que não alterada a modalidade de licitação e não afastada a regra da licitação (arts. 23, §§ 1.º e 2.º, e 24, I e II).

No Regime Diferenciado de Contratações Públicas – RDC, o art. 4.º, VI, da Lei 12.462/2011 indicava o "parcelamento do objeto, visando à ampla participação de licitantes, sem perda de economia de escala", como diretriz da licitação.

De forma semelhante, nas empresas estatais, as licitações devem seguir a diretriz do parcelamento do objeto, visando a ampliar a participação de licitantes, sem perda de economia de escala, e desde que não atinja valores inferiores aos limites indicados para dispensa de licitação (art. 32, III, da Lei 13.303/2016).

Conforme destacado pelo TCU, o parcelamento do objeto, aplicável às compras, obras ou serviços, acarreta a pluralidade de licitações, pois cada parte, item, etapa ou parcela representa uma licitação isolada em separado (ex.: construção que pode ser dividida em várias etapas: limpeza do terreno, terraplenagem, fundações, instalações hidráulica e elétrica, alvenaria, acabamento, paisagismo).[81]

A divisibilidade do objeto do futuro contrato não pode acarretar, no entanto, a dispensa indevida de licitação. Não por outra razão, o art. 75, § 1º, da Lei 14.133/2021 dispõe que a aferição dos valores que autorizam a dispensa de licitação, indicados nos incisos I e II do art. 75, deve observar o somatório do que for despendido no exercício financeiro pela respectiva unidade gestora, bem como o somatório da despesa realizada com objetos de mesma natureza, entendidos como tais aqueles relativos a contratações no mesmo ramo de atividade.

A divisibilidade do objeto pode acarretar, a critério da Administração, a realização de procedimento único ou procedimentos distintos de licitação.

Na hipótese de procedimento único de licitação por itens, a Administração concentra, no mesmo certame, objetos diversos que serão contratados (ex.: a licitação para compra de equipamentos de informática pode ser dividida em vários itens, tais como microcomputador, impressora etc.).

Em verdade, várias licitações são realizadas dentro do mesmo processo administrativo, sendo certo que cada item será julgado de forma independente e comportará a comprovação dos requisitos de habilitação.

De acordo com o entendimento consagrado na Súmula 247 do TCU, editada sob a égide da antiga Lei 8.666/1993, a licitação por itens deve ser a regra quando o objeto da licitação for divisível.[82] A licitação por grupos ou lotes, quando há o agrupamento de diversos itens por grupo ou lote, deve ser utilizada em situações excepcionais, que demonstrem a inviabilidade

---

[81] TCU. *Licitações & contratos*: orientações e jurisprudência do TCU. 4. ed. Brasília, 2010. p. 225. De acordo com o TCU, "ofende ao princípio do parcelamento do objeto a inclusão da construção de prédio no âmbito da contratação de parceria público-privada destinada à prestação de serviços de manutenção e conservação de sistema viário" (*Informativo de Jurisprudência sobre Licitações e Contratos do TCU* n. 298).

[82] Súmula 247 do TCU: "É obrigatória a admissão da adjudicação por item e não por preço global, nos editais das licitações para a contratação de obras, serviços, compras e alienações, cujo objeto seja divisível, desde que não haja prejuízo para o conjunto ou complexo ou perda de economia de escala, tendo em vista o objetivo de propiciar a ampla participação de licitantes que, embora não dispondo de capacidade para a execução, fornecimento ou aquisição da totalidade do objeto, possam fazê-lo com relação a itens ou unidades autônomas, devendo as exigências de habilitação adequar-se a essa divisibilidade."

técnica ou econômica da licitação por itens, bem como a ausência de risco à competitividade.[83] A respeito da distinção entre licitação por grupo de itens e por lote, Ronny Charles Torres[84] denomina a licitação por grupo quando houver a aglutinação de diversos itens, que poderiam ser licitados autonomamente, para formação de um único objeto licitatório. Assim, por exemplo, na eventual necessidade de contratação de gêneros alimentícios, a Administração Pública, ao invés de licitar os diversos itens isoladamente, poderia reuni-los em grupos de itens (no grupo carnes, serão inseridas as diversas espécies de carnes que serão adquiridas; no grupo laticínios, os diversos tipos de laticínios que serão comprados etc.). Já a licitação por lote envolve "a divisão de um único objeto licitatório (item) em diversos objetos licitatórios (lotes)". Nesse caso, por exemplo, uma licitação do Ministério da Saúde para fornecimento de medicamentos ou entrega de ambulâncias em todo o território nacional poderia ser dividida em lotes, de acordo com cada estado ou região beneficiada.

Ademais, o art. 41 da Lei 14.133/2021 estabeleceu a possibilidade excepcional de: a) indicação, de forma justificada, de uma ou mais marcas ou modelos em determinados casos; b) exigência de amostra ou prova de conceito; c) vedação de contratação de marca ou produto que não cumpram os requisitos indispensáveis ao pleno adimplemento da obrigação contratual; e d) declaração de solidariedade emitida pelo fabricante, que assegure a execução do contrato, no caso de licitante revendedor ou distribuidor.

No âmbito do RDC, por exemplo, o art. 7.º da Lei 12.462/2011 estabelecia que, nas licitações para aquisição de bens, a Administração Pública poderia exigir: a) indicação de marca por meio de decisão fundamentada; b) amostra do bem a ser adquirido; c) apresentação de certificação da qualidade do produto ou do processo de fabricação, inclusive sob o aspecto ambiental, por qualquer instituição oficial competente ou por entidade credenciada; e d) declaração do fabricante no sentido de ser solidariamente responsável pela execução do contrato, na hipótese em que o licitante for revendedor ou distribuidor.

Igualmente, no âmbito das empresas estatais, o art. 47, *caput* e parágrafo único, da Lei 13.303/2016 admite: a) indicação de marca ou modelo, nas seguintes hipóteses: a.1) em decorrência da necessidade de padronização do objeto; a.2) quando determinada marca ou modelo comercializado por mais de um fornecedor constituir o único capaz de atender o objeto do contrato; a.3) quando for necessária, para compreensão do objeto, a identificação de determinada marca ou modelo apto a servir como referência, situação em que será obrigatório o acréscimo da expressão "ou similar ou de melhor qualidade"; b) exigência de amostra do bem no procedimento de pré-qualificação e na fase de julgamento das propostas ou de lances, desde que justificada a necessidade de sua apresentação; c) solicitação de certificação da qualidade do produto ou do processo de fabricação, inclusive sob o aspecto ambiental, por instituição

---

[83] A licitação por lote com a adjudicação pelo menor preço global deve ser acompanhada da comprovação de eventual óbice técnico ou econômico que inviabilize o parcelamento do objeto em itens, sob pena de restrição à competitividade do certame, na forma dos arts. 15, IV, e 23, § 1.º, da Lei 8.666/1993. TCU, Plenário, Acórdão 1.913/2013, Rel. Min. José Múcio Monteiro, *DOU* 24.07.2013 (*Informativo de Jurisprudência sobre Licitações e Contratos do TCU* n. 161). O critério de julgamento de menor preço por lote somente deve ser adotado quando for demonstrada inviabilidade de se promover a adjudicação por item e evidenciadas razões que demonstrem ser aquele o critério que conduzirá a contratações economicamente mais vantajosas (*Informativo de Jurisprudência sobre Licitações e Contratos do TCU* n. 250).

[84] TORRES, Ronny Charles Lopes de. Leis de licitações públicas comentadas. 12. ed. São Paulo: JusPodivm, 2021. p. 230-231.

previamente credenciada; d) exigência, como condição de aceitabilidade da proposta, de adequação às normas da Associação Brasileira de Normas Técnicas (ABNT) ou a certificação da qualidade do produto por instituição credenciada pelo Sistema Nacional de Metrologia, Normalização e Qualidade Industrial (Sinmetro).

As exigências consagradas nas referidas leis específicas foram positivadas na Lei 14.133/2021, como demonstrado a seguir.

A aferição da qualidade dos bens pode ser realizada das seguintes maneiras (art. 42 da Lei 14.133/2021):[85] a) comprovação de que o produto está de acordo com as normas técnicas determinadas pelos órgãos oficiais competentes, pela ABNT ou por outra entidade credenciada pelo INMETRO; b) declaração de atendimento satisfatório emitida por outro órgão ou entidade de nível federativo equivalente ou superior que tenha adquirido o produto; c) certificação, certificado, laudo laboratorial ou documento similar que possibilite a aferição da qualidade e da conformidade do produto ou do processo de fabricação, inclusive sob o aspecto ambiental, emitido por instituição oficial competente ou por entidade credenciada.

É possível exigir no edital, como condição de aceitabilidade da proposta, a certificação de qualidade do produto por instituição credenciada pelo Conselho Nacional de Metrologia, Normalização e Qualidade Industrial – Conmetro (art. 42, § 1.º, da Lei 14.133/2021).

Admite-se, ainda, o oferecimento de protótipos do objeto que será adquirido ou de amostras no julgamento, da proposta, para atender a diligência, e após o julgamento, como condição para firmar contrato (art. 42, § 2.º, da Lei 14.133/2021).[86]

A exigência de amostra ou prova de conceito do bem pode ser realizada no procedimento de pré-qualificação permanente, na fase de julgamento das propostas ou de lances do licitante primeiro colocado, no período de vigência do contrato ou da ata de registro de preços, desde que previsto no instrumento convocatório e justificada a necessidade de sua apresentação (art. 41, II, da Lei 14.133/2021).[87]

É legítima a indicação de marca ou modelo, desde que formalmente justificado, nas seguintes hipóteses (art. 41, I, da Lei 14.133/2021): a) em decorrência da necessidade de padronização do objeto; b) em razão da necessidade de manter a compatibilidade com plataformas e padrões já adotados pela Administração; c) quando determinada marca ou modelo comercializado por mais de um fornecedor for o único capaz de atender às necessidades da contratante; e d) quando a descrição do objeto a ser licitado puder ser melhor compreendida pela identificação de determinada marca ou modelo aptos a servir apenas como referência.

Por outro lado, a Administração poderá vedar a contratação de marca ou produto, quando ficar comprovado, nos autos do processo administrativo, que os produtos adquiridos e utilizados anteriormente pela Administração não atendem a requisitos indispensáveis ao pleno adimplemento da obrigação contratual (art. 41, III, da Lei 14.133/2021).

---

[85]   O edital poderá exigir, como condição de aceitabilidade da proposta, certificação de qualidade do produto por instituição credenciada pelo Conselho Nacional de Metrologia, Normalização e Qualidade Industrial (Conmetro), na forma do art. 41, § 1.º, da Lei de Licitações.

[86]   No interesse da Administração, as amostras poderão ser examinadas por instituição com reputação ético-profissional na especialidade do objeto, previamente indicada no edital (art. 42, § 3.º, da Lei de Licitações).

[87]   A exigência restringir-se-á ao licitante provisoriamente vencedor quando realizada na fase de julgamento das propostas ou de lances (art. 41, parágrafo único).

Trata-se de vedação objetiva que incide sobre a marca e produto que, em contratações pretéritas, não se revelaram satisfatórias para o atendimento do interesse público subjacente aos contratos celebrados pela Administração.

A vedação não alcança, portanto, a empresa contratada que pode participar de futuras licitações e contratações, desde que não utilize a mesma marca e produto que foram vedadas pela Administração.

Naturalmente, o afastamento de marcas e produtos, com fundamento no art. 41, III, da Lei 14.133/2021, deve ser objeto de decisão administrativa motivada no âmbito de processo administrativo que assegure a ampla defesa e o contraditório, uma vez que a decisão poderá afetar os direitos ou expectativas legítimas das empresas potencialmente interessadas em contratar com a Administração.

Ademais, entendemos que a medida indicada no referido dispositivo legal somente pode levar em consideração os produtos adquiridos e utilizados anteriormente pela própria Administração contratante. Vale dizer: *a priori*, não poderia determinado Ente da federação adotar a medida a partir da experiência prévia do produto ou da marca com outro Ente da Federação.

Isso porque o art. 41, III, da atual Lei de Licitações utilizou a expressão "Administração" que, na forma da conceituação apresentada pelo art. 6.º, IV, da mesma Lei, abrange apenas o "órgão ou entidade por meio do qual a Administração Pública atua".

Afigura-se, ainda, recomendável que os parâmetros para afastamento de empresas de futuros procedimentos licitatórios sejam fixados em decretos regulamentares ou outras normas infralegais, com o objetivo de garantir segurança jurídica e isonomia aos envolvidos.

Não obstante o silêncio legislativo, é preciso admitir que a decisão administrativa seja revista a qualquer tempo, especialmente a partir da demonstração de que o produto ou a marca sofreu alterações que demonstram a superação do problema eventualmente encontrado em contratação anterior.

Outra exigência excepcional, que pode ser estabelecida nas licitações que envolvam o fornecimento de bens, refere-se à possibilidade de solicitação, devidamente motivada, de carta de solidariedade emitida pelo fabricante, que assegure a execução do contrato, no caso de licitante revendedor ou distribuidor (art. 41, IV, da Lei).

A exigência de carta de solidariedade tem por objetivo garantir a execução do contrato e o atendimento do interesse público.

Frise-se que a solidariedade não se presume e somente decorre da lei ou da vontade das partes (art. 265 do Código Civil). Assim, por exemplo, o Código de Defesa do Consumidor estabeleceu a solidariedade entre os fabricantes e os fornecedores nas relações de consumo (arts. 12, 18, 19 e 25 do CDC).

Ocorre que os contratos celebrados pela Administração Pública não envolvem, em regra, relação de consumo, o que revelaria a ausência de solidariedade entre o contratado e o fabricante do bem.

Em verdade, há discussão quanto à viabilidade de submissão das aquisições de bens pelo Estado às disposições do CDC, uma vez que o Estado não é considerado, normalmente, consumidor.

Conforme já tivemos a oportunidade de mencionar em estudo sobre o tema,[88] o Estado pode ser considerado consumidor em situações excepcionais, o que atrairia a responsabilidade

---

[88] OLIVEIRA, Rafael Carvalho Rezende. Os serviços públicos e o Código de Defesa do Consumidor: limites e possibilidades. *BDA*, v. 2, p. 172-188, 2010.

solidária e objetiva de todos aqueles que participaram da cadeia de consumo, independentemente da "carta de solidariedade" prevista na Lei 12.462/2011.

Assim, nos casos de constatação de vulnerabilidade técnica da Administração Pública em relação ao contratado, o Estado poderia ser considerado, em determinados casos, consumidor, na forma do art. 2.º do CDC.[89]

De qualquer forma, a possibilidade de exigência de carta de solidariedade contida no art. 41, IV, da Lei 14.133/2021 afasta a necessidade de discussão sobre a eventual caracterização da relação de consumo nas contratações públicas no tocante à responsabilização solidária do fabricante e do revendedor ou distribuidor.

Contudo, é preciso ter cautela na exigência da carta de solidariedade, uma vez que pode acarretar restrição à competitividade dos certames, com o afastamento de potenciais interessados que não possuem o referido documento. Não por outra razão, o art. 41, IV, da Lei 14.133/2021 exige a motivação da exigência da carta.

Quanto ao princípio da padronização, o processo deverá conter (art. 43 da Lei 14.133/2021): a) parecer técnico sobre o produto, considerando especificações técnicas e estéticas, desempenho, análise de contratações anteriores, custo e condições de manutenção e garantia; b) despacho motivado da autoridade superior, com a adoção do padrão; e c) publicação em meio de divulgação oficial da síntese da justificativa e da descrição sucinta do padrão definido.

A padronização, normalmente, gera benefícios econômicos para o Poder Público (princípio da economicidade), pois facilita as compras em grande escala e a manutenção dos bens adquiridos.

Admite-se a implementação da padronização com base em processo de outro órgão ou entidade de nível federativo igual ou superior ao do órgão adquirente, devendo o ato que decidir pela adesão à outra padronização ser devidamente motivado, com indicação da necessidade da Administração, e publicado em meio de divulgação oficial (art. 43, § 1.º, da Lei 14.133/2021).

Verifica-se que a atual Lei de Licitações pouco inovou em relação à indicação de marcas e ao princípio da padronização nas licitações.

A Lei 8.666/1993 vedava, em regra, a indicação de marcas nas compras efetuadas pelo Poder Público (art. 15, § 7.º, I). A indicação, contudo, seria permitida quando acompanhada de justificativas técnico-científicas.

Assim como permitido na Lei 8.666/1993, a atual Lei de Licitações admite que a indicação de marca sirva como parâmetro de qualidade para facilitar a descrição do objeto a ser licitado. Na hipótese, ao lado da marca apontada no instrumento convocatório, constarão as seguintes expressões "ou equivalente", "ou similar" e "ou de melhor qualidade".

A atual Lei de Licitações também manteve o princípio da padronização que encontrava previsão no art. 15, I, da Lei 8.666/1993.

A padronização, normalmente, gera benefícios econômicos para o Poder Público (princípio da economicidade), pois facilita as compras em grande escala e a manutenção dos bens adquiridos.

---

[89] Nesse sentido: GARCIA, Flávio Amaral. *Licitações e contratos administrativos*. 3. ed. Rio de Janeiro: Lumen Juris, 2010. p. 243-250. Em sentido contrário, não admitindo a figura do "Estado consumidor", pois inexistente a vulnerabilidade: JUSTEN FILHO, Marçal. *Comentários à lei de licitações e contratos administrativos*. 9. ed. São Paulo: Dialética, 2002. p. 520.

48 | LICITAÇÕES E CONTRATOS ADMINISTRATIVOS – Rafael Carvalho Rezende Oliveira

Verifica-se, portanto, que a padronização pode acarretar, em alguns casos, a indicação de marcas, desde que a opção seja tecnicamente adequada. O que não é permitido é a padronização ou a indicação de marcas por critérios subjetivos ou desarrazoados.[90]

No tocante às contratações de soluções baseadas em *software* de uso disseminado, a atual Lei de Licitações remete a disciplina ao regulamento que definirá o processo de gestão estratégica das contratações desse tipo de solução (art. 43, § 2.º, da Lei 14.133/2021).

Por fim, nas hipóteses em que houver a possibilidade de compra ou de locação de bens, o estudo técnico preliminar deverá considerar os custos e os benefícios de cada opção, indicando a alternativa mais vantajosa (art. 44 da Lei 14.133/2021).

1.7.4. Alienações

As alienações de bens imóveis e móveis da Administração Pública dependem do preenchimento dos seguintes requisitos (art. 76 da Lei 14.133/2021): a) interesse público devidamente justificado; b) avaliação prévia; e c) licitação na modalidade leilão.

A alienação de imóveis da Administração direta, autarquias e fundações dependerá, ainda, de autorização legislativa (art. 76, I, da Lei 14.133/2021).

No caso dos bens públicos, integrantes das pessoas jurídicas de direito público, a alienação depende, ainda, da desafetação, admitindo-se apenas a alienação de bens públicos dominicais (arts. 98 e 101 do CC).

Ao tratar das exigências para alienação de bens, a atual Lei de Licitações basicamente repete as exigências contidas na Lei 8.666/1993, com a ressalva de que, a partir do atual diploma legal de Licitações, a modalidade a ser utilizada em qualquer alienação de bens será o leilão.

Na legislação anterior, o leilão era reservado à alienação de bens móveis, com as exceções indicadas no art. 19 da Lei 8.666/1993, e a concorrência era exigida para alienação de imóveis.

A alienação de bens imóveis da Administração Pública cuja aquisição haja derivado de procedimentos judiciais ou de dação em pagamento dispensa autorização legislativa e exige apenas avaliação prévia e licitação na modalidade leilão (art. 76, § 1.º, da Lei 14.133/2021).

A Administração poderá conceder título de propriedade ou de direito real de uso de imóvel, admitida a dispensa de licitação, quando o uso destinar-se (art. 76, § 3.º, da Lei 14.133/2021): a) a outro órgão ou entidade da Administração Pública, qualquer que seja a localização do imóvel; e b) a pessoa natural que, nos termos de lei, regulamento ou ato normativo do órgão competente, haja implementado os requisitos mínimos de cultura, ocupação mansa e pacífica e exploração direta sobre área rural, observado o limite de que trata o § 1.º do art. 6.º da Lei 11.952/2009.

A doação com encargo será licitada e de seu instrumento constarão, obrigatoriamente, os encargos, o prazo de seu cumprimento e a cláusula de reversão, sob pena de nulidade do ato, sendo dispensada a licitação em caso de interesse público devidamente justificado (art. 76, § 6.º, da Lei 14.133/2021). Caso o donatário necessite oferecer o imóvel em garantia de

---

[90] No contexto da Lei 8.666/1993, o TCU editou a Súmula 270, que dispõe: "Em licitações referentes a compras, inclusive de softwares, é possível a indicação de marca, desde que seja estritamente necessária para atender exigências de padronização e que haja prévia justificação". O TCU consagrou entendimento de que a "padronização de marca somente é possível em casos excepcionais, quando ficar incontestavelmente comprovado que apenas aquele produto, de marca certa, atende aos interesses da Administração" (TRIBUNAL DE CONTAS DA UNIÃO. *Licitações & contratos*: orientações e jurisprudência do TCU. 4. ed. Brasília, 2010. p. 215).

financiamento, a cláusula de reversão e as demais obrigações serão garantidas por hipoteca em segundo grau em favor do doador (art. 76, § 7.º, da Lei 14.133/2021).

Na alienação de bens imóveis, será concedido direito de preferência ao licitante que, submetendo-se a todas as regras do edital, comprove a ocupação do imóvel objeto da licitação (art. 77 da Lei 14.133/2021).

Registre-se, por fim, que os incisos I e II do art. 76 da Lei 14.133/2021 dispensam a realização de licitação em determinados casos que são similares àqueles indicados nos incisos I e II do art. 17 da antiga Lei 8.666/1993.

1.7.5. Locação de imóveis

Assim como ocorria na antiga Lei 8.666/1993 (arts. 1.º, 2.º e 62, § 3.º, I), os arts. 2.º e 51 da Lei 14.133/2021 determinam a aplicação dos seus dispositivos aos contratos de locação.

Os contratos de locação de bens imóveis são regulados, predominantemente, pelo direito privado (Lei 8.245/1991), aplicando-se, contudo, as disposições da Lei de Licitações.

A formalização do contrato de locação e a aplicação do direito privado são plenamente possíveis nas hipóteses em que a Administração Pública seja locatária e em casos de locação de bens integrantes das pessoas jurídicas de direito privado da Administração Indireta.

Todavia, conforme já destacado no início do tópico 1.5, há discussão sobre a possibilidade de contrato de locação que tenha por objeto bens públicos.

Em nossa opinião, a locação é incompatível com a transferência do uso privativo dos bens públicos e deve ser submetida ao regime jurídico próprio (ex.: autorização, permissão, concessão de uso de bens públicos).

De acordo com o art. 51 da Lei 14.133/2021, a locação de imóveis deverá ser precedida de licitação e avaliação prévia do bem, do seu estado de conservação, dos custos de adaptações e do prazo de amortização dos investimentos necessários.

É possível indicar diferentes modelos de contratos de locação de imóveis, tais como: a) locação tradicional: envolve somente o aluguel do espaço físico; b) locação com *facilities*: ao lado do aluguel do espaço físico, o contrato engloba a prestação de serviços para a sua operação e manutenção, como limpeza, administração predial, recepção, vigilância, controle de acesso, entre outros; e c) locação *built to suit* (BTS): o locador procede à prévia aquisição, construção ou substancial reforma, por si mesmo ou por terceiros, do imóvel então especificado pelo pretendente à locação, a fim de que seja a este locado, prevalecendo as condições livremente pactuadas no respectivo contrato e as disposições procedimentais previstas na Lei 8.245/1991.

É inexigível a licitação na aquisição ou locação de imóvel cujas características de instalações e localização tornem necessária sua escolha (art. 74, V, da Lei 14.133/2021).

A atual Lei de Licitações conferiu tratamento mais técnico à locação direta, sem licitação. A Lei 8.666/1993, em seu art. 24, X, tratava a hipótese como dispensa de licitação. Como afirmamos em edições anteriores do presente livro, a hipótese configuraria, em verdade, inexigibilidade de licitação, em virtude da inviabilidade de competição, tese agora corroborada no texto da Lei 14.133/2021.

Em âmbito federal, a IN SEGES/ME 103/2022, que dispõe sobre os procedimentos de seleção de imóveis para locação, prevê os três modelos de locação (tradicional, com *facilities* e *built to suit*), mas não impede a utilização de outros modelos, sendo certo que a escolha deve ser justificada no Estudo Técnico Preliminar (ETP).

De acordo com o art. 10 da referida IN, os órgãos ou as entidades deverão realizar o chamamento público com o objetivo de prospectar no mercado imóveis disponíveis para locação que atendam às necessidades definidas no ETP. Quando houver mais de um imóvel que atenda às necessidades da Administração, a licitação será realizada pelo critério de julgamento menor preço (ou maior desconto) ou maior retorno econômico (art. 21 da IN).

1.7.6. Licitações internacionais

As licitações internacionais, na forma da definição contida no art. 6.º, XXXV, da Lei 14.133/2021, são aquelas processadas em território nacional que permitem a participação de licitantes estrangeiros, com a possibilidade de cotação de preços em moeda estrangeira, ou aquelas que estipulam que o objeto contratual pode ou deve ser executado, no todo ou em parte, em território estrangeiro.[91]

Verifica-se que as licitações internacionais, a partir do conceito positivado no art. 6.º, XXXV, da Lei 14.133/2021, apresentam as seguintes características:

a) **processadas em território nacional**: os certames devem ocorrer no Brasil, ainda que o objeto contratual seja executado, total ou parcialmente, em território estrangeiro. As licitações internacionais não se confundem com as contratações realizadas por repartições públicas no exterior que devem observar as peculiaridades locais e os princípios básicos da Lei 14.133/2021, na forma fixada em regulamentação específica (art. 1.º, § 2.º, da Lei 14.133/2021);

b) **participação de licitantes estrangeiros**: deve ser admitida a participação de estrangeiros nas licitações internacionais. Não é necessária a comprovação de autorização para funcionamento no país por parte da empresa estrangeira interessada em participar da licitação internacional. A exigência de autorização para funcionamento no país, prevista no art. 1.134 do CC, não constitui requisito de habilitação nas licitações internacionais, mas poderá ser exigida como condição para assinatura do contrato se houver a necessidade de execução do seu objeto em território nacional;[92]

c) **possibilidade de cotação de preços em moeda estrangeira**: trata-se de uma faculdade e não de uma obrigatoriedade, cabendo ao edital definir a moeda que será utilizada nas propostas dos licitantes;

d) **execução total ou parcial do objeto contratual no exterior**: a licitação internacional também será caracterizada se a execução do contrato ocorrer, no todo ou em parte, em território estrangeiro.

---

[91] De acordo com Rafael Wallbach Schwind, a positivação do conceito legal de licitação internacional na Lei 14.133/2021 supera os entendimentos que sustentavam que a licitação internacional dependeria necessariamente de divulgação no exterior, de utilização de recursos de fonte estrangeira ou de execução contratual, ao menos em parte, no exterior. SCHWIND, Rafael Wallbach. *Licitações internacionais*: participação de estrangeiros e licitações realizadas com financiamento externo. 3. ed. Belo Horizonte: Fórum, 2022. p. 48.

[92] Nesse sentido: SCHWIND, Rafael Wallbach. *Licitações internacionais*: participação de estrangeiros e licitações realizadas com financiamento externo. 3. ed. Belo Horizonte: Fórum, 2022. p. 44-46 e 86. Registre-se que, no âmbito da Lei 8.666/1993, a apresentação do decreto de autorização para funcionamento no País constituía requisito de habilitação (art. 28, V) e as empresas estrangeiras deveriam ter representação legal no Brasil com poderes expressos para receber citação e responder administrativa ou judicialmente (art. 32, § 4.º).

Nas licitações internacionais, o edital deverá ajustar-se às diretrizes da política monetária e do comércio exterior e atender às exigências dos órgãos competentes (art. 52 da Lei 14.133/2021).

Quando for permitida a cotação de preço em moeda estrangeira por parte do licitante estrangeiro, essa possibilidade será franqueada ao licitante brasileiro. Nesse caso, contudo, o pagamento feito ao licitante brasileiro eventualmente contratado será efetuado em moeda corrente nacional (art. 52, §§ 1.º e 2.º, da Lei 14.133/2021).

Igualmente, as garantias de pagamento ao licitante brasileiro serão equivalentes àquelas oferecidas ao licitante estrangeiro e as propostas de todos os licitantes estarão sujeitas às mesmas regras e condições, na forma estabelecida no edital (art. 52, §§ 3.º e 5.º, da Lei 14.133/2021).

Conforme dispõe o § 4.º do art. 52 da Lei 14.133/2021, os gravames incidentes sobre os preços constarão do edital e serão definidos a partir de estimativas ou médias dos tributos.[93]

O edital não poderá prever condições de habilitação, classificação e julgamento que, mesmo usuais em licitações nacionais, constituam barreiras de acesso ao licitante estrangeiro, admitida a previsão de margem de preferência para bens de capital produzidos no País e serviços nacionais que atendam às normas técnicas brasileiras (art. 52, § 6.º, da Lei 14.133/2021).

Lembre-se, ainda, da vedação de tratamento diferenciado de natureza comercial, legal, trabalhista, previdenciária ou qualquer outra entre empresas brasileiras e estrangeiras, na forma do art. 9.º, II, da Lei 14.133/2021.

Conforme já destacado, nas licitações e contratações realizadas no âmbito de projetos e programas parcialmente financiados por agência oficial de cooperação estrangeira ou por organismo financeiro internacional, as pessoas sancionadas pelas referidas entidades não poderão participar do certame (art. 14, § 5.º, da Lei 14.133/2021).

Ademais, revela-se desnecessária a indicação do foro da sede da Administração para dirimir conflitos contratuais nas licitações internacionais para a aquisição de bens e serviços cujo pagamento seja feito com o produto de financiamento concedido por organismo financeiro internacional de que o Brasil faça parte ou por agência estrangeira de cooperação, bem como na contratação com empresa estrangeira para a compra de equipamentos fabricados e entregues no exterior precedida de autorização do Chefe do Poder Executivo e na aquisição de bens e serviços realizada por unidades administrativas com sede no exterior (art. 92, § 1.º, da Lei 14.133/2021).

Quanto aos documentos de habilitação, as empresas estrangeiras que não funcionem no País deverão apresentar documentos equivalentes, na forma do regulamento editado pelo Poder Executivo federal (art. 70, parágrafo único, da Lei 14.133/2021).

1.8. PROCEDIMENTOS AUXILIARES DAS LICITAÇÕES E CONTRATAÇÕES

O art. 78 da Lei 14.133/2021 indica os seguintes procedimentos auxiliares das licitações e contratações: a) credenciamento; b) pré-qualificação; c) procedimento de manifestação de interesse (PMI); d) sistema de registro de preços (SRP); e e) registro cadastral.[94]

---

[93] No regime jurídico anterior, o art. 42, § 4.º, da Lei 8.666/1993 exigia uma espécie de equalização das propostas ao exigir que as propostas dos licitantes estrangeiros tivessem o acréscimo artificial dos "gravames consequentes dos mesmos tributos que oneram exclusivamente os licitantes brasileiros quanto à operação final de venda".

[94] Os critérios, claros e objetivos, dos procedimentos auxiliares serão definidos em regulamento (art. 78, § 1.º). Na pré-qualificação e no PMI, o julgamento segue o mesmo procedimento das licitações (art. 78, § 2.º).

1.8.1. Credenciamento

O credenciamento, segundo dispõe o art. 6.º, XLIII, da Lei 14.133/2021, é o "processo administrativo de chamamento público em que a Administração Pública convoca interessados em prestar serviços ou fornecer bens para que, preenchidos os requisitos necessários, se credenciem no órgão ou na entidade para executar o objeto quando convocados".[95]

O credenciamento, que configura hipótese de inexigibilidade de licitação, na forma do art. 74, IV, da Lei de Licitações, poderá ser utilizado nas seguintes hipóteses de contratação (art. 79 da Lei 14.133/2021):

a) **paralela e não excludente**:[96] caso em que é viável e vantajosa para a Administração a realização de contratações simultâneas em condições padronizadas (ex.: credenciamento de leiloeiros para alienação de bens da Administração Pública, na forma do art. 31, § 1.º, da Lei 14.133/2021, com a definição da ordem de atuação dos leiloeiros credenciados por sorteio ou outro critério objetivo; credenciamento de oficinas para prestação dos serviços de manutenção de viaturas da entidade administrativa, com a fixação de regras objetivas e impessoais no edital que serão observadas no momento da definição da oficina, dentro do universo das oficinas credenciadas, que realizará o serviço em cada caso);[97]

b) **com seleção a critério de terceiros**: caso em que a seleção do contratado está a cargo do beneficiário direto da prestação (ex.: credenciamento de médicos de determinada especialidade, que receberão valores previamente definidos ou tabelados por consultas realizadas, cabendo ao particular escolher o médico credenciado de sua preferência; credenciamento de empresas para atuarem como Administradora de Benefícios ofertados por operadoras de planos de saúde particular para fornecimento de serviços aos servidores públicos da respectiva entidade administrativa, com a possibilidade de escolha por parte do servidor/beneficiário da operadora de sua preferência);

c) **em mercados fluidos**:[98] caso em que a flutuação constante do valor da prestação (preços dinâmicos) e das condições de contratação inviabiliza a seleção de agente por meio do processo de licitação (ex.: aquisição de passagens aéreas).

---

[95] Em âmbito federal, o credenciamento é regulamentado pelo Decreto 11.878/2024. De acordo com o art. 5.º do referido Decreto, o credenciamento ficará permanentemente aberto durante a vigência do edital e será realizado por meio do Compras.gov.br, observadas as seguintes fases: a) preparatória; b) de divulgação do edital de credenciamento; c) de registro do requerimento de participação; d) de habilitação; e) recursal; e f) de divulgação da lista de credenciados.

[96] Nessa primeira hipótese, quando o objeto não permitir a contratação simultânea de todos os credenciados, deverão ser adotados critérios objetivos de distribuição da demanda (art. 79, parágrafo único, II, da Lei 14.133/2021).

[97] Quanto ao credenciamento de oficinas para manutenção de viaturas, vide: TCU, Acórdão 2.731/2009, Plenário, Rel. Min. Marcos Benquerer, j. 18.11.2009.

[98] Nessa última hipótese, a Administração deverá registrar as cotações de mercado vigentes no momento da contratação (art. 79, parágrafo único, IV, da Lei 14.133/2021). No âmbito da Lei 8.666/1993, o TCU decidiu ser regular a aquisição, mediante credenciamento, de passagens aéreas em linhas regulares domésticas, sem a intermediação de agência de viagem, por ser inviável a competição entre as companhias aéreas e entre estas e as agências de viagem (Acórdão 1094/2021, Plenário, Agravo, Rel. Ministro-substituto Weder de Oliveira, *Informativo de Jurisprudência sobre Licitações e Contratos do TCU* n. 414).

A Administração deverá divulgar e manter à disposição do público em sítio eletrônico oficial edital de chamamento de interessados, de modo a permitir o cadastramento permanente de novos interessados (art. 79, parágrafo único, I, da Lei 14.133/2021).

O edital de chamamento de interessados deverá prever as condições padronizadas de contratação e, nas hipóteses dos incisos I e II do *caput*, deverá definir o valor da contratação (art. 79, parágrafo único, III, da Lei 14.133/2021).

Por fim, não será permitido o cometimento a terceiros do objeto contratado sem autorização expressa da Administração, admitindo-se a denúncia por qualquer das partes nos prazos fixados no edital (art. 79, parágrafo único, V e VI, da Lei 14.133/2021).

1.8.2. Pré-qualificação

A pré-qualificação é o "procedimento seletivo prévio à licitação, convocado por meio de edital, destinado à análise das condições de habilitação, total ou parcial, dos interessados ou do objeto" (art. 6.º, XLIV, da Lei 14.133/2021).

Trata-se de procedimento técnico-administrativo que tem por objetivo selecionar previamente (art. 80 da Lei 14.133/2021): a) licitantes que reúnam condições de habilitação para participar de futura licitação ou de licitação vinculada a programas de obras ou de serviços objetivamente definidos (pré-qualificação subjetiva); e b) bens que atendam às exigências técnicas ou de qualidade estabelecidas pela Administração (pré-qualificação objetiva).

A pré-qualificação poderá ser aberta a licitantes ou a bens, observando-se o seguinte (art. 80, § 1.º): a) na pré-qualificação aberta a licitantes, poderão ser dispensados os documentos que já constarem do registro cadastral; b) na pré-qualificação aberta a bens, poderá ser exigida a comprovação de qualidade.[99]

O procedimento de pré-qualificação ficará permanentemente aberto para a inscrição de interessados (art. 80, § 2.º).[100]

O edital de pré-qualificação deve conter (art. 80, § 3.º): a) as informações mínimas necessárias para definição do objeto; e b) a modalidade, a forma da futura licitação e os critérios de julgamento.

A pré-qualificação poderá ser (art. 80, §§ 6.º e 7.º): a) realizada em grupos ou segmentos, segundo as especialidades dos fornecedores; e b) parcial ou total, contendo alguns ou todos os requisitos técnicos ou de habilitação necessários à contratação, assegurada, em qualquer hipótese, a igualdade de condições entre os concorrentes.

A validade da pré-qualificação é de, no máximo, um ano, podendo ser atualizada a qualquer tempo, sendo certo que a validade não poderá ser superior ao prazo de validade dos documentos apresentados pelos interessados (art. 80, § 8.º).

A licitação que se seguir ao procedimento da pré-qualificação poderá ser restrita a licitantes ou bens pré-qualificados (art. 80, § 10).

---

[99] Os produtos e os serviços pré-qualificados deverão integrar o catálogo de bens e serviços da Administração (art. 80, § 5.º, da Lei 14.133/2021).

[100] A apresentação de documentos far-se-á perante órgão ou comissão indicada pela Administração, que deverá examiná-los no prazo máximo de 10 dias úteis, determinando correção ou reapresentação de documentos, quando for o caso, visando à ampliação da competição (art. 80, § 4.º, da Lei 14.133/2021). É obrigatória a divulgação e manutenção à disposição do público dos interessados e dos bens pré-qualificados (art. 80, § 9.º, da Lei 14.133/2021).

Mencione-se, por oportuno, que a pré-qualificação também era permitida nas licitações reguladas pela Lei 8.666/1993, mas a sua utilização, no entanto, ficava restrita às concorrências quando o objeto da licitação recomendasse análise mais detida da qualificação técnica dos interessados (art. 114 da Lei 8.666/1993).

A pré-qualificação nas licitações tem por objetivo identificar interessados em uma futura competição, não representando, pois, a competição em si ou mesmo uma etapa de habilitação, que define o universo de competidores.[101]

Em outras palavras, a pré-qualificação fixa um direito de participação na licitação em favor dos que foram nela identificados, definindo-se um padrão de qualidade mínima a ser atendida na competição a ser realizada.

Daí a vantagem de se introduzir este procedimento de forma permanente, pois a Administração, ao mesmo tempo que já estipula *standards* para suas futuras contratações, o faz sem a necessidade de identificação dos recursos orçamentários que financiarão tal ou qual empreendimento.[102]

A utilização da pré-qualificação também era admitida no Regime Diferenciado de Contratações Públicas (RDC) e nas licitações promovidas por empresas estatais.

No RDC, as licitações poderiam ser antecedidas da pré-qualificação permanente com o objetivo de identificar: a) fornecedores que reunissem condições de habilitação exigidas para o fornecimento de bem ou a execução de serviço ou obra nos prazos, locais e condições previamente estabelecidos; e b) bens que atendessem às exigências técnicas e de qualidade da Administração Pública (art. 30 da Lei 12.462/2011).

O procedimento de pré-qualificação deveria ficar permanentemente aberto para a inscrição dos eventuais interessados (art. 30, § 1.º, da Lei 12.462/2011).

A legislação do RDC permitia, ainda, a realização de licitações direcionadas à participação exclusiva dos pré-qualificados, nas condições estabelecidas em regulamento (art. 30, § 2.º, da Lei 12.462/2011).

A pré-qualificação, com prazo de validade de até um ano, poderia ser efetuada nos grupos ou segmentos, segundo as especialidades dos fornecedores, bem como poderia ser parcial ou total, contendo alguns ou todos os requisitos de habilitação ou técnicos necessários à contratação, assegurada, em qualquer hipótese, a igualdade de condições entre os concorrentes (art. 30, §§ 3.º, 4.º e 5.º, da Lei 12.462/2011).

No âmbito das empresas estatais, o art. 63 da Lei 13.303/2016 (Lei das Estatais) trata da pré-qualificação permanente.

---

[101] Nesse sentido, Hely Lopes Meirelles afirma: "Pré-qualificação (art. 114) é a verificação prévia das condições das firmas, consórcios ou profissionais que desejam participar de determinadas e futuras concorrências de um mesmo empreendimento. Não se confunde com a habilitação preliminar nas concorrências, porque esta se faz em cada concorrência e aquela se realiza para todas as concorrências de um empreendimento certo, que pode exigir uma única ou sucessivas concorrências. Também não se confunde com pré-classificação das propostas, mesmo porque na pré-qualificação os interessados não apresentam proposta, mas tão somente documentação comprobatória das condições técnicas, econômicas e jurídicas pedidas no edital como necessárias à execução do objeto do futuro contrato" (MEIRELLES, Hely Lopes. *Direito administrativo brasileiro*. 14. ed. São Paulo: Malheiros, 2006. p. 95-97).

[102] Nesse sentido, vide: FERNANDES, Jorge Ulisses Jacoby. *Vade-mécum de licitações e contratos*. Belo Horizonte: Fórum, 2004. p. 783-784.

O procedimento de pré-qualificação, com prazo de validade de até um ano, será público e permanentemente aberto à inscrição de qualquer interessado, com o objetivo de identificar a) fornecedores que reúnam condições de habilitação exigidas para o fornecimento de bem ou a execução de serviço ou obra nos prazos, nos locais e nas condições previamente estabelecidos; e b) bens que atendam às exigências técnicas e de qualidade da Administração (art. 64, *caput* e §§ 1.º e 5.º, da Lei das Estatais).

A estatal poderá restringir a participação em suas licitações a fornecedores ou produtos pré-qualificados, nas condições estabelecidas em regulamento (art. 64, § 2.º, da Lei das Estatais).

A pré-qualificação poderá ser efetuada nos grupos ou segmentos, segundo as especialidades dos fornecedores, bem como poderá ser parcial ou total, contendo alguns ou todos os requisitos de habilitação ou técnicos necessários à contratação, assegurada, em qualquer hipótese, a igualdade de condições entre os concorrentes (art. 64, §§ 3.º e 4.º, da Lei das Estatais).

É possível perceber, portanto, que a Lei 14.133/2021 apresenta inspiração no RDC e na Lei das Estatais ao dispor sobre a pré-qualificação.

1.8.3. Procedimento de manifestação de interesse (PMI)

O art. 81 da Lei 14.133/2021 permite que a Administração solicite à iniciativa privada, mediante procedimento aberto de manifestação de interesse (PMI), a ser iniciado com a publicação de edital de chamamento público, a propositura e a realização de estudos, investigações, levantamentos e projetos de soluções inovadoras que contribuam com questões de relevância pública, na forma de regulamento.

O PMI não representa novidade no ordenamento jurídico pátrio.[103]

Com efeito, o PMI já era permitido pelo art. 21 da Lei 8.987/1995, aplicável às PPPs, na forma do art. 3.º, *caput* e § 1.º, da Lei 11.079/2004. Em âmbito federal, o Decreto 8.428/2015 permite a apresentação de projetos, levantamentos, investigações ou estudos, por pessoa física ou jurídica de direito privado, com a finalidade de subsidiar a Administração Pública na estruturação de empreendimentos objeto de concessão ou permissão de serviços públicos, de parceria público-privada (PPP), de arrendamento de bens públicos ou de concessão de direito real de uso.

Igualmente, no âmbito das empresas estatais, o PMI pode ser utilizado na forma autorizada pelo art. 31, § 4.º, da Lei 13.303/2016. Nesse caso, o autor ou financiador do projeto poderá participar da licitação para a execução do empreendimento, podendo ser ressarcido pelos custos aprovados pela estatal caso não vença o certame, desde que seja promovida a cessão de direitos patrimoniais e autorais do projeto (art. 31, § 5.º, da Lei 13.303/2016).

Com o advento da atual Lei de Licitações, a utilização do PMI será admitida para todas as espécies de contratação pública.

Os estudos, investigações, levantamentos e projetos vinculados à contratação e de utilidade para a licitação, realizados pela Administração ou com a sua autorização, estarão à disposição dos interessados, devendo o vencedor da licitação ressarcir os dispêndios correspondentes, conforme especificado no edital (art. 81, § 1.º, da Lei 14.133/2021).

---

[103] O Enunciado 1 da I Jornada de Direito Administrativo realizada pelo Centro de Estudos Judiciários do Conselho da Justiça Federal (CEJ/CJF) dispõe: "A autorização para apresentação de projetos, levantamentos, investigações ou estudos no âmbito do Procedimento de Manifestação de Interesse, quando concedida mediante restrição ao número de participantes, deve se dar por meio de seleção imparcial dos interessados, com ampla publicidade e critérios objetivos".

A realização do PMI (art. 81, § 2.º, da Lei 14.133/2021): a) não atribui ao realizador direito de preferência no processo licitatório; b) não obriga o poder público a realizar licitação; c) não implica, por si só, direito a ressarcimento de valores envolvidos em sua elaboração; d) somente será remunerada pelo vencedor da licitação, não sendo possível, em nenhuma hipótese, a cobrança de valores do poder público.

Verifica-se, portanto, que o PMI não acarreta, em regra, direitos para o autor dos estudos, investigações, levantamentos e projetos. A remuneração do particular, nesse caso, é condicionada à utilização efetiva dos estudos, investigações, levantamentos e projetos na futura licitação, e responsabilidade pelo pagamento é do vencedor da licitação, e não da Administração Pública.

Para aceitação dos produtos e serviços, a Administração deverá elaborar parecer fundamentado demonstrando que o produto ou serviço entregue é adequado e suficiente à compreensão do objeto, que as premissas adotadas foram compatíveis com as reais necessidades do órgão e que a metodologia proposta é a que propicia maior economia e vantajosidade dentre as demais possíveis (art. 81, § 3.º, da Lei 14.133/2021).

O PMI poderá ser restrito a *startups*, assim considerados os microempreendedores individuais, as microempresas e as empresas de pequeno porte, de natureza emergente e com grande potencial, que se dediquem à pesquisa, ao desenvolvimento e à implementação de novos produtos ou serviços baseados em soluções tecnológicas inovadoras que possam causar alto impacto, exigindo-se, na seleção definitiva da inovação, validação prévia fundamentada em métricas objetivas, de modo a demonstrar o atendimento das necessidades da Administração (art. 81, § 4.º, da Lei 14.133/2021).

Cumpre destacar que a contratação de *startups* pela Administração Pública foi incentivada pela LC 182/2021, que instituiu o marco legal das *startups* e do empreendedorismo inovador.

O referido diploma legal estabeleceu regras diferenciadas de licitação e contratação de pessoas físicas ou jurídicas, isoladamente ou em consórcio, para o teste de soluções inovadoras por elas desenvolvidas ou a serem desenvolvidas, com ou sem risco tecnológico (arts. 13 a 15 da LC 182/2021).

1.8.4. Sistema de registro de preços (SRP)

Outro instrumento auxiliar das contratações públicas é o sistema de registro de preços (SRP), na forma do art. 78, IV, da Lei 14.133/2021.

O SRP pode ser definido como procedimento administrativo por meio do qual a Administração Pública seleciona as propostas mais vantajosas, mediante concorrência ou pregão, que ficarão registradas em ata perante a autoridade estatal para futuras e eventuais contratações.

De acordo com o art. 6.º, XLV, da Lei 14.133/2021, o SRP é "conjunto de procedimentos para realização, mediante contratação direta ou licitação nas modalidades pregão ou concorrência, de registro formal de preços relativos à prestação de serviços, a obras e a aquisição e locação de bens para contratações futuras".

Verifica-se, desde logo, a ampliação na utilização do SRP na Lei 14.133/2021. Inicialmente restrito às compras e serviços, no regime da Lei 8.666/1993 e do Decreto federal 7.892/2013, a sua utilização foi ampliada no RDC para abarcar, ainda, obras e serviços de engenharia (art. 88, I, do Decreto federal 7.581/2011). Com a promulgação da Lei 14.133/2021, o SRP pode ser utilizado para serviços, inclusive de engenharia, obras, aquisição e locação de bens.

O objetivo do registro de preços é racionalizar as contratações e efetivar o princípio da economicidade. Em vez de promover nova licitação a cada aquisição de produtos e serviços, necessários para a rotina da máquina administrativa, a Administração realiza uma única licitação para registrar os preços e realizar, futura e discricionariamente, as contratações.

As principais vantagens do registro de preços são:[104] a) redução do número de licitações, pois o procedimento evita a necessidade de realização de licitações sucessivas para contratação dos mesmos bens e serviços; b) economia de escala, uma vez que vários órgãos e entidades podem participar da formatação da ata de registro de preços; c) solução para necessidades variáveis; d) contratação somente no surgimento da necessidade, sem a obrigatoriedade de contratação do montante registrado; e) redução do volume de estoque, o que diminui os custos de armazenamento dos bens e os riscos de perecimento; f) eliminação ou diminuição do fracionamento de despesas; g) necessidade de disponibilidade orçamentária apenas no momento da contratação etc.

Na licitação para registro de preços, o edital observará as regras gerais de licitação e deverá dispor sobre (art. 82 da Lei 14.133/2021): a) as especificidades do certame e de seu objeto, inclusive a quantidade máxima de cada item que poderá ser adquirida; b) a quantidade mínima a ser cotada de unidades de bens ou, no caso de serviços, de unidades de medida; c) a possibilidade de prever preços diferentes: c.1) quando o objeto for realizado ou entregue em locais diferentes; c.2) em razão da forma e do local de acondicionamento; c.3) quando admitida cotação variável em razão do tamanho do lote; e c.4) por outros motivos justificados no processo; d) a possibilidade de o licitante oferecer ou não proposta em quantitativo inferior ao máximo previsto no edital, obrigando-se nos limites dela; e) o critério de julgamento da licitação, que será o de menor preço ou o de maior desconto sobre tabela de preços praticada no mercado; f) as condições para alteração de preços registrados; g) registro de mais de um fornecedor ou prestador de serviço, desde que aceitem cotar o objeto com preço igual ao do licitante vencedor, assegurada a preferência de contratação de acordo com a ordem de classificação; h) a vedação a que o órgão ou a entidade participe de mais de uma ata de registro de preços com o mesmo objeto no prazo de validade daquela que já tiver participado, salvo na ocorrência de ata que tenha registrado quantitativo inferior ao máximo previsto no edital; e i) as hipóteses de cancelamento da ata de registro de preços e suas consequências.

Aqui, é importante ressaltar que o art. 82, VI, da Lei 14.133/2021 estabelece que o edital deve dispor sobre "as condições para alteração de preços registrados". Trata-se de tema que sempre gerou polêmicas, especialmente a respeito da possibilidade de reequilíbrio econômico-financeiro (reajuste, revisão ou repactuação) dos valores registrados na ata. Parcela da doutrina sustenta a impossibilidade de reequilíbrio econômico-financeiro da ata, sob o argumento de que o princípio da manutenção do equilíbrio econômico-financeiro seria de aplicação restrita aos contratos administrativos.[105]

---

[104] O SRP poderá ser adotado, por exemplo (art. 3.º do Decreto 11.462/2023): a) quando houver necessidade de contratações permanentes ou frequentes; b) quando for conveniente a aquisição de bens com previsão de entregas parceladas ou contratação de serviços remunerados por unidade de medida, como quantidade de horas de serviço, postos de trabalho ou em regime de tarefa; c) quando for conveniente para atendimento a mais de um órgão ou a mais de uma entidade, inclusive nas compras centralizadas; d) quando for atender a execução descentralizada de programa ou projeto federal, por meio de compra nacional ou da adesão para fins de transferências voluntárias; ou e) quando, pela natureza do objeto, não for possível definir previamente o quantitativo a ser demandado pela Administração.

[105] Nesse sentido: TORRES, Ronny Charles Lopes de. *Leis de licitações públicas comentadas*. 12. ed. São Paulo: JusPodivm, 2021. p. 498-502. No contexto da legislação anterior, o referido entendimento foi adotado pela AGU no Parecer 00001/2016/CPLC/CGU/AGU.

De nossa parte, sustentamos a possibilidade de alteração dos valores registrados na ata, com o intuito de restabelecer o equilíbrio econômico-financeiro, por meio do reajuste, revisão e repactuação, uma vez que o princípio da manutenção do equilíbrio econômico-financeiro, previsto no art. 37, XXI, da CRFB exige que as condições efetivas das propostas sejam mantidas, o que deveria ser observado, inclusive, em certames que acarretam a elaboração de ata de registro de preços. A viabilidade da alteração dos preços registrados para fins de reequilíbrio seria confirmada pela previsão constante do art. 82, VI, da Lei 14.133/2021. Assim, por exemplo, decorridos 12 meses entre o orçamento estimado e a elaboração da ata ou a efetiva contratação com fundamento na ata, poderia ser cogitado o reajuste dos valores dos itens registrados. Evidentemente, a Administração Pública, que não possui a obrigação de celebrar contratos com as empresas com preços registrados na ata, na forma do art. 83 da Lei 14.133/2021, poderia optar pela extinção antecipada da ata ao invés da sua manutenção com valores reequilibrados.[106]

O critério de julgamento de menor preço por grupo de itens ou lote somente poderá ser adotado quando for demonstrada a inviabilidade de se promover a adjudicação por item e evidenciada a sua vantajosidade técnica e econômica, devendo ser indicado no edital o critério de aceitabilidade de preços unitários máximos (art. 82, § 1.º).

É permitido registro de preços com indicação limitada a unidades de contratação, sem indicação do total a ser adquirido, apenas nas seguintes situações (art. 82, § 3.º): a) quando for a primeira licitação para o objeto e o órgão ou a entidade não tiver registro de demandas anteriores; b) no caso de alimento perecível; e c) no caso em que o serviço esteja integrado ao fornecimento de bens. Nesses casos, é obrigatória a indicação do valor máximo da despesa e é vedada a participação de outro órgão ou entidade na ata (art. 82, § 4.º).

O SRP poderá ser usado para a contratação de bens e serviços, inclusive de obras e serviços de engenharia, e observará as seguintes condições (art. 82, § 5.º): a) realização prévia de ampla pesquisa de mercado; b) seleção de acordo com os procedimentos previstos em regulamento; c) desenvolvimento obrigatório de rotina de controle; d) atualização periódica dos preços registrados; e) definição do período de validade do registro de preços; e f) inclusão, em ata de registro de preços, do licitante que aceitar cotar os bens ou os serviços com preços iguais aos do licitante vencedor na sequência de classificação do certame e do licitante que mantiver sua proposta original.

O SRP poderá, na forma de regulamento, ser utilizado nas hipóteses de inexigibilidade e de dispensa de licitação para a aquisição de bens ou para a contratação de serviços por mais de um órgão ou entidade (art. 82, § 6.º). A previsão faz sentido, uma vez que não haveria a

---

[106] De forma semelhante, Marçal Justen Filho afirma que "os preços registrados comportam alteração", mas que "a solução mais satisfatória consiste em promover essa modificação no âmbito de cada contrato específico". JUSTEN FILHO, Marçal. *Comentários à lei de licitações e contratações administrativas*. São Paulo: Thomson Reuters Brasil, 2021. p. 1.167. Igualmente, Edgar Guimarães sustenta: "Em homenagem ao art. 37, inciso XXI, da Constituição Federal, que impõe à Administração Pública a obrigação de manter as condições efetivas das propostas oferecidas por ocasião de uma licitação, o edital para registro de preços deverá prever mecanismos visando alteração dos preços registrados podendo se valer de instrumentos jurídicos, por exemplo, o reajuste, a repactuação e o reequilíbrio econômico-financeiro. É preciso afirmar que tais alterações operam em mão dupla, ou seja, tanto podem reduzir os preços como também majorá-los". GUIMARÃES, Edgar. Instrumentos auxiliares das licitações e contratações. In: DI PIETRO, Maria Sylvia Zanella (Coord.). *Licitações e contratos administrativos*: inovações da Lei 14.133, de 1º de abril de 2021. 2. ed. Rio de Janeiro: Forense, 2022. p. 340.

obrigatoriedade de realização de licitação para celebração do contrato nas hipóteses legais de dispensa e de inexigibilidade. Na hipótese do registro de preços, a realização da licitação (pregão ou concorrência) seria dispensável ou inexigível nos casos indicados nos arts. 74 e 75 da Lei 14.133/2021.

Imagine-se, por exemplo, a necessidade de contratação frequente de fornecedor exclusivo por diversos órgãos e entidades estatais. Ao invés da formalização de diversos processos de contratação direta, seria admissível a realização de procedimento único para celebração da ata de registro de preços que será utilizada pelos referidos órgãos e entidades estatais na formalização dos respectivos contratos.

A existência de preços registrados implica compromisso de fornecimento nas condições estabelecidas, mas não obriga a Administração a contratar, facultando-se a realização de certame específico para a aquisição pretendida, desde que devidamente motivada (art. 83 da Lei 14.133/2021).

Cabe destacar que o registro de preço não possui a finalidade de selecionar a melhor proposta para celebração de contrato específico, como ocorre normalmente nas licitações e contratações de objeto unitário.

Ao contrário, no sistema de registro de preços o intuito é realizar uma licitação, mediante concorrência ou pregão, para registrar em ata os preços de diversos itens ou lotes, apresentados pelos licitantes vencedores, que poderão ser adquiridos pela Administração, dentro de determinado prazo, na medida de sua necessidade.

Dessa forma, ao final do procedimento, a Administração Pública deve elaborar a ata de registro de preços que, de acordo com o art. 6.º, XLVI, da Lei 14.133/2021, é o "documento vinculativo e obrigacional, com característica de compromisso para futura contratação, no qual são registrados o objeto, os preços, os fornecedores, os órgãos participantes e as condições a serem praticadas, conforme as disposições contidas no edital da licitação, aviso ou instrumento de contratação direta e nas propostas apresentadas".

Por essa razão, entendemos que não há necessidade de reserva orçamentária para efetivação do SRP, pois tal exigência somente se justifica nas hipóteses em que a Administração seleciona a melhor proposta para celebração do respectivo contrato, garantindo a existência de recursos orçamentários para pagamento do contratado. No SRP, repita-se, a Administração tem por objetivo o registro das melhores propostas, não assumindo a obrigação de assinar o contrato. A disponibilidade orçamentária será necessária apenas no momento da assinatura do respectivo contrato.[107]

O prazo de vigência da ata de registro de preços será de um ano, podendo ser prorrogado, por igual período, desde que comprovado o preço vantajoso (art. 84 da Lei 14.133/2021).[108]

---

[107] Art. 17 do Decreto 11.462/2022. No mesmo sentido: NIEBUHR, Joel de Menezes. *Licitação pública e contrato administrativo*. 2. ed. Belo Horizonte: Fórum, 2011. p. 612; TCU, Plenário, Acórdão 1.279/2008, Rel. Min. Guilherme Palmeira, *DOU* 08.07.2008; Orientação Normativa/AGU 20: "Na licitação para registro de preços, a indicação da dotação orçamentária é exigível apenas antes da assinatura do contrato".

[108] De acordo com a Orientação Normativa da AGU 89/2024: "O prazo inicial de vigência da ata de registro de preços é necessariamente de 1 (um) ano, contado do primeiro dia útil subsequente à data de sua divulgação no PNCP, podendo ocorrer a prorrogação da vigência da ata para o período de mais de um ano, desde que formalizada na vigência inicial da ata e comprovada a vantajosidade do preço registrado, tudo conforme os termos do art. 84, da Lei n.º 14.133, de 2021, c/c o art. 22 do

O contrato decorrente da ata de registro de preços, por sua vez, terá sua vigência conforme as disposições nela contidas (art. 84, parágrafo único). Verifica-se, portanto, que o prazo de vigência da ata não se confunde com o prazo de vigência do contrato dela decorrente.

O art. 84 da Lei 14.133/2021, que dispõe sobre o prazo máximo de vigência da ata de registro de preços, deve ser compreendido como norma geral, vedada a possibilidade de fixação de prazos maiores por meio de atos normativos estaduais, distritais ou municipais.[109]

Não obstante a ausência de clareza do legislador, entendemos que o prazo de vigência deve ser contado a partir da publicação da ata ou de outro momento posterior indicado no ato de publicação.[110]

Em relação à prorrogação da ata de registro de preços, abre-se margem de dúvida a respeito da renovação dos quantitativos indicados na ata. O tema tem recebido tratamento jurídico variado nos atos normativos dos diversos entes federativos. Enquanto alguns regulamentos afastam a renovação dos quantitativos, outros regulamentos expressamente admitem a renovação dos quantitativos na hipótese de prorrogação da vigência da ata.[111] Em âmbito federal, a AGU, por meio do Parecer 00453/2024/CGAQ/SCGP/CGU/AGU, concluiu pela possibilidade de renovação do quantitativo inicialmente registrado em caso de prorrogação de vigência da ata de registro de preços, desde que: a) seja comprovado o preço vantajoso; b) haja previsão expressa no edital e na ata de registro de preços; c) o tema tenha sido tratado no planejamento da contratação; d) a prorrogação da ata de registro de preços ocorra dentro do prazo de sua vigência.

Outro ponto que enseja dúvidas refere-se à viabilidade de alteração quantitativa para realização de acréscimos dos itens registrados na ata durante a sua vigência. A maioria dos entes federativos, por meio dos respectivos atos normativos, optou por vedar acréscimos na ata.[112] A discussão, naturalmente, não se coloca para supressões, uma vez que a Administração Pública sequer é obrigada a contratar os itens constantes da ata, na forma do art. 83 da Lei

---

Decreto n.º 11.462, de 2023." No regime jurídico anterior, a ata possuía prazo de validade de até um ano (art. 15, § 3.º, III, e § 4.º, da Lei 8.666/1993).

[109] No contexto na legislação anterior, o TCU decidiu que a norma que fixa o prazo máximo de vigência da ata deve ser considerada norma geral (TCU, Acórdão 2.368/2013, Plenário, Rel. Min. Benjamin Zymler, Data da sessão: 04.09.2013).

[110] No âmbito da legislação anterior, o TCU afirmou que o prazo de vigência da ata deveria ser contado a partir da sua publicação (TCU, Acórdão 1401/2014, Plenário, Rel. Min. Augusto Sherman, Data da sessão: 28.05.2014). Com a mesma opinião, vide: TORRES, Ronny Charles Lopes de. *Leis de licitações públicas comentadas*. 12. ed. São Paulo: JusPodivm, 2021. p. 496-497.

[111] No sentido da ausência de renovação de quantitativos, *vide*, por exemplo: Estado do Rio de Janeiro (art. 20, § 2.º, I, do Decreto estadual 48.843/2023). De outro lado, admitindo a renovação dos quantitativos na prorrogação da vigência da ata, *vide*, por exemplo: Paraná (art. 299 do Decreto estadual 10.086/2022), Belo Horizonte (art. 18, § 2.º, do Decreto municipal 18.242/2023), Porto Alegre (art. 20, § 1.º, do Decreto municipal 22.357/2023), Pernambuco (art. 20, parágrafo único, do Decreto estadual 54.700/2023) e Santa Catarina (art. 13, § 1.º, do Decreto estadual 509/2024).

[112] Em âmbito federal, o art. 23 do Decreto 11.462/2023 veda a realização de acréscimos nos quantitativos fixados na ata. Mencionem-se, por exemplo, os seguintes entes federativos que não admitem acréscimos nas atas: Estado do Rio de Janeiro (art. 20, § 1.º, do Decreto estadual 48.843/2023), Pernambuco (art. 23 do Decreto estadual 54.700/2023); Belo Horizonte (arts. 22 e 23 do Decreto municipal 18.242/2023), Paraná (art. 298, § 8.º, do Decreto estadual 10.086/2022), Alagoas (art. 23 do Decreto estadual 95.019/2023), Porto Alegre (art. 20, § 2.º, do Decreto municipal 22.357/2023). Em sentido contrário, admitindo a realização de acréscimos nas atas, *vide*: Santa Catarina (art. 13, § 2.º, do Decreto estadual 509/2024).

14.133/2021. De nossa parte, entendemos que não devem ser admitidos os acréscimos nos itens registrados na ata, abrindo-se, contudo, a possibilidade para alteração, quantitativa e qualitativa, dos contratos decorrentes das atas de registro de preços, desde que respeitados os limites previstos no art. 125 da Lei 14.133/2021. Isso porque a legislação permite alterações nos contratos, que não se confundem com as atas, e a eventual alteração na ata, com a possibilidade de novas alterações nos contratos dela decorrentes, acarretaria aumento desproporcional dos quantitativos inicialmente planejados pela Administração Pública.[113]

A Administração poderá contratar a execução de obras e serviços de engenharia pelo sistema de registro de preços, desde que atendidos os seguintes requisitos (art. 85 da Lei 14.133/2021):[114] a) existência de projeto padronizado, sem complexidade técnica e operacional; e b) necessidade permanente ou frequente de obra ou serviço a ser contratado.

No SRP, existem três atores importantes, a saber:[115] a) órgão ou entidade gerenciadora: órgão ou entidade da Administração Pública responsável pela condução do conjunto de procedimentos para registro de preços e pelo gerenciamento da ata de registro de preços dele decorrente (art. 6.º, XLVII); b) órgão ou entidade participante: órgão ou entidade da Administração Pública que participa dos procedimentos iniciais da contratação para registro de preços e integra a ata de registro de preços (art. 6.º, XLVIII); e c) órgão ou entidade não participante: órgão ou entidade da Administração Pública que não participa dos procedimentos iniciais da licitação para registro de preços e não integra a ata de registro de preços, também denominada carona (art. 6.º, XLIX).

---

[113] No mesmo sentido: TORRES, Ronny Charles Lopes de. *Leis de licitações públicas comentadas*. 12. ed. São Paulo: JusPodivm, 2021. p. 497.

[114] Conforme destacado anteriormente, o art. 15 da Lei 8.666/1993 e o Decreto federal 7.892/2013 não previam, expressamente, a utilização do SRP para obras e serviços de engenharia. Naquele contexto, o TCU, ao interpretar as referidas normas, decidiu pela possibilidade de SRP para serviços comuns de engenharia, mas impediu a sua aplicação para contratação de obras (TCU, Acórdão 3.605/2014, Plenário, Rel. Min. Marcos Bemquerer Costa, 09.12.2014, *Informativo de Jurisprudência sobre Licitações e Contratos do TCU* n. 227; TCU, Acórdão 980/2018, Plenário, Representação, Rel. Ministro-substituto Marcos Bemquerer, 02.05.2018, *Informativo de Jurisprudência sobre Licitações e Contratos do TCU* n. 345).

[115] No tocante ao controle de juridicidade da contratação no âmbito do registro de preço, a Orientação Normativa da AGU 88/2024 dispõe: "I) No âmbito do Sistema de Registro de Preços, as competências do art. 53 da Lei n.º 14.133, de 2021, e do art. 11, inciso VI, alínea 'a', da Lei Complementar n.º 73, de 1993, relativas ao controle de legalidade mediante análise jurídica do processo de contratação, são da exclusiva alçada da unidade consultiva que presta assessoramento jurídico ao órgão gerenciador do registro de preços. II) O órgão não participante, em obediência ao § 4.º do art. 53 da Lei n.º 14.133, de 2021, deverá submeter o processo de adesão à análise jurídica do respectivo órgão de assessoramento jurídico, hipótese em que este limitar-se-á a examinar a legalidade em relação aos requisitos da adesão. III) A análise a que se refere o inciso II desta orientação normativa é dispensada, nos termos do § 5.º do art. 53 da Lei n.º 14.133, de 2021, nos casos de adesão a ata de registro de preço para contratação: a) voltada à aquisição de bens para entrega imediata; ou b) na hipótese de o valor da contratação por adesão não superar 1% do valor caracterizado pela lei como contratação de grande vulto (art. 6.º, XXII, da Lei n.º 14.133, de 2021), considerada a atualização anual legalmente exigida. IV) Não será necessária análise e manifestação jurídica específica nos casos em que o órgão de assessoramento jurídico do órgão não participante do registro de preço emitir manifestação jurídica referencial acerca do procedimento de adesão a ata de registro de preço. V) Os órgãos participante e não participante do sistema de registro de preços poderão solicitar manifestação específica da respectiva unidade de consultoria jurídica para que lhe preste assessoramento acerca da juridicidade do processo de contratação, desde que haja dúvida de ordem jurídica objetivamente exposta no processo".

O órgão ou a entidade gerenciadora deverá, na fase preparatória do processo licitatório, para fins de registro de preços, realizar procedimento público de intenção de registro de preços (IRP) para, nos termos de regulamento, possibilitar, pelo prazo mínimo de 8 dias úteis, a participação de outros órgãos ou entidades na respectiva ata e determinar a estimativa total de quantidades da contratação (art. 86 da Lei 14.133/2021).

Os órgãos e entidades não participantes poderão aderir à ata de registro de preços na condição de carona, observados os seguintes requisitos (art. 86, § 2.º): a) apresentação de justificativa da vantagem da adesão, inclusive em situações de provável desabastecimento ou descontinuidade de serviço público; b) demonstração de que os valores registrados estão compatíveis com os valores praticados pelo mercado na forma do art. 23; c) prévia consulta e aceitação do órgão ou entidade gerenciador e do fornecedor.

A Administração Pública federal não pode aderir à ata de registro de preços gerenciada por órgão ou entidade estadual, distrital e municipal (art. 86, § 8.º).[116]

Na redação originária da Lei 14.133/2021 do art. 86, § 3.º, a possibilidade de carona encontrava-se limitada a órgãos e entidades da Administração Pública estadual, distrital e municipal que, na condição de carona, desejassem aderir à ata de registro de preços de órgão ou entidade gerenciador federal, estadual ou distrital (art. 86, § 3.º).

De acordo com a redação originária dos referidos dispositivos normativos a) os órgãos e entidades da Administração Pública federal, estadual, distrital e municipal poderiam aderir à Ata de Registro de Preços de órgão ou entidade gerenciadora federal, estadual ou distrital; e b) os órgãos e entidades da Administração Pública federal não podem aderir à Ata de Registro de Preços gerenciada por órgão ou entidade estadual, distrital ou municipal.

A partir da interpretação literal da redação originária do § 3.º do art. 86 da Lei 14.133/2021, não haveria previsão de carona nas atas dos Municípios.

Quanto à adesão realizada por outros órgãos e entidades do próprio Município que implementou a Ata, parece não haver maiores questionamentos sobre a sua possibilidade, uma vez que a questão se insere no âmbito territorial da própria Edilidade, naquilo que poderia ser denominado de carona interna ou intrafederativa, o que não suscita maiores questionamentos sob o aspecto da autonomia federativa.

Contudo, antes de ser publicada a Lei 14.770/2023, a questão relativa à viabilidade de carona nas atas municipais por parte de outros entes federados (carona externa ou interfederativa) gerava interpretações dissonantes.

1.º entendimento: impossibilidade de adesão às atas municipais por outros entes federados, em razão da literalidade dos §§ 3.º e 8.º do art. 86 da Lei 14.133/2021. Nesse sentido: Marçal Justen Filho.[117]

2.º entendimento: viabilidade de adesão às atas municipais por outros entes federados, com fundamento no pacto federativo e na interpretação conforme a Constituição dos §§ 3.º e 8.º do art. 86 da Lei 14.133/2021. Nesse sentido: Victor Amorim.[118]

---

[116] Orientação Normativa/AGU 21: "É vedada aos órgãos públicos federais a adesão à Ata de Registro de Preços, quando a licitação tiver sido realizada pela Administração Pública Estadual, Municipal ou do Distrito Federal, bem como por entidades paraestatais".

[117] JUSTEN FILHO, Marçal. *Comentários à lei de licitações e contratações administrativas*. São Paulo: Thomson Reuters Brasil, 2021. p. 1.182.

[118] AMORIM, Victor. A adesão de ata de registro de preços municipais na nova Lei de Licitações: por uma necessária interpretação conforme à Constituição do § 3º do art. 86 da Lei 14.133/2021.

De nossa parte, sustentávamos a necessidade de interpretação conforme a Constituição dos §§ 3.º e 8.º do art. 86 da Lei 14.133/2021, que deveriam ser considerados normas específicas, e não gerais, para conferir aos entes federados a decisão sobre a adesão às atas de registro de preços de outros entes federados, em razão dos seguintes argumentos:[119] a) autonomia dos entes federados, inclusive Municípios, para decidirem sobre a utilização de suas atas (art. 18 da CRFB); e b) a ausência de previsão de adesão às atas municipais na Lei 14.133/2021 não pode acarretar a impossibilidade da referida adesão, sob pena de afronta aos princípios da razoabilidade e da proporcionalidade, uma vez que inexiste justificativa razoável para restringir a utilização das atas municipais a partir de uma decisão extroversa da União Federal.

A tese aqui sustentada acabou sendo incorporada na alteração promovida pela Lei 14.770/2023 no art. 86, § 3.º da Lei 14.133/2021 que passou a prever a possibilidade de adesão às atas municipais, desde que o sistema de registro de preços tenha sido formalizado mediante licitação.

Por fim, cabe destacar que as adesões às atas de registros de preços devem observar os limites legais. Nesse sentido, as aquisições ou as contratações adicionais, decorrentes do efeito carona, não poderão exceder, por órgão ou entidade, a 50% dos quantitativos dos itens do instrumento convocatório registrados na ata de registro de preços para o órgão gerenciador e para os órgãos participantes (art. 86, § 4.º).

Ademais, o quantitativo decorrente das adesões à ata de registro de preços não poderá exceder, na totalidade, ao dobro do quantitativo de cada item registrado na ata de registro de preços para o órgão gerenciador e órgãos participantes, independentemente do número de órgãos não participantes que aderirem (art. 86, § 5.º).

A adesão à ata de registro de preços de órgão ou entidade gerenciador do Poder Executivo federal por órgãos e entidades da Administração Pública estadual, distrital e municipal poderá ser exigida para fins de transferências voluntárias, não ficando sujeita ao limite de que trata o § 5.º se destinada à execução descentralizada de programa ou projeto federal e comprovada a compatibilidade dos preços registrados com os valores praticados no mercado na forma do art. 23 (art. 86, § 6.º).

Para aquisição emergencial de medicamentos e material de consumo médico-hospitalar por órgãos e entidades da Administração Pública federal, estadual, distrital e municipal, a adesão à ata de registro de preços gerenciada pelo Ministério da Saúde não estará sujeita ao limite de que trata o § 5.º (art. 86, § 7.º).

É oportuno lembrar a existência de regime jurídico especial para o SRP durante o estado de calamidade pública, na forma da Lei 14.981/2024, destacando-se, por exemplo, as seguintes previsões:[120] a) prazos menores para implementação da IRP, que será de dois a oito dias úteis (art. 8.º); b) após o prazo de trinta dias, contados da data de assinatura da ata de registro de preços, durante o estado de calamidade, o órgão ou a entidade realizará, previamente à contratação, estimativa de preços a fim de verificar se os preços registrados permanecem compatíveis com

---

Disponível em: <https://www.novaleilicitacao.com.br/2021/07/14/a-adesao-de-ata-de-registro-de--precos-municipais-na-nova-lei-de-licitacoes-por-uma-necessaria-interpretacao-conforme-a-cons-tituicao-do-%C2%A73o-do-art-86-da-lei-no-14-133-2021/>. Acesso em: 20 mar. 2023.

[119] OLIVEIRA, Rafael Carvalho Rezende. Sistema de Registro de preços e (in)viabilidade da carona interfederativa nas atas municipais na nova Lei de Licitações, *Solução em Licitações e Contratos*, v. 63, p. 43-54, jun. 2023.

[120] O tema será destacado no item 3.16.

os praticados no mercado, promovendo o reequilíbrio econômico-financeiro, caso necessário (art. 9.º); c) possibilidade de adesão à ata nos seguintes casos (art. 7.º): c.1) adesão por órgão ou entidade pública federal à ata de registro de preços de órgão ou entidade gerenciadora do Estado, do DF ou dos Municípios atingidos; e c.2) adesão por órgão ou entidade do Estado ou de Município atingido à ata de órgão ou entidade gerenciadora dos Municípios atingidos; d) possibilidade de adesão à ata formalizada sem a indicação do total a ser adquirido, com fundamento no § 3.º do art. 82 da Lei 14.133/2021, inclusive em relação às obras e aos serviços de engenharia, mantida a obrigação de indicação do valor máximo da despesa (art. 10); e) ampliação dos limites quantitativos para adesão à ata (art. 11): ao invés do limite tradicional (dobro dos itens registrados), no regime especial de calamidade pública, as adesões não poderão ultrapassar, na totalidade, cinco vezes o quantitativo de cada item registrado na ata, independentemente do número de órgãos não participantes que aderirem; f) inaplicabilidade dos limites previstos tanto no art. 11 da citada lei, quanto nos §§ 4.º e 5.º do art. 86 da Lei 14.133/2021, para adesões às atas gerenciadas pela Central de Compras da Secretaria de Gestão e Inovação do Ministério da Gestão e da Inovação em Serviços Públicos (art. 12).

1.8.5. Registro cadastral

Por fim, ao lado do credenciamento, da pré-qualificação, do PMI e do SRP, o art. 78, V, da Lei 14.133/2021 menciona o registro cadastral como espécie de procedimento auxiliar das licitações e das contratações.[121]

O registro cadastral corresponde à antecipação da análise dos documentos dos interessados, que somente seriam exigidos na fase de habilitação da futura licitação, bem como estipula a avaliação de desempenho das empresas que já foram contratadas pela Administração.

Conforme dispõe o art. 87 da Lei 14.133/2021, os órgãos e as entidades da Administração Pública deverão utilizar o sistema de registro cadastral unificado disponível no Portal Nacional de Contratações Públicas (PNCP), para efeito de cadastro unificado de licitantes, na forma que dispuser regulamento.[122]

O sistema de registro cadastral unificado será público e deverá ser amplamente divulgado e estar permanentemente aberto aos interessados, sendo obrigatória a realização, no mínimo anualmente, pela internet, de chamamento público para atualização dos registros existentes e ingresso de novos interessados (art. 87, § 1.º).

É proibida a exigência pelo órgão ou entidade licitante de registro cadastral complementar para acesso a edital e anexos (art. 87, § 2.º).

É autorizada a realização de licitação restrita a fornecedores cadastrados, atendidos os critérios, as condições e os limites estabelecidos em regulamento e a ampla publicidade dos

---

[121] O registro cadastral era regulado pela Lei 8.666/1993 que, em seu art. 34, dispunha que os órgãos e entidades da Administração Pública, que realizassem licitações frequentes, deveriam manter registros cadastrais para efeito de habilitação, na forma regulamentar, válidos por, no máximo, um ano. Da mesma forma, o SRP era previsto no Regime Diferenciado de Contratações Públicas – RDC (art. 31 da Lei 12.462/2011) e na Lei das Estatais (art. 65 da Lei 13.303/2016).

[122] Conforme entendimento da AGU, apresentado no Parecer 00014/2024/CNLCA/CGU/AGU, "o art. 87 da Lei 14.133/2021 é compatível com o art. 22, XXVII, da Constituição Federal de 1988 tanto no aspecto formal quanto em relação ao seu conteúdo, de modo que a União detém atribuição para editar o decreto regulamentador a respeito da criação do cadastro nacional unificado de licitantes de observância compulsória pelos demais entes federados".

procedimentos para o cadastramento (art. 87, § 3.º). Nesse caso, será permitida a participação de fornecedor que realize seu cadastro dentro do prazo para apresentação de propostas previsto no edital (art. 87, § 4.º).

Na inscrição e na atualização do cadastro, o interessado fornecerá os elementos necessários à satisfação das exigências de habilitação (art. 88 da Lei 14.133/2021).

O inscrito, que receberá certificado de cadastramento, será classificado por categorias, considerada sua área de atuação, subdivididas em grupos, segundo a qualificação técnica e econômico-financeira avaliada, de acordo com regras objetivas divulgadas no sítio eletrônico oficial da Administração (art. 88, § 1.º).

O interessado que requerer o cadastro poderá participar de processo licitatório até a decisão da Administração, ficando condicionada a celebração do contrato à emissão do certificado de que trata o § 2.º (art. 88, § 6.º).

O Registro Cadastral deve conter as avaliações das atuações dos inscritos no cumprimento das obrigações contratuais, inclusive a menção ao seu desempenho na execução contratual, com base em indicadores objetivamente definidos e aferidos, e a eventuais penalidades aplicadas, o que constará do registro cadastral em que a inscrição for realizada (art. 88, § 3.º).

A anotação do cumprimento de obrigações pelo contratado é condicionada à implantação e regulamentação do cadastro de atesto de cumprimento de obrigações, apto para se realizar o registro de forma objetiva, em atendimento aos princípios da impessoalidade, da igualdade, da isonomia, da publicidade e da transparência, de modo a possibilitar a implementação de medidas de incentivo aos licitantes que possuírem ótimo desempenho anotado em seu registro cadastral (art. 88, § 4.º).

O desempenho do cadastrado é relevante, por exemplo: a) no julgamento por melhor técnica ou por técnica e preço (art. 37, III); b) no desempate entre licitantes (art. 60, II); e c) na demonstração da qualificação técnico-operacional (art. 67, II).

Portanto, o cadastramento deixa de lado seu conteúdo meramente formal, como sistema de análise documental, na linha adotada pela Lei 8.666/1993, e passa a utilizar conteúdo material, com a efetiva preocupação de avaliação do desempenho dos cadastrados em contratações com a Administração, tendência que já consagrada, por exemplo, no RDC (arts. 25, II, e 31, § 3.º, da Lei 12.462/2011) e nas contratações realizadas por empresas estatais (arts. 55, II, e 65, § 3.º, da Lei 13.303/2016).

O registro poderá ser alterado, suspenso ou cancelado quando o inscrito deixar de satisfazer exigências legais ou regulamentares (art. 88 § 5.º).

1.9. DESTINATÁRIOS DA REGRA DA LICITAÇÃO

A regra constitucional da licitação encontra-se prevista no art. 37, XXI, da CRFB, norma que se dirige à Administração Pública direta e indireta de qualquer dos Poderes da União, dos Estados, do Distrito Federal e dos Municípios.

O art. 1.º da Lei 14.133/2021 estabelece que as suas normas são aplicáveis às Administrações Públicas diretas, autárquicas e fundacionais da União, Estados, Distrito Federal e Municípios, abrangendo, ainda: a) os órgãos dos Poderes Legislativo e Judiciário da União, dos Estados e Distrito Federal e os órgãos do Poder Legislativo dos Municípios, quando no desempenho de função administrativa; e b) os fundos especiais e as demais entidades controladas direta ou indiretamente pela Administração Pública.

Quanto à incidência subjetiva do novo diploma legal, o art. 1.º, § 1.º, da Lei 14.133/2021 dispõe que o seu regime jurídico não se aplica, em princípio, às empresas públicas, às sociedades de economia mista e às suas subsidiárias, regidas pela Lei 13.303/2016.

Desta forma, de acordo com o ordenamento jurídico vigente, os destinatários da licitação são os Entes da Administração direta, as entidades da Administração indireta e as demais empresas controladas direta ou indiretamente pelo Estado.

1.9.1. Administração Pública direta

A União, os Estados, o DF e os Municípios estão obrigados a licitar para contratarem com terceiros. Além das normas gerais previstas na Lei 14.133/2021, os entes federados deverão respeitar as normas específicas previstas em suas respectivas legislações.

O art. 1.º da Lei 14.133/2021 dispõe que as suas normas abrangem: a) os órgãos dos Poderes Legislativo e Judiciário da União, dos Estados e do Distrito Federal e os órgãos do Poder Legislativo dos Municípios, quando no desempenho de função administrativa; e b) os fundos especiais e as demais entidades controladas direta ou indiretamente pela Administração Pública.

Em relação aos órgãos e fundos indicados na legislação, cabe destacar que eles não possuem personalidade jurídica própria. Não obstante o fato de que, na prática, alguns órgãos realizam os atos concretos necessários à licitação e à contratação, tais atos serão imputados às respectivas pessoas jurídicas.

1.9.2. Administração Pública indireta

As autarquias, empresas públicas, sociedades de economia mista e as fundações estatais de direito público ou de direito privado submetem-se à regra da licitação.

Ademais, as associações públicas e as pessoas de direito privado instituídas no âmbito dos consórcios públicos também devem licitar, pois são entidades integrantes da Administração indireta (art. 6.º, § 1.º, da Lei 11.107/2005).[123]

Conforme já destacado, o regime jurídico aplicável às licitações e às contratações realizadas por empresas estatais encontra-se submetido às normas especiais da Lei 13.303/2016 e não à Lei Geral de Licitações (art. 1.º, § 1.º, da Lei 14.133/2021), como será destacado no tópico 3.8.

1.9.3. Entidades controladas direta ou indiretamente pelo Poder Público

O art. 1.º, II, da Lei 14.133/2021 inclui, ainda, como destinatárias da regra da licitação as "entidades controladas direta ou indiretamente pela Administração pública".

Há, contudo, dificuldade na definição do contrato exigido pelos referidos dispositivos legais para incidência das regras de licitação e contratação administrativa.

---

[123] "Art. 6.º [...] § 1.º O consórcio público com personalidade jurídica de direito público integra a administração indireta de todos os entes da Federação consorciados." Apesar do silêncio legal, as pessoas de direito privado gestoras do consórcio público também integram a Administração indireta, conforme já afirmado em tópico específico sobre o tema.

Quanto ao controle direto e societário, o art. 243, § 2.º, da Lei 6.404/1976 (Lei das S.A.) dispõe:

[...] considera-se controlada a sociedade na qual a controladora, diretamente ou através de outras controladas, é titular de direitos de sócio que lhe assegurem, de modo permanente, preponderância nas deliberações sociais e o poder de eleger a maioria dos administradores.

Poderia haver dúvida sobre a incidência das normas de licitação na hipótese em que a Administração Pública, apesar de não possuir o controle societário formal da empresa, exerceria, de fato, o controle por meio de acordos de acionistas ou ações de classe especial (*golden shares*).[124] Nesse caso, estaríamos diante de sociedade de mera participação acionária do Estado e, *a priori*, não se aplicam as normas constitucionais e legais relativas à Administração Pública, afastando-se a incidência da obrigatoriedade de licitação.[125]

O principal desafio é tentar compreender o que estaria englobado na noção de controle indireto da Administração Pública. Naturalmente, a expressão não poderia envolver todas as pessoas jurídicas privadas que estão submetidas, genericamente, ao poder de polícia estatal e, dessa maneira, ao controle indireto dos entes federados. A conclusão seria inadequada e sequer faria sentido, pois acabaria por tornar obrigatória a regra da licitação para todas as pessoas, públicas ou privadas, localizadas no território do Estado.

Em princípio, seria razoável afastar a obrigatoriedade da licitação formal das entidades privadas que não estão subordinadas hierarquicamente ao Estado e não integram a sua estrutura administrativa, o que não afasta a necessidade de realização de processos seletivos simplificados, com critérios transparentes e objetivos de seleção, pelas entidades privadas gestoras de recursos públicos, tal como ocorre no âmbito do Terceiro Setor.[126]

1.10. CONTRATAÇÃO DIRETA

A regra da licitação comporta exceções que devem ser previstas pela legislação. Aliás, a relatividade da regra constitucional e a instrumentalidade do processo de licitação estão evidenciadas no art. 37, XXI, da CRFB, que afirma: "ressalvados os casos especificados na legislação, as obras, serviços, compras e alienações serão contratados mediante processo de licitação pública".

Em determinadas hipóteses a licitação será considerada inviável por ausência de competição ou será inconveniente (ou inoportuna) para o atendimento do interesse público. Nessas situações, a legislação admite a contratação direta devidamente motivada e independentemente de licitação prévia.

---

[124] A *golden share* foi prevista expressamente no art. 8.º da Lei 9.491/1997 (Programa Nacional de Desestatização – PND): "Sempre que houver razões que justifiquem, a União deterá, direta ou indiretamente, ação de classe especial do capital social da empresa ou instituição financeira objeto da desestatização, que lhe confira poderes especiais em determinadas matérias, as quais deverão ser caracterizadas nos seus estatutos sociais". O objetivo é resguardar os interesses estratégicos do Estado nas entidades privatizadas, sem aniquilar a sua liberdade empresarial.

[125] No mesmo sentido: JUSTEN FILHO, Marçal. *Comentários à lei de licitações e contratos administrativos*: Lei 8.666/1993. 18. ed. São Paulo: Thomson Reuters Brasil, 2019. p. 54.

[126] Sobre o tema, vide o item 3.10, "Parcerias com as entidades do Terceiro Setor", do presente livro.

As hipóteses de contratação direta são:

a) inexigibilidade de licitação ou licitação inexigível (art. 74 da Lei 14.133/2021);
b) dispensa de licitação ou licitação dispensável (art. 75 da Lei 14.133/2021); e
c) licitação dispensada (art. 76, I e II, da Lei 14.133/2021).

Os casos de contratação direta não dispensam, em regra, a observância de procedimento formal prévio, como a apuração e comprovação das hipóteses de dispensa ou inexigibilidade de licitação, por meio da motivação da decisão administrativa.[127] Nesse sentido, o processo de contratação direta deve ser instruído com os seguintes documentos (art. 72 da Lei 14.133/2021): a) documento de formalização de demanda, estudo técnico preliminar, análise de riscos, termo de referência e, se for o caso, projeto básico ou projeto executivo; b) estimativa de despesa, que deverá ser calculada na forma estabelecida no art. 23; c) parecer jurídico e pareceres técnicos, se for o caso, demonstrando o atendimento aos requisitos exigidos; d) demonstração da compatibilidade da previsão de recursos orçamentários com o compromisso a ser assumido; e) comprovação de que o contratado preenche os requisitos de qualificação mínima necessária; f) razão de escolha do contratado; g) justificativa de preço; e h) autorização da autoridade competente.

O ato que autoriza a contratação direta ou o extrato decorrente do contrato deve ser divulgado e mantido à disposição do público em sítio eletrônico oficial (art. 72, parágrafo único, da Lei 14.133/2021).[128]

Na hipótese de contratação direta indevida ocorrida com dolo, fraude ou erro grosseiro, o contratado e o agente público responsável responderão solidariamente pelo dano causado ao erário, sem prejuízo de outras sanções legais cabíveis (art. 73 da Lei 14.133/2021).

Entendemos que as exigências para contratação direta, previstas nos arts. 72 e 73 da Lei 14.133/2021, devem ser aplicadas, também, para os casos de dispensa previstas nos incisos I e II do art. 76 relacionados à alienação de bens da Administração Pública.

1.10.1. Inexigibilidade de licitação (art. 74 da Lei 14.133/2021)

A inexigibilidade de licitação pressupõe a inviabilidade de competição, na forma do art. 74 da Lei 14.133/2021. Tecnicamente, é possível afirmar que a inexigibilidade não retrata propriamente uma exceção à regra da licitação, mas, sim, uma hipótese em que a regra sequer deve ser aplicada. Trata-se da não incidência da regra constitucional da licitação, em razão da ausência do seu pressuposto lógico: a competição.

A inviabilidade de competição pode decorrer de duas situações distintas:

a) **impossibilidade fática de competição (ou impossibilidade quantitativa):** o produto ou o serviço é fornecido por apenas um fornecedor (ex.: fornecedor exclusivo); e

---

[127] Marçal Justen Filho afirma que a contratação direta é uma "modalidade extremamente anômala de licitação", pois, apesar de não se confundir com as modalidades tradicionais (concorrência, tomada de preços, convite etc.), pressupõe procedimento formal prévio, "destinado a produzir a melhor proposta possível para a Administração" (*Comentários à lei de licitações e contratos administrativos.* 9. ed. São Paulo: Dialética, 2002. p. 231).

[128] A Orientação Normativa 85/2024 da AGU prevê: "Nas contratações diretas, a divulgação do contrato no Portal Nacional de Contratações Públicas (PNCP), na forma dos arts. 94, II, e 174 da Lei 14.133, de 2021, supre a exigência de publicidade prevista no art. 72, parágrafo único, do mesmo diploma".

b) impossibilidade jurídica de competição (ou impossibilidade qualitativa): ausência de critérios objetivos para definir a melhor proposta, de modo que a licitação não teria o condão de estabelecer julgamento objetivo (ex.: contratação de artista).

A inexigibilidade de licitação possui duas características principais:

a) rol legal exemplificativo: os casos de inexigibilidade não dependem de expressa previsão legal, pois decorrem da circunstância fática que demonstra a inviabilidade da competição, o que é reforçado pelo art. 74 da Lei 14.133/2021, que utiliza a expressão "em especial" antes de enumerar, exemplificativamente, alguns casos de inexigibilidade; e
b) vinculação do administrador: constatada no caso concreto a impossibilidade de competição, a licitação deve ser afastada, justificadamente, sob pena de se estabelecer procedimento administrativo, que demanda tempo e dinheiro (princípios da eficiência e da economicidade), para se fazerem escolhas subjetivas ao final.

É inexigível a licitação quando for inviável a competição, em especial nos seguintes casos (art. 74 da Lei 14.133/2021): a) aquisição de materiais, equipamentos ou gêneros ou contratação de serviços que só possam ser fornecidos por produtor, empresa ou representante comercial exclusivo; b) contratação de profissional do setor artístico, diretamente ou através de empresário exclusivo, desde que consagrado pela crítica especializada ou pela opinião pública; c) contratação dos seguintes serviços técnicos especializados de natureza predominantemente intelectual com profissionais ou empresas de notória especialização, vedada a inexigibilidade para serviços de publicidade e divulgação: c.1) estudos técnicos, planejamentos e projetos básicos ou executivos; c.2) pareceres, perícias e avaliações em geral; c.3) assessorias ou consultorias técnicas e auditorias financeiras ou tributárias; c.4) fiscalização, supervisão ou gerenciamento de obras ou serviços; c.5) patrocínio ou defesa de causas judiciais ou administrativas;[129] c.6) treinamento e aperfeiçoamento de pessoal; c.7) restauração de obras de arte e bens de valor histórico; c.8) controles de qualidade e tecnológico, análises, testes e ensaios de campo e laboratoriais, instrumentação e monitoramento de parâmetros específicos de obras e do meio ambiente e demais serviços de engenharia que se enquadrem na definição deste inciso; d) objetos que devam ou possam ser contratados por meio de credenciamento; e e) aquisição ou locação de imóvel cujas características de instalações e localização tornem necessária sua escolha.

As hipóteses de inexigibilidade mencionadas no art. 74 da Lei 14.133/2021 não apresentam grandes novidades em relação ao art. 25 da Lei 8.666/1993.

O novo diploma legal mantém o caráter exemplificativo das situações de inexigibilidade, inclusive com a utilização da expressão "em especial", que também era utilizada pelo art. 25 da Lei 8.666/1993.

---

[129] O Estatuto da OAB, alterado pela Lei 14.039/2020, dispõe: "Art. 3º-A. Os serviços profissionais de advogado são, por sua natureza, técnicos e singulares, quando comprovada sua notória especialização, nos termos da lei. Parágrafo único. Considera-se notória especialização o profissional ou a sociedade de advogados cujo conceito no campo de sua especialidade, decorrente de desempenho anterior, estudos, experiências, publicações, organização, aparelhamento, equipe técnica ou de outros requisitos relacionados com suas atividades, permita inferir que o seu trabalho é essencial e indiscutivelmente o mais adequado à plena satisfação do objeto do contrato."

1.10.1.1. Fornecedor exclusivo (art. 74, I)

A primeira hipótese prevista no art. 74, I, da Lei 14.133/2021 reafirma a inexigibilidade para contratação de fornecedor exclusivo.

A redação do novo dispositivo legal é clara ao indicar que a contratação direta, nesse caso, podè envolver não apenas a aquisição de materiais, de equipamentos ou de gêneros, mas, também, os serviços.

Com isso, supera-se a controvérsia existente na interpretação do antigo art. 25, I, da Lei 8.666/1993, que gerava dúvidas sobre a sua incidência na contratação de serviços. De nossa parte, sempre sustentamos que seria possível a inexigibilidade na contratação de serviços prestados por fornecedor exclusivo.[130] Contudo, a Orientação Normativa/AGU 15, que não se revela compatível com o art. 74 da Lei 14.133/2021, restringia a aplicação do referido dispositivo legal aos casos de compras, afastando-o da contratação de serviços.

A comprovação da exclusividade do fornecedor, prevista no art. 74, I, da Lei 14.133/2021, será realizada mediante atestado de exclusividade, contrato de exclusividade, declaração do fabricante ou outro documento idôneo capaz de comprovar que o objeto é fornecido ou prestado por produtor, empresa ou representante comercial exclusivos, vedada a preferência por marca específica (art. 74, § 1.º).

1.10.1.2. Artistas consagrados (art. 74, II)

A segunda hipótese de inexigibilidade refere-se à contratação de profissional do setor artístico, diretamente ou através de empresário exclusivo, desde que consagrado pela crítica especializada ou pela opinião pública (art. 74, II, da Lei 14.133/2021).

Em suma, são três requisitos para incidência da presente hipótese de contratação direta: a) profissional do setor artístico; b) contratação direta do artista ou de empresário exclusivo;[131] e c) o artista deve ser consagrado pela crítica especializada ou pela opinião pública.

É inviável estabelecer critérios objetivos para se selecionar o "melhor artista", razão pela qual a escolha será sempre pautada por certos critérios subjetivos, tornando a licitação inviável (ex.: escolha do cantor Gilberto Gil ou Caetano Veloso para realização de evento público no *réveillon*).

Trata-se de dispositivo que reproduz o art. 25, III, da Lei 8.666/1993, o que pode justificar a aplicação, em rega, da mesma interpretação tradicionalmente apresentada pela doutrina. Assim, por exemplo, a consagração é uma noção que varia no tempo e no espaço, sendo certo que alguns artistas são consagrados apenas em determinada região do País. A análise da "consagração" do artista deve levar em consideração o local de execução do contrato.[132]

---

[130] Tese sustentada nas edições anteriores deste livro.

[131] De acordo com o art. 74, § 2º, da Lei 14.133/2021, "considera-se empresário exclusivo a pessoa física ou jurídica que possua contrato, declaração, carta ou outro documento que ateste a exclusividade permanente e contínua de representação, no País ou em Estado específico, do profissional do setor artístico, afastada a possibilidade de contratação direta por inexigibilidade por meio de empresário com representação restrita a evento ou local específico".

[132] Nesse sentido: CARVALHO FILHO, José dos Santos. *Manual de direito administrativo*. 22. ed. Rio de Janeiro: Lumen Juris, 2009. p. 258.

1.10.1.3. Serviços técnicos especializados de natureza predominantemente intelectual (art. 74, III)

A terceira hipótese de inexigibilidade, citada no art. 74, III, da Lei 14.133/2021, relaciona-se à contratação de serviços técnicos especializados de natureza predominantemente intelectual com profissionais ou empresas de notória especialização enumerados no referido dispositivo legal, vedada a inexigibilidade para serviços de publicidade e divulgação. O referido dispositivo legal, que enumera determinados serviços técnicos, apresenta texto semelhante ao encontrado nos arts. 13 e 25, II, da Lei 8.666/1993.

O art. 74, III, da Lei 14.133/2021 basicamente mantém os requisitos cumulativos para a declaração de inexigibilidade anteriormente indicados no art. 25, II, da Lei 8.666/1993. Em verdade, o art. 74, III, da Lei 14.133/2021 não exige expressamente a singularidade do serviço, tal como ocorria no regime jurídico anterior, o que pode gerar dúvidas sobre a interpretação da referida hipótese de inexigibilidade.

A interpretação literal do art. 74, III, da Lei 14.133/2021 afastaria a singularidade do serviço técnico como requisito para caracterização da inexigibilidade.[133] Contudo, tem havido divergência na interpretação do citado dispositivo legal. Em nossa opinião, a ausência da menção à natureza singular do serviço técnico não deve acarretar o afastamento da exigência, uma vez que a própria necessidade de demonstração da inviabilidade de competição para caracterização da inexigibilidade revelaria a inafastabilidade do requisito da singularidade do serviço na contratação sem licitação.

Aliás, é oportuno destacar que, no âmbito das contratações realizadas por empresas estatais, o art. 30, II, da Lei 13.303/2016 já havia afastado, em seu texto, a exigência de singularidade do serviço técnico especializado que poderia ser contratado por inexigibilidade. Isso, contudo, não impediu que o TCU exigisse a singularidade nas contratações realizadas por inexigibilidade de licitação, com fundamento no art. 30, II, da Lei 13.303/2016.[134]

Por essa razão, não obstante a literalidade do dispositivo, a hipótese de inexigibilidade de licitação prevista no art. 74, III, da Lei 14.133/2021 dependerá da demonstração da singularidade do serviço. Assim, os requisitos para contratação direta, com fundamento no art. 74, III, da Lei 14.133/2021, são: a) serviço técnico; b) serviço singular; e c) notória especialização do contratado.[135]

Quanto à natureza técnica dos serviços, a interpretação do comando legal pode gerar dúvida quanto ao caráter exaustivo ou exemplificativo dos serviços nele enumerados. Ao utilizar

---

[133]   Nesse sentido, o Parecer 00001/2023/CNLCA/CGU/AGU entendeu pela "desnecessidade de comprovação de singularidade do serviço contratado".

[134]   TCU, Acórdão 2.436/2019, Plenário, Rel. Min. Ana Arraes, j. 09.10.2019; TCU, Acórdão 2.761/2020, Plenário, Rel. Raimundo Carreiro, j. 14.10.2020. De forma semelhante, sustentando a permanência do requisito da singularidade nas contratações diretas com fundamento no art. 30, II, da Lei das Estatais, vide: NIEBUHR, Joel de Menezes; NIEBUHR, Pedro de Menezes. *Licitações e contratos das estatais*. Belo Horizonte: Fórum, 2018. p. 64; BARCELOS, Dawison; TORRES, Ronny Charles Lopes de. *Licitações e contratos nas empresas estatais*: regime licitatório e contratual da Lei 13.303/2016. Salvador: JusPodivm, 2018. p. 198-199.

[135]   A Súmula 252 do TCU, editada na vigência da Lei 8.666/1993, dispõe: "A inviabilidade de competição para a contratação de serviços técnicos, a que alude o inciso II do art. 25 da Lei n.º 8.666/1993, decorre da presença simultânea de três requisitos: serviço técnico especializado, entre os mencionados no art. 13 da referida lei, natureza singular do serviço e notória especialização do contratado".

a expressão "contratação dos seguintes serviços técnicos", o art. 74, III, da Lei 14.133/2021 parece restringir a contratação direta apenas aos serviços enumerados no seu texto. Lembre-se de que parcela da doutrina sempre sustentou que o rol de serviços técnicos do art. 13 da Lei 8.666/1993 seria exemplificativo.[136] Com a redação apresentada pela nova legislação, a discussão deve permanecer.

De qualquer forma, a vedação da inexigibilidade para contratação de serviços de publicidade e divulgação, tradicionalmente consagrada no art. 25, II, da Lei 8.666/1993, foi mantida pelo art. 74, III, da Lei 14.133/2021.[137]

No tocante à natureza singular, exigência que, frise-se, gera polêmicas, em razão da ausência de previsão expressa no art. 74, III, da Lei 14.133/2021, a sua compreensão deve seguir a linha apresentada pela doutrina e pela jurisprudência sobre a singularidade também exigida pela Lei 8.666/1993. Assim, é preciso destacar que a singularidade (art. 74, III) não se confunde com a exclusividade (art. 74, I). A singularidade decorre, na hipótese, da impossibilidade de fixação de critérios objetivos de julgamento.[138] O serviço singular exige a conjugação de dois elementos: a) excepcionalidade da necessidade a ser satisfeita; e b) impossibilidade de sua execução por parte de um "profissional especializado padrão".[139]

Além da natureza técnica e do caráter singular do serviço, a inexigibilidade do art. 74, III, da Lei 14.133/2021 pressupõe a notória especialização do contratado.

Considera-se notória especialização a qualidade de profissional ou empresa cujo conceito, no campo de sua especialidade, decorrente de desempenho anterior, estudos, experiência, publicações, organização, aparelhamento, equipe técnica ou outros requisitos relacionados com suas atividades, permita inferir que o seu trabalho é essencial e reconhecidamente o mais adequado à plena satisfação do objeto do contrato, sendo vedada a subcontratação de empresas ou a atuação de profissionais distintos daqueles que justificaram a inexigibilidade (art. 6.º, XIX, e art. 74, §§ 3.º e 4.º, da Lei 14.133/2021).

---

[136] Nesse sentido: PEREIRA JUNIOR, Jessé Torres. *Comentários à lei das licitações e contratações da administração pública*. 7. ed. Rio de Janeiro: Renovar, 2007. p. 180; JUSTEN FILHO, Marçal. *Comentários à lei de licitações e contratos administrativos*. 18. ed. São Paulo: Thomson Reuters Brasil, 2019. p. 282-283; NIEBUHR, Joel de Menezes. *Dispensa e inexigibilidade de licitação pública*. Belo Horizonte: Fórum, 2011. p. 160.

[137] A Lei 12.232/2010 dispõe sobre as normas gerais para licitação e contratação de serviços de publicidade prestados por intermédio de agências de propaganda. É oportuno ressaltar que alguns autores relativizam a vedação legal para permitir a inexigibilidade de licitação em situações excepcionais de contratação de serviços de publicidade. Nesse sentido: RIGOLIN, Ivan Barbosa. *Contrato administrativo*. Belo Horizonte: Fórum, 2007. p. 163-169.

[138] No mesmo sentido: Acórdão 2.616/2015, Plenário, Rev. Min. Benjamin Zymler, 21.10.2015, *Informativo de Jurisprudência sobre Licitações e Contratos do TCU* n. 264.

[139] Nesse sentido: JUSTEN FILHO, Marçal. *Comentários à lei de licitações e contratos administrativos*. 18. ed. São Paulo: Thomson Reuters Brasil, 2019. p. 613. Sobre a singularidade, a Súmula 39 do TCU, editada na vigência da Lei 8.666/1993, dispõe: "A inexigibilidade de licitação para a contratação de serviços técnicos com pessoas físicas ou jurídicas de notória especialização somente é cabível quando se tratar de serviço de natureza singular, capaz de exigir, na seleção do executor de confiança, grau de subjetividade insuscetível de ser medido pelos critérios objetivos de qualificação inerentes ao processo de licitação, nos termos do art. 25, inciso II, da Lei 8.666/1993".

1.10.1.4. Credenciamento (art. 74, IV)

A quarta hipótese de inexigibilidade indicada no art. 74, IV, da Lei 14.133/2021 é o credenciamento.

Conforme dispõe o art. 6.º, XLIII, da Lei 14.133/2021, o credenciamento é o "processo administrativo de chamamento público em que a Administração Pública convoca interessados em prestar serviços ou fornecer bens para que, preenchidos os requisitos necessários, credenciem-se no órgão ou na entidade para executar o objeto quando convocados".

Com efeito, o credenciamento era considerado uma hipótese de inexigibilidade de licitação que encontrava fundamento no *caput* do art. 25 da Lei 8.666/1993, o que reforçava o caráter exemplificativo dos seus incisos.[140] Verifica-se, assim, que a Lei 14.133/2021 apenas positivou expressamente o credenciamento como caso de inexigibilidade de licitação.

O sistema de credenciamento permite a seleção de potenciais interessados para posterior contratação, quando houver interesse na prestação do serviço pelo maior número possível de pessoas.

A partir de condições previamente estipuladas por regulamento do Poder Público para o exercício de determinada atividade, todos os interessados que preencherem as respectivas condições serão credenciados e poderão prestar os serviços. Não há, portanto, competição entre interessados para a escolha de um único vencedor, mas, sim, a disponibilização universal do serviço para todos os interessados que preencherem as exigências previamente estabelecidas pelo Poder Público.

1.10.1.5. Aquisição ou locação de imóvel em determinados casos (art. 74, V)

A última hipótese de inexigibilidade, indicada expressamente no art. 74, V, da Lei 14.133/2021, é a aquisição ou locação de imóvel cujas características de instalações e de localização tornem necessária sua escolha.

Tradicionalmente, a referida hipótese era tratada como caso de dispensa de licitação pelo art. 24, X, da Lei 8.666/1993. Conforme sempre sustentamos, o caso deveria ser considerado inexigibilidade de licitação, razão pela qual concordamos com a opção realizada pelo art. 74, V, da Lei 14.133/2021.

Nas contratações com fundamento no inciso V do art. 74, devem ser observados os seguintes requisitos (art. 74, § 5.º): a) avaliação prévia do bem, do seu estado de conservação e dos custos de adaptações, quando imprescindíveis às necessidades de utilização e prazo de amortização dos investimentos; b) certificação da inexistência de imóveis públicos vagos e disponíveis que atendam ao objeto; c) justificativas que demonstrem a singularidade do imóvel a ser comprado ou locado pela Administração e evidenciem vantagem para Administração.

1.10.2. Dispensa de licitação (art. 75 da Lei 14.133/2021)

As hipóteses de dispensa de licitação encontram-se no art. 75 da Lei 14.133/2021.

---

[140] Nesse sentido: JUSTEN FILHO, Marçal. *Comentários à lei de licitações e contratos administrativos.* 18. ed. São Paulo: Thomson Reuters Brasil, 2019. p. 77; FURTADO, Lucas Rocha. *Curso de direito administrativo.* 2. ed. Belo Horizonte: Fórum, 2010. p. 466; TCU, Acórdão 3.567/2014, Plenário, Rev. Min. Benjamin Zymler, 09.12.2014; STJ, REsp 1.747.636/PR, Rel. Min. Gurgel de Faria, Primeira Turma, *DJe* 09.12.2019.

Nesses casos, a licitação é viável, tendo em vista a possibilidade de competição entre dois ou mais interessados. Todavia, o legislador elencou determinadas situações em que a licitação pode ser afastada, a critério do administrador, para se atender o interesse público de forma mais célere e eficiente. É importante notar que as hipóteses de dispensa de licitação representam exceções à regra constitucional da licitação, permitidas pelo art. 37, XXI, da CRFB ("ressalvados os casos especificados na legislação"). O legislador autoriza o administrador a dispensar, por razões de conveniência e oportunidade, a licitação e proceder à contratação direta.

A dispensa de licitação possui duas características principais:

a) **rol taxativo:** as hipóteses de dispensa são exceções à regra da licitação; e

b) **discricionariedade do administrador:** a dispensa depende da avaliação da conveniência e da oportunidade no caso concreto, sendo admitida a realização da licitação.

Em relação à primeira característica, seria lícito afirmar, em princípio, que a interpretação das hipóteses de dispensa deve ser restritiva, pois configuram verdadeiras exceções à regra da licitação. Segundo a regra básica de hermenêutica, as exceções devem ser interpretadas restritivamente.

Lembre-se de que a dispensa de licitação não afasta a necessidade de instauração de procedimento instruído com os documentos indicados no art. 72 da Lei 14.133/2021, o que revela que a hipótese de contratação direta afasta a realização de licitação formal, mas não a necessidade de justificativa para escolha do contratado e do respectivo preço. Verifica-se, assim, que a contratação direta por dispensa de licitação envolve uma espécie de procedimento competitivo simplificado e célere, no qual a Administração Pública realizará a coleta de propostas no mercado e selecionará a mais vantajosa.

A Lei 14.133/2021 manteve, em grande medida, as hipóteses de dispensa previstas no art. 24 da Lei 8.666/1993, mas sem repetir integralmente o elenco. A atual Lei de Licitações promoveu alterações e exclusões de casos elencados na legislação anterior, bem como incluiu novas hipóteses de dispensa de licitação.

Analisaremos a seguir os casos de dispensa consagrados no art. 75 da Lei 14.133/2021.

1.10.2.1. Valor reduzido (art. 75, I e II)

É dispensável a licitação nas contratações de baixo vulto econômico, previstas no art. 75, I (R$ 100.000,00) e II (R$ 50.000,00), da Lei 14.133/2021. Verifica-se a utilização inicial dos mesmos valores indicados para dispensa de licitação no âmbito das empresas estatais (art. 29, I e II, da Lei 13.303/2016) e nas contratações realizadas durante o estado de calamidade pública relacionada ao coronavírus (art. 1.º, I, da Lei 14.065/2020).

Contudo, na forma exigida pelo art. 182 da Lei 14.133/2021, os referidos valores foram atualizados pelo Decreto 12.343/2024 para R$ 125.451,15 e R$ 62.725,59, respectivamente.

Na aferição dos valores indicados nos incisos I e II do art. 75 da Lei 14.133/2021, deve ser observado o somatório (art. 75, § 1.º): a) do que for despendido no exercício financeiro pela respectiva unidade gestora; b) da despesa realizada com objetos de mesma natureza, entendidos como tais aqueles relativos a contratações no mesmo ramo de atividade.

O intuito do legislador, aqui, é evitar que a ausência de planejamento ou o fracionamento irregular do objeto a ser contratado durante o exercício financeiro (1º de janeiro a 31 de dezembro) acarrete a fuga indevida da regra da licitação.

Exemplificativamente, imagine a hipótese em que o Plano de Contratações Anual (PCA) indique a necessidade de aquisição de 200 computadores para o próximo exercício financeiro em valor total que supera os limites de valor para dispensa de licitação. Nesse caso, ainda que as aquisições, ao longo do ano, ocorram em momentos diversos, não seria possível o fracionamento do objeto com o intuito de realizar contratações diretas por dispensa de licitação.

Veja, no entanto, que o art. 75, § 1.º, da Lei 14.133/2021 não apresenta as definições de "unidade gestora" e "mesmo ramo de atividade", o que pode gerar dúvidas interpretativas e previsões regulamentares heterogêneas.

De nossa parte, entendemos que a "unidade gestora" compreende o órgão dotado de autonomia administrativa e orçamentária, com atribuição para celebração de contratos com recursos próprios. No âmbito da União, por exemplo, cada Ministério seria, em princípio, uma unidade gestora e, nos Estados e Municípios, cada Secretaria seria enquadrada na referida expressão.

No tocante a expressão "mesmo ramo de atividade", em âmbito federal, o art. 4º da IN Seges/ME 67/2021, alterado pela IN Seges/MGI 8/2023, dispõe que a citada expressão compreende a linha de fornecimento registrada pelo fornecedor quando do seu cadastramento no Sistema de Cadastramento Unificado de Fornecedores (Sicaf), vinculada:[141] a) à classe de materiais (CATMAT), utilizando o Padrão Descritivo de Materiais (PDM) do Sistema de Catalogação de Material do Governo federal; ou b) à descrição dos serviços ou das obras, constante do Sistema de Catalogação de Serviços (CATSER) ou de Obras do Governo federal.

Assim, por exemplo, na contratação de artigos para escritório, ainda que integrantes da mesma classe (Classe 7.510), existem materiais com códigos de PDMs diferentes, tais como lápis preto (Código do PDM 12), etiqueta adesiva (Código do PDM 21), caneta marca-texto (Código do PDM 18075) e envelope (Código do PDM 19705). Nesses casos, a aferição dos limites de valores da dispensa de licitação, indicados nos incisos I e II, do art. 75 da Lei 14.133/2021, deve levar em consideração cada item de forma separada.

Questão que pode gerar dúvidas interpretativas refere-se à aplicação do art. 75, I e II e § 1.º, da Lei 14.133/2021 aos contratos com prazos superiores a um ano e contratos que admitem prorrogação que ultrapasse um exercício financeiro.

De um lado, há opinião no sentido de que deveria ser levado em consideração todo o período do contrato, incluídas as eventuais prorrogações, não se restringindo a análise dos limites da dispensa de licitação ao exercício financeiro em curso.[142]

Entendemos que a verificação da adequação dos limites de valores para dispensa de licitação (art. 75, I e II, da Lei 14.133/2021) deve levar em consideração os valores previstos para cada exercício financeiro do contrato, e não o valor global a partir do prazo total de vigência

---

[141] Na redação originária do art. 4.º da IN Seges/ME 67/2021, o parâmetro utilizado para compressão da expressão "mesmo ramo de atividade" era o nível de subclasse da Classificação Nacional de Atividades Econômicas – CNAE.

[142] Nesse sentido: NIEBHUR, Joel de Menezes. *Licitação pública e contrato administrativo*. 5 ed. Belo Horizonte: Fórum, 2022. p. 266 e 267. Esse era o entendimento dominante à época da legislação anterior, defendido, inclusive, pela AGU (Orientação Normativa AGU 10) na interpretação da antiga Lei 8.666/1993. Contudo, a AGU, por meio da Nota 7/2024/DECOR/CGU/AGU (92566300), afirmou a inaplicabilidade da referida Orientação Normativa às licitações realizadas com fundamento na atual Lei de Licitações, "visto que o art. 75, § 1.º, da Lei 14.133/2021 expressamente define a apuração dos valores das dispensas licitatórias com base no exercício financeiro, independentemente do prazo de duração do contrato administrativo".

do contrato plurianual ou as eventuais prorrogações contratuais. Isso porque o art. 75, § 1.º, I, da Lei 14.133/2021 prevê que a aferição dos limites indicados nos incisos I e II do referido dispositivo deve levar em consideração o somatório do que for despendido "no exercício financeiro pela respectiva unidade gestora".[143]

Outro ponto que pode gerar divergências interpretativas relaciona-se à viabilidade de alteração dos contratos celebrados por meio de dispensa de licitação, na forma do art. 75, I e II, da Lei 14.133/2021, e o novo valor contratual, decorrente da citada alteração, superior aos limites da dispensa.

Imagine-se, por exemplo, o contrato para aquisição de bens comuns celebrado por dispensa de licitação com valor de R$ 50.000,00. No curso do contrato, a Administração Pública pretende promover alteração quantitativa que vai acarretar acréscimo de 25% no valor inicial atualizado do contrato, a forma autorizada pelo art. 125 da Lei 14.133/2021, que passaria a ser de R$ 62.500,00, superior ao limite da dispensa de licitação indicado no art. 75, II, do referido diploma legal. A alteração em comento seria válida?

De nossa parte, sustentamos a viabilidade jurídica da citada alteração contratual, mesmo que o novo valor atualizado do contrato, após a celebração do termo aditivo, seja superior ao valor previsto para dispensa de licitação, em razão de dois fundamentos principais:[144] a) inexistência de vedação legal à alteração de contratos celebrados por meio de dispensa de licitação, com fundamento no valor, admitindo-se a incidência do regime geral das alterações contratuais, observados os limites do art. 125 da Lei 14.133/2021; e b) os valores previstos nos incisos I e II do art. 75 da Lei 14.133/2021 devem ser aferidos apenas no momento da decisão a respeito da realização de licitação ou da sua dispensa, não se aplicando às alterações contratuais promovidas durante a vigência dos ajustes, decorrentes de fatos supervenientes. Não se aplica o disposto no § 1.º do art. 75 para as contratações de até R$ 10.036,10 de serviços de manutenção de veículos automotores de propriedade do órgão ou entidade contratante, incluído o fornecimento de peças (art. 75, § 7.º, da Lei 14.133/2021 e Decreto 12.343/2024).

Nas contratações diretas em razão do baixo valor estimado do contrato, a Lei 14.133/2021 incentiva a realização de uma espécie de processo seletivo simplificado ao estabelecer que as contratações serão preferencialmente precedidas de divulgação em sítio eletrônico oficial, pelo prazo mínimo de 3 (três) dias úteis, de aviso com a especificação do objeto pretendido e com a manifestação de interesse da Administração em obter propostas adicionais de eventuais interessados, devendo ser selecionada a proposta mais vantajosa (art. 75, § 3.º).[145]

---

[143] No mesmo sentido, a Orientação Normativa 87 da AGU prevê: "Para fins de dispensa de licitação em razão do valor (incisos I e II do art. 75 da Lei n.º 14.133, de 2021) destinada a contratos de fornecimento ou serviço continuado com vigência plurianual, nos termos dos arts. 106 e 107, da Lei n.º 14.133, de 2021, será considerado valor da contratação o montante equivalente ao período de 1 (um) ano de vigência contratual, na forma do § 1.º do art. 75 da Lei n.º 14.133/2021." De forma semelhante, o Enunciado 50 do II Simpósio de Licitações e Contratos da Justiça Federal: "Nas contratações de serviços e fornecimentos contínuos por dispensa de licitação em função do valor, de acordo com o art. 75, incisos I e II, da Lei n.º 14.133/2021, o valor limite para fins de apuração de fracionamento da despesa deve ser considerado por exercício financeiro, de modo que uma contratação com prazo de vigência superior a 12 meses pode ter valor acima dos limites estabelecidos nos referidos incisos, desde que sejam respeitados os limites por exercício financeiro".

[144] De forma semelhante, *vide*: TORRES, Ronny Charles Lopes de. *Leis de licitações públicas comentadas*. 12. ed. São Paulo: JusPodivm, 2021. p. 418-419.

[145] A realização do processo seletivo simplificado representa inovação interessante em relação ao regime jurídico da Lei 8.666/1993, uma vez que garante maior transparência e isonomia à

Em âmbito federal, a IN SEGES/ME 67/2021 dispõe sobre a dispensa de licitação, na forma eletrônica, de que trata a art. 75, § 3.º, da Lei 14.133/2021, e institui o Sistema de Dispensa Eletrônica, no âmbito da Administração Pública federal direta, autárquica e fundacional.

Verifica-se, assim, que a contratação direta por dispensa de licitação, em razão do valor, envolve uma espécie de procedimento competitivo simplificado e célere, no qual a Administração Pública realizará a coleta de propostas no mercado e selecionará a mais vantajosa. Não por outra razão, na prática, alguns têm denominado o referido procedimento de "mini pregão" ou "preguinho", em alusão à modalidade pregão, com a peculiaridade que, na presente hipótese, a competição é mais célere e se insere na contratação direta, não consubstanciando modalidade específica e licitação.

De acordo com o art. 75, § 2.º, da Lei 14.133/2021, os valores referidos nos incisos I e II serão duplicados para compras, obras e serviços contratados por consórcio público ou autarquia ou fundação qualificadas, na forma da lei, como agências executivas. Aqui, a atual Lei de Licitações manteve a sistemática contida no art. 24, § 1.º, da Lei 8.666/1993 e fixou valores diferenciados para justificar a dispensa de licitação nas contratações realizadas por consórcios públicos e agências executivas, apesar de indicar valores diferenciados, como já afirmado.

As contratações diretas, com fundamento nos incisos I e II do art. 75, serão preferencialmente pagas por meio de cartão de pagamento, cujo extrato deverá ser divulgado e mantido à disposição do público no Portal Nacional de Contratações Públicas (art. 75, § 4.º, da Lei 14.133/2021). Entendemos que o citado dispositivo legal possui caráter de norma específica e não geral, razão pela qual deve ser reconhecida a autonomia dos entes federados para definição da forma mais adequada para formalização dos pagamentos aos seus fornecedores.

1.10.2.2. Licitação deserta e frustrada (art. 75, III)

Conforme dispõe o art. 75, III, da Lei 14.133/2021, é dispensável a licitação na hipótese em que a Administração Pública mantém as condições definidas em edital de licitação realizada há menos de um ano e que não teve êxito por uma de duas razões: a) ausência de licitantes interessados ou que não foram apresentadas propostas válidas; ou b) todos os licitantes apresentaram propostas com preços manifestamente superiores aos praticados no mercado ou incompatíveis com os fixados pelos órgãos oficiais competentes.

As situações elencadas no art. 75, III, da Lei de Licitações caracterizam a "licitação deserta" e a "licitação fracassada ou frustrada", tradicionalmente previstas nos incisos V e VII do art. 24 da antiga Lei 8.666/1993.

Não obstante as semelhanças entre o diploma legal anterior e a nova legislação, é possível perceber algumas distinções no tratamento conferido pela atual Lei de Licitações, como a fixação do limite temporal para realização da contratação direta. Dessa forma, a dispensa de licitação somente poderia ser implementada para contratações realizadas no período máximo de um ano a partir do certame deserto ou fracassado.

1.10.2.3. Necessidade de manutenção de garantias (art. 75, IV, a)

O art. 75, IV, *a*, da Lei 14.133/2021 autoriza a dispensa de licitação para contratação de bens componentes ou peças de origem nacional ou estrangeira necessários à manutenção de

---

contratação, além de incrementar a probabilidade de obtenção de condições contratuais mais favoráveis à Administração Pública.

equipamentos, a serem adquiridos do fornecedor original desses equipamentos durante o período de garantia técnica, quando essa condição de exclusividade for indispensável para a vigência da garantia. Trata-se de situação parecida com aquela constante do art. 24, XVII, da antiga Lei 8.666/1993.

1.10.2.4. *Acordos internacionais (art. 75, IV, b)*

É admitida a dispensa de licitação para contratação direta de bens, serviços, alienações ou obras, nos termos de acordo internacional específico aprovado pelo Congresso Nacional, quando as condições ofertadas forem manifestamente vantajosas para a Administração (art. 75, IV, *b*, da Lei 14.133/2021).

A presente hipótese de dispensa de licitação possui semelhanças com a dispensa de licitação indicada no art. 24, XIV, da antiga Lei 8.666/1993. A distinção é o objeto da dispensa: enquanto a legislação anterior previa apenas a "aquisição de bens ou serviços", a atual Lei de Licitações ampliará a dispensa para abranger "bens, serviços, alienações ou obras".

1.10.2.5. *Pesquisa, inovação, desenvolvimento e tecnologia (art. 75, IV, c, d, V e XV)*

O legislador elencou situações de dispensa de licitação relacionadas à pesquisa, inovação, desenvolvimento e tecnologia.

Inicialmente, o art. 75, IV, *c*, da Lei 14.133/2021, atualizado pelo Decreto 12.343/2024, admite a dispensa para contratação de produtos para pesquisa e desenvolvimento, limitada a contratação, no caso de obras e serviços de engenharia, ao valor de R$ 376.353,48. Trata-se de caso similar ao previsto no art. 24, XXI, da antiga Lei 8.666/1993, com a diferença do valor utilizado como parâmetro para dispensa.

Na hipótese de aplicação da referida dispensa de licitação (art. 75, IV, c) para contratação de obras e serviços de engenharia, os procedimentos especiais serão instituídos em regulamentação específica (art. 75, § 5.º, da Lei 14.133/2021).

Outra situação de dispensa, que é indicada no art. 75, IV, d, da Lei 14.133/2021, refere-se à transferência de tecnologia ou licenciamento de direito de uso ou de exploração de criação protegida, nas contratações realizadas por Instituição Científica, Tecnológica e de Inovação (ICT) pública ou por agência de fomento, desde que demonstrada vantagem para a Administração. O permissivo legal para dispensa de licitação nesse caso é similar ao art. 24, XXV, da antiga Lei 8.666/1993.

Já o art. 75, V, da Lei 14.133/2021, que equivale ao art. 24, XXXI, da antiga Lei 8.666/1993, permite a dispensa de licitação para contratação com o objetivo de cumprir o disposto nos arts. 3.º, 3.º-A, 4.º, 5.º e 20 da Lei 10.973/2004, observados os princípios gerais de contratação constantes da referida Lei. Assim, a dispensa de licitação abrange as seguintes hipóteses:

a) O art. 3.º da Lei 10.973/2004, alterado pela Lei 13.243/2016, afirma que os entes federados e as respectivas agências de fomento poderão estimular e apoiar a constituição de alianças estratégicas e o desenvolvimento de projetos de cooperação envolvendo empresas, ICTs e entidades privadas sem fins lucrativos voltados para atividades de pesquisa e desenvolvimento, que objetivem a geração de produtos, processos e serviços inovadores e a transferência e a difusão de tecnologia;

b) A Financiadora de Estudos e Projetos (FINEP), como secretaria executiva do Fundo Nacional de Desenvolvimento Científico e Tecnológico (FNDCT), o Conselho Nacional de Desenvolvimento Científico e Tecnológico (CNPq) e as Agências Financeiras Oficiais de Fomento poderão celebrar convênios e contratos, nos termos do inciso XIII do art. 24 da Lei 8.666/1993, por prazo determinado, com as fundações de apoio, com a finalidade de dar apoio às IFES e demais ICTs, inclusive na gestão administrativa e financeira dos projetos mencionados no *caput* do art. 1.º da Lei 8.958/1994, com a anuência expressa das instituições apoiadas (art. 3.º-A da Lei 10.973/2004);

c) Os entes federados e as respectivas agências de fomento manterão programas específicos para as microempresas e para as empresas de pequeno porte, observando-se o disposto na LC 123/2006 (art. 3.º-D da Lei 10.973/2004);

d) A ICT pública poderá, mediante contrapartida financeira ou não financeira e por prazo determinado, nos termos de contrato ou convênio: d.1) compartilhar seus laboratórios, equipamentos, instrumentos, materiais e demais instalações com ICT ou empresas em ações voltadas à inovação tecnológica para consecução das atividades de incubação, sem prejuízo de sua atividade finalística; d.2) permitir a utilização de seus laboratórios, equipamentos, instrumentos, materiais e demais instalações existentes em suas próprias dependências por ICT, empresas ou pessoas físicas voltadas a atividades de pesquisa, desenvolvimento e inovação, desde que tal permissão não interfira diretamente em sua atividade-fim nem com ela conflite; d.3) permitir o uso de seu capital intelectual em projetos de pesquisa, desenvolvimento e inovação (art. 4.º da Lei 10.973/2004, alterado pela Lei 13.243/2016);

e) Os entes federados e suas entidades administrativas ficam autorizados a participar, nos termos do regulamento, a participar minoritariamente do capital social de empresas, com o propósito de desenvolver produtos ou processos inovadores que estejam de acordo com as diretrizes e prioridades definidas nas políticas de ciência, tecnologia, inovação e de desenvolvimento industrial de cada esfera de governo (art. 5.º da Lei 10.973/2004, alterado pela Lei 13.243/2016);

f) Os órgãos e as entidades da Administração Pública, em matéria de interesse público, poderão contratar diretamente ICT, entidades de direito privado sem fins lucrativos ou empresas, isoladamente ou em consórcios, voltadas para atividades de pesquisa e de reconhecida capacitação tecnológica no setor, visando à realização de atividades de pesquisa, desenvolvimento e inovação que envolvam risco tecnológico, para solução de problema técnico específico ou obtenção de produto, serviço ou processo inovador (art. 20 da Lei 10.973/2004, alterado pela Lei 13.243/2016).

Por fim, o art. 75, XV, da Lei 14.133/2021 autoriza a contratação, sem licitação, de instituição brasileira que tenha por finalidade estatutária apoiar, captar e executar atividades de ensino, pesquisa, extensão, desenvolvimento institucional, científico e tecnológico e estímulo à inovação, inclusive para gerir administrativa e financeiramente essas atividades, ou para contratação de instituição dedicada à recuperação social da pessoa presa, desde que o contratado tenha inquestionável reputação ética e profissional e não tenha fins lucrativos. A referida hipótese de dispensa de licitação basicamente coincide com aquela indicada no art. 24, XIII, da antiga Lei 8.666/1993.

1.10.2.6. *Gêneros perecíveis (art. 75, IV, e)*

O art. 75, IV, *e*, da Lei 14.133/2021, assim como dispunha o art. 24, XII, da Lei 8.666/1993, prevê a dispensa de licitação para contratação de hortifrutigranjeiros, pães e outros gêneros perecíveis, no período necessário para a realização dos processos licitatórios correspondentes, hipótese em que a contratação será realizada diretamente com base no preço do dia.

A contratação direta, no caso, depende de três requisitos: a) gêneros perecíveis; b) provisoriedade: não pode ser habitual a contratação, mas apenas durante o tempo necessário para formalização da licitação; e c) preço do dia: preço praticado no mercado no dia da aquisição, tendo em vista que esses produtos, por suas características, apresentam preços voláteis.

1.10.2.7. Defesa e segurança nacional (art. 75, IV, f, e VI)

Em dois momentos, o art. 75 da Lei 14.133/2021 estabelece casos de dispensa de licitação relacionados com a defesa e segurança nacional.

A primeira hipótese é indicada no art. 75, IV, f, da Lei 14.133/2021 que permite a dispensa para contratação de bens ou serviços produzidos ou prestados no País que envolvam, cumulativamente, alta complexidade tecnológica e defesa nacional. Trata-se de situação semelhante àquela que constava do art. 24, XXVIII, da antiga Lei 8.666/1993.

A segunda hipótese é mencionada no art. 75, VI, da Lei 14.133/2021, que admite a dispensa de licitação para contratação que possa acarretar comprometimento da segurança nacional, assim como estabelecia o art. 24, IX, da antiga Lei 8.666/1993. A diferença entre os dois diplomas legais relaciona-se à competência para dispor sobre os casos autorizadores da dispensa: enquanto a Lei 8.666/1993 remetia a estipulação dos casos ao decreto do Presidente da República, ouvido o Conselho de Defesa Nacional, a nova legislação remete a definição dos casos ao Ministro de Estado da Defesa, mediante demanda dos comandos das Forças Armadas ou dos demais ministérios.

1.10.2.8. Forças armadas (art. 75, IV, g, h e i)

O art. 75 da Lei 14.133/2021 menciona três situações de dispensa de licitação que envolvem as forças armadas.

Em primeiro lugar, o art. 75, IV, g, da Lei 14.133/2021 mantém a dispensa de licitação, tradicionalmente indicada no art. 24, XIX, da antiga Lei 8.666/1993, para contratação de materiais de uso das Forças Armadas, com exceção de materiais de uso pessoal e administrativo, quando houver necessidade de manter a padronização requerida pela estrutura de apoio logístico dos meios navais, aéreos e terrestres, mediante autorização por ato do comandante da força militar. A principal diferença entre os dois diplomas legais reside na competência para autorizar a dispensa: enquanto a Lei 8.666/1993 exigia parecer de comissão instituída por decreto, a legislação atual dispõe que a autorização será concedida pelo comandante da força militar.

Em segundo lugar, o art. 75, IV, h, da Lei 14.133/2021 equivale à dispensa de licitação do art. 24, XXIX, da antiga Lei 8.666/1993, permitindo a contratação direta de bens e serviços para atendimento dos contingentes militares das forças singulares brasileiras empregadas em operações de paz no exterior, hipótese em que a contratação deverá ser justificada quanto ao preço e à escolha do fornecedor ou executante e ratificada pelo comandante da força militar.

Em terceiro lugar, ainda, o art. 75, IV, i, da Lei 14.133/2021 permite a contratação sem licitação para abastecimento ou suprimento de efetivos militares em estada eventual de curta duração em portos, aeroportos ou localidades diferentes de suas sedes, por motivo de movimentação operacional ou de adestramento. A diferença entre o referido dispositivo legal e a hipótese tradicionalmente prevista no art. 24, XVIII, da antiga Lei 8.666/1993 é que a atual Lei de Licitações não fixa, nesse caso, limite de valor para dispensa.

1.10.2.9. Entidades sem fins lucrativos (art. 75, IV, j, XIV, XV, XVII e XVIII)

Em diversos momentos, o art. 75 da Lei 14.133/2021 indica situações de dispensa de licitação que englobam as contratações de entidades privadas sem fins lucrativos.

Inicialmente, o art. 75, IV, *j*, da Lei 14.133/2021 mantém a dispensa de licitação do art. 24, XXVII, da antiga Lei 8.666/1993 para coleta, processamento e comercialização de resíduos sólidos urbanos recicláveis ou reutilizáveis, em áreas com sistema de coleta seletiva de lixo, realizados por associações ou cooperativas formadas exclusivamente de pessoas físicas de baixa renda reconhecidas pelo poder público como catadores de materiais recicláveis, com o uso de equipamentos compatíveis com as normas técnicas, ambientais e de saúde pública.

Adiante, o art. 75, XIV, da Lei 14.133/2021, que corresponde ao art. 24, XX, da antiga Lei 8.666/1993, admite a dispensa de licitação para contratação de associação de pessoas com deficiência, sem fins lucrativos e de comprovada idoneidade, por órgão ou entidade da Administração Pública, para a prestação de serviços, desde que o preço contratado seja compatível com o praticado no mercado e os serviços contratados sejam prestados exclusivamente por pessoas com deficiência. A norma em comento tem o claro objetivo de fomentar a inclusão das pessoas com deficiência no mercado de trabalho, cumprindo a denominada "função social do contrato administrativo".[146]

Já o art. 75, XV, da Lei 14.133/2021 autoriza a contratação, sem licitação, de instituição brasileira que tenha por finalidade estatutária apoiar, captar e executar atividades de ensino, pesquisa, extensão, desenvolvimento institucional, científico e tecnológico e estímulo à inovação, inclusive para gerir administrativa e financeiramente essas atividades, ou para contratação de instituição dedicada à recuperação social da pessoa presa, desde que o contratado tenha inquestionável reputação ética e profissional e não tenha fins lucrativos. A referida hipótese de dispensa de licitação basicamente coincide com aquela indicada no art. 24, XIII, da Lei 8.666/1993.

Outras duas hipóteses de dispensa de licitação relacionadas à contratação de entidades privadas sem fins lucrativos foram inseridas pela Lei 14.628/2023 no art. 75 da Lei 14.133/2021. O inciso XVII do art. 75 da Lei 14.133/2021 prevê a dispensa para contratação de entidades privadas sem fins lucrativos para a implementação de cisternas ou outras tecnologias sociais de acesso à água para consumo humano e produção de alimentos, a fim de beneficiar as famílias rurais de baixa renda atingidas pela seca ou pela falta regular de água. Por fim, o inciso XVIII do mesmo dispositivo legal permite a dispensa para contratação de entidades privadas sem fins lucrativos, para a implementação do Programa Cozinha Solidária, que tem como finalidade fornecer alimentação gratuita preferencialmente à população em situação de vulnerabilidade e risco social, incluída a população em situação de rua, com vistas à promoção de políticas de segurança alimentar e nutricional e de assistência social e à efetivação de direitos sociais, dignidade humana, resgate social e melhoria da qualidade de vida.

1.10.2.10. Obras de arte (art. 75, IV, k)

O art. 75, IV, *k*, da Lei 14.133/2021, por sua vez, equivale ao art. 24, XV, da Lei 8.666/1993, admitindo a dispensa para aquisição ou restauração de obras de arte e objetos históricos, de autenticidade certificada, desde que inerente às finalidades do órgão ou com elas compatível.

---

[146] JUSTEN FILHO, Marçal. *Comentários à lei de licitações e contratos administrativos*. 18. ed. São Paulo: Thomson Reuters Brasil, 2019. p. 552.

É fundamental que a aquisição ou restauração tenha vinculação direta com as finalidades do órgão ou entidade. Assim, por exemplo, a Administração Pública pode adquirir, sem licitação, obra de arte para determinado museu público, mas não será possível a aquisição de obra de arte para decorar gabinete de autoridades administrativas.

1.10.2.11. *Serviços especializados, aquisição ou locação de equipamentos para investigação criminal (art. 75, IV, l)*

O art. 75, IV, *l*, da Lei 14.133/2021, que não encontra equivalente no art. 24 da antiga Lei 8.666/1993, prevê a dispensa de licitação para contratação de serviços especializados ou aquisição ou locação de equipamentos destinados ao rastreamento e à obtenção de provas previstas no art. 3.º, II (captação ambiental de sinais eletromagnéticos, ópticos ou acústicos) e V (interceptação de comunicações telefônicas e telemáticas, nos termos da legislação específica), da Lei 12.850/2013, quando houver necessidade justificada de manutenção de sigilo sobre a investigação.

1.10.2.12. *Área da saúde (art. 75, IV, m, XII e XVI)*

Algumas hipóteses de dispensa de licitação estão relacionadas às contratações na área da saúde.

Nesse contexto, o art. 75, IV, *m*, da Lei 14.133/2021, que não encontra dispositivo similar no art. 24 da antiga Lei 8.666/1993, admite a dispensa de licitação na aquisição de medicamentos destinados exclusivamente ao tratamento de doenças raras definidas pelo Ministério da Saúde.

O art. 75, XII, da Lei 14.133/2021, de forma equivalente ao disposto no art. 24, XXXII, da Lei 8.666/1993, prevê a dispensa de licitação para contratação em que houver transferência de tecnologia de produtos estratégicos para o Sistema Único de Saúde (SUS), conforme elencados em ato da direção nacional do SUS, inclusive por ocasião da aquisição desses produtos durante as etapas de absorção tecnológica, e em valores compatíveis com aqueles definidos no instrumento firmado para a transferência de tecnologia.

Mencione-se, ainda, a dispensa de licitação prevista no inciso XVI do art. 75 da Lei 14.133/2021, correspondente ao art. 24, XXXIV, da antiga Lei 8.666/1993. É dispensável a licitação para a aquisição, por pessoa jurídica de direito público interno, de insumos estratégicos para a saúde produzidos por fundação que, regimental ou estatutariamente, tenha por finalidade apoiar órgão da Administração Pública direta, sua autarquia ou fundação em projetos de ensino, pesquisa, extensão, desenvolvimento institucional, científico e tecnológico e de estímulo à inovação, inclusive na gestão administrativa e financeira necessária à execução desses projetos, ou em parcerias que envolvam transferência de tecnologia de produtos estratégicos para o SUS, nos termos do inciso XII do art. 75 da atual Lei de Licitações, e que tenha sido criada para esse fim específico em data anterior à entrada em vigor desta Lei, desde que o preço contratado seja compatível com o praticado no mercado.

1.10.2.13. *Situações emergenciais e de instabilidade institucional (art. 75, VII e VIII)*

A Lei de Licitações contempla hipóteses de dispensa de licitação em situações emergenciais e de instabilidade institucional.

Nesse sentido, o art. 75, VII, da Lei 14.133/2021, que equivale ao art. 24, III, da antiga Lei 8.666/1993, autoriza a dispensa de licitação nos casos de guerra, estado de defesa, estado de sítio, intervenção federal ou de grave perturbação da ordem.

O traço distintivo entre os dois textos normativos reside no detalhamento maior contido na atual Lei de Licitações que, ao lado dos "casos de guerra ou grave perturbação da ordem", já indicados pela Lei 8.666/1993, menciona, ainda, estado de defesa, estado de sítio e intervenção federal. Em nossa opinião, contudo, não há grande relevância na "inovação", uma vez que as hipóteses "acrescentadas" pela Lei 14.133/2021 poderia ser inserida no gênero "grave perturbação da ordem".

É necessária, em regra, a formalização de uma das situações indicadas no inciso VII do art. 75 da Lei de Licitações para viabilizar a dispensa, em especial: a) o estado de guerra depende de declaração formal do Presidente da República, com autorização prévia ou posterior do Congresso Nacional (arts. 49, II, e 84, XIX da CRFB); b) o Estado de Defesa e o Estado de Sítio são declarados por decreto presidencial, com a oitiva do Conselho da República e do Conselho de Defesa Nacional (arts. 136 e 137 da CRFB); c) a intervenção federal é formalizada por decreto presidencial, com a apreciação do Congresso Nacional no prazo de 24 horas (art. 137 da CRFB); d) a grave perturbação da ordem não possui conceituação e previsão específica, abrangendo situações de instabilidade institucional eventualmente não compreendidas nas demais hipóteses citadas no inciso VII do art. 75 da Lei de Licitações, como, por exemplo, a intervenção estadual em Municípios, na forma do art. 35 da CRFB.

O art. 75, VIII, da Lei 14.133/2021, a seu turno, permite a dispensa de licitação nos casos de emergência ou de calamidade pública.

As situações emergenciais e de calamidade pública devem ser analisadas concretamente. Exemplos: inundação causada por fortes chuvas pode acarretar a necessidade de contratações emergenciais (compra de medicamentos, contratação de serviços médicos, locação de imóveis para funcionarem como abrigos etc.); anulação de determinada licitação e a justificativa, no caso concreto, de que a repetição do certame será incompatível com a urgência da contratação etc.

Sem desconsiderar a dificuldade na distinção da emergência e do estado de calamidade, verifica-se a possibilidade de diferenciação formal e material entre as situações: a) aspecto formal: enquanto o estado de calamidade pressupõe decretação formal pelo chefe do Executivo, a emergência não depende, necessariamente, de decretação formal, sendo suficiente o reconhecimento pelo próprio gestor; e b) aspecto material: o estado de calamidade envolve danos mais graves, configurando situação mais crítica que a emergência.[147] Aliás, na hipótese de decretação

---

[147] Nesse sentido, o art. 2.º do Decreto 10.593/2020 dispõe: "VIII – estado de calamidade pública – situação anormal provocada por desastre que causa danos e prejuízos que impliquem o comprometimento substancial da capacidade de resposta do Poder Público do ente federativo atingido ou que demande a adoção de medidas administrativas excepcionais para resposta e recuperação; (...) XIV – situação de emergência – situação anormal provocada por desastre que causa danos e prejuízos que impliquem o comprometimento parcial da capacidade de resposta do Poder Público do ente federativo atingido ou que demande a adoção de medidas administrativas excepcionais para resposta e recuperação". Sobre a distinção, com fundamento no Decreto 10.593/2020, *vide*: TORRES, Ronny Charles. *Leis de licitações públicas comentadas*. 12. ed. São Paulo: Ed. JusPodivm, 2021, p. 431; SARAI, Leandro. *Tratado da nova lei de licitações e contratos administrativos*: Lei 14.133/2021 comentada por advogados públicos. 2. ed. São Paulo: Editora JusPodivm, 2022, p. 943. De acordo com Fabrício Motta: "As situações de emergência são mais localizadas – menos difusas – e permitem identificação mais precisa da atuação necessária para prevenir prejuízos e acudir efeitos danosos ao bem ou interesse público específico. (...) Já a calamidade pública apresenta maior escala de gravidade". MOTTA, Fabrício. Contratação direta: inexigibilidade e dispensa de licitação. DI PIETRO, Maria Sylvia Zanella (Coord.). *Licitações e contratos administrativos*: inovações da Lei 14.133 de abril de 2021. 2. ed. Rio de Janeiro: Forense, 2022, p. 285-286.

de estado de calamidade pública, a Administração Pública fica autorizada a utilizar o regime jurídico especial previsto na Lei 14.981/2024.[148]

A contratação direta, quando houver emergência ou calamidade pública, limita-se aos bens e serviços necessários ao atendimento da situação emergencial ou calamitosa. Desta forma, a Lei não autoriza a contratação de qualquer bem ou serviço.

De acordo com a atual legislação, é possível a dispensa de licitação nos casos de emergência ou de calamidade pública, quando caracterizada urgência de atendimento de situação que possa ocasionar prejuízo ou comprometer a continuidade dos serviços públicos ou a segurança de pessoas, obras, serviços, equipamentos e outros bens, públicos ou particulares, e somente para aquisição dos bens necessários ao atendimento da situação emergencial ou calamitosa e para as parcelas de obras e serviços que possam ser concluídas no prazo máximo de um ano, contado da data de ocorrência da emergência ou da calamidade, vedadas a prorrogação dos respectivos contratos e a recontratação de empresa já contratada com base no disposto neste inciso.

Não obstante as semelhanças entre o art. 75, VIII, da Lei 14.133/2021 e o art. 24, IV, da antiga Lei 8.666/1993, é possível constatar, ao menos, duas importantes diferenças entre os referidos dispositivos legais, a saber: a) enquanto a legislação anterior estabelecia o prazo máximo de seis meses para contratação, a atual Lei amplia o prazo para um ano, vedada a prorrogação para além do prazo máximo nas duas normas; e b) ao contrário da legislação anterior, a atual Lei proíbe a recontratação de empresa já contratada emergencialmente, com fundamento no referido dispositivo legal.

Registre-se que a proibição de prorrogação se refere ao prazo máximo fixado pela legislação na contratação emergencial, mas não impede as prorrogações, nos contratos celebrados por prazos inferiores, até o limite legalmente fixado.

Assim, por exemplo, se o contrato emergencial foi celebrado, inicialmente, por prazo inferior a um ano, o ajuste poderia ser prorrogado até completar o referido limite. Nesse caso, naturalmente, o contrato continuaria sendo executado pela mesma empresa. Ao chegar no limite máximo de um ano, o contrato não poderia ser novamente prorrogado e a Administração Pública não poderia recontratar a empresa que executava, até então, o contrato emergencial, na forma da previsão literal do art. 75, VIII, da Lei 14.133/2021.

Entendemos que as proibições de prorrogação do prazo, após um ano de contrato emergencial, e de recontratação emergencial da mesma empresa não podem ser absolutas.

No contexto da Lei 8.666/1993, o art. 24, IV, estabelecia a vedação da prorrogação após atingido o limite máximo de 180 dias e isso não impedia, segundo relevante parcela da doutrina, a prorrogação quando demonstrada a permanência da situação emergencial ou a celebração de novo contrato emergencial com a mesma empresa, desde que demonstrada a vantajosidade.

É verdade que o novo prazo máximo de um ano para contratação emergencial diminui as chances de perpetuação da situação de emergência ou de calamidade pública para além do referido prazo, mas, em situações extremas, verificada a necessidade de manutenção da execução do objeto contratual, poderia ser relativizada a limitação temporal.

A interpretação literal do art. 75, VIII, da Lei 14.133/2021 impediria a prorrogação ou a contratação da mesma empresa, ainda que houvesse a necessidade concreta da contratação, em razão da permanência da emergência ou da calamidade, e resultaria na eventual celebração

---

[148] O regime jurídico especial para contratações destinadas ao enfrentamento de impactos decorrentes de estado de calamidade pública, instituído pela Lei 14.981/2024, será aprofundado no item 3.16.

de novo contrato emergencial com outra empresa, mesmo que os valores apresentados e as demais condições contratuais apresentem desvantagens em relação àquelas constantes do contrato emergencial anterior.

Em suma, o ideal, em nossa opinião, seria a apresentação de justificativas robustas por parte da Administração Pública, ao final do prazo de um ano, que revelassem a necessidade e a vantagem de eventual prorrogação excepcional ou a recontratação da mesma empresa, se as condições forem mais favoráveis que aquelas apresentadas pelas empresas consultadas no processo de contratação direta.

De qualquer forma, independentemente das críticas apresentadas ao dispositivo, o fato é que o art. 75, VIII, da Lei 14.133/2021 fixa o prazo máximo de um ano, vedadas a prorrogação dos respectivos contratos e a recontratação de empresa já contratada emergencialmente.

A respeito do tema, o STF reconheceu a constitucionalidade do referido dispositivo legal e afirmou que "a vedação incide na recontratação fundada na mesma situação emergencial ou calamitosa que extrapole o prazo máximo legal de 1 (um) ano, e não impede que a empresa participe de eventual licitação substitutiva à dispensa de licitação e seja contratada diretamente por outro fundamento previsto em lei, incluindo uma nova emergência ou calamidade pública, sem prejuízo do controle de abusos ou ilegalidades na aplicação da norma".[149]

Segundo o art. 75, § 6.º, da Lei 14.133/2021, nas contratações emergenciais indicadas no inc. VIII do *caput* do referido artigo insere-se a contratação por dispensa com objetivo de manter a continuidade do serviço público, e deverão ser observados os valores praticados pelo mercado na forma do art. 23 da referida Lei e adotadas as providências necessárias para a conclusão do processo licitatório, sem prejuízo de apuração de responsabilidade dos agentes públicos que deram causa à situação emergencial (emergência "fabricada" ou "provocada").[150] Exemplo: agente público, por desídia, permite a expiração do prazo de contrato em vigor, cujo objeto é o fornecimento de serviços contínuos a determinado hospital. No caso, o agente não adotou os procedimentos necessários à realização de nova licitação para evitar a descontinuidade do serviço, nem prorrogou o prazo do contrato. A contratação emergencial poderia ser formalizada, mas o agente deverá ser responsabilizado.

1.10.2.14. *Contratação de entidades administrativas (art. 75, IX e XI)*

O art. 75, IX, da Lei 14.133/2021 permite a dispensa de licitação para a aquisição, por pessoa jurídica de direito público interno, de bens produzidos ou serviços prestados por órgão ou entidade que integrem a Administração Pública e que tenham sido criados para esse fim específico, desde que o preço contratado seja compatível com o praticado no mercado.

Ao contrário da legislação anterior (art. 24, VIII, da Lei 8.666/1993), contudo, o art. 75, IX, da atual Lei de Licitações não exige que o órgão ou a entidade administrativa contratada tenha sido criada em data anterior à vigência da Lei de Licitações.

---

[149] STF, ADI 6.890/DF, Rel. Min. Cristiano Zanin, Tribunal Pleno, *DJe* 18.09.2024.

[150] A Lei 14.133/2021, nesse ponto, incorporou a solução que já era apresentada pela doutrina, defendida inclusive nas edições anteriores do presente livro, e na jurisprudência, que permitiam a contratação emergencial mesmo em situações de emergência "fabricada ou provocada". No contexto da legislação anterior, mencione-se, por exemplo, a Orientação Normativa/AGU 11: "A contratação direta com fundamento no inc. IV do art. 24 da Lei n.º 8.666, de 1993, exige que, concomitantemente, seja apurado se a situação emergencial foi gerada por falta de planejamento, desídia ou má gestão, hipótese que, quem lhe deu causa será responsabilizado na forma da lei".

A controvérsia que deve permanecer com a redação do art. 75, IX, da Lei de Licitações refere-se à interpretação da expressão "órgão ou entidade que integrem a Administração Pública".

A discussão reside em saber se a dispensa somente seria possível se as entidades administrativas contratadas integrarem a mesma Administração Pública do Ente público contratante ou qualquer entidade administrativa, ainda que integrante da Administração Pública de outro Ente Federado.

De nossa parte, quanto à redação do art. 24, VIII, da antiga Lei 8.666/1993, que se assemelha ao inciso IX do art. 75 da atual Lei de Licitações, sempre sustentamos que a dispensa deveria englobar apenas a contratação de entidade administrativa da Administração do Ente contratante, vedada a contratação direta, nesse caso, de empresas estatais exploradoras de atividades econômicas, ainda que integrantes da sua estrutura administrativa, sob pena de se admitir tratamento privilegiado para essas estatais econômicas em detrimento das demais empresas privadas em detrimento do art. 173, § 1.º, II, da CRFB.[151]

O art. 75, XI, da Lei 14.133/2021, por sua vez, basicamente repete o disposto no art. 24, XXVI, da antiga Lei 8.666/1993 e autoriza a dispensa de licitação para celebração de contrato de programa com ente federativo ou com entidade de sua Administração Pública indireta que envolva prestação de serviços públicos de forma associada nos termos autorizados em contrato de consórcio público ou em convênio de cooperação.

O contrato de programa encontra-se previsto no art. 13 da Lei 11.107/2005 (Lei dos consórcios públicos) e compreende as obrigações que um ente da Federação assumir com outro ente da Federação ou com o consórcio público, no âmbito de gestão associada, em que haja a prestação de serviços públicos ou a transferência total ou parcial de encargos, serviços, pessoal ou de bens necessários à continuidade dos serviços transferidos.

1.10.2.15. *Intervenção no domínio econômico (art. 75, X)*

O art. 75, X, da Lei 14.133/2021, que possui a mesma redação do art. 24, VI, da Lei 8.666/1993, autoriza a dispensa de licitação quando a União tiver que intervir no domínio econômico para regular preços ou normalizar o abastecimento.

Nesse caso, o Estado atua como agente normativo e regulador da ordem econômica, devendo reprimir o abuso do poder econômico (dominação dos mercados, eliminação da concorrência e aumento arbitrário de preços), na forma dos arts. 173, § 4.º, e 174 da CRFB.

A dispensa restringe-se às intervenções na ordem econômica com o objetivo de regular os preços ou normalizar o abastecimento de bens ou serviços, não alcançando, portanto, as outras possibilidades de intervenção.

Somente a União pode se valer dessa dispensa, pois é o Ente Federado que possui competência para intervir no domínio econômico.[152]

---

[151] De forma semelhante, no contexto da legislação anterior, a Orientação Normativa/AGU 13 dispunha: "Empresa pública ou sociedade de economia mista que exerça atividade econômica não se enquadra como órgão ou entidade que integra a Administração Pública, para os fins de dispensa de licitação com fundamento no inc. VIII do art. 24 da Lei n.º 8.666, de 1993". Ressalte-se que a dispensa pode ser adotada nas contratações das demais empresas estatais que prestam serviços públicos, pois não incide o art. 173, § 1.º, II, da CRFB".

[152] De forma semelhante: PEREIRA JUNIOR, Jessé Torres. *Comentários à lei das licitações e contratações da administração pública*. 7. ed. Rio de Janeiro: Renovar, 2007. p. 302-303; CARVALHO FILHO, José

Cap. 1 – LICITAÇÃO | 87

1.10.2.16. Profissionais integrantes de comissão de avaliação de critérios de técnica (art. 75, XIII)

O art. 75, X, da Lei 14.133/2021, que possui a mesma redação do art. 24, VI, da Lei 8.666/1993, autoriza a dispensa de licitação quando a União tiver que intervir no domínio econômico para regular preços ou normalizar o abastecimento.

O art. 75, XIII, da Lei 14.133/2021 dispõe sobre a dispensa de licitação de profissionais para compor a comissão de avaliação de critérios de técnica, quando se tratar de profissional técnico de notória especialização. Trata-se de previsão que não possuía disposição equivalente no art. 24 da antiga Lei 8.666/1993.

1.10.2.17. Profissionais integrantes de comissão de avaliação de critérios de técnica (art. 75, XIII)

O art. 75, X, da Lei 14.133/2021, que possui a mesma redação do art. 24, VI, da Lei 8.666/1993, autoriza a dispensa de licitação quando a União tiver que intervir no domínio econômico para regular preços ou normalizar o abastecimento.

1.10.3. Licitação dispensada (art. 76, I e II, da Lei 14.133/2021)

As hipóteses de licitação dispensada são previstas no art. 76, I e II, da Lei 14.133/2021 e possuem relação com a alienação de bens da Administração Pública.

Em regra, as alienações de bens imóveis e móveis da Administração Pública dependem do preenchimento dos seguintes requisitos (art. 76 da Lei 14.133/2021): a) interesse público devidamente justificado; b) avaliação prévia; e c) licitação na modalidade leilão. Na hipótese de alienação de bem imóvel da Administração direta, autarquias e fundações, a alienação pressupõe, ainda, a autorização legislativa (art. 76, § 1.º, da Lei 14.133/2021).

Contudo, a exigência de licitação é dispensada nas situações indicadas nos incisos I (bens imóveis) e II (bens móveis) do art. 76 da 14.133/2021.

As hipóteses indicadas nos incisos I e II do art. 76 da Lei 14.133/2021 assemelham-se àquelas indicadas nos incisos I e II do art. 17 da Lei 8.666/1993.

Sob a égide da Lei 8.666/1993, havia controvérsia sobre a (in)existência de discricionariedade do administrador público no afastamento da licitação na alienação de bens. Em razão da expressão "dispensada", a maioria da doutrina sustentava a ausência de discricionariedade, pois o próprio legislador teria dispensado ("dispensa legal") a licitação, inexistindo liberdade administrativa para decidir de maneira diversa.

De nossa parte, entendíamos que o legislador não poderia retirar do administrador, de maneira absoluta, a possibilidade de realização de licitação, quando houvesse viabilidade de competição. Ora, se a regra constitucional é a licitação, o legislador ordinário não possui legitimidade para impedir a licitação quando houver competição, mas apenas a possibilidade de elencar hipóteses excepcionais em que a licitação não será obrigatória, segundo a ponderação

---

dos Santos. *Manual de direito administrativo*. 22. ed. Rio de Janeiro: Lumen Juris, 2009. p. 246. Em sentido contrário, admitindo a intervenção no domínio econômico por Estados e Municípios e, por consequência, a utilização dessa modalidade de dispensa: SOUTO, Marcos Juruena Villela. *Direito administrativo contratual*. Rio de Janeiro: Lumen Juris, 2004. p. 105.

do administrador diante do caso concreto. Seria sempre legítima a decisão administrativa que prestigiasse a exigência constitucional de licitação.

Com a atual Lei de Licitações, a expressão "dispensada" é novamente utilizada no art. 76, I e II, o que deve ensejar, ao contrário do que sustentamos, a manutenção da tese de ausência de discricionariedade do gestor público e a ausência absoluta de licitação. Ademais, as hipóteses de dispensa de licitação elencadas nos incisos I e II do art. 76 da Lei 14.133/2021 devem ser consideradas taxativas, uma vez que, nas hipóteses de viabilidade de licitação, a regra constitucional é a licitação, "ressalvados os casos especificados na legislação", na forma do art. 37, XXI, da CRFB.

É oportuno salientar que a dispensa de licitação não afasta as demais exigências legais para alienação de bens das entidades da Administração. Assim, na alienação de bens, mesmo nos casos de licitação dispensada, deve ser demonstrado o "interesse público devidamente justificado" e realizada a avaliação prévia do bem. Em relação aos bens imóveis da Administração direta e das autarquias e fundações, exige-se, ainda, a autorização legislativa prévia para efetivação da alienação.

Assim, em razão das semelhanças dos textos do art. 17, I e II, da Lei 8.666/1993 e do art. 76, I e II, da Lei 14.133/2021, deve permanecer a polêmica.

Por fim, as hipóteses de licitação dispensada elencadas nos incisos I e II do art. 76 da Lei 14.133/2021 devem ser consideradas taxativas, uma vez que, nas hipóteses de viabilidade de licitação, a regra constitucional é a licitação, "ressalvados os casos especificados na legislação", na forma do art. 37, XXI, da CRFB.

É oportuno salientar que a dispensa de licitação não afasta as demais exigências legais para alienação de bens das entidades da Administração. Assim, na alienação de bens, mesmo nos casos de licitação dispensada, deve ser demonstrado o "interesse público devidamente justificado" e realizada a avaliação prévia do bem. Em relação aos bens imóveis da Administração direta e das autarquias e fundações, exige-se, ainda, a autorização legislativa prévia para efetivação da alienação.

Em razão das semelhanças dos textos do art. 17, I e II, da Lei 8.666/1993 e do art. 76, I e II, da Lei 14.133/2021, deve permanecer a polêmica sobre a compatibilidade de alguns casos de licitação dispensada com o texto constitucional, pois o legislador federal não poderia invadir a autonomia dos demais entes federados em relação à gestão do seu respectivo patrimônio público. O STF,[153] no julgamento da ADI 927 MC/RS, concedeu interpretação conforme à Constituição ao art. 17, I, *b* (doação de bem imóvel) e *c* (permuta de bem imóvel), e II, *b* (permuta de bem móvel) e § 1.º, da Lei 8.666/1993. As referidas hipóteses, com algumas adaptações, foram incorporadas ao art. 76, I, *b* e *c*, e II, *b* e § 2.º, da atual Lei de Licitações.

É possível concluir que todos os entes federados possuem competência para legislar sobre a gestão dos seus bens, inclusive sobre as hipóteses de licitação dispensada. Trata-se de uma prerrogativa inerente à autonomia política desses entes, notadamente no aspecto do poder de autoadministração dos seus serviços e bens, que decorre do princípio federativo (art. 18 da CRFB).

1.11. MODALIDADES DE LICITAÇÃO

O art. 28 da Lei 14.133/2021 elenca as seguintes modalidades de licitação: **a) pregão, b) concorrência, c) concurso, d) leilão** e) **diálogo competitivo**.

---

[153] STF, Tribunal Pleno, ADI 927 MC/RS, Rel. Min. Carlos Velloso, *DJ* 11.11.1994, p. 30.635.

A Lei 14.133/2021 extinguiu as modalidades "tomada de preços" e "convite", anteriormente previstas na Lei 8.666/1993, e instituiu nova modalidade de licitação: o "diálogo competitivo".[154]

Com a extinção da tomada de preços e do convite, a escolha das modalidades de licitação deixará de observar o critério do valor estimado da contratação. Com efeito, o vulto econômico da contratação representava o principal critério de escolha entre a concorrência, tomada de preços e o convite nos termos do art. 23, I e II, da Lei 8.666/1993 e do Decreto 9.412/2018. O concurso, o leilão e o pregão, modalidades que já eram encontradas no ordenamento jurídico, já não possuíam relação direta com o valor da contratação. O diálogo competitivo, inovação apresentada pela Lei 14.133/2021, não possui vinculação expressa com o vulto do contrato, mas os parâmetros de sua utilização, atrelados, por exemplo, às inovações tecnológicas e complexidade técnica, direcionam, possivelmente, para contratos de maior vulto.

A partir da Lei 14.133/2021, a definição da modalidade de licitação a ser utilizada pela Administração Pública dependerá do objeto a ser contratado, conforme destacado no quadro a seguir:

Modalidades de licitação	Objeto
Pregão (art. 6º, XLI)	Aquisição de bens e serviços comuns, inclusive serviços comuns de engenharia.
Concorrência (art. 6º, XXXVIII)	Contratação de bens e serviços especiais e de obras e serviços comuns e especiais de engenharia.
Concurso (art. 6º, XXXIX)	Escolha de trabalho técnico, científico ou artístico.
Leilão (art. 6º, XL)	Alienação de bens imóveis ou de bens móveis inservíveis ou legalmente apreendidos.
Diálogo competitivo (art. 6º, XLII)	Contratação de obras, serviços e compras em que a Administração Pública realiza diálogos com licitantes previamente selecionados mediante critérios objetivos, com o intuito de desenvolver uma ou mais alternativas capazes de atender às suas necessidades, devendo os licitantes apresentarem proposta final após o encerramento dos diálogos.

A Administração não pode criar outras modalidades de licitação ou combinar as modalidades existentes (art. 28, § 2.º, da Lei 14.133/2021). A referida vedação dirige-se ao administrador, não impedindo que o legislador posterior institua novas modalidades, uma vez que a Lei não possui qualquer superioridade hierárquica em relação às demais legislações e não tem o condão de limitar a atuação posterior do legislador.

1.11.1. Pregão

O pregão, que seguirá o rito previsto no art. 17, será adotado sempre que o objeto possuir padrões de desempenho e qualidade que possam ser objetivamente definidos pelo edital, por meio de especificações usuais de mercado (art. 29 da Lei 14.133/2021).

---

[154] Na legislação anterior, o art. 22 da Lei 8.666/1993 enumerava cinco modalidades de licitação (concorrência, tomada de preços, convite, concurso e leilão) e a Lei 10.520/2002 tratava do pregão.

Conforme dispõe o art. 6.º, XLI, da Lei 14.133/2021, o pregão é a modalidade de licitação obrigatória para aquisição de bens e serviços comuns, cujo critério de julgamento poderá ser o de menor preço ou o de maior desconto.

Os bens e serviços comuns são "aqueles cujos padrões de desempenho e qualidade podem ser objetivamente definidos pelo edital, por meio de especificações usuais de mercado" (art. 6.º, XIII, da Lei 14.133/2021).

O conceito (indeterminado) de "bem ou serviço comum" possui as seguintes características básicas: disponibilidade no mercado (o objeto é encontrado facilmente no mercado), padronização (predeterminação, de modo objetivo e uniforme, da qualidade e dos atributos essenciais do bem ou do serviço) e casuísmo moderado (a qualidade "comum" deve ser verificada em cada caso concreto e não em termos abstratos).[155]

Por outro lado, o pregão é inaplicável às contratações de serviços técnicos especializados de natureza predominantemente intelectual e de obras e serviços de engenharia (art. 29, parágrafo único, da Lei 14.133/2021).

Admite-se a utilização do pregão para contratação de serviços comuns de engenharia, assim considerados aqueles que tenham por objeto "ações, objetivamente padronizáveis em termos de desempenho e qualidade, de manutenção, de adequação e de adaptação de bens móveis e imóveis, com preservação das características originais dos bens", na forma do art. 6.º, XXI, *a*, da Lei 14.133/2021.

A utilização do pregão para contratações de obras e serviços de engenharia sempre despertou polêmica. A atual Lei de Licitações, nesse ponto, consagrou a tese predominante que admitia o pregão para serviços comuns de engenharia, vedada a sua aplicação para contratos de obras (Súmula 257 do TCU e arts. 1.º, 3.º, VIII, e 4.º, I e III, do Decreto 10.024/2019). O ideal, em nossa opinião, seria a alteração da legislação para se introduzir a noção de "obras comuns", de modo a viabilizar o pregão para pequenas obras que não envolvem complexidades.

Da mesma forma, o pregão não pode ser utilizado para delegação de serviços públicos, pois tais serviços não são caracterizados como "comuns", exigindo-se, como regra, a realização de concorrência ou diálogo competitivo para celebração dos contratos de concessão (art. 2.º, II, da Lei 8.987/1995 e art. 10 da Lei 11.079/2004).

Registre-se, contudo, que o TCU, no contexto da revogada Lei 10.520/2002, que também restringia o pregão para aquisição de bens e serviços comuns, admitia a utilização do pregão para concessão de uso de bem público, com critério de julgamento pela maior oferta.[156] Trata-se de entendimento que escapa da literalidade da norma, uma vez que a concessão de uso, em última análise, não encerra aquisição de bens e serviços comuns.

Quanto ao critério de julgamento, a atual Lei de Licitações admite, no pregão, o menor preço ou o maior desconto (art. 6.º, XLI, da Lei 14.133/2021). De fato, o critério do "maior

---

[155] O caráter comum do bem ou do serviço a ser adquirido pela modalidade pregão deve ser atestado pelo órgão técnico, e não pelo órgão jurídico. No mesmo sentido, a Orientação Normativa/AGU 54 prevê: "Compete ao agente ou setor técnico da administração declarar que o objeto licitatório é de natureza comum para efeito de utilização da modalidade pregão e definir se o objeto corresponde a obra ou serviço de engenharia, sendo atribuição do órgão jurídico analisar o devido enquadramento da modalidade licitatória aplicável".

[156] TCU, Acórdão 478/2016, Plenário, Rel. Min. Marcos Bemquerer, *Informativo de Jurisprudência sobre Licitações e Contratos do TCU* n. 276; Acórdão 2.050/2014, Plenário, Rel. Min. Walton Alencar Rodrigues, 06.08.2014, *Informativo de Jurisprudência sobre Licitações e Contratos do TCU* n. 209.

desconto" é equivalente ao critério do "menor preço", com a diferença apenas da metodologia a ser utilizada para se definir a proposta vencedora que, em última análise, vai refletir o menor dispêndio de recursos orçamentários: enquanto o "menor preço" envolve a análise comparativa de preços apresentados pelos interessados, o "maior desconto" leva em consideração o maior desconto apresentado pelos interessados em relação ao valor de referência indicado no edital. O tipo de licitação eleito pelo legislador é justificável, pois o critério técnico não é essencial na contratação de bens e serviços comuns que não apresentam maiores complexidades.

Contudo, entendemos que o legislador deveria ter mencionado, também, o critério do maior preço (ou maior oferta) para os casos de contratações que envolvam pagamentos ao Poder Público (ex.: maior oferta para contratação de banco que vai receber a folha de pagamento de servidores públicos, obtendo vantagens em outras operações bancárias que serão realizadas pelos futuros clientes; maior oferta oferecida por empresas que colocam à disposição vale-refeição e que recebem comissões dos comerciantes; maior oferta apresentada por agências de turismo que receberiam, posteriormente e respectivamente, vantagens junto às empresas de aviação), na linha da jurisprudência do TCU.[157]

1.11.2. Concorrência

A concorrência deve seguir o rito indicado no art. 17 da Lei 14.133/2021 e será adotada para os casos em que não for possível a utilização do pregão, na forma do art. 29 da referida Lei. Assim, por exemplo, a contratação de obras deve ser realizada, em regra, por meio da concorrência, em razão da vedação da utilização do pregão.

A Lei 14.133/2021, inspirada no rito procedimental previsto na antiga legislação específica do pregão (Lei 10.520/2002) e em normas posteriores, positiva a tendência de realização da fase de julgamento antes da etapa de habilitação, o que garante maior eficiência e celeridade ao certame.

Abandona-se, portanto, a lógica tradicional indicada na Lei 8.666/1993 que estabelecia a obrigatoriedade de realização da habilitação antes do julgamento.

Com isso, a partir da Lei 14.133/2021, os procedimentos da concorrência e do pregão são semelhantes e as referidas modalidades de licitação são diferenciadas, basicamente, pelo objeto a ser contratado e pelo critério de julgamento utilizado na licitação.

Na concorrência, poderão ser utilizados os seguintes critérios de julgamento (art. 6.º, XXXVIII): a) menor preço; b) melhor técnica ou conteúdo artístico; c) técnica e preço; d) maior retorno econômico; e) maior desconto.

1.11.3. Concurso

O concurso é a modalidade de licitação para escolha de trabalho técnico, científico ou artístico, cujo critério de julgamento será o de melhor técnica ou conteúdo artístico, e concessão de prêmio ou remuneração ao vencedor (art. 6.º, XXXIX, da Lei 14.133/2021).

Não se confunde, por óbvio, o concurso, modalidade de licitação, com o concurso público para contratação de agentes públicos. Na licitação mediante concurso o objetivo é a contratação

---

[157] TCU, Plenário, Acórdão 3.048/2008, Rel. Min. Augusto Nardes, 10.12.2008; TCU, Plenário, Acórdão 180/2015, Rel. Min. Bruno Dantas, 04.02.2015; TCU, Plenário, Acórdão 1.940/2015, Rel. Min. Walton Alencar Rodrigues, 05.08.2015.

do trabalho ("técnico, científico ou artístico"), e não o provimento de cargos ou empregos públicos na Administração.

O concurso observará as regras e condições do seu edital, que indicará (art. 30 da Lei 14.133/2021): a) a qualificação exigida dos participantes; b) as diretrizes e formas de apresentação do trabalho; c) as condições de realização e o prêmio (ex.: certificado, medalha) ou remuneração a ser concedida ao vencedor.

Aliás, é possível a estipulação de premiações ou remuneração para mais de um vencedor, caso o edital estabeleça essa possibilidade (ex.: concurso de monografia sobre determinado tema realizado por órgão público, com a estipulação de premiações diferentes para os três mais bem colocados).

Nos concursos destinados à elaboração de projeto, o vencedor deverá ceder todos os direitos patrimoniais a ele relativos à Administração Pública, nos termos do art. 93, autorizando sua execução conforme juízo de conveniência e oportunidade das autoridades competentes (art. 30, parágrafo único).

1.11.4. Leilão

O leilão é a modalidade de licitação para alienação de bens imóveis ou de bens móveis inservíveis ou legalmente apreendidos a quem oferecer o maior lance (art. 6.º, XL, da Lei 14.133/2021).

É possível perceber, aqui, sensível mudança em relação ao leilão regulado na revogada Lei 8.666/1993 e, em última análise, à modalidade de licitação exigida para alienação de bens da Administração.

Isso porque os arts. 17, I e II, e 22, § 5.º, da antiga Lei 8.666/1993 estabeleciam, como regra geral, a utilização da concorrência para alienação de bens imóveis e do leilão dos bens móveis. Excepcionalmente, a utilização do leilão era permitida para alienação de bens imóveis, cuja aquisição derivasse de procedimentos judiciais ou de dação em pagamento (art. 19, III, da Lei 8.666/1993).

A partir da Lei 14.133/2021, o leilão poderá ser utilizado para alienação de bens imóveis e móveis, sem distinção.

Essa não foi a única novidade no regime jurídico do leilão. Ao contrário da antiga Lei 8.666/1993, a Lei 14.133/2021 estabeleceu regras mais detalhadas para realização do leilão.

O leilão pode ser cometido a leiloeiro oficial ou a servidor designado pela autoridade competente da Administração, devendo regulamento dispor sobre seus procedimentos operacionais (art. 31 da atual Lei de Licitações).[158]

Se optar pela realização de leilão por intermédio de leiloeiro oficial, a Administração deverá selecioná-lo mediante credenciamento ou licitação na modalidade pregão e adotará o critério de julgamento de maior desconto para as comissões a serem cobradas, utilizando como parâmetro máximo os percentuais definidos na lei que regula a referida profissão, observados os valores dos bens a serem leiloados (art. 31, § 1.º).

---

[158] Em âmbito federal, o Decreto 11.461/2023 dispõe sobre os procedimentos operacionais da licitação na modalidade leilão, na forma eletrônica, para alienação de bens móveis inservíveis ou legalmente apreendidos, e institui o Sistema de Leilão Eletrônico.

O leilão será precedido da divulgação do edital em sítio eletrônico oficial, que conterá (art. 31, § 2.º): a) a descrição do bem, com suas características, e, tratando-se de imóvel, sua situação e suas divisas, com remissão à matrícula e aos registros; b) o valor pelo qual o bem foi avaliado, o preço mínimo pelo qual poderá ser alienado, as condições de pagamento e, se for o caso, a comissão do leiloeiro designado; c) o lugar onde estiverem os móveis, os veículos e os semoventes; d) o sítio, na rede mundial de computadores, e o período em que se realizará o leilão, salvo se excepcionalmente for realizado sob a forma presencial por comprovada inviabilidade técnica ou desvantagem para a Administração, hipótese em que serão indicados o local, o dia e a hora de sua realização; e) a especificação de eventuais ônus, gravames ou pendências existentes sobre os bens a serem leiloados.

Além da divulgação no sítio eletrônico oficial, o edital do leilão será afixado em local de ampla circulação de pessoas na sede da Administração, podendo ainda ser divulgado por outros meios necessários para ampliar a publicidade e a competitividade da licitação (art. 31, § 3.º).

O leilão não exigirá qualquer registro cadastral prévio e não terá fase de habilitação, devendo ser homologado assim que concluída a fase de lances, superada a fase recursal e efetivado o pagamento pelo licitante vencedor, na forma definida no edital (art. 31, § 4.º).

1.11.5. Diálogo competitivo

O diálogo competitivo é a modalidade de licitação para contratação de obras, serviços e compras em que a Administração Pública realiza diálogos com licitantes previamente selecionados mediante critérios objetivos com o intuito de desenvolver uma ou mais alternativas capazes de atender às suas necessidades, devendo os licitantes apresentar proposta final após o encerramento do diálogo (art. 6.º, XLII, da Lei 14.133/2021).[159]

O diálogo competitivo, também denominado "diálogo concorrencial", foi adotado no âmbito da União Europeia e, por certo, serviu de inspiração para o legislador nacional incorporá-lo à Lei de Licitações como nova modalidade de licitação.

A Diretiva 2004/18/CE do Parlamento Europeu e do Conselho, que trata da coordenação dos processos de adjudicação dos contratos de empreitada de obras públicas, dos contratos públicos de fornecimento e dos contratos públicos de serviços, define o "diálogo concorrencial" como "procedimento em que qualquer operador econômico pode solicitar participar e em que a entidade adjudicante conduz um diálogo com os candidatos admitidos nesse procedimento, tendo em vista desenvolver uma ou várias soluções aptas a responder às suas necessidades e com base na qual, ou nas quais, os candidatos selecionados serão convidados a apresentar uma proposta" (art. 11, *c*, da Diretiva 2004/18/CE).[160]

---

[159] O diálogo entre a Administração Pública e o mercado durante a fase de planejamento da licitação já era possível, conforme dispõe o Enunciado 29 da I Jornada de Direito Administrativo realizada pelo Centro de Estudos Judiciários do Conselho da Justiça Federal (CEJ/CJF): "A Administração Pública pode promover comunicações formais com potenciais interessados durante a fase de planejamento das contratações públicas para a obtenção de informações técnicas e comerciais relevantes à definição do objeto e elaboração do projeto básico ou termo de referência, sendo que este diálogo público-privado deve ser registrado no processo administrativo e não impede o particular colaborador de participar em eventual licitação pública, ou mesmo de celebrar o respectivo contrato, tampouco lhe confere a autoria do projeto básico ou termo de referência."

[160] A Comissão das Comunidades Europeias, em 1996, no Livro Verde – Os contratos públicos na União Europeia: pistas de reflexão para o futuro, a Comissão das Comunidades Europeias apresentou a

As regras do "diálogo concorrencial" encontram-se definidas no art. 29 da Diretiva 2004/18/CE.[161] O procedimento, utilizado em contratos complexos, envolve o diálogo entre o Poder Público e as entidades privadas previamente selecionadas, após "anúncio de concurso", que tem por objetivo identificar e definir os meios que melhor possam satisfazer as suas necessidades, garantido o tratamento isonômico entre os interessados.

Após a conclusão do diálogo, os interessados deverão apresentar suas propostas finais, com todos os elementos requeridos e necessários à realização do projeto.

O Poder Público, com base nos critérios elencados no "anúncio de concurso", definirá a proposta economicamente mais vantajosa, sendo permitida a previsão de prêmios ou pagamentos aos participantes do diálogo.

Ao mencionar a existência do "Direito Europeu dos contratos públicos", Maria João Estorninho aponta três fases da evolução do Direito Comunitário em matéria de contratação pública, a partir da influência do Tribunal de Justiça da União Europeia, com níveis crescentes de intensidade de regulamentação: a primeira fase é marcada pela fixação de regras procedimentais; a segunda fase é caracterizada por preocupações garantistas; e a terceira fase é composta pela elaboração de normas substantivas de contratos públicos.[162] O Direito Europeu dos contratos públicos é marcado pelos seguintes princípios: concorrência, igualdade (e não discriminação), transparência, publicidade, estabilidade, sustentabilidade ambiental e social, entre outros.[163]

Nesse contexto, diversos países europeus incorporaram em seus ordenamentos jurídicos nacionais a previsão do diálogo concorrencial, tais como: Portugal (arts. 30.º e 204.º a 218.º do Código de Contratos Públicos), França (*Dialogue compétitif*: arts. 26, I, 3.º, 36 e 67 do *Code des marchés publics*), Espanha (Diálogo Competitivo: arts. 163 a 167 da Lei 30/2007 – *Contratos del Sector Público*) etc.

É possível perceber, portanto, que o diálogo competitivo inserido na atual Lei de Licitações é fortemente influenciado pela experiência no Direito Europeu.

---

necessidade de modernização e simplificação do processo de contratação pública. COM (96) 583 final, de 27.11.1996. Disponível em: <http://www.contratacaopublica.com.pt/xms/files/Documentacao/Livro_verde_COM-96-_583_final_-PRINCIPAL_1289199_1-.PDF>. Acesso em: 5 jan. 2021.

[161] Diretiva 2004/18/CE, de 31.03.2004, do Parlamento Europeu e do Conselho. Disponível em: <http://eur-lex.europa.eu/legal-content/PT/TXT/?uri=celex%3A32004L0018>. Acesso em: 5 jan. 2021. Registre-se, ainda, no período, a Diretiva 2004/17/CE, do Parlamento Europeu e do Conselho, de 31.03.2004, que trata da coordenação dos processos de adjudicação de contratos nos setores de água, energia, transportes e serviços postais. As duas Diretivas estão em processo de revisão, especialmente pela busca de maior flexibilização e sustentabilidade: Proposta de Nova Diretiva sobre contratos públicos, de 20.12.2011 – COM (2011) 896 final; e a Proposta de Nova Diretiva sobre contratos nos setores de água, energia, transportes e serviços postais, de 20.12.2011 – COM (2011) 895 final. Aliás, verifica-se que o ano de 2004 foi marcante para o Direito europeu dos contratos públicos, uma vez que, ao lado das mencionadas Diretivas, foram produzidos os seguintes documentos: a) o Livro Verde sobre as Parcerias Público-Privadas e o Direito Comunitário em matéria de Contratos Públicos e Concessões – COM (2004) 327 final, de 30.04.2004; b) o Livro Branco sobre os Serviços de Interesse Geral – COM (2004) 374 final, de 12.05.2004; c) A handbook on environmental public procurement – SEC (2004) 1050, de 18.08.2004; d) Livro Verde sobre Contratos Públicos no Setor da Defesa – COM (2004) 608 final, de 23.09.2004.

[162] ESTORNINHO, Maria João. *Curso de direito dos contratos públicos*. Coimbra: Almedina, 2012. p. 80.

[163] ESTORNINHO, Maria João. *Curso de direito dos contratos públicos*. Coimbra: Almedina, 2012. p. 90.

Segundo o art. 32 da Lei 14.133/2021, o diálogo competitivo somente será utilizado nos seguintes casos: a) objeto que envolva as seguintes condições: a.1) inovação tecnológica ou técnica; a.2) o órgão ou entidade não possa ter sua necessidade satisfeita sem a adaptação de soluções disponíveis no mercado; e a.3) especificações técnicas não possam ser definidas com precisão suficiente pela Administração; b) quando houver a necessidade de definir e identificar os meios e as alternativas que possam vir a satisfazer suas necessidades, com destaque para os seguintes aspectos: b.1) a solução técnica mais adequada; b.2) os requisitos técnicos aptos a concretizar a solução já definida; e b.3) a estrutura jurídica ou financeira do contrato.

O diálogo competitivo deverá observar, ainda, as seguintes regras (art. 32, § 1.º): a) ao divulgar o edital em sítio eletrônico oficial, a Administração apresentará suas necessidades e as exigências já definidas, estabelecendo prazo mínimo de 25 dias úteis para manifestação de interesse de participação na licitação; b) os critérios empregados para pré-seleção dos licitantes deverão ser previstos em edital e serão admitidos todos os interessados que preencherem os requisitos objetivos estabelecidos;[164] c) é vedada a divulgação de informações de modo discriminatório que possa implicar vantagem para algum licitante; d) a Administração não poderá revelar a outros licitantes as soluções propostas ou as informações sigilosas comunicadas por um licitante sem o seu consentimento; e) a fase de diálogo poderá ser mantida até que a Administração, em decisão fundamentada, identifique a solução ou as soluções que atendam às suas necessidades; f) as reuniões com os licitantes pré-selecionados serão registradas em ata e gravadas mediante utilização de recursos tecnológicos de áudio e vídeo; g) possibilidade de previsão no edital de fases sucessivas, caso em que cada fase poderá restringir as soluções ou as propostas a serem discutidas; h) com a declaração de conclusão do diálogo, a Administração deverá juntar aos autos do processo licitatório os registros e as gravações da fase de diálogo e iniciará a fase competitiva com a divulgação de edital contendo a especificação da solução que atenda às suas necessidades e os critérios objetivos a serem utilizados para seleção da proposta mais vantajosa, abrindo prazo, não inferior a 60 dias úteis, para todos os licitantes apresentarem suas propostas, que deverão conter todos os elementos necessários para a realização do projeto; i) a Administração poderá solicitar esclarecimentos ou ajustes às propostas apresentadas, desde que não impliquem discriminação ou distorçam a concorrência entre as propostas; j) a Administração definirá a proposta vencedora de acordo com critérios divulgados no início da fase competitiva, assegurando o resultado da contratação mais vantajoso; k) o diálogo competitivo será conduzido por comissão composta de pelo menos 3 servidores efetivos ou empregados públicos pertencentes aos quadros permanentes da Administração, admitindo-se a contratação de profissionais para assessoramento técnico da comissão.[165]

É possível perceber que o diálogo competitivo é dividido em três etapas: a) **pré-seleção:** seleção prévia dos interessados que participarão da licitação, na forma dos critérios objetivos identificados no primeiro edital; b) **diálogo:** identificação da solução que melhor atende as necessidades da Administração e diálogo com os pré-selecionados para definição do objeto a ser contratado; e c) **competição:** publicação do segundo edital, com a especificação da solução

---

[164] De acordo com a Orientação Normativa 82/2024 da AGU: "No processo licitatório na modalidade do diálogo competitivo é possível estabelecer no edital de pré-seleção critérios de exclusão a serem observados pelos licitantes para participação e durante o desenvolvimento dos diálogos, sob pena de exclusão da fase competitiva".

[165] Nesse caso, os profissionais contratados assinarão termo de confidencialidade e abster-se-ão de atividades que possam configurar conflito de interesses (art. 32, § 2.º, da Lei 14.133/2021).

1.12. PROCEDIMENTO

1.12.1. Fases do processo de licitação e a preferência pela forma eletrônica

O processo de licitação é dividido em duas fases: a) interna ou preparatória; e b) externa. Enquanto a fase interna da licitação engloba os atos iniciais e preparatórios praticados por cada órgão e entidade administrativa para efetivação da licitação, a fase externa envolve a publicação do instrumento convocatório e os demais atos subsequentes.

De acordo com o art. 17 da Lei 14.133/2021, o processo licitatório observará as seguintes fases, em sequência: preparatória; divulgação do edital de licitação; apresentação de propostas e lances, quando for o caso; julgamento; habilitação; recursal; e homologação. Não obstante a ausência de menção expressa no referido dispositivo, é preciso lembrar, ainda, da adjudicação que, na forma do art. 71, IV, da Lei de Licitações, antecede a homologação.

Em consequência, as fases do processo de licitação observarão a seguinte sequência: **a) preparatória; b) divulgação do edital de licitação; c) apresentação de propostas e lances, quando for o caso; d) julgamento; e) habilitação; f) recursal; g) adjudicação; e h) homologação.**

Ao estabelecer, como regra geral, a realização do julgamento antes da etapa de habilitação, a Lei 14.133/2021 segue a tendência já observada nas Leis 10.520/2002 (Pregão), 8.987/1995 (concessão e permissão de serviços públicos), 11.079/2004 (PPPs), 12.462/2011 (RDC), 13.303/2016 (Lei das Estatais) e outros diplomas legais.

Excepcionalmente, mediante ato motivado com explicitação dos benefícios decorrentes e desde que expressamente previsto no edital, a fase de habilitação poderá anteceder as fases de apresentação de propostas e de julgamento (art. 17, § 1.º, da Lei 14.133/2021).

As licitações deverão ser realizadas, preferencialmente, eletronicamente, admitida a utilização da forma presencial na hipótese de comprovada inviabilidade técnica ou desvantagem para a Administração, devendo a sessão pública ser registrada em ata e gravada mediante utilização de recursos tecnológicos de áudio e vídeo (art. 17, § 2.º).[166]

A preferência pela realização das licitações eletrônicas, em vez das presenciais, já representava uma tendência no ordenamento jurídico pátrio. Mencione-se, por exemplo, o pregão que, segundo os órgãos de controle, deveria ser, preferencialmente, realizado de forma eletrônica.[167] A tendência dos procedimentos eletrônicos foi reforçada em âmbito federal com a edição do Decreto 10.024/2019 que, em seu art. 1.º, § 1.º, estabeleceu a obrigatoriedade da utilização da modalidade eletrônica para os órgãos da Administração Pública federal direta, as autarquias, as fundações e os fundos especiais.

Com efeito, a utilização da forma eletrônica acarreta, potencialmente, aumento de competitividade e de isonomia no certame, reduzindo os custos de participação dos interessados.

---

[166] Nesse sentido, a utilização preferencial da forma eletrônica foi prevista na IN SEGES/ME 73/2022 que trata da licitação pelo critério de julgamento por menor preço ou maior desconto.

[167] Sobre a preferência pelo pregão eletrônico ao invés do presencial, vide: TCU, Acórdão 1.515/2011, Plenário, Rel. Min. Raimundo Carreiro, 08.06.2011.

Nas licitações realizadas em formato eletrônico, a Administração poderá determinar, como condição de validade e eficácia, que os licitantes pratiquem seus atos em formato eletrônico (art. 17, § 4.º).

Na hipótese excepcional de licitação sob a forma presencial a que refere o § 2.º do art. 17 da Lei de Licitações, a sessão pública de apresentação de propostas deverá ser gravada em áudio e vídeo, juntando-se a gravação aos autos do processo licitatório depois de seu encerramento (art. 17, § 5.º)

A Administração poderá, na etapa do julgamento, em relação ao licitante provisoriamente vencedor, realizar análise e avaliação da conformidade das propostas, mediante a execução de homologação de amostras, exame de conformidade e prova de conceito, entre outros testes de interesse da Administração, de modo a comprovar sua aderência às especificações definidas no termo de referência ou no projeto básico (art. 17, § 3.º).

É possível, ainda, a exigência de certificação por organização independente acreditada pelo Inmetro como condição para aceitação de (art. 17, § 6.º): a) estudos, anteprojetos, projetos básicos e projetos executivos; b) conclusão de fases ou de objetos de contratos; c) adequação do material e do corpo técnico apresentados por empresa para fins de habilitação.

1.12.2. Fase interna ou preparatória

Conforme destacado anteriormente, a fase interna ou preparatória da licitação envolve os atos iniciais e preparatórios praticados por cada órgão e entidade administrativa para efetivação da licitação.

A fase preparatória, que não era detalhada na Lei 8.666/1993, recebe maior destaque na atual Lei de Licitações, o que revela preocupação salutar com os atos preparatórios da licitação, uma vez que a descrição do objeto, a definição das regras do edital, a pesquisa de preços e outros atos iniciais impactam diretamente a eficiência da licitação e do próprio contrato.[168] De fato, inúmeros problemas podem ser evitados com a realização adequada dos atos preparatórios da licitação.

A preocupação com o planejamento da Administração na realização das licitações e nas contratações é evidenciada no art. 18 da Lei 14.133/2021, que exige, na fase preparatória, a compatibilização com o plano de contratações anual (art. 12, VII, da Lei de Licitações) e com as leis orçamentárias, bem como a abordagem de todas as considerações técnicas, mercadológicas e de gestão que podem interferir na contratação, compreendendo: a) descrição da necessidade da contratação fundamentada em estudo técnico preliminar, caracterizando o interesse público envolvido; b) definição do objeto para atender à necessidade, por meio de termo de referência, anteprojeto, projeto básico ou projeto executivo, conforme o caso;[169] c) definição das condições de execução e pagamento, das garantias exigidas e ofertadas e das condições de

---

[168] Nas contratações realizadas durante o estado de calamidade pública, o art. 3.º da Lei 14.981/2024 estabelece regime jurídico mais flexível, destacando-se: a) dispensa da elaboração de ETP, quando se tratar de aquisição e contratação de obras e serviços comuns, inclusive de engenharia; b) o gerenciamento de riscos da contratação será exigível somente durante a gestão do contrato; e c) possibilidade de apresentação simplificada de termo de referência, de anteprojeto ou de projeto básico. O ponto será apresentado no item 3.16.

[169] Os incisos XXIII, XXIV e XXV do art. 6.º da Lei 14.133/2021 definem, respectivamente, o termo de referência, o anteprojeto e o projeto básico, bem como apresentam os seus elementos constitutivos.

recebimento; d) orçamento estimado, acompanhado das composições dos preços utilizados para sua formação; e) elaboração do edital de licitação; f) elaboração de minuta de contrato, quando necessária, hipótese em que constará obrigatoriamente como anexo do edital de licitação; g) regime de fornecimento de bens, de prestação de serviços ou de execução de obras e serviços de engenharia, observados os potenciais de economia de escala; h) modalidade de licitação, o critério de julgamento, o modo de disputa, e a adequação e eficiência da forma de combinação destes parâmetros para os fins de seleção da proposta apta a gerar o resultado de contratação mais vantajoso para a Administração Pública, considerando todo o ciclo de vida do objeto; i) motivação circunstanciada das condições editalícias, tais como justificativa das exigências de qualificação técnica, mediante indicação das parcelas de maior relevância técnica e valor significativo do objeto, justificativa dos critérios de pontuação e julgamento das propostas técnicas, nas licitações com julgamento por melhor técnica ou técnica e preço, e justificativa das regras pertinentes à participação de empresas em consórcio; j) análise dos riscos que possam comprometer o sucesso da licitação e a boa execução contratual; k) motivação sobre o momento da divulgação do orçamento da licitação, observado o art. 24 do da Lei de Licitações.

Conforme evidenciado pelo art. 18 da Lei 14.133/2021, a exigência de planejamento nas licitações justifica a necessidade de compatibilização da fase preparatória com o plano de contratações anual e com as leis orçamentárias.

O plano de contratações anual (PCA) tem como objetivos (art. 12, VII, da Lei 14.133/2021 e art. 5.º do Decreto 10.947/2022): a) racionalizar as contratações das unidades administrativas de sua competência, por meio da promoção de contratações centralizadas e compartilhadas, a fim de obter economia de escala, padronização de produtos e serviços e redução de custos processuais; b) garantir o alinhamento com o planejamento estratégico, o plano diretor de logística sustentável e outros instrumentos de governança existentes; c) subsidiar a elaboração das leis orçamentárias; d) evitar o fracionamento de despesas; e e) sinalizar intenções ao mercado fornecedor, de forma a aumentar o diálogo potencial com o mercado e incrementar a competitividade.

Não obstante a redação do inciso VII do art. 12 da Lei 14.133/2021 sugerir uma faculdade na elaboração do PCA, em razão da expressão "poderão", entendemos que o PCA deve ser considerado obrigatório, com fundamento no princípio do planejamento (art. 5.º da Lei 14.133/2021) e as situações de dispensa de elaboração do referido documento devem ser devidamente justificadas.[170]

Em âmbito federal, o art. 7.º do Decreto 10.947/2022 dispensa o registro no PCA nas seguintes hipóteses: a) informações classificadas como sigilosas, nos termos do disposto na Lei 12.527/2011, ou abrangidas pelas demais hipóteses legais de sigilo; b) contratações realizadas por meio de concessão de suprimento de fundos, nas hipóteses previstas no art. 45 do Decreto 93.872/1986; c) hipóteses previstas nos incisos VI (comprometimento da segurança nacional), VII (casos de guerra, estado de defesa, estado de sítio, intervenção federal ou de grave perturbação da ordem) e VIII (casos de emergência ou calamidade pública) do *caput* do art. 75 da Lei 14.133/2021; e d) pequenas compras e a prestação de serviços de pronto pagamento, de que trata o § 2.º do art. 95 da Lei 14.133/2021.

---

[170] Em âmbito federal, o Decreto 10.947/2022, que dispões sobre o PCA e institui o Sistema de Planejamento e Gerenciamento de Contratações, define o PCA como o "documento que consolida as demandas que o órgão ou a entidade planeja contratar no exercício subsequente ao de sua elaboração" (art. 2.º, V).

O plano de contratações anual (PCA), que antecede o ETP, constitui instrumento importante de governança pública que orienta, de maneira abrangente, as fases preparatórias das licitações públicas.

É preciso, ainda, garantir ampla divulgação ao PCA, que deve ser mantido à disposição do público em sítio eletrônico oficial e será observado pelo ente federativo na realização de licitações e na execução dos contratos (art. 12, § 1.º, da Lei 14.133/2021).

O dever de observar o PCA não impede, naturalmente, a adaptação do plano para atender às necessidades que surgirem ao longo do exercício financeiro, que não poderiam ser previstas anteriormente, ou para adequação às eventuais contingências orçamentárias do Ente Federado. Mencione-se, por exemplo, a desnecessidade de previsão no PCA para contratações emergenciais, uma vez que decorrem de situações imprevisíveis que não poderiam ser antecipadas no referido plano.

No âmbito da fase preparatória da licitação, o art. 18 da Lei 14.133/2021 destaca a importância da elaboração de diversos documentos, tais como: estudo técnico preliminar, anteprojeto, termo de referência, projeto básico e o projeto executivo.

O estudo técnico preliminar (ETP) é o documento constitutivo da primeira etapa do planejamento de uma contratação que caracteriza o interesse público envolvido e a sua melhor solução e dá base ao anteprojeto, ao termo de referência ou ao projeto básico a serem elaborados caso se conclua pela viabilidade da contratação (art. 6.º, XX, da Lei 14.133/2021).[171]

Apesar da referência ao ETP como "documento constitutivo da primeira etapa do planejamento de uma contratação" no art. 6.º, XX, da Lei 14.133/2021, o ato inaugural do processo de contratação é a requisição do objeto, mediante a elaboração do Documento de Formalização da Demanda (DFD), Documento de Oficialização da Demanda (DOD) ou outro instrumento semelhante.

Com efeito, a requisição do objeto (formalização da demanda ou solicitação da contratação) por parte da autoridade competente inicia o processo de licitação. Em razão da necessidade de contratação (compras, serviços, obras ou alienações), o agente público descreve o objeto e requisita a sua contratação. O documento que inicia o processo de licitação tem recebido nomenclaturas diversas, tais como: Documento de Formalização da Demanda (DFD), Documento de Oficialização da Demanda (DOD) etc.[172] Independentemente da nomenclatura utilizada, o documento deve justificar a necessidade da contratação, indicar o objeto a ser contratado, a respectiva quantidade, entre outros elementos que podem ser indicados nos atos normativos específicos de cada Ente Federado.

---

[171] Em âmbito federal, a Instrução Normativa SEGES/ME 58/2022 dispõe sobre a elaboração dos Estudos Técnicos Preliminares (ETP), para a aquisição de bens e a contratação de serviços e obras, bem como sobre o Sistema ETP digital. De acordo com os arts. 6.º, 7.º e 8.º da referida IN, o ETP deverá: (i) evidenciar o problema a ser resolvido e a melhor solução, de modo a permitir a avaliação da viabilidade técnica, socioeconômica e ambiental da contratação; (ii) estar alinhado com o Plano de Contratações Anual e com o Plano Diretor de Logística Sustentável, além de outros instrumentos de planejamento da Administração; e (iii) ser elaborado conjuntamente por servidores da área técnica e requisitante ou, quando houver, pela equipe de planejamento da contratação.

[172] Em âmbito federal, por exemplo, o art. 2.º, IV, do Decreto 10.947/2022 define o "documento de formalização de demanda" como "documento que fundamenta o plano de contratações anual, em que a área requisitante evidencia e detalha a necessidade de contratação".

De acordo com o art. 12, VII, da Lei 14.133/2021, a partir de documentos de formalização de demandas, os órgãos responsáveis pelo planejamento de cada ente federativo devem elaborar os respectivos planos de contratações anual. Aliás, a elaboração do documento de formalização de demanda é necessária, inclusive, nas contratações diretas (art. 72, I, da Lei 14.133/2021).

Conforme já destacado, na etapa inicial do procedimento, o ETP demonstra a necessidade da contratação, deverá evidenciar o problema a ser resolvido e a sua melhor solução, de modo a permitir a avaliação da viabilidade técnica e econômica da contratação.

Na Administração Pública federal, a elaboração do ETP (art. 14 da Instrução Normativa SEGES/ME 58/2022): a) é facultativa nas hipóteses dos incisos I (dispensa de licitação em razão do valor no caso de obras e serviços de engenharia ou de serviços de manutenção de veículos automotores), II (dispensa de licitação em razão do valor no caso de outros serviços e compras), VII (casos de guerra, estado de defesa, estado de sítio, intervenção federal ou de grave perturbação da ordem) e VIII (contratação emergencial) do art. 75 e do § 7.º do art. 90 da Lei 14.133/2021; e b) é dispensada na hipótese do inciso III (licitação deserta ou fracassada) do art. 75 da Lei 14.133/2021 e nos casos de prorrogações dos contratos de serviços e fornecimentos contínuos.

A Administração Pública deve inserir os seguintes elementos no ETP (art. 18, § 1.º, da Lei 14.133/2021): a) descrição da necessidade da contratação, considerado o problema a ser resolvido sob a perspectiva do interesse público; b) demonstração da previsão da contratação no plano de contratações anual, sempre que elaborado, de modo a indicar o seu alinhamento com o planejamento da Administração; c) requisitos da contratação; d) estimativas das quantidades para a contratação, acompanhadas das memórias de cálculo e dos documentos que lhes dão suporte, que considerem interdependências com outras contratações, de modo a possibilitar economia de escala; e) levantamento de mercado, que consiste na análise das alternativas possíveis, e justificativa técnica e econômica da escolha do tipo de solução a contratar; f) estimativa do valor da contratação, acompanhada dos preços unitários referenciais, das memórias de cálculo e dos documentos que lhe dão suporte, que poderão constar de anexo classificado, se a Administração optar por preservar o seu sigilo até a conclusão da licitação; g) descrição da solução como um todo, inclusive das exigências relacionadas à manutenção e à assistência técnica, quando for o caso; h) justificativas para o parcelamento ou não da contratação; i) demonstrativo dos resultados pretendidos em termos de economicidade e de melhor aproveitamento dos recursos humanos, materiais e financeiros disponíveis; j) providências a serem adotadas pela Administração previamente à celebração do contrato, inclusive quanto à capacitação de servidores ou de empregados para fiscalização e gestão contratual; k) contratações correlatas e/ou interdependentes; l) descrição de possíveis impactos ambientais e respectivas medidas mitigadoras, incluídos requisitos de baixo consumo de energia e de outros recursos, bem como logística reversa para desfazimento e reciclagem de bens e refugos, quando aplicável; m) posicionamento conclusivo sobre a adequação da contratação para o atendimento da necessidade a que se destina. Enquanto os elementos indicados nas alíneas *a, d, f, h* e *m* são obrigatórios, os demais podem ser dispensados, desde que apresentadas as justificativas, na forma do art. 18, § 1.º.

Nos estudos técnicos preliminares para contratações de obras e serviços comuns de engenharia, se demonstrada a inexistência de prejuízos para aferição dos padrões de desempenho e qualidade almejados, a possibilidade de especificação do objeto poderá ser indicada apenas em termo de referência, dispensada a elaboração de projetos (arts. 18, § 3.º, e 46, § 1.º).

Registre-se, mais uma vez, que o ETP serve como base para elaboração do anteprojeto, do termo de referência e do projeto básico que representam documentos importantes integrantes da fase preparatória da licitação.

Conforme já decidiu o TCU, a publicação do ETP em conjunto com o instrumento convocatório não é obrigatória, em razão da ausência de imposição legal.[173] Contudo, na forma do art. 54, § 3.º, da Lei 14.133/2021, após a homologação do processo licitatório, serão disponibilizados no PNCP e, se o órgão ou entidade responsável pela licitação entender cabível, também no respectivo sítio eletrônico oficial, os documentos elaborados na fase preparatória que porventura não tenham integrado o edital e seus anexos, o que inclui o ETP. O anteprojeto, por sua vez, é a peça técnica que apresenta todos os subsídios necessários à elaboração do projeto básico e deve conter, no mínimo, os seguintes elementos (art. 6.º, XXIV): a) demonstração e justificativa do programa de necessidades, avaliação de demanda do público-alvo, motivação técnico-econômico-social do empreendimento, visão global dos investimentos e definições relacionadas ao nível de serviço desejado; b) condições de solidez, de segurança e de durabilidade; c) prazo de entrega; d) estética do projeto arquitetônico, traçado geométrico e/ou projeto da área de influência, quando cabível; e) parâmetros de adequação ao interesse público, de economia na utilização, de facilidade na execução, de impacto ambiental e de acessibilidade; f) proposta de concepção da obra ou do serviço de engenharia; g) projetos anteriores ou estudos preliminares que embasaram a concepção proposta; h) levantamento topográfico e cadastral; i) pareceres de sondagem; e j) memorial descritivo dos elementos da edificação, dos componentes construtivos e dos materiais de construção, de forma a estabelecer padrões mínimos para a contratação.

Cabe destacar que nas contratações de obras e serviços de engenharia sob o regime de contratação integrada, a Administração é dispensada da elaboração de projeto básico, mas deve elaborar o anteprojeto (art. 46, § 2.º).

O termo de referência (TR), por sua vez, é o documento necessário para a contratação de bens e serviços, constituído pelos seguintes parâmetros e elementos descritivos (art. 6.º, XXIII):[174] a) definição do objeto, incluídos sua natureza, os quantitativos, o prazo do contrato e, se for o caso, a possibilidade de sua prorrogação; b) fundamentação da contratação, que consiste na referência aos estudos técnicos preliminares correspondentes ou, quando não for possível divulgar esses estudos, no extrato das partes que não contiverem informações sigilosas; c) descrição da solução como um todo, considerado todo o ciclo de vida do objeto; d) requisitos da contratação; e) modelo de execução do objeto, que consiste na definição de como o contrato deverá produzir os resultados pretendidos desde o seu início até o seu encerramento; f) modelo de gestão do contrato, que descreve como a execução do objeto será acompanhada e fiscalizada pelo órgão ou entidade; g) critérios de medição e de pagamento; h) forma e critérios de seleção do fornecedor; i) estimativas do valor da contratação, acompanhadas dos preços unitários referenciais, das memórias de cálculo e dos documentos que lhe dão suporte, com os parâmetros utilizados para a obtenção dos preços e para os respectivos cálculos, que devem constar de documento separado e classificado; e j) adequação orçamentária.

No âmbito da Administração Pública federal, a elaboração do TR é dispensada em três hipóteses (art. 11 da IN SEGES/ME 81/2022): a) inciso III do art. 75 da Lei 14.133/2021, que

---

[173] TCU, Acórdão 2.273/2024, Plenário, Rel. Min. Benjamin Zymler, data da sessão 23.10.2024.

[174] Em âmbito federal, a Instrução Normativa SEGES/ME 81/2022 dispõe sobre a elaboração do Termo de Referência – TR, para a aquisição de bens e a contratação de serviços, e sobre o Sistema TR digital. De acordo com a referida IN, o TR é o documento necessário para a contratação de bens e serviços, integrante da fase preparatória da instrução do processo de licitação. Já o Sistema TR Digital é a "ferramenta informatizada integrante da plataforma do Sistema Integrado de Administração de Serviços Gerais – Siasg, disponibilizada pela Secretaria de Gestão da Secretaria Especial de Desburocratização, Gestão e Governo Digital do Ministério da Economia, para elaboração dos TR" (art. 3.º, I e II, da IN).

trata da licitação deserta e fracassada; b) adesões a atas de registro de preços; e c) prorrogações dos contratos de serviços e fornecimentos contínuos.

O projeto básico é o documento que apresenta os elementos necessários e suficientes, com nível de precisão adequado para definir e dimensionar a obra ou o serviço, ou o complexo de obras ou de serviços objeto da licitação, elaborado com base nas indicações dos estudos técnicos preliminares, que assegure a viabilidade técnica e o adequado tratamento do impacto ambiental do empreendimento e que possibilite a avaliação do custo da obra e a definição dos métodos e do prazo de execução, devendo conter os seguintes elementos (art. 6.º, XXV, da Lei 14.133/2021): a) levantamentos topográficos e cadastrais, sondagens e ensaios geotécnicos, ensaios e análises laboratoriais, estudos socioambientais e demais dados e levantamentos necessários para execução da solução escolhida; b) soluções técnicas globais e localizadas, suficientemente detalhadas, de forma a evitar, por ocasião da elaboração do projeto executivo e da realização das obras e montagem, a necessidade de reformulações ou variantes quanto à qualidade, ao preço e ao prazo inicialmente definidos; c) identificação dos tipos de serviços a executar e dos materiais e equipamentos a incorporar à obra, bem como das suas especificações, de modo a assegurar os melhores resultados para o empreendimento e a segurança executiva na utilização do objeto, para os fins a que se destina, considerados os riscos e os perigos identificáveis, sem frustrar o caráter competitivo para a sua execução; d) informações que possibilitem o estudo e a definição de métodos construtivos, de instalações provisórias e de condições organizacionais para a obra, sem frustrar o caráter competitivo para a sua execução; e) subsídios para montagem do plano de licitação e gestão da obra, compreendidos a sua programação, a estratégia de suprimentos, as normas de fiscalização e outros dados necessários em cada caso; e f) orçamento detalhado do custo global da obra, fundamentado em quantitativos de serviços e fornecimentos propriamente avaliados, obrigatório exclusivamente para os regimes de execução previstos nos incisos I, II, III, IV e VII do caput do art. 46 da Lei 14.133/2021.

O projeto executivo é o "conjunto de elementos necessários e suficientes à execução completa da obra, com o detalhamento das soluções previstas no projeto básico, a identificação de serviços, de materiais e de equipamentos a serem incorporados à obra, bem como suas especificações técnicas, de acordo com as normas técnicas pertinentes" (art. 6.º, XXVI, da Lei 14.133/2021).

Conforme assinalado anteriormente, o art. 18, § 3.º, da Lei 14.133/2021 permite que, nas contratações de obras e serviços comuns de engenharia, o objeto seja especificado no termo de referência, dispensada a elaboração de projeto executivo.

Cabe destacar que, na contratação integrada para obras e serviços de engenharia, a elaboração dos projetos básicos e executivos é responsabilidade do contratado (art. 6.º, XXXII, da Lei 14.133/2021). Na contratação semi-integrada, por sua vez, cabe ao contratado a elaboração do projeto executivo (art. 6.º, XXXIII, da Lei 14.133/2021).

O art. 19 da Lei 14.133/2021 dispõe que os órgãos da Administração com competências regulamentares relativas às atividades de administração de materiais, de obras e serviços e de licitações e contratos deverão: a) instituir instrumentos que permitam, preferencialmente, a centralização dos procedimentos de aquisição e contratação de bens e serviços; b) criar catálogo eletrônico de padronização de compras, serviços e obras, admitida a adoção do catálogo do Poder Executivo federal por todos os entes federativos;[175] c) instituir sistema informatizado

---

[175] Em âmbito federal, a Portaria SEGES/ME 938/2022 instituiu o catálogo eletrônico de padronização de compras, serviços e obras.

de acompanhamento de obras, inclusive com recursos de imagem e vídeo; d) instituir, com auxílio dos órgãos de assessoramento jurídico e de controle interno, modelos de minutas de editais, de termos de referência, de contratos padronizados e de outros, admitida a adoção das minutas do Poder Executivo federal por todos os entes federativos; e) promover a adoção gradativa de tecnologias e processos integrados que permitam a criação, utilização e atualização de modelos digitais de obras e serviços de engenharia. As exigências em comento são justificadas pela busca da economia de escala e maior racionalidade nas contratações, além da eficiência e transparência na fiscalização dos contratos.

É oportuno destacar que o catálogo eletrônico de padronização era considerado um procedimento auxiliar no Regime Diferenciado de Contratações Públicas (RDC), constituindo-se em sistema informatizado, de gerenciamento centralizado, destinado a permitir a padronização dos itens a serem adquiridos pela Administração Pública que estariam disponíveis para a realização de licitação (arts. 29, IV, e 33 da Lei 12.462/2011).

No âmbito do RDC, admitia-se a utilização do catálogo em licitações cujo critério de julgamento fosse a oferta de menor preço ou de maior desconto, e no catálogo continha toda a documentação e procedimentos da fase interna da licitação, assim como as especificações dos respectivos objetos, conforme disposto em regulamento (art. 33, parágrafo único, da Lei 12.462/2011).

A Lei 14.133/2021, inspirada no RDC, trata do catálogo eletrônico de padronização de compras, serviços e obras, admitindo que os entes federados utilizem o catálogo do Poder Executivo federal.

O catálogo eletrônico de padronização, segundo dispõe o art. 6.º, LI, da Lei 14.133/2021, é o "sistema informatizado, de gerenciamento centralizado e com indicação de preços, destinado a permitir a padronização de itens a serem adquiridos pela Administração Pública e que estarão disponíveis para a licitação".[176]

---

[176] Segundo o art. 4.º da Portaria SEGES/ME 938/2022, no processo de padronização do catálogo eletrônico de compras, serviços e obras, deverão ser observados: I – a compatibilidade, na estrutura do Poder Executivo federal, de especificações estéticas, técnicas ou de desempenho; II – os ganhos econômicos e de qualidade advindos; III – o potencial de centralização de contratações de itens padronizados; e IV – o não comprometimento, restrição ou frustração do caráter competitivo da contratação, ressalvada a situação excepcional de a padronização levar a fornecedor exclusivo, nos termos do art. 40, § 3.º, III, da Lei 14.133/2021. A respeito do processo de padronização, o art. 5.º da citada Portaria prevê a necessidade de observância das seguintes etapas sucessivas, no mínimo: I – emissão de parecer técnico sobre o item, considerados especificações técnicas e estéticas, desempenho, análise de contratações anteriores, custo e condições de manutenção e garantia, se couber; II – convocação, pelo órgão ou entidade com competência para a padronização do item, com antecedência mínima de 8 dias úteis, de audiência pública à distância, via internet, para a apresentação da proposta de padronização; III – submissão das minutas documentais de que tratam os incisos I, II, IV, e V do art. 6.º, que compõem a proposta de item padronizado, à consulta pública, via internet, pelo prazo mínimo de 10 dias úteis, a contar da data de realização da audiência de que trata o inciso II deste artigo; IV – compilação e tratamento, pelo órgão ou entidade responsável pela padronização do item, das sugestões submetidas formalmente pelos interessados por ocasião da consulta pública de que trata o inciso III; V – despacho motivado da autoridade superior, com a decisão sobre a adoção do padrão; VI – aprovação das minutas documentais de que trata o inciso III pela Secretaria de Gestão da Secretaria Especial de Desburocratização, Gestão e Governo Digital do Ministério da Economia, em atenção ao disposto no art. 19, IV, da Lei 14.133/2021; VII – publicação, no sítio oficial do órgão ou entidade responsável pela padronização, sobre o resultado do processo, observado os requisitos estabelecidos no art. 43, III, da Lei 14.133/2021; e VIII – publicação no PNCP do item padronizado.

No novo regime jurídico das contratações públicas, o catálogo poderá ser utilizado em licitações cujo critério de julgamento seja o de menor preço ou o de maior desconto e conterá toda a documentação e os procedimentos próprios da fase interna de licitações, assim como as especificações dos respectivos objetos, conforme disposto em regulamento (art. 19, § 1.º, da Lei 14.133/2021).

Com o intuito de incentivar a padronização na atuação administrativa, a eventual não utilização do catálogo eletrônico de padronização ou dos modelos de minutas deverá ser justificada por escrito e anexada ao respectivo processo licitatório (art. 19, § 2.º, da Lei de Licitações).

Nas licitações de obras e serviços de engenharia e arquitetura, sempre que adequada ao objeto da licitação, será preferencialmente adotada a Modelagem da Informação da Construção (*Building Information Modelling* – BIM ou "Modelagem da Informação da Construção") ou tecnologias e processos integrados similares ou mais avançados que venham a substitui-la (art. 19, § 3.º, da Lei de Licitações).

Em âmbito federal, já era possível perceber o fomento à BIM ou "Modelagem da Informação da Construção" na execução direta ou indireta de obras e serviços de engenharia, na forma dos Decretos 9.983/2019 e 10.306/2020.

Trata-se de um "conjunto de tecnologias e processos integrados que permite a criação, a utilização e a atualização de modelos digitais de uma construção, de modo colaborativo, que sirva a todos os participantes do empreendimento, em qualquer etapa do ciclo de vida da construção" (art. 3.º, II, do Decreto 10.306/2020).

Não constitui, portanto, novo regime de execução de obras e serviços de engenharia, mas, sim, um modelo digital, coordenado e colaborativo que conta com a participação dos profissionais envolvidos na concepção e na gestão de uma construção em todas as suas etapas, o que garante mais transparência e eficiência da contratação.

De acordo com o art. 20 da Lei 14.133/2021, os itens de consumo adquiridos para suprir as demandas das estruturas da Administração Pública deverão ser de qualidade comum, não superior à necessária para cumprir as finalidades às quais se destinam, vedada a aquisição de artigos de luxo.

Os Poderes Executivo, Legislativo e Judiciário definirão em regulamento os limites para o enquadramento dos bens de consumo nas categorias comum e luxo (art. 20, § 1.º, da Lei 14.133/2021).[177]

De acordo com o art. 7.º da Portaria, o catálogo será estruturado nas seguintes categorias: I – catálogo de compras, para bens móveis em geral; II – catálogo de serviços, para serviços em geral; e III – catálogo de obras e de serviços de engenharia, para projetos em geral ou serviços comuns de engenharia, de menores complexidades técnicas e operacionais. Por fim, o art. 10, *caput* e parágrafo único, da Portaria dispõe que o catálogo será utilizado em licitações cujo critério de julgamento seja o de menor preço ou o de maior desconto, bem como nas contratações diretas indicadas no art. 74, I, e no art. 75, I e II, da Lei 14.133/2021, devendo ser justificada por escrito e anexada ao processo de contratação a sua não utilização.

[177] Em âmbito federal, o art. 2.º do Decreto 10.818/2021, que regulamenta o art. 20 da Lei 14.133/2021, apresenta as seguintes definições: "I – bem de luxo – bem de consumo com alta elasticidade-renda da demanda, identificável por meio de características tais como: a) ostentação; b) opulência; c) forte apelo estético; ou d) requinte; II – bem de qualidade comum – bem de consumo com baixa ou moderada elasticidade-renda da demanda; III – bem de consumo – todo material que atenda a, no mínimo, um dos seguintes critérios: a) durabilidade – em uso normal, perde ou reduz as suas condições de uso, no prazo de dois anos; b) fragilidade – facilmente quebradiço ou deformável, de modo irrecuperável ou com perda de sua identidade; c) perecibilidade – sujeito a modificações

A vedação legislativa à aquisição de "artigos de luxo" cria o enorme desafio de compreender a sua definição e não afasta o dever inerente às contratações públicas de contratar bens que sejam adequados às suas necessidades, em atenção ao princípio da proporcionalidade, o que não significa, certamente, a imposição legal de aquisição de bens de baixa qualidade.

Trata-se de análise que deve ser realizada em cada contratação, levando em consideração as peculiaridades envolvidas. Assim, por exemplo, a compra de uma obra de arte pela Administração Pública para integrar o gabinete de uma agente público seria considerada irregular, em razão do seu enquadramento como "artigo de luxo", mas seria possível a referida contratação do referido bem para integrar o acervo de um museu público.

O § 3.º do art. 20 do PL 4.253/2020, que estabelecia que os valores de referência dos três Poderes nas esferas federal, estadual, distrital e municipal não poderiam ser superiores aos valores de referência do Poder Executivo federal, foi vetado pelo Presidente da República, pois representava uma intromissão indevida na organização administrativa e nas peculiaridades dos demais poderes e entes federados, em afronta ao princípio da separação de poderes e ao pacto federativo.

1.12.3. Administração Pública Consensual e Gerencial: audiências públicas, consultas públicas e repartição de riscos

A partir da tendência consagrada em outros diplomas legais, que justificam a nomenclatura utilizada pela doutrina para fazer referência à Administração contemporânea ("Administração Pública Consensual" ou "Administração Pública Democrática"), o art. 21 da Lei 14.133/2021 prevê instrumentos de participação direta (audiências e consultas públicas) nas licitações, o que garante maior legitimidade ao procedimento.

Outra tendência consagrada na atual Lei de Licitações refere-se à repartição de riscos entre os contratantes que, apesar de não ter recebido tratamento expresso na Lei 8.666/1993, recebeu especial atenção da legislação específica.

Assim, de forma semelhante ao que já existia na PPP (arts. 4.º, VI, e 5.º, III, da Lei 11.079/2004) e no RDC (art. 9.º, § 5.º, da Lei 12.462/2011), o art. 22 da Lei 14.133/2021 permite que o instrumento convocatório contemple matriz de alocação de riscos entre o contratante e o contratado, hipótese em que o cálculo do valor estimado da contratação poderá considerar taxa de risco compatível com o objeto da licitação e os riscos atribuídos ao contratado, de acordo com metodologia predefinida pelo ente federativo.

A matriz de riscos será obrigatória nas contratações de obras e serviços de grande vulto, assim considerados os contratos com valor estimado superior a R$ 250.902.323,87, bem como nos regimes de contratação integrada e semi-integrada, na forma dos arts. 6.º, XXII, e 22, § 3.º, da Lei 14.133/2021 e do Decreto 12.343/2024.

Nas contratações integradas ou semi-integradas, os riscos decorrentes de fatos supervenientes à contratação associados à escolha da solução de projeto básico pelo contratado deverão ser alocados como de sua responsabilidade na matriz de riscos (art. 22, § 4.º, da Lei 14.133/2021).

---

químicas ou físicas que levam à deterioração ou à perda de suas condições de uso com o decorrer do tempo; d) incorporabilidade – destinado à incorporação em outro bem, ainda que suas características originais sejam alteradas, de modo que sua retirada acarrete prejuízo à essência do bem principal; ou e) transformabilidade – adquirido para fins de utilização como matéria-prima ou matéria intermediária para a geração de outro bem; e IV – elasticidade-renda da demanda – razão entre a variação percentual da quantidade demandada e a variação percentual da renda média".

A matriz deverá promover a alocação eficiente dos riscos de cada contrato, estabelecendo a responsabilidade que cabe a cada parte contratante e, também, mecanismos que afastem a ocorrência do sinistro e que mitiguem os efeitos deste, caso ocorra durante a execução contratual (art. 22, § 1.º).

É salutar a exigência de alocação eficiente dos riscos, com implementação de mecanismos que mitiguem os efeitos de eventual sinistro. Trata-se de exigência que, não obstante o silêncio da maioria dos diplomas legais, já era apresentada pela doutrina.

Com efeito, a imputação dos riscos à parte que possui melhores condições de gerenciá-los acarreta, naturalmente, mais segurança jurídica e economicidade à contratação.[178]

Assim, por exemplo, os riscos políticos, cambiais, de interpretação judicial, de disponibilidade financeira, de relações internacionais, que não são gerenciáveis pelo particular, deveriam ser assumidos, preferencialmente, pela Administração Pública e os riscos ligados à construção, operação, rendimento, tecnologia e competição seriam alocados à contratada.[179]

Deve ser evitada, na mesma linha de raciocínio, a imputação à contratada dos riscos relacionados aos eventos praticados pelo Poder Concedente, especialmente as hipóteses de inadimplemento contratual (fato da administração) ou atos externos à relação jurídica que repercutem no equilíbrio econômico-financeiro do contrato (fato do príncipe).[180]

A tese aqui sustentada foi acolhida pela atual Lei de Licitações, que estabelece a necessidade de levar e consideração a capacidade de cada setor para melhor gerenciar o risco, atribuindo-se ao contratado os riscos que tenham cobertura oferecida por seguradoras (art. 103, §§ 1.º e 2.º, da Lei 14.133/2021).

O contrato deverá refletir a alocação realizada pela matriz de riscos, especialmente quanto (art. 22, § 2.º, da Lei 14.133/2021): a) às hipóteses de alteração para o restabelecimento da equação econômico-financeira do contrato nos casos em que o sinistro seja considerado na matriz de riscos como causa de desequilíbrio não suportada pela parte que pretende o restabelecimento; b) à possibilidade de resolução quando o sinistro majorar excessivamente ou impedir a continuidade da execução contratual; c) à contratação de seguros obrigatórios, previamente definidos no contrato e cujo custo de contratação integrará o preço ofertado.

A matriz de alocação de riscos define o equilíbrio econômico-financeiro inicial do contrato, devendo ser considerada nos eventuais pleitos de reequilíbrio contratual (art. 103, § 4.º). Quando atendidas as condições do contrato e da matriz de alocação de riscos, será considerado mantido o equilíbrio econômico-financeiro, renunciando as partes aos pedidos de restabelecimento do equilíbrio relacionados aos riscos assumidos, exceto em relação (art. 103, § 5.º): a) às alterações unilaterais determinadas pela Administração; e b) ao aumento ou à redução, por legislação superveniente, dos tributos diretamente pagos pelo contratado em decorrência do contrato.

---

[178] Em abono à nossa tese, o Enunciado 28 da I Jornada de Direito Administrativo realizada pelo Centro de Estudos Judiciários do Conselho da Justiça Federal (CEJ/CJF), ao dispor sobre as concessões comuns e especiais, prevê: "Na fase interna da licitação para concessões e parcerias público-privadas, o Poder Concedente deverá indicar as razões que o levaram a alocar o risco no concessionário ou no Poder Concedente, tendo como diretriz a melhor capacidade da parte para gerenciá-lo".

[179] SOUTO, Marcos Juruena Villela. Parcerias público-privadas. *Revista de Direito da Associação dos Procuradores do Novo Estado do Rio de Janeiro*, Rio de Janeiro, v. XVII, p. 35, 2006.

[180] DI PIETRO, Maria Sylvia Zanella. *Parcerias na administração pública*. 5. ed. São Paulo: Atlas, 2005. p. 171.

1.12.4. Valor estimado da contratação: possibilidade de orçamento sigiloso ou publicidade diferida

Em relação à estimativa do valor a ser contratado, momento de grande importância para verificação da economicidade da futura avença, o art. 23 da Lei 14.133/2021 dispõe que deverá ser compatível com os valores praticados pelo mercado, levando-se em consideração os preços constantes em bancos de dados públicos e as quantidades a serem contratadas, observadas a potencial economia de escala e as peculiaridades do local de execução do objeto.

É preciso destacar, desde logo, que o valor estimado da contratação não se confunde com o "preço máximo aceitável", expressão indicada, com adaptações, no art. 24 da Lei 14.133/2021 e outros dispositivos legais.

A distinção é apresentada pelo art. 2º, I e II, da Instrução Normativa 73/2020, que dispõe sobre o procedimento administrativo para a realização de pesquisa de preços para a aquisição de bens e contratação de serviços em geral, no âmbito da Administração Pública federal. Segundo o referido ato normativo, enquanto o preço estimado é o "valor obtido a partir de método matemático aplicado em série de preços coletados, podendo desconsiderar, na sua formação, os valores inexequíveis, inconsistentes e os excessivamente elevados", o preço máximo é o "valor de limite que a administração se dispõe a pagar por determinado objeto, levando-se em consideração o preço estimado, os aspectos mercadológicos próprios à negociação com o setor público e os recursos orçamentários disponíveis".

Não obstante a sobredita distinção, em termos práticos revela-se comum a indicação do preço estimado como preço máximo, especialmente pelo fato de que o art. 59, III, da Lei 14.133/2021 determina a desclassificação das propostas que "apresentarem preços inexequíveis ou permanecerem acima do orçamento estimado para a contratação".[181]

Nas licitações para aquisição de bens e contratação de serviços em geral, conforme regulamento, o valor estimado será definido com base no melhor preço aferido com a utilização dos seguintes parâmetros, adotados de forma combinada ou não (art. 23, § 1.º, da Lei 14.133/2021):[182] a) composição de custos unitários menores ou iguais à mediana do item correspondente no painel de preços ou no banco de preços em saúde disponíveis no Portal Nacional de Contratações Públicas (PNCP); b) contratações similares feitas pela Administração Pública, em execução ou concluídas no período de um ano anterior à data da pesquisa de preços, inclusive mediante sistema de registro de preços, observado o índice de atualização de preços correspondente; c) utilização de dados de pesquisa publicada em mídia especializada, tabela de referência formalmente aprovada pelo Poder Executivo federal, sítios eletrônicos especializados ou de domínio amplo, desde que contenham a data e hora de acesso; d) pesquisa direta com no mínimo três fornecedores mediante solicitação formal de cotação, desde que seja apresentada justificativa da escolha desses fornecedores e que não tenham sido obtidos os orçamentos com mais de três meses de antecedência da data de divulgação do edital; e) pesquisa na base nacional de notas fiscais eletrônicas, na forma de regulamento.

Nas licitações para contratação de obras e serviços de engenharia, conforme regulamento, o valor estimado, acrescido do percentual de benefícios e despesas indiretas (BDI) de referência e dos encargos sociais (ES) cabíveis, será definido com a utilização de parâmetros na seguinte

---

[181] No mesmo sentido: FENILI, Renato; ACHE, Andrea. *A lei de licitações e contratos*: visão sistêmica. v. 1. Guarulhos: Format Comunicação gráfica e Editora, 2022. *E-book*.

[182] Em âmbito federal, a IN SEGES/ME 65/2021 dispõe sobre o procedimento administrativo para a realização de pesquisa de preços para aquisição de bens e contratação de serviços em geral.

ordem (art. 23, § 2.º, da Lei 14.133/2021): a) composição de custos unitários menores ou iguais à mediana do item correspondente do Sistema de Custos Referenciais de Obras (Sicro), para serviços e obras de infraestrutura de transportes, ou do Sistema Nacional de Pesquisa de Custos e Índices de Construção Civil (Sinapi), para as demais obras e serviços de engenharia; b) utilização de dados de pesquisa publicada em mídia especializada, tabela de referência formalmente aprovada pelo Poder Executivo federal, sítios eletrônicos especializados ou de domínio amplo, desde que contenham a data e hora de acesso; c) contratações similares feitas pela Administração Pública, em execução ou concluídas no período de um ano anterior à data da pesquisa de preços, observado o índice de atualização de preços correspondente; d) pesquisa na base nacional de notas fiscais eletrônicas, na forma de regulamento.

Nas contratações realizadas por Municípios, Estados e Distrito Federal, desde que não envolvam recursos da União, o valor previamente estimado da contratação poderá ser definido com a utilização de outros sistemas de custos já adotados pelo respectivo ente federativo (art. 23, § 3.º).

Nos casos de contratação direta, por inexigibilidade ou por dispensa, quando não for possível estimar o valor do objeto, na forma prevista nos §§ 1.º, 2.º e 3.º do art. 23, o contratado deverá comprovar previamente que os preços estão em conformidade com os praticados, em contratações semelhantes de objetos de mesma natureza, com a apresentação de notas fiscais emitidas para outros contratantes no período de até um ano anterior à data da contratação pela Administração ou por outro meio idôneo (art. 23, § 4.º).

Nas licitações para contratação de obras e serviços de engenharia sob o regime de execução de contratação integrada e semi-integrada, o valor estimado da contratação será calculado nos termos do § 2.º do art. 23 da Lei 14.133/2021, acrescido ou não de parcela referente à remuneração do risco, e, sempre que necessário e o anteprojeto permitir, a estimativa de preço será baseada em orçamento sintético, balizado em sistema de custo definido no inciso I do § 2.º do referido dispositivo legal, reservada a utilização de metodologia expedita ou paramétrica e de avaliação aproximada baseada em outras contratações similares às frações do empreendimento não suficientemente detalhadas no anteprojeto. Nesse caso, será exigido, no mínimo, o mesmo nível de detalhamento dos licitantes ou contratados no orçamento que compuser suas respectivas propostas (art. 23, §§ 5.º e 6.º).

A instituição de normas jurídicas reguladoras da estimativa do valor contratual representa importante avanço em relação ao regime previsto na Lei 8.666/1993, que não dedicava tratamento específico sobre o tema. Na prática, os critérios para fixação de valores eram indicados por regulamentos ou pelos órgãos de controle, bem como pela praxe administrativa.

A fixação de critérios legais para estimativa do valor garante uniformização na atuação da Administração Pública, além de garantir potencial incremento de economicidade e de segurança jurídica aos atores envolvidos nas licitações públicas.

Quanto à divulgação do orçamento estimado da contratação, a atual Lei de Licitações prevê a possibilidade de publicidade diferida ou sigilo temporário.

Não obstante a regra seja a publicidade dos atos estatais, é permitida a fixação do caráter sigiloso do orçamento estimado, desde que haja motivos relevantes devidamente justificados.

Nesse caso, o sigilo não prevalece para os órgãos de controle interno e externo, sem prejuízo da divulgação do detalhamento dos quantitativos e das demais informações necessárias para a elaboração das propostas (art. 24, *caput* e inciso I, da Lei 14.133/2021).

O art. 24, II, do PL 4.253/2020, que deu origem à atual Lei de Licitações, estabelecia que o orçamento seria divulgado apenas e imediatamente após a fase de julgamento de propostas, mas o dispositivo foi vetado pelo Presidente da República, uma vez que inviabilizaria, por exemplo, a manutenção do sigilo na fase de negociação, que é posterior ao julgamento e estratégica para a definição da contratação.[183]

É inaplicável, contudo, o orçamento sigiloso na licitação em que for adotado o critério de julgamento de maior desconto, o preço estimado ou o máximo aceitável constará do edital da licitação, na forma do art. 24, parágrafo único, da Lei 14.133/2021, exigindo-se, nesse caso, a indicação do preço estimado ou máximo aceitável no edital da licitação.

Lembre-se de que o orçamento sigiloso, com a publicidade diferida, já era adotado no Regime Diferenciado de Contratações Públicas (art. 6.º da Lei 12.462/2011) e na Lei das Estatais (art. 34, *caput* e § 3.º, da Lei 13.303/2016). Contudo, trata-se de regra distinta daquela consagrada no art. 40, § 2.º, II, da antiga Lei 8.666/1993, que exigia a apresentação, no anexo do edital de licitação, do orçamento estimado em planilhas de quantitativos e preços unitários.

A necessidade de modificação da regra tradicional de licitação, com a previsão do orçamento sigiloso, sempre foi defendida por parcela da doutrina, especialmente para evitar que a divulgação do orçamento influenciasse a elevação dos valores constantes das propostas e a formação de cartel entre os licitantes, dado que, sem a ciência do preço estimado pela Administração, fica mais difícil de fazer combinações entre concorrentes.[184]

O orçamento sigiloso também é recomendado pelo *Guidelines for ighting bidrigging in public procurement* (Diretrizes para combater o conluio entre concorrentes em contratações públicas) da Organização para Cooperação e Desenvolvimento Econômico (OCDE).[185]

1.12.5. Controle prévio de legalidade pela assessoria jurídica

A atuação da advocacia pública e dos demais órgãos de assessoria jurídica é fundamental para garantir, de forma preventiva, a juridicidade dos atos e dos contratos administrativos.

A advocacia pública, destacada no texto constitucional como função essencial à Justiça (arts. 131 e 132 da CRFB), é responsável pela representação judicial e extrajudicial da Administração Pública, no exercício das atividades contenciosas e consultivas, incluído o controle interno da juridicidade dos atos estatais, garantindo aos administrados uma gestão pública dentro dos parâmetros fixados no ordenamento jurídico.[186]

---

[183] Nas licitações pelo critério de julgamento "menor preço ou maior desconto", o art. 12, § 1.º, da IN SEGES/ME 73/2022 prevê que o orçamento estimado para a contratação não será tornado público antes de definido o resultado do julgamento das propostas.

[184] SOUTO, Marcos Juruena Villela. *Direito administrativo contratual*. Rio de Janeiro: Lumen Juris, 2004. p. 149. O TCU já admitiu a restrição da divulgação do orçamento da licitação na modalidade pregão (TCU, Plenário, Acórdão 114/2007, Rel. Min. Benjamin Zymler, *DOU* 09.02.2007).

[185] De acordo com o OCDE: "Use um preço máximo somente quando ele for baseado em minuciosa pesquisa de mercado e os funcionários estejam convencidos de que ele é muito competitivo. Não publique o preço, mas o mantenha confidencial, em arquivo, ou o deposite junto a outra autoridade pública". No original: "Use a maximum reserve price only if it is based on thorough market research and officials are convinced it is very competitive. Do not publish the reserve price, but keep it confidential in the file or deposit it with another public authority" (OCDE. *Guidelines for fighting bid rigging in public procurement* (Diretrizes para combater o conluio entre concorrentes em contratações públicas). Disponível em: <http://www.oecd.org/dataoecd/27/19/42851044.pdf>, p. 7. Acesso em: 5 jan. 2021).

[186] De acordo com Diogo de Figueiredo Moreira Neto: "Quanto às modalidades, a consultoria e a representação judicial são hoje apenas o núcleo de uma constelação de funções da advocacia de

A singularidade da advocacia pública pode ser demonstrada a partir de três possibilidades e perspectivas:[187] a) atuação prévia: é a carreira jurídica que atua previamente à configuração das políticas públicas; b) atuação sistêmica: tem a visão sistêmica dos limites e das possibilidades relacionadas às políticas públicas, o que permite opinar sobre correção de rumos, com o objetivo de evitar efeitos colaterais indesejados; e c) atuação proativa: a advocacia pública pode atuar proativamente na prevenção de litígios.

Com a promulgação da Lei 14.133/2021, o papel da assessoria jurídica nas licitações e contratações administrativas ganhou novo capítulo, com a ampliação, em termos literais, das atribuições previstas na legislação anterior para estipular a sua atuação na fase preparatória e na fase externa da licitação, bem como na etapa de execução contratual.

Aliás, a expressão "assessoria jurídica" não é definida no art. 6.º da Lei, mas revela sentido amplo que engloba a advocacia pública (AGU, PGE e PGM) e, também, outros assessores jurídicos (exemplos: advogados das empresas estatais; assessores jurídicos ocupantes de cargos comissionados em Municípios que não possuem Procuradorias institucionalizadas;[188] assessores jurídicos que auxiliam os membros da advocacia pública).

A Lei 14.133/2021 destaca, em diversos momentos, dispositivos voltados à atuação da assessoria jurídica, ressaltando-se, por exemplo: a) observância dos parâmetros indicados no art. 7.º da Lei 14.133/2021, com o intuito de garantir a gestão por competências, a moralidade e a efetividade do princípio da segregação de funções; b) auxílio aos agentes públicos que desempenham funções ao longo da licitação e da execução do contrato administrativo (arts. 8.º, § 3.º, e 117, § 3.º, da Lei 14.133/2021); c) representação judicial ou extrajudicial dos

---

Estado. Para a realização da promoção e da defesa do interesse público, as modernas funções dos órgãos dela encarregados distribuem-se em três tipos de atividades: a orientação, a defesa e o controle jurídicos da atividade administrativa". MOREIRA NETO, Diogo de Figueiredo. A advocacia de Estado e as novas competências federativas. *Revista de informação legislativa*, v. 33, n. 129, p. 278, jan./mar. 1996.

[187] BINENBOJM, Gustavo. A advocacia pública e o Estado Democrático de Direito. *Revista Brasileira de Direito Público*, Belo Horizonte, v. 8, n. 31, out. 2010, p. 37-38. Marcos Juruena Villela Souto destaca a importância da advocacia pública fortalecida para efetividade da democracia e do Estado de Direito: "Em síntese, a ninguém – salvo a governos totalitários e/ou corruptos – pode interessar uma Advocacia Pública enfraquecida ou esvaziada. A democracia e o Estado de Direito só se fortalecem se houver sólidas e não fragmentadas instituições voltadas para o controle da legalidade, o que exige a garantia constitucional de um corpo permanente, profissionalizado, bem preparado, protegido e remunerado, sem riscos de interferências políticas indevidas no exercício de funções técnicas e despolitizadas". SOUTO, Marcos Juruena Villela. O papel da advocacia pública no controle da legalidade da Administração. *Interesse Público*, Belo Horizonte, v. 6, n. 28, nov. 2004, p. 62.

[188] Em nossa opinião, o exercício da assessoria jurídica por advogados, que ocupam cargos comissionados, não é adequado, uma vez que o cargo comissionado, que é de livre nomeação e exoneração, retira a independência necessária para o exercício, especialmente, da atividade de controle interno da juridicidade dos atos praticados nas licitações e contratações públicas. Não obstante isso, o STF decidiu que "a instituição de Procuradorias municipais depende da escolha política autônoma de cada Município, no exercício da prerrogativa de sua auto-organização" (STF, ADI 6.331/PE, Rel. Min. Luiz Fux, Tribunal Pleno, *DJe* 25.04.2024). Posteriormente, o STF reiterou o posicionamento e destacou que, uma vez criada a Procuradoria Municipal, deve ser observada a unicidade institucional, com a exclusividade da Procuradoria para o exercício das funções de assessoramento e consultoria jurídica, bem assim de representação judicial e extrajudicial, ressalvadas as exceções consagradas pela Suprema Corte (STF, ADPF 1.037/AP, Rel. Min. Gilmar Mendes, Tribunal Pleno, *DJe* 22.08.2024).

agentes públicos (e ex-agentes) acusados da prática de atos com estrita observância de orientação constante em parecer jurídico, salvo se houver provas da prática de atos ilícitos dolosos (art. 10, *caput* e §§ 1.º e 2.º, da Lei 14.133/2021); d) controle prévio de juridicidade ao final da fase preparatória, incluídas as hipóteses de contratações diretas, acordos, termos de cooperação, convênios, ajustes, adesões a atas de registro de preços, outros instrumentos congêneres e de seus termos aditivos (art. 53, *caput* e § 4.º, da Lei 14.133/2021); e) atuação como segunda linha de defesa, na forma do art. 169, II, da Lei 14.133/2021; f) manifestação jurídica na aplicação da declaração de inidoneidade e a desconsideração da personalidade jurídica da empresa (arts. 156, § 6.º, e 160 da Lei 14.133/2021), além da análise do cumprimento dos requisitos exigidos para reabilitação dos licitantes ou contratados e na aplicação da declaração de inidoneidade (art. 163, V, da Lei 14.133/2021); e g) auxílio à autoridade competente para dirimir dúvidas e subsidiá-la com as informações necessárias para o julgamento de recursos e de pedidos de reconsideração (art. 168, parágrafo único, da Lei 14.133/2021).

No rol de atribuições, merece destaque o papel da assessoria jurídica na fase preparatória da licitação.

De acordo com o art. 53 da Lei 14.133/2021, ao final da fase preparatória, o processo licitatório seguirá para o órgão de assessoramento jurídico da Administração, que realizará controle prévio de legalidade mediante análise jurídica da contratação.[189]

O controle prévio de legalidade por parte da assessoria jurídica também será realizado nas contratações diretas, acordos, termos de cooperação, convênios, ajustes, adesões a atas de registro de preços, outros instrumentos congêneres e de seus termos aditivos (art. 53, § 4.º, da Lei 14.133/2021).

É fácil perceber que, ao contrário do art. 38, parágrafo único, da antiga Lei 8.666/1993, que limitava a atuação da assessoria jurídica à aprovação das minutas dos editais de licitação, dos contratos e outros instrumentos congêneres, o texto do art. 53 da Lei 14.133/2021 promove uma ampliação na atividade do órgão de assessoramento jurídico para compreender o controle prévio de legalidade da fase preparatória da licitação e da contratação direta.

---

[189] A Orientação Normativa da AGU 88/2024 dispõe: "I) No âmbito do Sistema de Registro de Preços, as competências do art. 53 da Lei n.º 14.133, de 2021, e do art. 11, inciso VI, alínea "a", da Lei Complementar n.º 73, de 1993, relativas ao controle de legalidade mediante análise jurídica do processo de contratação, são da exclusiva alçada da unidade consultiva que presta assessoramento jurídico ao órgão gerenciador do registro de preços. II) O órgão não participante, em obediência ao § 4.º do art. 53 da Lei n.º 14.133, de 2021, deverá submeter o processo de adesão à análise jurídica do respectivo órgão de assessoramento jurídico, hipótese em que este limitar-se-á a examinar a legalidade em relação aos requisitos da adesão. III) A análise a que se refere o inciso II desta orientação normativa é dispensada, nos termos do § 5.º do art. 53 da Lei n.º 14.133, de 2021, nos casos de adesão a ata de registro de preço para contratação: a) voltada à aquisição de bens para entrega imediata; ou b) na hipótese de o valor da contratação por adesão não superar 1% do valor caracterizado pela lei como contratação de grande vulto (art. 6º, XXII, da Lei n.º 14.133, de 2021), considerada a atualização anual legalmente exigida. IV) Não será necessária análise e manifestação jurídica específica nos casos em que o órgão de assessoramento jurídico do órgão não participante do registro de preço emitir manifestação jurídica referencial acerca do procedimento de adesão a ata de registro de preço. V) Os órgãos participante e não participante do sistema de registro de preços poderão solicitar manifestação específica da respectiva unidade de consultoria jurídica para que lhe preste assessoramento acerca da juridicidade do processo de contratação, desde que haja dúvida de ordem jurídica objetivamente exposta no processo."

Na elaboração do parecer jurídico, o órgão de assessoramento jurídico da Administração deverá (art. 53, § 1.º, da Lei 14.133/2021):[190] a) apreciar o processo licitatório conforme critérios objetivos prévios de atribuição de prioridade; e b) redigir sua manifestação com linguagem simples e compreensível e de forma clara e objetiva, com apreciação de todos os elementos indispensáveis à contratação e exposição dos pressupostos de fato e de direito levados em consideração na análise jurídica.

O art. 53, § 1.º, III, do PL 4.253/2020 exigia, ainda, que a assessoria jurídica, na elaboração do parecer, tivesse especial atenção à conclusão, apartada da fundamentação e com uniformidade em relação aos seus entendimentos prévios, apresentada em tópicos, com orientações específicas para cada recomendação, a fim de permitir à autoridade consulente sua fácil compreensão e atendimento, e, se constatada ilegalidade, a assessoria deveria apresentar posicionamento conclusivo quanto à impossibilidade de continuidade da contratação nos termos analisados, com sugestão de medidas que poderiam ser adotadas para adequá-la à legislação aplicável.

Entretanto, o inciso III do § 1.º do PL 4.253/2020 foi vetado pelo chefe do Executivo, uma vez que o texto tratava da organização administrativa e do procedimento interno na Administração Pública dos demais Poderes da República e dos entes federativos, o que violaria o princípio da separação dos poderes e o pacto federativo.

O § 2.º do art. 53 do PL 4.253/2020, que deu origem à atual Lei de Licitações, dispunha que a autoridade máxima da Administração poderia rejeitar o parecer jurídico que desaprovasse, no todo ou em parte, a continuidade da contratação, mas, nesse caso, a autoridade responderia pessoal e exclusivamente pelas irregularidades que eventualmente fossem imputadas.

Contudo, o referido dispositivo foi vetado, uma vez que poderia ensejar a interpretação de que o parecerista seria corresponsável pelo ato de gestão, contrariando a posição tradicional da jurisprudência e trazendo insegurança à atividade de assessoramento jurídico, além de desestimular o gestor a tomar medidas não chanceladas pela assessoria jurídica, mesmo que convicto da correção e melhor eficiência dessas medidas, o que pode coibir avanços e inovações.

Em nossa opinião, independentemente do veto presidencial, o gestor público não está vinculado ao parecer jurídico e pode decidir de forma diversa, desde que apresente as necessárias justificativas, abrindo-se o caminho para sua eventual responsabilização nos casos de dolo ou erro grosseiro, na forma do art. 28 da LINDB.

---

[190] De lado as consultas e orientações verbais que auxiliam, informalmente, os agentes públicos que atuam nos processos de licitação e contratação pública, a atuação da assessoria jurídica deve ser formalizada por escrito e pode receber nomenclaturas distintas no âmbito das normas específicas de cada ente federativo, tais como despachos, notas, pareceres, orientações normativas, súmulas administrativas etc., destacando-se nesse cenário o parecer jurídico que revela, essencialmente, a opinião jurídica do órgão de assessoramento jurídico. Os pareceres podem ser divididos em, pelo menos, três espécies: a) facultativo: o parecer é solicitado por decisão discricionária da autoridade competente que não se vincula ao seu conteúdo; b) obrigatório: a autoridade é obrigada a solicitar o parecer e pode optar por não seguir o seu conteúdo, desde que apresente a respectiva motivação; e c) vinculante: em casos excepcionais expressamente previstos na legislação, a autoridade deverá decidir à luz de parecer, sendo vedada a atuação contrária as suas conclusões. Sobre o tema, *vide*: CHAPUS, Réné. *Droit Administratif General*. 15. ed. Paris: Montcherestien, 2001. t. I, p. 1.113-1.115. Em nossa opinião, afigura-se inapropriado caracterizar o parecer jurídico como "vinculante", uma vez que o dever de administrar cabe à autoridade administrativa, e não ao consultor jurídico, que apenas emite a sua opinião técnica, sob pena de violação ao princípio da segregação de funções.

Quanto ao conteúdo, o parecer jurídico deve compreender, ao menos, três tópicos fundamentais: a) relatório: com a descrição dos questionamentos formulados na consulta jurídica; b) fundamentação: a apresentação dos argumentos de fato e de direito necessários para os esclarecimentos aos questionamentos apresentados pelo órgão consulente; c) conclusão: apresentação das respostas aos questionamentos, com a exposição da opinião jurídica.

De fato, a Lei 14.133/2021 não impõe uma forma predeterminada para a confecção do parecer jurídico, o que não afasta a possibilidade de utilização de modelos elaborados pelo respectivo órgão de assessoria jurídica e a necessidade de que todos os pareceres contenham conteúdos mínimos.

De modo geral, a estrutura dos pareceres jurídicos apresenta os seguintes elementos: a) cabeçalho: identificação do órgão responsável pela emissão do parecer jurídico, com a inclusão do timbre do órgão e/ou o seu nome por extenso; b) numeração: inclusão do número do parecer, normalmente acompanhada das iniciais do parecerista, o que facilita o catálogo dos pareceres do órgão e a consulta posterior; c) origem ou referência: indicação dos dados do processo de licitação ou de contratação direta relativa ao objeto da consulta jurídica; d) ementa: enumeração dos pontos e das teses abordadas ao longo do parecer, o que facilita não apenas a compreensão do conteúdo do parecer, mas também o catálogo e a futura consulta aos temas abordados nos pareceres do órgão jurídico, auxiliando na coerência das manifestações jurídicas; e) interessado: identificação do órgão que formulou a consulta; f) relatório: apresentação do resumo dos fatos, das dúvidas apresentadas pelo consulente e dos pontos que serão abordados no parecer, normalmente encerrado com a expressão "É o relatório" ou outra semelhante; g) fundamentação: utilização dos argumentos de fato e de direito necessários à compreensão da solução jurídica sugerida, inclusive com a menção às possíveis consequências da adoção ou não da orientação jurídica, com menção aos aspectos doutrinários, legais e jurisprudenciais relacionados à questão analisada, apontando, quando necessário, as possíveis soluções que poderão ser adotadas pelo gestor público e os riscos envolvidos; h) conclusão: inserida no desfecho do parecer, a conclusão deve apresentar, de forma clara e com apoio na fundamentação apresentada ao longo da manifestação, a resposta à consulta jurídica formulada pelo consulente, com a indicação, ao final, da expressão "É o parecer" ou outra semelhante, além da indicação do local, data e assinatura do parecerista.[191] Revela-se recomendável que o órgão de assessoria jurídica apresente alguma uniformização na estrutura e na forma dos respectivos pareceres, inclusive das expressões utilizadas para identificação das manifestações e das ementas, com o intuito de contribuir para maior coerência na atuação do órgão jurídico.

Aliás, com o intuito de garantir uniformização e coerência na atuação da Administração Pública e da própria assessoria jurídica, o art. 19, IV, da Lei 14.133/2021 admite a instituição, com auxílio dos órgãos de assessoramento jurídico e de controle interno, de modelos de minutas de editais, de termos de referência, de contratos padronizados e de outros documentos, admitida a adoção das minutas do Poder Executivo federal por todos os entes federativos.

Além das minutas padronizadas, a assessoria jurídica pode implementar a uniformização e coerência de entendimentos jurídicos por meio de súmulas administrativas e orientações

---

[191] Em âmbito federal, o Enunciado BPC n. 2 do *Manual de Boas práticas consultivas da AGU* (4. ed., 2016) dispõe: "As manifestações consultivas devem ser redigidas de forma clara, com especial cuidado à conclusão, a ser apartada da fundamentação e conter exposição especificada das orientações e recomendações formuladas, utilizando-se tópicos para cada encaminhamento proposto, a fim de permitir à autoridade pública consulente sua fácil compreensão e atendimento".

normativas que veicular opiniões jurídicas consolidadas e que devem ser observadas em situações semelhantes.

Mencione-se também o denominado parecer referencial elaborado pela assessoria jurídica, cujo teor deverá ser observado em casos futuros semelhantes.[192] Além de garantir uniformização e coerência nas manifestações jurídicas, o parecer referencial implementa maior eficiência administrativa, com a otimização das atividades da Administração Pública e da própria assessoria jurídica, uma vez que evita a necessidade de novas consultas e manifestações individualizadas em processos que tratam do tema já analisado pelo parecer referencial.

A análise jurídica é dispensável nos casos previamente definidos em ato da autoridade jurídica máxima competente, que deverá considerar o baixo valor, a baixa complexidade da contratação, a entrega imediata do bem ou a utilização de editais e instrumentos de contrato, convênio ou outros ajustes previamente padronizados pelo órgão da advocacia pública ou pela unidade de assessoramento jurídico (art. 53, § 5.º).[193]

É preciso dizer que o incremento textual das tarefas exercidas pela assessoria jurídica nas licitações e contratações públicas, que revela, de fato, tarefas que já seriam inseridas no âmbito das atribuições da advocacia pública, não altera o fato de que a assessoria jurídica deve exercer as suas funções com respeito às capacidades institucionais dos demais órgãos e agentes públicos, consubstanciada no princípio da segregação de funções.

Aliás, o princípio da segregação de funções (art. 5.º da Lei 14.133/2021) possui relevância na execução dos atos atinentes à contratação pública e na atuação dos órgãos de controle, influenciando, inclusive, na imputação de responsabilidade. Mencione-se, por exemplo, a responsabilidade do gestor público por suas decisões, ainda que apoiadas em parecer jurídico, não sendo lícito responsabilizar o advogado público que emitiu o parecer por sua opinião técnica, salvo, de forma regressiva, na hipótese de dolo ou fraude (art. 184 do CPC).

---

[192] Nesse sentido, a Orientação Normativa 55/2014 da AGU dispõe: "I – Os processos que sejam objeto de manifestação jurídica referencial, isto é, aquela que analisa todas as questões jurídicas que envolvam matérias idênticas e recorrentes, estão dispensados de análise individualizada pelos órgãos consultivos, desde que a área técnica ateste, de forma expressa, que o caso concreto se amolda aos termos da citada manifestação. II – Para a elaboração de manifestação jurídica referencial devem ser observados os seguintes requisitos: a) o volume de processos em matérias idênticas e recorrentes impactar, justificadamente, a atuação do órgão consultivo ou a celeridade dos serviços administrativos; e b) a atividade jurídica exercida se restringir à verificação do atendimento das exigências legais a partir da simples conferência de documentos".

[193] A Orientação Normativa 46/2014 da AGU, com fundamento na Lei 8.666/1993, dispõe: "Somente é obrigatória a manifestação jurídica nas contratações de pequeno valor com fundamento no art. 24, I ou II, da Lei 8.666, de 21 de junho de 1993, quando houver minuta de contrato não padronizada ou haja, o administrador, suscitado dúvida jurídica sobre tal contratação. Aplica-se o mesmo entendimento às contratações fundadas no art. 25 da Lei 8.666, de 1993, desde que seus valores subsumam-se aos limites previstos nos incisos I e II do art. 24 da Lei 8.666, de 1993". A Orientação Normativa 69/2021 da AGU prevê: "Não é obrigatória manifestação jurídica nas contratações diretas de pequeno valor com fundamento no art. 75, I ou II, e § 3º da Lei 14.133, de 1º de abril de 2021, salvo se houver celebração de contrato administrativo e este não for padronizado pelo órgão de assessoramento jurídico, ou nas hipóteses em que o administrador tenha suscitado dúvida a respeito da legalidade da dispensa de licitação. Aplica-se o mesmo entendimento às contratações diretas fundadas no art. 74 da Lei 14.133, de 2021, desde que seus valores não ultrapassem os limites previstos nos incisos I e II do art. 75 da Lei 14.133, de 2021".

Em consequência, a atuação da assessoria jurídica deve ficar restrita aos aspectos jurídicos das licitações e contratações públicas, não englobando, portanto, a análise das questões técnicas e políticas.[194]

De nossa parte, entendemos que não se insere nas atribuições do parecer jurídico, por exemplo: a) a análise da correção técnica do conteúdo dos instrumentos elaborados na fase preparatória, tais como o Estudo Técnico Preliminar (ETP), Termo de Referência (TR), matriz de risco, classificação orçamentária, pesquisa de preços, por exemplo, uma vez que esses instrumentos possuem características técnicas que escapam das competências e da expertise do assessor jurídico, reservando-se o controle de legalidade aos aspectos formais;[195] b) a análise da veracidade dos atestados de exclusividade apresentados nas contratações por inexigibilidade;[196] c) a atestação, na fase preparatória da licitação, de que o bem ou o serviço a ser contratado se insere na qualidade de "comum" para fins de utilização da modalidade pregão (mencione-se a Orientação Normativa 54/2014 da AGU, editada no contexto da legislação anterior) etc.

Com efeito, a atuação da assessoria jurídica deve ser pautada pela verificação da conformidade dos atos praticados com o ordenamento jurídico, sem a possibilidade de substituição das decisões tomadas pelo gestor público pela decisão do órgão de assessoria jurídica. Não se deve confundir a atuação da advocacia pública com a função do gestor público. A decisão sobre a implementação de políticas públicas e o melhor caminho para satisfação dos direitos fundamentais é de competência exclusiva da autoridade competente, eleita ou nomeada, para o exercício das funções político-administrativas decisórias, não cabendo ao advogado público, inclusive por falta de legitimidade e de atribuição legal, compartilhar ou substituir a decisão do gestor.

Evita-se, com isso, o que denominamos "ativismo consultivo" que englobaria a atuação invasiva no órgão de consultoria jurídica com a imposição da interpretação pessoal do parecerista em relação ao conteúdo da futura decisão administrativa no contexto em que o ordenamento jurídico apresenta, de fato, outras alternativas decisórias legítimas.

Cabe à autoridade competente, eleita ou nomeada, para o exercício das funções político-administrativas, a decisão sobre a implementação de políticas públicas e o melhor caminho para satisfação dos direitos fundamentais, não sendo possível a substituição da opção da autoridade por aquela apresentada pelo advogado público.

---

[194] Essa parece ser a opinião, também, de Marçal Justen Filho que, apoiado no princípio da segregação de funções, afirma: "Não incumbe ao órgão de assessoramento jurídico assumir a competência política e administrativa atribuída a agente público distinto. Inexiste autorização normativa para que o assessor jurídico se substitua ao agente público titular da competência prevista em lei". JUSTEN FILHO, Marçal. *Comentários à lei de licitações e contratações administrativas*. São Paulo: Thomson Reuters Brasil, 2021, p. 643.

[195] De forma semelhante, Anderson Pedra e Ronny Charles sustentam: "Dito de outra forma, embora tenha o parecerista jurídico a incumbência de realizar controle prévio de legalidade e análise jurídica da contratação, não lhe cabe substituir a decisão do setor técnico (...). Também não é o parecerista jurídico responsável por analisar ("controlar") a legalidade de um Estudo Técnico Preliminar, de um Termo de Referência, de uma Matriz de Risco, de uma Pesquisa de Preço ou outros instrumentos similares. Cada um desses artefatos ou instrumentos possui especificidades técnicas que lhe são inerentes e o parecerista jurídico não tem formação técnica para realizar essa análise". PEDRA, Anderson Sant'Ana; TORRES, Ronny Charles Lopes de. O papel da assessoria jurídica na nova lei de licitações e contratos administrativos. In: BELÉM, Bruno e outros (Coord.). Temas controversos na nova lei de licitações. Salvador: JusPodivm, 2021, p. 293-332.

[196] Esse entendimento foi consagrado na Orientação Normativa 16/2009 da AGU, editada com fundamento na legislação anterior.

Não obstante seja recomendável que a assessoria jurídica não fique restrita à análise formal e passiva do certame, devendo, na medida do possível, apontar para caminhos alternativos que se amoldam ao ordenamento jurídico, criando uma espécie de moldura jurídica, cabe, em última instância, ao gestor público a decisão sobre o melhor caminho a ser seguido dentro das fronteiras da referida moldura.

É possível dizer que o assessor jurídico é uma espécie de analista de riscos, cabendo-lhe apontar os riscos jurídicos das soluções apresentadas pelo gestor público. Não cabe à assessoria jurídica, portanto, tomar a decisão sobre o melhor caminho a ser seguido pelo gestor público, mas, sim, indicar os riscos jurídicos envolvidos nas alternativas apresentadas.

Ademais, a atuação da assessoria jurídica não deve ser fundamentada em valores jurídicos abstratos, sem que sejam consideradas as consequências jurídicas e práticas da decisão, bem como as dificuldades reais do gestor e as exigências das políticas públicas a seu cargo (arts. 20, 21 e 22 da LINDB).

Revela-se fundamental, ainda, que o controle de legalidade exercido pela assessoria jurídica considere as manifestações jurídicas apresentadas em casos semelhantes, com o objetivo de garantir coerência e segurança jurídica em suas manifestações, o que demonstra a importância das súmulas, orientações normativas e pareceres vinculantes editados pelo órgão jurídico (art. 30 da LINDB).[197]

Verifica-se, portanto, a importância da assessoria jurídica na atuação preventiva para garantir a juridicidade do processo de licitação e do contrato que será celebrado pela Administração Pública.

Em suma, a relevância da assessoria jurídica consagrada na Lei 14.133/2021 não acarreta a substituição do eixo decisório, com a indevida substituição da margem de conformação técnica e política do gestor público pela opção pessoal do assessor jurídico.

A efetividade das atribuições constitucionais e legais dos órgãos de assessoria jurídica depende, em grande medida, da adoção de medidas institucionais, com a garantia de independência de seus membros e constante capacitação.

Não obstante os avanços legislativos e o exercício da assessoria jurídica por membros de carreira concursados no âmbito da União, dos Estados, do Distrito Federal e dos Municípios de grande porte, ainda é possível perceber o enorme desafio de implementação da Lei 14.133/2021 nos Municípios de menor porte que não contam com a carreira da advocacia pública devidamente constituída, atribuindo-se essa importante tarefa a servidores comissionados que não possuem a necessária independência funcional para o exercício regular de suas competências. Questão que deve permanecer controvertida refere-se à consequência da ausência do parecer jurídico prévio sobre a juridicidade da minuta do edital e/ou da contratação direta nas hipóteses que não estiverem dispensadas, na forma autorizada pela nova legislação.

No contexto da antiga Lei 8.666/1993, parcela da doutrina sustentava que a manifestação do órgão jurídico seria condição de validade da licitação.[198]

---

[197] Sobre a importância da relevância do papel da advocacia pública para coerência da atuação estatal, *vide*: OLIVEIRA, Rafael Carvalho Rezende. *Precedentes no direito administrativo*. São Paulo: Método, 2018, p. 161-166; OLIVEIRA, Rafael Carvalho Rezende. O papel da advocacia pública no dever de coerência na Administração Pública, *REI – Revista Estudos Institucionais*, v. 5, p. 382-400, 2019.

[198] PEREIRA JÚNIOR, Jessé Torres; DOTTI, Marinês Restelatto. Responsabilidade da assessoria jurídica no processo administrativo das licitações e contratações. *Boletim de Licitações e Contratos – BLC*, São Paulo, v. 24, n. 10, p. 947-973, out. 2011.

De outro lado, sempre sustentamos que a ausência do controle preventivo configura irregularidade administrativa, que deveria ensejar a devida apuração de responsabilidade por meio de processo disciplinar, mas não acarretaria, necessária e automaticamente, a nulidade da licitação e do contrato administrativo, especialmente quando os atos praticados não apresentassem irregularidades insanáveis ou prejuízos ao interesse público, tendo em vista o princípio do formalismo moderado.[199]

Em nossa opinião, o art. 147 da Lei 14.133/2021 reforça a tese de que a ausência do controle preventivo não deve acarretar, obrigatoriamente, a invalidação da licitação e do contrato, uma vez que a nulidade somente será declarada caso não seja possível o saneamento da irregularidade. Aliás, a possibilidade de saneamento de falhas formais aparece em outros dispositivos da nova legislação, tais como os arts. 71, I; 169, § 3.º, I; e 171, § 3.º.

Ora, o controle jurídico preventivo tem o objetivo, justamente, de verificar a existência de vícios que podem contaminar a validade do processo de contratação.

Não obstante a ausência do controle preventivo, por si só, constituir vício procedimental e exigir a apuração de responsabilidades, isso não significa dizer que existam outros vícios no processo administrativo de licitação ou no contrato que justifiquem a declaração de nulidade dos atos praticados. Não haveria preclusão para o controle jurídico, que pode ser exercido a qualquer tempo, para verificar a higidez da licitação e do contrato, inclusive com a correção de eventuais falhas meramente formais e o aproveitamento dos atos praticados.

1.12.6. Edital

O edital de licitação deve conter o objeto da licitação e as regras relativas à convocação, ao julgamento, à habilitação, aos recursos e às penalidades da licitação, à fiscalização e à gestão do contrato, à entrega do objeto e às condições de pagamento (art. 25 da Lei 14.133/2021).

Sempre que o objeto a ser contratado permitir, a Administração adotará minutas padronizadas de edital e de contrato com cláusulas uniformes (art. 25, § 1.º).

Desde que não se produzam prejuízos à competitividade do processo licitatório e à eficiência do respectivo contrato, devidamente demonstrado em estudo técnico preliminar, o edital poderá prever a utilização de mão de obra, materiais, tecnologias e matérias-primas existentes no local da execução, conservação e operação do bem, serviço ou obra (art. 25, § 2.º).

Todos os elementos do edital, incluindo minutas de contratos, projetos, anteprojetos e termos de referência e outros anexos, deverão ser disponibilizados em sítio eletrônico oficial, na mesma data em que for disponibilizado o edital e sem a necessidade de registro ou identificação para acesso (art. 25, § 3.º).

Nas contratações de obras, serviços e fornecimentos de grande vulto, o edital deverá prever a obrigatoriedade de implantação de programa de integridade pelo licitante vencedor, no prazo de 6 meses contados da celebração do contrato, conforme regulamento que disporá sobre as medidas a serem adotadas, a forma de comprovação e as penalidades pelo seu descumprimento (art. 25, § 4.º). Em âmbito federal, o referido dispositivo legal é regulamentado pelo Decreto 12.304/2024, que dispõe sobre os parâmetros e a avaliação dos programas de

---

[199] Vide item 1.12.1 do presente livro. No mesmo sentido: JUSTEN FILHO, Marçal. *Comentários à lei de licitações e contratos administrativos*. 18. ed. São Paulo: Thomson Reuters Brasil, 2019. p. 871-872; DI PIETRO, Maria Sylvia Zanella. *Temas polêmicos sobre licitações e contratos*. 5. ed. São Paulo: Malheiros, 2001. p. 166.

integridade, cabendo à CGU estabelecer a metodologia de avaliação e os critérios mínimos para considerar o programa de integridade como implantado, desenvolvido ou aperfeiçoado.

Considera-se contrato de grande vulto, aquele que possui valor superior a R$ 250.902.323,87 (art. 6.º, XXII, da Lei 14.133/2021 e Decreto 12.343/2024). Nesse ponto, entendemos que os Estados, DF e Municípios possuem autonomia federativa para definição de valores adequados às suas respectivas realidades financeiras, especialmente pelo fato de que a fixação de valores menores implementaria, com maior intensidade, a obrigatoriedade da integridade nas relações público-privadas, conferindo maior efetividade ao princípio da moralidade.[200]

Lembre-se de que a exigência de programas de integridade por empresas contratadas pela Administração Pública foi inicialmente prevista em leis estaduais, agora consagrada na Lei 14.133/2021.[201] Frise-se, contudo, que a existência do programa de integridade não é uma condição para habilitação da pessoa jurídica interessada na respectiva licitação, mas uma exigência direcionada à empresa vencedora do certame, sob pena de sanção.[202]

O edital poderá prever a responsabilidade do contratado pela obtenção do licenciamento ambiental e realização da desapropriação autorizada pelo poder público (art. 25, § 5.º).

Os licenciamentos ambientais de obras e serviços de engenharia licitados e contratados nos termos desta Lei terão prioridade de tramitação nos órgãos e entidades integrantes do Sistema Nacional do Meio Ambiente (Sisnama) e deverão ser orientados pelos princípios da celeridade, da cooperação, da economicidade e da eficiência (art. 25, § 6.º).

Independentemente do prazo de execução do contrato, é obrigatória a previsão no edital de índice de reajustamento de preço com data-base vinculada à data do orçamento estimado, com a possibilidade de ser estabelecido mais de um índice específico ou setorial, em conformidade com a realidade de mercado dos respectivos insumos (art. 25, § 7.º).

Nas licitações de serviços contínuos, observado o interregno mínimo de um ano, é obrigatória a previsão no edital do critério de reajustamento, que será (art. 25, § 8.º): a) por reajustamento em sentido estrito, quando não houver regime de dedicação exclusiva de mão de obra ou predominância de mão de obra, mediante previsão de índices específicos ou setoriais

---

[200] Nesse sentido, o STF considerou constitucional a norma municipal que exigiu a instituição de programa de integridade em contratações menores que aquele indicado na Lei 14.133/2021, em razão da necessidade de adaptação da exigência à realidade econômico-financeira do Ente Federado, com fundamento no princípio da moralidade (RE 1.410.340 AgR/SP, Rel. Min. Dias Toffoli, Segunda Turma, *DJe* 06.10.2023).

[201] Diversos Estados e o DF possuíam leis que exigiam a instituição de programas de integridade por empresas contratadas: Rio de Janeiro (Lei 7.753/2017), Distrito Federal (Lei 6.112/2018, alterada pela Lei 6.308/2019); Rio Grande do Sul (Lei 15.228/2018); Amazonas (Lei 4.730/2019); Goiás (Lei 20.489/2019); Pernambuco Lei (16.722/2019). Sobre os programas de integridade nas contratações públicas, vide: OLIVEIRA, Rafael Carvalho Rezende; ACOCELLA, Jéssica. A exigência de programas de *compliance* e integridade nas contratações públicas: os Estados-membros na vanguarda. In: *Governança corporativa e compliance*. 2. ed. Salvador: JusPodivm, 2020, p. 73-98. É verdade que a preocupação com a institucionalização de programas de integridade já era encontrada, por exemplo, na Lei 12.846/2013 (Lei Anticorrupção) e na Lei 13.303/2016 (Lei das Estatais).

[202] No mesmo sentido, o TCU, com base na legislação anterior, decidiu pela ilegalidade da exigência de apresentação de programa de integridade por parte das empresas participantes de licitação, como critério de habilitação, uma vez que o rol de documentos constante dos arts. 27 a 31 da Lei 8.666/1993 seria taxativo (Acórdão 1467/2022 Plenário, Representação, Rel. Min. Aroldo Cedraz, *Informativo de Jurisprudência sobre Licitações e Contratos do TCU* n. 439).

com data-base vinculada à da apresentação da proposta; b) por repactuação, quando houver regime de dedicação exclusiva de mão de obra ou predominância de mão de obra, mediante demonstração analítica da variação dos custos.

Nesse ponto, a atual Lei de Licitações mantém a distinção tradicional entre o reajuste em sentido estrito e a repactuação. Ao contrário do reajuste, em que as partes estipulam o índice que reajustará automaticamente o valor do contrato, a repactuação é implementada mediante a demonstrarão analítica da variação dos componentes dos custos do contrato.[203]

O edital poderá, na forma disposta em regulamento, exigir que o contratado destine um percentual mínimo da mão de obra responsável pela execução do objeto da contratação a (art. 25, § 9.º): a) mulher vítima de violência doméstica;[204] e b) oriundo ou egresso do sistema prisional, na forma estabelecida em regulamento.

Trata-se de previsão relacionada à função regulatória da licitação, utilizada como instrumento de promoção de valores sociais. Desse modo, a licitação não se presta, tão somente, para que a Administração realize a contratação de bens e serviços a um menor custo; o referido instituto tem espectro mais abrangente, servindo como instrumento para o atendimento de finalidades públicas outras, consagradas constitucionalmente.

Não obstante a relevância da função regulatória, a estipulação de finalidades extraeconômicas nas licitações públicas deve ser objeto de planejamento, motivação e razoabilidade, uma vez que a licitação não é o instrumento ordinário (ou principal) para solução dos inúmeros desafios da Administração Pública e a contratação pública tem por objetivo imediato a realização do objeto contratado (a execução da obra, a prestação do serviço, o fornecimento do bem etc.).

Conforme já destacado, a minuta do edital de licitação deve ser analisada pelo órgão jurídico da Administração que realizará controle prévio de legalidade mediante análise jurídica da contratação, na forma do art. 53 da Lei 14.133/2021.

A fase externa da licitação inicia com a publicação do edital. Encerrada a instrução do processo sob os aspectos técnico e jurídico, a autoridade determinará a divulgação do edital de licitação no Portal Nacional de Contratações Públicas (PNCP), na forma do art. 53, § 3.º, da Lei 14.133/2021.

A publicidade do edital de licitação será realizada mediante divulgação e manutenção do inteiro teor do ato convocatório e de seus anexos no Portal Nacional de Contratações Públicas (PNCP), na forma do art. 54 da Lei 14.133/2021.

---

[203] Sobre o tema, vide: OLIVEIRA, Rafael Carvalho Rezende; HALPERN, Erick. A repactuação nos contratos administrativos: regime jurídico atual e Análise Econômica do Direito. *Revista Brasileira de Direito Público – RBDP*, Belo Horizonte, ano 18, n. 69, abr./jun. 2020, p. 33-55. Os incisos LVIII e LIX do art. 6.º da atual Lei de Licitações apresentam as definições de reajustamento em sentido estrito e repactuação.

[204] Em âmbito federal, o Decreto 11.430/2023 dispõe sobre a exigência, em contratações públicas, de percentual mínimo de mão de obra constituída por mulheres vítimas de violência doméstica. De acordo com o art. 3.º do referido Decreto, nas contratações de serviços contínuos com regime de dedicação exclusiva de mão de obra, com, no mínimo, 25 colaboradores, deve ser respeitado o percentual mínimo de 8% das vagas para mulheres vítimas de violência doméstica. A referida exigência deve ser mantida durante toda a execução contratual e a indisponibilidade de mão de obra com a qualificação necessária para atendimento do objeto contratual não caracteriza descumprimento da legislação (art. 3.º, §§ 2.º e 4.º).

Registre-se que o § 1.º do art. 54 da Lei de Licitações exige a publicação de extrato do edital no Diário Oficial e em jornal de grande circulação.

O referido dispositivo foi vetado, sob o argumento de que a medida seria desnecessária e antieconômica, sendo certo que a divulgação no PNCP garantiria a devida publicidade. Contudo, o veto presidencial foi derrubado pelo Congresso Nacional, subsistindo, portanto, a exigência de publicação de extrato do edital no Diário Oficial e em jornal de grande circulação.

Entendemos que o ideal seria a manutenção do veto presidencial, com a publicidade do edital na rede mundial de computadores, por meio do PNCP e do sítio eletrônico oficial do Ente Federado, ao invés da obrigatoriedade de publicidade no Diário Oficial e em jornal de grande circulação.

Aliás, já era possível constatar o movimento legislativo contínuo na preferência pela publicidade por meio da rede mundial de computadores (ex.: art. 15, § 2.º, da Lei 12.462/2011 – RDC).

Com efeito, a publicação nos Diários Oficiais não atingia o efeito esperado de levar as informações às pessoas, pois, quando muito, tratava-se de "publicidade formal" dos atos estatais, mas não de "publicidade material", uma vez que a imensa maioria da população não tem acesso ou o hábito (ou tempo) de ler o Diário Oficial. Além disso, a divulgação em jornal de grande circulação eleva os custos da contratação pública.

A publicidade do edital por meio da rede mundial de computadores tem o potencial de reduzir custos e facilitar a transparência das informações, inclusive por meio de cadastramento de interessados nos sítios oficiais da Administração Pública para acompanhamento de assuntos que entenderem pertinentes.

Independentemente das críticas aqui apresentadas, com a redação do § 1.º do art. 54 da Lei de Licitações, revela-se obrigatória a publicação de extrato do edital no Diário Oficial da União, do Estado, do Distrito Federal ou do Município, ou, no caso de consórcio público, do ente de maior nível entre eles, bem como em jornal diário de grande circulação.

Ao lado da publicidade obrigatória, o art. 54, § 2.º, da Lei de Licitações permite a divulgação adicional e a manutenção do inteiro teor do edital e de seus anexos em sítio eletrônico oficial do ente federativo do órgão ou entidade responsável pela licitação ou, no caso de consórcio público, do ente de maior nível entre eles, admitida, ainda, a divulgação direta a interessados devidamente cadastrados para esse fim.[205]

Quanto à menção ao "ente de maior nível" no caso dos consórcios públicos, nos §§ 1.º e 2.º do art. 54 da Lei de Licitações, entendemos que o legislador se equivocou, uma vez que inexiste hierarquia entre os entes federados. O ideal, em nossa opinião, seria atribuir o dever de divulgação no Diário Oficial do Ente Federado do Chefe do Executivo indicado como representante legal do consórcio.

Por fim, após a homologação do processo licitatório, serão disponibilizados no PNCP e, discricionariamente, no sítio eletrônico do Ente Federado os documentos elaborados na fase preparatória que porventura não tenham integrado o edital e seus anexos (art. 54, § 3.º).

O Portal Nacional de Contratações Públicas (PNCP), instituído pelo art. 174 da Lei de Licitações, é o sítio eletrônico oficial que tem por objetivo divulgar os atos exigidos pela Lei de Licitações e garantir o acesso à informação, cumpridas as exigências da Lei 12.527/2011 (Lei de Acesso à Informação).

---

[205] A definição de sítio eletrônico oficial é apresentada pelo art. 6.º, LII, da Lei 14.133/2021: "sítio da internet, certificado digitalmente por autoridade certificadora, no qual o ente federativo divulga de forma centralizada as informações e os serviços de governo digital dos seus órgãos e entidades".

1.12.7. Margem de preferência

O art. 26 da Lei 14.133/2021 admite a fixação de margem de preferência (margem de preferência normal) nos seguintes casos:[206] a) bens manufaturados e serviços nacionais que atendam a normas técnicas brasileiras;[207] e b) bens reciclados, recicláveis ou biodegradáveis, conforme regulamento.

De acordo com o art. 26, § 1.º, a referida margem de preferência: a) será definida em decisão fundamentada do Poder Executivo federal para os bens manufaturados e serviços nacionais que atendam a normas técnicas brasileiras; b) poderá ser de até 10% sobre o preço dos demais bens e serviços não indicados na margem de preferência; c) poderá ser estendida a bens manufaturados e serviços originários de Estados-Parte do Mercosul, desde que haja reciprocidade com o País prevista em acordo internacional aprovado pelo Congresso Nacional e ratificado pelo Presidente da República.

Verifica-se que a implementação da margem de preferência não é impositiva e depende de decisão discricionária e fundamentada, consubstanciada na edição de decreto regulamentar, além do cumprimento dos demais requisitos anteriormente indicados.

No tocante aos bens manufaturados nacionais e serviços nacionais resultantes de desenvolvimento e inovação tecnológica no País, definidos conforme regulamento do Poder Executivo federal, poderá ser estabelecida margem de preferência de até 20% (margem de preferência adicional), na forma do art. 26, § 2.º.

O legislador não foi claro quanto à (im)possibilidade de aplicação conjunta dos percentuais indicados nos §§ 1.º e 2.º do art. 26. Apesar da falta de clareza do legislador, entendemos que os percentuais previstos para as margens de preferência, normal e adicional, não podem ser somados, devendo ser respeitado o limite de 20%.[208]

Os parágrafos em comento relacionam-se com o *caput* do art. 26 da Lei 14.133/2021, que trata dos bens manufaturados e serviços nacionais que atendam a normas técnicas brasileiras, assim como dos bens reciclados, recicláveis ou biodegradáveis. Após a fixação pelo § 1.º do limite de até 10% de margem de preferência, como regra geral, o § 2.º remete à preferência do *caput* do art. 26 e permite a margem de preferência de até 20% para os bens manufaturados nacionais e serviços nacionais resultantes de desenvolvimento e inovação tecnológica no País.

---

[206] Em âmbito federal, o Decreto 11.890/2024, alterado pelo Decreto 12.218/2024, regulamentou a margem de preferência e instituiu a Comissão Interministerial de Contratações Públicas para o Desenvolvimento Sustentável. Cabe destacar a previsão contida no art. 4º do referido Decreto que afasta a incidência das margens de preferência, normal e adicional, dos bens manufaturados nacionais e aos serviços nacionais se a capacidade de produção ou de prestação no País for inferior: a) à quantidade de bens a ser adquirida ou de serviços a ser contratada; ou b) aos quantitativos fixados em razão do parcelamento do objeto, quando for o caso.

[207] O art. 6.º da Lei de Licitações apresenta as seguintes definições: "XXXVI – serviço nacional: serviço prestado em território nacional, nas condições estabelecidas pelo Poder Executivo federal; XXXVII – produto manufaturado nacional: produto manufaturado produzido no território nacional de acordo com o processo produtivo básico ou com as regras de origem estabelecidas pelo Poder Executivo federal".

[208] A tese aqui sustentada foi inserida no art. 3º, § 1º, do Decreto 11.890/2024, que dispõe: "Os produtos manufaturados nacionais e os serviços nacionais resultantes de desenvolvimento e inovação tecnológica realizados no País poderão ter margem de preferência adicional de até dez por cento, que, acumulada à margem de preferência normal, não poderá ultrapassar vinte por cento."

Assim, a regra da margem de preferência de até 10% pode ser ampliada (e não acumulada) para até 20% na hipótese indicada no § 2.º do art. 26.

Importante notar que os §§ 3.º e 4.º do art. 26 do PL 4.253/2020, que deu origem à atual Lei de Licitações e Contratos Administrativos, foram vetados pelo Presidente da República.

De um lado, o § 3.º do art. 26 do PL 4.253/2020 dispunha que os Estados e o Distrito Federal poderiam estabelecer margem de preferência de até 10% para bens manufaturados nacionais produzidos em seus territórios, e os Municípios poderiam fixar margem de preferência de até 10% para bens manufaturados nacionais produzidos nos Estados em que estejam situados. De outro lado, o § 4.º do art. 26 do PL 4.253/2020 admitia a estipulação de margem de preferência de até 10% para empresas situadas em Municípios com até 50.000 habitantes.

Em suas razões de veto, o Chefe do Executivo violaria o art. 19, III, da CRFB, ao estabelecer distinção entre brasileiros ou preferências entre si, bem como limitaria a concorrência, em especial nas contratações de infraestrutura.

Entendemos que o veto presidencial foi adequado.

Com efeito, os §§ 3.º e 4.º do art. 26 do PL 4.253/2020 estabeleciam margem de preferência em razão da localização geográfica da empresa ou da produção dos bens.

Enquanto o § 3.º levava em consideração o local de produção dos bens, independentemente da sede da empresa, o § 4.º permitia que os Municípios, com até 50.000 habitantes, fixassem margem de preferência para empresas neles sediadas.

Não obstante a intenção de incentivar o desenvolvimento regional e local dos Estados e dos Municípios, respectivamente, com o incremento da atividade econômica nos seus territórios, a margem de preferência geográfica, em nossa opinião, seria inconstitucional, uma vez que poderia acirrar disputas federativas e colocar em risco a implementação dos objetivos constitucionais da República Federativa do Brasil, tais como o desenvolvimento nacional e a redução das desigualdades regionais (art. 3.º, II e III, da CRFB), além da violação aos princípios da impessoalidade (ou isonomia) e da eficiência (arts. 19, III, e 37 da CRFB).[209]

É verdade que a margem de preferência por razões geográficas não representaria uma novidade no ordenamento jurídico. Mencione-se, por exemplo, a possibilidade de tratamento diferenciado e simplificado para as microempresas e empresas de pequeno porte, com o objeto de promover o desenvolvimento econômico e social no âmbito municipal e regional, inclusive a viabilidade de fixação, justificada, de prioridade de contratação para as referidas empresas

---

[209] Adriana Dantas e Fernando Villela sustentam que a margem de preferência "por localização geográfica" não possui racionalidade jurídica e pode incentivar a criação de "feudos licitatórios" locais e regionais, com potencial risco de captura do agente político pelo agente econômico e de violação ao pacto federativo (DANTAS, Adriana; VIANA, Fernando Villela de Andrade. As margens de preferência na Nova Lei de Licitações, o risco de captura e o paradoxo regulatório. Disponível em: <https://www.agenciainfra.com/blog/infradebate-as-margens-de-preferencia-na-nova-lei-de--licitacoes-o-risco-de-captura-e-o-paradoxo-regulatorio/>. Acesso em: 8 fev. 2021). Aliás, o STF declarou a inconstitucionalidade de norma estadual que estabelecia a necessidade de que os veículos da frota oficial fossem produzidos naquele Estado, critério arbitrário e discriminatório de acesso à licitação pública em ofensa ao disposto no art. 19, III, da CRFB (ADI 3.583/PR, Rel. Min. Cezar Peluso, Tribunal Pleno, *DJe*-047 14.03.2008). É verdade que a legislação estadual, objeto do referido precedente, não tratava de preferência, mas de vedação de participação de empresas sediadas em outros Estados, mas o fundamento utilizado pela Suprema Corte deve ser ponderado nos casos de preferências regionais e locais que coloquem em risco o art. 19, III, da CRFB.

sediadas local ou regionalmente, até o limite e 10% do melhor preço válido (arts. 47 e 48, § 3.º, da LC 123/2006).

Contudo, o tratamento diferenciado conferido às microempresas e empresas de pequeno porte possui fundamento no texto constitucional (arts. 146, III, *d*, 170, IX, e 179 da CRFB), ao contrário do critério de preferência indicado nos §§ 3.º e 4.º do art. 26 do PL 4.253/2020.

Cabe registrar que a margem de preferência não se aplica aos bens manufaturados nacionais e aos serviços nacionais se a capacidade de produção desses bens ou de prestação desses serviços no País for inferior: a) à quantidade a ser adquirida ou contratada; ou b) aos quantitativos fixados em razão do parcelamento do objeto, quando for o caso (art. 26, § 5.º, da Lei).

Na contratação de bens, serviços e obras, os editais poderão, mediante prévia justificativa da autoridade competente, exigir que o contratado promova, em favor de órgão ou entidade integrante da Administração Pública ou daqueles por ela indicados a partir de processo isonômico, medidas de compensação comercial, industrial ou tecnológica ou acesso a condições vantajosas de financiamento, cumulativamente ou não, na forma estabelecida pelo Poder Executivo federal (art. 26, § 6.º).

A margem de preferência consagrada na atual Lei de Licitações é diferente, portanto, daquela indicada na antiga Lei 8.666/1993 que abrangia (art. 3.º, §§ 5.º a 12): a) produtos manufaturados e serviços nacionais, que atendam a normas técnicas brasileiras; e b) bens e serviços produzidos ou prestados por empresas que comprovem cumprimento de reserva de cargos prevista em lei para pessoa com deficiência ou para reabilitado da Previdência Social e que atendam às regras de acessibilidade previstas na legislação. Na legislação anterior, a margem de preferência, a ser definida pelo Poder Executivo Federal, não poderia ultrapassar 25% do preço dos concorrentes não beneficiados com a preferência.

Por outro lado, de forma semelhante à previsão do art. 3.º, § 12, da antiga Lei 8.666/1993, a atual Lei de Licitações prevê que, nas contratações destinadas à implantação, à manutenção e ao aperfeiçoamento dos sistemas de tecnologia de informação e comunicação considerados estratégicos em ato do Poder Executivo federal, a licitação poderá ser restrita a bens e serviços com tecnologia desenvolvida no País produzidos de acordo com o processo produtivo básico de que trata a Lei 10.176/2001 (art. 26, § 7.º, da Lei 14.133/2021).[210]

Será divulgada em sítio eletrônico oficial, a cada exercício financeiro, a relação de empresas favorecidas pela margem de preferência, com indicação do volume de recursos destinados a cada uma delas (art. 27 da Lei 14.133/2021).

É oportuno destacar que a atual Lei de Licitações transformou em exigência de habilitação (art. 63, IV, da Lei 14.133/2021) a tradicional margem de preferência em favor das empresas que comprovem cumprimento de reserva de cargos prevista em lei para pessoa com deficiência ou para reabilitado da Previdência Social e que atendam às regras de acessibilidade previstas na legislação (art. 3.º, § 5.º, II, da Lei 8.666/1993).[211]

---

[210] O "Processo Produtivo Básico" é definido pela alínea *b* do § 8.º do art. 7.º do Decreto-Lei 288/1967, incluída pela Lei 8.387/1991: "processo produtivo básico é o conjunto mínimo de operações, no estabelecimento fabril, que caracteriza a efetiva industrialização de determinado produto".

[211] O art. 93 da Lei 8.213/1991 dispõe: "A empresa com 100 (cem) ou mais empregados está obrigada a preencher de 2% (dois por cento) a 5% (cinco por cento) dos seus cargos com beneficiários reabilitados ou pessoas portadoras de deficiência, habilitadas, na seguinte proporção: I – até 200 empregados: 2%; II – de 201 a 500: 3%; III – de 501 a 1.000: 4%; IV – de 1.001 em diante: 5%".

1.12.8. Apresentação de propostas e lances

Após a divulgação do edital, os licitantes deverão apresentar suas propostas e lances. Na hipótese excepcional de inversão de fases, com a realização da habilitação antes do julgamento, os licitantes deverão encaminhar, de forma simultânea, os documentos de habilitação e de proposta.[212]

O art. 55 da Lei 14.133/2021 estabelece prazos mínimos para apresentação de propostas e lances, contados a partir da data de publicação do edital de licitação: a) aquisição de bens: a.1) 8 dias, quando adotados os critérios de julgamento de menor preço ou de maior desconto; a.2) 15 dias úteis, nas demais hipóteses; b) contratação de serviços e obras: b.1) 10 dias úteis, quando adotados os critérios de julgamento de menor preço ou de maior desconto no caso de serviços comuns e de obras e serviços comuns de engenharia; b.2) 25 dias úteis, quando adotados os critérios de julgamento de menor preço ou de maior desconto no caso de serviços especiais e de obras e serviços especiais de engenharia; b.3) 60 dias úteis, nas hipóteses em que o regime de execução seja o de contratação integrada; b.4) 35 dias úteis, nas hipóteses em que o regime de execução for o de contratação semi-integrada ou nas demais hipóteses não abrangidas nas anteriores; c) 15 dias úteis para licitação em que se adote o critério de julgamento de maior lance; d) 35 dias úteis para licitação em que se adote o critério de julgamento de técnica e preço ou de melhor técnica ou conteúdo artístico.

Os referidos prazos poderão, mediante decisão fundamentada, ser reduzidos até a metade nas licitações realizadas pelo Ministério da Saúde, no âmbito do Sistema Único de Saúde (art. 55, § 2.º). Em nossa opinião, a mesma prerrogativa de redução de prazos deve ser reconhecida às Secretarias dos Estados, DF e Municípios, uma vez que o referido dispositivo legal tem o objetivo de conferir maior celeridade aos certames voltados à saúde pública, independentemente do ente federativo responsável pela licitação, com a satisfação do direito fundamental à saúde.

As eventuais modificações no edital implicarão nova divulgação na mesma forma em que o instrumento convocatório houver sido publicado originalmente, além do cumprimento dos mesmos prazos dos atos e procedimentos originais, exceto quando a alteração não comprometer a formulação das propostas (art. 55, § 1.º).

O modo de disputa poderá ser, isolada ou conjuntamente (art. 56 da Lei 14.133/2021): a) aberto, hipótese em que os licitantes apresentarão suas ofertas por meio de lances públicos e sucessivos, crescentes ou decrescentes; e b) fechado, hipótese em que as propostas permanecerão em sigilo até a data e hora designadas para sua divulgação.

A utilização isolada do modo de disputa fechado será vedada quando adotados os critérios de julgamento de menor preço ou de maior desconto (art. 56, § 1.º).[213]

---

[212] Nesse sentido, por exemplo, vide o disposto no art. 18 da IN SEGES/ME 73/2022, que trata da licitação pelo critério de julgamento "menor preço ou maior desconto".

[213] Nas licitações que adotam os critérios de julgamento "menor preço" ou "maior desconto", os modos de disputa poderão ser (art. 22 da IN SEGES/ME 73/2022): a) aberto: os licitantes apresentarão lances públicos e sucessivos, com prorrogações, conforme o critério de julgamento adotado no edital de licitação; b) aberto e fechado: os licitantes apresentarão lances públicos e sucessivos, com lance final fechado, conforme o critério de julgamento adotado no edital de licitação; ou c) fechado e aberto: serão classificados para a etapa da disputa aberta, com a apresentação de lances públicos e sucessivos, o licitante que apresentou a proposta de menor preço ou maior percentual desconto e os das propostas até 10% superiores ou inferiores àquela, conforme o critério de julgamento adotado.

Já o modo de disputa aberto é vedado quando adotado o critério de julgamento de técnica e preço (art. 56, § 2.º).

Os lances intermediários são assim definidos (art. 56, § 3.º): a) iguais ou inferiores ao maior já ofertado, quando adotado o critério de julgamento de maior lance; e b) iguais ou superiores ao menor já ofertado, quando adotados os demais critérios de julgamento.[214]

A partir da definição da melhor proposta, se a diferença em relação à proposta classificada em segundo lugar for de pelo menos 5%, a Administração poderá admitir o reinício da disputa aberta, nos termos estabelecidos no instrumento convocatório, para a definição das demais colocações (art. 56, § 4.º).

Nas licitações de obras ou serviços de engenharia, após o julgamento, o licitante vencedor deverá reelaborar e apresentar à Administração, por meio eletrônico, as planilhas com indicação dos quantitativos e dos custos unitários, bem como do detalhamento das bonificações e despesas indiretas (BDI) e dos encargos sociais (ES), com os respectivos valores adequados ao valor final da proposta vencedora, admitida a utilização dos preços unitários, no caso de empreitada por preço global, empreitada integral, contratação semi-integrada e contratação integrada, exclusivamente para eventuais adequações indispensáveis no cronograma físico-financeiro e para balizar excepcional aditamento posterior do contrato (art. 56, § 5.º).

O edital de licitação poderá estabelecer intervalo mínimo de diferença de valores entre os lances, que incidirá tanto em relação aos lances intermediários quanto em relação à proposta que cobrir a melhor oferta (art. 57 da Lei 14.133/2021).

A Lei 14.133/2021, assim como permitia a Lei 8.666/1993, admite a exigência, no momento da apresentação da proposta, da comprovação do recolhimento de quantia a título de garantia de proposta, como requisito de pré-habilitação, que não poderá ser superior a 1% do valor estimado para a contratação (art. 58, *caput* e § 1.º, da Lei 14.133/2021).

A garantia de proposta poderá ser prestada nas seguintes modalidades (arts. 58, § 4.º, e 96, § 1.º, da Lei 14.133/2021): a) caução em dinheiro ou em títulos da dívida pública; b) seguro-garantia; ou c) fiança bancária.

A garantia de proposta será devolvida aos licitantes no prazo de 10 dias úteis, contado da assinatura do contrato ou da data em que for declarada fracassada a licitação (art. 58, § 2.º).

Implicará execução do valor integral da garantia de proposta a recusa em assinar o contrato ou a não apresentação dos documentos para a contratação (art. 58, § 3.º).

O limite e as formas de apresentação de garantia da proposta indicadas na atual Lei de Licitações são, basicamente, aqueles indicadas no art. 31, III, da antiga Lei 8.666/1993. A diferença é que a garantia da proposta passa a ser considerada como requisito de pré-habilitação.

É preciso destacar que a garantia de proposta, indicada no art. 58, não se confunde com a garantia do contrato, regulada pelo art. 96 da Lei 14.133/2021. Enquanto a primeira espécie pretende garantir propostas consistentes nas licitações, a segunda busca garantir a satisfatória execução do contrato. Não obstante o objetivo de afastar interessados "aventureiros" e somente permitir a apresentação de propostas consistentes, a exigência de garantia de proposta como condição de participação em licitações deve ser analisada com a máxima cautela pela

---

[214] A apresentação de lances intermediários nas licitações não encontrava previsão na Lei 8.666/1993, mas era admitida no RDC (art. 17, § 2.º, da Lei 12.462/2011), nas licitações promovidas por empresas estatais (arts. 52 e 53 da Lei 13.303/2016) e no pregão (arts. 3.º, V, e 31, parágrafo único, do Decreto 10.024/2019).

1.12.9. Julgamento

A atual Lei de Licitações, inspirada na Lei 10.520/2020, que regulava o pregão, e nas leis especiais posteriores (exs.: Lei 12.462/2011 – RDC, Lei 13.303/2016 – empresas estatais), previu a realização do julgamento antes da fase de habilitação, admitindo-se, excepcionalmente, mediante ato motivado e com expressa previsão no edital, a efetivação da habilitação antes do julgamento.

Na fase de julgamento e em conformidade com o disposto no edital, a Administração Pública deve adotar um dos critérios de julgamento previstos no art. 33 da Lei 14.133/2021, a saber:[216] a) menor preço; b) maior desconto; c) melhor técnica ou conteúdo artístico; d) técnica e preço; e) maior lance, no caso de leilão; e f) maior retorno econômico.

Verifica-se que a atual Lei de Licitações apresenta mais opções de critérios de julgamentos que aqueles indicados no art. 45, § 1.º, da Lei 8.666/1993 (menor preço; melhor técnica; técnica e preço; e maior lance ou oferta).

É possível afirmar que, ao lado de outros critérios que levam em consideração questões técnicas ou artísticas, a busca do "melhor" preço abrange todos os critérios que representam vantagens econômicas para a Administração Pública e que foram consagradas expressamente na atual Lei de Licitações, especialmente: "menor preço", "maior desconto", "maior lance" e "maior retorno econômico".

No regime jurídico instituído pela atual Lei de Licitações, nos critérios "menor preço" ou "maior desconto" e, quando couber, "técnica e preço", deverá ser considerado o menor dispêndio para a Administração, atendidos os parâmetros mínimos de qualidade definidos no edital de licitação (art. 34 da Lei 14.133/2021).

Os custos indiretos, relacionados às despesas de manutenção, utilização, reposição, depreciação e impacto ambiental, entre outros fatores vinculados ao ciclo de vida do objeto licitado, poderão ser considerados para a definição do menor dispêndio, sempre que objetivamente mensuráveis, conforme dispuser o regulamento (art. 34, § 1.º). Assim, por exemplo, seria possível levar em consideração na aquisição de veículos não apenas o custo de cada veículo, mas, também, os custos relacionados à manutenção, à troca de peças, à depreciação, à emissão de gases poluentes, entre outros fatores.

O julgamento por maior desconto terá como referência o preço global fixado no edital de licitação, sendo o desconto estendido aos eventuais termos aditivos (art. 34, § 2.º).

---

[215] Ao tratar do art. 31, III, da Lei 8.666/1993, Marçal Justen Filho apontava a sua inconstitucionalidade. Segundo o autor: "a exigência de 'garantias' para participação na licitação é incompatível com o disposto no art. 37, XXI, da CF/1988. Por isso, o inc. III do art. 31 é inconstitucional". Registre-se que, no pregão, havia vedação à exigência de garantia de proposta, na forma do art. 5.º, I, da Lei 10.520/2002 (JUSTEN FILHO, Marçal. *Comentários à lei de licitações e contratos administrativos*. 18. ed. São Paulo: Thomson Reuters Brasil, 2019. p. 809). De forma diversa, Jessé Torres Pereira Júnior sustenta que a garantia de proposta é constitucional (PEREIRA JUNIOR, Jessé Torres. *Comentários à lei das licitações e contratações da administração pública*. 8. ed. Rio de Janeiro: Renovar, 2009. p. 421).

[216] A IN SEGES/ME 73/2022 dispõe sobre a licitação pelo critério de julgamento por menor preço ou maior desconto, na forma eletrônica, para a contratação de bens, serviços e obras, no âmbito da Administração Pública federal direta, autárquica e fundacional.

O critério "melhor técnica ou conteúdo artístico" será utilizado para a contratação de projetos e trabalhos de natureza técnica, científica ou artística, devendo o edital definir o prêmio ou a remuneração que será atribuída aos vencedores (art. 35, *caput* e parágrafo único, da Lei 14.133/2021).

O critério "técnica e preço" considerará a maior pontuação obtida a partir da ponderação, segundo fatores objetivos previstos no edital, das notas atribuídas aos aspectos de técnica e de preço da proposta (art. 36, *caput*, da Lei 14.133/2021).

Desde que justificado pela autoridade máxima do órgão ou entidade, o critério de julgamento "técnica e preço" será escolhido quando estudo técnico preliminar demonstrar que a avaliação e a ponderação da qualidade técnica das propostas que superarem os requisitos mínimos estabelecidos no edital forem relevantes aos fins pretendidos pela Administração nas licitações para contratação de (art. 36, § 1.º): a) serviços técnicos especializados de natureza predominantemente intelectual, caso em que esse critério de julgamento deve ser empregado preferencialmente; b) serviços majoritariamente dependentes de tecnologia sofisticada e de domínio restrito, conforme atestado por autoridades técnicas de reconhecida qualificação; c) bens e serviços especiais de tecnologia da informação e comunicação; d) obras e serviços especiais de engenharia; e) objetos que admitam soluções específicas e alternativas e variações de execução, com repercussões significativas e concretamente mensuráveis sobre sua qualidade, produtividade, rendimento e durabilidade, quando essas soluções e variações puderem ser adotadas à livre escolha dos licitantes, conforme critérios objetivamente definidos no edital de licitação.

No critério "técnica e preço", deverão ser avaliadas e ponderadas as propostas técnicas e, em seguida, as propostas de preço apresentadas pelos licitantes, na proporção máxima de 70% de valoração para a proposta técnica (art. 36, § 2.º). Deverá ser considerado na pontuação técnica o desempenho pretérito na execução de contratos com a Administração Pública, observado o disposto nos §§ 3.º e 4.º do art. 88 (art. 36, § 3.º).

Nos critérios "melhor técnica" ou "técnica e preço", o julgamento deverá ser realizado por (art. 37 da Lei 14.133/2021): a) verificação da capacitação e da experiência do licitante, comprovadas por meio da apresentação de atestados de obras, produtos ou serviços previamente realizados; b) atribuição de notas a quesitos de natureza qualitativa por banca designada para esse fim, de acordo com orientações e limites definidos em edital, considerados a demonstração de conhecimento do objeto, a metodologia e o programa de trabalho, a qualificação das equipes técnicas e a relação dos produtos que serão entregues;[217] c) atribuição de notas por desempenho do licitante em contratações anteriores aferida nos documentos comprobatórios de que trata o § 3.º do art. 88 da Lei e em registro cadastral unificado disponível no Portal Nacional de Contratações Públicas (PNCP).

O § 2.º do art. 37 do PL 4.253/2020 estabelecia que, ressalvados os casos de inexigibilidade de licitação, na licitação para contratação dos serviços técnicos especializados de natureza predominantemente intelectual previstos nas alíneas a, d e h do inciso XVIII do *caput* do art. 6.º da Lei, cujo valor estimado da contratação fosse superior a R$ 300.000,00, o julgamento seria por (i) melhor técnica ou (ii) técnica e preço, na proporção de 70% de valoração da proposta técnica. Todavia, o mencionado dispositivo foi vetado pelo Chefe do Executivo, sob o argumento

---

[217] A banca terá, no mínimo, três membros e poderá ser composta de: a) servidores efetivos ou empregados públicos pertencentes aos quadros permanentes da Administração Pública; b) profissionais contratados por conhecimento técnico, experiência ou renome na avaliação dos quesitos especificados em edital, desde que seus trabalhos sejam supervisionados por profissionais designados conforme o disposto no art. 7.º da Lei (art. 37, § 1.º, da Lei).

de que o texto retiraria a discricionariedade do gestor público para decidir sobre o critério de julgamento adequado para cada objeto licitado.

No julgamento por melhor técnica ou por técnica e preço, a obtenção de pontuação devido à capacitação técnico-profissional exige que a execução do respectivo contrato tenha participação direta e pessoal do profissional correspondente (art. 38 da Lei 14.133/2021).

O critério "maior retorno econômico", utilizado exclusivamente para a celebração de contrato de eficiência, assim considerado aquele que envolve a prestação de serviços, que pode incluir a realização de obras e o fornecimento de bens, com o objetivo de proporcionar economia ao contratante, na forma de redução de despesas correntes, remunerado o contratado com base em percentual da economia gerada (art. 6.º, LIII, da Lei 14.133/2021).

Em âmbito federal, a IN SEGES/ME 96/2022 dispõe sobre a licitação pelo critério de julgamento por maior retorno econômico, na forma eletrônica. É possível destacar alguns pontos da referida IN: a) o critério de julgamento por maior retorno econômico será adotado na concorrência ou na fase competitiva do diálogo competitivo, quando o critério for entendido como o que melhor se adequa à solução identificada na fase de diálogo (art. 4.º); b) a licitação será conduzida por agente de contratação ou, quando for o caso, comissão de contratação, além de contar com uma banca para analisar a proposta de trabalho, que será composta por, no mínimo, 3 membros, preferencialmente servidores efetivos ou empregados dos quadros permanentes da Administração (arts. 10 e 11); c) após a divulgação do edital de licitação, os licitantes encaminharão, exclusivamente por meio do sistema, a proposta de trabalho e a proposta de preço, até a data e o horário estabelecidos para abertura da sessão pública (art. 22); c) a proposta de trabalho deverá contemplar os serviços e, de forma acessória, os demais itens a serem executados, prestados ou fornecidos, com os respectivos prazos de realização ou fornecimento, bem como a economia que se estima gerar, expressa em unidade de medida associada ao serviço, à obra e ao bem, e em unidade monetária (art. 24); d) a proposta de preço será expressa em percentual incidente sobre a economia que se estima gerar, durante determinado período (art. 25); e) os modos de disputa podem ser fechado ou aberto (art. 26); f) a remuneração do contratado será proporcional à economia gerada, nos casos de equivalência ou de superação da economia prevista na proposta de trabalho (art. 54); g) em caso de não atingimento da meta de economia, a diferença entre a economia contratada e a efetivamente obtida será descontada da remuneração do contratado, abrindo-se caminho para aplicação de sanções se a diferença entre a economia contratada e a efetivamente obtida for superior ao limite máximo estabelecido no contrato (art. 55).

Nesse caso, o critério "maior retorno econômico" considerará a maior economia para a Administração e a remuneração deverá ser fixada em percentual que incidirá de forma proporcional à economia efetivamente obtida na execução do contrato (art. 39 da Lei 14.133/2021). Mencionem-se, por exemplo, as licitações que definem o vencedor a partir da proposta que apresenta maior potencial de redução nas despesas com o consumo de água ou energia nas repartições públicas.

Nas licitações que adotarem o referido critério de julgamento, os licitantes deverão apresentar (art. 39, § 1.º): a) proposta de trabalho que contemple: a.1) as obras, os serviços ou os bens, com os respectivos prazos de realização ou fornecimento; a.2) a economia que se estima gerar, expressa em unidade de medida associada à obra, ao bem ou ao serviço e expressa em unidade monetária; e b) proposta de preço, que corresponderá a percentual sobre a economia que se estima gerar durante determinado período, expressa em unidade monetária.[218]

---

[218] O edital de licitação deverá prever parâmetros objetivos de mensuração da economia gerada com a execução do contrato, que servirá de base de cálculo para a remuneração devida ao contratado

Verificada a ausência da economia prevista no contrato de eficiência: a) a diferença entre a economia contratada e a efetivamente obtida será descontada da remuneração do contratado; b) se a diferença entre a economia contratada e a efetivamente obtida for superior ao limite máximo estabelecido no contrato, o contratado sujeitar-se-á, ainda, a outras sanções cabíveis (art. 39, § 4.º).

As propostas serão desclassificadas quando (art. 59 da Lei 14.133/2021): a) contiverem vícios insanáveis; b) não obedecerem às especificações técnicas pormenorizadas no edital; c) apresentarem preços manifestamente inexequíveis ou permanecerem acima do orçamento estimado para a contratação; d) não tiverem sua exequibilidade demonstrada, quando exigido pela Administração; e e) apresentarem desconformidade com quaisquer outras exigências do edital, desde que insanável.

A verificação da conformidade das propostas poderá ser feita exclusivamente em relação à proposta mais bem classificada (art. 59, § 1.º).[219]

A Administração poderá realizar diligências para aferir a exequibilidade das propostas ou exigir dos licitantes que ela seja demonstrada (art. 59, § 2.º).

No caso de obras e serviços de engenharia, para efeito de avaliação da exequibilidade e de sobrepreço, serão considerados o preço global, os quantitativos e os preços unitários considerados relevantes, observado o critério de aceitabilidade de preços unitário e global a ser fixado no edital, conforme as especificidades do mercado correspondente (art. 59, § 3.º).

Conforme demonstrado anteriormente, as propostas serão desclassificadas, por exemplo, quando apresentarem preços manifestamente inexequíveis (art. 59, III, da Lei 14.133/2021). No caso de obras e serviços de engenharia, serão consideradas inexequíveis as propostas cujos valores forem inferiores a 75% do valor orçado pela Administração (art. 59, § 4.º).[220] Trata-se de presunção relativa de inexequibilidade de preços, impondo-se à Administração a realização de diligência para aferir a exequibilidade da proposta.[221] Admite-se a exigência de

---

(art. 39, § 2.º, da Lei). Para efeito de julgamento da proposta, o retorno econômico será o resultado da economia que se estima gerar com a execução da proposta de trabalho, deduzida a proposta de preço (art. 39, § 3.º, da Lei).

[219] Nas licitações pelo critério de julgamento menor preço ou maior desconto, o edital pode admitir que o órgão ou entidade promotora da licitação realize, em relação ao licitante provisoriamente vencedor, a avaliação da conformidade da proposta, mediante homologação de amostras, exame de conformidade e prova de conceito, entre outros testes de interesse da Administração, de modo a comprovar sua aderência às especificações definidas no termo de referência ou no projeto básico (art. 29, § 1.º, da IN SEGES/ME 73/2022).

[220] No mesmo sentido, vide o art. 33 da IN SEGES/ME 73/2022, que trata das licitações pelo critério de julgamento menor preço ou maior desconto. Em relação às licitações de bens e serviços em geral, o art. 34 da referida IN caracteriza como indício de inexequibilidade das propostas os valores inferiores a 50% (cinquenta por cento) do valor orçado pela Administração. Nesse último caso, a inexequibilidade só será considerada após diligência do agente de contratação ou da comissão de contratação, quando o substituir, que comprove (art. 34, parágrafo único): a) que o custo do licitante ultrapassa o valor da proposta; e b) inexistirem custos de oportunidade capazes de justificar o vulto da oferta.

[221] No mesmo sentido, o TCU decidiu que o critério definido no art. 59, § 4.º, da Lei 14.133/2021 conduz a uma presunção relativa de inexequibilidade de preços, devendo a Administração, nos termos do art. 59, § 2.º, dar à licitante a oportunidade de demonstrar a exequibilidade de sua proposta (Acórdão 465/2024, Plenário, Rel. Min. Substituto Augusto Sherman). Verifica-se que o TCU manteve na atual legislação o entendimento consagrado à luz da legislação anterior e consubstanciada na sua

garantia adicional do licitante vencedor cuja proposta for inferior a 85% do valor orçado pela Administração, equivalente à diferença entre esse último e o valor da proposta, sem prejuízo das demais garantias exigíveis na forma da lei (art. 59, § 5.º).

Em caso de empate entre duas ou mais propostas, serão utilizados os seguintes critérios de desempate, nesta ordem (art. 60 da Lei 14.133/2021): a) disputa final, hipótese em que os licitantes empatados poderão apresentar nova proposta em ato contínuo à classificação; b) avaliação do desempenho contratual prévio dos licitantes, para o que deverão preferencialmente ser utilizados registros cadastrais para efeito de atesto de cumprimento de obrigações previstas na Lei de Licitações; c) desenvolvimento pelo licitante de ações de equidade entre homens e mulheres no ambiente de trabalho, conforme regulamento;[222] e d) desenvolvimento pelo licitante de programa de integridade, conforme orientações dos órgãos de controle.[223]

É possível perceber que, ao contrário da legislação anterior, o art. 60 da Lei 14.133/2021 não mencionou o sorteio como critério de desempate. De nossa parte, sustentamos a possibilidade de inclusão nos editais do sorteio como último critério de desempe.

A atual Lei de Licitações consagrou a "disputa final" e a "avaliação de desempenho contratual", inovando com a inclusão de novos critérios de desempate que não eram previstos no ordenamento jurídico, a saber: o desenvolvimento pelo licitante de ações de equidade entre homens e mulheres no ambiente de trabalho, bem como o desenvolvimento pelo licitante de programa de integridade. Enquanto a primeira exigência fomenta o tratamento isonômico da licitação, a segunda revela a preocupação com a instituição de mecanismos preventivos de probidade nas contratações públicas.

No mesmo sentido, a AGU, por meio do Parecer 00031/2024/DECOR/CGU/AGU, opinou pela viabilidade de utilização do sorteio como último critério de desempate, desde que haja previsão no edital. A possibilidade de utilização do sorteio foi reconhecida pelo art. 28, § 2.º, da IN SEGES/ME 73/2022, com a redação dada pela IN SEGES/MGI 79/2024, que prevê: "Permanecendo empate após aplicação de todos os critérios de desempate de que trata o *caput*, proceder-se-á a sorteio das propostas empatadas a ser realizado em ato público, para o qual todos os licitantes serão convocados, vedado qualquer outro processo."

Em igualdade de condições, não havendo desempate, será assegurada preferência, sucessivamente, aos bens e serviços (art. 60, § 1.º, da Lei 14.133/2021): a) produzidos ou prestados por empresas estabelecidas no território do órgão ou entidade da Administração Pública estadual licitante ou no Estado em que se localiza o órgão ou entidade da Administração Pública municipal licitante; b) produzidos ou prestados por empresas brasileiras; c) produzidos ou prestados por empresas que invistam em pesquisa e no desenvolvimento de tecnologia no País;

Súmula 262: "O critério definido no art. 48, inciso II, § 1º, alíneas *a* e *b*, da Lei 8.666/1993 conduz a uma presunção relativa de inexequibilidade de preços, devendo a Administração dar à licitante a oportunidade de demonstrar a exequibilidade da sua proposta".

[222] Em âmbito federal, o Decreto 11.430/2023 dispõe sobre a utilização do desenvolvimento, pelo licitante, de ações de equidade entre mulheres e homens no ambiente de trabalho como critério de desempate em licitações. Cabe destacar que o selo "Empresa Amiga da Mulher", criado pela Lei 14.682/2023, será considerado desenvolvimento de ações de equidade entre homens e mulheres no ambiente de trabalho, de que trata o art. 60, III, da Lei de Licitações (art. 3.º da Lei 14.682/2023).

[223] Em âmbito federal, o Decreto 12.304/2024 trata do critério de desempate relacionado ao desenvolvimento pelo licitante de programa de integridade, a partir da metodologia de avaliação e dos critérios mínimos fixados pela CGU.

Cap. 1 – LICITAÇÃO | **131**

e d) empresas que comprovem a prática de mitigação, nos termos da Lei 12.187/2009 (Política Nacional sobre Mudança do Clima – PNMC).

Os referidos critérios não prejudicam a aplicação do empate ficto ou presumido em favor das MEs e EPPs previsto no art. 44 da LC 123/2006 (art. 60, § 2.º, da Lei 14.133/2021).

Após a definição do resultado do julgamento, a Administração poderá negociar condições mais vantajosas com o primeiro colocado (art. 61 da Lei 14.133/2021).

A negociação poderá ser feita com os demais licitantes, segundo a ordem de classificação inicialmente estabelecida, quando o primeiro colocado, em determinado momento, mesmo após a negociação, for desclassificado por sua proposta de permanecer acima do preço máximo definido pela Administração (art. 60, § 1.º).

De acordo com o art. 61, § 2.º, a negociação será conduzida por agente de contratação ou comissão de contratação, na forma de regulamento, e, depois de concluída, terá seu resultado divulgado a todos os licitantes e anexado aos autos do processo licitatório.

A negociação prevista no novo diploma legislativo é uma novidade em relação ao regime jurídico da Lei 8.666/1993, mas não em relação à legislação especial que estabelecia prerrogativa semelhante.

É possível perceber que o art. 61, *caput* e § 1.º, da atual Lei de Licitações é similar aos textos do art. 26, *caput* e parágrafo único, da Lei 12.462/2011 (Regime Diferenciado de Contratações Públicas – RDC) e do art. 57, *caput* e § 1.º, da Lei 13.303/2016 (Lei das Estatais).[224]

1.12.10. Habilitação

Encerrada a fase de julgamento, o agente de contratação ou, se for o caso, a comissão de contratação, verificará a documentação de habilitação do licitante vencedor.[225]

A habilitação é a fase da licitação em que a Administração verifica a aptidão dos licitantes para celebração e execução do futuro contrato.

Na fase de habilitação, a Administração deve verificar a capacidade do licitante de realizar o objeto da licitação, englobando as seguintes exigências (art. 62 da Lei 14.133/2021): a) jurídica; b) técnica; c) fiscal, social e trabalhista; e d) econômico-financeira.

Em geral, as exigências de licitação contidas na atual Lei de Licitações equivalem àquelas contidas no art. 27 da Lei 8.666/1993, que previa: a) habilitação jurídica; b) qualificação técnica; c) qualificação econômico-financeira; d) regularidade fiscal e trabalhista; e e) cumprimento do disposto no inciso XXXIII do art. 7.º da Constituição Federal. Com a atual Lei de Licitações, a regularidade trabalhista e o cumprimento do art. 7.º, XXXIII, da CRFB foram inseridos na habilitação "fiscal, social e trabalhista" (arts. 61, III, e 67, V e VI).

Contudo, a atual Lei de Licitações apresenta algumas novidades em relação à documentação de habilitação, como será demonstrado a seguir.

Na fase de habilitação, a Administração (art. 63 da Lei 14.133/2021): a) poderá exigir dos licitantes a declaração de que atendem aos requisitos de habilitação, respondendo o declarante pela veracidade das informações prestadas, na forma da lei; b) deve exigir a apresentação dos

---

[224] No pregão, a negociação com o primeiro colocado era prevista no art. 4.º, XVII, da Lei 10.520/2002.

[225] Registre-se, mais uma vez, a possibilidade excepcional, desde que motivada, de inversão de fases, com a realização da habilitação antes das etapas de apresentação das propostas e de julgamento, na forma do art. 17, § 1.º, da Lei 14.133/2021.

documentos de habilitação apenas pelo licitante vencedor, exceto quando a fase de habilitação anteceder a de julgamento; c) somente poderá exigir os documentos relativos à regularidade fiscal em momento posterior ao julgamento das propostas, e apenas do licitante mais bem classificado; e d) será exigida declaração do licitante de que cumpre as exigências de reserva de cargos prevista em lei para pessoa com deficiência e para reabilitado da Previdência Social, bem como em outras normas específicas.

O edital de licitação deve exigir declaração dos licitantes, sob pena de desclassificação, de que suas propostas econômicas compreendem a integralidade dos custos para atendimento dos direitos trabalhistas assegurados na Constituição Federal e nas leis trabalhistas, normas infralegais, convenções coletivas de trabalho[226] e termos de ajustamento de conduta vigentes na data de entrega das propostas (art. 63, § 1.º).

Admite-se que o edital exija, sob pena de inabilitação, a necessidade de o licitante atestar que conhece o local e as condições de realização da obra ou serviço, ficando assegurado ao licitante o direito de realização de vistoria prévia (art. 63, § 2.º). Nesse caso, o edital de licitação sempre deverá prever a possibilidade de substituição da vistoria por declaração formal assinada pelo responsável técnico da licitante acerca do conhecimento pleno das condições e peculiaridades da contratação (art. 63, § 3.º). Caso o licitante decida realizar vistoria prévia, a Administração deverá disponibilizar data e horário diferentes para os eventuais interessados (art. 63, § 4.º).

Após a entrega dos documentos para habilitação, não é permitida a substituição ou a apresentação de documentos, salvo em sede de diligência, para (art. 64 da Lei 14.133/2021): a) complementação de informações acerca dos documentos já apresentados pelos licitantes e desde que necessária para apurar fatos existentes à época da abertura do certame; e b) atualização de documentos cuja validade tenha expirado após a data de recebimento das propostas. Cabe registrar que a possibilidade de substituição de documentos de habilitação não encontrava expressa previsão na Lei 8.666/1993 e revela importante avanço na relativização de formalidades que poderiam colocar em risco a competitividade.[227]

Em razão do formalismo moderado, a comissão de licitação, na fase de habilitação, poderá sanar erros ou falhas que não alterem a substância dos documentos e sua validade jurídica, mediante despacho fundamentado registrado e acessível a todos, atribuindo-lhes eficácia para fins de habilitação e classificação (art. 64, § 1.º, da Lei 14.133/2021). O dispositivo legal em

---

[226] Segundo o TCU, nos editais de licitação para contratação de serviços terceirizados com dedicação exclusiva de mão de obra, não é permitido determinar a convenção ou o acordo coletivo de trabalho a ser utilizado pelas empresas licitantes como base para a confecção das respectivas propostas, em razão do art. 511, §§ 2.º e 3.º, da CLT. Contudo, o edital pode prever que somente serão aceitas propostas que adotarem na planilha de custos e formação de preços valor igual ou superior ao orçado pela Administração para a soma dos itens de salário e auxílio-alimentação, admitidos também, a critério da Administração, outros benefícios de natureza social considerados essenciais à dignidade do trabalho, devidamente justificados, os quais devem ser estimados com base na convenção coletiva de trabalho paradigma, que é aquela que melhor se adequa à categoria profissional que executará os serviços terceirizados, considerando a base territorial de execução do objeto (TCU, Acórdão 1207/2024, Plenário, Rel. Min. Antonio Anastasia).

[227] De acordo com o TCU, a vedação à inclusão de novo documento, prevista no art. 43, § 3.º, da Lei 8.666/1993 e no art. 64 da Lei 14.133/2021, não alcança documento destinado a atestar condição de habilitação preexistente à abertura da sessão pública, apresentado em sede de diligência (TCU, Acórdão 2443/2021 Plenário, Representação, Rel. Ministro-substituto Augusto Sherman, *Informativo de Jurisprudência sobre Licitações e Contratos do TCU* n. 424).

comento utiliza a expressão "comissão de licitação", tradicionalmente prevista na Lei 8.666/1993, o que parece ter sido erro material da redação da atual Lei de Licitações, que, em seu art. 8.º, procedeu a sua substituição por "agente de contratação" ou "comissão de contratação".

Mais uma vez, andou bem a atual Lei de Licitações, abrindo caminho para a possibilidade de saneamento de erros ou falhas formais que não modificam o conteúdo e a validade da documentação apresentadas pelos licitantes.

Nos casos em que a fase de habilitação anteceder a de julgamento, uma vez encerrada aquela, não caberá exclusão de licitante por motivo relacionado à habilitação, salvo em razão de fatos supervenientes ou só conhecidos após o julgamento (art. 64, § 2.º).

As condições de habilitação serão definidas no edital (art. 65 da Lei 14.133/2021).

As empresas criadas no exercício financeiro da licitação deverão atender a todas as exigências da habilitação, ficando autorizadas a substituir os demonstrativos contábeis pelo balanço de abertura (art. 65, § 1.º).

De acordo com o art. 65, § 2.º, da Lei de Licitações a habilitação pode ser realizada por processo eletrônico de comunicação a distância, nos termos dispostos em regulamento. Aqui, o legislador reitera a lógica indicada no art. 17, § 2.º, da própria Lei, que prevê a realização da licitação, preferencialmente, sob a forma eletrônica.

A documentação de habilitação jurídica, técnica, fiscal, social, trabalhista e econômico-financeira poderá ser (art. 70 da Lei 14.133/2021): a) apresentada em original, por cópia ou por qualquer outro meio expressamente admitido pela Administração; b) substituída por registro cadastral emitido por órgão ou entidade pública, desde que previsto no edital e o registro tenha sido feito em obediência ao disposto na Lei de Licitações; e c) dispensada total ou parcialmente nas contratações para entrega imediata, na alienação de bens e direitos pela Administração Pública e nas contratações em valores inferiores a 1/4 do limite para dispensa de licitação para compras em geral e para a contratação de produto para pesquisa e desenvolvimento até o valor de R$ 376.353,48, atualizado pelo Decreto 12.343/2024.[228]

Em relação às empresas estrangeiras, que não funcionem no País, deverá ser exigida a apresentação de documentos equivalentes de habilitação, na forma de regulamento emitido pelo Poder Executivo federal (art. 70, parágrafo único).

A habilitação jurídica tem por objetivo demonstrar a capacidade de o licitante exercer direitos e assumir obrigações, limitando-se a documentação a ser apresentada pelo licitante à comprovação de existência jurídica da pessoa e, quando cabível, de autorização para o exercício da atividade a ser contratada (art. 66 da Lei 14.133/2021).

Na habilitação técnica o licitante deve demonstrar que possui aptidão técnica para executar o objeto contratual.

A capacidade técnica é dividida em três espécies: a) genérica: prova de inscrição no Conselho Profissional ou órgão de classe (ex.: se o objeto do contrato for a execução de uma obra, a empresa deve comprovar a sua inscrição junto ao CREA); b) específica: demonstração

---

[228] Nas contratações formalizadas durante o estado de calamidade pública, o art. 4.º da Lei 14.981/2024 permite que, nas hipóteses de restrição de fornecedores ou de prestadores de serviço, a autoridade competente, excepcionalmente e mediante justificativa, dispense a apresentação de documentação relacionada às regularidades fiscal e econômico-financeira, e delimite os requisitos de habilitação jurídica e técnica ao que for estritamente necessário para a execução adequada do objeto contratual. O tema será aprofundado no item 3.16.

de que o licitante já executou objeto assemelhado; e c) operativa: comprovação de que o licitante possui mão de obra e equipamentos disponíveis para execução do futuro contrato.

A demonstração da qualificação técnico-profissional e técnico-operacional será realizada por meio dos seguintes documentos (art. 67 da Lei 14.133/2021):[229] a) apresentação de profissional, devidamente registrado no conselho profissional competente, quando for o caso, detentor de atestado de responsabilidade técnica por execução de obra ou serviço de características semelhantes, para fins de contratação; b) certidões ou atestados, regularmente emitidos pelo conselho profissional competente, quando for o caso, que demonstrem capacidade operacional na execução de serviços similares de complexidade tecnológica e operacional equivalente ou superior, bem como documentos comprobatórios emitidos na forma do § 3.º do art. 88; c) indicação das instalações, do aparelhamento e do pessoal técnico adequados e disponíveis para a realização do objeto da licitação, bem como da qualificação de cada um dos membros da equipe técnica que se responsabilizará pelos trabalhos; d) prova de atendimento de requisitos previstos em lei especial, quando for o caso; e) registro ou inscrição na entidade profissional competente; e f) declaração de que o licitante tomou conhecimento de todas as informações e das condições locais para o cumprimento das obrigações objeto da licitação.

Salvo na hipótese de contratação de obras e serviços de engenharia, as exigências mencionadas nas alíneas a e b, a critério da Administração, poderão ser substituídas por outra prova de que o profissional ou a empresa possui conhecimento técnico e experiência prática na execução serviço de características semelhantes, hipótese em que as provas alternativas aceitáveis deverão ser previstas em regulamento (art. 67, § 3.º).

A exigência de atestados restringir-se-á às parcelas de maior relevância ou valor significativo do objeto da licitação, assim consideradas aquelas que tenham valor individual igual ou superior a 4% do valor total estimado da contratação (art. 67, § 1.º).

É admitida a exigência de atestados com quantidades mínimas de até 50% das parcelas a que se refere o § 1.º, sendo vedadas limitações de tempo e locais específicos relativas aos atestados (art. 67, § 2.º).

Na licitação que envolve serviços contínuos, o edital poderá exigir certidão ou atestado que demonstre que o licitante tenha executado serviços similares ao objeto da licitação, em períodos sucessivos ou não, por um prazo mínimo, que não poderá ser superior a 3 (três) anos (art. 67, § 5.º).[230] Trata-se de demonstração da experiência pretérita com a execução efetiva dos quantitativos exigidos na atual licitação, não sendo o bastante a apresentação de atestados que apontem mera estimativa de execução de contratos anteriores que, em última análise, não revelariam a verdadeira experiência da empresa com a execução de objeto similar.

O edital poderá prever, para aspectos técnicos específicos, que a qualificação técnica poderá ser demonstrada por meio de atestados relativos a potencial subcontratado, limitado a

---

[229] O TCU já decidiu que a ausência de parâmetros objetivos no edital acerca da qualificação técnico-operacional, para análise da comprovação da prestação de serviços pertinentes e compatíveis com o objeto licitado, contraria os princípios da transparência, da impessoalidade e do julgamento objetivo (TCU, Acórdão 1.998/2024, Plenário, Rel. Min. Walton Alencar Rodrigues).

[230] Segundo o TCU, nas contratações de serviços continuados com dedicação exclusiva de mão de obra, os atestados de capacidade técnica devem comprovar a aptidão do licitante na gestão de mão de obra, e não na execução de serviços idênticos aos do objeto licitado, sendo imprescindível motivar tecnicamente as situações excepcionais, sob pena de afronta aos princípios da legalidade, da competitividade e da isonomia entre os licitantes (TCU, Acórdão 1.589/2024, Plenário, Rel. Min. Augusto Nardes).

25% do objeto a ser licitado, hipótese em que mais de um licitante poderá apresentar atestado relativo ao mesmo potencial subcontratado (art. 67, § 9.º).

Em relação às habilitações fiscal, social e trabalhista, os licitantes deverão apresentar os seguintes documentos (art. 68 da Lei 14.133/2021): a) inscrição no Cadastro de Pessoas Físicas (CPF) e/ou no Cadastro Nacional da Pessoa Jurídica (CNPJ); b) inscrição no cadastro de contribuintes estadual e/ou municipal, se houver, relativo ao domicílio ou sede do licitante, pertinente ao seu ramo de atividade e compatível com o objeto contratual; c) regularidade perante a Fazenda federal, estadual e municipal do domicílio ou sede do licitante, ou outra equivalente, na forma da lei; d) a regularidade relativa à Seguridade Social e ao Fundo de Garantia do Tempo de Serviço (FGTS), demonstrando situação regular no cumprimento dos encargos sociais instituídos por lei; e) regularidade perante a Justiça do Trabalho; e f) cumprimento do disposto no inciso XXXIII do art. 7.º da Constituição Federal.

A comprovação de atendimento ao disposto nas alíneas *c*, *d* e *e* deverá ser feita na forma da legislação específica (art. 68, § 2.º).

É possível substituir ou suprir, no todo ou em parte, os documentos de habilitação fiscal, social e trabalhista por outros meios hábeis a comprovar a regularidade do licitante, inclusive por meio eletrônico (art. 68, § 1.º).

Contudo, a referida dispensa dos documentos de habilitação não pode abranger, sob pena de inconstitucionalidade, a documentação de regularidade relativa à Seguridade Social indicada no art. 68, IV, da Lei de Licitações, em razão da exigência contida no art. 195, § 3.º, da CRFB.[231]

No tocante à regularidade fiscal, é preciso não confundir a regularidade com a quitação fiscal (ausência de débitos fiscais). A exigência legal restringe-se à regularidade, razão pela qual o licitante, mesmo com débito fiscal, pode ser habilitado quando estiver em situação regular (ex.: parcelamento do débito tributário ou decisão judicial liminar que suspende a exigibilidade do tributo).[232]

Existe intensa controvérsia doutrinária, desde a legislação anterior, em relação ao alcance da exigência de regularidade fiscal. Em sua literalidade, o art. 68, III, da Lei 14.133/2021 exige a demonstração da regularidade dos tributos federais, estaduais e municipais. De nossa parte, entendemos que a regularidade fiscal deveria ficar restrita aos tributos incidentes sobre a atividade do licitante e o objeto da licitação (ex.: é razoável a exigência de regularidade do ISS na contratação para prestação de serviços, mas não de IPVA ou IPTU), uma vez que o art. 37, XXI,

---

[231] "Art. 195. [...] § 3.º A pessoa jurídica em débito com o sistema da seguridade social, como estabelecido em lei, não poderá contratar com o Poder Público nem dele receber benefícios ou incentivos fiscais ou creditícios". O art. 56 da Lei 8.212/1991, que dispõe sobre a organização da Seguridade Social, estabelece: "A inexistência de débitos em relação às contribuições devidas ao Instituto Nacional do Seguro Social-INSS, a partir da publicação desta Lei, é condição necessária para que os Estados, o Distrito Federal e os Municípios possam receber as transferências dos recursos do Fundo de Participação dos Estados e do Distrito Federal-FPE e do Fundo de Participação dos Municípios-FPM, celebrar acordos, contratos, convênios ou ajustes, bem como receber empréstimos, financiamentos, avais e subvenções em geral de órgãos ou entidades da administração direta e indireta da União".

[232] Não por outra razão, o TCU decidiu pela irregularidade da inabilitação de licitante que, em vez de apresentar a certidão negativa de débitos relativos aos tributos federais e à dívida ativa da União, conforme exigência do edital, disponibilizou certidão positiva com efeitos de negativa, uma vez que esta última certidão comprova a regularidade fiscal do licitante (TCU, Acórdão 117/2024, Plenário, Rel. Min. Aroldo Cedraz).

da CRFB admite apenas as exigências de qualificação econômica "indispensáveis à garantia do cumprimento das obrigações".[233]

É importante ressaltar, ainda, a impossibilidade de exigência de regularidade fiscal em relação aos pagamentos dos tributos devidos aos Conselhos Profissionais (ex.: CREA, CRM), pois compete aos citados Conselhos averiguar o pagamento desses tributos e, em caso de inadimplemento, aplicar, após o devido processo legal, a cassação da licença profissional. Enquanto não for cassada a licença, o profissional deve ser considerado apto para exercer as suas atividades.[234]

Quanto à regularidade trabalhista, a comprovação deve ser realizada por meio da apresentação da Certidão Negativa de Débitos Trabalhistas (CNDT), na forma do art. 642-A da CLT.[235] De acordo com o TCU, a Administração Pública, no curso da execução do contrato, deve exigir a apresentação da CNDT das empresas contratadas no momento do pagamento de cada parcela contratual.[236]

De acordo com o art. 68, VI, da Lei 14.133/2021, o licitante deve demonstrar o cumprimento do art. 7.º, XXXIII, da CRFB, ou seja, que não possui menores de dezoito anos exercendo trabalho noturno, perigoso ou insalubre, nem que possui trabalhadores menores de dezesseis anos, salvo na condição de aprendiz, a partir de quatorze anos.[237] A exigência, em nossa opinião, não tem relação com as finalidades da licitação e a fiscalização (poder de polícia) do cumprimento da norma constitucional deve ser feita pelas autoridades competentes. De qualquer forma, a comprovação do cumprimento desta exigência, na prática, é feita mediante a apresentação de simples declaração pelo licitante no sentido de que observa o comando constitucional.

Não obstante a ausência de previsão no art. 68 da Lei de Licitações, a regularidade social na fase de habilitação compreende a apresentação de declaração do licitante de que cumpre as exigências de reserva de cargos prevista em lei para pessoa com deficiência e para reabilitado

---

[233] De forma semelhante: SOUTO, Marcos Juruena Villela. *Direito administrativo contratual*. Rio de Janeiro: Lumen Juris, 2004. p. 180; TORRES, Ronny Charles Lopes de. *Leis de licitações comentadas*. 11. ed. Salvador: JusPodivm, 2021. p. 494; PEREIRA JUNIOR, Jessé Torres. *Comentários à lei das licitações e contratações da administração pública*. 7. ed. Rio de Janeiro: Renovar, 2007. p. 381.

[234] No mesmo sentido: SOUTO, Marcos Juruena Villela. *Direito administrativo contratual*. Rio de Janeiro: Lumen Juris, 2004. p. 180.

[235] O STF considerou constitucional a exigência de Certidão Negativa de Débitos Trabalhistas (CNDT) nos processos licitatórios como requisito de comprovação de regularidade trabalhista. STF, ADIs 4.716/DF e ADI 4.742/DF, Rel. Min. Dias Toffoli, julgamento virtual finalizado em 27.09.2024.

[236] TCU, Acórdão 1.054/2012, Plenário, Rel. Min. André Luís de Carvalho, 02.05.2012.

[237] De acordo com o art. 2.º do Decreto 12.174/2024, os contratos administrativos devem conter cláusulas que disponham sobre: a) o cumprimento das normas de proteção ao trabalho, inclusive aquelas relativas à segurança e à saúde no trabalho; b) a erradicação do trabalho análogo ao de escravo e do trabalho infantil, com previsões sobre as obrigações de: b.1) não submeter trabalhadores a condições degradantes de trabalho, jornadas exaustivas, servidão por dívida ou trabalhos forçados; b.2) não utilizar qualquer trabalho realizado por menor de dezesseis anos de idade, exceto na condição de aprendiz, a partir de quatorze anos de idade, observada a legislação pertinente; e b.3) não submeter o menor de dezoito anos de idade à realização de trabalho noturno e em condições perigosas e insalubres e à realização de atividades constantes na Lista de Piores Formas de Trabalho Infantil, aprovada pelo Decreto 6.481/2008; c) a recepção e o tratamento de denúncias de discriminação, violência e assédio no ambiente de trabalho; e d) a responsabilidade solidária da empresa contratada por atos e omissões de eventual empresa subcontratada que resultem em descumprimento da legislação trabalhista".

da Previdência Social, bem como em outras normas específicas, na forma do art. 63, IV, da Lei de Licitações.

Com isso, a atual Lei de Licitações transformou em exigência de habilitação a tradicional margem de preferência em favor das empresas que comprovem cumprimento de reserva de cargos prevista em lei para pessoa com deficiência ou para reabilitado da Previdência Social e que atendam às regras de acessibilidade previstas na legislação (art. 3.º, § 5.º, II, da Lei 8.666/1993).

No atual diploma legal, a reserva de cargos em comento configura requisito de habilitação e deve ser observada durante toda a execução do contrato, sob pena de extinção prematura do ajuste (arts. 63, IV; 92, XVII; 116 e 137, IX, da Lei 14.133/2021). A habilitação econômico-financeira requer a comprovação de que o licitante tem capacidade financeira para executar a integralidade do objeto contratual.

Na fase de habilitação econômico-financeira, o licitante deve demonstrar a aptidão econômica para cumprir as obrigações decorrentes do futuro contrato por meio dos seguintes documentos (art. 69 da Lei 14.133/2021): a) balanço patrimonial, demonstração de resultado de exercício e demais demonstrações contábeis dos dois últimos exercícios sociais;[238] e b) certidão negativa de feitos sobre falência expedida pelo distribuidor da sede do licitante.

Quanto à certidão negativa de falência, a atual Lei de Licitações manteve a lógica contida no art. 31, II, da antiga Lei 8.666/1993, não abrangendo, portanto, a recuperação judicial. Nesse ponto, conforme decidido pelo STJ, em relação à antiga Lei 8.666/1993, a sociedade empresária em recuperação judicial pode participar de licitação, desde que demonstre, na fase de habilitação, a sua viabilidade econômica.[239]

A critério da Administração, poderá ser exigida declaração, assinada por profissional habilitado da área contábil, atestando que o licitante atende aos índices econômicos previstos no edital (art. 69, § 1.º).

Na habilitação econômico-financeira, são vedadas: a) a exigência de valores mínimos de faturamento anterior e de índices de rentabilidade ou lucratividade (art. 69, § 2.º); e b) a exigência de índices e valores não usualmente adotados para a avaliação de situação financeira suficiente ao cumprimento das obrigações decorrentes da licitação (art. 69, § 5.º).

Por outro lado, é admitida a exigência da relação dos compromissos assumidos pelo licitante que importem em diminuição de sua capacidade econômico-financeira, excluídas parcelas já executadas de contratos firmados (art. 69, § 3.º).[240]

---

[238] Os documentos limitar-se-ão ao último exercício no caso de a pessoa jurídica ter sido constituída há menos de dois anos (art. 69, § 6.º, da Lei 14.133/2021).

[239] STJ, AREsp 309.867/ES, Rel. Min. Gurgel de Faria, 1.ª Turma, *DJe* 08.08.2018, *Informativo de Jurisprudência* n. 631 do STJ. De acordo com o TCU: "Admite-se a participação, em licitações, de empresas em recuperação judicial, desde que amparadas em certidão emitida pela instância judicial competente afirmando que a interessada está apta econômica e financeiramente a participar de procedimento licitatório" (TCU, Acórdão 1.201/2020, Plenário, Representação, Rel. Min. Vital do Rêgo, *Informativo de Jurisprudência sobre Licitações e Contratos do TCU* n. 391). Em outra oportunidade, o TCU decidiu: "A certidão negativa de recuperação judicial é exigível por força do art. 31, inciso II, da Lei 8.666/1993, porém a apresentação de certidão positiva não implica a imediata inabilitação da licitante, cabendo ao pregoeiro ou à comissão de licitação diligenciar no sentido de aferir se a empresa já teve seu plano de recuperação concedido ou homologado judicialmente (Lei 11.101/2005)" (TCU, Acórdão 2.265/2020, Plenário, Representação, Rel. Min. Benjamin Zymler, *Informativo de Jurisprudência sobre Licitações e Contratos do TCU* n. 398).

[240] Exigência semelhante era apresentada pelo art. 31, § 4.º, da Lei 8.666/1993.

138 | LICITAÇÕES E CONTRATOS ADMINISTRATIVOS – *Rafael Carvalho Rezende Oliveira*

Nas compras para entrega futura e na execução de obras e serviços, a Administração poderá estabelecer, no edital, a exigência de capital mínimo ou de patrimônio líquido mínimo equivalente a até 10% do valor estimado da contratação (art. 69, § 4.°).[241]

1.12.11. Encerramento da licitação

Após as fases de julgamento e habilitação, e exauridos os recursos administrativos, o processo licitatório será encaminhado à autoridade superior, que poderá (art. 71 da Lei 14.133/2021): a) determinar o retorno dos autos para saneamento de irregularidades que forem supríveis; b) revogar a licitação por motivo de conveniência e oportunidade; c) proceder à anulação da licitação, de ofício ou mediante provocação de terceiros, sempre que presente ilegalidade insanável; e d) adjudicar o objeto e homologar a licitação.

As referidas hipóteses são aplicáveis, no que couber, às contratações diretas e aos procedimentos auxiliares da licitação (art. 71, § 4.°).

A Lei de Licitações apresenta nítida preocupação com o saneamento de irregularidades eventualmente verificadas no processo de licitação, deixando a anulação dos atos que apresentarem vícios insanáveis.

Inexistindo justificativa para eventual revogação ou anulação do certame, a autoridade competente promoverá a adjudicação do objeto e a homologação da licitação. Verifica-se, portanto, que a atual Lei de Licitações, ao tratar da etapa de encerramento da licitação, indica a realização da adjudicação antes da homologação.

Nesse ponto, a Lei 8.666/1993 não apresentava clareza quanto à ordem dos referidos atos. Ao contrário, apresentava redação aparentemente contraditória nos arts. 38, VII, e 43, VI, o que acarretava controvérsia doutrinária. Com a redação do art. 71, IV, da Lei 14.133/2021, a questão parece resolvida com a realização da adjudicação antes da homologação, da mesma forma como já acontecia no pregão (art. 4.°, XX a XXII, da Lei 10.520/2002), no RDC (28, IV, da Lei 12.462/2011) e nas empresas estatais (art. 51, IX e X, da Lei 13.303/2016).

A adjudicação é o ato formal por meio do qual a Administração atribui ao licitante vencedor o objeto da licitação. A homologação, por sua vez, é o ato administrativo que atesta a validade do procedimento e confirma o interesse na contratação. É uma espécie de "despacho saneador" da licitação.

1.13. ANULAÇÃO E REVOGAÇÃO DA LICITAÇÃO

Ao final do processo de licitação ou de contratação direta, a autoridade administrativa poderá revogar a licitação por motivo de conveniência e oportunidade ou proceder à anulação da licitação, de ofício ou mediante provocação de terceiros, sempre que presente ilegalidade insanável, na forma do art. 71 da Lei 14.133/2021.

Enquanto a anulação da licitação, por motivo de vício insanável, é um dever que decorre da ilegalidade no procedimento, a revogação é uma faculdade de desfazimento do procedimento por razões de interesse público, em face de fatos supervenientes devidamente comprovados.

Além do fundamento para o desfazimento da licitação, outra diferença entre a anulação e a revogação diz respeito à autoridade competente: na anulação, a declaração pode ser realizada pelo próprio Poder Executivo (autotutela) ou por outro Poder (Judiciário ou Legislativo), no

---

[241] Previsão semelhante pode ser encontrada no art. 31, § 3.°, da Lei 8.666/1993.

Cap. 1 – LICITAÇÃO | **139**

exercício do controle externo; já a revogação somente pode ser efetivada pela entidade promotora do certame.

Na declaração de nulidade, a autoridade indicará expressamente os atos que contenham vícios insanáveis, tornando sem efeito todos os subsequentes que dele dependam, e dará ensejo à apuração de responsabilidade de quem lhes deu causa (art. 71, § 1.º, da Lei 14.133/2021).

A nulidade não exonera a Administração do dever de indenizar o contratado pelo que este houver executado até a data em que ela for declarada e por outros prejuízos regularmente comprovados, contanto que não lhe seja imputável, promovendo-se a responsabilização de quem lhe tenha dado causa (art. 149 da Lei 14.133/2021).

A revogação da licitação deverá decorrer de fato superveniente devidamente comprovado (art. 71, § 2.º, da Lei 14.133/2021).

Em qualquer caso, a anulação e a revogação deverão ser precedidas da prévia manifestação dos interessados (art. 71, § 3.º, da Lei 14.133/2021).

A sistemática da anulação e da revogação do certame prevista na atual Lei de Licitações assemelha-se àquela contida na Lei 8.666/1993.

Nesse sentido, tal como previsto no art. 49, § 3.º, da Lei 8.666/1993, o art. 71, § 3.º, da Lei 14.133/2021 exige a manifestação prévia dos interessados para o desfazimento do processo de licitação (anulação ou revogação), com fundamento nos princípios constitucionais do contraditório e da ampla defesa.

Assim como previa o art. 59, parágrafo único, da Lei 8.666/1993, o art. 149 da Lei 14.133/2021 dispõe que a nulidade não exonera a Administração do dever de indenizar o contratado pelo que este houver executado até a data em que ela for declarada ou tomada eficaz, bem como por outros prejuízos regularmente comprovados, desde que não lhe seja imputável, com a promoção da responsabilização de quem praticou a ilegalidade.

Não obstante o silêncio da atual Lei de Licitações quanto à existência do dever de indenizar o licitante vencedor na hipótese de revogação do certame – silêncio também presente na Lei 8.666/1993 –, entendemos que seria necessário reconhecer o dever de ressarcimento do primeiro colocado pelas despesas realizadas, em razão da responsabilidade civil pré-negocial da Administração caracterizada pela violação aos princípios da boa-fé e da confiança legítima.[242]

Em consequência, no desfazimento da licitação (anulação ou revogação), o licitante ou, se for o caso, o contratado, deverá ser ressarcido pelos prejuízos comprovados. Na hipótese de revogação, o licitante vencedor será ressarcido pelas despesas efetuadas para participação na licitação e, no caso da anulação do contrato em curso, o contratado será indenizado pelo que este houver executado até a data do desfazimento do contrato.[243]

Em relação à anulação da licitação, é importante observar que o art. 149 da Lei 14.133/2021, que limita a indenização aos casos de anulação posterior à execução do contrato, afronta o

---

[242] Nesse sentido, com fundamento na Lei 8.666/1993: SILVA, Almiro do Couto e. Responsabilidade pré-negocial e culpa *in contrahendo* no direito administrativo brasileiro. *RDA*, Rio de Janeiro, n. 217, p. 163 e ss., 1999. Sobre a aplicação dos princípios da boa-fé e da confiança legítima no Direito Administrativo, vide: OLIVEIRA, Rafael Carvalho Rezende. *Princípios do direito administrativo*. Rio de Janeiro: Lumen Juris, 2011. p. 174-207.

[243] Vide: BORGES, Alice González. Pressupostos e limites da revogação e da anulação das licitações. *JAM Jurídica*, ano 11, n. 12, p. 8-9, dez. 2006.

art. 37, § 6.º, da CRFB. Se o licitante não deu causa à ilegalidade, deve ser ele indenizado por todos os prejuízos comprovados, mesmo antes da assinatura da avença.[244]

Desta forma, após a homologação, o licitante vencedor, ainda que não possua direito ao contrato, adquire expectativa legítima de que será contratado pela Administração. A anulação e a revogação, portanto, somente serão admitidas nos estritos termos da Lei e devem ser acompanhadas da indenização pelos prejuízos regularmente comprovados.

Contudo, é oportuno lembrar que, no âmbito da legislação anterior, o STJ decidiu: "Na anulação não há direito algum para o ganhador da licitação; na revogação, diferentemente, pode ser a Administração condenada a ressarcir o primeiro colocado pelas despesas realizadas".[245]

Cabe destacar, ainda, que a decisão de desfazimento da licitação ou do contrato administrativo deve considerar as suas consequências práticas, jurídicas e administrativas, na forma dos arts. 20 e 21 da LINDB, inseridos pela Lei 13.655/2018.

1.14. IMPUGNAÇÕES, PEDIDOS DE ESCLARECIMENTOS E RECURSOS ADMINISTRATIVOS

A impugnação do edital de licitação e a solicitação de esclarecimento sobre os seus termos podem ser apresentadas por qualquer cidadão, devendo protocolar o pedido até três dias úteis antes da data de abertura das propostas, cabendo à Administração, no prazo de três dias úteis, publicar em seu sítio eletrônico oficial as respectivas respostas (art. 164, *caput* e parágrafo único, da Lei 14.133/2021).[246]

É relevante notar que as respostas apresentadas aos pedidos de esclarecimentos sobre as regras editalícias vinculam não apenas os licitantes, mas o próprio órgão ou entidade responsável pela realização do certame (princípio da vinculação ao edital).[247]

De acordo com o art. 165 da Lei 14.133/2021, é possível a interposição de: **a) recurso**, no prazo de três dias úteis contado da data de intimação ou de lavratura da ata, em face: a.1) do ato que defira ou indefira pedido de pré-qualificação de interessado ou de inscrição em registro cadastral, sua alteração ou cancelamento; a.2) do julgamento das propostas; a.3) do ato de habilitação ou inabilitação de licitante; a.4) da anulação ou revogação da licitação; a.5) da extinção do contrato, quando determinada por ato unilateral e escrito da Administração; e **b) pedido de reconsideração**, no prazo de três dias úteis contado da data de intimação, relativamente a ato do qual não caiba recurso hierárquico.

---

[244] Nesse sentido: JUSTEN FILHO, Marçal. *Comentários à lei de licitações e contratos administrativos*. 9. ed. São Paulo: Dialética, 2002. p. 446-447; SILVA, Almiro do Couto e. Responsabilidade pré-negocial e culpa *in contrahendo* no direito administrativo brasileiro. RDA, Rio de Janeiro, n. 217, p. 163 e ss., 1999; BANDEIRA DE MELLO, Celso Antônio. *Curso de direito administrativo*. 21. ed. São Paulo: Malheiros, 2006. p. 514.

[245] STJ, 1.ª Seção, MS 12.047/DF, Rel. Min. Eliana Calmon, *DJ* 16.04.2007, p. 154.

[246] De acordo com a IN SEGES/ME 73/2022, que trata da licitação pelo critério de julgamento "menor preço ou maior desconto", a impugnação ao edital não possui efeito suspensivo, salvo em casos excepcionais devidamente motivados pelo agente de contratação ou comissão de contratação (art. 16, § 2.º). Uma vez acolhida a impugnação, será definida e publicada nova data para realização do certame (art. 16, § 3.º). As respostas às impugnações e aos pedidos de esclarecimentos, que devem ser divulgadas em sítio eletrônico oficial do órgão ou da entidade promotora da licitação e no sistema, vincularão os participantes e a Administração (art. 16, § 4.º).

[247] STJ, MS 13.005/DF, 1.ª Seção, Rel. Min. Denise Arruda, *DJe* 17.11.2008.

Assim, a Lei 14.133/2021 manteve o recurso, em sentido estrito, e o pedido de reconsideração como vias adequadas para rever as decisões proferidas nas licitações e contratações públicas, mas deixou de mencionar a representação, que era indicada no art. 109 da Lei 8.666/1993, para discutir decisões contra as quais não seria possível o recurso hierárquico.

Nos recursos interpostos contra decisões proferidas nas fases de julgamento e habilitação devem ser observadas as seguintes regras (art. 165, § 1.º, da Lei 14.133/2021): a) a intenção de recorrer deve ser manifestada imediatamente, sob pena de preclusão, iniciando-se o prazo para apresentação das razões recursais na data de intimação ou de lavratura da ata de habilitação ou inabilitação ou, na hipótese de adoção de inversão de fases prevista no § 1.º do art. 17, da ata de julgamento; e b) a apreciação se dará em fase única.

Em consequência, o recurso contra as decisões proferidas nas etapas de julgamento e habilitação depende da manifestação imediata da intenção de recorrer por parte do licitante inconformado, sob pena de preclusão.

É preciso notar que, nesse caso, a interposição do recurso pressupõe o cumprimento de duas etapas pelo licitante interessado: a) a manifestação da intenção de recorrer, que deve ser apresentada imediatamente; e b) a interposição efetiva do recurso, no prazo indicado na legislação, com a apresentação das razões para eventual reforma da decisão recorrida.

A Lei de Licitações estabeleceu, em princípio, uma fase recursal única para discussão das decisões proferidas nas etapas de julgamento e de habilitação.

A fase única não se resume à decisão dos recursos, com a análise dos argumentos eventuais apresentados contra as decisões proferidas nas fases de habilitação e julgamento, mas engloba, também, o momento para apresentação das razões recursais.

Com efeito, o início do prazo para interposição do recurso ocorrerá a partir da data de intimação ou de lavratura da ata de habilitação ou inabilitação. Nos casos excepcionais de inversão de fases, com a realização da habilitação antes do julgamento, o início do prazo recursal ocorrerá a partir da lavratura da ata de julgamento.

De acordo com o art. 165, § 2.º, da Lei de Licitações, o recurso será dirigido à autoridade que editou o ato ou proferiu a decisão recorrida, a qual, se não a reconsiderar no prazo de três dias úteis, o encaminhará acompanhado de sua motivação à autoridade superior, que deverá proferir sua decisão no prazo máximo de dez dias úteis contados do recebimento dos autos.

Constata-se, nesse ponto, que o recurso abre a possibilidade para o exercício do juízo de retratação por parte da autoridade que proferiu a decisão recorrida.

Vale dizer: além de avaliar o cabimento do recurso, a autoridade recorrida poderá se retratar da sua decisão anterior, com o acolhimento das razões recursais.

Apenas na hipótese de recebimento do recurso e de manutenção da decisão impugnada, a autoridade recorrida encaminhará o recurso à autoridade superior.

O acolhimento de recurso implicará invalidação apenas de ato insuscetível de aproveitamento (art. 165, § 3.º).

O prazo para apresentação de contrarrazões será o mesmo do recurso e terá início na data de intimação pessoal ou de divulgação que informe ter havido interposição de recurso (art. 165, § 4.º).

O art. 165, § 5.º, da Lei 14.133/2021 assegura ao licitante vista dos elementos indispensáveis à defesa de seus interesses, o que é essencial para o contraditório e a ampla defesa.

Contra as sanções previstas nos incisos I, II e III do art. 156 da Lei 14.133/2021, caberá recurso, no prazo de 15 dias úteis, contado da data de intimação, que será dirigido à autoridade que proferiu a decisão recorrida, a qual, se não a reconsiderar no prazo de 5 dias úteis, o encaminhará acompanhado de sua motivação à autoridade superior, que deverá proferir sua decisão no prazo máximo de 20 dias úteis contados do recebimento dos autos (art. 166, *caput* e parágrafo único).

Por outro lado, contra a sanção prevista no inciso IV do art. 156 da Lei de Licitações caberá apenas pedido de reconsideração, que deverá ser apresentado no prazo de 15 dias úteis, contado da data de intimação, e decidido no prazo máximo de 20 dias úteis, contados do seu recebimento (art. 167).

O recurso e o pedido de reconsideração terão efeito suspensivo do ato ou da decisão recorrida, até que sobrevenha decisão final da autoridade competente (art. 168 da Lei 14.133/2021). Na elaboração de suas decisões, a autoridade competente será auxiliada pelo órgão de assessoramento jurídico, que deverá dirimir dúvidas e subsidiá-la com as informações necessárias (art. 168, parágrafo único).

1.15. PORTAL NACIONAL DE CONTRATAÇÕES PÚBLICAS (PNCP)

O art. 174 da Lei 14.133/2021 estabeleceu a necessidade de instituição do Portal Nacional de Contratações Públicas (PNCP), sítio eletrônico oficial destinado à divulgação centralizada e obrigatória dos atos exigidos pela Lei de Licitações e à realização facultativa das contratações pelos órgãos e entidades dos Poderes Executivo, Legislativo e Judiciário de todos os entes federativos. A instituição do PNCP garante transparência e racionalidade nas informações divulgadas pelo Poder Público, servindo como importante instrumento de acesso aos dados das licitações e das contratações públicas, o que facilita o exercício do controle social e institucional. Além do princípio da publicidade, o PNCP encontra fundamento, por exemplo, no art. 5.º, XXXIII, da CRFB, que trata do direito à informação. Não por outra razão, o § 4.º do art. 174 da Lei de Licitações prevê que o PNCP adotará o formato de dados abertos e observará as exigências previstas na Lei 12.527/2011 (Lei de Acesso à Informação).

Apesar do silêncio da Lei de Licitações, o PNCP também deverá observar a Lei 13.709/2018 (Lei Geral de Proteção de Dados Pessoais – LGPD).[248]

O PNCP será gerido pelo Comitê Gestor da Rede Nacional de Contratações Públicas, que será presidido por representante indicado pelo Presidente da República e composto por mais (art. 174, § 1.º, da Lei 14.133/2021): a) 3 (três) representantes da União indicados pelo Presidente da República; b) 2 (dois) representantes dos Estados e do Distrito Federal indicados pelo Conselho Nacional de Secretários de Estado da Administração; c) 2 (dois) representantes dos Municípios indicados pela Confederação Nacional de Municípios.

O PNCP conterá, por exemplo, as seguintes informações acerca das contratações (art. 174, § 2.º): a) planos de contratação anuais; b) catálogos eletrônicos de padronização; c) editais de credenciamento e de pré-qualificação, avisos de contratação direta e editais de licitação e seus respectivos anexos; d) atas de registro de preços; e) contratos e termos aditivos; f) notas fiscais eletrônicas, quando for o caso.

---

[248] Em abono à tese aqui sustentada, o Parecer 00009/2022/DECOR/CGU/AGU concluiu pela aplicação da LGPD aos dados pessoais tratados em razão de licitações e contratos administrativos.

Cap. 1 – LICITAÇÃO | **143**

O PNCP deverá oferecer, ao menos, as funcionalidades a seguir (art. 174, § 3.º): a) sistema de registro cadastral unificado; b) painel para consulta de preços e acesso à base nacional de notas fiscais eletrônicas; c) sistema de planejamento e gerenciamento de contratações, incluindo cadastro de atesto de cumprimento de obrigações previsto no § 4.º do art. 87; d) sistema eletrônico para a realização de sessões públicas; e) acesso ao Cadastro Nacional de Empresas Inidôneas e Suspensas (CEIS) e ao Cadastro Nacional de Empresas Punidas (CNEP); f) sistema de gestão compartilhada com a sociedade de informações referentes à execução do contrato que possibilite: f.1) o envio, o registro, o armazenamento e a divulgação de mensagens de texto ou imagens pelo interessado previamente identificado; f.2) o acesso aos sistemas informatizados de acompanhamento de obras a que se refere o inciso III do art. 19 da Lei; f.3) a comunicação entre a população e representantes da Administração e do contratado designados para prestarem as informações e esclarecimentos pertinentes, na forma de regulamento; f.4) a divulgação, na forma de regulamento, de relatório final com informações sobre a consecução dos objetivos que justificaram a contratação e eventuais condutas a serem adotadas para o aprimoramento das atividades da Administração.

O texto do § 5.º do art. 174 do PL 4.253/2020 estabelecia que a base nacional de notas fiscais eletrônicas deveria conter as notas fiscais e os documentos auxiliares, que tivessem como destinatário órgão ou entidade da Administração Pública e seriam de livre consulta pública, não constituindo violação de sigilo fiscal. O texto foi vetado pelo Chefe do Executivo, tendo em vista que permitiria a consulta irrestrita a base nacional de notas fiscais eletrônicas, sem prever exceção relacionada à necessidade de sigilo, notadamente nos casos relacionados à segurança pública ou nacional.

Sem prejuízo do disposto no art. 174, os entes federativos poderão instituir sítio eletrônico oficial para divulgação complementar e realização das suas respectivas contratações (art. 175 da Lei de Licitações).

Desde que mantida a integração com o PNCP, as contratações poderão ser realizadas por meio de sistema eletrônico fornecido por pessoa jurídica de direito privado, na forma de regulamento (art. 175, § 1.º).

Os Municípios com até 20.000 habitantes terão o prazo de seis anos, contado da data de publicação da Lei de Licitações, para cumprimento (art. 176): a) dos requisitos estabelecidos nos arts. 7.º e 8.º relacionados aos agentes públicos que atuam nas licitações e contratações públicas; b) da obrigatoriedade de realização da licitação sob a forma eletrônica a que se refere art. 17, § 2.º; e c) das regras relativas à divulgação em sítio eletrônico oficial.

Os referidos Municípios, enquanto não adotarem o PNCP, deverão realizar: a) a publicação em Diário Oficial das informações que esta Lei exige que sejam divulgadas em sítio eletrônico oficial, admitida a publicação de extrato; b) a disponibilização da versão física dos documentos em suas repartições, vedada a cobrança de qualquer valor, salvo o referente ao fornecimento de edital ou de cópia de documento, que não será superior ao custo de sua reprodução gráfica.

Capítulo 2

CONTRATOS ADMINISTRATIVOS

2.1. CONCEITO E A DICOTOMIA CONTRATO ADMINISTRATIVO × CONTRATO PRIVADO

A Administração Pública, por meio de seus agentes, deve exteriorizar a sua vontade para desempenhar as atividades administrativas e atender o interesse público. A manifestação de vontade administrativa pode ser unilateral (atos administrativos), bilateral (contratos da Administração) ou plurilateral (consórcios e convênios).

A expressão "contratos da Administração" é o gênero que comporta todo e qualquer ajuste bilateral celebrado pela Administração Pública. São duas as espécies de contratos da Administração:[1]

a) **contratos administrativos**: são os ajustes celebrados entre a Administração Pública e o particular, regidos predominantemente pelo direito público, para execução de atividades de interesse público. É natural, aqui, a presença das cláusulas exorbitantes (art. 104 da Lei 14.133/2021), que conferem superioridade à Administração em detrimento do particular. Independentemente de previsão contratual, as cláusulas exorbitantes serão observadas nos contratos administrativos, pois a sua aplicação

---

[1] Conforme leciona Eduardo García de Enterría, a distinção entre contratos administrativos e contratos privados, inspirada no Direito francês, foi cunhada, inicialmente, a partir da distinção entre atos de autoridade e atos de gestão com o objetivo de definir a competência jurisdicional nos países que adotam a dualidade de jurisdição. Em seguida, influenciada pelo critério material do serviço público, adotado pela Escola de Bordeaux, a referida dicotomia passou a ser fundamentada no conteúdo do contrato: enquanto nos contratos administrativos, a relação jurídica é desigual, em virtude das cláusulas exorbitantes em favor da Administração, os contratos privados são caracterizados pela relativa igualdade das partes. GARCÍA DE ENTERRÍA, Eduardo. *Curso de derecho administrativo*. 12. ed. Madrid: Civitas, 2005. v. I. p. 689-693. Na Espanha, a referida distinção é consagrada no art. 18 da Lei 30/2007 (Ley de Contratos del Sector Público – LCSP) que dispõe: "Los contratos del sector público pueden tener carácter administrativo o carácter privado". Sobre a distinção na França, Jean Rivero, após apontar os três critérios tradicionais distintivos (presença da Administração na relação contratual, serviços públicos no objeto contratado e previsão de cláusulas exorbitantes), afirma que a aplicação destes critérios sempre foi difícil (*Droit administratif*. 8. ed. Paris: Dalloz, 1977. p. 110 e 114).

decorre diretamente da Lei. As características básicas dos contratos administrativos são:[2] (i) presença de pessoa jurídica integrante da Administração Pública na relação contratual (art. 6.º, VII, da Lei 14.133/2021); (ii) desequilíbrio contratual em favor da Administração, tendo em vista a presença das cláusulas exorbitantes ("verticalidade");[3] e (iii) regime predominantemente de direito público, aplicando-se, supletivamente, as normas de direito privado (art. 89 da Lei 14.133/2021). Ex.: contratos de concessão de serviço público, de obras públicas, de concessão de uso de bem público etc.;

b) **contratos privados da Administração ou contratos semipúblicos**:[4] são os ajustes em que a Administração Pública e o particular estão em situação de relativa igualdade, regidos predominantemente pelo direito privado. Naturalmente, as cláusulas exorbitantes desnaturariam esses contratos, aproximando-os dos contratos administrativos típicos. Por essa razão, a doutrina sustenta que a presença dessas cláusulas nos contratos privados depende da vontade das partes e a sua aplicação está condicionada à expressa previsão contratual. As características básicas dos contratos privados da Administração são: (i) equilíbrio contratual relativo, em razão da ausência, em regra, das cláusulas exorbitantes ("horizontalidade"); e (ii) regime predominantemente de direito privado, devendo ser observadas, no entanto, algumas normas de direito público (ex.: licitação, cláusulas necessárias etc.) Ex.: contratos de compra e venda, de seguro, de locação (quando a Administração for locatária) etc.

Nas duas espécies de contratos da Administração (contratos administrativos e contratos privados da Administração), a Administração é parte do ajuste (elemento subjetivo), e o objetivo é a satisfação do interesse público (elemento objetivo).[5] A principal diferença entre eles se encontra na igualdade ou desigualdade entre as partes contratantes e, por consequência, o regime jurídico, que será predominantemente aplicado (elemento formal).[6]

Os contratos administrativos serão estudados com maior profundidade, tendo em vista as suas características próprias, distintas daquelas normalmente encontradas nos contratos privados.

---

[2] De forma semelhante, Egon Bockmann Moreira e Flávio Amaral Garcia afirmam: "Os contratos administrativos são especiais devido à conjugação de três aspectos: (i) são regidos por lei específica, de Direito Administrativo; (ii) têm a participação, em ao menos um dos polos da relação contratual, de pessoa jurídica integrante da Administração Pública e (iii) contam com prerrogativas exclusivas, legislativamente atribuídas à Administração Pública". MOREIRA, Egon Bockmann; GARCIA, Flávio Amaral. Contratos administrativos na lei de licitações: comentários aos artigos 89 a 154 da Lei 14.133/2021, São Paulo: Thomson Reuters Brasil, 2024, p. 29.

[3] Na lição de Maria Sylvia Zanella Di Pietro, enquanto os contratos administrativos são marcados pelo traço da verticalidade, os contratos privados da Administração são caracterizados pelo traço da horizontalidade (DI PIETRO, Maria Sylvia Zanella. *Direito administrativo*. 22. ed. São Paulo: Atlas, 2009. p. 251).

[4] A expressão "contratos semipúblicos" é utilizada por Marcos Juruena Villela Souto. *Direito administrativo contratual*. Rio de Janeiro: Lumen Juris, 2004. p. 280.

[5] Os elementos subjetivo e objetivo caracterizam todas as contratações públicas. Vide: PAREJO ALFONSO, Luciano. *Derecho administrativo*. Barcelona: Ariel, 2003. p. 965.

[6] Nesse sentido: CARVALHO FILHO, José dos Santos. *Manual de direito administrativo*. 22. ed. Rio de Janeiro: Lumen Juris, 2009. p. 168.

Cap. 2 – CONTRATOS ADMINISTRATIVOS | **147**

Registre-se, todavia, que a tendência é a relativização da distinção entre os contratos administrativos e os contratos privados da Administração, especialmente a partir da releitura das cláusulas exorbitantes e uniformização do regime jurídico, inclusive no Direito Comunitário Europeu.[7]

Não obstante isso, a doutrina e a jurisprudência pátrias sustentam, ainda, a dicotomia mencionada acima, razão pela qual a abordagem, utilizada na presente obra, observará, em princípio, a distinção entre contratos administrativos e contratos privados da Administração.

2.2. FONTES NORMATIVAS E COMPETÊNCIA LEGISLATIVA

O art. 22, XXVII, da CRFB estabelece a competência privativa da União para legislar sobre normas gerais de contratação que devem ser observadas por todos os entes federados. No entanto, cada ente federado possui competência para legislar sobre normas específicas. A dificuldade para diferenciação das normas gerais (nacionais) e específicas já foi apresentada quando do estudo da licitação.[8]

No âmbito da legislação infraconstitucional, merece destaque a Lei 14.133/2021, que estabelece normas gerais para licitações e contratos administrativos.

Existem, ainda, inúmeras leis específicas que tratam de determinadas modalidades contratuais (ex.: Lei 8.987/1995: concessão e permissão de serviços públicos; Lei 11.079/2004: Parcerias Público-Privadas etc.).

Nos convênios tradicionais, termos de colaboração, termos de fomento, acordos de cooperação e ajustes congêneres, os partícipes possuem objetivos institucionais comuns e pretendem alcançar objetivos comuns. Em virtude da inviabilidade de competição, não se cogita, em princípio, da realização de licitação, o que não afasta a necessidade de realização de processo seletivo com regras impessoais (chamamento público).[9]

Ressalte-se que nos casos em que, não obstante a nomenclatura utilizada, existam obrigações recíprocas, típicas de vínculos contratuais, o instrumento jurídico deverá ser precedido de licitação.[10]

---

[7] Nesse sentido, Maria João Estorninho, ao tratar do Direito Comunitário da Contratação Pública, afirmou que, "nos sistemas de inspiração francesa, começam a diluir-se os contornos, inicialmente nítidos, da figura do contrato administrativo, como sinônimo de contratos da Administração Pública sujeitos a regime jurídico diferente – e mesmo exorbitante – relativamente quer aos contratos celebrados entre particulares quer aos contratos de direito privado da Administração Pública". ESTORNINHO, Maria João. *Curso de direito dos contratos públicos*. Coimbra: Almedina, 2012. p. 316.

[8] Remetemos o leitor ao que dissemos sobre as fontes normativas e a competência legislativa em matéria de licitação.

[9] A partir da vigência da Lei 13.204/2015, a expressão convênio somente será utilizada para parcerias: a) entre entes federados ou pessoas jurídicas a eles vinculadas; b) com entidades filantrópicas e sem fins lucrativos no âmbito do SUS. As parcerias com entidades privadas sem fins lucrativos em geral serão denominadas termo de colaboração, termo de fomento ou acordo de cooperação, conforme o caso, exigindo-se, como regra, a realização de chamamento público para seleção da entidade privada (arts. 2.º, VII, VIII e VIII-A; arts. 23 a 32; e arts. 84 e 84-A, todos da Lei 13.019/2014).

[10] Nesse sentido: DI PIETRO, Maria Sylvia Zanella. *Temas polêmicos sobre licitações e contratos*. 3. ed. São Paulo: Malheiros, 1998. p. 281-283.

2.3. SUJEITOS DO CONTRATO

As partes no contrato administrativo são a Administração Pública (contratante) e o particular (contratado), na forma do art. 6.º, VII e VIII, da Lei 14.133/2021.[11]

Questão que pode gerar dúvidas relaciona-se com a possibilidade ou não de contratos administrativos entre entidades da Administração (ex.: União e Estado).

Primeira posição: possibilidade de contratos administrativos entre pessoas administrativas, tendo em vista a natureza das partes contratantes (entidades administrativas). Nesse sentido: Hely Lopes Meirelles e José dos Santos Carvalho Filho.[12]

Segunda posição: o ajuste entre pessoas administrativas não possui caráter contratual, mas sim de convênio ou consórcio, tendo em vista a comunhão de interesses. Nesse sentido: Diógenes Gasparini, Jessé Torres Pereira Junior.[13]

A partir da visão tradicional, que diferencia os contratos dos atos administrativos complexos (convênios e instrumentos análogos), não será possível, em princípio, a celebração de contrato administrativo entre entidades estatais, pois, nesse caso, em razão da comunhão de interesses, teríamos verdadeiros convênios.

Já a figura contratual seria admitida nas relações firmadas por pessoas administrativas com empresas estatais que prestam atividades econômicas em regime de concorrência com as empresas privadas. De acordo com o art. 173, § 1.º, II, da CRFB, as estatais econômicas atuantes no mercado concorrencial subordinam-se, no que couber, ao mesmo regime jurídico das empresas privadas e buscam o lucro. Por esta razão, é possível a caracterização do contrato administrativo com prerrogativas em favor do ente federado contratante e sujeições da estatal econômica contratada.

É preciso destacar, contudo, que a legislação vem admitindo a celebração de contratos administrativos entre entes federados, tal como ocorre, por exemplo, nos contratos de consórcios públicos previstos na Lei 11.107/2005.[14]

De qualquer forma, na eventual celebração de contratos administrativos entre entidades integrantes da Administração Pública, são inaplicáveis as cláusulas exorbitantes, previstas no

---

[11] Lei 14.133/2021: "Art. 6.º [...] VII – contratante: pessoa jurídica integrante da Administração Pública responsável pela contratação; VIII – contratado: pessoa física ou jurídica, ou consórcio de pessoas jurídicas, signatária de contrato com a Administração". A Instrução Normativa SEGES/ME 116, de 21 de dezembro de 2021, estabelece procedimentos para a participação de pessoa física nas contratações públicas regidas pela Lei 14.133/2021, no âmbito da Administração Pública federal direta, autárquica e fundacional.

[12] MEIRELLES, Hely Lopes. *Direito administrativo brasileiro*. 22. ed. São Paulo: Malheiros, 1997. p. 195; CARVALHO FILHO, José dos Santos. *Manual de direito administrativo*. 22. ed. Rio de Janeiro: Lumen Juris, 2009. p. 170-171.

[13] GASPARINI, Diógenes. *Direito administrativo*. 12. ed. São Paulo: Saraiva, 2007. p. 645; PEREIRA JUNIOR, Jessé Torres. *Comentários à lei das licitações e contratações da administração pública*. 7. ed. Rio de Janeiro: Renovar, 2007. p. 53-54.

[14] A Lei 11.107/2005 conferiu caráter contratual aos consórcios públicos. De qualquer forma, ainda que tratados como contratos, esses ajustes não se confundiriam com os contratos em sentido estrito, no qual os interesses das partes são antagônicos.

art. 104 da Lei 14.133/2021, uma vez que a superioridade contratual de uma das partes seria incompatível com a igualdade federativa (arts. 18 e 19, III, da CRFB).[15]

Outra questão interessante refere-se à viabilidade de contratos administrativos por entidades administrativas com personalidade de direito privado (empresas públicas, sociedades de economia mista e fundações estatais de direito privado). Nesse caso, é importante lembrar que, em regra, tais entidades praticam atos de direito privado, mas isso não afasta a possibilidade de edição de atos administrativos quando houver o desempenho de uma atividade ou função administrativa.

Primeira posição: os contratos administrativos são celebrados exclusivamente por Entes da Administração Direta (União, Estados, DF e Municípios) e por entidades de direito público da Administração Indireta (autarquias e fundações estatais de direito público). As entidades administrativas com personalidade de direito privado não celebram contratos administrativos, mas, sim, contratos privados da Administração. Nesse sentido: Jessé Torres Pereira Junior.[16]

Segunda posição: as entidades de direito privado da Administração Pública podem celebrar contratos administrativos quando prestarem serviços públicos. Em relação às empresas públicas e às sociedades de economia mista, deve ser feita a distinção entre os seus objetos: enquanto as estatais econômicas somente celebram contratos privados da Administração, tendo em vista a submissão, em regra, ao mesmo regime jurídico das empresas privadas (art. 173, § 1.º, II da CRFB), as estatais que prestam serviços públicos podem celebrar contratos administrativos vinculados à prestação do serviço público. Nesse sentido: Diógenes Gasparini e Marcos Juruena Villela Souto.[17]

Sustentamos a possibilidade de celebração de contratos administrativos por entidades de direito privado quando prestadoras de serviços públicos, visto que a atividade administrativa desempenhada por essas pessoas atrai a incidência do regime de direito público, típico dos contratos administrativos. Nesse sentido, o STJ[18] considerou que o contrato celebrado pela Empresa de Correios e Telégrafos (ECT) com empresa privada, selecionada mediante licitação, para construção de duas agências dos correios, deve ser considerado "contrato administrativo", sujeito ao Direito Administrativo (possibilidade de cláusulas exorbitantes), pois não se trata de relação de direito privado ou de consumo.

Contudo, é preciso destacar que o art. 68 da Lei 13.303/2016 (Lei das Estatais) dispõe que os contratos celebrados por empresas estatais, independentemente da atividade (serviços públicos ou atividades econômicas), são regulados pela referida Lei e pelos preceitos de direito privado.

---

[15] De acordo com o TCU, nos contratos celebrados entre entidades da Administração Pública, são inaplicáveis as cláusulas exorbitantes, porquanto se trata de avenças acordadas por entidades detentoras de prerrogativas de Poder Público, em que há situação de igualdade entre as partes (TCU, Acórdão 1.953/2018, Plenário, Representação, Rel. Min. Benjamin Zymler, 22.08.2018, *Informativo de Jurisprudência sobre Licitações e Contratos do TCU* n. 353).

[16] PEREIRA JUNIOR, Jessé Torres. *Comentários à lei das licitações e contratações da administração pública*. 7. ed. Rio de Janeiro: Renovar, 2007. p. 616.

[17] GASPARINI, Diógenes. *Direito administrativo*. 12. ed. São Paulo: Saraiva, 2007. p. 645; SOUTO, Marcos Juruena Villela. *Direito administrativo contratual*. Rio de Janeiro: Lumen Juris, 2004. p. 278.

[18] STJ, 1.ª Turma, REsp 527.137/PR, Rel. Min. Luiz Fux, *DJ* 31.05.2004, p. 191.

2.4. CARACTERÍSTICAS

Os contratos administrativos são regidos, predominantemente, por normas de direito público. O reconhecimento de prerrogativas em favor da Administração Pública e a importância da atividade administrativa desempenhada revelam a necessidade de aplicação do regime de direito público. Em consequência, os contratos administrativos possuem características específicas que podem ser assim resumidas: formalismo moderado, bilateralidade, comutatividade, personalíssimo (*intuitu personae*), desequilíbrio e instabilidade.

2.4.1. Formalismo moderado

A atuação administrativa, ao contrário da atuação privada, exige maiores formalidades, tendo em vista a gestão da "coisa pública". Por essa razão, a Constituição e a legislação infraconstitucional exigem o cumprimento de algumas formalidades para celebração de contratos administrativos. Ex.: exigência de licitação prévia, salvo os casos excepcionais admitidos pela legislação; forma escrita do contrato, sendo vedados os contratos verbais, salvo os de pequenas compras de pronto pagamento (art. 95, § 2.º, da Lei 14.133/2021); cláusulas necessárias que devem constar do ajuste (art. 92 da Lei 14.133/2021); prazo determinado (art. 105 da Lei 14.133/2021).

Em relação à forma escrita do contrato, é pertinente uma ponderação. Considera-se "nulo e de nenhum efeito o contrato verbal com a Administração, salvo o de pequenas compras ou o de prestação de serviços de pronto pagamento", assim entendidos aqueles de valor não superior a R$ 12.545,11 (art. 95, § 2.º, da Lei 14.133/2021 e Decreto 12.343/2024).

Todavia, o referido dispositivo legal deve ser interpretado em conformidade com os princípios gerais do Direito, pois a interpretação literal levaria à conclusão de que os contratos verbais, que não são de pequenas compras ou serviços, não seriam considerados válidos e não produziriam efeitos, inclusive o efeito do pagamento. Ocorre que essa interpretação prejudicaria o particular de boa-fé que forneceu o bem ou prestou o serviço e acarretaria o enriquecimento sem causa da Administração. Por esta razão, a doutrina e a jurisprudência têm reconhecido o dever da Administração contratante de pagar ao contratado pela execução do ajuste verbal, em homenagem aos princípios da boa-fé e da vedação do enriquecimento sem causa. Nesse sentido: STJ, TJRJ, Marçal Justen Filho, Marcos Juruena Villela Souto, Enunciado 8 da PGE/RJ e Orientação Normativa/AGU 4.[19]

---

[19] Nesse sentido: STJ, 2.ª Turma, REsp 317.463/SP, Rel. Min. João Otávio de Noronha, *DJ* 03.05.2004, p. 126; TJRJ, 15.ª Câmara Cível, Ap 2000.001.10525, Des. Jose Pimentel Marques, j. 07.02.2001; JUSTEN FILHO, Marçal. *Comentários à lei de licitações e contratos administrativos*. 9. ed. São Paulo: Dialética, 2002. p. 243; SOUTO, Marcos Juruena Villela. *Direito administrativo contratual*. Rio de Janeiro: Lumen Juris, 2004. p. 391-394. Enunciado 8 da PGE/RJ: "Os serviços prestados pelo particular de boa-fé sem cobertura contratual válida deverão ser indenizados (art. 59, parágrafo único, da Lei 8.666/93). O Termo de Ajuste de Contas é o instrumento hábil para promover a indenização dos serviços executados (Lei Estadual 287/1979, art. 90, parágrafo 2.º, I c/c Decreto Estadual 3.149/1980, art. 67, II), impondo-se ao administrador público o dever de apurar a responsabilidade dos agentes que deram causa à situação de nulidade"; Orientação Normativa/AGU 4: "A despesa sem cobertura contratual deverá ser objeto de reconhecimento da obrigação de indenizar nos termos do art. 59, parágrafo único, da Lei 8.666, de 1993, sem prejuízo da apuração da responsabilidade de quem lhe der causa".

O reconhecimento da execução do objeto contratual e o respectivo pagamento (incluído o lucro do particular) são formalizados por meio do Termo de Ajuste de Contas (ou "contrato de efeitos pretéritos").[20]

2.4.2. Bilateralidade

A formalização de todo e qualquer contrato (público ou privado) depende da manifestação de vontade das partes contratantes. Ademais, a bilateralidade é encontrada na produção de efeitos, pois o ajuste estabelece obrigações recíprocas para as partes. As cláusulas regulamentares (ou de serviço) são inseridas no contrato pela Administração, havendo liberdade para manifestação de vontade do particular no tocante às cláusulas econômicas (preço, reajuste etc.). Esse é o traço distintivo entre os contratos e os atos administrativos, pois, nesse último caso, a formatação do ato depende da manifestação unilateral da Administração.

2.4.3. Comutatividade

As obrigações das partes contratantes são equivalentes e previamente estabelecidas. A equação financeira inicial do contrato, estabelecida a partir da proposta vencedora na licitação, deve ser preservada durante toda a vigência do contrato. Trata-se do princípio constitucional do equilíbrio econômicofinanceiro do contrato, previsto no art. 37, XXI, da CRFB ("cláusulas que estabeleçam obrigações de pagamento, mantidas as condições efetivas da proposta, nos termos da lei"). A equação financeira inicial, normalmente fixada a partir da relação entre as obrigações e os encargos do contratado e a remuneração prevista para a execução adequada do ajuste, deve ser preservada contra o decurso do tempo, bem como nos casos de fatos extraordinários não imputáveis ao contratado. Por esta razão, a legislação contempla alguns instrumentos para efetivação desse princípio, com destaque para o reajuste e a revisão do contrato.

2.4.4. Personalíssimo (*intuitu personae*)

O contrato é celebrado com o licitante que apresentou a melhor proposta. A escolha impessoal do contratado faz com que o contrato tenha que ser por ele executado, sob pena de burla aos princípios da impessoalidade e da moralidade.[21]

Todavia, não se pode emprestar caráter absoluto a essa exigência, admitindo-se, nas hipóteses legais, a alteração subjetiva do contrato (ex.: o art. 122 da Lei 14.133/2021 admite a subcontratação parcial, até o limite permitido pela Administração).[22]

---

[20] A nomenclatura usual na prática é "Termo de Ajuste de Contas". A expressão "contrato de efeitos pretéritos" é utilizada por Marcos Juruena Villela Souto (*Direito administrativo contratual*. Rio de Janeiro: Lumen Juris, 2004. p. 391).

[21] Em sentido contrário à tese defendida pela doutrina majoritária, Marçal Justen Filho sustenta a inexistência de personalismo nos contratos administrativos. Em suas palavras: "Ao ver deste autor, o personalismo do contrato administrativo apenas pode verificar-se quando tiver ocorrido escolha discricionária do sujeito a ser contratado pela Administração Pública. Com a prática da licitação, elimina-se essa discricionariedade – e, com ela, também se exclui o personalismo da contratação" (Considerações acerca da modificação subjetiva dos contratos administrativos. *FCGP*, Belo Horizonte, ano 4, n. 41, p. 5435, maio 2005).

[22] Ressalte-se que, na linha consagrada no TCU, no contexto da legislação anterior, é inadmissível subcontratação total, por ofensa às normas regentes dos contratos administrativos (TCU, Plenário,

2.4.5. Desequilíbrio

É tradicional a afirmação de que, ao contrário do que ocorre nos contratos privados, as partes contratantes nos contratos administrativos estão em posição de desigualdade, tendo em vista a presença das cláusulas exorbitantes que consagram prerrogativas à Administração e sujeições ao contratado. O art. 104 da Lei 14.133/2021 elenca as cláusulas exorbitantes (alteração unilateral, extinção unilateral, fiscalização, aplicação de sanções e ocupação provisória).

2.4.6. Instabilidade

A Administração possui a prerrogativa de alterar unilateralmente as cláusulas regulamentares ou, até mesmo, rescindir os contratos administrativos, tendo em vista a necessidade de atender o interesse público (art. 104 da Lei 14.133/2021). A mutabilidade natural do interesse público, em razão da alteração da realidade social, política e econômica, acarreta a maleabilidade (instabilidade) nos contratos administrativos. Enquanto nos contratos privados sempre vigorou a ideia, hoje muito mitigada pelas teorias revisionistas, do *pacta sunt servanda*, nos contratos administrativos a instabilidade é uma nota essencial.

2.5. FORMALIZAÇÃO DOS CONTRATOS

Os contratos administrativos são regulados por suas cláusulas e normas de direito público, com a aplicação, supletiva, dos princípios da teoria geral dos contratos e as disposições de direito privado (art. 89 da Lei 14.133/2021).[23]

A Administração convocará regularmente o licitante vencedor para assinar o termo de contrato ou aceitar ou retirar o instrumento equivalente, dentro do prazo e nas condições estabelecidas no edital de licitação, sob pena de decair o direito à contratação, sem prejuízo das sanções previstas na Lei de Licitações (art. 89 da Lei 14.133/2021).[24]

É facultado à Administração, quando o convocado não assinar o termo de contrato ou não aceitar ou retirar o instrumento equivalente no prazo e nas condições estabelecidos, convocar os licitantes remanescentes, na ordem de classificação, para a celebração do contrato nas condições propostas pelo licitante vencedor (art. 90, § 2.º).

Na hipótese de nenhum dos licitantes aceitar a contratação, a Administração, observado o valor estimado e sua eventual atualização nos termos do edital, poderá (art. 90, § 4.º): a) convocar os licitantes remanescentes para negociação, na ordem de classificação, visando à

Acórdão 21.89/11, Rel. Min. José Jorge, 17.08.2011, *Informativo de Jurisprudência sobre Licitações e Contratos do TCU* n. 76; TCU, Primeira Câmara, Acórdão 14.193/18, Rel. Min.-Substituto Weder de Oliveira, *Informativo de Jurisprudência sobre Licitações e Contratos do TCU* n. 359).

[23] Todo contrato deve mencionar os nomes das partes e os de seus representantes, a finalidade, o ato que autorizou sua lavratura, o número do processo da licitação ou da contratação direta e a sujeição dos contratantes às normas desta Lei e às cláusulas contratuais (art. 89, § 1.º, da Lei 14.133/2021). Os contratos devem estabelecer com clareza e precisão as condições para sua execução, expressas em cláusulas que definam os direitos, as obrigações e as responsabilidades das partes, em conformidade com os termos do edital de licitação e da proposta vencedora ou com os termos do ato que autorizou a contratação direta e da respectiva proposta (art. 89, § 2.º, da Lei 14.133/2021).

[24] O prazo de convocação poderá ser prorrogado uma vez, por igual período, mediante solicitação da parte durante seu transcurso, devidamente justificada, e desde que o motivo apresentado seja aceito pela Administração (art. 90, § 1.º).

obtenção de preço melhor, mesmo que acima do preço do adjudicatário; e b) restando frustrada a negociação de melhor condição, adjudicar e celebrar o contrato nas condições ofertadas pelos licitantes remanescentes, atendida a ordem classificatória.

Decorrido o prazo de validade da proposta indicado no edital sem convocação para a contratação, ficam os licitantes liberados dos compromissos assumidos (art. 90, § 3.º).

A recusa injustificada do adjudicatário em assinar o contrato ou em aceitar ou retirar o instrumento equivalente no prazo estabelecido pela Administração caracteriza o descumprimento total da obrigação assumida, sujeitando-o às penalidades legalmente estabelecidas e à imediata perda da garantia de proposta em favor dos órgãos licitantes (art. 90, § 5.º).[25]

A Administração pode convocar os demais licitantes classificados para a contratação de remanescente de obra, serviço ou fornecimento em consequência de rescisão contratual, observados os mesmos critérios estabelecidos nos §§ 2.º e 4.º (art. 90, § 7.º).[26]

Os contratos e seus aditamentos terão forma escrita, serão juntados ao processo que deu origem à contratação, divulgados e mantidos à disposição do público em sítio eletrônico oficial (art. 91 da Lei 14.133/2021).[27] Admite-se a forma eletrônica na celebração de contratos e de termos aditivos, atendidas as exigências previstas em regulamento (art. 91, § 3.º).

Antes de formalizar ou prorrogar o prazo de vigência do contrato, a Administração deverá consultar o Cadastro Nacional de Empresas Inidôneas e Suspensas (CEIS) e o Cadastro Nacional de Empresas Punidas (CNEP), emitir as certidões negativas de inidoneidade, de impedimento e de débitos trabalhistas e juntá-las ao respectivo processo (art. 91, § 4.º).

Os contratos administrativos possuem as seguintes cláusulas necessárias (art. 92 da Lei 14.133/2021): a) o objeto e seus elementos característicos; b) a vinculação ao edital de licitação e à proposta do licitante vencedor ou ao ato que tiver autorizado a contratação direta e à respectiva

---

[25] A referida regra não se aplica aos licitantes remanescentes convocados na forma do inciso I do § 4.º do art. 89 da Lei de Licitações (art. 90, § 6.º).

[26] O inciso XI do art. 24 da antiga Lei 8.666/1993 admitia a dispensa de licitação na contratação de remanescente de obra, serviço ou fornecimento, em consequência de rescisão contratual, desde que atendida a ordem de classificação da licitação anterior e aceitas as mesmas condições oferecidas pelo licitante vencedor, inclusive quanto ao preço, devidamente corrigido. Todavia, a situação não caracterizava, verdadeiramente, uma hipótese de contratação direta, uma vez que a licitação foi realizada, mas de inadimplemento contratual. Por essa razão, a atual Lei de Licitações tratou do tema no capítulo da formalização dos contratos administrativos. Mencione-se, ainda, a Orientação Normativa/AGU 79, que dispõe: "Mesmo após a revogação da Lei 8.666, de 21 de junho de 1993, havendo rescisão de contrato administrativo que tenha sido nela fundamentado, será admitida a celebração de contrato de remanescente de obra, serviço ou fornecimento com base em seu art. 24, inciso XI, desde que sejam atendidos todos demais requisitos legais aplicáveis a essa espécie de contratação".

[27] Admite-se a manutenção em sigilo de contratos e de termos aditivos quando imprescindível à segurança da sociedade e do Estado, nos termos da legislação que regula o acesso à informação (art. 91, § 1.º, da Lei 14.133/2021). Contratos relativos a direitos reais sobre imóveis formalizam-se por instrumento lavrado em cartório de notas, cujo teor deve ser mantido à disposição do público em sítio eletrônico oficial (art. 91, § 2.º, da Lei 14.133/2021). De acordo com a Orientação Normativa/AGU 2/2009: "Os instrumentos dos contratos, convênios e demais ajustes, bem como os respectivos aditivos, devem integrar um único processo administrativo, devidamente autuado em sequência cronológica, numerado, rubricado, contendo cada volume os respectivos termos de abertura e encerramento".

proposta; c) a legislação aplicável à execução do contrato, inclusive quanto aos casos omissos; d) o regime de execução ou a forma de fornecimento; e) o preço e as condições de pagamento, os critérios, a data-base e a periodicidade do reajustamento de preços e os critérios de atualização monetária entre a data do adimplemento das obrigações e a do efetivo pagamento; f) os critérios e a periodicidade da medição, quando for o caso, e os prazos para liquidação e para pagamento, que, conjuntamente, não poderão superar 30 (trinta) dias, contados a partir da data final do período de adimplemento de cada parcela e/ou execução do serviço; g) os prazos de início das etapas de execução, conclusão, entrega, observação e recebimento definitivo, quando for o caso; h) o crédito pelo qual correrá a despesa, com a indicação da classificação funcional programática e da categoria econômica; i) a matriz de risco, quando for o caso; j) o prazo para resposta ao pedido de repactuação de preços, quando for o caso; k) o prazo para resposta ao pedido de restabelecimento do equilíbrio econômico-financeiro, quando for o caso; l) as garantias oferecidas para assegurar sua plena execução, quando exigidas, inclusive as que forem oferecidas pelo contratado no caso de antecipação de valores a título de pagamento; m) o prazo de garantia mínima do objeto, observados os prazos mínimos estabelecidos na Lei 14.133/2021 e nas normas técnicas aplicáveis, e as condições de manutenção e assistência técnica, quando for o caso; n) os direitos e as responsabilidades das partes, as penalidades cabíveis e os valores das multas e suas bases de cálculo; o) as condições de importação e a data e a taxa de câmbio para conversão, quando for o caso; p) a obrigação do contratado de manter, durante toda a execução do contrato, em compatibilidade com as obrigações por ele assumidas, todas as condições exigidas para a habilitação na licitação, ou para qualificação, na contratação direta; q) a obrigação de o contratado cumprir as exigências de reserva de cargos prevista em lei, bem como em outras normas específicas, para pessoa com deficiência, para reabilitado da Previdência Social e para aprendiz; r) o modelo de gestão do contrato, observados os requisitos definidos em regulamento; e s) os casos de extinção.

Ademais, nos contratos celebrados pela Administração Pública com pessoas físicas ou jurídicas, inclusive as domiciliadas no exterior, deverá constar necessariamente cláusula que declare competente o foro da sede da Administração para dirimir qualquer questão contratual, ressalvadas as seguintes hipóteses (art. 92, § 1.º, da Lei 14.133/2021): a) licitação internacional para a aquisição de bens e serviços cujo pagamento seja feito com o produto de financiamento concedido por organismo financeiro internacional de que o Brasil faça parte, ou por agência estrangeira de cooperação; b) contratação com empresa estrangeira para a compra de equipamentos fabricados e entregues no exterior precedida de autorização do Chefe do Poder Executivo; c) aquisição de bens e serviços realizada por unidades administrativas com sede no exterior.

Independentemente do prazo de duração, o contrato deverá conter cláusula que estabeleça o índice de reajustamento de preço, com data-base vinculada à data do orçamento estimado, e poderá ser estabelecido mais de um índice específico ou setorial, em conformidade com a realidade de mercado dos respectivos insumos (art. 92, § 3.º).

Nos contratos de serviços contínuos, observado o interregno mínimo de um ano, o critério de reajustamento de preços será por (art. 92, § 4.º): a) reajustamento em sentido estrito, quando não houver regime de dedicação exclusiva de mão de obra ou predominância de mão de obra, mediante previsão de índices específicos ou setoriais; e b) repactuação, quando houver regime de dedicação exclusiva de mão de obra ou predominância de mão de obra, mediante demonstração analítica da variação dos custos.[28] Em relação aos contratos de serviços contínuos com

---

[28] De acordo com o art. 6.º, XVI, da nova Lei: "serviços contínuos com regime de dedicação exclusiva de mão de obra: aqueles cujo modelo de execução contratual exige, entre outros requisitos, que: a)

Cap. 2 – CONTRATOS ADMINISTRATIVOS | **155**

regime de dedicação exclusiva de mão de obra ou com predominância de mão de obra, o prazo para resposta ao pedido de repactuação de preços será preferencialmente de um mês, contado da data do fornecimento da documentação prevista no § 6.º do art. 135 da nova Lei (art. 92, § 6.º).[29] Cabe registrar que a necessidade de previsão contratual do reajuste em sentido estrito e a sua periodicidade anual já eram consagradas na legislação anterior (arts. 40, XI, e 55, III, da Lei 8.666/1993 e art. 3.º, § 1.º, da Lei 10.192/2001).[30]

Registre-se, contudo, a alteração quanto ao termo inicial do prazo de reajustamento: enquanto o art. 40, XI, da Lei 8.666/1993 admitia a data de apresentação da proposta ou do orçamento a que essa proposta se referisse, os arts. 25, § 7.º, e 92, § 3.º, da Lei 14.133/2021 indicam a data do orçamento estimado como termo inicial do prazo.

Nos contratos de obras e serviços de engenharia, sempre que compatível com o regime de execução, a medição será mensal (art. 92, § 5.º, da Lei 14.133/2021).

De acordo com o § 7.º do art. 92 da Lei 14.133/2021, inserido pela Lei 14.770/2023, consideram-se como adimplemento da obrigação contratual a prestação do serviço, a realização da obra ou a entrega do bem, ou parcela destes, bem como qualquer outro evento contratual a cuja ocorrência esteja vinculada a emissão de documento de cobrança.

Já o art. 93 da Lei 14.133/2021 dispõe que nas contratações de projetos ou de serviços técnicos especializados, inclusive daqueles que contemplem o desenvolvimento de programas e aplicações de internet para computadores, máquinas, equipamentos e dispositivos de tratamento e de comunicação da informação (software), o autor deverá ceder todos os direitos patrimoniais a eles relativos para a Administração Pública, hipótese em que poderão ser livremente utilizados e alterados por ela em outras ocasiões, sem necessidade de nova autorização de seu autor.[31]

A referida exigência de cessão dos direitos poderá ser dispensada quando o objeto do contrato envolver atividade de pesquisa e desenvolvimento de caráter científico, tecnológico ou de inovação, considerados os princípios e os mecanismos instituídos pela Lei 10.973/2004

---

os empregados do contratado fiquem à disposição nas dependências do contratante para a prestação dos serviços; b) o contratado não compartilhe os recursos humanos e materiais disponíveis de uma contratação para execução simultânea de outros contratos; c) o contratado possibilite a fiscalização pelo contratante quanto à distribuição, controle e supervisão dos recursos humanos alocados aos seus contratos".

[29] O regime jurídico da repactuação é detalhado no art. 135 da Lei 14.133/2021.

[30] Na vigência da Lei 8.666/1993, o TCU decidiu: "O reajuste de preços contratuais é devido após transcorrido um ano, contado a partir de dois possíveis termos iniciais mutuamente excludentes: a data-limite para apresentação da proposta ou a data do orçamento estimativo a que a proposta se referir (art. 40, inciso XI, da Lei 8.666/1993; art. 3.º, § 1.º, da Lei 10.192/2001; e art. 37, inciso XXI, da Constituição Federal)" (TCU, Acórdão 83/2020, Plenário, Auditoria, Rel. Min. Bruno Dantas, *Informativo de Jurisprudência sobre Licitações e Contratos do TCU* n. 383). A Orientação Normativa/ AGU 24 dispõe: "O contrato de serviço continuado sem dedicação exclusiva de mão de obra deve indicar que o reajuste dar-se-á após decorrido o interregno de um ano contado da data-limite para a apresentação da proposta".

[31] Quando o projeto se referir a obra imaterial de caráter tecnológico, insuscetível de privilégio, a cessão dos direitos incluirá o fornecimento de todos os dados, documentos e elementos de informação pertinentes à tecnologia de concepção, desenvolvimento, fixação em suporte físico de qualquer natureza e aplicação da obra (art. 93, § 1.º). Na hipótese de posterior alteração do projeto pela Administração Pública, o autor deverá ser comunicado, e os registros serão promovidos nos órgãos ou entidades competentes (art. 93, § 3.º).

(art. 93, § 2.º, da Lei 14.133/2021). A divulgação no Portal Nacional de Contratações Públicas (PNCP) é condição indispensável para a eficácia do contrato e seus aditamentos e deverá ocorrer nos seguintes prazos, contados de sua assinatura (art. 94, I e II, da Lei 14.133/2021): a) 20 dias, no caso de licitação; e b) 10 dias, no caso de contratação direta.

Os contratos celebrados em caso de urgência terão eficácia a partir da sua assinatura e deverão ser publicados nos prazos previstos nos incisos I e II do art. 94, sob pena de nulidade (art. 94, § 1.º).

A divulgação, quando referente à contratação de profissional do setor artístico por inexigibilidade, deverá identificar os custos do cachê do artista, dos músicos ou da banda, quando houver, do transporte, da hospedagem, da infraestrutura, da logística do evento e das demais despesas específicas (art. 94, § 2.º).

No caso de obras, a Administração divulgará em sítio eletrônico oficial, em até 25 dias úteis após a assinatura do contrato, os quantitativos e os preços unitários e totais que contratar e, em até 45 dias úteis após a conclusão do contrato, os quantitativos executados e os preços praticados (art. 94, § 3.º).

Os §§ 4.º e 5.º do art. 94 do PL 4.253/2020 estabeleciam que a contratada deveria divulgar em seu sítio eletrônico e manter à disposição do público o inteiro teor dos contratos celebrados com a Administração Pública e seus aditamentos, exigência que não seria aplicada às microempresas e às empresas de pequeno porte. Os referidos parágrafos, contudo, foram vetados pelo Presidente da República, já que representariam ônus financeiro adicional ao particular, encarecendo as contratações públicas, e seriam desnecessários para a implementação do princípio constitucional da publicidade que seria satisfeito pela divulgação dos contratos e respectivos documentos no Portal Nacional de Contratações Públicas (PNCP).

O instrumento de contrato é obrigatório, salvo nas hipóteses elencadas a seguir, em que a Administração poderá substituí-lo por outro instrumento hábil, tal como carta-contrato, nota de empenho de despesa, autorização de compra ou ordem de execução de serviço (art. 95 da Lei 14.133/2021):[32] a) dispensa de licitação em razão de valor; e b) compras com entrega imediata e integral dos bens adquiridos, dos quais não resultem obrigações futuras, inclusive quanto a assistência técnica, independentemente de seu valor.

A atual Lei de Licitações, em seu art. 95, § 2.º, dispõe que será nulo e de nenhum efeito o contrato verbal com a Administração, salvo o de pequenas compras ou prestação de serviços de pronto pagamento, assim entendidas aquelas de valor não superior a R$ 12.545,11 (valor atualizado pelo Decreto 12.343/2024).[33]

---

[32] Nas hipóteses de substituição do instrumento de contrato, devem ser observadas, no que couber, as cláusulas necessárias previstas no art. 92 da Lei (art. 95, § 1.º, da Lei 14.133/2021). A Orientação Normativa 84/2024 da AGU estabelece: "I – É possível a substituição do instrumento de contrato a que alude o art. 92 da Lei 14.133, de 2021, por outro instrumento mais simples, com base no art. 95, I, do mesmo diploma legal, sempre que: a) o valor de contratos relativos a obras, serviços de engenharia e de manutenção de veículos automotores se encaixe no valor atualizado autorizativo da dispensa de licitação prevista no inciso I do art. 75 da Lei 14.133, de 2021; ou b) o valor de contratos relativos a compras e serviços em geral se encaixe no valor atualizado que autoriza a dispensa de licitação prevista no inciso II do art. 75 da Lei 14.133, de 2021. II – Não importa para a aplicação do inciso I do art. 95 da Lei 14.133, de 2021, se a contratação resultou de licitação, inexigibilidade ou dispensa".

[33] No estado de calamidade pública, admite-se a celebração de contrato verbal com valor não superior a R$ 100.000,00 (cem mil reais), nas hipóteses em que a urgência não permitir a formalização do instrumento contratual (art. 2.º da Lei 14.981/2024). O tema será destacado no item 3.16.

Não obstante a literalidade do art. 95, § 2.º, da Lei 14.133/2021, o seu comando deve ser interpretado em conformidade com os princípios gerais do Direito, pois a interpretação literal levaria à conclusão de que os contratos verbais não enquadrados no valor de referência não seriam considerados válidos e não produziriam efeitos, inclusive o efeito do pagamento.

A interpretação prejudicaria o particular de boa-fé que forneceu o bem ou prestou o serviço, gerando o enriquecimento sem causa da Administração.

Por essa razão, é preciso reconhecer o dever da Administração contratante de pagar ao contratado pela execução do ajuste verbal, em homenagem aos princípios da boa-fé e da vedação do enriquecimento sem causa. O reconhecimento da execução do objeto contratual e o respectivo pagamento (incluído o lucro do particular) são formalizados por meio do Termo de Ajuste de Contas (ou "contrato de efeitos pretéritos").

2.6. GARANTIAS

O edital pode exigir a prestação das seguintes garantias nas contratações de obras, serviços e compras (art. 96, *caput* e § 1.º, da Lei 14.133/2021, alterado pela Lei 14.770/2023): a) caução em dinheiro ou em títulos da dívida pública emitidos sob a forma escritural mediante registro em sistema centralizado de liquidação e de custódia autorizado pelo Banco Central do Brasil e avaliados por seus valores econômicos, conforme definido pelo Ministério da Fazenda; b) seguro-garantia; c) fiança bancária emitida por banco ou instituição financeira devidamente autorizada a operar no País pelo Banco Central do Brasil; e d) título de capitalização custeado por pagamento único, com resgate pelo valor total.

Na hipótese de suspensão do contrato por ordem ou inadimplemento da Administração, o contratado ficará desobrigado de renovar a garantia ou de endossar a apólice de seguro até a ordem de reinício da execução ou o adimplemento pela Administração (art. 96, § 2.º).

Em relação ao seguro-garantia, o edital fixará prazo mínimo de um mês, contado da data da homologação da licitação e anterior à assinatura do contrato, para a prestação da garantia pelo contratado (art. 96, § 3.º).

O seguro-garantia tem por objetivo garantir o fiel cumprimento das obrigações assumidas pelo contratado perante a Administração, inclusive as multas, os prejuízos e as indenizações decorrentes de inadimplemento, observadas as seguintes regras (art. 97 da Lei 14.133/2021): a) o prazo de vigência da apólice será igual ou superior ao prazo estabelecido no contrato principal e deverá acompanhar as modificações referentes à vigência deste mediante a emissão do respectivo endosso pela seguradora; b) o seguro-garantia continuará em vigor mesmo se o contratado não tiver pago o prêmio nas datas convencionadas.

Aqui, a imposição legal de manutenção da vigência do seguro-garantia, mesmo na hipótese de inadimplemento do prêmio pelo segurado, pode gerar efeitos negativos à contratação pública. Em razão do aumento dos riscos nos contratos de seguro, a citada exigência pode afastar o interesse das seguradoras ou incrementar demasiadamente o valor dos seguros e, por consequência, dos contratos celebrados com a Administração Pública.

Nos contratos de execução continuada ou de fornecimento contínuo de bens e serviços, será permitida a substituição da apólice de seguro-garantia na data da renovação ou do aniversário, desde que mantidas as condições e coberturas da apólice vigente e desde que nenhum período fique descoberto, ressalvado o disposto no § 2.º do art. 96 da Lei (art. 97, parágrafo único, da Lei 14.133/2021).

Nas contratações de obras, serviços e fornecimentos, a garantia poderá ser de até 5% do valor inicial do contrato, autorizada a majoração desse percentual para até 10%, desde que justificada mediante análise da complexidade técnica e dos riscos envolvidos (art. 98 da Lei 14.133/2021).

É possível perceber que a atual Lei de Licitações manteve, em regra, a sistemática do art. 56, §§ 2.º e 3.º, da Lei 8.666/1993, fixando o limite de 5%, com a possibilidade, em casos de complexidade técnica e riscos maiores, do aumento da garantia para até 10% do valor inicial do contrato.

Contudo, ao contrário da legislação anterior, a atual Lei de Licitações permite a fixação de percentual maior para garantia nas contratações de obras e serviços de engenharia de grande vulto (valor superior a R$ 250.902.323,87, na forma do Decreto 12.343/2024). Nesses casos, poderá ser exigida a prestação de garantia, na modalidade seguro-garantia, com cláusula de retomada prevista no art. 102 da Lei, em percentual equivalente a até 30% do valor inicial do contrato (art. 99 da Lei 14.133/2021).

Nas contratações de serviços e fornecimentos contínuos com vigência superior a um ano, assim como nas subsequentes prorrogações, será utilizado o valor anual do contrato para definição e aplicação dos referidos percentuais (art. 98, parágrafo único).

A garantia prestada pelo contratado será liberada ou restituída após a fiel execução do contrato ou após sua extinção por culpa exclusiva da Administração, e, quando em dinheiro, atualizada monetariamente (art. 100 da Lei 14.133/2021).

Nos casos de contratos que impliquem entrega de bens pela Administração, dos quais o contratado ficará depositário, ao valor da garantia deverá ser acrescido o valor desses bens (art. 101 da Lei 14.133/2021).

As disposições contidas nos arts. 100 e 101 da atual Lei de Licitações são similares àquelas encontradas no art. 56, §§ 4.º e 5.º, da antiga Lei 8.666/1993.

Na contratação de obras e serviços de engenharia, o edital poderá exigir a prestação da garantia na modalidade seguro-garantia e prever a obrigação da seguradora de, em caso de inadimplemento pelo contratado, assumir a execução e concluir o objeto do contrato, hipótese em que (art. 102 da Lei 14.133/2021): a) a seguradora deverá firmar o contrato, inclusive os aditivos, como interveniente anuente, e poderá: a.1) ter livre acesso às instalações em que for executado o contrato principal; a.2) acompanhar a execução do contrato principal; a.3) ter acesso a auditoria técnica e contábil; a.4) requerer esclarecimentos ao responsável técnico pela obra ou pelo fornecimento; b) é autorizada a emissão de empenho em nome da seguradora, ou a quem ela indicar para a conclusão do contrato, desde que demonstrada sua regularidade fiscal; c) a seguradora poderá subcontratar a conclusão do contrato, total ou parcialmente.

Na hipótese de inadimplemento do contratado, serão observadas as seguintes regras (art. 102, parágrafo único, da Lei 14.133/2021): a) caso a seguradora execute e conclua o objeto do contrato, estará isenta da obrigação de pagar a importância segurada indicada na apólice; e b) caso a seguradora não assuma a execução do contrato, pagará a integralidade da importância segurada indicada na apólice.

Verifica-se, portanto, que a nova Lei de Licitações trata do seguro-garantia, na modalidade de *performance bond* (garantia de desempenho contratual), segundo o qual a seguradora assume o dever de adimplir as obrigações contratuais, diretamente ou mediante a contratação de terceiros, na hipótese de inadimplemento do contrato administrativo.[34]

---

[34] É possível destacar os três tipos principais de seguro garantia: a) *Bid Bond* (seguro garantia licitante): ajuda a filtrar os licitantes não qualificados para participar do certame e executar o contrato; b)

Ao tratar do art. 56 da antiga Lei 8.666/1993, o TCU afirmou que o seguro-garantia constitui "modalidade de garantia oferecida por licitantes ou contratados, por meio de empresa seguradora, para assegurar o fiel cumprimento de obrigações assumidas em procedimentos licitatórios e em contratos celebrados pela Administração Pública".[35]

A relevância das garantias nos contratos de obras e serviços de engenharia pode ser revelada pelo diagnóstico do elevado número de obras públicas não concluídas no Brasil.

Em auditoria operacional realizada pelo TCU, em 2019, sob a relatoria do Ministro Vital do Rêgo, com a análise de mais de 30 mil obras públicas financiadas com recursos federais, restou diagnosticado que mais de 30% foram consideradas como paralisadas ou inacabadas.[36]

A estipulação de seguro-garantia, com a obrigação da seguradora de assumir a execução e concluir o objeto do contrato (*step in rights*), demonstra a preocupação com o efetivo cumprimento do contrato e a finalização das obras públicas.[37]

A seguradora, em caso de inadimplemento da empreiteira (tomadora do seguro), promoverá, diretamente ou mediante a contratação de terceiros, a conclusão da obra.

Em consequência, a seguradora é estimulada a contribuir com a fiscalização do contrato administrativo.

Aliás, o art. 102 da Lei de Licitações prevê uma série de incentivos para que a seguradora contribua para a correta execução do contrato administrativo, auxiliando na fiscalização do Poder Público. Com o objetivo de evitar o inadimplemento do contratado pela Administração Pública e o surgimento do seu dever de assumir o contrato administrativo, a seguradora deverá firmar o contrato e seus aditivos, como interveniente anuente, e poderá ter livre acesso

---

Performance Bond (seguro garantia do executante): pretende garantir o cumprimento do contrato de construção; e c) *Payment Bond* (seguro garantia de pagamento): garante o pagamento de determinados contratantes e fornecedores de materiais nos casos de inadimplemento do empreiteiro (GALIZA, Francisco. *Uma análise comparativa do seguro garantia de obras públicas*. Rio Janeiro: ENS-CPES, 2015. p. 28). A Circular SUSEP 477/2013 dispõe: "Art. 4.º Define-se Seguro Garantia: Segurado – Setor Público o seguro que objetiva garantir o fiel cumprimento das obrigações assumidas pelo tomador perante o segurado em razão de participação em licitação, em contrato principal pertinente a obras, serviços, inclusive de publicidade, compras, concessões ou permissões no âmbito dos Poderes da União, Estados, do Distrito Federal e dos Municípios, ou ainda as obrigações assumidas em função de: I – processos administrativos; II – processos judiciais, inclusive execuções fiscais; III – parcelamentos administrativos de créditos fiscais, inscritos ou não em dívida ativa; IV – regulamentos administrativos. Parágrafo único. Encontram-se também garantidos por este seguro os valores devidos ao segurado, tais como multas e indenizações, oriundos do inadimplemento das obrigações assumidas pelo tomador, previstos em legislação específica, para cada caso".

35 TRIBUNAL DE CONTAS DA UNIÃO. *Licitações & contratos*: orientações e jurisprudência do TCU. 4. ed. Brasília: TCU, 2010. p. 892.

36 TCU, Acórdão 1.079/2019, Plenário, Rel. Min. Vital do Rêgo, data da sessão 15.05.2019.

37 No âmbito das concessões, existe previsão semelhante do *step in rights* por parte dos financiadores e garantidores, na forma do art. 5.º, § 2.º, I, da Lei 11.079/2004: "Art. 5.º [...] § 2.º Os contratos poderão prever adicionalmente: I – os requisitos e condições em que o parceiro público autorizará a transferência do controle ou a administração temporária da sociedade de propósito específico aos seus financiadores e garantidores com quem não mantenha vínculo societário direto, com o objetivo de promover a sua reestruturação financeira e assegurar a continuidade da prestação dos serviços, não se aplicando para este efeito o previsto no inciso I do parágrafo único do art. 27 da Lei 8.987, de 13 de fevereiro de 1995".

às instalações em que for executado o objeto contratual; acompanhar a sua execução; acessar a auditoria técnica e contábil; requerer esclarecimentos ao responsável técnico pela obra ou pelo fornecimento.

É certo que a previsão do seguro-garantia (*performance bond*) na contratação de obras e serviços de engenharia acarreta aumento dos custos dos contratos administrativos, mas, quando bem planejado, pode servir como importante instrumento de superação do problema das obras públicas não concluídas em razão do inadimplemento contratual.

2.7. ALOCAÇÃO DE RISCOS

A Lei de Licitações, em seu art. 103, admite a repartição de riscos nos contratos administrativos, com a previsão de matriz de alocação de riscos, alocando-os entre contratante e contratado mediante indicação daqueles a serem assumidos pelo setor público ou pelo setor privado ou daqueles a serem compartilhados.[38]

Trata-se de tendência já verificada na legislação especial.

Nas PPPs, por exemplo, a legislação exige a repartição objetiva de riscos entre as partes, inclusive os referentes a caso fortuito, força maior, fato do príncipe e álea econômica extraordinária (arts. 4.º, VI, e 5.º, III, da Lei 11.079/2004).

Igualmente, no âmbito do RDC, a repartição de riscos era admitida pelo art. 9.º, § 5.º, da antiga Lei 12.462/2011, no âmbito da contratação integrada. O referido dispositivo legal previa que, se o anteprojeto contemplasse matriz de alocação de riscos entre a Administração Pública e o contratado, o valor estimado da contratação poderia considerar taxa de risco compatível com o objeto da licitação e as contingências atribuídas ao contratado, de acordo com metodologia predefinida pela entidade contratante.

Mencionem-se, ainda, os contratos celebrados por empresas estatais que devem dispor sobre a matriz de riscos, na forma do art. 69, X, da Lei 13.303/2016.

Na atual Lei de Licitações, a alocação de riscos considerará, em compatibilidade com as obrigações e os encargos atribuídos às partes no contrato, a natureza do risco, o beneficiário das prestações a que se vincula e a capacidade de cada setor para melhor gerenciá-lo (art. 103, § 1.º, da Lei 14.133/2021).

Serão preferencialmente transferidos ao contratado os riscos que tenham cobertura oferecida por seguradoras (art. 103, § 2.º, da Lei 14.133/2021).

---

[38] A matriz de riscos, conforme dispõe o art. 6.º, XXVII, da nova Lei de Licitações, é a "cláusula contratual definidora de riscos e de responsabilidades entre as partes e caracterizadora do equilíbrio econômico-financeiro inicial do contrato, em termos de ônus financeiro decorrente de eventos supervenientes à contratação, contendo, no mínimo, as seguintes informações: a) listagem de possíveis eventos supervenientes à assinatura do contrato que possam causar impacto em seu equilíbrio econômico-financeiro e previsão de eventual necessidade de prolação de termo aditivo por ocasião de sua ocorrência; b) no caso de obrigações de resultado, estabelecimento das frações do objeto com relação às quais haverá liberdade para os contratados inovarem em soluções metodológicas ou tecnológicas, em termos de modificação das soluções previamente delineadas no anteprojeto ou no projeto básico; c) no caso de obrigações de meio, estabelecimento preciso das frações do objeto com relação às quais não haverá liberdade para os contratados inovarem em soluções metodológicas ou tecnológicas, devendo haver obrigação de aderência entre a execução e a solução predefinida no anteprojeto ou no projeto básico, consideradas as características do regime de execução no caso de obras e serviços de engenharia".

Entendemos que a solução adotada pela atual Lei de Licitações, nos §§ 1.º e 2.º do art. 103, foi adequada. A imputação dos riscos para a parte que possui melhores condições de gerenciá-los refletirá, naturalmente, na maior segurança jurídica e economicidade da contratação.[39] Isso porque a alocação dos riscos contratuais será quantificada para fins de projeção dos reflexos de seus custos no valor estimado da contratação (art. 103, § 3.º, da Lei 14.133/2021).

Assim, por exemplo, os riscos políticos, cambiais, de interpretação judicial, de disponibilidade financeira, de relações internacionais, que não são gerenciáveis pelo particular, deveriam ser assumidos, preferencialmente, pela Administração Pública e os riscos ligados à construção, operação, rendimento, tecnologia e competição seriam alocados à contratada.[40]

Deve ser evitada, na mesma linha de raciocínio, a imputação à contratada dos riscos relacionados aos eventos praticados pela Administração Pública, especialmente as hipóteses de inadimplemento contratual (fato da administração) ou atos externos à relação jurídica que repercutem no equilíbrio econômico-financeiro do contrato (fato do príncipe).[41]

A matriz de alocação de riscos definirá o equilíbrio econômico-financeiro inicial do contrato em relação a eventos supervenientes e deverá ser observada na solução de eventuais pleitos das partes (art. 103, § 4.º).

Sempre que forem atendidas as condições do contrato e da matriz de alocação de riscos, considera-se mantido equilíbrio econômico-financeiro, renunciando as partes aos pleitos de reequilíbrio relacionados aos riscos assumidos, exceto no que se refere (art. 103, § 5.º): a) às alterações unilaterais determinadas pela Administração; e b) ao aumento ou à redução, por legislação superveniente, dos tributos diretamente pagos pelo contratado em decorrência do contrato.

2.8. CLÁUSULAS EXORBITANTES

Os contratos administrativos são caracterizados pelo desequilíbrio das partes, uma vez que as cláusulas exorbitantes, previstas no art. 104 da Lei 14.133/2021, conferem prerrogativas à Administração e sujeições ao contratado, independentemente de previsão editalícia ou contratual.

Registre-se a inadmissibilidade de cláusulas exorbitantes em desfavor da Administração Pública[42] e nos negócios jurídicos celebrados entre entidades integrantes da Administração Pública, em razão do princípio da igualdade federativa (arts. 18 e 19, III, da CRFB).[43]

É importante salientar que o exercício de prerrogativas por parte da Administração no âmbito dos contratos administrativos dependerá de decisão motivada e ampla defesa e contraditório.

---

[39] Em relação aos contratos de concessão comum e especial (PPP), o Enunciado 28 da I Jornada de Direito Administrativo realizada pelo Centro de Estudos Judiciários do Conselho da Justiça Federal (CEJ/CJF) dispõe: "Na fase interna da licitação para concessões e parcerias público-privadas, o Poder Concedente deverá indicar as razões que o levaram a alocar o risco no concessionário ou no Poder Concedente, tendo como diretriz a melhor capacidade da parte para gerenciá-lo".

[40] SOUTO, Marcos Juruena Villela. Parcerias público-privadas. *Revista de Direito da Associação dos Procuradores do Novo Estado do Rio de Janeiro*, Rio de Janeiro, v. XVII, p. 35, 2006.

[41] DI PIETRO, Maria Sylvia Zanella. *Parcerias na administração pública*. 5. ed. São Paulo: Atlas, 2005. p. 171.

[42] De acordo com o Súmula 205 do TCU: "É inadmissível, em princípio, a inclusão, nos contratos administrativos, de cláusula que preveja, para o Poder Público, multa ou indenização, em caso de rescisão".

[43] TCU, Acórdão 1.953/2018, Plenário, Representação, Rel. Min. Benjamin Zymler, 22.08.2018, *Informativo de Jurisprudência sobre Licitações e Contratos do TCU* n. 353.

Conforme dispõe o art. 104 da Lei 14.133/2021, a Administração Pública possui as seguintes prerrogativas nos contratos administrativos: a) modificação unilateral para melhor adequação às finalidades de interesse público, respeitados os direitos do contratado; b) extinção unilateral; c) fiscalização da execução; d) aplicação de sanções motivadas pela inexecução total ou parcial do ajuste; e e) ocupação provisória de bens móveis e imóveis, pessoal e serviços vinculados ao objeto do contrato, nas hipóteses de: e.1) risco à prestação de serviços essenciais; e.2) necessidade de acautelar apuração administrativa de faltas contratuais pelo contratado, inclusive após rescisão do contrato.

As cláusulas econômico-financeiras e monetárias dos contratos não poderão ser alteradas sem prévia concordância do contratado (art. 104, § 1.º). Na hipótese em que a Administração alterar unilateralmente o contrato, as cláusulas econômico-financeiras do contrato deverão ser revistas para que se mantenha o equilíbrio contratual (art. 104, § 2.º).

Em relação ao regime jurídico das cláusulas exorbitantes contido na Lei 14.133/2021, entendemos que o legislador perdeu uma oportunidade de avançar no tratamento e na relativização das cláusulas exorbitantes.

Ao contrário do entendimento convencional majoritário, que definem as cláusulas exorbitantes como inerentes aos contratos administrativos, ainda que não haja previsão contratual, sustentamos que a implementação das referidas cláusulas dependeria de expressa previsão contratual e de análise motivada por parte da Administração Pública.

Ao positivar tratamento normativo semelhante ao fixado no art. 58 da Lei 8.666/1993, o art. 104 da Lei 14.133/2021 abre caminho para manutenção do entendimento tradicional que sustenta a aplicação automática das cláusulas exorbitantes aos contratos administrativos, independentemente de previsão contratual.

Contudo, nada impede a apresentação de uma visão crítica ao entendimento tradicional, com a relativização da tese da aplicação automática das cláusulas exorbitantes, com fundamento nos seguintes argumentos:[44]

a) relativização do princípio da supremacia do interesse público sobre o privado: o interesse público e os direitos fundamentais não são necessariamente colidentes e não são hierarquizados pela Constituição Federal;

b) princípios da segurança jurídica, da eficiência e da economicidade: as prerrogativas unilaterais em favor do Estado desequilibram a relação contratual, gerando insegurança e risco ao particular que, naturalmente, embutirá o risco incerto em sua proposta apresentada durante o procedimento licitatório, elevando o preço a ser cobrado do Poder Público.

A partir da interpretação aqui sugerida, as cláusulas exorbitantes dependeriam de previsão expressa no instrumento contratual, cabendo ao Poder Público motivar a sua inserção no ajuste.[45]

---

[44] Sobre o tema, vide trabalho de nossa autoria: OLIVEIRA, Rafael Carvalho Rezende. A releitura do direito administrativo à luz do pragmatismo jurídico. *RDA*, v. 256, p. 129-163, jan./abr. 2011.

[45] Nesse sentido, Diogo de Figueiredo Moreira Neto propõe a flexibilização das cláusulas exorbitantes que seriam incluídas discricionariamente em cada contrato administrativo. Com o intuito de se reforçarem a legitimidade e a segurança jurídica do particular, a técnica da flexibilização proposta pelo autor é conjugada com a **"teoria da dupla motivação"**, por meio da qual a administração deve, em primeiro lugar, motivar a adoção ou o afastamento em tese da cláusula exorbitante nos contratos administrativos e, em segundo lugar, motivar a utilização concreta de determinada cláusula exor-

Frise-se que a inaplicabilidade das cláusulas exorbitantes aos contratos administrativos não coloca em risco o atendimento do interesse público, pois na hipótese de alteração da situação fática no curso do contrato que exija alteração das regras pactuadas, poderia a Administração Pública promover a alteração consensual do ajuste ou, em caso de impossibilidade, efetuar nova contratação, eventualmente com dispensa de licitação, se a hipótese, por óbvio, estiver inserida no rol do art. 75 da Lei 14.133/2021.

Por fim, existem outras prerrogativas administrativas na legislação, tal como ocorre no art. 139 da Lei 14.133/2021, que, ao dispor sobre a extinção unilateral do contrato pela Administração, admite as seguintes medidas, sem prejuízo da aplicação das sanções legais: a) assunção imediata do objeto do contrato, no estado e local em que se encontrar, por ato próprio da Administração; b) ocupação e utilização do local, das instalações, dos equipamentos, do material e do pessoal empregados na execução do contrato e necessários a sua continuidade;[46] c) execução da garantia contratual, para: c.1) ressarcimento da Administração Pública por prejuízos decorrentes da não execução; c.2) pagamento de verbas trabalhistas, fundiárias e previdenciárias, quando cabível; c.3) pagamento de valores das multas devidas à Administração Pública; c.4) exigência da assunção da execução e conclusão do objeto do contrato pela seguradora, quando cabível; e d) retenção dos créditos decorrentes do contrato até o limite dos prejuízos causados à Administração Pública e às multas aplicadas.

2.9. EQUILÍBRIO ECONÔMICO-FINANCEIRO DOS CONTRATOS

O princípio da manutenção do equilíbrio econômico-financeiro do contrato encontra-se consagrado no art. 37, XXI, da CRFB, que estabelece a necessidade de manutenção das "condições efetivas da proposta" vencedora na licitação ou na contratação direta.

A equação econômica é definida no momento da apresentação da proposta (e não da assinatura do contrato) e leva em consideração os encargos do contratado e o valor pago pela Administração, devendo ser preservada durante toda a execução do contrato.

É importante ressaltar que o princípio da manutenção do equilíbrio econômico-financeiro pode ser invocado tanto pelo particular (contratado) quanto pelo Poder Público (contratante). Assim, por exemplo, na hipótese de aumento de custos contratuais, em virtude de situações não imputadas ao contratado, o Poder Público deverá majorar o valor a ser pago pela execução do contrato ao contratado. Ao contrário, se os custos contratuais diminuírem, o Poder Público deverá minorar os valores a serem pagos ao contratado.[47]

---

bitante prevista contratualmente (MOREIRA NETO, Diogo de Figueiredo. O futuro das cláusulas exorbitantes nos contratos administrativos. In: ARAGÃO, Alexandre Santos de; MARQUES NETO, Floriano de Azevedo (Coord.). *Direito administrativo e seus novos paradigmas*. Belo Horizonte: Fórum, 2008. p. 581-582 e 586).

[46] A assunção imediata do objeto do contrato e a ocupação, previstas nas alíneas a e b acima, ficam a critério da Administração, que poderá dar continuidade à obra ou ao serviço por execução direta ou indireta (art. 139, § 1.º). A efetivação da ocupação deve ser precedida de autorização expressa do ministro de Estado, secretário estadual ou secretário municipal competente, conforme o caso (art. 139, § 2.º).

[47] No mesmo sentido: NIEBUHR, Joel de Menezes. *Licitação pública e contrato administrativo*. 2. ed. Belo Horizonte: Fórum, 2011. p. 883; FIGUEIREDO, Lúcia Valle. Contratos administrativos: a equação econômico-financeira do contrato de concessão. Aspectos pontuais. *Direito público*: estudos. Belo Horizonte: Fórum, 2007. p. 113.

A legislação consagra diversos mecanismos para evitar o desequilíbrio dessa equação econômica no curso do contrato, com destaque para o reajuste, a revisão, a atualização financeira e a repactuação.

Cabe notar que a extinção do contrato não configura óbice para o reconhecimento do desequilíbrio econômico-financeiro requerido durante sua vigência, hipótese em que será concedida indenização por meio de termo indenizatório (art. 131 da Lei 14.133/2021). Nesse caso, o pedido de restabelecimento do equilíbrio econômico-financeiro deve ser formulado durante a vigência do contrato e antes de eventual prorrogação nos termos do art. 106 (art. 131, parágrafo único, da referida Lei).

Ainda que se admita a validade da preclusão lógica do pedido de reequilíbrio contratual na hipótese em que o contratado não formula o respectivo pedido durante a vigência do ajuste, em razão da impossibilidade de reequilibrar contrato já extinto, nada obsta que, após o término da relação contratual, o particular formule pretensão indenizatória, dentro do prazo prescricional, em razão dos prejuízos decorrentes dos desequilíbrios contratuais.[48]

2.9.1. Reajuste

O reajuste é cláusula necessária dos contratos administrativos cujo objetivo é preservar o valor do contrato em razão da inflação.

Independentemente do prazo de execução do contrato, é obrigatória a previsão no edital de índice de reajustamento de preço com data-base vinculada à data do orçamento estimado, com a possibilidade de ser estabelecido mais de um índice específico ou setorial, em conformidade com a realidade de mercado dos respectivos insumos (art. 25, § 7.º, e art. 92, V e § 3.º, da Lei 14.133/2021).

Em virtude da previsibilidade das oscilações econômicas que acarretarão desequilíbrio no contrato, as partes elegem, previamente, determinado índice que atualizará automaticamente o ajuste (ex.: IGP-M, IPCA).

O reajuste possui periodicidade anual e deve ser estipulado por "índices de preços gerais, setoriais ou que reflitam a variação dos custos de produção ou dos insumos utilizados nos contratos" (art. 2.º, *caput* e § 1.º, da Lei 10.192/2001).[49]

---

[48] Egon Bockmann Moreira e Flávio Amaral Garcia sustentam a ausência de preclusão do direito de o particular pleitear os valores eventualmente devidos em razão de desequilíbrios contratuais: "A lei estabeleceu de modo bastante claro que: (i) pedidos de reequilíbrio devem ser formalizados durante a vigência do contrato; (ii) caso o contratado não o faça durante o período em que o contrato ainda estiver em vigor, o pleito de recebimento do valor supostamente devido poderá ser formulado, mas não mais ostentando a natureza de pedido de reequilíbrio, mas de indenização. Reequilibram-se contratos que estejam em vigor, já que a sua finalidade primacial é a de reequacionar as bases do contrato". MOREIRA, Egon Bockmann; GARCIA, Flávio Amaral. *Contratos administrativos na lei de licitações*: comentários aos artigos 89 a 154 da Lei 14.133/2021, São Paulo: Thomson Reuters Brasil, 2024. p. 306. Marçal Justen Filho, por sua vez, sustenta a inconstitucionalidade do art. 131, parágrafo único, da Lei 14.133/2021, em razão da violação do art. 37, XXI, da CRFB, que assegura a preservação das condições originais da proposta, e do princípio da isonomia, já que inexiste previsão semelhante em desfavor da Administração Pública, entre outros argumentos. JUSTEN FILHO, Marçal. *Comentários à lei de licitações e contratações administrativas*. São Paulo: Thomson Reuters Brasil, 2021. p. 1434-1435.

[49] "Art. 2.º É admitida estipulação de correção monetária ou de reajuste por índices de preços gerais, setoriais ou que reflitam a variação dos custos de produção ou dos insumos utilizados nos contratos

Cap. 2 – CONTRATOS ADMINISTRATIVOS | **165**

Ressalte-se, contudo, que a periodicidade anual do reajuste deve levar em consideração a data do orçamento estimado (art. 25, § 7.º, e art. 92, V e § 3.º, da Lei 14.133/2021; e art. 3.º, § 1.º, da Lei 10.192/2001),[50] visto que o art. 37, XXI, da CRFB, que consagra o princípio do equilíbrio econômico-financeiro do contrato, exige a manutenção das condições efetivas da proposta. É o valor da proposta que deve ser preservado no curso do contrato.

Destarte, o prazo de 12 meses para o reajustamento não é contado da assinatura do contrato, o que permite concluir que o reajuste é possível mesmo nos contratos com prazo inferior a um ano. Ex.: licitante apresenta a proposta vencedora em maio de 2024, mas o contrato, com prazo de 10 meses, é assinado em agosto de 2024. Em maio de 2025, o licitante poderá pleitear o reajuste.[51]

É possível, inclusive, que o reajuste ocorra antes da assinatura do contrato, desde que ultrapassado o prazo de 12 meses da apresentação da proposta.[52]

---

de prazo de duração igual ou superior a um ano. § 1.º É nula de pleno direito qualquer estipulação de reajuste ou correção monetária de periodicidade inferior a um ano."

[50] Lei 14.133/2021: "art. 25 [...] § 7.º Independentemente do prazo de duração do contrato, será obrigatória a previsão no edital de índice de reajustamento de preço, com data-base vinculada à data do orçamento estimado e com a possibilidade de ser estabelecido mais de um índice específico ou setorial, em conformidade com a realidade de mercado dos respectivos insumos"; e "art. 92. São necessárias em todo contrato cláusulas que estabeleçam: [...] V – o preço e as condições de pagamento, os critérios, a data-base e a periodicidade do reajustamento de preços e os critérios de atualização monetária entre a data do adimplemento das obrigações e a do efetivo pagamento; [...] § 3.º Independentemente do prazo de duração, o contrato deverá conter cláusula que estabeleça o índice de reajustamento de preço, com data-base vinculada à data do orçamento estimado, e poderá ser estabelecido mais de um índice específico ou setorial, em conformidade com a realidade de mercado dos respectivos insumos." Lei 10.192/2001: "Art. 3.º Os contratos em que seja parte órgão ou entidade da Administração Pública direta ou indireta da União, dos Estados, do Distrito Federal e dos Municípios, serão reajustados ou corrigidos monetariamente de acordo com as disposições desta Lei, e, no que com ela não conflitarem, da Lei 8.666, de 21 de junho de 1993. § 1.º A periodicidade anual nos contratos de que trata o *caput* deste artigo será contada a partir da data limite para apresentação da proposta ou do orçamento a que essa se referir". O TCU decidiu: "O reajuste de preços contratuais é devido após transcorrido um ano, contado a partir de dois possíveis termos iniciais mutuamente excludentes: a data-limite para apresentação da proposta ou a data do orçamento estimativo a que a proposta se referir (art. 40, inciso XI, da Lei 8.666/1993; art. 3.º, § 1.º, da Lei 10.192/2001; e art. 37, inciso XXI, da Constituição Federal)". TCU, Acórdão 83/2020, Plenário, Auditoria, Rel. Min. Bruno Dantas, *Informativo de Jurisprudência sobre Licitações e Contratos do TCU* n. 383.

[51] Nesse sentido: JUSTEN FILHO, Marçal. *Comentários à lei de licitações e contratos administrativos*. 9. ed. São Paulo: Dialética, 2002. p. 462; GARCIA, Flávio Amaral. *Licitações e contratos administrativos*. 3. ed. Rio de Janeiro: Lumen Juris, 2010. p. 276-277; MOREIRA, Egon Bockmann; GUIMARÃES, Fernando Vernalha. *Licitação pública*: a Lei Geral de Licitação – LGL e o Regime Diferenciado de Contratação – RDC. São Paulo: Malheiros, 2012. p. 171. Da mesma forma, o TCU decidiu: "É irregular reajuste contratual com prazo contado da assinatura do contrato, pois o marco a partir do qual se computa período de tempo para aplicação de índices de reajustamento é: i) a data da apresentação da proposta ou a do orçamento a que a proposta se referir, de acordo com o previsto no edital (art. 40, inciso XI, da Lei 8.666/1993); ou então ii) a data do orçamento estimado (art. 25, § 7º, da Lei 14.133/2021 – nova Lei de Licitações e Contratos Administrativos)". TCU, Acórdão 1587/2023 Plenário, Auditoria, Rel. Min. Antonio Anastasia, *Informativo de Jurisprudência sobre Licitações e Contratos do TCU* n. 465.

[52] Nesse sentido: FIGUEIREDO, Lúcia Valle. Contratos administrativos: a equação econômico-financeira do contrato de concessão. Aspectos pontuais. *Direito público*: estudos. Belo Horizonte: Fórum, 2007.

166 | LICITAÇÕES E CONTRATOS ADMINISTRATIVOS – *Rafael Carvalho Rezende Oliveira*

Se o edital e o contrato não estabelecerem a cláusula do reajuste, considerase irreajustável o valor da proposta. A matéria se insere nos direitos disponíveis das partes e a inflação não é um fato imprevisível, razão pela qual seria vedada a invocação da teoria da imprevisão para atualizar o valor do contrato. Ademais, os licitantes, quando apresentaram suas propostas, tomaram ciência do edital e da minuta do contrato e, portanto, aquiesceram com os seus termos, inserindo em suas propostas o "custo" da ausência do reajuste. A concessão do reajuste, sem previsão contratual, violaria os princípios da isonomia e da vinculação ao instrumento convocatório.[53]

No entanto, em sentido contrário à tese aqui sustentada, Marçal Justen Filho leciona que o fato de ser irreajustável o valor do contrato, em razão da ausência de cláusula nesse sentido, não impede a recomposição dos preços. O reajuste ensejaria a preservação automática da equação econômica, tendo em vista a prévia estipulação de um índice (há uma presunção absoluta do desequilíbrio contratual). Por outro lado, a recomposição de preços leva em consideração os eventos que efetivamente desequilibram o contrato e a comprovação real dos prejuízos, encontrando seu fundamento no princípio constitucional do equilíbrio econômico-financeiro do contrato administrativo.[54]

Não há necessidade de formalização de termo aditivo para efetivação do reajustamento, que pode ser implementado por mero apostilamento (art. 136, I, da Lei 14.133/2021).

---

p. 112. O reajustamento antes da assinatura do contrato já foi admitido pelo TCU: "[...] na hipótese de vir a ocorrer o decurso de prazo superior a um ano entre a data da apresentação da proposta vencedora da licitação e a assinatura do respectivo instrumento contratual, o procedimento de reajustamento aplicável, em face do disposto no art. 28, § 1.º, da Lei 9.069/95 c/c os arts. 2.º e 3.º da Lei 10.192/2001, consiste em firmar o contrato com os valores originais da proposta e, antes do início da execução contratual, celebrar termo aditivo reajustando os preços de acordo com a variação do índice previsto no edital relativa ao período de somente um ano, contado a partir da data da apresentação das propostas ou da data do orçamento a que ela se referir, devendo os demais reajustes ser efetuados quando se completarem períodos múltiplos de um ano, contados sempre desse marco inicial [...]" (TCU, Plenário, Acórdão 474/2005, Rel. Min. Augusto Sherman Cavalcanti, *DOU* 09.05.2005).

[53] Nesse sentido, a partir da legislação anterior à Lei 14.133/2021: CARVALHO FILHO, José dos Santos. *Manual de direito administrativo.* 22. ed. Rio de Janeiro: Lumen Juris, 2009. p. 192; GARCIA, Flávio Amaral. *Licitações e contratos administrativos.* 3. ed. Rio de Janeiro: Lumen Juris, 2010. p. 279-281; SOUTO, Marcos Juruena Villela. *Direito administrativo contratual.* Rio de Janeiro: Lumen Juris, 2004. p. 334; Enunciado 14 da Procuradoria do Estado do RJ: "[...] Não é cabível o reajuste se não há previsão expressa no edital e no contrato administrativo". Sobre o tema, confira-se, ainda, importante decisão do STJ: "Processual civil e administrativo. Contrato administrativo. Reajuste de preços. Ausência de autorização contratual. Descabimento. 1. O reajuste do contrato administrativo é conduta autorizada por lei e convencionada entre as partes contratantes que tem por escopo manter o equilíbrio financeiro do contrato. 2. Ausente previsão contratual, resta inviabilizado o pretendido reajustamento do contrato administrativo. 3. Recurso especial conhecido em parte e, nessa parte, não provido" (REsp 730.568/SP, Rel. Min. Eliana Calmon, 2.ª Turma, *DJ* 26.09.2007, p. 202).

[54] Marçal Justen Filho afirma: "Entende-se que a ausência de cláusula prevendo reajuste não importa exclusão do direito à recomposição de preços. Portanto, é possível excluir o direito ao reajuste automático, mas não será válida a vedação à recomposição de preços" (*Comentários à lei de licitações e contratos administrativos.* 9. ed. São Paulo: Dialética, 2002. p. 380). No mesmo sentido, o TCU afirmou: "O que se afirma é a garantia constitucional da manutenção do equilíbrio econômico-financeiro do contrato administrativo. Deve reputar-se que, ocorrendo elevação de custos não retratada pelo índice de atualização ou de reajuste adotado contratualmente, o particular tem direito à recomposição de preços" (Acórdão 54/2002, 2.ª Câmara, Ubiratan Aguiar, *DOU* 04.03.2002).

Em resumo, as características do reajuste são:

a) cláusula contratual;
b) incide sobre as cláusulas econômicas do contrato (valor do contrato);
c) refere-se aos fatos previsíveis;
d) "preserva" o equilíbrio econômico-financeiro do contrato;
e) depende da periodicidade mínima de 12 meses, contados da data-base do orçamento estimado; e
f) realizado por apostilamento.

2.9.2. Revisão

A revisão refere-se aos fatos supervenientes e imprevisíveis (ex.: caso fortuito e força maior) ou previsíveis, mas de consequências incalculáveis (ex.: alteração unilateral do contrato) que desequilibram a equação econômica do contrato (arts. 104, § 2.º, 124, II, *d*, 130 da Lei 14.133/2021).

Em virtude da impossibilidade de se prever a amplitude do desequilíbrio, constatado o fato superveniente, as partes formalizarão a revisão do contrato para restaurar o equilíbrio perdido.[55]

A revisão representa um direito do contratado e um dever do Estado que deve ser observado independentemente de previsão contratual, sempre na hipótese em que for constatado o desequilíbrio do ajuste.[56]

Ao contrário do reajuste, a revisão não incide apenas em relação às cláusulas econômicas ou de preço, mas, também, em relação às cláusulas regulamentares (ex.: revisão para prorrogar o prazo de execução do contrato).[57]

Discute-se a possibilidade de revisão dos contratos administrativos no caso em que os salários dos empregados da contratada foram alterados por acordo ou convenção coletiva de trabalho. O STJ[58] não tem admitido a revisão dos contratos nessa hipótese, pois o dissídio coletivo não é fato imprevisível. Ao contrário, trata-se de evento certo que deve ser levado em consideração pelas partes contratantes. Nesse caso, as variações dos salários decorrentes do dissídio estão inseridas no reajuste anual pactuado pelas partes. A revisão somente seria admitida excepcionalmente quando o dissídio estabelecesse aumentos de salários acima da

---

[55] De acordo com o TCU: "O desequilíbrio econômico-financeiro do contrato não pode ser constatado a partir da variação de preços de apenas um serviço ou insumo, devendo, ao contrário, resultar de um exame global da variação de preços de todos os itens da avença." TCU, Plenário, Acórdão 1.466/13, Rel. Min. Ana Arraes, *DOU* 12.06.2013 (*Informativo de Jurisprudência sobre Licitações e Contratos do TCU* n. 155).

[56] Nesse sentido dispõe a Orientação Normativa/AGU 22: "O reequilíbrio econômico-financeiro pode ser concedido a qualquer tempo, independentemente de previsão contratual, desde que verificadas as circunstâncias elencadas na letra 'd' do inc. II do art. 65, da Lei 8.666, de 1993".

[57] Nesse sentido, Diogo de Figueiredo Moreira Neto afirma que a revisão "pode comprometer qualquer cláusula contratual, para o fim de reequilibrá-lo" (*Curso de direito administrativo*. 15. ed. Rio de Janeiro: Forense, 2009. p. 192).

[58] STJ, 2.ª Turma, REsp 382.260/RS, Rel. Min. Eliana Calmon, *DJ* 19.12.2002, p. 357; REsp 668.367/PR, Rel. Min. Teori Albino Zavascki, 1.ª Turma, *DJ* 05.10.2006, p. 242; REsp 650.613/SP, Rel. Min. João Otávio de Noronha, 2.ª Turma, *DJ* 23.11.2007, p. 454.

inflação do período, pois essa consequência não seria prevista pelas partes.[59] Contudo, no caso de serviço contínuo com regime de dedicação exclusiva ou predominância de mão de obra, a alteração do acordo coletivo ou da convenção coletiva poderá ensejar a repactuação, na forma do art. 135, II, da Lei 14.133/2021.

De acordo com o entendimento do TCU, a mera variação de preços ou flutuação cambial não é suficiente para a efetivação do reequilíbrio econômico-financeiro do contrato, sendo fundamental a presença de uma das hipóteses elencadas no art. 65, II, *d*, da antiga Lei 8.666/1993, que correspondem às hipóteses indicadas no art. 124, II, d, da Lei 14.133/2021, associada à demonstração objetiva de que ocorrências supervenientes tornaram a execução contratual excessivamente onerosa para uma das partes.[60]

A revisão contratual deve ser implementada por meio de termo aditivo, uma vez que não está inserida nas hipóteses de apostilamento indicadas no art. 136 da Lei 14.133/2021. Em suma, as características da revisão são:

a) decorre diretamente da lei (incide independentemente de previsão contratual);
b) incide sobre qualquer cláusula contratual (cláusulas regulamentares ou econômicas);
c) refere-se aos fatos imprevisíveis ou previsíveis, mas de consequências incalculáveis;
d) "restaura" o equilíbrio econômico-financeiro do contrato;
e) não depende de periodicidade mínima; e
f) realizada por termo aditivo.

2.9.3. Atualização monetária

A atualização monetária, assim como o reajuste têm o objetivo de preservar o valor do contrato em razão da inflação.

De acordo com o art. 92, V, da Lei 14.133/2021, que trata das cláusulas necessárias do contrato administrativo, prevê a necessidade de cláusula para dispor sobre "os critérios de atualização monetária entre a data do adimplemento das obrigações e a do efetivo pagamento".

Assim como ocorre com o reajustamento, não há necessidade de termo aditivo para implementação da atualização monetária, admitindo-se a sua efetivação por apostilamento (art. 136, II, da Lei 14.133/2021).

2.9.4. Repactuação

A repactuação, na forma do art. 6.º, LIX, da Lei 14.133/2021, pode ser considerada uma "forma de manutenção do equilíbrio econômico-financeiro de contrato utilizada para serviços contínuos com regime de dedicação exclusiva de mão de obra ou predominância de mão de

---

[59] Nesse sentido: GARCIA, Flávio Amaral. *Licitações e contratos administrativos*. 3. ed. Rio de Janeiro: Lumen Juris, 2010. p. 281-283.

[60] TCU, Plenário, Acórdão 1.085/2015, Rel. Min. Benjamin Zymler, j. 06.05.2015 (*Informativo de Jurisprudência sobre Licitações e Contratos do TCU* n. 241). De acordo com o Relator, os pleitos de reequilíbrio "não podem se basear exclusivamente nos preços contratuais ou na variação de valores extraídos de sistemas referenciais de custos, sendo indispensável que se apresentem outros elementos adicionais do impacto cambial, tais como a comprovação dos custos efetivamente incorridos no contrato, demonstrados mediante notas fiscais". No mesmo sentido: *Informativo de Jurisprudência sobre Licitações e Contratos do TCU* n. 326.

Cap. 2 – CONTRATOS ADMINISTRATIVOS | 169

obra, por meio da análise da variação dos custos contratuais, devendo estar prevista no edital com data vinculada à apresentação das propostas, para os custos decorrentes do mercado, e com data vinculada ao acordo, à convenção coletiva ou ao dissídio coletivo ao qual o orçamento esteja vinculado, para os custos decorrentes da mão de obra".

Nas licitações de serviços contínuos, observado o interregno mínimo de 1 ano, é obrigatória a previsão no edital do **critério de reajustamento**, que será (art. 25, § 8.º, e art. 92, § 4.º, da Lei 14.133/2021):

a) **por reajustamento em sentido estrito**, quando não houver regime de dedicação exclusiva de mão de obra ou predominância de mão de obra, mediante previsão de índices específicos ou setoriais com data-base vinculada à data do orçamento estimado;

b) **por repactuação**, quando houver regime de dedicação exclusiva de mão de obra ou predominância de mão de obra, mediante demonstração analítica da variação dos custos.

Nesse ponto, a Lei 14.133/2021 mantém a distinção tradicional entre o reajuste em sentido estrito e a repactuação. Ao contrário do reajuste, em que as partes estipulam o índice que reajustará automaticamente o valor do contrato, a repactuação é implementada mediante a demonstração analítica da variação dos componentes dos custos do contrato com dedicação exclusiva ou predominância de mão de obra.[61]

Nos contratos para serviços contínuos com regime de dedicação exclusiva de mão de obra ou com predominância de mão de obra, o prazo para resposta ao pedido de repactuação de preços será preferencialmente de 1 (um) mês, contado da data do fornecimento da documentação prevista no § 6.º do art. 135 da Lei (art. 92, § 6.º).

De acordo com o art. 135 da Lei 14.133/2021, os preços dos contratos para serviços contínuos com regime de dedicação exclusiva de mão de obra ou com predominância de mão de obra serão repactuados para manutenção do equilíbrio econômico-financeiro, mediante demonstração analítica da variação dos custos contratuais, com data vinculada: a) à da apresentação da proposta, para custos decorrentes do mercado; b) ao acordo, à convenção coletiva ou ao dissídio coletivo ao qual a proposta esteja vinculada, para os custos de mão de obra.

A Administração não se vinculará às disposições contidas em acordos, convenções ou dissídios coletivos de trabalho que tratem de matéria não trabalhista, de pagamento de participação dos trabalhadores nos lucros ou resultados do contratado, ou que estabeleçam direitos não previstos em lei, como valores ou índices obrigatórios de encargos sociais ou previdenciários, bem como de preços para os insumos relacionados ao exercício da atividade (art. 135, § 1.º).

É vedado a órgão ou entidade contratante vincular-se às disposições previstas nos acordos, convenções ou dissídios coletivos de trabalho que tratem de obrigações e direitos que somente se aplicam aos contratos com a Administração Pública (art. 135, § 2.º).

A repactuação deverá observar o interregno mínimo de 1 (um) ano, contado da data da apresentação da proposta ou da data da última repactuação (art. 135, § 3.º).[62]

---

[61] Sobre o tema, vide: OLIVEIRA, Rafael Carvalho Rezende; HALPERN, Erick. A repactuação nos contratos administrativos: regime jurídico atual e Análise Econômica do Direito. *Revista Brasileira de Direito Público – RBDP*, Belo Horizonte, ano 18, n. 69, p. 33-55, abr./jun. 2020. Os incisos LVIII e LIX do art. 6.º da Lei de Licitações apresentam as definições de reajustamento em sentido estrito e repactuação.

[62] Registre-se que o prazo mínimo de 1 (um) ano e a necessidade de demonstração analítica da variação dos custos constituam exigências previstas no art. 12 do Decreto federal 9.507/2018 e no art. 55 da IN 05/2017 do Ministério do Planejamento, Desenvolvimento e Gestão (MPDG).

Ademais, a repactuação poderá ser dividida em tantas parcelas quantas forem necessárias, observado o princípio da anualidade do reajuste de preços da contratação, podendo ser realizada em momentos distintos para discutir a variação de custos que tenham sua anualidade resultante em datas diferenciadas, como os decorrentes de mão de obra e os decorrentes dos insumos necessários à execução dos serviços (art. 135, § 4.º).[63]

Quando a contratação envolver mais de uma categoria profissional, a repactuação poderá ser dividida em tantos quanto forem os acordos, convenções ou dissídios coletivos de trabalho das categorias envolvidas na contratação (art. 135, § 5.º).[64]

A repactuação será precedida de solicitação do contratado, acompanhada de demonstração analítica da variação dos custos, por meio de apresentação da planilha de custos e formação de preços, ou do novo acordo, convenção ou sentença normativa que fundamenta a repactuação (art. 135, § 6.º). A necessidade de demonstração analítica da variação dos custos contratuais por parte do contratado já consta do *caput* do próprio art. 135 da referida Lei.

De acordo com o art. 136, I, da Lei 14.133/2021, não há necessidade de celebração de termo aditivo para implementação da repactuação contratual, que pode ser registrada por simples apostila.

Contudo, é oportuno destacar que tem prevalecido o entendimento no sentido de que a ausência de solicitação da repactuação durante a vigência do contrato acarreta a preclusão, com a assinatura da prorrogação contratual ou com o encerramento do contrato.[65]

Aliás, conforme já destacado, o art. 131, parágrafo único, da Lei 14.133/2021 dispõe que o pedido de restabelecimento do equilíbrio econômico-financeiro deverá ser formulado durante a vigência do contrato e antes de eventual prorrogação.

2.10. DURAÇÃO DOS CONTRATOS

A duração (ou a vigência) dos contratos administrativos reflete o prazo estabelecido pelos contratantes para execução do objeto contratual.

Revela-se fundamental o adequado planejamento dos gestores públicos na definição dos prazos contratuais que devem conciliar as necessidades administrativas e os custos de execução. Na etapa inicial do procedimento licitatório, os gestores públicos devem ponderar os prazos adequados para os respectivos contratos, inclusive com a sua estipulação no termo de referência e no projeto básico, na forma prevista, respectivamente, no art. 6.º, XXIII, a, e no art. 6.º, XXV, da Lei 14.133/2021.

A ausência de planejamento estatal adequado pode acarretar, de um lado, a necessidade de contratações com prazos demasiadamente reduzidos, que incrementam os custos envolvidos na contratação, ou, de outro lado, a celebração de contratos excessivamente longos que não atendam às necessidades da Administração Pública.

---

[63] O texto do § 4.º do art. 135 da atual Lei de Licitações assemelha-se ao texto do art. 54, § 2º, da IN 05/2017 do MPDG.

[64] Previsão semelhante poderia ser encontrada no § 3.º do art. 54 da IN 05/2017 do MPDG.

[65] Nesse sentido: Parecer 00013/2023/CGGP/DECOR/CGU/AGU. Em âmbito federal, o art. 57, § 7.º, da IN SEGES/MPDG 05/2017 dispõe: "As repactuações a que o contratado fizer jus e que não forem solicitadas durante a vigência do contrato serão objeto de preclusão com a assinatura da prorrogação contratual ou com o encerramento do contrato".

Cap. 2 – CONTRATOS ADMINISTRATIVOS | **171**

É preciso notar que a fixação do prazo contratual não é um cheque em branco concedido ao gestor. A definição do prazo deve ser proporcional às necessidades da Administração Pública no caso concreto e deve levar em consideração os limites mínimos e/ou máximos fixados pelo legislador.[66]

Cabe ao legislador, todavia, a fixação dos limites mínimos e/ou máximos para os contratos administrativos. Tradicionalmente, a legislação tem demonstrado maior preocupação com a fixação de prazos máximos para os ajustes celebrados pelo Poder Público não apenas em razão da natural temporariedade das relações negociais e da necessidade de abertura de novas "entradas" de potenciais interessados, com condições mais vantajosas, mas também, especialmente nos contratos que envolvam recursos orçamentários, para permitir a adequada programação financeira de desembolso por parte da Administração Pública.[67]

2.10.1. Contratos por prazo certo e contratos por escopo

Os contratos administrativos, assim como os ajustes privados, extinguem os seus efeitos, naturalmente, pela execução de seu objeto (contratos por escopo) ou pelo esgotamento de seu prazo de vigência (contratos por prazo certo).

A distinção entre os contratos por prazo certo e os contratos por escopo, com reflexos na função do prazo estipulados nos respectivos ajustes, foi consagrada na Lei 14.133/2021.[68]

De acordo com o art. 6.º, XVII, da referida Lei, os serviços não contínuos ou contratados por escopo impõem ao contratado o dever de realizar a prestação de um serviço específico em período predeterminado, podendo ser prorrogado, desde que justificadamente, pelo prazo necessário à conclusão do objeto.

De fato, o prazo exerce função distinta nos contratos por prazo certo e contratos por escopo (ou objeto).

Nos contratos por prazo certo, o prazo contratual é fundamental para o cumprimento das obrigações contratadas. O contratado cumprirá as suas obrigações até o final do prazo

---

[66] Ao tratar dos contratos de concessão, Bernardo Strobel Guimarães afirma: "De acordo com o modelo legal, o prazo do contrato deve ser definido pelo Edital e pelo Contrato (precedidos de um ato justificador). Essa definição se faz tendo em vista o lapso de tempo necessário para que seja amortizado o investimento do particular (tanto que se isto não tiver ocorrido indeniza-se o saldo, mesmo em casos de caducidade). Como dito acima, a equação econômico-financeira se constitui dentro de um elemento de tempo". GUIMARÃES, Bernardo Strobel. O prazo nas concessões e as normas que estipulam vigência máxima do vínculo: algumas inquietações. In: MOREIRA, Egon Bockmann (Coord.). *Tratado do equilíbrio econômico-financeiro*: contratos administrativos, concessões, parcerias público-privadas, Taca Interna de Retorno, prorrogação antecipada e relicitação. 2. ed. Belo Horizonte: Fórum, 2019, p. 60.

[67] Alguns diplomas legislativos estabelecem, excepcionalmente, prazos mínimos para determinados contratos administrativos, tal como ocorre com os contratos de Parcerias Público-Privadas que possuem o prazo mínimo de 5 (cinco) e máximo de 35 (trinta e cinco) anos, na forma do art. 5.º, I, da Lei 11.079/2004.

[68] É tradicional a distinção entre contratos por prazo certo e contratos por escopo. Sobre a distinção, vide: SOUTO, Marcos Juruena Villela. *Direito administrativo contratual*. Rio de Janeiro: Lumen Juris, 2004. p. 406; MEIRELLES, Hely Lopes. *Licitação e contrato administrativo*. 13. ed. São Paulo: Malheiros, 2002. p. 229-230; AMARAL, Antônio Carlos Cintra do. *Licitação e contrato administrativo*. 3. ed. Belo Horizonte: Fórum, 2010. p. 193-196; MOTTA, Carlos Pinto Coelho. *Eficácia nas licitações e contratos*. 12. ed. Belo Horizonte: Del Rey, 2011. p. 673-674; NIEBUHR, Joel de Menezes. *Licitação pública e contrato administrativo*. 2. ed. Belo Horizonte: Fórum, 2011. p. 723-724.

estabelecido no ajuste (ex.: na contratação de serviços de limpeza, a contratada deverá limpar a repartição pública durante a vigência do prazo contratual). Considera-se extinto o contrato com o advento do termo final.

Por outro lado, nos contratos por escopo, o ajuste será cumprido, independentemente do prazo, com o cumprimento do objeto contratual (ex.: no contrato para construção de determinado prédio público, o ajuste considera-se adimplido com a finalização da construção, independentemente do tempo necessário). Os contratos somente se encerram com a entrega do objeto contratado[69].

Isso não quer dizer que o tempo não seja importante nessas espécies de contratos. Em verdade, o prazo contratual será fundamental para constatação de eventual mora no cumprimento da obrigação contratual. Ultrapassado o prazo avençado, o contratado continua obrigado a cumprir suas obrigações contratuais, acrescentadas dos ônus do atraso.

Ao dispor sobre o contrato de escopo, o art. 111 da Lei 14.133/2021 estabelece que o prazo de vigência será automaticamente prorrogado quando seu objeto não for concluído no período firmado no contrato, revelando que o prazo não é essencial para caracterização da vigência e da eventual extinção do ajuste, mas, sim, a execução do seu objeto.

Na hipótese de não cumprimento do escopo contratual por culpa do contratado, abrem-se dois caminhos (art. 111, parágrafo único): a) o contratado será constituído em mora, sendo-lhe aplicáveis as respectivas sanções administrativas; ou b) a Administração poderá optar pela extinção do contrato, adotando as medidas admitidas em lei para a continuidade da execução contratual. Na segunda hipótese, apesar da omissão textual, a Administração, ao determinar a extinção do contrato, deverá aplicar, também, as sanções administrativas ao contratado, em razão do seu inadimplemento.

2.10.2. Regra geral da duração: disponibilidade de crédito orçamentário

A duração dos contratos será a prevista em edital, devendo ser observada, no momento da contratação e a cada exercício financeiro, a disponibilidade de créditos orçamentários, bem como a previsão no plano plurianual, quando ultrapassar um exercício financeiro (art. 105 da Lei 14.133/2021).[70]

O intuito do legislador é admitir a contratação apenas nas hipóteses em que a Administração tenha recursos necessários para pagar o contratado, garantindo-se, destarte, responsabilidade e planejamento com os gastos públicos. Desta forma, se os créditos orçamentários estão previstos na lei orçamentária anual (art. 165, III, da CRFB), os contratos possuem, em regra, prazo de até um ano, não podendo ultrapassar o exercício financeiro.[71]

---

[69] De acordo com a Orientação Normativa da AGU 92/2024: "I – A vigência dos contratos de escopo extingue-se pela conclusão de seu objeto, e não pela expiração do prazo contratual originalmente previsto, conforme o art. 111 da Lei 14.133, de 2021. II – É recomendável que a Administração avalie a necessidade de formalizar termo aditivo ou apostilamento, a depender do caso, para a fixação de novas datas, prazos ou cronogramas para a execução da obrigação contratual, mesmo após ser atingido o termo final de vigência originalmente estabelecido. (Referência: art. 111 da Lei 14.133, de 2021)".

[70] Não representa novidade a vinculação da vigência contratual à disponibilidade orçamentária. Trata-se de preocupação que já era identificada no art. 57 da Lei 8.666/1993, como decorrência natural da previsão contida no art. 167, I e II, da CRFB.

[71] De acordo com o art. 34 da Lei 4.320/1964, que institui normas gerais de Direito Financeiro, o exercício financeiro coincidirá com o ano civil (1.º de janeiro até 31 de dezembro).

Não representa novidade a vinculação da vigência contratual à disponibilidade orçamentária. Trata-se de preocupação que já era identificada no art. 57 da antiga Lei 8.666/1993, como decorrência natural da previsão contida no art. 167, I e II, da CRFB. [72]

Dessa forma, se os créditos orçamentários estão previstos na lei orçamentária anual (art. 165, III, da CRFB), os contratos possuem, em regra, prazo de até um ano, não podendo ultrapassar o exercício financeiro.

Contudo, o art. 105 da Lei 14.133/2021 não resolve a celeuma que envolvia a interpretação do art. 57 da antiga Lei 8.666/1993.

De um lado, parcela da doutrina, a partir da interpretação literal do referido dispositivo da Lei 8.666/1993, sustentava que os contratos administrativos poderiam vigorar até o término do exercício financeiro em que celebrados, em razão da anualidade dos créditos orçamentários que vincula a duração dos referidos ajustes.[73] Assim, por exemplo, um contrato firmado em qualquer período do ano somente poderia perdurar até 31 de dezembro do mesmo ano.

De outro lado, alguns autores defendiam que a duração dos contratos estaria limitada ao prazo de 01 (um) ano, admitindo-se que a sua vigência extrapolasse o exercício financeiro, desde que o ordenador de despesa assegurasse, no exercício financeiro subsequente, créditos orçamentários suficientes ao custeio do ajuste. [74]

De nossa parte, entendemos que, em regra, a duração dos contratos administrativos deve coincidir com o respectivo exercício financeiro, o que não afasta a possibilidade de sua vigência ultrapassar o referido exercício quando adotadas as cautelas orçamentárias pelo gestor público, com a estipulação de créditos orçamentários suficientes no exercício financeiro subsequente para o adequado cumprimento contratual.[75]

A limitação absoluta da vigência contratual ao exercício financeiro no qual o contrato é celebrado apresentaria problemas práticos e jurídicos. Mencione-se, inicialmente, o acúmulo de contratações que findariam em 31 de dezembro de cada ano e gerariam um rigoroso trâmite administrativo dos procedimentos licitatórios a fim de evitar a sua descontinuidade no próximo exercício, sem cogitar, entretanto, sobre as deficiências de estrutura e pessoal que o

---

[72]   CRFB: "Art. 167. São vedados: I – o início de programas ou projetos não incluídos na lei orçamentária anual; II – a realização de despesas ou a assunção de obrigações diretas que excedam os créditos orçamentários ou adicionais".

[73]   Nesse sentido: SUNDFELD, Carlos Ari. *Licitação e contrato administrativo*. São Paulo: Malheiros, 1994. p. 222-223; NIEBUHR, Joel de Menezes. *Licitação pública e contrato administrativo*. 4. ed. Belo Horizonte: Fórum, 2015. p. 853-855; TORRES, Ronny Charles Lopes de. *Lei de licitações públicas comentadas*. 8. ed. Salvador: JusPodivm, 2017, p. 619-623.

[74]   No mesmo sentido: MARQUES NETO, Floriano Peixoto de Azevedo. A Duração dos Contratos Administrativos na Lei 8.666/93. In: *Estudos Sobre a Lei 8.666/93*. São Paulo: Forense Universitária, 1995. p. 175-178. MEIRELLES, Hely Lopes. *Licitação e contrato administrativo*. 14. ed. São Paulo: Malheiros, 2006. p. 240-241. Vale lembrar um posicionamento intermediário que faculta a vigência do contrato ultrapassar o exercício financeiro em que foi celebrado, condicionado ao empenho de todo o período contratual. Conforme dispõe a Orientação Normativa/AGU 39/2011: "A vigência dos contratos regidos pelo art. 57, *caput*, da Lei 8.666, de 1993, pode ultrapassar o exercício financeiro em que celebrados, desde que as despesas a eles referentes sejam integralmente empenhadas até 31 de dezembro, permitindo-se, assim, sua inscrição em restos a pagar".

[75]   Sobre o tema: OLIVEIRA, Rafael Carvalho Rezende; HALPERN, Erick. A duração dos contratos na futura nova Lei de Licitações. *Revista de Contratos Públicos*, v. 18, p. 155-175, 2021.

Poder Público enfrenta para suprir tal demanda.[76] Outro problema é desconsiderar os custos envolvidos na realização dos processos de licitação que deveriam ser repetidos no início de cada ano.[77]

É preciso lembrar, ainda, que existem objetos contratuais que não podem ser executados em um breve espaço de tempo e, portanto, o cronograma de desembolso de recursos para custear esse ajuste ocorrerá em mais de um exercício financeiro (ex.: obras complexas). Assim, a aplicação absoluta da regra de vinculação da vigência contratual ao respectivo exercício financeiro levaria à inconveniente conclusão de que somente seria possível a contratação de objetos realizáveis no decorrer do mesmo ano da celebração do ajuste ou seria necessário fracionar o seu objeto, colocando em risco a própria viabilidade do objeto contratual, inclusive com aumento de custos de execução.

Em consequência, é injustificável que a duração dos contratos se refira obrigatoriamente à vigência dos créditos orçamentários dentro do mesmo exercício financeiro. A interpretação deve ser no sentido de que a continuidade do ajuste depende de dotações orçamentárias suficientes para garantir o adimplemento das obrigações assumidas pela Administração Pública em relação ao contratado por aquilo que será executado no respectivo exercício financeiro. Isso porque, se no próximo exercício financeiro não forem alocadas na lei orçamentária as dotações necessárias para cobrir a despesa contratual, o ajuste, naturalmente, se extinguirá.[78]

É relevante mencionar que os prazos contratuais previstos no novo diploma legal das licitações não excluem ou revogam os prazos contratuais dispostos em lei especial (art. 112 da Lei 14.133/2021).

Assim, por exemplo, é possível, ainda, afastar a regra do prazo anual de determinados contratos privados celebrados pela Administração Pública, tal como ocorre nos contratos de

---

[76] Nessa linha, conferir: FURTADO, Lucas Rocha. *Curso de licitações e contratos administrativos.* 4. ed. Belo Horizonte: Fórum, 2012. p. 411.

[77] Em estudos realizados pela Fundação Instituto de Administração da Universidade de São Paulo, em 2006, intitulado Mapeamento e Análise dos Custos Operacionais dos Processos de Contratação do Governo Federal, concluiu-se que um processo de pregão eletrônico custava R$ 20.698,00 no âmbito da União, já um pregão presencial onerava os seus cofres em R$ 47.688,00. Esses dados foram obtidos na nota técnica 1081/2017/CGPLAG/DG/SFC da Controladoria-Geral da União. Obtido em: https://www.gov.br/cgu/pt-br/assuntos/noticias/2017/07/cgu-divulga-estudo-sobre-eficiencia- -dos-pregoes-realizados-pelo-governo-federal/nota-tecnica-no-1-081-2017-cgplag-dg-sfc-1.pdf. Acesso em: 11 jan. 2021. Registra-se que não foram encontrados estudos atuais sobre os custos de um processo licitatório.

[78] Nessa linha a lição de Marcus Juruena Villela Souto: "Os empenhos parciais, isto é, aqueles que não atendem a todo o período de duração do contrato, devem ser evitados por razões morais, não havendo, contudo, vedação legal para tanto, nem muito menos, qualquer direito do contratado se a despesa parcialmente autorizada não é prorrogada. Portanto, se o crédito do contrato materializado no empenho, expira, constitui causa natural de extinção do contrato, o que, segundo alguns juristas e Procuradores da Fazenda, deva estar amparado em cláusula contratual que reconheça o direito da Administração de não indenizar em caso de não se renovar a autorização da despesa para o restante do contrato". SOUTO, Marcos Juruena Villela. *Direito administrativo contratual.* Rio de Janeiro: Lumen Juris, 2004. p. 347-348. No mesmo sentido: MARQUES NETO, Floriano Peixoto de Azevedo. A duração dos contratos administrativos na Lei 8.666/93. In: *Estudos Sobre a Lei 8.666/93.* São Paulo: Forense Universitária, 1995. p. 178.

Cap. 2 – CONTRATOS ADMINISTRATIVOS | **175**

locação que não se submetem, necessariamente, aos prazos fixados na Lei 14.133/2021, aplicando-se as disposições previstas na legislação especial (Lei 8.245/1991).[79]

A regra do prazo anual comporta exceções, ainda, na própria Lei 14.133/2021, como será demonstrado a seguir.

2.10.3. Exceções: contratos com prazo superior à vigência do orçamento

Os arts. 105 a 114 da Lei 14.133/2021 apresentam diversas hipóteses de contratos que podem ter prazos superiores a 1 ano.

2.10.3.1. Projetos previstos no Plano Plurianual

O art. 105 da Lei 14.133/2021 dispõe que os contratos, que ultrapassarem 01 (um) exercício financeiro, deverão ter previsão no plano plurianual.

Essa exigência não caracteriza qualquer modificação no regime da duração dos ajustes anteriormente consagrado no art. 57, I, da antiga Lei 8.666/1993, em consonância com a previsão contida no art. 167, § 1.º, da CRFB.

Essa primeira exceção é justificada em razão do essencial planejamento inerente aos objetos contratuais de maior vulto ou complexidade (ex.: construção de um grande hospital ou de uma rodovia), o que demanda uma maior dilação na duração do ajuste, pois a Lei do Plano Plurianual ultrapassa, naturalmente, o limite anual da lei orçamentária.

Não obstante o prazo de quatro anos do Plano Plurianual,[80] o art. 105 da Lei 14.133/2021 não estabeleceu, no caso, limite máximo para duração desses contratos, que pode ultrapassar o prazo de quatro anos,[81] admitindo-se, ainda, a prorrogação do prazo contratual, desde que haja previsão no instrumento convocatório.[82]

---

[79] Nesse sentido, a Orientação Normativa da AGU 93/2024 dispõe: "A vigência do contrato de locação de imóveis no qual a Administração Pública é locatária não se sujeita aos limites constantes dos arts. 106 e 107 da Lei 14.133, de 1º de abril de 2021, sendo facultado que atos normativos internos estipulem limites de vigência contratual." Observe-se que, tradicionalmente, na vigência da Lei 8.666/1993, a AGU havia editado a Orientação Normativa 6/2009 que dispunha "A vigência do contrato de locação de imóveis, no qual a Administração Pública é locatária, rege-se pelo art. 51 da Lei n.º 8.245, de 1991, não estando sujeita ao limite máximo de sessenta meses, estipulado pelo inc. II do art. 57, da Lei n.º 8.666, de 1993".

[80] O prazo de quatro anos decorre da leitura do art. 35, § 2.º, I, do ADCT: "Art. 35. [...] § 2.º Até a entrada em vigor da lei complementar a que se refere o art. 165, § 9º, I e II, serão obedecidas as seguintes normas: I – o projeto do plano plurianual, para vigência até o final do primeiro exercício financeiro do mandato presidencial subsequente, será encaminhado até quatro meses antes do encerramento do primeiro exercício financeiro e devolvido para sanção até o encerramento da sessão legislativa". Em razão da vinculação ao período do mandato do chefe do Executivo, conclui-se que o prazo do Plano Plurianual será de quatro anos.

[81] Nesse sentido, com fundamento na legislação anterior: SUNDFELD, Carlos Ari. *Licitação e contrato administrativo*. São Paulo: Malheiros, 1994. p. 222-223; JUSTEN FILHO, Marçal. *Comentários à lei de licitações e contratos administrativos*. 16. ed. São Paulo: Thomson Reuters Brasil, 2014. p. 948.

[82] De forma semelhante, vide: SUNDFELD, Carlos Ari. *Licitação e contrato administrativo*. São Paulo: Malheiros, 1994. p. 222-223; JUSTEN FILHO, Marçal. *Comentários à lei de licitações e contratos administrativos*. 16. ed. São Paulo: Thomson Reuters Brasil, 2014. p. 948. Em sentido contrário: NIEBUHR, Joel de Menezes. *Licitação pública e contrato administrativo*. 4. ed. Belo Horizonte: Fórum, 2015. p. 856-857.

2.10.3.2. Serviços e fornecimentos contínuos

É possível a celebração de contratos com prazo de até 5 (cinco) anos, nas hipóteses de serviços e fornecimentos contínuos, observadas as seguintes diretrizes (art. 106 da Lei 14.133/2021)[83]: a) a autoridade competente da entidade contratante deverá atestar a maior vantagem econômica vislumbrada em razão da contratação plurianual; b) a Administração deverá atestar, no início da contratação e de cada exercício, a existência de créditos orçamentários vinculados à contratação e a vantagem em sua manutenção; c) a Administração terá a opção de extinguir o contrato, sem ônus, quando não dispuser de créditos orçamentários para sua continuidade ou quando entender que o contrato não mais lhe oferece vantagem.[84]

A sobredita regra, que admite a fixação de prazo de até 5 (cinco) anos, também é aplicável ao aluguel de equipamentos e à utilização de programas de informática (art. 106, § 2.º).

Os contratos de serviços e fornecimentos contínuos poderão ser renovados sucessivamente, respeitada a vigência máxima decenal, desde que essa possibilidade esteja prevista em edital e que seja atestado pela autoridade competente que as condições e os preços permanecem vantajosos para a Administração, permitida a negociação com o contratado ou a extinção contratual sem ônus para qualquer das partes (art. 107 da Lei 14.133/2021)[85].

O tratamento dispensado pela atual Lei de Licitações aos contratos de serviços e fornecimentos contínuos apresenta novidades importantes em relação ao regime jurídico literalmente indicado na antiga Lei 8.666/1993.

Em primeiro lugar, a Lei 14.133/2021 não se limita a dispor sobre os contratos de serviços contínuos, tal como fazia o art. 57, II, da Lei 8.666/1993, passando a tratar, também, dos contratos de fornecimento contínuo de bens.[86]

Realmente, não fazia sentido admitir contratos com maior duração para prestação de serviços contínuos (ex.: contratos de limpeza, de manutenção, de vigilância) e não permitir o

---

[83] Quanto ao art. 106 da Lei 14.133/2021, a Orientação Normativa da AGU 90/2024 prevê: "A vigência do contrato de serviço contínuo ou de fornecimento não está adstrita ao exercício financeiro devendo a Administração atestar, no início da contratação e de cada exercício, a existência de créditos orçamentários vinculados à contratação e a vantagem em sua manutenção." Conforme já destacado no item 2.10.2, os prazos previstos na Lei 14.133/2021, inclusive aqueles indicados nos arts. 106 e 107, não se aplicam aos contratos de locação em que a Administração Pública seja locatária. No mesmo sentido, a Orientação Normativa da AGU 93/2024 prevê: "A vigência do contrato de locação de imóveis no qual a Administração Pública é locatária não se sujeita aos limites constantes dos arts. 106 e 107 da Lei 14.133, de 1º de abril de 2021, sendo facultado que atos normativos internos estipulem limites de vigência contratual."

[84] Consideram-se serviços e fornecimentos contínuos aqueles contratados pela Administração Pública para a manutenção da atividade administrativa, decorrentes de necessidades permanentes ou prolongadas, na forma do art. 6.º, XV.

[85] A respeito do referido dispositivo legal, a Orientação Normativa da AGU 91/2024 dispõe: "Na análise dos processos relativos à prorrogação de prazo contratos de serviços e fornecimentos continuados, previstos no art. 107 da Lei 14.133, de 2021, cumpre aos órgãos jurídicos verificar se não há extrapolação do atual prazo de vigência, bem como eventual ocorrência de solução de continuidade nos aditivos precedentes, hipóteses que configuram a extinção do ajuste, impedindo a sua prorrogação."

[86] O art. 57, II, da Lei 8.666/1993 expressamente mencionava "serviços a serem executados de forma contínua", excluindo da sua incidência as compras. Nesse sentido: JUSTEN FILHO, Marçal. *Comentários à lei de licitações e contratos administrativos*. 18. ed. São Paulo: Thomson Reuters Brasil, 2019. p. 1.209.

mesmo tratamento para o fornecimento contínuo de bens (ex.: contratos de fornecimento de medicamentos, de material de higiene).

A continuidade, presente nos dois objetos licitados, demonstra a necessidade permanente do serviço ou do bem a ser fornecido à Administração Pública, o que revela a previsibilidade de futura disponibilidade orçamentária e justifica a fixação de prazos contratuais maiores, com o intuito de evitar custos desnecessários oriundos da realização anual de licitações para objetos semelhantes, garantindo, ao final, maior economicidade.

Em segundo lugar, a Lei 14.133/2021 prevê que os contratos de serviços e fornecimentos contínuos serão celebrados com prazo de até 5 (cinco) anos, admitindo a sua prorrogação sucessiva até o limite de 10 (dez) anos.

Nesse ponto, a Lei 14.133/2021, apesar de consagrar, como regra, o limite de 5 (cinco) anos, inicialmente previsto no art. 57 da antiga Lei 8.666/1993, rompe com o regime jurídico anterior ao admitir que o prazo seja prorrogado e alcance o limite de 10 (dez) anos.[87]

Aliás, a possibilidade de estipulação imediata de prazo de até 5 (cinco) anos nos contratos de serviços contínuos coloca um ponto final na discussão existente na vigência da Lei 8.666/1993.

Isso porque parcela da doutrina sustentava a necessidade de celebração do contrato pelo prazo de até um ano, com as eventuais prorrogações, por iguais e sucessivos períodos, até o limite do prazo quinquenal, com fundamento na interpretação literal do art. 57, II, da antiga Lei 8.666/1993.[88]

De nossa parte, sempre sustentamos a possibilidade de estipulação, desde logo, de prazo superior a um ano, mas inferior a 5 (cinco) anos, desde que apresentadas as respectivas justificativas, especialmente pela economia de escala potencialmente gerada pela contratação com prazo alargado e a redução de custos gerada pela desnecessidade de repetição de procedimentos licitatórios para contratação similar.[89]

Com o novo regime jurídico instituído pela Lei 14.133/2021, a polêmica, provavelmente, deve ser superada ou enfraquecida, uma vez que o art. 106 permite a celebração de "contratos com prazo de até 5 (cinco) anos nas hipóteses de serviços e fornecimentos contínuos", com a possibilidade de prorrogações até o limite do prazo decenal, na forma do art. 107.

---

[87] O art. 57, § 4.º, da Lei 8.666/1993 permitia, em caráter excepcional, mediante justificativa e autorização da autoridade superior, a prorrogação, ao final do quinto ano de vigência, do prazo do contrato de serviços contínuos por até 12 (doze) meses.

[88] Nesse sentido, defendendo a necessidade de que o prazo inicial respeitasse a vigência do crédito orçamentário, sem ultrapassar o dia 31 de dezembro do ano em que o ajuste foi celebrado, vide: NIEBUHR, Joel de Menezes. *Licitação pública e contrato administrativo*. 2. ed. Belo Horizonte: Fórum, 2011. p. 728.

[89] A tese foi defendida nas edições anteriores do presente livro. De forma semelhante, vide: JUSTEN FILHO, Marçal. *Comentários à lei de licitações e contratos administrativos*. 18. ed. São Paulo: Thomson Reuters Brasil, 2019. p. 1.210; FURTADO, Lucas Rocha. *Curso de licitações e contratos administrativos*. 3. ed. Belo Horizonte: Fórum, 2010. p. 447. O entendimento consolidado na AGU admitia a estipulação de prazo superior a um ano: Orientação Normativa/AGU 1/2012: "A vigência do contrato de serviço contínuo não está adstrita ao exercício financeiro"; e Orientação Normativa/AGU 38/2011: "Nos contratos de prestação de serviços de natureza continuada deve-se observar que: a) o prazo de vigência originário, de regra, é de até 12 meses; b) excepcionalmente, este prazo poderá ser fixado por período superior a 12 meses nos casos em que, diante da peculiaridade e/ou complexidade do objeto, fique tecnicamente demonstrado o benefício advindo para a administração; e c) é juridicamente possível a prorrogação do contrato por prazo diverso do contratado originariamente".

Isso não significa, contudo, a ausência de cautelas na celebração de contratos de serviços e fornecimentos contínuos. Ao revés, o art. 106 da Lei 14.133/2021 impõe as seguintes exigências: a) a autoridade competente do órgão ou entidade contratante deve atestar a maior vantagem econômica vislumbrada em razão da contratação plurianual; b) no início da contratação e de cada exercício, a Administração contratante deverá atestar a existência de créditos orçamentários vinculados à contratação e a vantagem em sua manutenção; c) a Administração contratante poderá extinguir o contrato, sem ônus, quando não dispuser de créditos orçamentários para sua continuidade ou quando verificar que o contrato não mais lhe oferece vantagem.

Em relação ao art. 106, III, da Lei 14.133/2021, a mencionada possibilidade de extinção do contrato, sem ônus, em razão da ausência de orçamento suficiente ou da constatação da ausência de vantagem na continuidade da relação contratual, parece desproporcional e ineficiente sob o aspecto econômico.

Isso porque a extinção prematura da avença, por ausência de planejamento administrativo ou por uma decisão baseada no argumento genérico da ausência de vantagem para Administração Pública, incrementa, consideravelmente, o risco do contratado, que não tem como exigir da Administração o cumprimento integral do contrato no prazo inicialmente estipulado.

O aumento do risco, naturalmente, repercute na economia contratual, uma vez que o contratado embutirá esse fator em sua proposta, elevando os preços cobrados da Administração Pública.

É importante destacar que o § 1.º do art. 106 da Lei 14.133/2021, que apresenta redação confusa, prevê que a referida faculdade de extinção, sem ônus, da relação contratual por decisão administrativa somente pode ocorrer "na próxima data de aniversário do contrato e não poderá ocorrer em prazo inferior a 2 (dois) meses, contado da referida data".

Ao que parece, se considerarmos a "data de aniversário" como o momento no qual o ajuste completa um ano de vigência, o legislador, no § 1.º do art. 106, pretendeu impedir que a Administração determine a extinção do contrato nos primeiros 14 meses (1 ano + 2 meses) de vigência contratual.

Talvez a intenção do legislador seja fixar o prazo de 2 (dois) meses para evitar a extinção abrupta da relação contratual, mas permaneceria o problema da falta do orçamento que justifica, inclusive, a extinção sem ônus.

Seria possível interpretar que a intenção do legislador teria sido fixar o prazo de 2 (dois) meses, contados retroativamente da "data de aniversário" do contrato, mas essa interpretação não seria lógica ou razoável, uma vez que o dispositivo em comento já teria proibido a extinção, sem ônus, antes da própria "data de aniversário".

De qualquer forma, repita-se, a prerrogativa de extinguir o ajuste, prematuramente, por razões que são imputadas exclusivamente à Administração, sem qualquer ônus, pode gerar, na prática, a permanência da lógica da duração dos contratos de serviços contínuos tradicionalmente prevista no art. 57, II, da antiga Lei 8.666/1993.

Explica-se: o contratado, ao considerar que somente tem a garantia de executar o contrato por 1 ano e dois meses, levará esse período em consideração na precificação de sua proposta, desconsiderando o período subsequente (a lei, como visto, permite, em regra, o prazo inicial de até cinco anos). Ora, no regime da Lei 8.666/1993, era comum a celebração de contrato de serviços contínuos pelo prazo de 1 (um) ano, com a possibilidade de prorrogações sucessivas até o limite quinquenal. Em termos práticos, o inciso III e o § 1.º do art. 106 da Lei 14.133/2021 acabam com a possibilidade de economia de escala nas contratações com prazos alongados, já que, efetivamente,

Cap. 2 – CONTRATOS ADMINISTRATIVOS | **179**

o contratado não teria o direito de exigir da Administração o respeito ao prazo inicialmente fixado ou indenização na hipótese de extinção prematura por conduta da Administração.

2.10.3.3. Contratos com duração de até 10 (dez) anos e dispensa de licitação

Outras hipóteses de contratação por prazo superior a 1 (um) ano são mencionadas no art. 108 da Lei 14.133/2021, relativas a determinadas hipóteses de dispensa de licitação.

Conforme dispõe o referido comando legal, o contrato poderá ser celebrado com prazo de até 10 (dez) anos em algumas hipóteses que admitem inclusive a contratação direta, mediante dispensa de licitação (art. 75, IV, alíneas *f* e *g*, V, VI, XII e XVI), a saber: a) bens ou serviços produzidos ou prestados no País que envolvam, cumulativamente, alta complexidade tecnológica e defesa nacional; b) materiais de uso das Forças Armadas, com exceção de materiais de uso pessoal e administrativo, quando houver necessidade de manter a padronização requerida pela estrutura de apoio logístico dos meios navais, aéreos e terrestres, mediante autorização por ato do comandante da força militar; c) contratação com o objetivo de cumprir os arts. 3.º, 3.º-A, 4.º, 5.º e 20 da Lei 10.973/2004, observados os princípios gerais de contratação constantes da referida Lei; d) contratação que possa acarretar comprometimento da segurança nacional, nos casos estabelecidos pelo Ministro de Estado da Defesa, mediante demanda dos comandos das Forças Armadas ou dos demais ministérios; e) contratação em que houver transferência de tecnologia de produtos estratégicos para o Sistema Único de Saúde (SUS), conforme elencados em ato da direção nacional do SUS, inclusive por ocasião da aquisição desses produtos durante as etapas de absorção tecnológica, e em valores compatíveis com aqueles definidos no instrumento firmado para a transferência de tecnologia; e f) aquisição, por pessoa jurídica de direito público interno, de insumos estratégicos para a saúde produzidos por fundação que, regimental ou estatutariamente, tenha por finalidade apoiar órgão da Administração Pública direta, sua autarquia ou fundação em projetos de ensino, pesquisa, extensão, desenvolvimento institucional, científico e tecnológico e de estímulo à inovação, inclusive na gestão administrativa e financeira necessária à execução desses projetos, ou em parcerias que envolvam transferência de tecnologia de produtos estratégicos para o SUS, nos termos do inciso XII do *caput* deste artigo, e que tenha sido criada para esse fim específico em data anterior à entrada em vigor da atual Lei de Licitações, desde que o preço contratado seja compatível com o praticado no mercado.

2.10.3.4. Contratos em que o Poder Público seja usuário de serviços públicos delegados sob o regime de monopólio e contrato por prazo indeterminado

Não obstante a regra das contratações por prazo determinado, admite-se a contratação por prazo indeterminado nos casos em que a Administração seja usuária de serviço público oferecido em regime de monopólio, desde que comprovada, a cada exercício financeiro, a existência de créditos orçamentários vinculados à contratação (art. 109 da Lei 14.133/2021).[90]

---

[90] Tradicionalmente, na vigência da Lei 8.666/1993, o TCU admitia a celebração de alguns contratos privados por prazo indeterminado, notadamente o contrato de locação: "Os prazos estabelecidos no art. 57 da Lei 8.666/1993 não se aplicam aos contratos de locação, por força do que dispõe o art. 62, § 3.º, inciso I, da mesma lei". TCU, Acórdão 170/05, Plenário, Rel. Min. Ubiratan Aguiar, *DOU* 10.03.2005. No mesmo sentido: NIEBUHR, Joel de Menezes. *Licitação pública e contrato administrativo*. 2. ed. Belo Horizonte: Fórum, 2011. p. 737-738; Enunciado 22 da Procuradoria do Estado do RJ: "Os contratos de locação de imóveis, nos quais a Administração Pública figure como locatária, podem ser prorrogados por prazo indeterminado, nos termos do art. 56, parágrafo único, da Lei

A previsão normativa em comento é justificada em razão da prestação de determinados serviços públicos delegados, em regime de monopólio ou exclusividade, o que revelaria a ausência de competitividade (ex.: serviços de saneamento básico prestados por concessionária).

A hipótese, todavia, não abrange os serviços públicos que são prestados por concessionárias diversas, em regime concorrencial (ex.: na contratação de serviços de telefonia móvel, existem diversas empresas que poderiam, em tese, prestar o serviço).

2.10.3.5. Contratos de geram receita e contratos de eficiência

Nas contratações que geram receita (contratos de atribuição) e nos contratos de eficiência que acarretam economia para a Administração, o prazo será de (art. 110 da Lei 14.133/2021): a) até 10 (dez) anos, nos contratos sem investimentos; b) até 35 (trinta e cinco), nos contratos com investimentos, assim considerados aqueles que implicam a elaboração de benfeitorias permanentes, realizadas exclusivamente às expensas do contratado, que serão revertidas ao patrimônio da Administração Pública ao término do contrato.

Os contratos de atribuição são ajustes nos quais o Poder Público outorga direitos ou vantagens específicas a um agente econômico ou privado e em contrapartida, na maioria dos casos, é remunerado por essa atribuição.[91] Exemplificativamente, podem ser citados alguns contratos em que o prazo pode ser superior a um ano: a) concessão de serviço público (Lei 8.987/1995), pois a remuneração do concessionário é efetivada, em regra, por meio de tarifa; e b) contrato de concessão de uso de bem público e outros em que o Poder Público é credor dos valores que devem ser pagos pelo contratado.

É natural a inaplicabilidade da regra geral do prazo anual dos contratos administrativos aos contratos de atribuição que geram receitas ao Poder Público.

Isso porque a regra do prazo anual, prevista no art. 105 da Lei 14.133/2021, aplica-se exclusivamente aos casos em que a Administração tenha a obrigação de pagar o contratado com recursos orçamentários, uma vez que os referidos dispositivos legais pretendem assegurar o planejamento financeiro nas contratações públicas. Não há razão, naturalmente, para atrelar a duração dos contratos que não envolvam recursos orçamentários à vigência do orçamento.

Os contratos de eficiência, por sua vez, são aqueles que envolvem obrigações do contratado de promover uma economia nas despesas correntes do Poder Público, com a estipulação de remuneração do contratado proporcional à economia obtida (ex.: contratação de empresa para implementação de soluções de sustentabilidade energética, com a redução

---

8.245/1991"; Orientação Normativa/AGU 6/2009: "A vigência do contrato de locação de imóveis, no qual a Administração Pública é locatária, rege-se pelo art. 51 da Lei 8.245, de 1991, não estando sujeita ao limite máximo de sessenta meses, estipulado pelo inc. II do art. 57, da Lei 8.666, de 1993".

[91] Sobre a diferença de natureza entre os contratos de colaboração e os contratos de atribuição, a clássica lição de Hely Lopes Meirelles: "Contrato de colaboração é todo aquele em que o particular se obriga a prestar ou realizar algo para a Administração, como ocorre nos ajustes para a execução de obras, serviços e ou fornecimento; contrato de atribuição é o que a Administração confere determinadas vantagens ou certos direitos ao particular, tal como o uso especial de bem público. No primeiro tipo (contrato de colaboração) o contrato é firmado no interesse precípuo da Administração; no segundo (contrato de atribuição) o contrato é realizado no interesse precípuo do particular, desde que não contrarie o interesse público". MEIRELLES, Hely Lopes. *Licitação e contrato administrativo*. 14. ed. São Paulo: Malheiros, 2006. p. 197.

dos custos de energia e remuneração do contratado vinculada à economia gerada).[92] Na hipótese de ausência de implementação da economia pactuada, abre-se o caminho para diminuição da contraprestação do contratado ou a aplicação das medidas relacionadas ao inadimplemento contratual.[93]

2.10.3.6. *Contratos sob o regime de fornecimento e prestação de serviço associado*

Outra exceção ao prazo anual refere-se ao contrato firmado sob o regime de fornecimento ou prestação de serviço associado, que terá sua vigência máxima definida pela soma do prazo relativo ao fornecimento inicial ao prazo relativo ao serviço de operação e manutenção, este limitado ao prazo de 5 (cinco) anos contados da data de recebimento do objeto inicial, autorizada a prorrogação na forma do art. 107 da nova Lei de Licitações (art. 113 da Lei 14.133/2021).

No contrato de fornecimento com serviço associado, o contratado assume a obrigação de fornecer o objeto e manter a sua operação e/ou manutenção por prazo determinado (art. 6.º, XXXIV, da Lei 14.133/2021).

A contratação de fornecimento com serviço associado apresenta semelhanças com o regime da PPP administrativa de serviços administrativos, prevista no art. 2.º, § 2.º, da Lei 11.079/2004, que tem por objetivo a contratação de empresa privada que prestará serviços ao Estado, com remuneração assumida pelo Estado e sem tarifa, ainda que envolva a execução de obra ou fornecimento e instalação de bens (exs.: PPP administrativa para construção e operação de uma rede de creches ou restaurantes para servidores públicos, construção e gestão de arenas esportivas etc.).

2.10.3.7. *Contratos de operação de sistemas estruturantes de tecnologia da informação*

Mencione-se, por fim, o contrato com previsão de operação continuada de sistemas estruturantes de tecnologia da informação, que poderá ter vigência máxima de 15 (quinze) anos (art. 114 da Lei 14.133/2021).

2.10.3.8. *Prorrogação contratual*

A Lei 14.133/2021 não estabeleceu tratamento detalhado sobre a prorrogação dos contratos administrativos, limitando-se a tratar do tema juntamente com a definição da duração dos contratos administrativos (arts. 105 a 114).

De qualquer forma, é importante lembrar que a regra é a licitação e a exceção é a prorrogação dos contratos. A continuidade da relação contratual, efetivada por meio da alteração do prazo inicial de vigência, evita a realização de nova licitação para celebração de novo contrato. Portanto, a prorrogação somente será válida se respeitar as exigências legais.

---

[92] O conceito legal encontra-se no art. 6º, LIII, da Lei de Licitações: "contrato de eficiência: contrato cujo objeto é a prestação de serviços, que pode incluir a realização de obras e o fornecimento de bens, com o objetivo de proporcionar economia ao contratante, na forma de redução de despesas correntes, remunerado o contratado com base em percentual da economia gerada".

[93] Sobre o tema, vide: SCHWIND, Rafael Wallbach. Remuneração variável e contratos de eficiência no Regime Diferenciado de Contratações Públicas (RDC). *Interesse Público,* Belo Horizonte, ano 13, n. 70, nov./dez. 2011. Disponível em: http://www.bidforum.com.br/bidLogin.aspx?ReturnUrl=%2fbid%2fPDI0006.aspx%3fpdiCntd%3d76865&pdiCntd=76865. Acesso em: 17 jan. 2021.

A prorrogação dos contratos administrativos deve cumprir os seguintes requisitos:[94] a) justificativa por escrito; b) autorização da autoridade competente para celebração do contrato; c) manutenção das demais cláusulas do contrato; d) necessidade de manutenção de equilíbrio econômico-financeiro do contrato; e e) a prorrogação somente pode ocorrer nos casos expressamente previstos na Lei. Não devem ser admitidas, portanto, as prorrogações automáticas ou tácitas. Em cada caso, o administrador deve decidir pela prorrogação de acordo com as exigências legais.

A prorrogação é consensual (não pode ser imposta pela Administração) e pode ser feita por prazo inferior, igual ou superior ao prazo inicialmente pactuado.

Por fim, alguns autores, como Hely Lopes Meirelles, estabeleciam distinção entre prorrogação dos contratos e renovação dos contratos. A renovação do contrato, compreendida como a "inovação, no todo em parte do ajuste, mantido, porém, seu objeto inicial",[95] teria a finalidade de manter a continuidade do serviço mediante a recontratação direta do atual contratado (ex.: contrato original extinto, havendo, ainda, pequena parte do objeto para ser concluída; necessidade de ampliação não prevista inicialmente no contrato). Todavia, entendemos que a renovação do contrato não configura instituto autônomo, pois nos casos exemplificados teremos novo contrato celebrado sem licitação ou prorrogação/alteração do objeto do contrato em andamento.[96]

2.11. GESTÃO E FISCALIZAÇÃO CONTRATUAL

A função fiscalizadora é fundamental para regular cumprimento dos contratos administrativos, com a verificação constante da sua execução e impactos significativos sobre diversos atos que serão praticados ao longo da avença, tais como: realização de pagamentos, decisões sobre pedidos de reequilíbrio contratual, avaliação de desempenho da contratada, recebimento contratual, aplicação de sanções etc.

No contexto da Lei 14.133/2021, a fiscalização recebe maior destaque que aquele previsto na antiga Lei 8.666/1993 e outros diplomas legais, notadamente nos seguintes aspectos: a) definição dos modelos de gestão e fiscalização na fase preparatória da licitação (arts. 6.º, XXIII, f, e XXV, e; 18, § 1.º; e 25); b) manutenção da fiscalização como cláusula exorbitante (art. 104, III); c) regras específicas sobre a fiscalização contratual (arts. 117 a 119); d) previsão de extinção contratual, em decorrência do descumprimento das determinações do fiscal (art. 137, II); e) eventual responsabilidade da Administração Pública nas hipóteses de falha na fiscalização (arts. 120 e 121); f) atuação no recebimento do objeto do contrato (art. 140); g) impactos da fiscalização na avaliação do desempenho da contratada (arts. 88, § 3.º, e 144) etc.

---

[94] De acordo com o TCU, no contexto da Lei 8.666/1993, a prorrogação contratual deveria observar, no mínimo, as seguintes exigências: a) existência de previsão para prorrogação no edital e no contrato; b) objeto e escopo do contrato inalterados pela prorrogação; c) interesse da Administração e do contratado declarados expressamente; d) vantagem da prorrogação devidamente justificada nos autos do processo administrativo; e) manutenção das condições de habilitação pelo contratado; e f) preço contratado compatível com o mercado fornecedor do objeto contratado. TCU. *Licitações & contratos*: orientações e jurisprudência do TCU. 4. ed. Brasília, 2010. p. 765-766.

[95] MEIRELLES, Hely Lopes. *Direito administrativo brasileiro*. 22. ed. São Paulo: Malheiros, 1997. p. 218.

[96] Com a mesma opinião, não admitindo a figura da renovação do contrato, vide: CARVALHO FILHO, José dos Santos. *Manual de direito administrativo*. 22. ed. Rio de Janeiro: Lumen Juris, 2009. p. 198.

2.11.1. Governança pública, integridade e fiscalização contratual

É preciso destacar, aqui, a relevância da gestão e fiscalização contratual para implementação da governança pública e da integridade das contratações administrativas.[97]

A preocupação com a governança e a integridade nas contratações públicas ganhou novo capítulo com a promulgação da Lei 14.133/2021, que consagra diversas tendências já encontradas na legislação esparsa, tais como: a) planejamento e responsabilidade fiscal (ex.: relevância da gestão pública na utilização de recursos públicos escassos); b) celeridade do procedimento, com a diminuição de formalidades desnecessárias e a utilização de tecnologia (ex.: inversão das fases de habilitação e julgamento; procedimentos eletrônicos); c) promoção de valores constitucionais fundamentais (ex.: sustentabilidade ambiental); d) preocupação com a eficiência econômica na contratação (ex.: fixação de critérios de desempenho para fixação de remuneração do contratado); e) mais transparência (ex.: a divulgação dos atos praticados na rede mundial de computadores), viabilizando o maior controle por parte da sociedade civil; e f) governança pública e integridade nas contratações públicas (ex.: incentivo ou exigência de instituição de programas de integridade das empresas que celebram contratos com a Administração Pública).

Entre as tendências acima mencionadas, destaca-se a preocupação legislativa com a maior lisura e transparência dos processos de contratação com a Administração Pública, com destaque para maior preocupação com a integridade das empresas que contratam com a Administração Pública, especialmente por meio de exigências e/ou incentivos para instituição de programas de integridade por parte das empresas que contratam com a Administração Pública, a saber: a) obrigatoriedade de implantação de programa de integridade pelo licitante vencedor no prazo de até 6 (seis) meses após a celebração do contrato nas contratações de grande vulto (art. 25, § 4.º);[98] b) o desenvolvimento pelo licitante de programa de integridade, conforme orientações dos órgãos de controle, constitui critério de desempate nos certames (art. 60, IV); c) na aplicação de sanções será considerada, entre outros critérios, a implantação ou aperfeiçoamento de programa de integridade, conforme normas e orientações dos órgãos de controle (art. 155, § 1.º, V); e d) a sanção pelas infrações previstas no art. 155, VIII (apresentação de declaração ou documentação falsa exigida para o certame ou de declaração falsa durante a licitação ou a execução do contrato) e XII (prática de ato lesivo previsto no art. 5.º da Lei Anticorrupção), exige, como condição de reabilitação do licitante ou contratado, a implantação ou aperfeiçoamento de programa de integridade pelo responsável (art. 163, parágrafo único).[99] Em âmbito federal, o Decreto

---

[97] Sobrea relevância da governança e da integridade nas contratações públicas, vide: OLIVEIRA, Rafael Carvalho Rezende; ACOCELLA, Jéssica. A Exigência de Programas de Compliance e Integridade nas Contratações Públicas: Os Estados-Membros na Vanguarda. In: OLIVEIRA, Rafael Carvalho Rezende; ACOCELLA, Jéssica (Org.). *Governança corporativa e compliance*. 3. ed. São Paulo: JusPodivm, 2022. p. 73-98.

[98] De acordo com o art. 6.º, XXII, da Lei 14.133/2021 e o Decreto 12.343/2024, considera-se grande vulto econômico a contratação cujo valor estimado supera R$ 250.902.323,87. Lembre-se de que os valores previstos na atual Lei de Licitações devem ser atualizados anualmente, na forma do art. 182 do referido diploma legal.

[99] Aqui, é importante destacar que a exigência de programa de integridade para reabilitação do licitante nos casos indicados pelo legislador representa importante incentivo para o autossaneamento (*self-cleaning*) das empresas punidas que deverão adotar medidas corretivas e preventivas, que reduzam o risco de prática de ilícitos, para recuperarem a sua condição de potencial contratante do Poder Público. OLIVEIRA, Rafael Carvalho Rezende; CARMO, Thiago Gomes do. O *self-cleaning*

12.304/2024 dispõe sobre os parâmetros e a avaliação dos programas de integridade, nas hipóteses de contratação de obras, serviços e fornecimentos de grande vulto, de desempate de propostas e de reabilitação de licitante ou contratado.

Note-se que, atendendo ao escopo de incentivar e promover, de forma ampla, a integridade das contratações públicas, ao lado da exigência de *compliance*, a Lei 14.133/2021 reforçou, por exemplo, o dever de planejamento (exs.: arts. 5.º, 6.º, XX, 18), o sistema de controle (exs.: arts. 169 a 173) e a transparência pública (ex.: art. 174).[100]

Os diversos instrumentos de governança (exs.: Plano de Contratações Anual – PCA, gestão por competências, gestão de riscos, controle preventivo, entre outros) reforçam o ambiente íntegro das contratações, com ênfase no planejamento, na eficiência e *accountability*, destacando-se, por exemplo, nos parâmetros para a gestão dos contratos administrativos, a fixação de diretrizes para a nomeação de gestores e fiscais de contrato, com base no perfil de competências, e evitando a sobrecarga de atribuições (art. 17, III, da Portaria SEGES/ME 8.678/2021).

Assim, a implementação da governança pública e da integridade nas relações público-privadas depende, entre outros fatores, da adequada gestão e fiscalização dos contratos administrativos, papel que foi bem destacado na Lei 14.133/2021.

2.11.2. O fiscal dos contratos administrativos

2.11.2.1. Gestor × fiscal de contrato

Ao contrário da legislação anterior, especialmente a antiga Lei 8.666/1993, a Lei 14.133/2021 apresenta clara intenção de distinguir as figuras do gestor e do fiscal dos contratos, em atenção ao princípio da segregação de funções. Contudo, a distinção efetiva entre os referidos atores somente é apresentada no campo regulamentar.

De acordo com o art. 8.º, § 3.º, da Lei 14.133/2021, cabe ao regulamento definir as atribuições dos agentes responsáveis pelas licitações e contratações públicas, com a delimitação, inclusive, da "atuação de fiscais e gestores de contratos". Em âmbito federal, o Decreto 11.246/2022 dispõe sobre "as regras para a atuação do agente de contratação e da equipe de apoio, o funcionamento da comissão de contratação e a atuação dos gestores e fiscais de contratos".

Em grande medida, a distinção entre o gestor e o fiscal do contrato, assim como o elenco das espécies de fiscalização, apresenta nítida inspiração no regime jurídico previsto no capítulo V da Instrução Normativa (IN) 5/2017, que trata das regras e diretrizes do procedimento de contratação de serviços sob o regime de execução indireta no âmbito da Administração Pública federal.

---

e a sua aplicação sob a perspectiva da Lei nº 14.133/2021. *Solução em Licitações e Contratos – SLC*, v. 51, p. 39-52, jun. 2022.

[100] Nesse contexto, a Portaria SEGES/ME 8.678, de 19 de julho de 2021, dispõe sobre a governança das contratações públicas no âmbito da Administração Pública federal direta, autárquica e fundacional, estabelecendo um conjunto de mecanismos de liderança, estratégia e controle para avaliar, direcionar e monitorar a atuação da gestão dos contratos públicos, visando a agregar valor ao negócio do órgão ou entidade, e contribuir para o alcance de seus objetivos, com riscos aceitáveis. No rol dos instrumentos de governança nas contratações públicas, o art. 6.º da Portaria menciona, exemplificativamente: a) Plano Diretor de Logística Sustentável (PLS); b) Plano de Contratações Anual (PCA); c) política de gestão de estoques; d) gestão por competências; e) gestão de riscos e controle etc.

Com efeito, o art. 19 do Decreto 11.246/2022, com inspiração no art. 40 da IN 5/2017, estabelece que a gestão do contrato compreende "a coordenação das atividades relacionadas à fiscalização técnica, administrativa e setorial", além da prática de atos preparatórios à instrução processual e encaminhamento da documentação ao setor de contratos para a formalização dos procedimentos relativos à prorrogação, à alteração, ao reequilíbrio, ao pagamento, à eventual aplicação de sanções e à extinção dos contratos, entre outros.

O referido dispositivo legal apresenta, ainda, uma distinção entre as espécies de fiscalização (técnica, administrativa e setorial), que serão aprofundadas a seguir, com a indicação de atribuições que não se confundem com aquelas indicadas para o gestor do contrato. No rol das atribuições dos fiscais, incluem-se, por exemplo, tarefas de acompanhamento do efetivo cumprimento do objeto contratado, na forma do regramento fixado no edital, e da manutenção dos requisitos de habilitação pela contratada.

No exercício de suas atribuições, os fiscais dos contratos serão auxiliados pelos órgãos de assessoramento jurídico e de controle interno da Administração, que deverão dirimir dúvidas e subsidiá-los com informações relevantes para prevenção de riscos de inadimplemento contratual, na forma do art. 117, § 3.º, da Lei 14.133/2021.

Assim, é possível afirmar que o gestor do contrato coordena e supervisiona as atividades do(s) fiscal(is), com a prerrogativa de decidir, salvo delegação, sobre questões contratuais relevantes, como, por exemplo, prorrogação, alteração, reequilíbrio, pagamento, aplicação de sanções, extinção dos contratos.

Os fiscais, por sua vez, acompanham mais de perto a rotina do cumprimento do objeto contratual e possuem o papel de auxiliar o gestor, com a apresentação de informações e subsídios relevantes para tomada de decisões.

2.11.2.2. Espécies de fiscalização: técnica, administrativa e setorial

Conforme destacado anteriormente, o art. 19 do Decreto 11.246/2022, além de diferenciar a gestão e a fiscalização contratual, apresenta as espécies de fiscalização, nos seguintes termos:[101]

a) **fiscalização técnica:** envolve o acompanhamento do contrato, com o objetivo de avaliar se a execução do objeto observa os termos do edital e do contrato administrativo;

b) **fiscalização administrativa:** engloba o acompanhamento dos aspectos administrativos contratuais quanto às obrigações previdenciárias, fiscais e trabalhistas, além de auxiliar o gestor com informações relevantes para os reequilíbrios contratuais e adoção de providências tempestivas nas hipóteses de inadimplemento;

c) **fiscalização setorial:** constitui a tarefa de acompanhamento da execução contratual "nos aspectos técnicos ou administrativos quando a prestação do objeto ocorrer concomitantemente em setores distintos ou em unidades desconcentradas de um órgão ou uma entidade".

É relevante destacar que a definição do modelo de gestão e de fiscalização deverá ser indicada nos atos de planejamento que integram a fase preparatória da licitação, com destaque

---

[101] Ao lado da fiscalização técnica, administrativa e setorial, o art. 40, V, da IN 5/2017, menciona, ainda, a fiscalização pelo Público Usuário, com o "acompanhamento da execução contratual por pesquisa de satisfação junto ao usuário, com o objetivo de aferir os resultados da prestação dos serviços, os recursos materiais e os procedimentos utilizados pela contratada, quando for o caso, ou outro fator determinante para a avaliação dos aspectos qualitativos do objeto".

para o ETP, TR, projeto básico e edital, e deverão levar em consideração a complexidade dos contratos administrativos. Admite-se, portanto, a indicação de apenas um fiscal para contratos mais simples e de dois ou mais fiscais para contratos complexos.

Ademais, a distinção entre a fiscalização técnica, administrativa e setorial realizada pelo referido Decreto federal não é expressamente prevista na Lei 14.133/2021, constituindo-se, portanto, em opção adotada pela Administração Pública federal no exercício da sua competência regulamentar. Desse modo, os demais Entes da Federação possuem a liberdade para adoção da mesma solução ou de outra que seja mais adequada à sua realidade.

Independentemente da espécie de fiscalização, a atuação da Administração Pública, incluída a atividade exercida pelo fiscal, deve se restringir à verificação da regularidade da execução contratual a partir das cláusulas da avença e do conteúdo do edital, vedada a ingerência na organização interna e no gerenciamento empresarial da pessoa contratada. Assim, por exemplo, não pode o fiscal do contrato indicar, nominalmente, os funcionários da empresa que prestarão os serviços ou indicar as pessoas que serão contratadas pela empresa.[102]

2.11.2.3. Limites e possibilidades para nomeação do fiscal: o agente público pode recusar a nomeação?

Os agentes públicos, incluídos os fiscais dos contratos, indicados para o desempenho das atividades relacionadas aos processos de licitações e contratação públicas devem preencher os seguintes requisitos (art. 7.º da Lei 14.133/2021): a) a indicação deve recair, preferencialmente, sobre servidores efetivos ou empregados públicos dos quadros permanentes da Administração Pública; b) os agentes devem exercer atribuições relacionadas a licitações e contratos ou possuir formação compatível ou qualificação atestada por certificação profissional emitida por escola de governo criada e mantida pelo poder público; e c) os agentes não podem ser cônjuges ou companheiros de licitantes ou contratados habituais da Administração, assim como não podem ter com eles vínculo de parentesco, colateral ou por afinidade, até o terceiro grau, ou de natureza técnica, comercial, econômica, financeira, trabalhista e civil.

Ademais, a autoridade administrativa deverá observar o princípio da segregação de funções, vedada a designação do mesmo agente público para atuação simultânea em funções mais suscetíveis a riscos, de modo a reduzir a possibilidade de ocultação de erros e de ocorrência de fraudes na respectiva contratação (art. 7.º, § 1.º). A mesma exigência deve ser observada nos órgãos de assessoramento jurídico e de controle interno da Administração (art. 7.º, § 2.º).

As referidas exigências e vedações contribuem para implementação da gestão de pessoas por competências e para efetivação dos princípios da eficiência e da moralidade, uma vez que a função será realizada, preferencialmente, por profissionais de carreira, com conhecimento técnico sobre as licitações e contratações públicas e com segregação de funções, vedada a participação de agentes públicos no processo de contratação que envolva parentes ou pessoas que possam gerar conflitos de interesses.

Quanto ao primeiro requisito, o art. 7.º, I, impõe a indicação preferencial de servidores efetivos ou empregados públicos dos quadros permanentes da Administração Pública para o exercício da função de fiscal dos contratos.

Ao contrário do art. 8.º da Lei 14.133/2021, que exige a condição de servidor efetivo ou empregado dos quadros permanentes para os agentes de contratação, o art. 7.º, I, que trata dos

---

[102] Registre-se, por exemplo, o art. 48 da Lei 14.133/2021, que estabelece algumas vedações às ingerências da Administração Pública nos contratos de terceirização de serviços.

agentes públicos em geral, incluídos os fiscais, estabelece apenas a preferência na indicação dos citados servidores, abrindo margem de liberdade para indicação, excepcional, se servidores comissionados para atuação fiscalizadora.

Trata-se, em nossa opinião, de incongruência do legislador, uma vez que as funções exercidas pelos fiscais possuem relevância similar àquelas exercidas por agentes de contratação, inexistindo justificativa razoável para permitir a nomeação de servidores comissionados no primeiro caso, mas não no segundo.

Já o segundo requisito para a indicação do fiscal, apontado no art. 7.º, II, é a verificação de que o agente público exerça funções relacionadas às licitações e contratações administrativas, possua formação compatível para o exercício da função de fiscalização ou qualificação atestada por certificação profissional emitida por escola de governo criada e mantida pela Administração Pública.

A mencionada exigência legal possui sintonia com o princípio da eficiência e com a lógica da gestão por competências.[103] Seria, em princípio, inapropriada a indicação de um médico do hospital público para fiscalizar o contrato de obra ou a indicação de um engenheiro para fiscalizar o contrato de entrega de medicamentos em hospitais públicos, salvo se os citados indicados tiverem, por alguma razão comprovada, a expertise técnica para conhecimento dos respectivos objetos contratuais.

O terceiro requisito para nomeação dos fiscais, localizado no art. 7.º, III, relaciona-se com a vedação de indicação de agentes que possuam potencial conflito de interesses com as pessoas que serão contratadas. Assim, levando em consideração os licitantes ou contratados habituais da Administração,[104] o dispositivo legal em comento proíbe que a indicação para função de fiscal recaia sobre: a) cônjuges ou companheiros; b) parentes, colaterais ou por afinidade, até o terceiro grau; e c) pessoas que tenham vínculo de natureza técnica, comercial, econômica, financeira, trabalhista e civil.

Registre-se que a preocupação em evitar conflitos de interesses nas contratações públicas também pode ser verificada em outros dispositivos da Lei 14.133/2021. Assim, por exemplo, os arts. 14, IV, e 122, § 3.º, da Lei 14.133/2021 estabelecem a vedação de participação em licitação

---

[103] Ao dispor sobre a gestão por competências, o art. 14 da Portaria SEGES/ME 8.678/2021 dispõe: "Art. 14. Compete ao órgão ou entidade, quanto à gestão por competências do processo de contratações públicas: I – assegurar a aderência às normas, regulamentações e padrões estabelecidos pelo órgão central do Sistema de Serviços Gerais – Sisg, quanto às competências para os agentes públicos que desempenham papéis ligados à governança, à gestão e à fiscalização das contratações; II – garantir que a escolha dos ocupantes de funções-chave, funções de confiança ou cargos em comissão, na área de contratações, seja fundamentada nos perfis de competências definidos conforme o inciso I, observando os princípios da transparência, da eficiência e do interesse público, bem como os requisitos definidos no art. 7.º da Lei 14.133, de 2021; e III – elencar, no Plano de Desenvolvimento de Pessoas – PDP, nos termos do Decreto 9.991, de 28 de agosto de 2019, ações de desenvolvimento dos dirigentes e demais agentes que atuam no processo de contratação, contemplando aspectos técnicos, gerenciais e comportamentais desejáveis ao bom desempenho de suas funções".

[104] De acordo com o art. 10, § 1.º, do Decreto 11.246/2022, "consideram-se contratados habituais as pessoas físicas e jurídicas cujo histórico recorrente de contratação com o órgão ou com a entidade evidencie significativa probabilidade de novas contratações". A referida vedação incide sobre o agente público que atue em processo de contratação cujo objeto seja do mesmo ramo de atividade em que atue o licitante ou o contratado habitual com o qual haja o relacionamento (art. 10, § 2.º, do Decreto 11.246/2022).

ou subcontratação de pessoas físicas ou jurídicas que mantiverem vínculo de natureza técnica, comercial, econômica, financeira, trabalhista ou civil com dirigente do órgão ou entidade contratante ou com agente público que desempenhe função na licitação ou atue na fiscalização ou na gestão do contrato, ou se deles forem cônjuge, companheiro ou parente em linha reta, colateral, ou por afinidade, até o terceiro grau, devendo essa proibição constar expressamente do edital de licitação.

Questão interessante se refere à (im)possibilidade de o agente público indicado para função de fiscal de contratos apresentar recusa à nomeação. Aqui, é preciso destacar que, em princípio, o agente público não pode recursar a nomeação, em razão da hierarquia administrativa e da legalidade da nomeação.[105]

Ao invés da recusa, portanto, o agente público indicado, se entender que não possui a qualificação ou a disponibilidade necessária para o exercício da função de fiscal, deve expor as razões ao seu superior hierárquico, com o intuito não apenas de solicitar a necessária capacitação, mas, também, de se proteger contra futuras e eventuais imputações de ilícitos no exercício de sua função, além de induzir que a referida imputação de responsabilidade também recaia sobre a autoridade superior que efetuou a sua nomeação.[106]

Lembre-se, aqui, da possibilidade de responsabilização da autoridade nomeante quando o fiscal nomeado não possuir a devida capacitação para o exercício da função (culpa *in eligendo*) ou quando caracterizada a sua omissão na hipótese de falhas reiteradas e conhecidas por parte do fiscal (culpa *in vigilando*).[107]

Entendemos que, em situações excepcionalíssimas, o agente público indicado poderia recusar a nomeação para a função de fiscal, quando demonstrada, no caso concreto, a ilegalidade manifesta da nomeação, tal como ocorreria, por exemplo, com a nomeação de cônjuge da pessoa física contratada ou de diretor(a) da pessoa jurídica contratada. Nesse caso, em âmbito federal, seria aplicável o art. 116, IV, da Lei 8.112/1990, que prevê o dever do servidor de "cumprir as ordens superiores, exceto quando manifestamente ilegais".

---

[105] Nesse sentido, o Tribunal de Contas da União, no contexto da Lei 8.666/1993, decidiu: "O servidor designado para exercer o encargo de fiscal não pode oferecer recusa, porquanto não se trata de ordem ilegal. Entretanto, tem a opção de expor ao superior hierárquico as deficiências e limitações que possam impedi-lo de cumprir diligentemente suas obrigações. A opção que não se aceita é uma atuação a esmo (com imprudência, negligência, omissão, ausência de cautela e de zelo profissional), sob pena de configurar grave infração à norma legal". TCU, Acórdão 2.917/2010, Plenário, Rel. Min. Valmir Campelo, julgamento: 03.11.2010.

[106] Em âmbito federal, o art. 11, §§ 1.º e 2.º, do Decreto 11.246/2022 dispõe que, na hipótese de deficiência ou de limitações técnicas possam impedir o cumprimento diligente das suas atribuições, o agente público deverá comunicar o fato ao seu superior hierárquico e a autoridade competente poderá providenciar a qualificação prévia do servidor ou designar outro servidor com a qualificação requerida.

[107] No mesmo sentido: TORRES, Ronny Charles Lopes de. *Leis de licitações públicas comentadas*. 12. ed. São Paulo: JusPodivm, 2021. p. 606. De acordo com o TCU: "A responsabilidade da autoridade delegante pelos atos delegados não é automática ou absoluta, sendo imprescindível para definir essa responsabilidade a análise das situações de fato que envolvem o caso concreto. A autoridade delegante pode ser responsabilizada sempre que verificada a fiscalização deficiente dos atos delegados (culpa *in vigilando*), o conhecimento do ato irregular praticado ou a má escolha do agente delegado (culpa *in eligendo*)". TCU, Acórdão 6.934/2015, Plenário, Rel. Min. Benjamin Zymler, julgamento: 03.11.2015.

2.11.3. Contratação de terceiros para auxílio dos fiscais de contratos administrativos

Com o intuito de permitir que a função fiscalizadora seja exercida com maior eficiência, a legislação prevê não apenas o auxílio por parte dos órgãos de assessoramento jurídico e de controle interno da Administração, mas, também, a possibilidade de contratação de terceiros para assistir e subsidiar o fiscal do contrato com as informações pertinentes a essa regular execução do contrato, na forma do art. 117, §§ 3.º e 4.º, da Lei 14.133/2021.

É possível a contratação direta, por inexigibilidade de licitação, de serviços de fiscalização, supervisão ou gerenciamento de obras, considerados serviços técnicos especializados de natureza predominantemente intelectual, que envolvam profissionais ou empresas de notória especialização (art. 74, III, *d*, da Lei 14.133/2021).

A eventual contratação de pessoas físicas ou jurídicas para auxiliar a atividade do fiscal do contrato não altera a competência e a responsabilidade do próprio fiscal para exercer as suas atribuições no contrato administrativo. Nesse caso, a pessoa contratada assumirá responsabilidade civil objetiva pela veracidade e pela precisão das informações prestadas, firmará termo de compromisso de confidencialidade e não poderá exercer atribuição própria e exclusiva de fiscal de contrato, não afastando a responsabilidade do fiscal nos limites das informações recebidas do terceiro contratado (art. 117, *caput*, e § 4.º).

Admite-se, por fim, a contratação dos autores do anteprojeto e dos projetos básico e executivo para o apoio da atividade de gestão e de fiscalização da contratação, na forma permitida pelo art. 14, § 2.º, da Lei 14.133/2021.

2.11.4. Fiscalização e o princípio da segregação de funções

Ao tratar da segregação de funções, o art. 7.º, § 1.º, da Lei 14.133/2021 proíbe a designação do mesmo agente público para atuação simultânea em funções mais suscetíveis a riscos, de modo a reduzir a possibilidade de ocultação de erros e de ocorrência de fraudes na respectiva contratação.[108] A mesma vedação é aplicada aos órgãos de assessoramento jurídico e de controle interno da Administração (art. 7º, § 2º).

O mesmo raciocínio deve ser aplicado às nomeações dos fiscais dos contratos que se inserem no conceito de agente público utilizado no art. 7.º da Lei 14.133/2021. Desse modo, na designação dos fiscais dos contratos, a autoridade administrativa deverá observar o princípio da segregação de funções, vedada a designação do mesmo agente público para atuação simultânea em funções mais suscetíveis a riscos, com o intuito de reduzir a possibilidade de ocultação de erros e de ocorrência de fraudes na contratação pública. Com fundamento no princípio da segregação de funções, não pode ser nomeado como fiscal agente público que atuou no curso da licitação.

Em princípio, também seria vedada a nomeação de advogado público para a função de fiscal, especialmente na hipótese em que o mesmo advogado público atuaria, no exercício de sua atividade típica, no controle de juridicidade dos atos praticados na respectiva licitação e contratação, em razão do potencial conflito de interesses e riscos de ineficiência na atividade

---

[108] Ao tratar do princípio da segregação de funções, Maria Sylvia Zanella Di Pietro afirma que não se deve atribuir aos mesmos servidores, na licitação, tarefas da fase preparatória (interna) e da fase externa (competitiva), ou de condução de fiscalização do contrato e de apuração de infrações contratuais em processos sancionadores. DI PIETRO, Maria Sylvia Zanella. Estrutura geral da nova Lei: abrangência, objetivos e princípios. In: DI PIETRO, Maria Sylvia Zanella (Coord.). *Licitações e contratos administrativos*: inovações da Lei 14.133 de abril de 2021. Rio de Janeiro: Forense, 2022. p. 41.

controladora, assim como a aplicação do princípio da segregação de funções aos órgãos de assessoramento jurídico, com fundamento nos § 2.º do art. 7.º da Lei 14.133/2021.

O princípio da segregação de funções, agora previsto no art. 5.º da Lei 14.133/2021, consiste na distribuição e na especialização de funções entre os diversos agentes públicos que atuam nos processos de licitação e de contratação pública, com o intuito de garantir maior especialização no exercício das respectivas funções e de diminuir os riscos de conflitos de interesses dos agentes públicos. Existe, aqui, uma íntima relação com os princípios da eficiência e da moralidade, além da íntima relação com a ideia de governança pública.[109]

Em âmbito federal, o art. 12 do Decreto 11.246/2022 prevê que o princípio da segregação das funções "veda a designação do mesmo agente público para atuação simultânea em funções mais suscetíveis a riscos, de modo a reduzir a possibilidade de ocultação de erros e de ocorrência de fraudes na contratação".[110] Em abono ao caráter relativo do princípio da segregação de funções, característica de todo e qualquer princípio jurídico, o art. 12, parágrafo único, do Decreto 11.246/2022 dispõe que a sua aplicação será avaliada na situação fática processual e poderá ser ajustada, no caso concreto, em razão (i) da consolidação das linhas de defesa e (ii) de características do caso concreto tais como o valor e a complexidade do objeto da contratação.

2.11.5. Normas de fiscalização contratual e princípio federativo

É tradicional a dificuldade de distinguir as normas gerais e específicas na legislação de licitações e contratos administrativos, vez que revelam conceitos jurídicos indeterminados.

A discussão não é apenas acadêmica, mas, também, de índole prática.

Isso porque, no âmbito das licitações e contratações públicas, a União Federal possui competência privativa para elaborar normas gerais (nacionais), aplicáveis a todos os entes federados, na forma do art. 22, XXVII, da CRFB, cabendo aos demais entes federados a competência para fixação de normas específicas sobre o tema, com o objetivo de atenderem as peculiaridades socioeconômicas.

De lado a impossibilidade de fixação de um conceito preciso e sem a pretensão de estabelecer um rol exaustivo de situações, é possível dizer que as normas gerais possuem razoável grau de abstração que garantem uniformidade ao processo de licitação em todas as esferas federadas, sem que interfiram nas peculiaridades regionais e locais de cada ente federado. As normas gerais não podem interferir na autonomia federativa (art. 18 da CRFB), sob pena de abuso de poder legislativo por parte da União Federal.[111]

No contexto da Lei 14.133/2021, a discussão sobre a caracterização das normas gerais e específicas permanece.

Conforme já destacado, o art. 7.º da Lei 14.133/2021 estabelece os requisitos para indicação dos agentes públicos responsáveis pelo desempenho das atividades relacionadas aos processos

---

[109] JUSTEN FILHO, Marçal. *Comentários à Lei de Licitações e Contratações Administrativas*. São Paulo: Thomson Reuters Brasil, 2021. p. 129.

[110] Aplicam-se as vedações previstas no art. 9.º da Lei 14.133/2021 aos agentes públicos designados para atuar na área de licitações e contratos e aos terceiros que auxiliem a condução da contratação, na qualidade de integrantes de equipe de apoio, de profissionais especializados ou de funcionários ou representantes de empresa que preste assessoria técnica, na forma do art. 13 do Decreto 11.246/2022.

[111] OLIVEIRA, Rafael Carvalho Rezende. *Licitações e contratos administrativos*. 12. ed. Rio de Janeiro: Método, 2023. p. 9; MOREIRA NETO, Diogo de Figueiredo. Competência concorrente limitada: o problema da conceituação das normas gerais. *Revista de Informação Legislativa*, Brasília, Senado Federal, n. 100, p. 159, out./dez. 1988.

de licitações e contratação públicas, com a indicação, por exemplo, de que os agentes devem ser, preferencialmente, servidores efetivos ou empregados públicos dos quadros permanentes da Administração Pública.

Contudo, adiante, o art. 8.º do referido diploma legal exige que o agente de contratação seja servidor efetivo ou empregado público pertencente aos quadros permanentes da Administração Pública, excluindo, assim, a possibilidade de indicação de servidores comissionados.

Verifica-se, na leitura conjugada dos arts. 7.º e 8.º da Lei de Licitações e Contratos Administrativos, uma incongruência no tratamento jurídico dispensado pela legislação às pessoas nomeadas para funções de fiscais ou agentes de contratação. Enquanto o fiscal pode ser servidor efetivo, preferencialmente, ou comissionado, o agente de contratação deve ser necessariamente servidor efetivo ou empregado do quadro permanente, o que afastaria, na interpretação literal, a possibilidade de nomeação de servidores comissionados para a condução dos certames. A incongruência reside na assimetria de tratamento jurídico entre funções que possuem a relevância semelhante: o agente de contratação na condução do certame e o fiscal na avaliação do regular desempenho contratual.

Não encontramos justificativa razoável quanto à vedação de servidores comissionados para atuarem como agentes de contratação e o permissivo para que os referidos servidores sejam nomeados como fiscais dos contratos. A vantagem na indicação de servidores efetivos para as duas funções é garantir maior independência para os agentes que são fundamentais para a eficiência da contratação pública, uma vez que a estabilidade é conferida aos servidores efetivos, na forma do art. 41 da CRFB, mas não aos servidores comissionados, cuja nomeação e exoneração podem ser livremente implementadas.

Quanto ao art. 8.º da Lei 14.133/2021, há controvérsia doutrinária sobre o seu enquadramento como norma geral ou específica de licitação, o que impacta, necessariamente, na (in) existência de liberdade para os demais entes federados legislarem de forma diferente, na forma do art. 22, XXVII, da CRFB. De nossa parte, sustentamos que o referido dispositivo deve ser considerado norma específica, em razão da autonomia dos entes federados para definirem o regime jurídico dos seus respectivos servidores, com as indicações das respectivas funções públicas, inclusive dos agentes de contratação.[112]

Em relação aos fiscais dos contratos, o art. 7.º da Lei 14.133/2021 não estabeleceu a vedação peremptória para indicação de servidores comissionados, mas apenas a preferência para nomeação de servidores efetivos, o que confere margem de liberdade para os demais entes federados definirem a solução mais adequada às suas realidades organizacionais. De todo modo, a indicação de servidores comissionados deveria ser considerada excepcional e acompanhada da respectiva justificativa.

Da mesma forma, no âmbito da autonomia federativa, cada ente federado pode definir o modelo de gestão e de fiscalização contratual, sem a necessidade de seguir o mesmo modelo adotado, em âmbito federal, no Decreto 11.246/2022, que distingue as funções da fiscalização técnica, administrativa e setorial. O argumento é reforçado pelo fato de que as citadas espécies de fiscalização não são mencionadas na Lei 14.133/2021, que apenas indica as categorias do gestor e do fiscal, distinção que deve ser observada, em atenção ao princípio da segregação de função.

Em suma, os entes federados possuem autonomia para legislarem sobre os requisitos da nomeação dos fiscais dos contratos e suas respectivas atribuições, desde que respeitados os

---

[112] OLIVEIRA, Rafael Carvalho Rezende. Agentes de contratação na nova Lei de Licitações. *Solução em Licitações e Contratos*, v. 64, p. 37-46, 2023.

limites retirados dos princípios aplicáveis às licitações e contratações públicas (art. 5.º da Lei 14.133/2021), considerados normas gerais de observância obrigatória em âmbito nacional.

Ainda que se reconheça, de um lado, liberdade de conformação legislativa aos Estados, DF e Municípios, para definição dos requisitos de nomeação e atribuições dos fiscais, não se pode afastar, de outro lado, a necessidade de garantir que as pessoas indicadas tenham, por exemplo, conhecimento sobre o objeto a ser fiscalizado, capacitação constante, disponibilidade de tempo e limitação sobre a quantidade de contratos que serão fiscalizados, bem como não possuam potencial conflito de interesses com os atos envolvidos na contratação, em atenção aos princípios da impessoalidade, moralidade, eficiência, segregação de funções, entre outros.

2.11.6. Fiscalização nos contratos de obras e serviços de engenharia e o seguro-garantia como instrumento de incentivo à fiscalização por seguradoras

Em razão dos desafios encontrados na execução integral e tempestiva dos contratos de obras e serviços de engenharia, demonstrados pelo número excessivo de obras públicas inacabadas,[113] a atual Lei de Licitações estabeleceu mecanismos para tentar contribuir para a mudança desse cenário.

Nesse contexto, um instrumento jurídico de destaque na busca da maior eficiência dos contratos de obras e serviços de engenharia é o seguro-garantia, com a estipulação da obrigação de a seguradora, em caso de inadimplemento pelo contratado, assumir a execução e concluir o objeto do contrato, hipótese em que (art. 102 da Lei 14.133/2021): a) a seguradora deverá firmar o contrato, inclusive os aditivos, como interveniente anuente, e poderá: a.1) ter livre acesso às instalações em que for executado o contrato principal; a.2) acompanhar a execução do contrato principal; a.3) ter acesso a auditoria técnica e contábil; a.4) requerer esclarecimentos ao responsável técnico pela obra ou pelo fornecimento; b) é autorizada a emissão de empenho em nome da seguradora, ou a quem ela indicar para a conclusão do contrato, desde que demonstrada sua regularidade fiscal; c) a seguradora poderá subcontratar a conclusão do contrato, total ou parcialmente.

Na hipótese de inadimplemento do contratado, serão observadas as seguintes regras (art. 102, parágrafo único, da Lei 14.133/2021): a) caso a seguradora execute e conclua o objeto do contrato, estará isenta da obrigação de pagar a importância segurada indicada na apólice; e b) caso a seguradora não assuma a execução do contrato, pagará a integralidade da importância segurada indicada na apólice.

Verifica-se, portanto, que a atual Lei de Licitações trata do seguro-garantia, na modalidade de *performance bond* (garantia de desempenho contratual), segundo o qual a seguradora assume o dever de adimplir as obrigações contratuais, diretamente ou mediante a contratação de terceiros, na hipótese de inadimplemento do contrato administrativo.

A estipulação de seguro-garantia, com a obrigação da seguradora de assumir a execução e concluir o objeto do contrato (*step in rights*), demonstra a preocupação com o efetivo cumprimento do contrato e a finalização das obras públicas.[114]

---

[113] Em auditoria operacional realizada pelo TCU, em 2019, sob a relatoria do Ministro Vital do Rêgo, com a análise de mais de 30 mil obras públicas financiadas com recursos federais, restou diagnosticado que mais de 30% foram consideradas como paralisadas ou inacabadas. TCU, Acórdão 1.079/2019, Plenário, Rel. Min. Vital do Rêgo, julgamento: 15.05.2019.

[114] No âmbito das concessões, existe previsão semelhante do *step in rights* por parte dos financiadores e garantidores, na forma do art. 5.º, § 2.º, I, da Lei 11.079/2004: "Art. 5.º [...] § 2.º Os contratos poderão

Há uma íntima relação entre o seguro-garantia e a fiscalização dos contratos de obras e serviços de engenharia, uma vez que a seguradora possui interesse em auxiliar o fiscal do contrato para evitar o inadimplemento contratual e a assunção de responsabilidade pela finalização da obra ou do serviço de engenharia.

Em razão dos riscos assumidos pela seguradora, que, em caso de inadimplemento da empreiteira (tomadora do seguro), deverá promover, diretamente ou mediante a contratação de terceiros, a conclusão da obra, a própria seguradora será incentivada a acompanhar de perto a execução contratual, com a apresentação de informações relevantes relacionadas ao risco de inadimplemento contratual para subsidiar a atuação do fiscal do contrato.

Assim, a seguradora é estimulada a contribuir com a fiscalização do contrato administrativo, motivo pelo qual o art. 102 da Lei 14.133/2021 institui uma série de incentivos para que a seguradora contribua para a correta execução do contrato administrativo, auxiliando na fiscalização do Poder Público.

Com o objetivo de evitar o inadimplemento do contratado pela Administração Pública e o surgimento do seu dever de assumir o contrato administrativo, a seguradora deverá firmar o contrato e seus aditivos, como interveniente anuente, e poderá (i) ter livre acesso às instalações em que for executado o objeto contratual; (ii) acompanhar a sua execução; (iii) acessar a auditoria técnica e contábil; e (iv) requerer esclarecimentos ao responsável técnico pela obra ou pelo fornecimento.

É certo que a previsão do seguro-garantia (*performance bond*) na contratação de obras e serviços de engenharia acarreta aumento dos custos dos contratos administrativos, mas, quando bem planejado, pode servir como importante instrumento de superação do problema das obras públicas não concluídas em razão do inadimplemento contratual, com o incremento da fiscalização contratual e da obrigação de a seguradora finalizar a obra ou serviços de engenharia, inclusive, nesse último caso, com a possibilidade de subcontratação total ou parcial, na forma permitida pelo art. 102, III, da Lei 14.133/2021.

2.11.7. Proteção e incentivos à função do fiscal de contratos

Tradicionalmente, a indicação de agentes públicos para o exercício da função fiscalizadora nos contratos administrativos constitui tarefa desafiadora, com destaque para os seguintes fatores: a) ausência de servidores capacitados ou com expertise para o exercício da função de fiscal do contrato; b) aumento da carga de trabalho do agente público nomeado que, além das funções ordinárias, exercerá a função fiscalizadora; c) incremento do risco de responsabilização pessoal por eventuais falhas na fiscalização; d) ausência de incentivos (extra)econômicos para o exercício da função.

Com o intuito de superar os referidos desafios, o ordenamento jurídico tem garantido maior segurança jurídica e criado incentivos para o exercício da função fiscalizadora.

Quanto à capacitação dos servidores públicos, a legislação exige que a Administração Pública aponte, no próprio ETP, as providências a serem adotadas previamente à celebração

---

prever adicionalmente: I – os requisitos e condições em que o parceiro público autorizará a transferência do controle ou a administração temporária da sociedade de propósito específico aos seus financiadores e garantidores com quem não mantenha vínculo societário direto, com o objetivo de promover a sua reestruturação financeira e assegurar a continuidade da prestação dos serviços, não se aplicando para este efeito o previsto no inciso I do parágrafo único do art. 27 da Lei 8.987, de 13 de fevereiro de 1995".

do contrato, inclusive quanto à capacitação de servidores ou de empregados para fiscalização e gestão contratual (art. 18, § 1.º, X, da Lei 14.133/2021).

Conforme já analisado, o art. 7.º, *caput* e inciso II, da Lei 14.133/2021, exige a promoção da gestão por competências, com a designação de agentes públicos que "tenham atribuições relacionadas a licitações e contratos ou possuam formação compatível ou qualificação atestada por certificação profissional emitida por escola de governo criada e mantida pelo poder público".

É fácil perceber que a capacitação dos agentes públicos para o exercício da função pública constitui dever jurídico que decorre do princípio constitucional da eficiência (art. 37 da CRFB), corroborado pela legislação infraconstitucional, mas, evidentemente, a sua implementação prática pressupõe a atuação planejada da Administração Pública, com a realização de cursos pelas escolas de governo ou com o custeio de cursos promovidas pela iniciativa privada.

Não basta a capacitação do fiscal. É preciso, ainda, criar condições materiais de trabalho, com a distribuição racional do trabalho e o fomento à utilização de tecnologias para facilitar o desempenho da função.

Com o intuito de facilitar a atuação fiscalizadora, afigura-se recomendável a instituição de instrumentos tecnológicos, inclusive com o auxílio da inteligência artificial, bem como a elaboração pela Administração Pública de manuais de fiscalização, checklists, instrumentos de medição e outros instrumentos capazes de garantir padronização e eficiência na atividade do fiscal do contrato.

Em relação ao desafio do aumento da carga de trabalho do agente público nomeado, é preciso que a Administração Pública crie condições materiais para que a função fiscalizadora seja exercida sem prejuízo das funções ordinárias do servidor e sem incremento da jornada de trabalho. Caso inexista cargo específico ou não seja possível a nomeação do agente nomeado para o exercício exclusivo da função de fiscal de contratos, a Administração Pública deve adotar as medidas necessárias para que a função fiscalizadora não prejudique o exercício da função ordinariamente executada pelo agente.

Já o desafio relacionado ao incremento do risco de responsabilização pessoal do fiscal por eventuais falhas na fiscalização, o ordenamento jurídico sofreu alterações nos últimos anos que mitigam o citado risco e promovem maior segurança jurídica para os fiscais.

Mencione-se, por exemplo, o art. 28 da LINDB, inserido pela Lei 13.655/2018, que dispõe que o agente público, incluído, aqui, o fiscal de contrato, somente responderá pessoalmente por suas decisões ou opiniões técnicas em caso de "dolo ou erro grosseiro", afastando-se a responsabilidade por culpa (leve ou média).

No campo da improbidade administrativa, o fiscal do contrato, com alguma frequência, era incluído no polo passivo da ação judicial de improbidade, sob o argumento de que a sua falha culposa na fiscalização contratual caracterizaria improbidade. Atualmente, a Lei 8.429/1992 (Lei de Improbidade Administrativa – LIA), após a alteração promovida pela Lei 14.230/2021, excluiu a possibilidade de improbidade culposa, anteriormente admitida pelo art. 10 da LIA (ato de improbidade por lesão ao erário), especialmente com o intuito de evitar a confusão entre erros administrativos e os atos de improbidade.[115]

Na atual redação da LIA, a caracterização da improbidade depende da prática de ato ilícito doloso, praticado por agente público ou terceiro, contra as entidades públicas e privadas, gestoras

---

[115] O STF, no julgamento do Tema 1.199, em sede de repercussão geral, limitou a retroatividade da norma mais benéfica da Lei 14.230/2021, que revogou a modalidade culposa de improbidade, aos fatos anteriores que não ensejaram condenação transitada em julgado.

Cap. 2 – CONTRATOS ADMINISTRATIVOS | **195**

de recursos públicos, capaz de acarretar enriquecimento ilícito, lesão ao erário e violação aos princípios da Administração Pública.[116] O dolo, na forma do § 2.º do art. 1.º da LIA, deve ser específico, exigindo-se "a vontade livre e consciente de alcançar o resultado ilícito tipificado nos arts. 9.º, 10 e 11 desta Lei, não bastando a voluntariedade do agente".

As referidas alterações legislativas, mencionadas exemplificativamente, revelam a preocupação do legislador com a garantia de maior segurança jurídica pelos agentes públicos, diminuindo o risco de que eventuais falhas, naturais em qualquer atividade humana, tenham o condão de ensejar punições desproporcionais.

Por fim, a Administração Pública, em determinados casos, tem instituído vantagens econômicas e extraeconômicas, com o objetivo de incentivar o desempenho da função fiscalizadora. Mencione-se, por exemplo, o pagamento de gratificação pelo exercício da função de fiscal de contrato ao servidor público, ocupante de cargo efetivo ou comissionado, desde que previsto em lei.[117]

2.11.8. Fiscalização, eficiência e inovações tecnológicas: dos carimbos à inteligência artificial

O estereótipo da fiscalização contratual é a figura do carimbo, a partir da imagem de que o fiscal, sem a expertise necessária e/ou sem o tempo adequado, seria um mero carimbador de documentos produzidos no contrato que, teoricamente, revelariam o cumprimento das obrigações contratuais.

Independentemente do cumprimento efetivo das obrigações contratuais, a preocupação, em muitos casos, seria apenas atestar e carimbar folhas de papéis, com o intuito de cumprir os prazos e as ordens da alta administração.

Naturalmente, a fiscalização meramente formal, resumida à análise dos documentos da contratação, sem a necessária verificação, in loco, do adimplemento quantitativo e qualitativo do contrato, não se revela suficiente para garantir a eficiência contratual.

A fiscalização formalista e analógica deve ser substituída por uma fiscalização digital e eficiente, o que exige não apenas a capacitação dos fiscais e a distribuição racional de suas atividades, mas, também, a instituição de instrumentos tecnológicos, com o intuito de implementar maior eficiência na atividade fiscalizadora.

Nesse cenário, a atual Lei de Licitações abre uma janela de oportunidades para a utilização de inovações tecnológicas nos processos de contratação pública.

O incentivo à inovação passa a ser considerado um dos objetivos do processo licitatório (art. 11, IV, da Lei 14.133/2021),[118] que deve ser implementado, preferencialmente, de forma

---

[116] NEVES, Daniel Amorim Assumpção; OLIVEIRA, Rafael Carvalho Rezende. *Improbidade administrativa*: direito material e processual. 9. ed. Rio de Janeiro: Forense, 2022. p. 8.

[117] Nesse sentido, o TCE/ES admitiu o pagamento de gratificação pelo exercício da função de fiscal de contrato a servidor público, desde que haja previsão legal (TCE/ES, Plenário, Parecer em Consulta TC-012/2023, TC-7898/2023, Rel. Conselheiro Sérgio Aboudib Ferreira Pinto). De forma semelhante, no tocante aos membros da comissão de contratação e equipe de apoio nas licitações, o TCE/MG admitiu o pagamento de gratificação aos servidores ocupantes exclusivamente de cargo em comissão que participem de comissão de licitação ou equipe de apoio, desde que tal gratificação seja instituída por lei, além de ser necessária a devida previsão orçamentária e adequação ao limite com despesas de pessoal fixado na Lei de Responsabilidade Fiscal (TCE/MG, Acórdão 1.102.275, Rel. Conselheiro Adonias Monteiro, de 30.03.2022).

[118] Outros instrumentos indicados na Lei 14.133/2021 também contribuem para contratação de soluções inovadoras, como, por exemplo, o diálogo competitivo, a contratação integrada, a realização

eletrônica, com a prática de atos digitais (art. 12, VI, e 17, § 2.º).[119] Destaca-se, ainda, a instituição do Portal Nacional de Contratações Públicas (PNCP), sítio eletrônico oficial destinado à divulgação centralizada das licitações e contratações públicas (art. 174).

No campo da fiscalização contratual, é possível perceber um enorme potencial para utilização de novas tecnologias. É o caso da obrigatoriedade de instituição de sistema informatizado de acompanhamento de obras, inclusive com recursos de imagem e vídeo (art. 19, III). Mencione-se, por exemplo, a utilização de drones para auxiliar na fiscalização e no controle de obras públicas.[120]

Em reforço à referida tendência, o art. 169 da Lei 14.133/2021 estabelece que as contratações públicas deverão ser submetidas às práticas contínuas e permanentes de gestão de riscos e de controle preventivo, "inclusive mediante adoção de recursos de tecnologia da informação".

No contexto dos processos eletrônicos de contratação pública e do PNCP, abre-se uma oportunidade para o desenvolvimento de ferramentas de inteligência artificial, com o objetivo de garantir maior celeridade e eficiência aos certames e contratos.

A inteligência artificial (IA),[121] que tem sido utilizada de forma crescente em diversos campos da Administração Pública,[122] compreende a capacidade de sistemas computacionais

---

de PMI para contratação de *startups* etc. Sobre o tema, vide: OLIVEIRA, Rafael Carvalho Rezende; CARMO, Thiago Gomes do. Administração pública experimental: licitação e contratação de soluções inovadoras. *Boletim de Licitações e Contratos*, Curitiba, v. 19, n. 217, p. 412-421, maio 2023.

[119] Aliás, a utilização de tecnologias é uma característica da denominada Administração Pública Digital ou Governo Digital e não se restringe ao campo das contratações públicas. Mencione-se, a título de exemplo, a Lei 14.129/2021, que dispõe sobre princípios, regras e instrumentos para o Governo Digital. No rol dos princípios e diretrizes do Governo Digital e da eficiência pública, o art. 3.º do referido diploma legal destaca, exemplificativamente: (i) o uso da tecnologia para otimizar processos de trabalho da Administração Pública (inciso VIII); (ii) o estímulo ao uso das assinaturas eletrônicas nas interações e nas comunicações entre órgãos públicos e entre estes e os cidadãos (inciso XXII); (iii) a adoção preferencial, no uso da internet e de suas aplicações, de tecnologias, de padrões e de formatos abertos e livres (inciso XXV); (iv) a promoção do desenvolvimento tecnológico e da inovação no setor público (inciso XXVI) etc.

[120] O TCE/MG e o TCM/SP, por exemplo, têm utilizado drones para auxiliar na fiscalização de obras e serviços em auditorias realizadas pelos respectivos Tribunais. Disponível em: <https://www.tce.mg.gov.br/noticia/Detalhe/1111621987> e <https://portal.tcm.sp.gov.br/Pagina/5695>. Acesso em: 10 out. 2023.

[121] A inteligência artificial é um fenômeno inerente à quarta revolução industrial. De acordo com Klaus Schwab, a primeira revolução industrial (1760-1840) relacionou-se com a produção mecânica (construção de ferrovias e máquinas a vapor); a segunda revolução industrial (final do século XIX e início do século XX) possibilitou a produção em massa por meio da eletricidade e da linha de montagem; e a terceira revolução industrial (1960-90), denominada de digital ou do comutador, foi impulsionada pelos semicondutores, computação em *mainframe*, comutação pessoal e internet. Já a quarta revolução industrial, que teve início na virada do século, seria caracterizada por uma internet mais ubíqua e móvel, por sensores menores e mais poderosos, bem como pela inteligência artificial e aprendizagem automática (ou aprendizado de máquina). Ao contrário das anteriores, a quarta revolução industrial acarreta a fusão das novas tecnologias e a interação entre os domínios físicos, digitais e biológicos. Na Alemanha, discute-se a indústria 4.0 com a criação de "fábricas inteligentes", que são marcadas pela cooperação entre os sistemas físicos e virtuais. SCHWAB, Klaus. *A quarta revolução industrial*. São Paulo: Edipro, 2017. p. 15-17.

[122] Em âmbito federal, a Portaria GM 4.617/2021 do Ministério da Ciência, Tecnologia e Inovações, instituiu a Estratégia Brasileira de Inteligência Artificial – EBIA.

realizarem ações que exigem esforço cognitivo, de forma semelhante à inteligência humana, por meio de processamento de dados e capacidade de aprendizado (*machine learning*), com aplicações em diversos campos do Direito, tais como a possibilidade de tomada de decisões com o auxílio de máquinas, a análise documental e a promoção de análises preditivas de pronunciamentos judiciais e administrativos.[123]

A partir de um conjunto imenso de dados (big data), permite-se a mineração de dados (*data mining*) para uma análise automatizada e estruturada que servirá para tomada da decisão estatal. No âmbito da IA, o algoritmo exerce papel central, constituindo-se no conjunto de instruções inseridas em determinado sistema computacional que representam opções de decisão em razão dos dados existentes. Os dados e as informações iniciais fornecidas (*input*) são processados a partir dos critérios fixados pelo programador para obtenção do resultado desejado (*output*).[124]

Nas licitações e contratações públicas, já é possível perceber, especialmente no âmbito da Administração Pública federal, a crescente utilização de novas tecnologias e da Inteligência Artificial nos processos de contratações públicas, com a criação de aplicativos de compras públicas para aparelhos celulares; a instituição da LIA (Logística com Inteligência Artificial) que é um *chatbot* (software que procura imitar o ser humano em bate-papo) de conversa e interação online por meio de aplicativo de mensagens; entre outros exemplos.

A utilização da IA no âmbito da atividade controladora já vem sendo experimentada por diversos órgãos e entidades da Administração pública. O TCU, por exemplo, tem utilizado diversas ferramentas de inteligência artificial na sua atividade de controle da Administração Pública, tais como: (i) ALICE (Análise de Licitações e Editais); (ii) MONICA (Monitoramento Integrado para o Controle de Aquisições); (iii) ADELE (Análise de Disputa em Licitações Eletrônicas), (iv) SOFIA (Sistema de Orientação sobre Fatos e Indícios para o Auditor); (v) CARINA (Crawler e Analisador de Registros da Imprensa Nacional) e (vi) ÁGATA (Aplicação Geradora de Análise Textual com Aprendizado).[125]

No cenário da Administração Pública digital e dos certames eletrônicos, a IA apresenta diversas potencialidades e pode servir como ferramenta disruptiva para melhorar a eficiência das contratações públicas, inclusive no campo da fiscalização e controle, com a instituição (i) da automação de processamento de documentos e sistemas de cruzamento de dados que permitam verificar a existência de impedimentos para participação em certames; (ii) de predição de cenários com a apresentação de recomendações; (iii) de mecanismos de pesquisa de preços que facilitem a verificação de eventuais sobrepreços e superfaturamentos; (iv) de ferramentas de elaboração de minutas e modelos de despachos e decisões administrativas a partir da legislação e da jurisprudência etc.

---

[123] VALE, Luís Manoel Borges do; PEREIRA, João Sergio dos Santos Soares. *Teoria geral do processo tecnológico*. São Paulo: Thomson Reuters Brasil, 2023. p. 21 e 23. Ao tratar do conceito jurídico da IA, Bruno Zampier sustenta que "a IA seria um bem jurídico, em especial uma universalidade de fato, que tem por fim solucionar problemas específicos e realizar tarefas, à semelhança e em paralelo à inteligência humana, a partir da utilização de algoritmos e outros sistemas computacionais". LACERDA, Bruno Torquato Zampier. *Estatuto jurídico da inteligência artificial*. Indaiatuba: Editora Foco, 2022. p. 80.

[124] VALE, Luís Manoel Borges do; PEREIRA, João Sergio dos Santos Soares. *Teoria geral do processo tecnológico*. São Paulo: Thomson Reuters Brasil, 2023. p. 25.

[125] COSTA, Marcos Bemquerer; BASTOS, Patrícia Reis Leitão. Controle Externo: *Revista do Tribunal de Contas do Estado de Goiás*, Belo Horizonte, ano 2, n. 3, p. 11-34, jan./jun. 2020.

LICITAÇÕES E CONTRATOS ADMINISTRATIVOS – *Rafael Carvalho Rezende Oliveira*

Naturalmente, a IA, quando bem utilizada, pode estimular a eficiência, a isonomia, a celeridade, a segurança jurídica e outros benefícios na atividade administrativa, com a diminuição dos riscos de decisões caprichosas, morosas e arbitrárias.

Contudo, existem riscos na utilização inadequada da IA, uma vez que as programações inseridas nas máquinas e nos sistemas podem ser acompanhadas de visões ideológicas e preconceitos dos seres humanos (enviesamento algorítmico).[126] Nesse caso, a IA refletiria os vieses dos próprios programadores, o que reforça a necessidade de regulação com a adoção de medidas de cautela, tais como a transparência e a possibilidade de revisões periódicas e adaptações dos sistemas.[127]

A implementação da Administração Pública digital no cenário brasileiro apresenta, ainda, intensos desafios, especialmente pela dificuldade de democratização ampla do acesso à internet e as limitações de determinados entes federados, especialmente Municípios, na realização de investimentos e utilização efetiva de ferramentas tecnológicas, o que pode ser parcialmente

---

[126] Segundo Cass Sunstein: "There is no assurance, of course, that algorithms will avoid cognitive biases. They can be built so as to display them. My point is that they can also be built so as to improve on human decisions. This is simply a specification of the old finding that statistical prediction often outperforms clinical prediction." SUNSTEIN, Cass R. Algorithms, Correcting Biases, *Social Research: An International Quarterly*, Vol. 86, Number 2, p. 510, Summer 2019. Em outra oportunidade, Sunstein, Kleinberg, Mullainathan e Ludwig afirmam que os algoritmos têm o potencial de conferir maior transparência sobre os dados e as motivações das decisões, o que representa uma oportunidade maior para descobrir eventual discriminação: "It is tempting to think that human decision-making is transparent and that algorithms are opaque. We have argued here that with respect to discrimination, the opposite is true. The use of algorithms offers far greater clarity and transparency about the ingredients and motivations of decisions, and hence far greater opportunity to ferret out discrimination". KLEINBERG, Jon; LUDWIG, Jens; MULLAINATHAN, Sendhil; SUNSTEIN, Cass R. Discrimination in the Age of Algorithms, *Journal of Legal Analysis*, v. 10, p. 163, 2018.

[127] Sobre o tema: BINENBOJM, Gustavo. Inteligência artificial e as decisões administrativas, *Revista Eletrônica da PGE-RJ*, v. 5, n. 3, 2022. Disponível em: <https://revistaeletronica.pge.rj.gov.br/index.php/pge/article/view/327/251>. Acesso em: 10 out. 2023. De acordo com o Grupo de Peritos de Alto Nível sobre a inteligência artificial (GPAN IA), criado pela Comissão Europeia em junho de 2018, os requisitos para implantação da IA de confiança são, por exemplo: a) ação e supervisão humanas; b) solidez técnica e segurança, incluindo a resiliência perante ataques e a segurança, os planos de recurso e a segurança geral; c) privacidade e governação dos dados, com o respeito da privacidade, a qualidade e a integridade dos dados e o acesso aos dados; d) transparência, garantida a rastreabilidade, a explicabilidade e a comunicação; e) diversidade, não discriminação e equidade, com a prevenção de enviesamentos injustos, a acessibilidade e a participação das partes interessadas; f) bem-estar societal e ambiental; g) responsabilização, com a auditabilidade, a minimização e a comunicação dos impactos negativos, as soluções de compromisso e as vias de recurso. UNIÃO EUROPEIA. *Orientações éticas para uma IA de confiança*. Grupo Independente de Peritos de Alto Nível sobre a Inteligência Artificial. Bruxelas, 2019. Disponível em: <https://digital-strategy.ec.europa.eu/en/library/ethics-guidelines-trustworthy-ai>. Acesso em: 10 out. 2023. A OCDE aponta cinco princípios que garantem a administração confiável da IA: a) crescimento inclusivo, desenvolvimento sustentável e bem-estar; b) valores centrados no ser humano e justiça; c) transparência e explicabilidade; d) Robustez, segurança e proteção; e e) responsabilização e *accountability*. OCDE. *Recommendation of the Council on Artificial Intelligence*. 21.05.2019. Disponível em: <https://legalinstruments.oecd.org/en/instruments/oecd-legal-0449>. Acesso em: 10 out. 2023.

Cap. 2 – CONTRATOS ADMINISTRATIVOS | **199**

superado a partir da disponibilização, por parte da União, de sistemas abertos que possam ser utilizados, gratuitamente, pelos demais entes federados interessados.

2.12. ALTERAÇÃO CONTRATUAL

Conforme já destacado, os contratos administrativos são marcados pela flexibilidade (instabilidade) em razão da mutabilidade natural do interesse público decorrente da alteração da realidade social, política e econômica.

Não por outra razão, a legislação reconhece a prerrogativa da Administração para promover alterações contratuais, inclusive de forma unilateral, além da extinção unilateral dos contratos (art. 104 da Lei 14.133/2021).

No presente tópico, será destacado o regime jurídico da alteração dos contratos administrativos.

2.12.1. Espécies de alteração contratual

A alterações dos contratos administrativos podem ser divididas em duas categorias (art. 124 da Lei 14.133/2021):

a) **alteração unilateral:** alteração qualitativa ou quantitativa promovida unilateralmente pela Administração Pública, dentro dos limites legais;

b) **alteração bilateral (ou consensual):** alteração implementada por meio de acordo entre as partes.

Enquanto a alteração unilateral representa uma prerrogativa da Administração Pública, com a roupagem de cláusula exorbitante (art. 104, I, da Lei 14.133/2021), a alteração bilateral decorre da própria consensualidade que é uma característica inerente aos contratos.

A alteração bilateral ou consensual pode ocorrer nas seguintes hipóteses (art. 124, II, da Lei 14.133/2021): a) quando conveniente a substituição da garantia de execução; b) quando necessária a modificação do regime de execução da obra ou do serviço, bem como do modo de fornecimento, em face de verificação técnica da inaplicabilidade dos termos contratuais originários; c) quando necessária a modificação da forma de pagamento por imposição de circunstâncias supervenientes, mantido o valor inicial atualizado e vedada a antecipação do pagamento em relação ao cronograma financeiro fixado sem a correspondente contraprestação de fornecimento de bens ou execução de obra ou serviço; d) para restabelecer o equilíbrio econômico-financeiro inicial do contrato em caso de força maior, caso fortuito ou fato do príncipe ou em decorrência de fatos imprevisíveis ou previsíveis de consequências incalculáveis, que inviabilizem a execução do contrato tal como pactuado, respeitada, em qualquer caso, a repartição objetiva de risco estabelecida no contrato.

Nas alterações promovidas em contratos de obras e serviços de engenharia, em razão de falhas de projeto, deverão ser adotadas as medidas necessárias para apuração de responsabilidade do responsável técnico e adoção das providências necessárias para o ressarcimento dos danos causados à Administração (art. 124, § 1.º).

Nas hipóteses de inexecução pelo atraso na conclusão de procedimentos de desapropriação, desocupação, servidão administrativa ou licenciamento ambiental, por circunstâncias alheias à conduta do contratado, a Administração Pública deverá promover a alteração consensual do contrato para restabelecer o equilíbrio econômico-financeiro (art. 124, § 2.º).

2.12.2. Alteração unilateral: espécies e limites

É possível apontar duas espécies de alteração unilateral, a saber:

a) **alteração qualitativa** (art. 124, I, *a*): alteração do projeto ou das especificações, para melhor adequação técnica aos seus objetivos; ou

b) **alteração unilateral quantitativa** (art. 124, I, *b*): alteração da quantidade do objeto contratual, nos limites permitidos pela Lei.

Existem requisitos que devem ser observados na alteração unilateral, tais como:

a) **necessidade de motivação;**

b) **a alteração deve decorrer de fato superveniente à contratação (desconhecido no momento da contratação)**, pois no momento da instauração da licitação a Administração efetivou a delimitação do objeto contratual, o que condicionou a apresentação das propostas pelos licitantes;

c) **impossibilidade de descaracterização do objeto contratual** (ex.: não se pode alterar um contrato de compra de materiais de escritório para transformá-lo em contrato de obra pública);

d) **necessidade de preservação do equilíbrio econômico-financeiro do contrato;**

e) **apenas as cláusulas regulamentares (ou de serviço) podem ser alteradas unilateralmente**, *mas não as cláusulas econômicas (financeiras ou monetárias)*, na forma do art. 104, § 1.º, da Lei 14.133/2021 (ex.: a Administração pode alterar o contrato para exigir a construção de 120 casas populares, em vez de 100 casas, inicialmente previstas quando da assinatura do contrato; pode ser alterado contrato de pavimentação de 100 km de determinada rodovia para se estender a pavimentação por mais 10 km);

f) **os efeitos econômicos da alteração unilateral das cláusulas regulamentares devem respeitar os percentuais previstos no art. 125 da Lei 14.133/2021:** *nas alterações unilaterais qualitativas e quantitativas,*[128] o contratado será obrigado a aceitar, nas mesmas condições contratuais, acréscimos ou supressões de até 25% do valor inicial atualizado do contrato que se fizerem nas obras, nos serviços ou nas compras, e, no caso de reforma de edifício ou de equipamento, o limite para os acréscimos será de 50%.

É oportuno notar que os limites previstos no art. 125 da Lei 14.133/2021 não são aplicáveis ao reajuste do valor contratual que representa mera atualização do valor contratado com o objetivo de evitar a sua deterioração em razão da inflação.

Da mesma forma, os referidos limites não incidem sobre a revisão do valor contratual que tem por objetivo a recomposição do equilíbrio econômico-financeiro do ajuste em razão

---

[128] Antes da promulgação da Lei 14.133/2021, havia controvérsia doutrinária sobre o alcance do referido limite, que estava previsto no art. 65, § 1.º, da Lei 8.666/1993. Enquanto parcela da doutrina sustentava a aplicação dos limites apenas às alterações unilaterais quantitativas, outra corrente doutrinária defendia a aplicação dos limites para quaisquer alterações unilaterais, inclusive as qualitativas. De nossa parte, sempre sustentamos, inclusive nas edições anteriores do presente livro, a aplicação dos limites às alterações unilaterais qualitativas e quantitativas, em razão dos princípios da segurança jurídica, da boa-fé, da economicidade, da razoabilidade, entre outros. Com a redação do art. 125 da Lei 14.133/2021, a polêmica deve acabar, uma vez que o referido dispositivo, ao estabelecer os limites, faz referência ao art. 124, I, do mesmo diploma legal, que trata das duas espécies de alteração unilateral.

Cap. 2 – CONTRATOS ADMINISTRATIVOS | **201**

de eventos supervenientes imprevisíveis ou previsíveis, porém de consequências incalculáveis. A necessidade de restauração do equilíbrio contratual decorre do art. 37, XXI, da CRFB e a intenção do art. 125 da Lei 14.133/2021 é evitar alterações caprichosas e desproporcionais por parte da Administração Pública.

Entendemos, ainda, que os limites indicados no art. 125 da Lei 14.133/2021 não abrangem os contratos de concessão. Teoricamente, os limites seriam aplicáveis aos contratos de concessão que são considerados espécies de contratos administrativos, submetendo-se, subsidiariamente e no que couber, às normas gerais das contratações públicas previstas na Lei de Licitações. Todavia, entendemos que os contratos de concessão possuem peculiaridades que justificariam o afastamento dos referidos limites, notadamente a longa duração, a complexidade e a incerteza da relação contratual. A inaplicabilidade do art. 125 da Lei de Licitações não significa um "cheque em branco" ao Poder Concedente e ao concessionário, que devem, por exemplo, (i) justificar a necessidade das eventuais alterações ao atendimento do interesse público e (ii) preservar o equilíbrio econômico-financeiro da concessão.[129]

2.13. INEXECUÇÃO CONTRATUAL

Normalmente, o que se espera das partes contratantes é o cumprimento adequado das obrigações assumidas no ajuste. Todavia, em alguns casos pode haver inexecução total ou parcial do contrato por culpa de uma das partes ou por fatos extraordinários ou imprevisíveis.

2.13.1. Inexecução culposa e exceção de contrato não cumprido (*exceptio non adimpleti contractus*)

A inexecução culposa é aquela atribuída à culpa (ou ao dolo) de uma das partes contratantes.

Em caso de inexecução por culpa do contratado, a Administração Pública deverá aplicar as sanções contratuais, após oportunizar a ampla defesa e o contraditório (art. 156 da Lei 14.133/2021), e, se for o caso, extinguirá unilateralmente o contrato, respeitados, em qualquer caso, os princípios constitucionais da ampla defesa, do contraditório e da proporcionalidade.

Se a culpa for da Administração, o particular deve ser compensado. Aqui teremos o denominado "fato da Administração", assim considerada a inexecução contratual imputada à Administração. Nesse caso, a Administração deve rever as cláusulas do contrato para não prejudicar o contratado (prorrogação do prazo contratual, revisão dos valores devidos etc.). Nesse contexto, o particular poderá pleitear o distrato ou a extinção judicial do ajuste. Questão que sempre despertou polêmica refere-se à possibilidade de o contratado suscitar a exceção de

---

[129] Nesse sentido, o art. 22 da Lei 13.448/2017, que estabelece diretrizes gerais para prorrogação e relicitação dos contratos de parceria regulados pela Lei 13.334/2016, nos setores rodoviário, ferroviário e aeroportuário da Administração Pública federal, dispõe: "As alterações dos contratos de parceria decorrentes da modernização, da adequação, do aprimoramento ou da ampliação dos serviços não estão condicionadas aos limites fixados nos §§ 1.º e 2.º do art. 65 da Lei 8.666, de 21 de junho de 1993". De forma semelhante: DI PIETRO, Maria Sylvia Zanella. *Parcerias na administração pública.* 5. ed. São Paulo: Atlas, 2005. p. 98; GUIMARÃES, Fernando Vernalha. *Concessão de serviço público.* 2. ed. São Paulo: Saraiva, 2014. p. 298; MOREIRA, Egon Bockmann. *Direito das concessões de serviço público.* 2. ed. Belo Horizonte: Fórum, 2022. p. 355; MOREIRA, Egon Bockmann; GARCIA, Flávio Amaral. Contratos administrativos na lei de licitações: comentários aos artigos 89 a 154 da Lei 14.133/2021, São Paulo: Thomson Reuters Brasil, 2024, p. 281-282.

contrato não cumprido para paralisar o cumprimento de suas obrigações contratuais, enquanto a Administração estiver inadimplente.

Atualmente, prevalece a possibilidade de *exceptio non adimpleti contractus* nos casos autorizados pela legislação, em razão dos seguintes argumentos: a) princípio da legalidade: atualmente, a legislação prevê a *exceptio* no art. 137, § 3.º, II, da Lei 14.133/2021; b) princípio da supremacia do interesse público: esse princípio, que vem sendo relativizado por grande parte da doutrina, não pode significar um escudo protetor para ilícitos (contratuais e extracontratuais) administrativos; e c) princípio da continuidade do serviço público: nem todos os contratos administrativos têm por objeto a prestação de serviço público.

De fato, a Lei de Licitações assegura a *exceptio non adimpleti contractus* nos seguintes casos (art. 137, §§ 2.º, II, III, IV, e 3.º, da Lei 14.133/2021): a) suspensão de execução do contrato, por ordem escrita da Administração, por prazo superior a três meses; b) repetidas suspensões que totalizem 90 dias úteis, independentemente do pagamento obrigatório de indenização pelas sucessivas e contratualmente imprevistas desmobilizações e mobilizações e outras previstas; e c) atraso superior a dois meses, contado da emissão da nota fiscal, dos pagamentos ou de parcelas de pagamentos devidos pela Administração por despesas de obras, serviços ou fornecimentos.

Em relação aos casos acima indicados, a Lei de Licitações reconhece o direito do contratado à extinção do contrato, independentemente da *exceptio non adimpleti contractus*, sendo vedada, contudo, a extinção da avença ou a suspensão das obrigações contratuais em caso de calamidade pública, de grave perturbação da ordem interna ou de guerra, bem como quando decorrerem de ato ou fato que o contratado tenha praticado, do qual tenha participado ou para o qual tenha contribuído.

Todavia, a *exceptio* não poderá ser invocada, em princípio, nos contratos que efetivamente envolvam serviços públicos ou atividades essenciais à coletividade.

Especificamente em relação aos contratos de concessão de serviço público, o princípio da continuidade realmente será, em regra, um obstáculo à "exceção de contrato não cumprido". Dessa forma, o parágrafo único do art. 39 da Lei 8.987/1995 dispõe que "os serviços prestados pela concessionária não poderão ser interrompidos ou paralisados, até a decisão judicial transitada em julgado".

Ainda que a regra seja a impossibilidade de *exceptio non adimpleti contractus* nos contratos de concessão, deve ser admitida a sua incidência em situações excepcionais, quando alguns direitos fundamentais da concessionária (e a própria existência da empresa) estiverem ameaçados. Todavia, nessas hipóteses excepcionais, a suspensão das obrigações da concessionária depende de decisão judicial liminar, tendo em vista o princípio da inafastabilidade do controle judicial (art. 5.º, XXXV da CRFB).[130]

2.13.2. Inexecução sem culpa

A inexecução sem culpa relaciona-se à inexecução contratual em virtude de fatos não imputáveis às partes. Nesse caso, duas serão as possibilidades: (i) continuidade do ajuste com a revisão do contrato para reequilibrar a equação econômico-financeira inicial; ou (ii) extinção do contrato, caso não haja possibilidade de prosseguimento do ajuste.

---

[130] Nesse sentido: JUSTEN FILHO, Marçal. *Teoria geral das concessões de serviço público*. São Paulo: Dialética, 2003. p. 610-611; ARAGÃO, Alexandre Santos de. *Direito dos serviços públicos*. Rio de Janeiro: Forense, 2007. p. 660.

Essas duas possibilidades estão consagradas no Código Civil, na parte relativa à resolução dos contratos por onerosidade excessiva. O art. 478 do CC prevê a resolução (extinção) dos contratos de execução continuada ou diferida quando "a prestação de uma das partes se tornar excessivamente onerosa, com extrema vantagem para a outra, em virtude de acontecimentos extraordinários e imprevisíveis". Por outro lado, o art. 479 do CC admite a continuidade do contrato desde que ocorra a modificação equitativa das condições do contrato.

As hipóteses tradicionais de inexecução sem culpa são a teoria da imprevisão, o fato do príncipe e o caso fortuito e a força maior. Todavia, a legislação confere o mesmo tratamento (e consequências) a essas teorias, na forma do art. 124, II, *d*, da Lei 14.133/2021.[131]

Portanto, a distinção entre essa teoria possui fins didáticos, mas não apresenta maiores consequências concretas.

É importante salientar que o desequilíbrio do contrato, por eventos extraordinários, pode acarretar prejuízos ou benefícios ao particular contratado. Imagine-se, por exemplo, o aumento da alíquota do tributo que incide sobre o objeto contratual (fato do príncipe). Nesse caso, o particular será prejudicado, pois os custos da execução serão incrementados, nascendo o direito à revisão para maior do preço pactuado. Todavia, se a alíquota for diminuída, o particular será beneficiado com a diminuição dos custos e a Administração poderá reduzir o valor devido no ajuste, conforme dispõe o art. 139 da Lei 14.133/2021.[132]

2.13.2.1. *Teoria da imprevisão*

A teoria da imprevisão é aplicada aos eventos imprevisíveis, supervenientes e extracontratuais de natureza econômica (álea extraordinária econômica), não imputáveis às partes, que desequilibram desproporcionalmente o contrato.[133]

No Direito Administrativo, a referida teoria tem relação com a cláusula *rebus sic stantibus* aplicada no Direito Civil, que determina o cumprimento do contrato enquanto presentes as

---

[131] Lei 14.133/2021: "Art. 124. Os contratos regidos por esta Lei poderão ser alterados, com as devidas justificativas, nos seguintes casos: [...] II – por acordo entre as partes: [...] d) para restabelecer o equilíbrio econômico-financeiro inicial do contrato em caso de força maior, caso fortuito ou fato do príncipe ou em decorrência de fatos imprevisíveis ou previsíveis de consequências incalculáveis, que inviabilizem a execução do contrato tal como pactuado, respeitada, em qualquer caso, a repartição objetiva de risco estabelecida no contrato. [...] § 2.º Será aplicado o disposto na alínea 'd' do inciso II do *caput* deste artigo às contratações de obras e serviços de engenharia, quando a execução for obstada pelo atraso na conclusão de procedimentos de desapropriação, desocupação, servidão administrativa ou licenciamento ambiental, por circunstâncias alheias ao contratado".

[132] Lei 14.133/2021: "Art. 130. Caso haja alteração unilateral do contrato que aumente ou diminua os encargos do contratado, a Administração deverá restabelecer, no mesmo termo aditivo, o equilíbrio econômico-financeiro inicial". Nesse sentido: FIGUEIREDO, Lúcia Valle. *Contratos administrativos*: a equação econômico-financeira do contrato de concessão. Aspectos pontuais. Direito público: estudos. Belo Horizonte: Fórum, 2007. p. 113.

[133] A teoria da imprevisão (*théorie de l'imprévision*) foi consagrada pelo Conselho de Estado francês no julgamento do caso "Gaz de Bordeaux", de 30.03.1916. Naquele caso, a concessionária pretendia a revisão do contrato administrativo de produção de gás, pois o preço do carbono, matéria-prima necessária à produção do gás, foi elevado excessivamente por conta da I Guerra Mundial. O Conselho de Estado estabeleceu as condições de aplicação da teoria da imprevisão e garantiu o direito à revisão do contrato. LONG, M; WEIL, P.; BRAIBANT, G.; DEVOLVÉ, P.; GENEVOIS, B. *Les grands arrêts de la jurisprudence administrative*. 16. ed. Paris: Dalloz, 2007. p. 189-197.

mesmas condições do momento da contratação. Alteradas essas circunstâncias, as partes ficariam liberadas do cumprimento da avença.

2.13.2.2. Fato do príncipe

Fato do príncipe é o fato extracontratual praticado pela Administração que repercute no contrato administrativo (ex.: aumento da alíquota do tributo que incide sobre o objeto contratual). Trata-se de um fato genérico e extracontratual imputável à Administração Pública, que acarreta o aumento dos custos do contrato administrativo (álea extraordinária administrativa).

Não se deve confundir o fato do príncipe com o fato da Administração. Enquanto o fato do príncipe é extracontratual, o fato da Administração é contratual (inexecução das cláusulas contratuais por culpa da Administração contratante, por exemplo: atraso no pagamento).

Existem controvérsias doutrinárias no tocante à delimitação do fato do príncipe.

1.º entendimento: somente o fato extracontratual praticado pela entidade administrativa que celebrou o contrato será fato do príncipe. Se o fato for imputado à outra esfera federativa, ambas as partes contratantes (Administração e particular) serão surpreendidas, ensejando a aplicação da teoria da imprevisão. Nesse sentido: Maria Sylvia Zanella Di Pietro, Diógenes Gasparini.[134]

2.º entendimento: os fatos praticados pela Administração Pública em geral (entidade contratante ou não) são considerados fatos do príncipe. Nesse sentido: José dos Santos Carvalho Filho.[135]

Assim, por exemplo, em caso de aumento da alíquota do ISS pelo Município, acarretando aumento de custos no contrato de terceirização de serviços celebrado pelo Estado com determinada empresa privada, será considerado pela primeira corrente como teoria da imprevisão e pela segunda corrente, como fato do príncipe.

Cremos que o primeiro entendimento é o mais adequado à luz da nossa realidade federativa, mas a discussão não possui, em princípio, efeitos práticos, uma vez que os efeitos da aplicação das duas teorias (imprevisão e fato do príncipe) são, normalmente, idênticos (art. 124, II, *d*, da Lei 14.133/2021).

2.13.2.3. Caso fortuito e força maior

É tradicional a dificuldade na distinção entre caso fortuito e força maior. Alguns entendem que o caso fortuito é o evento imprevisível da natureza (ex.: enchente, tempestade) e a força maior decorre de evento humano (ex.: greve).[136] Outros pensam justamente o contrário. Entendemos que a controvérsia nessa distinção não possui maior relevância prática, pois a ordem jurídica define as duas situações (caso fortuito e força maior) como eventos inevitáveis e imprevisíveis (art. 393, parágrafo único, do CC) e atribui consequências idênticas (arts. 124, II, *d*, e 137, V, da Lei 14.133/2021).

---

[134] DI PIETRO, Maria Sylvia Zanella. *Direito administrativo*. 22. ed. São Paulo: Atlas, 2009. p. 279; GASPARINI, Diógenes. *Direito administrativo*. 12. ed. São Paulo: Saraiva, 2007. p. 686.

[135] CARVALHO FILHO, José dos Santos. *Manual de direito administrativo*. 22. ed. Rio de Janeiro: Lumen Juris, 2009. p. 204.

[136] MEIRELLES, Hely Lopes. *Direito administrativo brasileiro*. 22. ed. São Paulo: Malheiros, 1997. p. 221.

Ao contrário do art. 79, § 2.º, da antiga Lei 8.666/1993, que estabelecia o dever de indenização inclusive na hipótese de extinção contratual sem culpa da Administração (caso fortuito e força maior), o art. 138, § 2.º, da Lei 14.133/2021 estabeleceu a responsabilidade da Administração apenas nos casos de sua culpa exclusiva. Em consequência, inexistiria responsabilidade civil automática da Administração Pública na hipótese de extinção prematura do contrato, com fundamento no caso fortuito e na força maior, salvo disposição em contrário na matriz de riscos inserida na relação contratual.

2.14. EXTINÇÃO DOS CONTRATOS

Os contratos administrativos normalmente se extinguem pelo decurso do prazo contratual ou pela execução do objeto.

Todavia, a extinção do contrato pode ocorrer de forma prematura quando houver impossibilidade de continuidade do ajuste (extinção culposa ou não), bem como quando constatada ilegalidade na licitação ou no próprio contrato (anulação do contrato).

2.14.1. Motivos para extinção dos contratos administrativos

Após fundamentação formal, ampla defesa e contraditório, os contratos administrativos poderão ser extintos pelos seguintes motivos (art. 137 da Lei 14.133/2021):[137]

a) **não cumprimento ou o cumprimento irregular de normas editalícias ou de cláusulas contratuais, especificações, projetos ou prazos**: trata-se do inadimplemento, total ou parcial, dos deveres contratuais, que abrange o edital, os respectivos anexos e o próprio contrato, inviabilizando a continuidade da execução da avença e o correto atendimento do interesse público;

b) **desatendimento às determinações regulares emitidas pela autoridade designada para acompanhar e fiscalizar sua execução ou por autoridade superior**: o descumprimento das determinações do fiscal do contrato ou da autoridade superior pode ensejar a extinção prematura do contrato, especialmente porque revela que, em princípio, o contrato não está sendo executado regularmente;

c) **alteração social ou a modificação da finalidade ou da estrutura da empresa que restrinja sua capacidade de concluir o contrato**: as alterações sociais, da finalidade ou da estrutura da empresa podem ensejar a extinção contratual, desde que restrinjam a capacidade da contratada de concluir o contrato (ex.: a simples alteração do contrato social, da nomenclatura e a transformação societária, na qual a empresa deixa de ser uma sociedade limitada para se transformar em sociedade anônima, não acarretam, em princípio, a extinção contratual, uma vez que não colocam em risco, necessariamente, a execução do contrato administrativo; já a demissão de empregados e o fechamento de filiais, que comprometam a continuidade da relação contratual, podem ensejar a extinção prematura do contrato);

d) **decretação de falência ou de insolvência civil, dissolução da sociedade ou falecimento do contratado**: as hipóteses compreendem a decretação judicial de falência ou insolvência civil, bem como a dissolução da empresa ou o falecimento do contratado,

---

[137] Os procedimentos e critérios para verificação da ocorrência dos motivos da extinção poderão ser definidos em regulamento (art. 137, § 1.º, da Lei 14.133/2021).

mas não englobam a recuperação judicial da sociedade empresária que não acarreta, isoladamente, a extinção contratual;

e) **caso fortuito ou força maior, regularmente comprovados, impeditivos da execução do contrato**: o caso fortuito e a força maior acarretam a extinção, sem culpa, do contrato, quando houver impossibilidade de continuidade da sua execução, sendo certo que, nas hipóteses em que houver a possibilidade de continuidade da relação contratual, a Administração deveria adotar medidas menos restritivas que permitam a continuidade do ajuste, tais como a prorrogação da relação contratual (art. 111 da Lei 14.133/2021) ou o reequilíbrio econômico financeiro do contrato (art. 124, II, d, da Lei 14.133/2021);

f) **o atraso ou a impossibilidade de obtenção da licença prévia ou da licença de instalação ou alteração substancial do anteprojeto que venha a resultar dessas licenças, ainda que obtidas no prazo previsto**: o edital pode atribuir a responsabilidade pela obtenção do licenciamento ambiental ao contratado (art. 25, § 5.º, I, da Lei 14.133/2021) e, nesse caso, o atraso ou a impossibilidade de obtenção da licença enseja a extinção do contrato, com culpa do contratado, admitindo-se, contudo, que a responsabilidade pelo licenciamento seja imputada à Administração, hipótese em que o eventual atraso ou a impossibilidade de obtenção da licença acarreta a extinção da avença, com culpa da própria Administração Pública;

g) **o atraso ou a impossibilidade de liberação das áreas sujeitas a desapropriação, desocupação ou servidão administrativa**: assim como ocorre na hipótese anterior, o edital pode estabelecer a responsabilidade do contratado pela realização da desapropriação autorizada pelo poder público (art. 25, § 5.º, II, da Lei 14.133/2021), abrindo-se caminho para extinção do contrato por culpa do contratado no caso de atraso ou impossibilidade de liberação das áreas que impeça a continuidade da relação contratual, sendo certo que, na hipótese de atribuição da referida incumbência à Administração Pública, o atraso ou a impossibilidade de liberação das áreas acarretaria a extinção do ajuste por culpa da Administração;

h) **razões de interesse público, justificadas pela máxima autoridade do órgão ou da entidade contratante**: nesse caso, a Administração Pública pode extinguir a relação contratual por razões de interesse público, que devem ser apresentadas, de forma clara, na justificativa apresentada, com as considerações práticas e jurídicas da decisão, sendo insuficiente a mera invocação de um abstrato "interesse público"; e

i) **o não cumprimento das obrigações relativas à reserva de cargos prevista em lei para pessoa com deficiência, para reabilitado da Previdência Social ou aprendiz, bem como em outras normas específicas**: a nova Lei de Licitações transformou em exigência de habilitação (art. 63, IV, da Lei 14.133/2021) a tradicional margem de preferência em favor das empresas que comprovem cumprimento de reserva de cargos prevista em lei para pessoa com deficiência ou para reabilitado da Previdência Social e que atendam às regras de acessibilidade previstas na legislação (art. 3.º, § 5.º, II, da Lei 8.666/1993), motivo pelo qual o descumprimento da reserva de vagas durante a execução do contrato pode acarretar a sua extinção prematura, caso a tentativa de coibir o contratado a cumprir a referida obrigação seja infrutífera.

O art. 137 da Lei 14.133/2021 indica os motivos de extinção prematura da relação contratual, exigindo motivação, ampla defesa e contraditório para sua formalização, o que não exclui, evidentemente, a denominada extinção natural do contrato que ocorre com o cumprimento integral das obrigações ou com o advento do prazo de vigência fixado no instrumento contratual, bem como não afasta a anulação do contrato por ilegalidade.

Cap. 2 – CONTRATOS ADMINISTRATIVOS | **207**

As hipóteses elencadas no art. 137 da nova Lei de Licitações são, em grande medida, parecidas com os casos indicados no art. 78 da antiga Lei 8.666/1993. Além de alguns ajustes de redação, o novo dispositivo legal inseriu novas situações que podem justificar a extinção prematura do contrato, notadamente aquelas indicadas nos incisos VI, VII e IX do art. 137.

Em vez da utilização do termo "rescisão", a atual Lei de Licitações optou pela nomenclatura "extinção", que apresenta sentido ampliado, abrangendo os casos de término da relação contratual, com ou sem culpa das partes. Nesse ponto, o termo utilizado pela nova legislação parece melhor que aquele constante da Lei 8.666/1993. De fato, não há uniformidade doutrinária sobre as nomenclaturas utilizadas nos casos de extinção dos contratos. Parcela da doutrina tem diferenciado os termos "rescisão" (inadimplemento de uma das partes), "resolução" (impossibilidade de continuidade do contrato, sem culpa das partes) e "resilição" (vontade das partes que não desejam prosseguir com o contrato), admitindo-se a resilição unilateral (denúncia) ou bilateral (distrato). Dessa forma, nem todas as hipóteses do art. 78 da Lei 8.666/1993 e do art. 137 da nova Lei de Licitações envolveriam tecnicamente rescisão do contrato. Algumas hipóteses revelam condutas imputáveis ao contratado (ex.: não cumprimento ou cumprimento irregular das cláusulas contratuais; decretação da falência do contratado); outras situações constituem motivos imputáveis à Administração (ex.: razões de interesse público); e existem casos que não são imputáveis às partes (ex.: caso fortuito e força maior).[138]

A formalização da extinção contratual nas hipóteses previstas no art. 137 da Lei 14.133/2021 exige motivação, ampla defesa e contraditório.

No dever de motivação, a Administração Pública deve demonstrar que a extinção é a solução proporcional a ser adotada no caso concreto, inexistindo outra medida menos restritiva que permita a continuidade da relação contratual (ex.: reequilíbrio contratual, prorrogação do prazo, alterações contratuais).

Igualmente, a motivação não pode ser restrita à apresentação de argumentos abstratos, devendo considerar as consequências práticas da decisão administrativa, na forma dos arts. 20 e 21 da Lei de Introdução às Normas do Direito Brasileiro – LINDB.

Além das hipóteses de extinção contratual indicadas anteriormente, o § 2.º do art. 137 da Lei 14.133/2021 apresenta situações que acarretam o direito do contratado à extinção do contrato, a saber: a) supressão, por parte da Administração, de obras, serviços ou compras que acarrete modificação do valor inicial do contrato além do limite permitido no art. 125; b) suspensão de sua execução, por ordem escrita da Administração, por prazo superior a três meses; c) repetidas suspensões que totalizem 90 dias úteis, independentemente do pagamento obrigatório de indenizações pelas sucessivas e contratualmente imprevistas desmobilizações e mobilizações e outras previstas; d) atraso superior a dois meses, contado da emissão da nota fiscal, dos pagamentos ou de parcelas de pagamentos devidos pela Administração por despesas de obras, serviços ou fornecimentos; e) não liberação nos prazos contratuais, por parte da Administração, de área, local ou objeto para execução de obra, serviço ou fornecimento e das fontes de materiais naturais especificadas no projeto, inclusive devido a atraso ou descumprimento das obrigações relacionadas a desapropriação, desocupação de áreas públicas ou licenciamento ambiental atribuídas pelo contrato à Administração.

---

[138] No contexto da Lei 8.666/1993, vide: GARCIA, Flávio Amaral. *Licitações e contratos administrativos*. 3. ed. Rio de Janeiro: Lumen Juris, 2010. p. 233. É importante lembrar que a Lei 8.987/1995, que trata das concessões e permissões de serviços públicos, adota a expressão "rescisão" apenas para os casos de inadimplemento da Administração, empregando o termo "caducidade" para extinção do contrato por culpa do concessionário.

Os casos de extinção indicados no art. 137, § 2.º, da Lei 14.133/2021 apresentam algumas novidades.

Em relação à extinção do contrato em razão da suspensão de sua execução por ordem da Administração, a legislação anterior autorizava a implementação do término contratual após 120 dias de suspensão. A nova legislação, nesse ponto, reduziu a tolerância quanto ao prazo de suspensão, admitindo-se o desfazimento contratual após três meses de suspensão ou após repetidas suspensões que totalizem 90 dias úteis.

Quanto à extinção contratual ocasionada pelo atraso do pagamento pela Administração Pública, a legislação anterior admitia a rescisão nos atrasos superiores a 90 dias. A nova legislação, a seu turno, permite a extinção do contrato nos casos de atrasos de pagamentos superiores a dois meses, contados da emissão da nota fiscal, dos pagamentos ou de parcelas de pagamentos devidos pela Administração por despesas de obras, serviços ou fornecimentos.

É preciso apontar, ainda, duas observações sobre os referidos casos de suspensão da execução contratual e atraso de pagamentos (art. 137, §§ 2.º, II, III, IV, e 3.º, da Lei 14.133/2021): a) não podem ser implementadas em caso de calamidade pública, de grave perturbação da ordem interna ou de guerra, bem como quando decorrerem de ato ou fato que o contratado tenha praticado, do qual tenha participado ou para o qual tenha contribuído; e b) assegura a *exceptio non adimpleti contractus* ao contratado, que tem o direito de optar pela suspensão do cumprimento das obrigações assumidas até a normalização da situação, admitido o restabelecimento do equilíbrio econômico-financeiro do contrato, na forma da alínea d do inciso II do *caput* do art. 124 da Lei.

Os emitentes das garantias previstas no art. 96 deverão ser notificados pelo contratante quanto ao início de processo administrativo para apuração de descumprimento de cláusulas contratuais (art. 137, § 4.º, da Lei 14.133/2021).

2.14.2. Extinção unilateral, consensual, judicial ou arbitral

A extinção do contrato pode ser (art. 138 da Lei 14.133/2021):

a) **determinada por ato unilateral e escrito da Administração**, exceto no caso de descumprimento decorrente de sua própria conduta;
b) **consensual**, por acordo entre as partes, conciliação, mediação ou comitê de resolução de disputas, desde que haja interesse da Administração;
c) **determinada por decisão judicial ou arbitral**, nos termos da legislação e, nessa última, na forma de cláusula compromissória ou convenção de arbitragem.

É possível perceber que a atual legislação confirma a possibilidade de convenção de arbitragem para dirimir conflitos nos contratos administrativos, na linha já permitida pelos arts. 1.º, §§ 1.º e 2.º, e 2.º, § 3.º, da Lei 9.307/1996, alterada pela Lei 13.129/2015, além de outras normas legais específicas.[139]

Aliás, os arts. 151 a 154 da Lei 14.133/2021 admitem a utilização de meios alternativos (ou adequados) de prevenção e resolução de controvérsias, notadamente a conciliação, a mediação, o comitê de resolução de disputas e a arbitragem.

---

[139] OLIVEIRA, Rafael Carvalho Rezende. A arbitragem nos contratos da Administração Pública. *Revista Brasileira de Alternative Dispute Resolution – RBADR*, v. 01, p. 101-123, 2019.

Cap. 2 – CONTRATOS ADMINISTRATIVOS | **209**

Quanto às duas primeiras hipóteses de extinção indicadas nos incisos I e II do art. 138 (unilateral e consensual), o término da relação contratual deverá ser precedido de autorização escrita e fundamentada da autoridade competente e reduzida a termo no respectivo processo (art. 138, § 1.º, da Lei 14.133/2021).

Na hipótese em que a extinção decorrer de culpa exclusiva da Administração Pública, o contratado será ressarcido pelos prejuízos regularmente comprovados que houver sofrido, tendo ainda direito a (art. 138, § 2.º, da Lei 14.133/2021): a) devolução de garantia; b) pagamentos devidos pela execução do contrato até a data da rescisão; c) pagamento do custo da desmobilização.

Conforme já destacado, diferentemente do art. 79, § 2.º, da antiga Lei 8.666/1993, que estabelecia o dever de indenização mesmo na hipótese de extinção contratual sem culpa da Administração (caso fortuito e força maior), o art. 138, § 2.º, da Lei 14.133/2021 previu a responsabilidade da Administração apenas nos casos de sua culpa exclusiva.

Isso não significa dizer que a Administração jamais seria responsável pela extinção prematura do ajuste na hipótese de caso fortuito e de força maior.

Em verdade, a responsabilidade da Administração Pública, assim como a responsabilidade do contratado, nos casos de caso fortuito e força maior dependerá da alocação de riscos inserida no contrato.

A extinção unilateral pela Administração acarreta as seguintes consequências, sem prejuízo da aplicação das sanções legais (art. 139 da Lei 14.133/2021): a) assunção imediata do objeto do contrato, no estado e local em que se encontrar, por ato próprio da Administração; b) ocupação e utilização do local, das instalações, dos equipamentos, do material e do pessoal empregados na execução do contrato e necessários a sua continuidade;[140] c) execução da garantia contratual, para: c.1) ressarcimento da Administração Pública por prejuízos decorrentes da não execução; c.2) pagamento de verbas trabalhistas, fundiárias e previdenciárias, quando cabível; c.3) pagamento de valores das multas devidas à Administração Pública; c.4) exigência da assunção da execução e conclusão do objeto do contrato pela seguradora, quando cabível; e d) retenção dos créditos decorrentes do contrato até o limite dos prejuízos causados à Administração Pública e às multas aplicadas.

A assunção imediata do objeto do contrato e a ocupação, previstas nas alíneas *a* e *b supra*, ficam a critério da Administração, que poderá dar continuidade à obra ou ao serviço por execução direta ou indireta (art. 139, § 1.º, da Lei 14.133/2021).

2.14.3. Meios alternativos de resolução de controvérsias: conciliação, mediação, comitê de resolução de disputas (*dispute boards*) e a arbitragem

A Lei 14.133/2021, seguindo as tendências do ordenamento jurídico e da doutrina, admite a utilização de meios alternativos (ou adequados) de prevenção e resolução de controvérsias nas contratações administrativas, notadamente, a conciliação, a mediação, o comitê de resolução de disputas (*dispute board*) e a arbitragem (art. 151 da Lei 14.133/2021).[141]

---

[140] A efetivação da ocupação deve ser precedida de autorização expressa do ministro de Estado, secretário estadual ou secretário municipal competente, conforme o caso (art. 139, § 2.º, da Lei 14.133/2021).

[141] Não obstante a previsão dos meios alternativos para solução de conflitos em leis específicas, o ano de 2015 foi marcante para consolidação normativa. Naquele ano, três diplomas legais confirmaram a tendência na utilização de mecanismos extrajudiciais de solução de conflitos e pacificação social, a saber: a) a Lei 13.105/2015 instituiu o novo CPC e estabeleceu a arbitragem, a conciliação e a

Trata-se de elenco que não exclui outras possibilidades de resolução de conflitos. Mencione-se, por exemplo, a negociação que representa uma forma de autocomposição do conflito pelas próprias partes, sem a participação de terceiros.

A negociação, a mediação e a conciliação são formas de autocomposição de conflitos, uma vez que as partes, com ou sem o auxílio de terceiro, solucionarão suas controvérsias.

Na negociação, as próprias partes buscam a solução do conflito, sem a participação de terceiros.

Em relação à mediação e à conciliação, a diferença entre os instrumentos é tênue. Enquanto na mediação o mediador, neutro e imparcial, auxilia as partes na composição do conflito, na conciliação, o conciliador, mantida a neutralidade e a imparcialidade, pode exercer papel mais ativo na condução do diálogo, apresentação de sugestões e na busca pelo acordo.[142]

A utilização da mediação e da autocomposição de conflitos na Administração Pública foi consagrada na Lei 13.140/2015, que, em seu art. 32, dispõe que os entes federados poderão instituir câmaras de prevenção e resolução administrativa de conflitos, no âmbito dos respectivos órgãos da Advocacia Pública, com competência para: a) dirimir conflitos entre órgãos e entidades da Administração Pública; b) avaliar a admissibilidade dos pedidos de resolução de conflitos, por meio de composição, no caso de controvérsia entre particular e pessoa jurídica de direito público; e c) promover, quando couber, a celebração de termo de ajustamento de conduta.[143] A referida Lei prevê, por exemplo: a) mediação coletiva de conflitos relacionados à prestação de serviços públicos (art. 33, parágrafo único); b) a transação por adesão em controvérsias jurídicas pacificadas na jurisprudência do STF e dos tribunais superiores, bem como nos casos em que houver parecer do Advogado-Geral da União, aprovado pelo Presidente da República (art. 35); c) dirimir controvérsia jurídica entre órgãos e entidades da Administração relativa a tributos administrados pela Secretaria da Receita Federal do Brasil ou a créditos inscritos em dívida ativa da União (art. 38); e d) resolução de conflitos

---

mediação como importantes instrumentos de solução de controvérsias (art. 3.º, §§ 1.º, 2.º e 3.º); b) a Lei 13.129/2015 alterou a Lei de Arbitragem para permitir, expressamente, a sua utilização pela Administração Pública (arts. 1.º, §§ 1.º e 2.º, e 2.º, § 3.º, da Lei 9.307/1996); e c) a Lei 13.140/2015 (Lei de Mediação) tratou da mediação entre particulares como meio de solução de controvérsias e da autocomposição de conflitos no âmbito da Administração Pública.

[142] Em razão da importância da autocomposição de conflitos, o CNJ editou a Resolução 125/2010, que dispõe sobre a Política Judiciária Nacional de tratamento adequado dos conflitos de interesses no âmbito do Poder Judiciário e prevê a oferta pelos órgãos judiciários de mecanismos de soluções de controvérsias, em especial os chamados meios consensuais, como a mediação e a conciliação. Destaque-se, ainda, a instituição da Câmara de Mediação e de Conciliação da Administração Pública Federal, no âmbito da Advocacia-Geral da União (AGU), que tem procurado reduzir a litigiosidade entre órgãos, entidades administrativas e particulares.

[143] De acordo com o art. 32, *caput* e parágrafos, da Lei 13.140/2015: a) as regras sobre a composição e o funcionamento das câmaras serão estabelecidas em regulamento de cada ente federado; b) a submissão do conflito às câmaras é facultativa; c) na hipótese de consenso entre as partes, o acordo será reduzido a termo e constituirá título executivo extrajudicial; d) excluem-se da mediação as controvérsias que somente possam ser resolvidas por atos ou concessão de direitos sujeitos a autorização do Poder Legislativo; e) incluem-se na competência das câmaras a prevenção e a resolução de conflitos que envolvam equilíbrio econômico-financeiro de contratos celebrados pela administração com particulares. Na forma do art. 34 da referida Lei, a instauração de procedimento administrativo para a resolução consensual de conflito no âmbito da Administração Pública suspende a prescrição.

Cap. 2 – CONTRATOS ADMINISTRATIVOS

entre particulares, que versem sobre atividades reguladas ou supervisionadas por órgãos ou entidades administrativas (art. 43).

A arbitragem, por sua vez, representa forma de heterocomposição de conflitos, pois o terceiro, *expert* e imparcial (árbitro), por convenção privada das partes envolvidas, decide o conflito, e não o Estado-juiz.[144]

Além dos métodos tradicionais de resolução de conflitos, mencionados acima, é possível citar, ainda, os *dispute boards*, utilizados de forma pioneira nos Estados Unidos na década de 70, durante a construção do *Eisenhower Tunnel* no Colorado. O *dispute board*, também conhecido como Comitê de Resolução de Conflitos, pode ser considerado órgão colegiado, geralmente formado por três *experts*, indicados pelas partes no momento da celebração do contrato, que tem por objetivo acompanhar a sua execução, com poderes para emitir recomendações e/ou decisões, conforme o caso.[145]

A utilização da arbitragem nas contratações públicas tem sido intensificada na realidade brasileira.

Não obstante a existência de alguma controvérsia inicial sobre o tema, sempre sustentamos a juridicidade da sua utilização nas contratações públicas, uma vez que se trata de forma moderna de solução de lides que atende às exigências de eficiência administrativa (princípio da eficiência), notadamente pela celeridade e tecnicidade da decisão.

A tese defendida nas primeiras edições desta obra foi consagrada na Lei 13.129/2015, que alterou a Lei 9.307/1996 (Lei de Arbitragem) para estabelecer, de forma expressa, que a Administração Pública, direta e indireta, por meio da autoridade competente para realização de acordos e transações, poderá estabelecer convenção de arbitragem de direito (e não por equidade) para dirimir conflitos relativos a direitos patrimoniais disponíveis, respeitado o princípio da publicidade (art. 1.º, §§ 1.º e 2.º, e art. 2.º, § 3.º, da Lei 9.307/1996).[146]

---

[144] A previsão da arbitragem no ordenamento jurídico é antiga, cabendo mencionar, exemplificativamente: Constituição/1824 (art. 160); Código Comercial/1850; Decreto 3.084/1898; Código Civil/1916 (arts. 1.037/1.048); DL 2.300/1986 (art. 45); Código de Processo Civil/1973 (arts. 1.072/1.102); Constituição/1988 (art. 114, § 1.º); Lei 9.307/1996 (Lei de Arbitragem); Código Civil/2002 (arts. 851/853); Código de Processo Civil/2015 (art. 3.º, § 1.º).

[145] Sobre o tema, vide: WALD, Arnoldo. A arbitragem contratual e os *dispute boards*. In: *Revista de Arbitragem e Mediação*, v. 2, n. 6, p. 9-24, jul./set. 2005. Na forma do regulamento da *International Chamber of Commerce (ICC)*, existem três tipos de *dispute boards*: a) *Dispute Review Boards (DRBs)*: emitem recomendações sobre determinada controvérsia, sem caráter vinculante imediato; b) *Dispute Adjudication Boards (DABs)*: decidem as controvérsias contratuais, com caráter vinculante; e c) *Combined Dispute Boards (CDBs)*: emitem recomendações e, em determinados casos, decidem disputas contratuais. Fonte: <http://www.iccwbo.org/products-and-services/arbitration-and-adr/dispute-boards/dispute-board-rules/#article_4>. Acesso em: 2 jun. 2015.

[146] Em âmbito federal, o Decreto 10.025/2019 dispõe sobre a arbitragem para dirimir litígios que envolvam a Administração Pública federal nos setores portuário e de transporte rodoviário, ferroviário, aquaviário e aeroportuário. Os Enunciados 10, 15, 18, 19 e 39 da I Jornada de Direito Administrativo realizada pelo Centro de Estudos Judiciários do Conselho da Justiça Federal (CEJ/CJF) dispõem: 10 – "Em contratos administrativos decorrentes de licitações regidas pela Lei n. 8.666/1993, é facultado à Administração Pública propor aditivo para alterar a cláusula de resolução de conflitos entre as partes, incluindo métodos alternativos ao Poder Judiciário como Mediação, Arbitragem e *Dispute Board*"; 15 – "A administração pública promoverá a publicidade das arbitragens da qual seja parte, nos termos da Lei de Acesso à Informação"; 18 – "A ausência de previsão editalícia não afasta a possibilidade de celebração de compromisso arbitral em conflitos oriundos de contratos administrativos"; 19 – "As

A arbitrabilidade, que significa a possibilidade de um litígio ser submetido à arbitragem voluntária, pode ser dividida em duas espécies: **a) subjetiva (*ratione personae*)**: refere-se às pessoas que podem se submeter à arbitragem e **b) objetiva (*ratione materiae*)**: diz respeito às questões que podem ser decididas por meio da arbitragem.[147]

Em relação à arbitrabilidade subjetiva, o art. 1.º da Lei de Arbitragem sempre permitiu a sua utilização por pessoas capazes, regra que foi repetida no art. 851 do Código Civil. O art. 1.º, § 1.º, da Lei de Arbitragem, alterado pela Lei 13.129/2015, estabeleceu, de forma expressa, a possibilidade de utilização da arbitragem pela Administração Pública Direta e Indireta (arbitrabilidade subjetiva) para dirimir conflitos relativos a direitos patrimoniais disponíveis (arbitrabilidade objetiva).

Quanto à arbitrabilidade objetiva, as questões submetidas à arbitragem devem envolver direitos patrimoniais disponíveis.

De acordo com o art. 151, parágrafo único, da Lei 14.133/2021, os meios alternativos de resolução de controvérsias relacionam-se com os direitos patrimoniais disponíveis, tais como as questões relacionadas ao restabelecimento do equilíbrio econômico-financeiro do contrato, ao inadimplemento de obrigações contratuais por quaisquer das partes e ao cálculo de indenizações (art. 151, parágrafo único, da Lei 14.133/2021). Trata-se, em nossa opinião, de rol exemplificativo de direitos patrimoniais disponíveis.

A definição da expressão "direitos patrimoniais disponíveis" é objeto de intensa polêmica, inclusive no campo normativo.[148] Trata-se, a nosso ver, de assunto inerente às contratações administrativas, uma vez que o contrato é o instrumento que encerra a disposição, pela Administração, da melhor forma de atender o interesse público. Destarte, as questões que podem ser objeto da contratação administrativa são, em princípio, disponíveis, passíveis de submissão à arbitragem.[149]

---

controvérsias acerca de equilíbrio econômico-financeiro dos contratos administrativos integram a categoria das relativas a direitos patrimoniais disponíveis, para cuja solução se admitem meios extrajudiciais adequados de prevenção e resolução de controvérsias, notadamente a conciliação, a mediação, o comitê de resolução de disputas e a arbitragem"; e 39 – "A indicação e a aceitação de árbitros pela Administração Pública não dependem de seleção pública formal, como concurso ou licitação, mas devem ser objeto de fundamentação prévia e por escrito, considerando os elementos relevantes".

[147] OLIVEIRA, Ana Perestrelo de. *Arbitragem de litígios com entes públicos*. 2. ed. Coimbra: Almedina, 2015. p. 11-12.

[148] Nos setores rodoviário, ferroviário e aeroportuário da Administração Pública federal, o art. 31, § 4.º da Lei 13.448/2017, que dispõe sobre a prorrogação e relicitação dos contratos de parceria, considera como integrantes do conceito de "direitos patrimoniais disponíveis" as seguintes questões: a) as questões relacionadas à recomposição do equilíbrio econômico-financeiro dos contratos; b) o cálculo de indenizações decorrentes de extinção ou de transferência do contrato de concessão; e c) o inadimplemento de obrigações contratuais por qualquer das partes. No Estado do Rio de Janeiro, por sua vez, o art. 1.º, parágrafo único, do Decreto 46.245/2018 insere nos conflitos relacionados a direitos patrimoniais disponíveis as controvérsias que possuam natureza pecuniária e que não versem sobre interesses públicos primários.

[149] De forma semelhante, Carlos Ari Sundfeld e Jacintho Arruda Câmara afirmam: "Com essa demarcação, a Lei de Arbitragem afastou de seu âmbito de aplicação apenas os temas que não admitissem contratação pelas partes. Numa palavra, a lei limitou a aplicação do procedimento arbitral às questões referentes a direito (ou interesse) passível de contratação. Para evitar confusão terminológica – que propicie um falso embate em face do princípio da indisponibilidade do interesse público –, passaremos a designar este requisito como a existência de um direito negociável (SUNDFELD, Carlos Ari;

Quanto aos critérios de julgamento, a arbitragem pode ser dividida em duas espécies: **a) arbitragem de direito** e **b) arbitragem por equidade**.

Nas questões envolvendo a Administração Pública, a arbitragem tem que ser de direito e não por equidade, conforme expressamente previsto no art. 2.º, § 3.º, da Lei 9.307/1996 e no art. 152 da Lei 14.133/2021. Trata-se de exigência respaldada no princípio da legalidade, mas é oportuno destacar que, especialmente no campo das arbitragens internacionais, a utilização de critérios extralegais (costumes, equidade etc.) é comum na solução das controvérsias, o que é corroborado pelo art. 2.º, § 2.º, da Lei 9.307/1996.[150]

Naturalmente, a arbitragem na Administração Pública deve respeitar o princípio da publicidade, na forma do art. 37, *caput*, da CRFB, do art. 2.º, § 3.º, da Lei 9.307/1996, alterada pela Lei 13.129/2015, e do art. 152 da Lei 14.133/2021.

Com isso, a confidencialidade do procedimento arbitral cede espaço para a publicidade, inerente aos processos envolvendo a Administração Pública, o que não impede o sigilo em situações excepcionais, quando houver em risco à segurança da sociedade ou do Estado ou informações pessoais relacionadas à intimidade, vida privada, honra e imagem das pessoas.

O dever de publicidade incumbe, em princípio, à Administração Pública, que deverá promover a divulgação dos atos relacionados à arbitragem. Trata-se da publicidade ativa, com a divulgação das informações, independentemente de solicitação de interessados. A instituição privada especializada, que administrará o procedimento arbitral, seria mera prestadora de serviço, e, por consequência, na qualidade de contratada, não teria obrigação de dar publicidade aos atos do procedimento arbitral nos meios oficiais. A definição da questão da publicidade (ativa e passiva), contudo, pode ser disciplinada nos respectivos regulamentos de arbitragem.[151]

CÂMARA, Jacintho Arruda. O cabimento da arbitragem nos contratos administrativos. *RDA*, n. 248, maio/ago. 2008, p. 120). O Enunciado 19 da I Jornada de Direito Administrativo realizada pelo Centro de Estudos Judiciários do Conselho da Justiça Federal (CEJ/CJF) dispõe: "As controvérsias acerca de equilíbrio econômico-financeiro dos contratos administrativos integram a categoria das relativas a direitos patrimoniais disponíveis, para cuja solução se admitem meios extrajudiciais adequados de prevenção e resolução de controvérsias, notadamente a conciliação, a mediação, o comitê de resolução de disputas e a arbitragem".

[150] Sustentamos, em outra oportunidade, a importância da aplicação da lex mercatoria nas relações comerciais internacionais que envolvem o Estado, bem como a possibilidade de submissão à arbitragem como forma alternativa de solução de lides. OLIVEIRA, Rafael Carvalho Rezende. *Princípios do direito administrativo*. 2. ed. São Paulo: Método, 2013. p. 49-50. Sobre a importância da lex mercatoria no "Direito Administrativo Global", vide: KINGSBURY, Benedict; KRISCH, Nico; STEWART, Richard B. *The emergence of Global Administrative Law*. Law and Contemporany Problems, North Carolina: Duke University School of Law, v. 68, n. 3 e 4, p. 17 e 29, 2005. Nos contratos de concessão do petróleo, por exemplo, o art. 44, VI, da Lei 9.478/1997 dispõe que o contrato estabelecerá que o concessionário estará obrigado a "adotar as melhores práticas da indústria internacional do petróleo e obedecer às normas e procedimentos técnicos e científicos pertinentes, inclusive quanto às técnicas apropriadas de recuperação, objetivando a racionalização da produção e o controle do declínio das reservas".

[151] O Enunciado 15 da I Jornada de Direito Administrativo realizada pelo Centro de Estudos Judiciários do Conselho da Justiça Federal (CEJ/CJF) prevê: "A administração pública promoverá a publicidade das arbitragens da qual seja parte, nos termos da Lei de Acesso à Informação". Em âmbito federal, o art. 3.º, § 1.º, do Decreto 10.025/2019 dispõe que, salvo convenção entre as partes, caberá à câmara arbitral fornecer o acesso às informações.

Aqui, cabe notar que o manejo da arbitragem para resolução de controvérsias contratuais envolvendo a Administração decorre diretamente da Lei de Arbitragem e, portanto, não está condicionada à regulamentação.

A desnecessidade de regulamentação para implementação da arbitragem nas relações administrativas não afasta, contudo, a pertinência da edição de normas regulamentares, especialmente pelo fato de que a Lei de Arbitragem, alterada pela Lei 13.129/2015, deixou de abordar diversas questões que podem ser especificadas ou detalhadas no campo regulamentar, tais como: viabilidade de compromisso arbitral e desnecessidade de previsão no edital/contrato; relativização de prerrogativas processuais; utilização da arbitragem ad hoc ou institucional; arbitragem monocrática ou colegiado arbitral; (des)necessidade de licitação para escolha do árbitro ou instituição arbitral; entre outras questões.

De acordo com o disposto no art. 3.º da Lei de Arbitragem, a convenção de arbitragem é gênero que se divide em duas espécies: **a) cláusula compromissória**: "convenção através da qual as partes em um contrato comprometem-se a submeter à arbitragem os litígios que possam vir a surgir, relativamente a tal contrato" (art. 4.º); e **b) compromisso arbitral**: "convenção através da qual as partes submetem um litígio à arbitragem de uma ou mais pessoas, podendo ser judicial ou extrajudicial" (art. 9.º).

Na primeira hipótese, a cláusula arbitral será inserida no edital e na minuta do contrato administrativo. Na segunda hipótese, mesmo ausente a previsão de arbitragem na avença, as partes, em comum acordo, submeterão a controvérsia contratual à arbitragem.

A cláusula compromissória se divide em duas categorias: **a) cláusula compromissória cheia**: opção pela arbitragem, com a definição prévia das questões relacionadas à instituição e ao procedimento arbitral (art. 5.º da Lei de Arbitragem); e **b) cláusula compromissória vazia (ou em branco)**: apenas define a submissão do contrato à arbitragem, sem qualquer definição ou detalhamento sobre a instituição e as características do procedimento arbitral.

Mencione-se, ainda, a possibilidade de pactuação da denominada cláusula escalonada, que determina a tentativa de solução da controvérsia por meio da mediação antes da instauração da arbitragem (cláusula *med-arb*) ou durante o procedimento arbitral (cláusula *arb-med*). Com isso, prestigia-se a autocomposição dos conflitos, por meio da mediação, inclusive nas hipóteses em que as partes pactuaram a arbitragem.

A partir da classificação acima, verifica-se que o problema da cláusula vazia é a impossibilidade de instauração imediata da arbitragem para resolver o conflito, pois inexistentes os elementos mínimos para o procedimento arbitral, o que pode ensejar, inclusive, a propositura de ação judicial para definição da forma de instituição do juízo arbitral (arts. 6.º e 7.º da Lei de Arbitragem). A cláusula compromissória cheia, por esta razão, garante maior celeridade ao procedimento, o que demonstra a sua utilização preferencial nos contratos administrativos.

Tradicionalmente, a doutrina discutia a juridicidade de submissão de controvérsias contratuais ao compromisso arbitral, sem previsão, portanto, de cláusula arbitral no edital de licitação e no contrato. Em desfavor do compromisso arbitral, havia o argumento de que poderia haver vantagem indevida ao contratado, uma vez que não foi disponibilizada no momento da realização da licitação aos demais interessados, o que violaria o princípio da impessoalidade.

Contudo, sempre prevaleceu a juridicidade do compromisso arbitral nos contratos administrativos, sob o argumento de que a resolução de controvérsias contratuais, envolvendo direitos disponíveis, deve ser pautada pela melhor solução em cada caso concreto. Ora, se é possível

Cap. 2 – CONTRATOS ADMINISTRATIVOS | 215

a resolução consensual de questões contratuais, inclusive com a celebração de acordos, com maior razão deve ser admitida a escolha, pelas partes, da alternativa arbitral.[152]

Ademais, a Lei de Arbitragem, ao tratar da Administração Pública, utilizou a expressão genérica "convenção de arbitragem" (art. 1.º, § 2.º, da Lei de Arbitragem), gênero que inclui a cláusula e o compromisso arbitral, sendo certo que a forma arbitral de solução de controvérsias decorre diretamente da lei e deve ser considerada pelos interessados que participam da licitação.

Em reforço, conforme autorizado pelo art. 153 da Lei 14.133/2021, os contratos poderão ser aditados para permitirem a adoção dos meios alternativos de resolução de controvérsia.

Ademais, algumas prerrogativas processuais reconhecidas à Fazenda Pública não se aplicam ao processo arbitral, senão vejamos:

a) **Inaplicabilidade dos prazos diferenciados (art. 183 do CPC) ao processo arbitral**: o procedimento arbitral é definido pelas partes na convenção de arbitragem ou, de forma supletiva ou por delegação das partes, pelo árbitro ou Tribunal Arbitral, na forma do art. 21 da Lei de Arbitragem.

b) **Ausência de reexame necessário (art. 496 do CPC) na arbitragem**: não há previsão de duplo grau e de recursos no procedimento arbitral, que é desenvolvido em única instância e a decisão arbitral não está sujeita à homologação judicial (art. 18 da Lei de Arbitragem).

c) **Ausência de isenção relativa à taxa judiciária, custas ou emolumentos na arbitragem**: os valores devidos ao Tribunal Arbitral e aos árbitros devem ser suportados pelas partes em razão dos serviços prestados, sendo oportuno ressaltar que, no próprio processo judicial, a Fazenda Pública fica sujeita à exigência do depósito prévio dos honorários do perito, na forma da Súmula 232 do STJ. Cabe esclarecer, no entanto, que a Administração Pública, por meio de seus respectivos atos normativos ou das cláusulas compromissórias, tem estabelecido o dever de adiantamento das custas e das despesas da arbitragem ao contratado/particular, independentemente da iniciativa para instauração do procedimento arbitral.[153] A imposição do dever de adiantamento ao contratado na hipótese de instauração da arbitragem pelo ente público pode gerar prejuízo à economicidade da contratação pública, uma vez que o particular incluirá os potenciais riscos e custos na precificação de sua proposta. Talvez a dinâmica mais adequada para incentivar a cooperação processual e a boa-fé seja a divisão igualitária entre o Poder Público e o particular na antecipação dos custos do procedimento arbitral.[154]

---

[152] Os Enunciados 10 e 18 da I Jornada de Direito Administrativo realizada pelo Centro de Estudos Judiciários do Conselho da Justiça Federal (CEJ/CJF) dispõem: 10 – "Em contratos administrativos decorrentes de licitações regidas pela Lei n. 8.666/1993, é facultado à Administração Pública propor aditivo para alterar a cláusula de resolução de conflitos entre as partes, incluindo métodos alternativos ao Poder Judiciário como Mediação, Arbitragem e Dispute Board"; e 18 – "A ausência de previsão editalícia não afasta a possibilidade de celebração de compromisso arbitral em conflitos oriundos de contratos administrativos". No sentido da viabilidade do compromisso arbitral, vide, ainda: STJ, REsp 904.813/PR, Rel. Min. Nancy Andrighi, Terceira Turma, *DJe* 28.02.2012. AMARAL, Paulo Osternack. *Arbitragem e administração pública*: aspectos processuais, medidas de urgência e instrumentos de controle. Belo Horizonte: Fórum, 2012. p. 77 e s.

[153] Nesse sentido, por exemplo: art. 9.º do Decreto Federal 10.025/2019.

[154] De forma semelhante, vide: CRUZ, Elisa Schmidlin. A dinâmica de custeio das arbitragens público-privadas institucionais: compartilhamento de despesas e incentivos de cooperação. In: CUÉLLAR,

d) Incompatibilidade da aplicação automática das regras relacionadas à fixação do valor dos honorários de sucumbência no processo judicial (art. 85, § 3.º, do CPC) ao processo arbitral, salvo disposição em contrário: na ausência de previsão contratual ou regulamentar, não há que se falar na condenação da parte vencida em honorários sucumbenciais, por falecer jurisdição aos árbitros para tanto. A questão como um todo, no entanto, pode ser disciplinada de forma distinta no compromisso arbitral, no regulamento da entidade arbitral (na hipótese de arbitragem institucional) ou em norma específica do ente federado que integra a arbitragem, uma vez que a Lei de Arbitragem não dispõe sobre o tema de forma peremptória. Diversos atos normativos, no bojo da Administração Pública, têm determinado a aplicação do art. 85 do CPC na fixação dos honorários sucumbenciais, com a exclusão dos honorários contratuais.[155]

e) (In)aplicabilidade do regime do precatório ou da requisição de pequeno valor: a arbitragem revela procedimento extrajudicial de solução de controvérsias, inexistindo, portanto, "sentença judiciária" (art. 100 da CRFB). Assim como ocorre nos pagamentos espontâneos de valores relativos aos contratos e acordos em geral, que não decorram de sentença judicial, o pagamento do valor definido na arbitragem independe de precatório, salvo se houver necessidade de execução judicial da decisão arbitral condenatória, que possui natureza jurídica de título executivo extrajudicial (art. 31 da Lei de Arbitragem).[156] Contudo, diversos decretos regulamentares têm estabelecido a submissão ao regime do precatório nas condenações arbitrais de pessoas jurídicas de direito público da Administração Pública.[157] Alternativa interessante é aquela encontrada nos contratos de Parceria Público-Privadas (PPP), com a instituição do Fundo Garantidor de Parcerias Público-Privadas (FGP), de natureza privada, que tem por finalidade prestar garantia de pagamento de obrigações pecuniárias assumidas pelo Poder Público, independentemente de precatório (art. 16, *caput* e § 1.º, da Lei 11.079/2004).[158]

A Lei de Arbitragem, alterada pela Lei 13.129/2015, não tratou sobre a necessidade de instituição de arbitragem *ad hoc* ou institucional, o que, em princípio, confere discricionariedade ao administrador público para a escolha por um desses caminhos em cada caso concreto.

Leila et al. *Direito administrativo e Alternative Dispute Resolution*: arbitragem, mediação, dispute board, mediação e negociação. Belo Horizonte: Fórum, 2020. p. 173-191.

[155] Mencione-se, por exemplo: art. 9.º, § 6.º, do Decreto Federal 10.025/2019.

[156] Sobre o tema: OLIVEIRA, Rafael Carvalho Rezende; MAZZOLA, Marcelo. Arbitragem e Poder Público: pagamento voluntário burla o sistema de precatórios? Disponível em: http://genjuridico.com.br/2016/12/19/arbitragem-e-poder-publico-pagamento-voluntario-burla-o-sistema-de-precatorios/. Acesso em: 20 jan. 2021. No mesmo sentido: OLIVEIRA, Gustavo Justino de; ESTEFAM, Felipe Faiwichow. *Cláusula arbitral e administração pública*. Rio de Janeiro: Lumen Juris, 2019. p. 72-76.

[157] Em âmbito federal, o art. 15 do Decreto Federal 10.025/2019 dispõe: "Na hipótese de sentença arbitral condenatória que imponha obrigação pecuniária à União ou às suas autarquias, inclusive relativa a custas e despesas com procedimento arbitral, o pagamento ocorrerá por meio da expedição de precatório ou de requisição de pequeno valor, conforme o caso".

[158] O art. 15, § 2.º, do Decreto federal 10.025/2019 estabelece, ainda, outras alternativas ao regime do precatório, com a possibilidade de acordo entre as partes para que o cumprimento da sentença arbitral ocorra por meio de: a) instrumentos previstos no contrato que substituam a indenização pecuniária, incluídos os mecanismos de reequilíbrio econômico-financeiro; b) compensação de haveres e deveres de natureza não tributária, incluídas as multas, nos termos do disposto no art. 30 da Lei 13.448/2017; ou c) atribuição do pagamento a terceiro, nas hipóteses admitidas na legislação brasileira.

Enquanto na **arbitragem *ad hoc* (ou arbitragem avulsa)** o procedimento é definido pelas partes e/ou pelos árbitros, na **arbitragem institucional (ou arbitragem administrada)** as regras procedimentais encontram-se previamente definidas por determinada câmara arbitral.

A arbitragem *ad hoc* teria, de um lado, a vantagem de reduzir custos, uma vez que não haveria a necessidade de contratação de instituição privada (câmara de arbitragem) para prestação de serviços, mas, de outro lado, a desvantagem de acarretar insegurança para as partes, com a maior probabilidade de impasses na definição e nas questões cotidianas inerentes ao procedimento arbitral (exs.: escolha da infraestrutura e dos recursos humanos para os serviços de secretaria; definição dos valores dos honorários dos árbitros e forma de pagamento; indefinição na escolha do árbitro presidente quando houver impasse entre os coárbitros indicados pelas partes etc.), o que pode frustrar e/ou retardar a solução da controvérsia, bem como a propositura de ações judiciais para resolução de impasses.[159]

Não obstante a discricionariedade administrativa na definição do tema, entendemos que o ideal seria a utilização da arbitragem institucional, com a escolha de Câmara de Arbitragem já existente, com experiência reconhecida pela comunidade jurídica, o que garante, em tese, maior segurança jurídica às partes. Além disso, a Câmara de Arbitragem tem a vantagem de contar com regulamento próprio e prestar serviços de secretaria às partes, com a elaboração de documentos, recebimentos das manifestações, realização de audiências e outros atos que serão praticados ao longo do procedimento.[160]

Na arbitragem, a controvérsia pode ser decidida por árbitro único ou por tribunal arbitral (três ou mais árbitros, sempre em número ímpar).

Apesar de a questão não ser abordada na Lei 9.307/1996, entendemos que a arbitragem, que envolve a Administração Pública, não deve ser submetida, em regra, à arbitragem monocrática, mas ao colegiado arbitral, formado por, no mínimo, três árbitros. Isso porque o debate por árbitros integrantes de colegiado arbitral tem maior potencial de qualificar a decisão a ser proferida, que, enfatize-se, não será submetida à revisão superior. O colegiado arbitral conferiria, portanto, maior legitimidade à decisão. É recomendável que os entes federados, em suas normas específicas, estabeleçam, preferencialmente, a utilização de colegiados arbitrais ao invés de árbitros isolados para solução de litígios oriundos de contratações administrativas, notadamente nos casos de grande vulto econômico.

Por fim, afigura-se inexigível a licitação para indicação do árbitro e/ou contratação da câmara arbitral, em razão da inviabilidade de competição, especialmente pela inexistência de critérios objetivos para escolha e indefinição quanto à prestação exata do serviço. A arbitragem envolve serviços técnicos especializados de natureza predominantemente intelectual com profissionais ou empresas de notória especialização, o que atrai a incidência do art. 74, III, da Lei 14.133/2021.

Nesse sentido, o art. 154 da Lei 14.133/2021 dispõe que o processo de escolha dos árbitros, dos colegiados arbitrais e dos comitês de resolução de disputas observará critérios isonômicos, técnicos e transparentes.

---

[159] Sobre as vantagens da arbitragem institucional em relação à arbitragem ad hoc, vide: MUNIZ, Joaquim de Paiva. *Curso de direito arbitral:* aspectos práticos do procedimento. 2. ed. Curitiba: CRV, 2014. p. 64; PEREIRA, Ana Lucia. A função das entidades arbitrais. *Manual de arbitragem para advogados*, CEMCA/CFOAB, 2015. p. 88-91.

[160] Em âmbito federal, nos setores portuário, rodoviário, ferroviário, aquaviário e aeroportuário, o Decreto 10.025/2019 prevê a preferência pela arbitragem institucional, devendo ser justificada a opção pela arbitragem *ad hoc* (art. 3.º, V e § 3.º).

218 | LICITAÇÕES E CONTRATOS ADMINISTRATIVOS – *Rafael Carvalho Rezende Oliveira*

Nesse ponto, a legislação reforça a tese que sustentamos em outra oportunidade, segundo a qual a escolha dos árbitros e das câmaras arbitrais revela hipótese de inexigibilidade de licitação, em razão da inviabilidade de competição, o que não exclui a necessidade de critérios isonômicos, técnicos e transparentes por parte da Administração Pública, o que pode ser garantido, por exemplo, por meio do credenciamento (ou cadastramento) por parte da Administração Pública de instituições arbitrais que cumprirem os requisitos básicos e proporcionais fixados pela Administração. O mesmo raciocínio, como previsto na Lei de Licitações, aplica-se, naturalmente, à escolha dos comitês de resolução de disputas.

Registre-se que a instituição da arbitragem interrompe a prescrição desde a data do requerimento de sua instauração (prescrição retroativa), na forma do art. 19, § 2.º, da Lei 9.307/1996, alterado pela Lei 13.129/2015.

2.15. NULIDADE DOS CONTRATOS

Ao tratar da nulidade dos contratos, a Lei de Licitações demonstra a sua preocupação em sanar os eventuais vícios existentes na licitação ou no instrumento contratual.

A partir da premissa de que o formalismo na Administração Pública não pode ser encarado de forma absoluta, o legislador somente autoriza a anulação dos atos irregulares nas hipóteses em que não for possível o saneamento.

Tradicionalmente, o regime jurídico da antiga Lei 8.666/1993 era extremamente formalista, com pouco espaço para saneamento de falhas formais. Ainda que fosse possível admitir o saneamento em situações que não gerassem prejuízos ao interesse público ou aos direitos dos licitantes, o fato é que a Lei de Licitações basicamente não tratava da sanatória ou convalidação de atos irregulares.

De acordo com o art. 147 da Lei 14.133/2021, na hipótese de irregularidade no certame ou na execução contratual, caso não seja possível o saneamento, a decisão sobre a suspensão da execução ou sobre a declaração de nulidade do contrato somente será adotada na hipótese em que se revelar medida de interesse público, com avaliação, por exemplo, dos seguintes aspectos: a) impactos econômicos e financeiros decorrentes do atraso na fruição dos benefícios do objeto do contrato; b) riscos sociais, ambientais e à segurança da população local decorrentes do atraso na fruição dos benefícios do objeto do contrato; c) motivação social e ambiental do contrato; d) custo da deterioração ou da perda das parcelas executadas; e) despesa necessária à preservação das instalações e dos serviços já executados; f) despesa inerente à desmobilização e ao posterior retorno às atividades; g) medidas efetivamente adotadas pelo titular do órgão ou entidade para o saneamento dos indícios de irregularidades apontados; h) custo total e estágio de execução física e financeira dos contratos, dos convênios, das obras ou das parcelas envolvidas; i) fechamento de postos de trabalho diretos e indiretos em razão da paralisação; j) custo para realização de nova licitação ou celebração de novo contrato; k) custo de oportunidade do capital durante o período de paralisação.

Se o Poder Público concluir pelo descabimento da paralisação ou da anulação, em razão do interesse público envolvido, a execução do contrato prosseguirá e a solução da irregularidade ocorrerá por meio de indenização por perdas e danos, sem prejuízo da apuração de responsabilidade e da aplicação de penalidades cabíveis (art. 147, parágrafo único, da Lei 14.133/2021).

O art. 147 da Lei 14.133/2021 revela a importância de considerar as consequências práticas da decisão que suspende ou declara a nulidade do contrato administrativo.

Cap. 2 – CONTRATOS ADMINISTRATIVOS | 219

Aliás, a preocupação com as consequências das decisões estatais encontra-se intimamente relacionada ao Pragmatismo Jurídico e foi incorporada na Lei de Introdução às Normas do Direito Brasileiro (LINDB).

Nesse sentido existe um vínculo necessário entre a Administração Pública de resultados e o pragmatismo jurídico. O pragmatismo apresenta três características comuns, a saber:[161] a) antifundacionalismo: rejeita a existência de entidades metafísicas ou conceitos abstratos, estáticos e definitivos no direito, imunes às transformações sociais; b) contextualismo: a interpretação jurídica é norteada por questões práticas e o direito é visto como prática social; e c) consequencialismo: as decisões devem ser tomadas a partir de suas consequências práticas (olhar para o futuro e não para o passado).

Sob o enfoque do pragmatismo jurídico, é preciso levar as consequências a sério no controle, interno ou externo, dos atos estatais.

Não por outra razão, o art. 20 da LINDB proíbe a tomada de decisão apoiada exclusivamente em valores abstratos, sem considerar as consequências práticas da decisão.[162] O referido dispositivo tem por objetivo rechaçar as decisões, em qualquer esfera de controle, fundamentadas apenas em princípios genéricos e conceitos indeterminados, sem qualquer análise do contexto fático e das possíveis consequências práticas da decisão estatal.

De forma semelhante, o art. 21 da LINDB dispõe que a decisão que decretar a invalidação de ato, contrato, ajuste, processo ou norma administrativa deverá indicar de modo expresso suas consequências jurídicas e administrativas.[163]

A nova Lei de Licitações, portanto, incorporou a preocupação com as consequências da decisão que determine a suspensão ou a invalidação dos contratos, uma vez que o art. 147 impõe a avaliação das possíveis consequências da decisão estatal que podem sugerir o saneamento das irregularidades e a preservação do contrato.

A declaração de nulidade do contrato administrativo exige análise prévia do interesse público envolvido, na forma do art. 147, e opera retroativamente (*ex tunc*), impedindo os efeitos jurídicos que deveria produzir ordinariamente e desconstituindo os já produzidos (art. 148 da Lei 14.133/2021).

---

[161] OLIVEIRA, Rafael Carvalho Rezende. A releitura do direito administrativo à luz do pragmatismo jurídico. *Revista de Direito Administrativo – RDA*, Rio de Janeiro, v. 256, p. 129-63, jan./abr. 2011. É importante frisar que não existe um único pragmatismo homogêneo, mas, sim, diversas formas de compreensão do pragmatismo, tendo em vista as influências de formas antigas do pensamento, tais como no darwinismo, do ceticismo e do empirismo da Antiguidade clássica etc.

[162] LINDB: "Art. 20. Nas esferas administrativa, controladora e judicial, não se decidirá com base em valores jurídicos abstratos sem que sejam consideradas as consequências práticas da decisão. Parágrafo único. A motivação demonstrará a necessidade e a adequação da medida imposta ou da invalidação de ato, contrato, ajuste, processo ou norma administrativa, inclusive em face das possíveis alternativas".

[163] LINDB: "Art. 21. A decisão que, nas esferas administrativa, controladora ou judicial, decretar a invalidação de ato, contrato, ajuste, processo ou norma administrativa deverá indicar de modo expresso suas consequências jurídicas e administrativas. Parágrafo único. A decisão a que se refere o *caput* deste artigo deverá, quando for o caso, indicar as condições para que a regularização ocorra de modo proporcional e equânime e sem prejuízo aos interesses gerais, não se podendo impor aos sujeitos atingidos ônus ou perdas que, em função das peculiaridades do caso, sejam anormais ou excessivos".

Caso não seja possível o retorno à situação fática anterior, a nulidade será resolvida pela indenização por perdas e danos, sem prejuízo da apuração de responsabilidade e aplicação das penalidades cabíveis (art. 148, § 1.°).

Ao declarar a nulidade do contrato, a autoridade, tendo em vista a continuidade da atividade administrativa, poderá decidir que ela só tenha eficácia em momento futuro, suficiente para efetuar nova contratação, por prazo de até 6 meses, prorrogável uma única vez (art. 148, § 2.°).

Trata-se da consagração da viabilidade da modulação de efeitos no controle de legalidade administrativa, tese que sempre sustentamos, independentemente da previsão normativa específica, em razão da aplicação analógica do art. 27 da Lei 9.868/1999.[164]

Em reforço à possibilidade de relativização dos efeitos retroativos da anulação, além do art. 21, parágrafo único, da LINDB, o art. 24 da LINDB, incluído pela Lei 13.655/2018, proíbe que a mudança de interpretação acarrete a invalidação das situações plenamente constituídas.[165]

A nulidade não exonera a Administração do dever de indenizar o contratado pelo que este houver executado até a data em que ela for declarada e por outros prejuízos regularmente comprovados, contanto que não lhe seja imputável, promovendo-se a responsabilização de quem lhe deu causa (art. 149 da Lei 14.133/2021).

É vedada a contratação sem a caracterização adequada de seu objeto e a indicação dos créditos orçamentários para pagamento das parcelas contratuais vincendas no exercício em que realizada a contratação, sob pena de nulidade do ato e de responsabilização de quem lhe tiver dado causa, na forma do art. 150 da Lei 14.133/2021. É verdade que o art. 14 da Lei 8.666/1993 possui previsão semelhante, mas limitava-se às compras. Com a redação do art. 150 da nova Lei, a regra deve ser aplicada para todas as contratações.

2.16. RECEBIMENTO DO OBJETO CONTRATUAL

O recebimento do objeto contratual representa o momento formal de verificação do cumprimento adequado das prestações contratuais pela contratada, na forma estipulada no edital e no contrato.

O objeto do contrato será recebido (art. 140 da Lei 14.133/2021):

a) em se tratando de obras e serviços:
  a.1) provisoriamente, pelo responsável por seu acompanhamento e fiscalização, mediante termo detalhado, quando verificado o cumprimento das exigências de caráter técnico;
  a.2) definitivamente, por servidor ou comissão designada pela autoridade competente, mediante termo detalhado que comprove o atendimento das exigências contratuais;

---

[164] A modulação dos efeitos na autotutela dos atos administrativos foi defendida em outra obra: OLIVEIRA, Rafael Carvalho Rezende. *Princípios do direito administrativo*. Rio de Janeiro: Lumen Juris, 2011. p. 160.

[165] LINDB: "Art. 21. [...] Parágrafo único. A decisão a que se refere o *caput* deste artigo deverá, quando for o caso, indicar as condições para que a regularização ocorra de modo proporcional e equânime e sem prejuízo aos interesses gerais, não se podendo impor aos sujeitos atingidos ônus ou perdas que, em função das peculiaridades do caso, sejam anormais ou excessivos. [...] Art. 24. A revisão, nas esferas administrativa, controladora ou judicial, quanto à validade de ato, contrato, ajuste, processo ou norma administrativa cuja produção já se houver completado levará em conta as orientações gerais da época, sendo vedado que, com base em mudança posterior de orientação geral, se declarem inválidas situações plenamente constituídas".

Cap. 2 – CONTRATOS ADMINISTRATIVOS | **221**

b) em se tratando de compras:

b.1) provisoriamente, de forma sumária pelo responsável por seu acompanhamento e fiscalização, com verificação posterior da conformidade do material com as exigências contratuais;

b.2) definitivamente, por servidor ou comissão designada pela autoridade competente, mediante termo detalhado que comprove o atendimento das exigências contratuais.

Enquanto o recebimento provisório do contrato é realizado pelo fiscal, o recebimento definitivo é atribuição do servidor ou comissão designada pela autoridade competente.

O objeto do contrato poderá ser rejeitado, no todo ou em parte, quando estiver em desacordo com o contrato (art. 140, § 1.º, da Lei 14.133/2021). Apesar da omissão legislativa, a rejeição parcial ou total do objeto contratual deve observar o princípio do contraditório.

Ademais, a rejeição não será automática e depende de decisão motivada que demonstre a inviabilidade ou o descumprimento pelo contratado das condições para regularização proporcional, equânime e sem prejuízo ao interesse público das inconsistências verificadas, nos termos dos arts. 20 e 21 da LINDB.

Independentemente do tipo de recebimento, provisório ou definitivo, não haverá exclusão da responsabilidade civil pela solidez e pela segurança da obra ou serviço nem a responsabilidade ético-profissional pela perfeita execução do contrato, nos limites estabelecidos pela lei ou pelo contrato (art. 140, § 2.º, da Lei 14.133/2021).

Os prazos e os métodos para a realização dos recebimentos provisório e definitivo serão definidos em regulamento ou no contrato (art. 140, § 3.º).

Salvo disposição em contrário constante do instrumento convocatório ou de ato normativo, os ensaios, testes e demais provas para aferição da boa execução do objeto do contrato exigidos por normas técnicas oficiais correm por conta do contratado (art. 140, § 4.º).

Em se tratando de projeto de obra, o recebimento definitivo pela Administração não exime o projetista ou consultor da responsabilidade objetiva por todos os danos causado por falhas de projeto (art. 140, § 5.º).

Na hipótese de contratação de obra, o recebimento definitivo pela Administração não exime a contratada, pelo prazo mínimo de 5 anos, admitida a previsão de prazo de garantia superior no edital e no contrato, da responsabilidade objetiva pela solidez e segurança dos materiais e serviços executados e pela funcionalidade da construção, reforma, recuperação ou ampliação do bem imóvel, ficando a contratada, em caso de vício, defeito ou incorreção identificados, responsável por reparação, correção, reconstrução ou substituição necessárias (art. 140, § 6.º).

2.17. PAGAMENTOS

Quanto aos valores devidos pela Administração Pública contratante, o pagamento deve observar a ordem cronológica para cada fonte diferenciada de recursos, subdividida nas seguintes categorias de contratos (art. 141 da Lei 14.133/2021): a) fornecimento de bens; b) locações; c) prestação de serviços; e d) realização de obras.[166]

---

[166] Em âmbito federal, a IN SEGES/ME 77/2022 dispõe sobre a observância da ordem cronológica de pagamento das obrigações relativas ao fornecimento de bens, locações, prestação de serviços e realização de obras, no âmbito da Administração Pública federal direta, autárquica e fundacional.

A referida ordem de pagamento somente poderá ser alterada mediante prévia justificativa da autoridade competente e posterior comunicação ao órgão de controle interno e ao respectivo tribunal de contas, nas seguintes hipóteses (art. 141, § 1.º, da Lei 14.133/2021): a) grave perturbação da ordem, situação de emergência ou calamidade pública; b) pagamento a microempresa, empresa de pequeno porte, agricultor familiar, produtor rural pessoa física, microempreendedor individual e sociedade cooperativa, desde que demonstrado o risco de descontinuidade do cumprimento do objeto do contrato; c) pagamento de serviços necessários ao funcionamento dos sistemas estruturantes, desde que demonstrado o risco de descontinuidade do cumprimento do objeto do contrato; d) pagamento de direitos oriundos de contratos em caso de falência, recuperação judicial ou dissolução da empresa contratada; e) pagamento de contrato cujo objeto seja imprescindível para assegurar a integridade do patrimônio público ou para manter o funcionamento das atividades finalísticas do órgão ou entidade, quando demonstrado o risco de descontinuidade da prestação de serviço público de relevância ou o cumprimento da missão institucional.

A inobservância imotivada da ordem cronológica ensejará a apuração de responsabilidade do agente responsável, cabendo aos órgãos de controle a sua fiscalização (art. 141, § 2.º).

O órgão ou entidade deverá disponibilizar, mensalmente, na seção específica de acesso à informação de seu sítio na Internet, a ordem cronológica de seus pagamentos, bem como as justificativas que fundamentam a eventual alteração da referida ordem (art. 141, § 3.º).

O intuito do legislador, ao exigir o respeito à ordem cronológica de pagamentos, salvo as exceções acima indicadas, é garantir a efetivação do princípio da impessoalidade e, portanto, do tratamento isonômico aos contratados, evitando que a decisão sobre quem vai receber o pagamento seja baseada em razões de ordem pessoal ou subjetiva.

A relevância da ordem cronológica na realização de pagamentos justifica a necessidade de sua publicidade na internet, com o objetivo de permitir a fiscalização pela sociedade e pelos órgãos de controle.

Admite-se o pagamento em conta vinculada ou pagamento pela efetiva comprovação do fato gerador, desde que haja previsão no edital ou no contrato (art. 142 da Lei 14.133/2021).

Na hipótese de controvérsia sobre a dimensão, qualidade e quantidade do objeto efetivamente executado, a parcela incontroversa deverá ser liberada no prazo previsto para pagamento (art. 143 da Lei 14.133/2021).

Nos contratos de obras, fornecimentos e serviços, inclusive de engenharia, é possível a previsão de remuneração variável vinculada ao desempenho do contratado, com base em metas, padrões de qualidade, critérios de sustentabilidade ambiental e prazos de entrega definidos no edital de licitação e no contrato (art. 144 da Lei 14.133/2021). Trata-se do denominado contrato de *performance* ou de desempenho.[167]

Em regra, o pagamento antecipado não é permitido, salvo se acarretar sensível economia de recursos ou representar condição indispensável para a obtenção do bem ou para a prestação do serviço. Em qualquer caso, o pagamento antecipado deve ser justificado no processo

---

[167] Admite-se que o pagamento seja definido em percentual incidente sobre o valor economizado em determinada despesa, quando o objeto contratual buscar a implantação de processo de racionalização, hipótese em que as despesas correrão à conta dos mesmos créditos orçamentários, na forma de regulamentação específica (art. 144, § 1.º, da Lei 14.133/2021). A utilização de remuneração variável será motivada e respeitará o limite orçamentário fixado pela Administração para a contratação (art. 144, § 2.º, da Lei 14.133/2021).

Cap. 2 – CONTRATOS ADMINISTRATIVOS | **223**

licitatório e autorizado expressamente no edital ou instrumento de contratação direta (art. 145, *caput* e § 1.º, da Lei 14.133/2021).

Na excepcional hipótese de pagamento antecipado, a Administração poderá exigir a prestação de garantia adicional e o valor antecipado deverá ser devolvido se o objeto não for executado no prazo avençado (art. 145, §§ 2.º e 3.º, da Lei 14.133/2021).

Verifica-se, portanto, que regra que veda a realização de pagamentos antecipados não é absoluta e pode ser afastada, desde que observadas as cautelas acima indicadas.[168]

Conforme determinação contida no art. 146 da Lei 14.133/2021, no ato de liquidação da despesa, os serviços de contabilidade comunicarão aos órgãos da administração tributária as características da despesa e os valores pagos, segundo o disposto no art. 63 da Lei 4.320/1964.

2.18. INFRAÇÕES E SANÇÕES ADMINISTRATIVAS

A Lei 14.133/2021 apresenta rol detalhado das infrações administrativas que podem acarretar a responsabilização do licitante ou do contratado. Nesse sentido, o art. 155 da citada Lei prevê a responsabilidade do licitante ou do contratado pelas seguintes infrações: a) dar causa à inexecução parcial do contrato; b) dar causa à inexecução parcial do contrato que cause grave dano à Administração, ao funcionamento dos serviços públicos ou ao interesse coletivo; c) dar causa à inexecução total do contrato; d) deixar de entregar a documentação exigida para o certame; e) não manter a proposta, salvo se em decorrência de fato superveniente, devidamente justificado; f) não celebrar o contrato ou não entregar a documentação exigida para a contratação, quando convocado dentro do prazo de validade de sua proposta; g) ensejar o retardamento da execução ou da entrega do objeto da licitação sem motivo justificado; h) apresentar declaração ou documentação falsa exigida para o certame ou prestar declaração falsa durante a licitação ou a execução do contrato; i) fraudar a licitação ou praticar ato fraudulento na execução do contrato; j) comportar-se de modo inidôneo ou cometer fraude fiscal; k) praticar atos ilícitos visando a frustrar os objetivos da licitação; e l) praticar ato lesivo previsto no art. 5.º da Lei 12.846/2013 (Lei Anticorrupção).

Em razão das infrações praticadas pelos licitantes ou contratados, a Administração Pública, após ampla defesa e contraditório, poderá aplicar as seguintes sanções (art. 156 da Lei 14.133/2021):[169] a) advertência; b) multa; c) impedimento de licitar e contratar; d) declaração

---

[168] Nesse sentido, a Orientação normativa 76/2023 da AGU dispõe: "I – Nos contratos administrativos regidos pela Lei 14.133, de 2021, em regra, é vedado o pagamento antecipado, parcial ou total, do objeto contratado, sendo excepcionalmente admitido desde que, motivadamente, seja justificado o preenchimento cumulativo dos seguintes requisitos: a) a medida proporcione sensível economia de recursos ou represente condição indispensável para a consecução do objeto; b) haja previsão expressa no edital de licitação ou no instrumento formal de contratação direta; e c) contenha no instrumento convocatório ou no contrato como cautela obrigatória a exigência de devolução do valor antecipado caso não haja execução do objeto no prazo contratual. II – A partir do exame das circunstâncias que são próprias de cada caso concreto, e para resguardar o interesse público e prejuízos ao erário, poderá, ainda, a administração exigir garantias adicionais para fins de admissão do pagamento antecipado, na forma do art. 92, inciso XII, e art. 96, da Lei 14.133, de 2021, bem como poderá adotar outras cautelas, tais como: comprovação da execução de parte ou de etapa inicial do objeto pelo contratado para a antecipação do valor remanescente; emissão de título de crédito pelo contratado; acompanhamento da mercadoria, em qualquer momento do transporte, por representante da administração; exigência de certificação do produto ou do fornecedor; dentre outras".

[169] A Orientação Normativa 78/2023 da AGU estabelece: "O regime jurídico das sanções previstas na Lei 14.133, de 2021 não é aplicável aos contratos firmados com base na legislação anterior, nem alterará

de inidoneidade para licitar ou contratar. Embora não conste da redação do art. 156 da Lei de Licitações, a necessidade de observar a ampla defesa e o contraditório na aplicação das referidas sanções decorre do art. 5.º da CRFB.

As quatro sanções indicadas no art. 156 da Lei 14.133/2021 correspondem às sanções anteriormente elencadas no art. 87 da antiga Lei 8.666/1993. Contudo, a atual legislação apresenta regras detalhadas sobre a aplicação das penalidades administrativas, o que representa importante avanço legislativo no âmbito do poder sancionador do Estado, com a fixação de balizas que garantem maior segurança jurídica e proteção aos direitos fundamentais dos particulares.

Na aplicação das sanções serão considerados os seguintes parâmetros (art. 156, § 1.º, da Lei 14.133/2021): a) a natureza e a gravidade da infração cometida; b) as peculiaridades do caso concreto; c) as circunstâncias agravantes ou atenuantes; d) os danos causados à Administração Pública; e) a implantação ou aperfeiçoamento de programa de integridade, conforme normas e orientações dos órgãos de controle. Os parâmetros aqui indicados são relevantes para assegurar a proporcionalidade da sanção.

Quanto ao último parâmetro mencionado acima, fica evidenciada a relevância do *compliance* na Lei 14.133/2021. Além de constituir um parâmetro para aplicação das sanções administrativas, o legislador trata do programa de integridade em outros dispositivos, a saber: a) art. 25, § 4.º: exige a sua implementação nas contratações de obras, serviços e fornecimentos de grande vulto; b) art. 60, IV: indica a existência do programa de integridade como critério de desempate na licitação; c) art. 163, parágrafo único: exige a implantação ou aperfeiçoamento de programa de integridade como condição para reabilitação do licitante ou contratado nas infrações indicadas nos incisos VIII e XII do art. 155 da Lei.

A aplicação das referidas sanções não exclui, em hipótese alguma, a obrigação de reparação integral do dano causado à Administração Pública (art. 156, § 9.º).

Com exceção da multa, a nova Lei estabeleceu uma correlação entre as sanções e as infrações administrativas enumeradas no art. 155.

Em relação à advertência, a sua aplicação fica restrita à infração administrativa prevista no art. 155, I (inexecução parcial do contrato), quando não se justificar a imposição de penalidade considerada mais grave (art. 156, § 2.º).

Quanto à multa, que pode ser aplicada ao responsável pela prática de qualquer infração arrolada no art. 155 da Lei de Licitações, podem ser destacadas as seguintes características: a) o seu valor será calculado na forma do edital ou do contrato, e não poderá ser inferior a 0,5% nem superior a 30% do valor do contrato licitado ou celebrado com contratação direta (art. 156, § 3.º); b) assim como estabelece o art. 87, § 2.º, da Lei 8.666/1993, o art. 156, § 7.º, da Lei 14.133/2021 permite que a multa seja aplicada cumulativamente com as demais sanções; c) se a multa aplicada e as indenizações cabíveis forem superiores ao valor de pagamento eventualmente devido pela Administração ao contratado, além da perda deste, a diferença será descontada da garantia prestada ou cobrada judicialmente (art. 156, § 8.º); e d) na aplicação da multa será

---

as sanções já aplicadas ou a serem aplicadas com fundamento na legislação anterior, em respeito à proteção do ato jurídico perfeito". De forma diversa, entendemos que seria possível a aplicação retroativa das normas sancionadoras mais benéficas da Lei 14.133/2021, em razão da interpretação extensiva do princípio da retroatividade da lei mais benéfica, expressamente indicado no âmbito do Direito Penal (art. 5.º, XL, da CRFB: "a lei penal não retroagirá, salvo para beneficiar o réu") e que seria aplicável também no Direito Administrativo Sancionador.

facultada a defesa do interessado no prazo de 15 dias úteis contado da sua intimação (art. 157 da Lei 14.133/2021).

No tocante ao "impedimento de licitar e contratar", a sanção será aplicada ao responsável pelas infrações administrativas previstas nos incisos II a VII do art. 155, quando não se justificar a imposição de penalidade mais grave, impedindo-o de licitar ou contratar no âmbito da Administração Pública direta e indireta do ente federativo que aplicou a sanção, pelo prazo máximo de 3 (três) anos (art. 156, § 4.º).[170]

A declaração de inidoneidade, por sua vez, será aplicada ao responsável pelas infrações administrativas previstas nos incisos VIII a XII do art. 155, bem como pelas infrações administrativas previstas nos incisos II a VII referido artigo que justifiquem a imposição de penalidade mais grave, impedindo-o de licitar ou contratar no âmbito da Administração Pública direta e indireta de todos os entes federativos, pelo prazo mínimo de 3 anos (três) e máximo de 6 (seis) anos (art. 156, § 6.º).

Nesse ponto, a Lei 14.133/2021 pretende resolver a controvérsia em relação aos efeitos territoriais ou espaciais das sanções de impedimento (ou suspensão) para participar de licitações e contratações e a declaração de inidoneidade. A opção foi pela atribuição de efeito restritivo para a sanção de "impedimento de licitar e contratar", que somente será observada perante o ente sancionador, e de efeito extensivo para a sanção de "declaração de inidoneidade", aplicável nacionalmente a todos os entes federados.

Lembre-se de que, tradicionalmente, existiam três entendimentos sobre o tema, a partir da interpretação da antiga Lei 8.666/1993.

O primeiro entendimento sustentava o caráter restritivo para as duas sanções, com efeitos apenas perante o Ente sancionador, tendo em vista a autonomia federativa e o princípio da competitividade aplicável às licitações.[171]

O segundo entendimento estabelecia uma distinção entre as duas sanções a partir do critério da amplitude dos seus efeitos territoriais. Enquanto a suspensão de participação em licitação e impedimento de contratar com a Administração incidiria apenas em relação ao Ente sancionador (efeitos restritivos), a declaração de inidoneidade produziria efeitos em todo o território nacional (efeitos extensivos). Essa distinção advém dos conceitos de "Administração Pública" e "Administração" que eram consagrados, respectivamente, nos incisos XI e XII do art. 6.º da Lei 8.666/1993. De acordo com a referida citada Lei, a "Administração Pública" abrange a Administração direta e indireta da União, dos Estados, do Distrito Federal e dos

---

[170] Durante a decretação de estado de calamidade pública, o art. 13, §§ 2.º e 3.º, da Lei 14.981/2024, autoriza, excepcionalmente, a contratação de sociedade empresária punida com a sanção de impedimento ou de suspensão de contratar com o Poder Público, quando a empresa, comprovadamente, for a única fornecedora do bem ou prestadora do serviço, exigindo-se, nesse caso, a prestação de garantia nas modalidades de que trata o art. 96 da Lei 14.133/2021, que não poderá exceder a 10% do valor do contrato. A respeito do tema, vide item 3.16.

[171] Nesse sentido: SOUTO, Marcos Juruena Villela. *Direito administrativo contratual*. Rio de Janeiro: Lumen Juris, 2004. p. 355; TORRES, Ronny Charles Lopes de. *Leis de licitações comentadas*. 11. ed. Salvador: JusPodivm, 2021. P. 953 e 961; Enunciado 21 da Procuradoria do Estado do RJ: "Não serão admitidas na licitação as empresas punidas, no âmbito da Administração Pública Estadual, com as sanções prescritas nos incisos III e IV do art. 87 da Lei 8.666/1993"; O TCU tem restringido os efeitos das sanções aos órgãos e entidades administrativas integrantes do Ente sancionador (TCU, Acórdão 2.596/2012, Plenário, Rel. Min. Ana Arraes, 26.09.2012; TCU, Acórdão 3.439/12, Plenário, Rel. Min. Valmir Campelo, *DOU* 10.12.2012).

Municípios (XI) e a "Administração" é o "órgão, entidade ou unidade administrativa pela qual a Administração Pública opera e atua concretamente" (XI). Em consequência, ao utilizar a expressão "Administração Pública" para declaração de inidoneidade e "Administração" para suspensão para contratar com o Poder Público, o art. 87 da Lei 8.666/1993 teria instituído uma diferença de amplitude dos efeitos dessas sanções.[172]

O terceiro entendimento, que foi adotado pelo STJ, com fundamento na legislação anterior, apontava o caráter extensivo dos efeitos das duas sanções que impediriam a empresa punida de participar de licitações ou ser contratada por qualquer ente federado.[173]

Com a Lei 14.133/2021, a polêmica mencionada acima é resolvida em favor da distinção entre os efeitos espaciais ou territoriais das duas sanções. De acordo com os §§ 4.º e 5.º do art. 156 da Lei, enquanto a sanção de "impedimento de licitar e contratar" possui efeito restritivo e impede a participação em licitação ou a contratação da empresa punida no âmbito da Administração Pública direta e indireta do ente federativo sancionador, a sanção de declaração de inidoneidade possui efeito extensivo, com o afastamento da empresa sancionada das licitações e contratações promovidas pela Administração Pública direta e indireta de todos os entes federativos.

Ademais, a Lei 14.133/2021 alterou os prazos das referidas sanções. O prazo do impedimento para participação de licitações e contratações, que era de 2 (dois) anos, passaria a ser de 3 (três) anos. Em relação à declaração de inidoneidade, o prazo mínimo de 2 (dois) anos é ampliado para 3 (três) anos, com a fixação, agora, de prazo máximo de 6 (seis) anos.

Andou bem o legislador ao fixar prazo máximo para declaração de inidoneidade, uma vez que a ausência de limite temporal no âmbito da Lei 8.666/1993 abria o perigoso caminho para perpetuação de uma sanção, em afronta ao art. 5.º, XLVII, b, que proíbe penas de caráter perpétuo.

Outrossim, a declaração de inidoneidade será precedida de análise jurídica e observará as seguintes regras (art. 156, § 6.º, da Lei 14.133/2021): a) quando aplicada por órgão do Poder Executivo, será de competência exclusiva de ministro de Estado, de secretário estadual ou de secretário municipal e, quando aplicada por autarquia ou fundação, será de competência exclusiva da autoridade máxima da entidade; e b) quando aplicada por órgãos dos Poderes Legislativo e Judiciário e pelo Ministério Público no desempenho da função administrativa, será de competência exclusiva de autoridade de nível hierárquico equivalente às autoridades indicadas anteriormente na letra *a*.

O devido processo legal para aplicação das sanções de "impedimento de licitar e contratar" e de "declaração de inidoneidade para licitar ou contratar" encontra-se detalhado no art. 158 da Lei 14.133/2021.

A aplicação das duas sanções depende da instauração de processo de responsabilização, a ser conduzido por comissão, composta por 2 ou mais servidores estáveis, que avaliará fatos e circunstâncias conhecidos e intimará o licitante ou o contratado para, no prazo de 15 dias

---

[172] PEREIRA JUNIOR, Jessé Torres. *Comentários à lei das licitações e contratações da administração pública*. 7. ed. Rio de Janeiro: Renovar, 2007. p. 886.

[173] STJ, 2.ª Turma, REsp 151.567/RJ, Rel. Min. Francisco Peçanha Martins, *DJ* 14.04.2003, p. 208. Vide também: OLIVEIRA, Rafael Carvalho Rezende. *Licitações e contratos administrativos: teoria e prática*. 9. ed. São Paulo: Método, 2020. p. 279/284; CARVALHO FILHO, José dos Santos. *Manual de direito administrativo*. 22. ed. Rio de Janeiro: Lumen Juris, 2009. p. 213.

úteis, contado da intimação, apresentar defesa escrita e especificar as provas que pretenda produzir (art. 158, *caput*).

Em órgão ou entidade da Administração Pública cujo quadro funcional não seja formado por servidores estatutários, a sobredita comissão será composta por 2 ou mais empregados públicos pertencentes aos seus quadros permanentes, preferencialmente com no mínimo 3 (três) anos de tempo de serviço no órgão ou entidade (art. 158, § 1.º).

Na hipótese de deferimento de pedido de produção de novas provas ou de juntada de provas julgadas indispensáveis pela comissão, o licitante ou o contratado poderá apresentar alegações finais no prazo de 15 dias úteis contado da intimação (art. 158, § 2.º).

Serão indeferidas pela comissão, mediante decisão fundamentada, provas ilícitas, impertinentes, desnecessárias, protelatórias ou intempestivas (art. 158, § 3.º).

A prescrição ocorrerá em 5 (cinco) anos, contados da ciência da infração pela Administração, e será (art. 158, § 4.º): a) interrompida pela instauração do processo de responsabilização a que se refere o *caput*; b) suspensa pela celebração de acordo de leniência, nos termos da Lei 12.846/2013; c) suspensa por decisão judicial que inviabilize a conclusão da apuração administrativa.

No âmbito da antiga Lei 8.666/1993 não havia previsão específica de prazo prescricional para aplicação das sanções. Sempre sustentamos que as sanções deveriam ser aplicadas dentro do prazo prescricional quinquenal, com fundamento na aplicação analógica das normas legais que estabelecem prazo de prescrição nas relações jurídico-administrativas (exs.: art. 1.º da Lei 9.873/1999; arts. 173 e 174 do CTN; art. 21 da Lei 4.717/1965; art. 23, I, da Lei 8.429/1992; art. 46 da Lei 12.529/2011; Decreto 20.910/1932; art. 24 da Lei 12.846/2013 – Lei Anticorrupção etc.).[174]

Com a redação do § 4.º do art. 158 da Lei 14.133/2021, resta consagrada a tese da prescrição quinquenal. Contudo, o citado parágrafo refere-se às sanções de "impedimento de licitar e contratar" e de "declaração de inidoneidade para licitar ou contratar", indicadas no *caput* do dispositivo, sem alcançar, *a priori*, as demais sanções. Apesar do silêncio da Lei, entendemos que o mesmo prazo deverá ser observado para aplicação da advertência e da multa.

Os atos previstos como infrações administrativas que também sejam tipificados como atos lesivos na Lei 12.846/2013 (Lei Anticorrupção) serão apurados e julgados conjuntamente, nos mesmos autos, aplicando-se o rito procedimental e observada a autoridade competente definida na referida Lei (art. 159 da Lei 14.133/2021).

É possível a celebração do acordo de leniência com a pessoa jurídica que descumprir, total ou parcialmente, o contrato, com o objetivo de isentar ou atenuar as sanções administrativas elencadas no art. 156 da Lei de Licitações. Não obstante a menção às sanções tipificadas nos arts. 86 a 88 da antiga Lei 8.666/1993, a viabilidade de celebração do acordo de leniência, com fundamento no art. 17 da Lei 12.846/2013, no âmbito da atual Lei de Licitações é justificada pelo art. 189 da Lei 14.133/2021, que prevê a sua incidência nas hipóteses previstas na legislação que façam referência expressa à Lei 8.666/1993.

O parágrafo único do art. 159 do PL 4.253/2020, que deu origem à Lei 14.133/2021, estabelecia que a Administração Pública poderia celebrar acordo de leniência nos termos da Lei Anticorrupção para isentar a pessoa jurídica das sanções previstas no art. 156 da Lei de Licitações e, se houvesse manifestação favorável do Tribunal de Contas competente, das sanções

---

[174] OLIVEIRA, Rafael Carvalho Rezende. *Licitações e contratos administrativos*: teoria e prática. 9. ed. São Paulo: Método, 2020. p. 280.

previstas na sua respectiva lei orgânica. Ocorre que o referido dispositivo foi vetado, sob o argumento de que a previsão da participação da Corte de Contas na celebração do acordo de leniência violaria o princípio da separação de poderes.

Em nossa opinião, a dispositivo vetado não condicionava a celebração do acordo de leniência à participação obrigatória da Corte de Contas, mas apenas admitia a participação do referido órgão de controle externo no ajuste, com o objetivo de abranger as sanções de sua competência, o que geraria maior segurança jurídica para pessoa jurídica integrante do acordo.

Aliás, cabe registrar que o STF, em 2020, coordenou a celebração de acordo de cooperação técnica entre a Controladoria-Geral da União (CGU), a Advocacia-Geral da União (AGU), o Ministério Público Federal (MPF), o Tribunal de Contas da União (TCU) e o Ministério de Justiça e Segurança Pública (MJSP) para tratar do combate à corrupção, especialmente dos acordos de leniência, reconhecendo o papel institucional das Cortes de Contas na celebração dos referidos acordos.[175]

A possibilidade (não obrigatoriedade) de participação da Corte de Contas nos acordos de leniência para abarcar as sanções de sua competência, que são gravíssimas (ex.: declaração de inidoneidade, tipificada no art. 46 da Lei 8.443/1992 – Lei Orgânica do TCU), garantiria maior segurança jurídica aos envolvidos e constituiria um incentivo positivo para celebração dos referidos acordos.

Destaca-se que a celebração de acordos no regime sancionatório da Lei de Licitações e Contratos Administrativos não se restringe aos acordos de leniência previstos na Lei 12.846/2013 (Lei Anticorrupção). É verdade que, apesar de prever importantes mecanismos alternativos de solução de controvérsias (ex.: conciliação, mediação, comitê de resolução de disputas e arbitragem), a Lei 14.133/2021 pecou por não ter avançado no tratamento dos acordos substitutivos de sanção. Contudo, a ausência de previsão normativa específica não impede a celebração de acordos substitutivos de sanção, com fundamento nos arts. 26 e 27 da LINDB.[176]

Outro destaque na Lei 14.133/2021 é a possibilidade de desconsideração da personalidade jurídica quando utilizada com abuso do direito para facilitar, encobrir ou dissimular a prática dos atos ilícitos previstos na Lei de Licitação ou para provocar confusão patrimonial, sendo estendidos todos os efeitos das sanções aplicadas à pessoa jurídica aos seus administradores e sócios com poderes de administração, à pessoa jurídica sucessora ou à empresa, do mesmo ramo, com relação de coligação ou controle, de fato ou de direito, com o sancionado, observados, em todos os casos, o contraditório, a ampla defesa e a obrigatoriedade de análise jurídica prévia (art. 160 da Lei 14.133/2021).

Frise-se que a possibilidade de desconsideração da personalidade jurídica por decisão administrativa no âmbito do Direito Público Sancionador encontrava previsão no art. 14 da Lei Anticorrupção. Com a Lei 14.133/2021, a mesma prerrogativa passa a ser admitida nos processos sancionadores nas licitações e contratações públicas.

Os órgãos e as entidades dos Poderes Executivo, Legislativo e Judiciário de todos os entes federativos deverão, no prazo máximo 15 dias úteis contados da aplicação, informar e

---

[175] Disponível em: <http://www.stf.jus.br/arquivo/cms/noticiaNoticiaStf/anexo/Acordo6agosto.pdf>. Acesso em: 4 jan. 2021.

[176] Nesse sentido: OLIVEIRA, Rafael Carvalho Rezende; CARMO, Thiago Gomes do. Acordos substitutivos de sanção e seus desafios. *Revista de Direito Público da Economia*, Belo Horizonte, v. 19, n. 76, out./dez. 2021.

manter atualizados os dados relativos às sanções por eles aplicadas, para fins de publicidade no Cadastro Nacional de Empresas Inidôneas e Suspensas (CEIS) e no Cadastro Nacional de Empresas Punidas (CNEP), instituídos no âmbito do Poder Executivo federal (art. 161 da Lei 14.133/2021).

É prevista a incidência de multa de mora em caso de atraso injustificado na execução do contrato, na forma prevista em edital ou em contrato. A imposição da multa de mora não impede que a Administração a converta em compensatória e promova a extinção unilateral do contrato com a aplicação cumulada de outras sanções previstas na Lei de Licitações (art. 162, parágrafo único).

Aqui é oportuno registrar que a multa prevista no art. 156, II, não se confunde com aquela prevista no art. 162 da Lei 14.133/2021. Enquanto a primeira é aplicável a partir das infrações indicadas no art. 155 e submete-se aos limites previstos no art. 156, § 3º, a segunda é aplicada na hipótese de mora do contratado.

É admitida a reabilitação do licitante ou contratado perante a própria autoridade que aplicou a penalidade, exigindo-se, cumulativamente (art. 163 da Lei 14.133/2021): a) a reparação integral do dano causado à Administração Pública; b) o pagamento da multa; c) o transcurso do prazo mínimo de 1 (um) ano da aplicação da penalidade, no caso de impedimento de licitar e contratar, ou de 3 (três) anos da aplicação da penalidade, no caso de declaração de inidoneidade; d) o cumprimento das condições de reabilitação definidas no ato punitivo; e) análise jurídica prévia, com posicionamento conclusivo quanto ao cumprimento dos requisitos definidos neste artigo.

Enquanto a legislação anterior restringia a reabilitação à declaração de inidoneidade, na forma do art. 87, IV, da Lei 8.666/1993, a Lei 14.133/2021 permite a reabilitação também para a sanção de "impedimento de licitar". Contudo, os prazos mínimos para reabilitação são diversos e serão contados da aplicação da penalidade: a) impedimento de licitar e contratar: 1 ano, e b) declaração de inidoneidade: 3 (três) anos.

A sanção pelas infrações previstas no art. 155, VIII (apresentação de declaração ou documentação falsa exigida para o certame ou de declaração falsa durante a licitação ou a execução do contrato) e XII (prática de ato lesivo previsto no art. 5.º da Lei Anticorrupção), exigirá, como condição de reabilitação do licitante ou contratado, a implantação ou aperfeiçoamento de programa de integridade pelo responsável (art. 163, parágrafo único, da Lei 14.133/2021). Trata-se de importante incentivo para o autossaneamento (*self-cleaning*) das empresas punidas, que deverão adotar medidas corretivas e preventivas que reduzam o risco de prática de ilícitos para recuperarem a sua condição de potencial contratante do Poder Público.

Aqui, abre-se caminho para discussão quanto à razoabilidade de restringir a necessidade de implantação ou aperfeiçoamento de programa de integridade para reabilitação do agente econômico apenas nas duas infrações referidas, especialmente pelo fato de que as demais infrações, que ensejam a declaração de inidoneidade, apresentam grau semelhante de gravidade (além das infrações anteriormente indicadas, ensejam a inidoneidade as seguintes infrações, na forma do art. 156, § 5.º, da Lei 14.133/2021: fraudar a licitação ou praticar ato fraudulento na execução do contrato; comportar-se de modo inidôneo ou cometer fraude de qualquer natureza; e praticar atos ilícitos com vistas a frustrar os objetivos da licitação).[177]

---

[177] Sobre o tema: OLIVEIRA, Rafael Carvalho Rezende; CARMO, Thiago Gomes do. O *Self-Cleaning* e a sua aplicação sob a perspectiva da Lei 14.133/2021. *Solução em Licitações e Contratos – SLC*, v. 51, p. 39-52, 2022.

2.19. CONTROLE DAS LICITAÇÕES E DOS CONTRATOS

Os contratos podem ser controlados pela própria Administração (controle interno) ou pelos demais Poderes (controle externo).

Quanto ao controle interno, a Administração, no exercício da autotutela, pode revogar atos inconvenientes ou inoportunos e deve anular atos ilegais. A Administração deve anular as licitações e os contratos administrativos eivados de ilegalidades insanáveis e pode revogar certames e extinguir ajustes por razões de interesse público.

Por outro lado, o controle externo será exercido pelo Poder Judiciário e pelo Poder Legislativo, com auxílio do respectivo Tribunal de Contas. É inadmissível o controle externo dos contratos a partir dos critérios de conveniência e oportunidade, sob pena de violação do princípio da separação de poderes.

É importante ressaltar que o Tribunal de Contas realiza o controle de legalidade, legitimidade, economicidade dos atos das entidades da Administração direta e indireta (art. 70 da CRFB).

No âmbito das contratações públicas, que devem ser submetidas a práticas contínuas e permanentes de gestão de riscos e de controle preventivo, inclusive mediante adoção de recursos de tecnologia da informação, além do controle social, devem ser destacadas as três linhas de defesa previstas no art. 169 da Lei 14.133/2021: **a) primeira linha de defesa:** servidores e empregados públicos, agentes de licitação e autoridades que atuam na estrutura de governança do órgão ou entidade; **b) segunda linha de defesa:** unidades de assessoramento jurídico e de controle interno do próprio órgão ou entidade; **c) terceira linha de defesa:** órgão central de controle interno da Administração e tribunal de contas.

De forma positiva, verifica-se a maior preocupação legislativa com a governança pública, destacando-se a relevância da gestão de riscos e do controle preventivo que auxiliam a eficiência e diminuem os riscos da prática de irregularidades nas das contratações públicas.

Destaca-se que as hipóteses de controle institucional elencadas no art. 169 da Lei de Licitações não são taxativas, uma vez que não impedem outras formas de controle preventivo, inclusive por parte do Ministério Público.

Importante destacar, ainda, que o controle institucional convive com o controle social, na forma destacada no *caput* do art. 169, que pode ser exercido por qualquer pessoa e pressupõe transparência na atuação da Administração Pública para que as informações estejam disponibilizadas para sociedade civil.

Com o objetivo de garantir transparência nas licitações e nas contratações públicas, em reforço à publicidade dos atos estatais e ao efetivo controle social e institucional, o art. 174 da Lei 14.133/2021 institui o Portal Nacional de Contratações Públicas (PNCP).

Registre-se que o art. 54, § 1.º, do PL 4.253/2021, que deu origem à atual Lei de Licitações, exigia a publicação de extrato do edital no Diário Oficial e em jornal de grande circulação, mas o referido dispositivo foi vetado, uma vez que se tratava de medida desnecessária e antieconômica, sendo certo que a divulgação no PNCP garantiria a devida publicidade.

Em consequência, é fácil perceber que, ao invés da obrigatoriedade de publicidade no Diário Oficial, na forma tradicionalmente indicada pelo art. 21 da Lei 8.666/1993, a Lei 14.133/2021 prevê a publicidade do edital na rede mundial de computadores por meio do PNCP e do sítio eletrônico oficial do ente federado.

Com efeito, a publicação nos Diários Oficiais não atingia o efeito esperado de levar as informações às pessoas, pois, quando muito, tratava-se de "publicidade formal" dos atos estatais, mas não de "publicidade material", uma vez que a imensa maioria da população não tem acesso ou o hábito (ou tempo) de ler o Diário Oficial.

A publicidade do edital por meio da rede mundial de computadores tem o potencial de reduzir custos e facilitar a transparência das informações, inclusive por meio de cadastramento de interessados nos sítios oficiais da Administração Pública para acompanhamento de assuntos que entenderem pertinentes.

A implementação das práticas previstas no art. 169 da Lei de Licitações será de responsabilidade da alta administração do órgão ou entidade e levará em consideração os custos e os benefícios decorrentes de sua implementação, optando-se pelas medidas que promovam relações íntegras e confiáveis, com segurança jurídica para todos os envolvidos, e que produzam o resultado mais vantajoso para a Administração, com eficiência, eficácia e efetividade nas contratações públicas (art. 169, § 1.º).

Para a realização de suas atividades, os órgãos de controle deverão ter acesso irrestrito aos documentos e às informações necessárias à realização dos trabalhos, inclusive aqueles classificados pelo órgão ou entidade, nos termos da Lei 12.527/2011 (Lei de Acesso à Informação), tornando-se o órgão de controle com o qual foi compartilhada eventual informação sigilosa corresponsável pela manutenção do seu sigilo (art. 169, § 2.º, da Lei 14.133/2021).

Os integrantes das três linhas de defesa referidas acima deverão adotar as seguintes condutas (art. 169, § 3.º): a) quando constatarem simples impropriedade formal, adotarão medidas para o seu saneamento e para a mitigação de riscos de sua nova ocorrência, preferencialmente com o aperfeiçoamento dos controles preventivos e com a capacitação dos agentes públicos responsáveis; b) quando constatarem irregularidade que configure dano à Administração, sem prejuízos das medidas previstas na alínea a, deverão adotar as providências necessárias para apuração das infrações administrativas, observadas a segregação de funções e a necessidade de individualização das condutas, bem como remeter ao Ministério Público competente cópias dos documentos cabíveis para apuração dos demais ilícitos de sua competência.

Os órgãos de controle adotarão critérios de oportunidade, materialidade, relevância e risco e considerarão as razões apresentadas pelos órgãos e entidades responsáveis e os resultados obtidos com a contratação (art. 170 da Lei 14.133/2021).

As razões apresentadas pelos órgãos e entidades responsáveis deverão ser encaminhadas aos órgãos de controle até a conclusão da fase de instrução do processo e não poderão ser desentranhadas dos autos (art. 170, § 1.º).

A omissão na prestação das informações não impedirá as deliberações dos órgãos de controle, nem retardará a aplicação de qualquer de seus prazos de tramitação e de deliberação (art. 170, § 2.º).

Os órgãos de controle desconsiderarão os documentos impertinentes, meramente protelatórios, ou de nenhum interesse para o esclarecimento dos fatos (art. 170, § 3.º).

Qualquer licitante, contratado ou pessoa física ou jurídica poderá representar aos órgãos de controle interno ou ao Tribunal de Contas competente contra irregularidades na aplicação desta lei (art. 170, § 4.º).

Na fiscalização de controle será observado o seguinte (art. 171 da Lei 14.133/2021): a) oportunidade de manifestação aos gestores sobre possíveis propostas de encaminhamento que terão impacto significativo nas rotinas de trabalho dos órgãos e entidades fiscalizados, a fim de que eles disponibilizem subsídios para avaliação prévia da relação entre custo e benefício dessas possíveis proposições; b) adoção de procedimentos objetivos e imparciais e elaboração de relatórios tecnicamente fundamentados, baseados exclusivamente nas evidências obtidas e organizados de acordo com as normas de auditoria do respectivo órgão de controle, evitando que interesses pessoais e interpretações tendenciosas interfiram na apresentação e no tratamento dos fatos levantados; c) definição de objetivos, nos regimes de empreitada por preço global, empreitada integral, contratação semi-integrada e contratação integrada, atendidos os requisitos técnicos, legais, orçamentários e financeiros, de acordo com as finalidades para as quais foi feita a contratação, devendo ainda ser perquirida a conformidade do preço global com os parâmetros de mercado para o objeto contratado, considerada inclusive a dimensão geográfica.

A Lei 14.133/2021 reconhece a prerrogativa do Tribunal de Contas para suspender cautelarmente o processo licitatório, hipótese na qual o tribunal deverá se pronunciar definitivamente sobre o mérito da irregularidade que deu causa à suspensão no prazo de 25 dias úteis, contado do recebimento das informações a que se refere o § 2.º do art. 171, prorrogável por igual período uma única vez, e definirá objetivamente (art. 171, § 1.º): a) as causas da ordem de suspensão; b) como será garantido o atendimento do interesse público obstado pela suspensão da licitação, em se tratando de objetos essenciais ou de contratação por emergência.

O legislador, nesse ponto, reconhece o poder de cautela do Tribunal de Contas, mas fixa prazo para decisão sobre o mérito da irregularidade, com o objetivo de evitar a perpetuação da suspensão do certame que impediria a contratação do objeto necessário ao atendimento do interesse público.

Ao ser intimado da ordem de suspensão do processo licitatório, o órgão ou entidade deverá, no prazo de 10 (dez) dias úteis, admitida a prorrogação (art. 171, § 2.º): a) informar as medidas adotadas para cumprimento da decisão; b) prestar todas as informações cabíveis; c) proceder à apuração de responsabilidade, se for o caso. O descumprimento da determinação contida na intimação ensejará apuração de responsabilidade e obrigação de reparação de prejuízo causado ao erário (art. 171, § 4.º).

A decisão que examinar o mérito da cautelar deverá definir as medidas necessárias e adequadas, em face das alternativas possíveis, para o saneamento do processo licitatório ou determinar a sua anulação (art. 171, § 3.º).

Aqui, a Lei incorpora a solução adotada pelo art. 20, parágrafo único, da LINDB que, ao tratar das decisões proferidas pelas esferas administrativa, controladora e judicial, e exige que a motivação demonstre a necessidade e a adequação da medida imposta ou da invalidação de ato, contrato, ajuste, processo ou norma administrativa, inclusive em face das possíveis alternativas. Aliás, a atuação dos órgãos de controle, em qualquer caso, deve sempre observar os parâmetros da LINDB, o que inclui o controle exercido sobre os atos praticados nas licitações e contratações públicas, o que é reforçado pelo art. 5º, *in fine*, da Lei de Licitações.

Em nossa opinião, o poder geral de cautela previsto no art. 171, § 1.º, da Lei 14.133/2021 deve ser exercido dentro dos limites das competências elencadas pelo texto constitucional aos Tribunais de Contas.

No contexto da antiga Lei 8.666/1993, o art. 113, § 2.º, permitia o controle da fase externa da licitação pelos Tribunais de Contas com a possibilidade de solicitação de cópias dos editais de licitação já publicados, bem como prescrição de medidas corretivas aos órgãos licitantes.

A Lei 14.133/2021, por sua vez, em sua literalidade, parece expandir significativamente essa prerrogativa do Tribunal de Contas, de modo a reconhecer expressamente a sua atribuição

Cap. 2 – CONTRATOS ADMINISTRATIVOS | **233**

para suspender cautelarmente qualquer fase do procedimento licitatório, o que incluiria a sua fase preparatória ou interna (art. 171, § 1.º, da Lei 14.133/2021).

Essa singela modificação pode acarretar um inegável retrocesso no planejamento e na gestão das licitações, uma vez que a expansão ilimitada do controle prévio pelas Cortes de Contas asfixiaria a atribuição conferida pelo texto constitucional ao Poder Executivo para realização das contratações públicas.

Ao se permitir a interferência ilimitada na formatação das licitações, antes da publicação dos respectivos editais, o legislador abre caminho para que os Tribunais de Contas atuem como *veto player*, impedindo que a fase preparatória da licitação, que compreende atos de planejamento e de gestão de competência do Poder Executivo, prossiga sem o seu aval.[178]

Essa dinâmica de controle prévio (*veto player*) caracteriza-se por originar uma intervenção dos órgãos de controle na própria etapa de planejamento das políticas públicas, subordinando a atividade administrativa à prévia aprovação das Cortes de Contas, considerada, nesse caso, um "órgão quase administrativo".[179]

A Constituição de 1988 reconhece, como regra, o modelo de controle *a posteriori* dos atos, contratos e processos administrativos pelos Tribunais de Contas, o que não impede a realização do controle prévio nos casos excepcionais indicados no texto constitucional, tal como ocorre, por exemplo, no registro dos atos de pessoal (art. 71, III, da CRFB).

---

[178] Sobre a atuação do tribunal de contas como um *veto player*, Marianna Willeman afirma: "O controle realizado de maneira preventiva é usualmente criticado por implicar uma coadministração por parte da instituição de controle, que teria a prerrogativa de vetar determinada ação estatal. Essa potencial configuração da ISC como um *veto player*, como um ator que pode questionar e, até mesmo, obstaculizar uma ação administrativa, é alvo de intensa controvérsia, que claramente polariza duas distintas filosofias a respeito da auditoria pública: de um lado, a tendência mais liberal, que se preocupa em limitar e restringir a atuação administrativa do Estado, acomodando-se mais propriamente ao controle prévio; e, de outro lado, a tendência gerencial, que se preocupa com o aprimoramento da gestão do setor público e que, dessa forma, identifica-se mais com o modelo *a posteriori* de auditoria de desempenho (performance)" (WILLEMAN, Marianna Montebello. Accountability *democrática e o desenho institucional dos Tribunais de Contas do Brasil*. Belo Horizonte: Fórum, 2017. p. 68). Discordando sobre a atribuição da corte de contas preventivamente impedir a realização de ações administrativas, vide: SUNDFELD, Carlos Ari; CÂMARA, Jacintho Arruda. Competências de controle dos Tribunais de Contas: possibilidade e limites. In: SUNDFELD, Carlos Ari (Org.). *Contratações públicas e seu controle*. São Paulo: Malheiros, 2013. p. 192; JORDÃO, Eduardo. A intervenção do TCU sobre editais de licitação não publicados: controlador ou administrador? *Revista Brasileira de Direito Público – RBDP*, Belo Horizonte, ano 12, n. 47, p. 218, out./dez. 2014.

[179] Como aponta Bruno Speck: "Longe de constituir uma questão técnica, o controle prévio transforma o Tribunal de Contas em um órgão quase administrativo. O encaminhamento prático do controle prévio é condicionar as ordens de despesas ao registro pelo Tribunal de Contas, envolvendo essa instituição no próprio processo administrativo. De fato, o Tribunal viraria, dessa forma, um aliado do Tesouro contra os ministros na contenção de despesas. Mas, em outros casos, como o ilustrado acima, o Tribunal seria um órgão administrativo com poderes de veto, mesmo que não inserido na hierarquia do Poder Executivo" (SPECK, Bruno Wilhelm. *Inovação e rotina no Tribunal de Contas da União*: o papel da instituição superior de controle financeiro no sistema político administrativo do Brasil. São Paulo: Fundação Konrad Adenauer, 2000. p. 53). Sobre o tema, vide também: SUNDFELD, Carlos Ari; CÂMARA, Jacintho Arruda. Competências de controle dos Tribunais de Contas: possibilidade e limites. In: SUNDFELD, Carlos Ari (Org.). *Contratações públicas e seu controle*. São Paulo: Malheiros, 2013. p. 193.

A discussão reside em saber se o legislador infraconstitucional poderia ampliar as hipóteses de controle prévio da Administração Pública pelas Corte de Contas.

De um lado, há o entendimento de que o controle prévio poderia ser ampliado pelo legislador ordinário, o que justificaria o teor do § 1.º do art. 171 da Lei 14.133/2021.[180]

De outro lado, parcela da doutrina sustenta que a opção constitucional foi pela realização do controle *a posteriori* das finanças públicas, admitindo-se o controle preventivo por parte das Cortes de Contas apenas nos casos excepcionais expressamente indicados no texto constitucional. Em consequência, o legislador não poderia ampliar os casos de controle preventivo para inserir aquele realizado em relação aos instrumentos convocatórios não publicados, sob pena de afronta ao princípio da separação dos poderes.[181]

Em nossa opinião, o controle prévio exercido pelas Cortes de Contas representa exceção que somente poderia ser prevista no texto constitucional, motivo pelo qual o art. 171, § 1.º, da Lei 14.133/2021 deveria ser interpretado conforme a Constituição para que o controle pelos Tribunais de Contas somente seja exercido após a publicação do edital de licitação e não na fase preparatória do certame.[182]

---

[180] STF: "Tribunal de Contas estadual. Controle prévio das licitações. Competência privativa da União (art. 22, XXVII, da Constituição Federal). Legislação federal e estadual compatíveis. Exigência indevida feita por ato do Tribunal que impõe controle prévio sem que haja solicitação para a remessa do edital antes de realizada a licitação. 1. O art. 22, XXVII, da Constituição Federal dispõe ser da União, privativamente, a legislação sobre normas gerais de licitação e contratação. 2. A Lei federal 8.666/1993 autoriza o controle prévio quando houver solicitação do Tribunal de Contas para a remessa de cópia do edital de licitação já publicado. 3. A exigência feita por atos normativos do Tribunal sobre a remessa prévia do edital, sem nenhuma solicitação, invade a competência legislativa distribuída pela Constituição Federal, já exercida pela Lei federal 8.666/1993, que não contém essa exigência. 4. Recurso extraordinário provido para conceder a ordem de segurança" (STF, RE 547.063/RJ, Rel. Min. Menezes Direito, Primeira Turma, *DJe*-236 12.12.2008).

[181] Nesse sentido, Luís Roberto Barroso afirma: "No sistema brasileiro, a atividade de fiscalização contábil, financeira e orçamentária, mediante controle externo do Tribunal de Contas, é, de regra, exercida *a posteriori*, e não *a priori*. Salvo exceção expressa, não tem apoio constitucional qualquer controle prévio sobre atos ou contratos da Administração direta ou indireta, nem sobre a conduta de particulares que tenham gestão de bens ou valores públicos" (BARROSO, Luís Roberto. *Temas de direito constitucional*. 2. ed. Rio de Janeiro: Renovar, 2006. t. I. p. 235). De forma semelhante, Eduardo Jordão sustenta: "Em primeiro lugar, é preciso deixar claro que a intervenção prévia do TCU, no contexto relevante para projetos de infraestrutura, não está autorizada *explicitamente* pela Constituição Federal. De fato, na disciplina constitucional corretiva apresentada no tópico anterior, não há qualquer previsão de atuação antes da emissão de um ato administrativo, na fase de sua preparação" (JORDÃO, Eduardo. A intervenção do TCU sobre editais de licitação não publicados: controlador ou administrador? *Revista Brasileira de Direito Público – RBDP*, Belo Horizonte, ano 12, n. 47, p. 215, out./dez. 2014). Sobre o tema, vide também: MOREIRA, Egon Bockmann. *Direito das concessões de serviço público*. São Paulo: Malheiros, 2010. p. 222; ROSILHO, André. *Tribunal de Contas da União*: competências, jurisdição e instrumentos de controle. São Paulo: Quartier Latin, 2019. p. 231; SUNDFELD, Carlos Ari; CÂMARA, Jacintho Arruda. Competências de controle dos Tribunais de Contas: possibilidade e limites. In: SUNDFELD, Carlos Ari (Org.). *Contratações públicas e seu controle*. São Paulo: Malheiros, 2013. p. 193.

[182] Sobre o tema, vide nosso artigo: OLIVEIRA, Rafael Carvalho Rezende; HALPERN, Erick. O controle dos Tribunais de Contas e o art. 171 da Lei 14.133/2021 (nova Lei de Licitações). *Zênite*

Cap. 2 – CONTRATOS ADMINISTRATIVOS | **235**

Ressalta-se que essa segunda interpretação harmoniza as razões do veto do Poder Executivo Federal ao inciso XII do § 1.º do art. 32 da Lei 14.133/2021, que previa uma espécie de controle prévio dos tribunais de contas na modalidade do diálogo competitivo.

Em relação à sustação dos contratos irregulares, existe ampla controvérsia doutrinária sobre a possibilidade de sua implementação pelas Cortes de Contas, uma vez que a Constituição Federal dispõe, expressamente, que a prerrogativa para sustar o contrato irregular é do Congresso Nacional. Se a medida em comento não for adotada no prazo de noventa dias, o Tribunal de Contas "decidirá a respeito", sem qualquer alusão à sustação do contrato (art. 71, X e §§ 1.º e 2.º, da CRFB).

Enquanto parcela da doutrina sustenta a impossibilidade de sustação dos contratos administrativos pelas Cortes de Contas, uma vez que a referida prerrogativa seria exclusiva do Congresso Nacional,[183] outra parcela da doutrina admite que os Tribunais de Constas realizem a sustação dos contratos administrativos.[184]

Não obstante controvérsia a respeito do tema, em razão da ausência de clareza do art. 71, §§ 1.º e 2.º, da CRFB, e a posição sustentada em edições anteriores do livro, entendemos que os tribunais de contas não podem sustar contratos administrativos, uma vez que a referida prerrogativa seria exclusiva do Congresso Nacional. Na ausência de sustação implementada

---

Fácil, categoria Doutrina, 25 maio 2021. Disponível em: <https://www.zenite.blog.br/o-controle--dos-tribunais-de-contas-e-o-art-171-da-lei-14-133-2021-nova-lei-de-licitacoes/>. Acesso em: 24 maio 2021.

[183] De acordo com Luís Roberto Barroso: "Em nenhuma hipótese tem o tribunal competência para invalidar atos negociais, contratuais ou não, nem tampouco tem competência para sustar contrato celebrado pela Administração". BARROSO, Luís Roberto. Tribunais de Contas: algumas incompetências. *Revista de Direito Administrativo*, Rio de Janeiro, v. 203, p. 139-140, jan./mar. 1996. Igualmente, Carlos Ari Sundfeld e Jacintho Arruda Câmara afirmam: "O papel dos tribunais de contas, no equilíbrio institucional de funções contido na Constituição Federal, não comporta a sustação, por eles, de contratos da administração. Essa medida extrema ou é obtida via judicial, em ação proposta por parte legitimada (Ministério Público, cidadãos, Advocacia-Geral da União), ou por decisão direta do Congresso Nacional (art. 71, § 1.º, da CF)." SUNDFELD, Carlos Ari; CÂMARA, Jacintho Arruda. Controle das contratações públicas pelos Tribunais de Contas. *Revista de Direito Administrativo*, Rio de Janeiro, v. 257, p. 132, maio/ago. 2011. No mesmo sentido, Marcos Juruena Villela Souto sustenta: "Dúvida ocorre se o Congresso Nacional ou o Poder Executivo se omitem quanto às providências previstas no art. 71, § 1.º da lei Maior; neste caso, diz a Constituição — art. 71, § 2.º — que o "tribunal decidirá a respeito", dando margem ao equivocado entendimento de que poderia este sustar o ato. Parece-nos não ser esta a melhor orientação, contrária ao espírito e à sistemática do controle externo. A interpretação mais adequada do § 2.º do art. 71 da Lei Maior é, conjugando-o com os incisos I e II do mesmo dispositivo, conforme o caso, rejeitar as contas por irregularidade naquela determinada despesa contratual". SOUTO, Marcos Juruena Villela. *Direito administrativo contratual*. Rio de Janeiro: Lumen Juris, 2004, p. 442.

[184] MOREIRA, Egon Bockmann. Notas sobre os sistemas de controle dos atos e contratos administrativos. *Fórum Administrativo*, Belo Horizonte, ano 5, n. 5, p. 6.085-6.086, set. 2005; PEREIRA JUNIOR, Jessé Torres. *Comentários à lei das licitações e contratações da administração pública*. 7. ed. Rio de Janeiro: Renovar, 2007. p. 998; WILLEMAN, Marianna Montebello. O controle de licitações e contratos administrativos pelos tribunais de contas. In: SOUTO, Marcos Juruena Villela (Org.). *Direito administrativo*: estudos em homenagem a Francisco Mauro Dias. Rio de Janeiro: Lumen Juris, 2009. p. 305; FERNANDES, Jorge Ulisses Jacoby. Controle das licitações pelo tribunal de contas. *RDA*, n. 239, p. 104, jan./mar. 2005.

pelo Congresso Nacional, caberia ao tribunal de contas apenas a prerrogativa de determinar à autoridade administrativa a anulação do contrato.

Nesse sentido, o STF decidiu que o tribunal de contas não tem poder para anular ou sustar contratos administrativos, mas "tem competência, conforme o art. 71, IX, para determinar à autoridade administrativa que promova a anulação do contrato e, se for o caso, da licitação de que se originou".[185]

Outro ponto que merece menção se refere ao art. 172 do PL 4.253/2020, que deu origem à Lei 14.133/2021. O referido dispositivo estabelecia que os órgãos de controle deveriam se orientar pelos enunciados das súmulas do TCU, de modo a garantir uniformidade de entendimentos e propiciar segurança jurídica aos interessados. Todavia, o citado dispositivo foi vetado, em razão da violação ao princípio da separação de poderes e do pacto federativo.

Realmente, a proposta de redação do art. 172 do PL 4.253/2020 era inconstitucional e acabaria por reconhecer ao TCU um papel de "controlador dos controladores", instituindo uma espécie de jurisdição nacional vinculante para os demais órgãos de controle, inclusive dos Estados, DF e Municípios. Aliás, o próprio TCU destaca o seu papel de uniformizador da atuação de outros órgãos de controle, o que pode ser verificado pela Súmula 222 do Tribunal que dispõe: "Decisões do Tribunal de Contas da União, relativas à aplicação de normas gerais de licitação, sobre as quais cabe privativamente à União legislar, devem ser acatadas pelos administradores dos Poderes da União, dos Estados, do Distrito Federal e dos Municípios".

Não obstante a relevância do TCU, as suas atribuições não podem ferir a autonomia dos demais órgãos de controle.

Quanto ao controle externo, cada Estado possui o seu próprio Tribunal de Contas cujas competências são atribuídas pelo texto constitucional para o exercício do controle externo dos Estados e dos Municípios, com exceção dos Municípios do Rio de Janeiro e de São Paulo que possuem os seus próprios Tribunais de Contas municipais.

A pretensão legislativa de submissão dos Tribunais de Contas estaduais, distritais e municipais às súmulas do TCU afronta a autonomia federativa consagrada no art. 18 da CRFB, bem como contraria a autonomia institucional dos referidos tribunais de Contas prevista no art. 75 da CRFB. Com isso, cabe ao respectivo Tribunal de Contas estadual, distrital ou municipal estabelecer os seus próprios precedentes e emitir as suas próprias súmulas, sem qualquer subordinação ou deferência obrigatória às súmulas do TCU.

Mas não é só isso. A proposta legislativa violaria os arts. 70 e 74 da CRFB que reconhecem a relevância do controle interno de cada Poder, sem estabelecer a sua subordinação aos Tribunais de Contas. Registre-se que o controle interno da Administração Pública também é exercido pelos órgãos da advocacia pública (arts. 131 a 135 da CRFB). Nesse caso, além

---

[185] STF, SS 5.658 AgR/CE, Rel. Min. Luís Roberto Barroso, Tribunal Pleno, *DJe* 04.04.2024. STF, MS 23.550/DF, Rel. Min. Marco Aurélio, Redator do acórdão: Min. Sepúlveda Pertence, Tribunal Pleno, *DJ* 31.10.2001, p. 6. O Tribunal de Justiça do Estado do Rio de Janeiro adotou o mesmo entendimento: "Tribunais de Contas. Ausência de competência para sustar contratos administrativos – art. 71, § 1.º, CR/1988; art. 123, § 1.º, CERJ – O Supremo Tribunal Federal, de há muito, já superou a discussão em torno da suspensão de contratos por Tribunais de Contas, fixando entendimento no sentido de que os Tribunais de Contas não podem sustar os contratos, tendo em vista ser esta uma competência exclusiva do Poder Legislativo. Todavia, esses mesmos julgamentos ressalvam a possibilidade das Cortes de Contas determinarem às autoridades administrativas a adoção das providências pertinentes para a anulação dos ajustes". TJ/RJ, Mandado de Segurança 0102172-15.2023.8.19.0000, Rel. Des. Werson Franco Pereira Rêgo, Órgão Especial, data da publicação: 09.10.2024.

da afronta federativa, em razão da existência de órgãos de advocacia pública para cada ente federado, a atribuição de caráter vinculante aos enunciados das súmulas do TCU violaria a autonomia constitucional dos referidos órgãos jurídicos que não estão subordinados ou vinculados às súmulas do TCU.

Assim, as súmulas do TCU são relevantes para garantir a uniformidade e a segurança jurídica na atuação da própria Corte de Contas, mas não podem servir de instrumento de interferência na autonomia dos demais órgãos de controle, interno e externo, federais, estaduais, distritais e municipais. Não se desconsidera a relevância do dever de coerência no âmbito da Administração Pública, mas não cabe ao TCU o papel de implementar esse dever. A própria Administração Pública de cada ente federado, inclusive com o auxílio dos órgãos de controle interno, deve atuar com respeito aos seus precedentes administrativos, observando, ainda, os precedentes judiciais, na forma do art. 927 do CPC.[186]

Por fim, a Lei 14.133/2021, em seu art. 173, determina que os Tribunais de Contas deverão, por meio de suas respectivas escolas de contas, promover eventos de capacitação para os servidores efetivos e empregados públicos designados para o desempenho das funções essenciais à execução desta Lei, incluindo cursos presenciais e à distância, redes de aprendizagem, seminários e congressos sobre contratações públicas.

2.20. RESPONSABILIDADE CIVIL NOS CONTRATOS ADMINISTRATIVOS

2.20.1. Responsabilidade primária do contratado e responsabilidade subsidiária do Estado pela má execução do contrato

O contratado é responsável pelos danos causados diretamente à Administração ou a terceiros em razão da execução do contrato, não excluindo ou reduzindo essa responsabilidade a fiscalização ou o acompanhamento pelo contratante (art. 120 da Lei 14.133/2021).

É verdade que o art. 70 da antiga Lei 8.666/1993, ao tratar da responsabilidade civil do contratado, mencionava, literalmente, "culpa ou dolo" do contratado, expressões que não foram utilizadas pelo art. 120 da Lei 14.133/2021.

Entendemos, contudo, que a ausência das expressões "culpa ou dolo" no atual diploma legal não altera a regra da responsabilidade civil subjetiva do contratado, uma vez que a eventual objetivação da responsabilidade dependeria da previsão legal expressa ou decorreria de atividade normalmente desenvolvida que, por sua natureza, acarretasse risco para os direitos de terceiros, na forma do art. 927, parágrafo único, do Código Civil.[187]

Aliás, quando pretendeu estabelecer a natureza objetiva da responsabilidade civil, a Lei 14.133/2021 foi categórica, tal como ocorreu na previsão contida no art. 140, § 6.º, que estabeleceu a "responsabilidade objetiva" do contratado pela solidez e pela segurança dos materiais e dos serviços nos ajustes que envolvem obras.

---

[186] OLIVEIRA, Rafael Carvalho Rezende. *Precedentes no direito administrativo*. Rio de Janeiro: Forense, 2018; OLIVEIRA, Rafael Carvalho Rezende. O papel da advocacia pública no dever de coerência na Administração Pública. *Revista Estudos Institucionais*, v. 5, n. 2, p. 382-400, maio/ago. 2019.

[187] Em sentido contrário, sustentando a responsabilidade objetiva do contratado, em razão da ausência de exigência de culpa ou dolo no art. 120 da atual Lei de Licitações, vide: MOREIRA, Egon Bockmann; GARCIA, Flávio Amaral. Contratos administrativos na lei de licitações: comentários aos artigos 89 a 154 da Lei 14.133/2021, São Paulo: Thomson Reuters Brasil, 2024, p. 211-213.

Portanto, o contratado possui responsabilidade primária pela má execução do contrato. Em princípio, não há que falar em solidariedade entre o Poder Público e o contratado pelos danos causados a terceiros. A responsabilidade do Estado é subsidiária.[188]

Registre-se, no entanto, a existência de entendimento doutrinário, específico para as concessões de serviços públicos, que sustenta a solidariedade entre o Estado e a concessionária, uma vez que a prestação de serviços públicos é caracterizada como relação de consumo, sendo aplicável, destarte, a solidariedade prevista para os acidentes de consumo.[189]

Entendemos que, mesmo nas hipóteses de concessão de serviços públicos, a responsabilidade do Estado é subsidiária e não solidária, tendo em vista a existência de regra especial que afasta a regra geral do CDC. Trata-se do art. 25 da Lei 8.987/1995 que imputa à concessionária a responsabilidade por "todos os prejuízos causados ao poder concedente, aos usuários ou a terceiros, sem que a fiscalização exercida pelo órgão competente exclua ou atenue essa responsabilidade".[190]

Nas contratações em geral, a responsabilidade civil da contratada é subjetiva, exigindo, portanto, a comprovação de dolo ou culpa. Todavia, no caso das concessões de serviços públicos, as concessionárias respondem objetivamente pelos danos causados aos usuários e não usuários dos serviços, na forma do art. 37, § 6.º, da CRFB, art. 25 da Lei 8.987/1995 e art. 14 do CDC.[191]

2.20.2. Responsabilidade do Estado nas terceirizações pelos encargos trabalhistas e previdenciários

De acordo com o art. 121 da Lei 14.133/2021, o contratado é responsável exclusivo pelos encargos trabalhistas, previdenciários, fiscais e comerciais resultantes da execução do contrato.

A inadimplência do contratado em relação aos encargos trabalhistas, fiscais e comerciais não transfere à Administração a responsabilidade por seu pagamento e não pode onerar o objeto do contrato ou restringir a regularização e o uso das obras e das edificações, inclusive perante o registro de imóveis (art. 121, § 1.º).

Exclusivamente nas contratações de serviços contínuos com regime de dedicação exclusiva de mão de obra, a Administração responderá solidariamente pelos encargos previdenciários e subsidiariamente pelos encargos trabalhistas se comprovada falha na fiscalização do cumprimento das obrigações do contratado (art. 121, § 2.º).

Quanto à responsabilidade exclusiva do contratado pelos encargos trabalhistas, previdenciários, fiscais e comerciais resultantes da execução do contrato, o art. 121, caput e § 1.º, da Lei 14.133/2021 manteve o regime até então previsto no art. 71, caput e § 1.º, da antiga Lei 8.666/1993.

---

[188] Nesse sentido: CARVALHO FILHO, José dos Santos. *Manual de direito administrativo*. 22. ed. Rio de Janeiro: Lumen Juris, 2009. p. 541.

[189] Nesse sentido: TEPEDINO, Gustavo. A evolução da responsabilidade civil no direito brasileiro e suas controvérsias na atividade estatal. *Temas de direito civil*. 3. ed. Rio de Janeiro: Renovar, 2004. p. 216.

[190] A responsabilidade subsidiária do poder concedente por danos causados por concessionárias de serviços públicos também é sustentada por: DI PIETRO, Maria Sylvia Zanella. *Direito administrativo*. 22. ed. São Paulo: Atlas, 2009. p. 296.

[191] STF, Tribunal Pleno, RExt 591.874/MS, Rel. Min. Ricardo Lewandowski, *DJe*-237, 18.12.2009, p. 1820, *Informativos de Jurisprudência do STF* n. 557 e n. 563.

Em relação às contratações de serviços contínuos com regime de dedicação exclusiva de mão de obra, o art. 121, § 2.º, da Lei 14.133/2021, como já destacado, dispõe que a Administração responderá solidariamente pelos encargos previdenciários e subsidiariamente pelos encargos trabalhistas se comprovada falha na fiscalização do cumprimento das obrigações do contratado.

Enquanto a responsabilidade solidária pelos encargos previdenciários nos contratos de serviços contínuos com dedicação exclusiva de mão de obra já era imposta pelo art. 71, § 2.º, da antiga Lei 8.666/1993, a responsabilidade subsidiária da Administração pelos encargos trabalhistas, limitada aos casos de comprovada falha na fiscalização do cumprimento das obrigações do contratado, representa a incorporação legislativa da tese consagrada no STF.[192]

A preocupação com o cumprimento das obrigações trabalhistas é encontrada no art. 121, § 3.º, da Lei 14.133/2021. Nas contratações de serviços contínuos com regime de dedicação exclusiva de mão de obra, para assegurar o cumprimento de obrigações trabalhistas pelo contratado, a Administração, mediante disposição em edital ou em contrato, poderá, entre outras medidas: a) exigir caução, fiança bancária ou contratação de seguro-garantia com cobertura para verbas rescisórias inadimplidas; b) condicionar o pagamento à comprovação de quitação das obrigações trabalhistas vencidas relativas ao contrato; c) efetuar o depósito de valores em conta vinculada;[193] d) em caso de inadimplemento, efetuar diretamente o pagamento das verbas trabalhistas, que serão deduzidas do pagamento devido ao contratado; e) estabelecer que os valores destinados a férias, a décimo terceiro salário, a ausências legais e a verbas rescisórias dos empregados do contratado que participarem da execução dos serviços contratados serão pagos pelo contratante ao contratado somente na ocorrência do fato gerador.

2.20.3. Responsabilidade pessoal do parecerista nas licitações

Discussão interessante refere-se à eventual responsabilidade do Procurador ou do advogado público na emissão de pareceres nas licitações e nos contratos administrativos.

Tradicionalmente, no contexto da legislação anterior de licitações (art. 38, parágrafo único, da Lei 8.666/1993), o STF, inicialmente, afirmou que a responsabilidade dos pareceristas seria apenas nos casos de erro grave inescusável ou dolo, tendo em vista o caráter opinativo dos pareceres.[194]

Contudo, o STF alterou o seu posicionamento para admitir a responsabilidade dos advogados públicos e assessores jurídicos pela emissão de "pareceres vinculantes".[195] Apoiada na doutrina

---

[192] Teses de Repercussão Geral STF: a) Tema 246: "O inadimplemento dos encargos trabalhistas dos empregados do contratado não transfere automaticamente ao Poder Público contratante a responsabilidade pelo seu pagamento, seja em caráter solidário ou subsidiário, nos termos do art. 71, § 1.º, da Lei 8.666/93."; b) Tema 725: "É lícita a terceirização ou qualquer outra forma de divisão do trabalho entre pessoas jurídicas distintas, independentemente do objeto social das empresas envolvidas, mantida a responsabilidade subsidiária da empresa contratante". Frise-se que o STF, no julgamento do RE 958.252, que deu origem ao Tema 725 de Repercussão Geral, declarou a inconstitucionalidade dos incisos I, III, IV e VI da Súmula 331 do TST que, tradicionalmente, restringia a terceirização à atividade-meio.

[193] Os valores depositados na conta vinculada são absolutamente impenhoráveis (art. 121, § 4.º).

[194] STF, Tribunal Pleno, MS 24.073/DF, Rel. Min. Carlos Velloso, *DJ* 31.10.2003, p. 15.

[195] "Constitucional. Administrativo. Controle externo. Auditoria pelo TCU. Responsabilidade de procurador de autarquia por emissão de parecer técnico-jurídico de natureza opinativa. Segurança deferida. I. Repercussões da natureza jurídico-administrativa do parecer jurídico: (i) quando a

francesa de Réné Chapus,[196] a Corte efetuou distinção entre três hipóteses de pareceres: **a) facultativo:** "a autoridade não se vincula ao parecer proferido, sendo que seu poder de decisão não se altera pela manifestação do órgão consultivo"; **b) obrigatório:** "a autoridade administrativa se vincula a emitir o ato tal como submetido à consultoria, com parecer favorável ou contrário, e se pretender praticar ato de forma diversa da apresentada à consultoria, deverá submetê-lo a novo parecer"; e **c) vinculante:** "a lei estabelece a obrigação de decidir à luz de parecer vinculante, essa manifestação de teor jurídico deixa de ser meramente opinativa e o administrador não poderá decidir senão nos termos da conclusão do parecer ou, então, não decidir".

No tocante aos pareceres vinculantes, o STF admite a potencial responsabilidade solidária entre o parecerista e o administrador, uma vez que o parecer favorável seria pressuposto de perfeição do ato, havendo a "partilha do poder de decisão". Em relação aos demais pareceres, com caráter opinativo, o parecerista responde apenas em caso de culpa grave (erro grosseiro) ou dolo.

Da mesma forma, o TCU já afirmou que o parecer jurídico em processo licitatório, emitido na forma do parágrafo único do art. 38 da antiga Lei 8.666/1993, não constituía ato meramente opinativo e pode levar à responsabilização do emitente.[197]

Entendemos, todavia, que a responsabilidade pela emissão do parecer somente é possível quando comprovado erro grosseiro ou o dolo do parecerista.[198]

---

consulta é facultativa, a autoridade não se vincula ao parecer proferido, sendo que seu poder de decisão não se altera pela manifestação do órgão consultivo; (ii) quando a consulta é obrigatória, a autoridade administrativa se vincula a emitir o ato tal como submetido à consultoria, com parecer favorável ou contrário, e se pretender praticar ato de forma diversa da apresentada à consultoria, deverá submetê-lo a novo parecer; (iii) quando a lei estabelece a obrigação de decidir à luz de parecer vinculante, essa manifestação de teor jurídica deixa de ser meramente opinativa e o administrador não poderá decidir senão nos termos da conclusão do parecer ou, então, não decidir. II. No caso de que cuidam os autos, o parecer emitido pelo impetrante não tinha caráter vinculante. Sua aprovação pelo superior hierárquico não desvirtua sua natureza opinativa, nem o torna parte de ato administrativo posterior do qual possa eventualmente decorrer dano ao erário, mas apenas incorpora sua fundamentação ao ato. III. Controle externo: É lícito concluir que é abusiva a responsabilização do parecerista à luz de uma alargada relação de causalidade entre seu parecer e o ato administrativo do qual tenha resultado dano ao erário. Salvo demonstração de culpa ou erro grosseiro, submetida às instâncias administrativo-disciplinares ou jurisdicionais próprias, não cabe a responsabilização do advogado público pelo conteúdo de seu parecer de natureza meramente opinativa. Mandado de segurança deferido" (STF, Tribunal Pleno, MS 24.631/DF, Rel. Min. Joaquim Barbosa, *DJe*-18 01.02.2008, *Informativo de Jurisprudência do STF* n. 475).

[196] CHAPUS, Réné. *Droit Administratif General*. 15. ed. Paris: Montcherestien, 2001. t. I. p. 1113-1115.

[197] TCU, Plenário, Acórdão 1.337/11, Rel. Min. Walton Alencar Rodrigues, 25.05.2011 (*Informativo de Jurisprudência sobre Licitações e Contratos do TCU* n. 64). Posteriormente, no entanto, o TCU entendeu ser necessária a caracterização de erro grosseiro ou inescusável, com dolo ou culpa, para responsabilização de parecerista jurídico em processo licitatório (TCU, Acórdão 1.857/11, Rel. Min. André Luis de Carvalho, 13.07.2011, *Informativo de Jurisprudência sobre Licitações e Contratos do TCU* n. 71, Acórdão 362/2018 Plenário, Recurso de Reconsideração, Rel. Min. Augusto Nardes, 28.02.2018, *Informativo de Jurisprudência sobre Licitações e Contratos do TCU* n. 340).

[198] Nesse sentido: SOUTO, Marcos Juruena Villela. Responsabilização de advogado ou procurador por pareceres em contratação direta de empresa. *Direito administrativo em debate*. 2.ª série. Rio de Janeiro: Lumen Juris, 2007. p. 341-354; MOREIRA NETO, Diogo de Figueiredo. A responsabilidade do advogado de Estado. *Revista de Direito da Procuradoria Geral*, Rio de Janeiro, n. 63, p. 95-118, 2008. Sobre o tema, José Vicente Santos de Mendonça aponta quatro *standards* para eventual res-

Em primeiro lugar, o dever de administrar cabe à autoridade administrativa, e não ao consultor jurídico, sob pena de violação ao princípio da segregação de funções. A decisão final sempre será da autoridade que pode, inclusive, decidir por não continuar com o processo de licitação/contratação, apesar da existência de parecer jurídico. É a autoridade administrativa (e não o advogado público) a responsável pela Administração Pública ou gestão da coisa pública, sendo, a nosso ver, incoerente a classificação do parecer como "vinculante" quando, em verdade, o ato representa apenas a opinião jurídica do advogado.

Em segundo lugar, existem diversas interpretações jurídicas que podem ser razoavelmente apresentadas em cada situação concreta, não sendo possível responsabilizar o advogado público que apresentou interpretação razoável. Não se pode desconsiderar o fato de que o advogado público tem que manifestar a sua opinião no momento em que o fato se apresenta, sem a real noção, muitas vezes, das inúmeras consequências (boas ou ruins) que poderão ser produzidas.

Ademais, não se pode desconsiderar a inviolabilidade do advogado, público ou privado, que responde apenas nos casos de dolo ou culpa (arts. 2.º, § 3.º; 3.º, § 1.º; 32; todos do Estatuto da OAB).

Por fim, a responsabilidade do advogado público, sem a devida comprovação do erro grosseiro ou do dolo, viola o princípio da eficiência, pois a responsabilização indiscriminada, sem a perquirição da má-fé ou dolo, faz com que o advogado público atue com receio, sem pensar na melhor decisão a ser tomada à luz da eficiência, mas apenas na possibilidade de sofrer sanções por suas opiniões (seria mais conveniente para o advogado negar a prática de atos para evitar a sua responsabilização). O argumento foi reforçado com a inserção do art. 28 da LINDB pela Lei 13.655/2018, que estabeleceu a responsabilidade pessoal do agente público apenas por suas decisões ou opiniões técnicas em caso de "dolo ou erro grosseiro".

Em matéria de responsabilidade civil do advogado público, deve ser observado o art. 184 do CPC, que prevê a responsabilidade pessoal e regressiva apenas no caso de "dolo ou fraude".[199]

Registre-se que o § 6.º do art. 53 do PL 4.253/2020, que deu origem à atual Lei de Licitações (Lei 14.133/2021), dispunha de forma semelhante, com a fixação da responsabilidade civil regressiva do membro da advocacia pública nos casos de dolo ou fraude na elaboração do parecer jurídico. O citado dispositivo, contudo, foi vetado em razão da existência de outras previsões no ordenamento jurídico pátrio que tratam da responsabilidade do advogado público.

Não obstante o veto presidencial, o efeito prático-jurídico não parece relevante, uma vez que a responsabilidade civil do advogado público continuará submetida aos termos do art. 184 do CPC.

---

ponsabilidade do parecerista, a saber: a) o dolo; b) o erro evidente e inescusável; c) a não adoção de condicionantes reais de cautela; e d) a necessidade de preservação da heterogeneidade de ideias no Direito (A responsabilidade pessoal do parecerista público em quatro *standards*. *RBDP*, v. 27, p. 177-199, 2009).

[199] Tema 940 das Teses de Repercussão Geral do STF: "A teor do disposto no art. 37, § 6º, da Constituição Federal, a ação por danos causados por agente público deve ser ajuizada contra o Estado ou a pessoa jurídica de direito privado prestadora de serviço público, sendo parte ilegítima para a ação o autor do ato, assegurado o direito de regresso contra o responsável nos casos de dolo ou culpa". Segundo o STF, o art. 37, § 6.º, da CRFB apresenta duas garantias: a) primeira garantia: a vítima deve ser ressarcida pelos danos causados pelo Estado; e b) segunda garantia: os agentes públicos somente podem ser responsabilizados perante o próprio Estado, não sendo lícito admitir que a vítima de *per saltum* acione diretamente o agente.

2.20.4. Responsabilidade do Estado, das concessionárias e permissionárias de serviços públicos

As concessionárias e permissionárias de serviços públicos possuem responsabilidade objetiva, independentemente da vítima (usuário ou terceiro).[200]

Entendemos, no entanto, que o fundamento normativo da responsabilidade objetiva pode variar em função da vítima: a) usuário do serviço público: em virtude da relação contratual entre o usuário e a concessionária, seria inaplicável o art. 37, § 6.º, da CRFB, que trata da responsabilidade extracontratual, mas, de qualquer forma, a responsabilidade seria objetiva, em virtude do disposto no art. 25 da Lei 8.987/1995, que menciona o usuário e o terceiro, e no art. 14 do CDC; e b) terceiro: a responsabilidade é objetiva, na forma do art. 37, § 6.º, da CRFB, art. 25 da Lei 8.987/1995 e art. 17 do CDC (terceiro é consumidor por equiparação).

Nas Parcerias Público-Privadas (PPPs), a responsabilidade civil extracontratual deve levar em consideração as modalidades de parcerias e os seus respectivos objetos. As PPPs patrocinadas têm por objeto a prestação de serviços públicos, razão pela qual a responsabilidade da parceira privada (concessionária) será objetiva, na forma do art. 37, § 6.º, da CRFB. Quanto às PPPs administrativas, estas podem envolver a prestação de serviços públicos, quando a responsabilidade será objetiva, ou a prestação de serviços administrativos (serviços privados prestados ao Estado), hipótese em que a responsabilidade, em regra, será subjetiva (art. 927, *caput*, do Código Civil), sendo inaplicável o art. 37, § 6.º, da CRFB.[201]

Conforme já destacado, apesar de controvérsias doutrinárias, a responsabilidade do Estado pelos danos causados por suas concessionárias de serviços públicos é subsidiária, na forma do art. 25 da Lei 8.987/1995.

---

[200] Durante algum tempo, o STF entendeu que a concessionária de serviços públicos responderia de forma objetiva apenas em relação aos danos causados aos usuários, afastando o art. 37, § 6.º, da CRFB na hipótese de danos causados aos terceiros. STF, RE 262.651/SP, Rel. Min. Carlos Velloso, Segunda Turma, *DJ* 06.05.2005, p. 38 (Informativo de Jurisprudência do STF 370). Atualmente, a Suprema Corte afirma a responsabilidade objetiva das concessionárias de serviços públicos, com fulcro no art. 37, § 6.º, da CRFB, independentemente da qualidade da vítima (usuário ou não do serviço público). STF, RE 591.874/MS, Rel. Min. Ricardo Lewandowski, Tribunal Pleno, *DJe*-237 18.12.2009 (Informativos de Jurisprudência do STF 557 e 563). Destaca-se que o STJ já decidiu que a concessionária de rodovia não deve ser responsabilizada por roubo com emprego de arma de fogo cometido contra seus usuários em posto de pedágio, em razão do rompimento do nexo causal pelo fortuito externo (REsp 1.872.260/SP, Rel. Min. Marco Aurélio Bellizze, Terceira Turma, *DJe* 07.10.2022, *Informativo de Jurisprudência do STJ* n. 752).

[201] Sobre o tema, vide: OLIVEIRA, Rafael Carvalho Rezende. *Administração Pública, concessões e terceiro setor*. 2. ed. Rio de Janeiro: Lumen Juris, 2011. p. 293.

Capítulo 3

TEMAS ESPECIAIS
DE LICITAÇÕES E CONTRATOS
ADMINISTRATIVOS

3.1. A FUNÇÃO REGULATÓRIA DAS LICITAÇÕES E CONTRATAÇÕES PÚBLICAS

3.1.1. Conceito e fundamentos

O presente tópico tem por escopo destacar uma não tão "nova" visão do instituto da licitação: a função regulatória da licitação e da contratação pública. Atualmente, esse processo seletivo realizado pelo Poder Público, especialmente após as recentes alterações legislativas, prestar-se-á tanto a orientar as contratações administrativas quanto a viabilizar a implementação de valores constitucionais.

Tal tendência foi vislumbrada, há muito, por autores de vanguarda, que se encontravam à frente do seu tempo.[1] No entanto, agora, essa "nova" função da licitação – considerada, por alguns, como atípica – se apresenta como uma das principais diretrizes da atual política de governo; visa-se, por meio do "Poder de Compra Estatal", fomentar o crescimento econômico do País, notadamente pelo desenvolvimento da indústria nacional.

O exame se justifica na medida em que todas as entidades da Administração Pública Brasileira (União, Estados e Municípios) destinam um significativo volume de recursos públicos à aquisição de bens e serviços necessários ao desenvolvimento de suas atividades.

Daí a necessidade de destacar a legitimidade da utilização deste "Poder de Compra" do Estado no exercício das atividades de fomento e de regulação de mercados (espécies de intervenção indireta do Estado na Ordem Econômica, previstas no art. 174 da CRFB) em atendimento ao dever de garantir o desenvolvimento nacional, objetivo fundamental da República, previsto no art. 3.º, inciso II, da Carta Constitucional.

Nesse contexto, o procedimento administrativo licitatório tem por finalidade selecionar, dentro de um mercado no qual exista efetiva concorrência entre os licitantes, a proposta mais vantajosa para a Administração Pública.

---

[1] A "função regulatória" da licitação foi mencionada de forma pioneira no Brasil por Marcos Juruena Villela Souto (*Direito administrativo contratual*. Rio de Janeiro: Lumen Juris, 2004. p. 6, 105, 328 e 424).

Por se tratar de um procedimento administrativo, esse encadeamento de atos está adstrito à busca da verdade real;[2] significa que, diferentemente do processo judicial, que deve se ater à verdade formal, constante nos autos, o referido procedimento não pode desconsiderar os acontecimentos ocorridos no mundo fenomênico.

Daí poder-se afirmar que, em mercados monopolizados (ou oligopolizados), dominados por poucos agentes econômicos, não há efetiva competição.[3] Por consequência, sem competição, não há que falar na validade de procedimentos licitatórios,[4] pois a inexistência de concorrência em um mercado no qual, a princípio, ela fosse possível indica haver alguma falha a ser corrigida.

Com base nesse fundamento e no princípio da economicidade (previsto no art. 70 da CRFB), é que o Estado intervém na economia,[5] por meio da formatação de procedimentos licitatórios, de modo a evitar a dominação de mercados, dando pleno atendimento ao disposto no art. 173, § 4.º, da Constituição da República.

O objeto dessa intervenção é corrigir "falhas no seu mercado"[6] de contratação, especialmente a existência de barreiras à entrada de novos competidores em mercados dominados. Com isso, o procedimento licitatório será palco da efetiva concorrência entre os licitantes, propiciando contratações mais econômicas para a Administração Pública.

Essa é a ótica pela qual o instituto da licitação deve ser analisado. Afinal, a licitação – tal como a concorrência[7] – não é um fim em si, mas um instrumento[8] para que a Administração selecione a melhor proposta dentro de um mercado livre de concentrações econômicas.

Entretanto, não é só. A licitação, atualmente, tem servido para outras finalidades.

Trata-se da denominada "função regulatória da licitação".[9] Por esta teoria, o instituto na licitação não se presta, tão somente, para que a Administração realize a contratação de

---

[2]   Sobre a natureza do processo administrativo, vide: MEDAUAR, Odete. *Direito administrativo moderno*. 5. ed. São Paulo: RT, 2001. p. 204.

[3]   Como há muito leciona Marcos Juruena Villela Souto: "A vedação constante do art. 3.º da Lei 8.666/93 é apenas para exigências que frustrem o caráter competitivo da licitação. Ora, quando o objetivo for exatamente o de preservar ou restaurar esse caráter competitivo e o próprio mercado onde a competição se desenvolve, é lícito aplicar a ideia de função regulatória da licitação" (*Direito administrativo das parcerias*. Rio de Janeiro: Lumen Juris, 2005. p. 10-11).

[4]   Nesse sentido, confira-se a seguinte decisão do Tribunal de Contas da União: "A restrição à competitividade, causada pela ausência de informações essenciais no instrumento convocatório, é causa que enseja a nulidade da licitação" (Acórdão 1556/2007 Plenário (Sumário).

[5]   Não se trata mais de uma tendência excepcional. O Estado, atualmente, integra a ordem econômica, como ressalta Fabio Nusdeo: "[...] a figura mesma do Estado intervencionista se supera, pois a palavra intervenção traz em si o signo da transitoriedade, conota uma arremetida seguida de retirada, trai, em suma, uma situação excepcional, anormal. Não é essa, porém, a nova realidade. O Estado não mais intervém no sistema econômico. Integra-o. Torna-se um seu agente e um habitual partícipe de suas decisões (*Curso de economia*: introdução ao direito econômico. São Paulo: RT, 1997. p. 216).

[6]   POSNER, Richard A. *Natural Monopoly and its regulation*. Washington, EUA: Cato, 1999.

[7]   A função instrumental da concorrência é defendida em SALOMÃO FILHO, Calixto. *Direito concorrencial*: as condutas. São Paulo: Malheiros, 2003. p. 47-48.

[8]   Marçal Justen Filho, da mesma forma, ressalta a instrumentalidade da licitação (*Comentários à lei de licitações e contratos administrativos*. 12. ed. São Paulo: Dialética, 2002. p. 74).

[9]   Sobre a função regulatória da licitação, vide: SOUTO, Marcos Juruena Villela. *Direito administrativo das parcerias*. Rio de Janeiro: Lumen Juris, 2005. p. 86-89; SOUTO, Marcos Juruena Villela. *Direito*

Cap. 3 – TEMAS ESPECIAIS DE LICITAÇÕES E CONTRATOS ADMINISTRATIVOS | 245

bens e serviços a um menor custo; o referido instituto tem espectro mais abrangente, servindo como instrumento para o atendimento de finalidades públicas outras, consagradas constitucionalmente.

Vários são os exemplos de políticas setoriais que vêm se utilizando da licitação (do poder de compra do Estado) para concretizar outros valores, dentre os quais destacam-se a proteção do meio ambiente, o tratamento diferenciado conferido às microempresas e às empresas de pequeno porte e, de maior relevo para os fins do presente estudo, o fomento ao desenvolvimento tecnológico no País.

A sustentabilidade ambiental já se encontra incorporada às licitações públicas, em prol da efetivação dos arts. 170, VI, e 225, ambos da Constituição da República. Para tanto, ainda em 2009, foi editada a Lei 12.187, que pretende se valer do poder de compra do Estado como ferramenta útil à implementação da política de mudanças climáticas.[10]

As "licitações verdes" ou "contratos públicos ecológicos" (*Green Public Procurement*) representam tendência consagrada no Direito Comunitário Europeu que exige a utilização da contratação pública para implementação de políticas públicas ambientais.[11]

Após, e com fundamento neste diploma normativo, o Ministério do Planejamento, Orçamento e Gestão editou, em 19.01.2010, a Instrução Normativa 01, que "dispõe sobre os critérios de sustentabilidade ambiental na aquisição de bens, contratação de serviços ou obras pela Administração Pública Federal direta, autárquica e fundacional".[12]

---

administrativo contratual. Rio de Janeiro: Lumen Juris, 2004. p. 6, 105, 328 e 424; FERRAZ, Luciano. Função regulatória da licitação. *A&C Revista de Direito Administrativo e Constitucional*, v. 37, p. 133-142, 2009; GARCIA, Flávio Amaral. *Licitações e contratos administrativos*. 3. ed. Rio de Janeiro: Lumen Juris, 2010. p. 73-75.

[10] Assim preceitua o art. 6.º, XII, da Lei: "Art. 6.º São instrumentos da Política Nacional sobre Mudança do Clima: [...] XII – as medidas existentes, ou a serem criadas, que estimulem o desenvolvimento de processos e tecnologias, que contribuam para a redução de emissões e remoções de gases de efeito estufa, bem como para a adaptação, dentre as quais o estabelecimento de critérios de preferência nas licitações e concorrências públicas, compreendidas aí as parcerias público-privadas e a autorização, permissão, outorga e concessão para exploração de serviços públicos e recursos naturais, para as propostas que propiciem maior economia de energia, água e outros recursos naturais e redução da emissão de gases de efeito estufa e de resíduos".

[11] Destaque-se que o *Livro Verde sobre a modernização da política de contratos públicos da UE – Para um mercado dos contratos públicos mais eficiente na Europa*, publicado em 2011, propõe a utilização dos contratos públicos para proteção do meio ambiente. Sobre o tema, vide: ESTORNINHO, Maria João. *Curso de direito dos contratos públicos*. Coimbra: Almedina, 2012. p. 415-441.

[12] As licitações com essa característica têm sido referidas pelo signo de "licitações verdes", e o Brasil tem divulgado tal inovação inclusive no âmbito da Rede Interamericana de Compras Governamentais (RICG). A esse respeito consta notícia no *site* oficial do Ministério do Planejamento da União intitulada Planejamento apresenta "licitação verde" em conferência latino-americana. Disponível em: <http://www.planejamento.gov.br/noticia.asp?p=not&cod=6694&cat=94&sec=7>. Acesso em: 20 dez. 2010. Além disso, confira-se: CSIPAI, Luciana Pires. Guia prático de licitações sustentáveis do núcleo de assessoramento jurídico em São Paulo – AGU. Disponível em: <http://www.agu.gov.br/sistemas/site/templatetexto.aspx?idconteudo=138067&id_site=777>. Acesso em: 20 dez. 2010; e o site do Ministério do Planejamento, Orçamento e Gestão voltado às compras públicas sustentáveis. Disponível em: <http://cpsustentaveis.planejamento.gov.br/>. Acesso em: 20 dez. 2010.

Mencione-se, também, a elaboração do Guia Nacional de Contratações Sustentáveis da CGU/AGU, que tem servido de referência quanto aos parâmetros, práticas e critérios de sustentabilidade na Administração Pública federal.

De fato, a atuação administrativa, no âmbito do novo Direito Administrativo pós-positivista, marcado pela constitucionalização e centralidade dos direitos fundamentais, deve ser pautada pela promoção dos valores pluralísticos consagrados na Constituição.[13]

Os princípios constitucionais e os direitos fundamentais, nesse contexto, passam a ter posição de destaque na ordem constitucional,[14] visto que as Constituições procuram valer-se, cada vez mais, dos princípios como forma de amoldar, nos seus textos, interesses conflitantes existentes em uma sociedade pluralista.

Um dos fatores determinantes para a mudança de paradigma na atuação administrativa foi a consagração de interesses heterogêneos no texto constitucional que legitimam a atuação do denominado "Estado pluriclasse".[15]

A homogeneidade dos interesses – característica típica do Estado Liberal burguês, que deveria atender às necessidades de uma classe dominante (a burguesia) e que estabelecia o voto censitário – cede espaço para a heterogeneidade dos interesses existentes na complexa sociedade atual. A consagração do sufrágio universal possibilita a participação política de grupos sociais até então excluídos e a defesa/promoção dos seus interesses.

Não existe, destarte, um único interesse público, mas, sim, diversos interesses públicos, eventualmente conflitantes, que devem ser protegidos no Estado Democrático de Direito, marcado pelo pluralismo.[16]

No âmbito das licitações e das contratações públicas, o Pluralismo demonstra que a atuação do Poder Público não pode ser pautada, exclusivamente, pela economicidade. Ao contrário, a legitimidade da atuação estatal dependerá da efetivação de outros princípios constitucionais.

É oportuno ressaltar que a própria ideia de eficiência não se confunde com a de economicidade, posto que a eficiência não pode ser analisada, exclusivamente, sob o prisma econômico, pois a Administração tem o dever de considerar outros aspectos igualmente fundamentais: qualidade do serviço ou do bem, durabilidade, confiabilidade, universalização do serviço para o maior número possível de pessoas etc.

Nem sempre a medida mais barata será a mais eficiente ("o barato pode custar caro"). Aliás, a própria Lei de Licitações prevê a possibilidade de utilização de critérios técnicos para definição da proposta mais vantajosa.

---

[13] A partir do reconhecimento da normatividade do texto constitucional e de sua superioridade hierárquica, a interpretação de todo e qualquer ramo do Direito passou a depender da sua adequação às normas constitucionais. Sobre a constitucionalização do Direito Administrativo, vide: OLIVEIRA, Rafael Carvalho Rezende. *A constitucionalização do direito administrativo*: o princípio da juridicidade, a releitura da legalidade administrativa e a legitimidade das agências reguladoras. 2. ed. Rio de Janeiro: Lumen Juris, 2010.

[14] GARCIA FIGUEROA, Alfonso. La teoría del derecho en tiempos de constitucionalismo. In: CARBONELL, Miguel (Org.). *Neoconstitucionalismo(s)*. 2. ed. Madrid: Trotta, 2005. p. 165-166.

[15] GIANNINI, Massimo Severo. *Derecho administrativo*. Madrid: MAP, 1991. v. I, p. 76 e ss.

[16] Na lição de Karl Loewentein: "Si existe un rasgo esencial que dé un cuño característico a la sociedad de masas de la época tecnológica es, sin duda, el de su fundamento y dinamismo pluralista. [...] De los detentadores oficiales del poder se espera que por medio de sus decisiones políticas armonicen los intereses contrapuestos de los grupos pluralistas en beneficio común de la sociedad". LOEWENSTEIN, Karl. *Teoria de la Constitución*. Barcelona: Ariel, 1976. p. 422.

Cap. 3 – TEMAS ESPECIAIS DE LICITAÇÕES E CONTRATOS ADMINISTRATIVOS | 247

O princípio da eficiência, previsto no art. 37 da CRFB, relaciona-se com a concretização das finalidades estatais elencadas pelo texto constitucional e, por consequência, com a satisfação das necessidades da população.[17]

Desta forma, a medida administrativa será eficiente quando implementar, com maior intensidade e com os menores custos possíveis, os resultados consagrados nos textos normativos ("Administração de Resultados").[18]

Nesse sentido, posiciona-se Humberto Ávila, ao afirmar que "a medida adotada pela administração pode ser a menos dispendiosa e, apesar disso, ser a menos eficiente". Na lição do autor, a atuação administrativa é eficiente quando "promove de forma satisfatória os fins em termos quantitativos, qualitativos e probabilísticos". Não basta a utilização dos meios adequados para promover os respectivos fins; mais do que a adequação, a eficiência "exige satisfatoriedade na promoção dos fins atribuídos à administração".[19]

Por esta razão, a função regulatória da licitação pressupõe o atendimento não apenas dos valores econômicos, mas, também, dos valores sociais, ambientais, entre outros.

Registre-se que a revogação do art. 171 da CRFB pela EC 6/1995, que estabelecia a possibilidade de tratamento preferencial às empresas brasileiras de capital nacional, não impede a fixação de preferência para os produtos e serviços nacionais.

Não se trata, pois, de diferenciação inconstitucional, de caráter xenófobo.

A revogação do art. 171 do corpo da Constituição apenas fixou que a atribuição ou não de preferência a produtos nacionais não é matéria a ser tratada em sede constitucional, atribuindo-se, portanto, à legislação ordinária a competência para tanto.

Ademais, não há que falar em conflito entre a política de Estado, delineada pela aludida emenda constitucional, que suprimiu os privilégios conferidos às empresas brasileiras de capital nacional, com a atual política de Governo, que privilegia a indústria nacional.

Há, tão somente, um conflito aparente de normas. Afinal, tendo em vista o princípio da Unidade da Constituição, não há que falar em conflito entre normas constitucionais.[20] Afinal,

---

[17]   A necessidade de eficiência na atuação administrativa também é mencionada em outras passagens do texto constitucional, a saber: a) os Poderes Legislativo, Executivo e Judiciário devem instituir e manter sistema de controle interno com a finalidade de "comprovar a legalidade e avaliar os resultados, quanto à eficácia e eficiência, da gestão orçamentária, financeira e patrimonial nos órgãos e entidades da administração federal, bem como da aplicação de recursos públicos por entidades de direito privado" (art. 74, II, da CRFB); b) a organização e o funcionamento dos órgãos responsáveis pela segurança pública devem ser disciplinados pela legislação, com o objetivo de garantir a eficiência (art. 144, § 7.º, da CRFB). Da mesma forma, o referido princípio encontra-se previsto no art. 2.º da Lei 9.784/1999.

[18]   No Direito Comparado, a análise do resultado já pode ser encontrada em estudos monográficos recentes, com destaque para duas obras italianas: SORRENTINO, Giancarlo. *Diritti e partecipazione nell'amministrazione di resultato*. Napoli: Editoriale Scientifica, 2003; e SPASIANO, Mario R. Funzione amministrativa e legalità di resultato. Torino: Giappichelli, 2003. No Brasil, o estudo do resultado como novo paradigma do Direito Administrativo foi destacado por Diogo de Figueiredo Moreira Neto na obra: *Quatro paradigmas do direito administrativo pós-moderno*, Belo Horizonte: Fórum, 2008.

[19]   ÁVILA, Humberto. Moralidade, razoabilidade e eficiência. *REDAE*, Salvador, Instituto de Direito Público da Bahia, n. 4, out./nov./dez. 2005, p. 21 e 23-24. Disponível em: <www.direitodoestado.com.br>. Acesso em 1.º jun. 2010.

[20]   De acordo com as lições de J. J. Gomes Canotilho: "Como ponto de orientação, guia de discussão e factor hermenêutico de decisão, o princípio da unidade obriga o intérprete a considerar a consti-

248 LICITAÇÕES E CONTRATOS ADMINISTRATIVOS – *Rafael Carvalho Rezende Oliveira*

ambas as políticas (de Estado e de Governo) possuem *status* constitucional, uma vez que conferir tratamento privilegiado às empresas nacionais tem amparo em uma política de Estado previamente delineada pela Constituição da República. Senão, vejamos.

O art. 3.º, II, da CRFB consagra o "desenvolvimento nacional" como objetivo fundamental da República Federativa do Brasil.

O desenvolvimento de um país, é bom que se registre, não está restrito somente ao seu crescimento econômico.[21]

Muito ao contrário, o "direito ao desenvolvimento" comporta a conjugação de diversos outros fatores que materializam liberdades substanciais, por exemplo, o aumento da qualidade de vida dos cidadãos, o incremento da liberdade política, a promoção da inovação tecnológica e o aumento da adequação/funcionalidade das instituições.[22]

Da mesma forma, o art. 174, § 1.º, da CRFB remete ao legislador a competência para fixar "as diretrizes e bases do planejamento do desenvolvimento nacional equilibrado, o qual incorporará e compatibilizará os planos nacionais e regionais de desenvolvimento".

Por fim, o mercado interno, na forma do art. 219 da CRFB, integra o patrimônio nacional e "será incentivado de modo a viabilizar o desenvolvimento cultural e socioeconômico, o bem-estar da população e a autonomia tecnológica do País, nos termos de lei federal".

Daí por que Marcos Juruena Villela Souto já sustentava que o tratamento diferenciado dispensado às empresas nacionais, nos procedimentos licitatórios, é possível, mesmo

---

tuição na sua globalidade e a procurar harmonizar os espaços de tensão existentes entre as normas constitucionais (ex.: princípio do Estado de Direito e o princípio democrático, princípio unitário e princípio da autonomia regional e local). Daí que o intérprete deva sempre considerar as normas constitucionais não como normas isoladas e dispersas, mas sim como preceitos integrados num sistema interno unitário de normas e princípios" (*Direito constitucional e teoria da Constituição*. 5. ed. Coimbra: Almedina, 2002. p. 1208).

[21] Fábio Nusdeo descortina o significado da expressão "desenvolvimento" na Constituição: "Já na atual Constituição de 1988, a expressão perdeu o seu qualificativo econômico para aparecer de maneira mais ampla e correta como desenvolvimento nacional (art. 3.º, II), quedando-se, pois, fora do Título VII dedicado à Ordem Econômica e Financeira. Como já acima assinalado, o desenvolvimento não pode ser restringido ao campo puramente econômico, devendo abarcar necessariamente o institucional, o cultural, o político e todos os demais. [...] Assim, investimentos em setores sociais como educação, saúde, habitação, se, num primeiro momento, parecem desviar recursos das aplicações diretamente produtivas ou econômicas, como estradas, usinas e poços de petróleo, na realidade irão poupar um conjunto muito severo de custos a se manifestarem logo adiante pela queda de produtividade da mão de obra, pelo aumento da criminalidade pelo solapamento da coesão social e tantos outros. Aliás, tem sido a constatação destes custos o que tem levado a se repensar o conceito e as manifestações do desenvolvimento" (Desenvolvimento econômico – um retrospecto e algumas perspectivas. In: SALOMÃO FILHO, Calixto (Coord.). *Regulação e desenvolvimento*. São Paulo: Malheiros, 2002. p. 19).

[22] Nesse sentido, confiram-se os ensinamentos de Amartya Sen: "O enfoque nas liberdades humanas contrasta com as visões mais restritas de desenvolvimento, como as que identificam desenvolvimento com crescimento do Produto Nacional Bruto (PNB), aumento de rendas pessoais, industrialização, avanço tecnológico ou modernização social. [...] Se a liberdade é o que o desenvolvimento promove, então existe um argumento fundamental em favor da concentração neste objetivo abrangente, e não em algum meio específico ou em alguma lista de instrumentos especialmente escolhida". SEN, Amartya. *Desenvolvimento como liberdade*. São Paulo: Companhia das Letras, 2000. p. 17.

Cap. 3 – TEMAS ESPECIAIS DE LICITAÇÕES E CONTRATOS ADMINISTRATIVOS | 249

após o advento da EC 6/1995, tendo em vista o disposto nos arts. 172 e 219 da CRFB. Nas palavras do autor:

> Com efeito, a norma de desempate trata do capital estrangeiro quando em competição com o capital nacional, que aqui gera empregos, tecnologia e a decisão sobre repartição e investimento de lucros. A preferência é norma de fomento do mercado interno, na forma do art. 219, CF.[23]

Esta também é a orientação defendida por Carlos Pinto Coelho Motta:

> Sob esse ângulo, não mais diríamos que o processo licitatório visa unicamente selecionar o contrato mais vantajoso para suprimento do setor público. Esta seria uma definição pobre, mesmo considerando os princípios da eficiência e da economicidade balizadores do instituto. A consciência do momento em que vivemos pleiteia uma nova concepção da licitação, a ser doravante entendida como um procedimento que resguarde o mercado interno – integrante do patrimônio nacional – e que incentive o desenvolvimento cultural e socioeconômico do País, nos precisos termos do art. 219 da Constituição Federal. É um conceito que incorpora a variável de "fomento", decisiva para o tempo econômico atual.[24]

O fomento[25] à indústria nacional, por meio da celebração de contratos administrativos, não é uma novidade estranha à regulação.

Tanto assim o é que os contratos de concessão para a exploração de petróleo – disciplinados no art. 26 da Lei 9.478/1997 –, por exemplo, preveem a obrigatoriedade da cláusula de Conteúdo Local, segundo a qual o concessionário que vier a explorar jazida petrolífera será obrigado a declarar que um percentual dos seus fornecedores de bens e de mão de obra é de origem nacional.[26]

Com fundamento na função regulatória das licitações e contratações públicas, admite-se, inclusive, que o Estado pague preço maior na aquisição de bens e serviços, com o objetivo de fomentar o desenvolvimento sustentável.[27]

---

[23] SOUTO, Marcos Juruena Villela. *Direito administrativo contratual*. Rio de Janeiro: Lumen Juris, 2004. p. 12.

[24] MOTTA, Carlos Pinto Coelho. Temas polêmicos de licitações e contratos. *FCGP*, Belo Horizonte, ano 8, n. 92, p. 7, ago. 2009.

[25] As peculiaridades da atividade de fomento são assim delineadas por André de Labaudere: "Mais do que obrigar, o Estado procura levar os agentes econômicos a comprometerem-se em determinadas direcções. Emprega hoje em dia, para isso, e bastante largamente, o processo do acordo convencional" (*Direito público econômico*. Coimbra: Almedina, 1985. p. 428).

[26] Confira-se, por relevante, o disposto na cláusula 3.5 da Portaria ANP 180, de 05.06.2003: "3.5 As empresas Concessionárias deverão manter à disposição da ANP, pelo prazo de 5 anos após o término da Fase de Exploração ou Etapa de Desenvolvimento, todos os registros comprobatórios, na forma de declaração de origem fornecida pelo fornecedor do bem ou serviço ou outro comprovante inequívoco, de que os bens e serviços declarados como locais atendem aos conceitos de Bem de Produção Nacional e Serviço Prestado no Brasil dos Contratos de Concessão".

[27] Em abono à tese aqui defendia, o TCU decidiu: "É legítimo que as contratações da Administração Pública se adequem a novos parâmetros de sustentabilidade ambiental, ainda que com possíveis reflexos na economicidade da contratação. Deve constar expressamente dos processos de licitação motivação fundamentada que justifique a definição das exigências de caráter ambiental, as quais devem

A função regulatória das licitações e contratações públicas tem sido prevista com bastante intensidade no ordenamento jurídico.

Mencione-se, por exemplo, o tratamento diferenciado para as microempresas e as empresas de pequeno porte previsto na Lei Complementar 123/2006, que, visando a implementar o princípio da isonomia, na sua vertente material, em atendimento ao disposto nos arts. 170, inciso IX, e 179 da Constituição, trouxe uma série de vantagens para estas sociedades nos procedimentos licitatórios.

Pode ser destacada, aqui, a possibilidade de as microempresas e empresas de pequeno porte participarem de licitações com débitos fiscais,[28] além da criação de uma situação de empate ficto com as empresas de grande porte, mesmo quando estas apresentam propostas econômicas mais vantajosas.[29]

A Lei 14.133/2021, igualmente, revela grande preocupação com a função regulatória das licitações e contratações públicas, como será destacado no tópico seguinte.

3.1.2. A função regulatória na Lei 14.133/2021

Em diversos momentos, a Lei 14.133/2021 demonstra preocupação com a efetividade de valores extraeconômicos (sociais e ambientais), em especial:

a) aplicação do regime diferenciado dispensado às Microempresas e Empresas de Pequeno Porte (art. 4.º);

b) princípio do desenvolvimento nacional sustentável (art. 5.º);

c) os objetivos do processo licitatório compreendem, por exemplo, a preocupação com o ciclo de vida do objeto, o incentivo à inovação e o desenvolvimento nacional sustentável (art. 11, I e IV);

d) promoção da defesa do meio ambiente (ex.: arts. 18, § 1.º, XII, 34, § 1.º, 42, III, e 45, I e II);

e) possibilidade de fixação de margem de preferência para (i) bens manufaturados e serviços nacionais que atendam a normas técnicas brasileiras e (ii) bens reciclados, recicláveis ou biodegradáveis, conforme regulamento (art. 26);

f) inclusão de pessoas com deficiência no mercado de trabalho (arts. 63, IV, 92, XVII, 116 e 137, IX);

g) incentivo à contratação de mulher vítima de violência doméstica e de mão de obra oriunda ou egressa do sistema prisional, na forma estabelecida em regulamento (art. 25, § 9.º).

---

incidir sobre o objeto a ser contratado e não como critério de habilitação da empresa licitante". TCU, Plenário, Acórdão 1.375/2015, Rel. Min. Bruno Dantas, 03.06.2015 (*Informativo de Jurisprudência sobre Licitações e Contratos do TCU* n. 245).

[28] Esse é o teor do art. 43 da LC 123/2006, alterado pela LC 155/2016: "Art. 43. As microempresas e as empresas de pequeno porte, por ocasião da participação em certames licitatórios, deverão apresentar toda a documentação exigida para efeito de comprovação de regularidade fiscal e trabalhista, mesmo que esta apresente alguma restrição".

[29] Confira-se o teor do art. 44 da LC 123/2006: "Art. 44. Nas licitações será assegurada, como critério de desempate, preferência de contratação para as microempresas e empresas de pequeno porte. § 1.º Entende-se por empate aquelas situações em que as propostas apresentadas pelas microempresas e empresas de pequeno porte sejam iguais ou até 10% (dez por cento) superiores à proposta mais bem classificada".

Cap. 3 – TEMAS ESPECIAIS DE LICITAÇÕES E CONTRATOS ADMINISTRATIVOS | 251

Sustentamos que a função regulatória é inerente às licitações e contratações públicas, uma vez que a Administração Pública, em qualquer modalidade de atuação, inclusive na celebração de seus ajustes, deve implementar valores constitucionais fundamentais.

A função regulatória decorre do princípio da isonomia, na sua vertente material, que compreende o tratamento de forma desigual das situações, na medida em que se desigualam.[30]

Contudo, é preciso utilizar a função regulatória com razoabilidade, sem desconsiderar que o objetivo imediato dos certames é a seleção da pessoa que preenche as condições adequadas e eficientes para execução do ajuste. É preciso, portanto, evitar a utilização das licitações como instrumento de solução das ineficiências estatais em outros setores, cabendo aos órgãos competentes o exercício de suas tarefas de planejamento, de fomento, de fiscalização e de implementação das políticas públicas.

3.2. LICITAÇÕES PÚBLICAS E A "TEORIA DOS LEILÕES"

O estudo dos leilões é bastante antigo e tem sido intensificado entre os economistas, especialmente a partir da década de 1960, com o objetivo de compreender diversas transações econômicas, públicas ou privadas, que são marcadas pela assimetria de informações entre os participantes.[31]

Sob a perspectiva econômica, a "teoria dos leilões" possui relação com os procedimentos de seleção de compradores ou vendedores de bens e de serviços por meio de propostas de preços, o que abrange, naturalmente, as licitações públicas.

De lado as licitações que envolvem a alienação de bens ou serviços públicos para terceiros, semelhantes aos leilões convencionais que definem o vencedor pelo critério "maior preço", os procedimentos licitatórios constituem, normalmente, leilões reversos, com a definição, pela própria Administração Pública, das regras do jogo e do objeto a ser fornecido pelo vencedor do certame, normalmente a partir do critério "menor preço".

Trata-se, em síntese, de um jogo de informação incompleta, no qual os participantes do leilão não conhecem, com precisão, a avaliação do bem ou do serviço realizada pelos concorrentes e o montante que estão dispostos a pagar para vencer a disputa.[32]

---

[30] Nesse sentido, confira-se J. J. Gomes Canotilho: "Esta a justificação de o princípio da proibição do arbítrio andar sempre ligado a um fundamento material ou critério material objectivo. Ele costuma ser sintetizado da forma seguinte: existe uma violação arbitrária da igualdade jurídica quando a disciplina jurídica não se basear num: (i) fundamento sério; (ii) não tiver um sentido legítimo; (iii) estabelecer diferenciação jurídica sem um fundamento razoável" (*Direito constitucional e teoria da Constituição*. 5. ed. Coimbra: Almedina, 2002).

[31] Embora os leilões sejam utilizados há séculos, costuma-se citar William Vickrey, ganhador do prêmio Nobel em Economia no ano de 1996, como autor da obra seminal, que reconheceu aspectos de teoria dos jogos na dinâmica adotada em leilões: VICKREY, William. Counterspeculation, Auctions, and Competitive Sealed Tenders. *The Journal of Finance*, v. 16, n. 1, p. 8-37, mar. 1961. A relevância da teoria dos leilões pode ser demonstrada pelos vencedores do Nobel de Economia de 2020, Paul Milgrom e Robert Wilson, professores da Universidade de Stanford que possuem estudos relevantes sobre o tema.

[32] CARVALHO, Victor Aguiar de. O Estatuto das Estatais sob a ótica da Teoria dos Leilões: alguns aprimoramentos para a prevenção à corrupção e aos cartéis nas licitações. *Revista de Direito Público da Economia*, Belo Horizonte, ano 16, n. 64, p. 180, out./dez. 2018. Sobre a teoria dos leilões, vide também: NÓBREGA, Marcos. Novos marcos teóricos em Licitação no Brasil – Olhar para além

É importante destacar que a teoria dos leilões não se confunde com a modalidade de licitação "leilão". Conforme destacado, a teoria dos leilões compreende todos os procedimentos que envolvam a venda de bens e de serviços ao vencedor que apresentar a melhor oferta. Já o leilão, modalidade de licitação consagrada nos arts. 6.º, XL, e 28, IV, da Lei 14.133/2021, é o procedimento normalmente utilizado para alienação de bens móveis e imóveis ao comprador que apresentar o maior lance.[33]

Os leilões devem levar em consideração dois parâmetros de valores:

a) valores privados: cada participante atribui ao bem ou serviço o valor a partir de sua avaliação privada, independentemente do valor de mercado ou do valor atribuído pelos concorrentes (ex.: na alienação de obras de arte, cada participante vai estimar o valor do bem a partir do seu gosto pessoal); e

b) valores comuns: o valor real (de mercado) do bem ou do serviço leiloado seria desconhecido pelos participantes no momento da disputa, motivo pelo qual eles atribuiriam o respectivo valor a partir das informações apresentadas pelo leiloeiro ou pelos demais concorrentes (ex.: licitação para exploração de petróleo em determinada área quando é desconhecida a quantidade de petróleo efetivamente existente no local).

Sob o ponto de vista pragmático, é usual a combinação dos valores privados e comuns na realização dos leilões.[34]

Existem quatro tipos básicos de leilão, que não afastam outras possibilidades e combinações, a saber:[35]

a) leilão inglês ou aberto crescente: os participantes apresentam lances, normalmente ascendentes, declarando-se vencedor aquele que apresenta a proposta com o maior valor;

b) leilão holandês ou aberto decrescente: o leiloeiro inicia o procedimento com a apresentação de um valor elevado para o bem ou serviço e inicia uma redução sequencial do valor até que um dos participantes manifeste a sua intenção de comprar pelo valor informado;

c) leilão fechado de primeiro preço: os participantes oferecem os lances de forma simultânea e o vencedor é aquele que oferece o melhor preço; e

d) leilão de Vickrey ou fechado de segundo preço: os participantes apresentam, simultaneamente, propostas em envelopes fechados, declarando-se vencedor aquele que apresentar a melhor proposta, mas o preço que será efetivamente pago pelo vencedor corresponderá àquele apresentado pelo segundo colocado.

---

do sistema jurídico. *Revista Brasileira de Direito Público – RBDP*, Belo Horizonte, n. 40, p. 47-72, jan./mar. 2013.

[33] No mesmo sentido: RIBEIRO, Maurício Portugal. *Concessões e PPPs:* melhores práticas em licitações e contratos. São Paulo: Atlas, 2011. p. 53.

[34] KLEMPERER, Paul. Auction Theory: A guide to the literature. *Journal of Economic Surveys,* v. 13, n. 3, p. 234, jul. 1999.

[35] CAMELO, Bradson; NÓBREGA, Marcos Nóbrega; TORRES, Ronny Charles L. de. *Análise econômica das licitações e contratos:* de acordo com a Lei 14.133/2021 (nova Lei de Licitações). Belo Horizonte: Fórum, 2022. p. 84-88.

De acordo com a visão tradicional, a partir do modelo teórico e ideal, todos os tipos de leilões acarretariam, em média, o mesmo preço para o bem ou serviço leiloado ("Teorema da Equivalência de Receitas").

Todavia, o referido teorema dependeria de condições ideais que, normalmente, não são encontradas na realidade, tais como a neutralidade do risco, simetria entre os participantes, ausência de conluio etc.

No mundo real, diversos fatores demonstram a dificuldade de escolha de um modelo ideal que sirva para todas as situações (*one size fits all*). O *design* do leilão deve ser customizado para cada contexto de contratação, uma vez que o desenho institucional eficiente pode gerar maior competitividade e menor risco de conluio entre os participantes.[36]

É preciso evitar a denominada "maldição do vencedor" (*winner's curse*), segundo a qual o vencedor do leilão, sem conhecer todas as informações sobre o objeto leiloado e sem conhecer as estimativas dos outros concorrentes, apresenta valor excessivamente elevado com o objetivo de vencer a disputa, assumindo prejuízos financeiros ou auferindo lucros menores que o planejado.[37]

No âmbito da Lei 14.133/2021, abre-se o caminho para a definição do melhor design institucional da licitação, em razão dos diferentes modos de disputa que podem ser utilizados nas licitações. De acordo com o art. 56 da referida lei, o modo de disputa poderá ser, isolada ou conjuntamente: a) aberto, hipótese em que os licitantes apresentarão suas propostas por meio de lances públicos e sucessivos, crescentes ou decrescentes; e b) fechado, hipótese em que as propostas permanecerão em sigilo até a data e hora designadas para sua divulgação.

É vedada a utilização isolada do modo de disputa fechado quando adotados os critérios de julgamento de menor preço ou de maior desconto, bem como é vedada a utilização do modo de disputa aberto quando adotado o critério de julgamento de técnica e preço (art. 56, §§ 1.º e 2.º, da Lei 14.133/2021).

Admite-se, ainda, a apresentação de lances intermediários, assim considerados (art. 56, § 3.º, da Lei 14.133/2021): a) iguais ou inferiores ao maior já ofertado, quando adotado o critério de julgamento de maior lance; e b) iguais ou superiores ao menor já ofertado, quando adotados os demais critérios de julgamento.

É possível perceber que a flexibilidade mitigada na escolha do modo de disputa reconhecida pelo art. 56 da Lei 14.133/2021 supera o formato tradicional da legislação anterior.

Com efeito, no contexto da antiga Lei 8.666/1993, as modalidades concorrência, tomada de preços e convite adotavam o modelo de leilão fechado de primeiro preço, com a definição do vencedor a partir da escolha da melhor proposta (menor preço) entre aquelas apresentadas em envelopes fechados pelos licitantes. Na alienação de bens móveis ou imóveis, por sua vez, as licitações costumavam seguir o modelo do leilão inglês, com a adjudicação do bem ao licitante que apresentar o maior lance ou oferta (arts. 22, § 5.º, e 45, § 1.º, IV, da Lei 8.666/1993).

Ainda no contexto da legislação anterior, a antiga Lei 10.520/2002 avançou no tema para permitir que, no pregão, a disputa apresentaria caráter híbrido, dividido em duas etapas (art.

---

[36] KLEMPERER, Paul. What Really Matters in Auction Design. *Journal of Economic Perspectives*, v. 16, n. 1, p. 184, Winter 2002.

[37] Segundo Richard Thaler: "The winner can be said to be 'cursed' in one of two ways: (1) the winning bid exceeds the value of the tract, so the firm loses money; or (2) the value of the tract is less than the expert's estimate so the winning firm is disappointed" (THALER, Richard H. Anomalies: The Winner's Curse. *Journal of Economic Perspectives*, v. 2, n. 1, p. 192, Winter 1988).

4.º, VII, VIII e IX, da Lei 10.520/2002): a) proposta escrita (leilão fechado de primeiro preço); e b) lances sucessivos verbais ou eletrônicos (leilão inglês).

De forma semelhante, nas licitações realizadas por empresas estatais (art. 52 da Lei 13.303/2016) e no antigo Regime Diferenciado de Contratações – RDC (art. 16 da Lei 12.462/2011), admitia-se a adoção dos modos de disputa aberto ou fechado, bem como a combinação de ambos.

Na Lei 14.133/2021, que revogou as Leis 8.666/1993, 10.520/2002 e 12.462/2011, como já demonstrado, consagrou-se maior flexibilidade para escolha do modo de disputa, respeitados os parâmetros fixados na própria legislação.

Naturalmente, cada modo de disputa, isolado ou combinado, apresenta vantagens e desvantagens que devem ser sopesadas na fase preparatória da licitação. É preciso que a Administração Pública considere a teoria dos leilões na definição dos procedimentos e dos modos de disputa nas licitações públicas, de forma a prever arranjos institucionais compatíveis com o objeto e com o respectivo setor econômico.

É preciso que o legislador e a Administração Pública considerem a teoria dos leilões na definição dos procedimentos e dos modos de disputas nas licitações públicas, de modo a prever arranjos institucionais compatíveis com o objeto e com o respectivo setor econômico.

3.3. COOPERATIVAS NAS LICITAÇÕES

Questão que sempre despertou controvérsias na praxe administrativa e na doutrina refere-se à admissão de cooperativas em licitações.

O texto constitucional menciona as cooperativas em três passagens distintas: a) art. 5.º, XVIII: a criação de cooperativas, na forma da lei, independe de autorização, sendo vedada a interferência estatal em seu funcionamento; b) art. 146, III, c: a lei complementar, responsável pelas normas gerais em matéria tributária, deve dispor sobre o adequado tratamento tributário ao ato cooperativo praticado pelas sociedades cooperativas; e c) art. 174, § 2.º: a lei deve apoiar e estimular o cooperativismo e outras formas de associativismo.

A Lei 5.764/1971 define a Política Nacional de Cooperativismo, a qual afirma que no contrato de sociedade cooperativa "as pessoas que reciprocamente se obrigam a contribuir com bens ou serviços para o exercício de uma atividade econômica, de proveito comum, sem objetivo de lucro" (art. 3.º).

Em relação à participação de cooperativas nas licitações, existem três entendimentos doutrinários sobre a questão:

1.º entendimento: Alguns autores vedam a participação de cooperativas em licitações, pois essas entidades, em razão dos privilégios trabalhistas e tributários, sempre apresentariam melhores preços, sagrando-se vencedoras.

2.º entendimento: Outros autores admitem a participação, mas exigem que as propostas das cooperativas levem em consideração os encargos trabalhistas e tributários para igualar as condições com as demais empresas licitantes. O regime próprio da cooperativa aplica-se exclusivamente no relacionamento entre a cooperativa e seus associados, mas não em relação aos atos de mercado comum. Nesse sentido: Marçal Justen Filho, José dos Santos Carvalho Filho.[38]

---

[38] JUSTEN FILHO, Marçal. *Comentários à lei de licitações e contratos administrativos*. 9. ed. São Paulo: Dialética, 2002. p. 303-305; CARVALHO FILHO, José dos Santos. *Manual de direito administrativo*. 22. ed. Rio de Janeiro: Lumen Juris, 2009. p. 236-237.

Cap. 3 – TEMAS ESPECIAIS DE LICITAÇÕES E CONTRATOS ADMINISTRATIVOS | **255**

3.º entendimento: Por fim, parte da doutrina admite a participação em licitações, uma vez que o próprio texto constitucional exigiu tratamento diferenciado às cooperativas (art. 5.º, XVIII; art. 146, III, c; e art. 174, § 2.º, da CRFB). Nesse sentido: Marcos Juruena Villela Souto e Jessé Torres Pereira Junior.[39]

A razão, a nosso ver, está com o terceiro entendimento, tendo em vista a previsão constitucional de tratamento diferenciado para cooperativas. Frise-se que o art. 86 da Lei 5.764/1971 admite que as cooperativas forneçam bens e serviços a não associados, desde que tal faculdade atenda aos objetivos sociais e estejam de conformidade com a presente lei. Nesse caso, os resultados positivos obtidos pelas cooperativas nessas operações serão considerados como renda tributável (art. 111 da Lei 5.764/1971).

Em determinados casos, é possível a vedação à participação de cooperativas em licitações para contratações de serviços submetidos à legislação trabalhista. Dessa forma, se a natureza do serviço pressupõe subordinação jurídica entre os empregados e o contratado, bem como pessoalidade e habitualidade, deve ser vedada a participação de sociedades cooperativas nas licitações, uma vez que tais entidades seriam "cooperativas fraudulentas" ou meras intermediadoras de mão de obra. Assim, por exemplo, os serviços de auxiliar administrativo e de secretariado não poderiam ser executados por cooperativas. A vedação, portanto, é justificada pela natureza do serviço que será prestado, incompatível com as características das cooperativas, conforme já decidiu o STJ.[40] Essa é a orientação consagrada, inclusive, na Súmula 281 do TCU, que dispõe: "É vedada a participação de cooperativas em licitação quando, pela natureza do serviço ou pelo modo como é usualmente executado no mercado em geral, houver necessidade de subordinação jurídica entre o obreiro e o contratado, bem como de pessoalidade e habitualidade".

Ressalte-se, ainda, que a sobredita vedação à participação de cooperativas em licitações tem o objetivo de evitar eventual responsabilidade subsidiária do Poder Público pelo inadimplemento dos encargos trabalhistas, na forma do Enunciado 331 do TST.[41] Registre-se, contudo,

---

[39] SOUTO, Marcos Juruena Villela. Igualdade e competitividade em face de participação de cooperativas nas licitações. *Direito administrativo em debate*. 2.ª série. Rio de Janeiro: Lumen Juris, 2007. p. 309-322; PEREIRA JUNIOR, Jessé Torres. *Comentários à lei das licitações e contratações da administração pública*. 7. ed. Rio de Janeiro: Renovar, 2007. p. 175-178.

[40] Nesse sentido: STJ, REsp 1.141.763/RS, 2.ª Turma, Rel. Min. Eliana Calmon, *DJ* 04.03.2010 (*Informativo de Jurisprudência do STJ* n. 424); STJ, REsp 1.185.638//RS, 2.ª Turma, Rel. Min. Mauro Campbell Marques, *DJe* 10.09.2010.

[41] Enunciado 331 do TST: "I – A contratação de trabalhadores por empresa interposta é ilegal, formando-se o vínculo diretamente com o tomador dos serviços, salvo no caso de trabalho temporário (Lei 6.019, de 03.01.1974). II – A contratação irregular de trabalhador, mediante empresa interposta, não gera vínculo de emprego com os órgãos da Administração Pública direta, indireta ou fundacional (art. 37, II, da CF/1988). III – Não forma vínculo de emprego com o tomador a contratação de serviços de vigilância (Lei 7.102, de 20.06.1983) e de conservação e limpeza, bem como a de serviços especializados ligados à atividade-meio do tomador, desde que inexistente a pessoalidade e a subordinação direta. IV – O inadimplemento das obrigações trabalhistas, por parte do empregador, implica a responsabilidade subsidiária do tomador dos serviços quanto àquelas obrigações, desde que haja participado da relação processual e conste também do título executivo judicial. V – Os entes integrantes da Administração Pública direta e indireta respondem subsidiariamente, nas mesmas condições do item IV, caso evidenciada a sua conduta culposa no cumprimento das obrigações da Lei 8.666, de 21.06.1993, especialmente na fiscalização do cumprimento das obrigações contratuais e legais da prestadora de serviço como empregadora. A aludida responsabilidade não decorre de mero inadimplemento das obrigações trabalhistas assumidas pela empresa regularmente contratada.

que a Suprema Corte afirmou a inconstitucionalidade dos incisos I, III, IV e VI da Súmula 331 do TST quando decidiu, com repercussão geral, a licitude da terceirização ou qualquer outra forma de divisão do trabalho entre pessoas jurídicas distintas, independentemente do objeto social das empresas envolvidas, mantida a responsabilidade subsidiária da empresa contratante.[42]

É importante ressaltar que as normas diferenciadas de licitação previstas para as microempresas e empresas de pequeno porte (LC 123/2006) são aplicáveis às cooperativas que tenham receita bruta anual equivalente às da empresa de pequeno porte, conforme dispõe o art. 34 da Lei 11.488/2007. O tratamento diferenciado aplicável às microempresas e empresas de pequeno porte será objeto do próximo tópico.

Atualmente, o art. 16 da Lei 14.133/2021 permite a participação de cooperativas nos procedimentos licitatórios quando cumpridas as seguintes exigências: a) a constituição e o funcionamento da cooperativa devem observar as regras estabelecidas na legislação aplicável, em especial a Lei 5.764/1971, a Lei 12.690/2012 e a LC 130/2009; b) as cooperativas devem apresentar demonstrativo de atuação em regime cooperado, com repartição de receitas e despesas entre os cooperados; c) qualquer cooperado, com igual qualificação, deve ser capaz de executar o objeto contratado, sendo vedado à Administração indicar nominalmente pessoas; e d) tratando-se de cooperativas de trabalho, reguladas pela Lei 12.690/2012, o objeto da licitação se refere a serviços especializados constantes do objeto social da cooperativa, a serem executados de forma complementar à sua atuação.

3.4. MICROEMPRESAS E EMPRESAS DE PEQUENO PORTE (LC 123/2006) E O TRATAMENTO DIFERENCIADO NAS LICITAÇÕES

O texto constitucional estabelece a necessidade de tratamento diferenciado às microempresas e às empresas de pequeno porte (arts. 146, III, *d*, 170, IX, e 179 da CRFB).

Em consequência, a LC 123/2006 instituiu normas gerais relativas ao tratamento diferenciado e favorecido a ser dispensado às microempresas e empresas de pequeno porte, atualmente regulamentada pelo Decreto 8.538/2015.[43] Destaque-se, desde logo, que as normas relativas à participação das microempresas e às empresas de pequeno porte nas licitações e contratações públicas possuem caráter de lei ordinária, tendo em vista que essa matéria não foi reservada pelo constituinte ao campo da legislação complementar, bem como o disposto no art. 86 da própria LC 123/2006, que prevê: "as matérias tratadas nesta Lei Complementar que não sejam reservadas constitucionalmente à lei complementar poderão ser objeto de alteração por lei ordinária".

De acordo com a legislação, consideram-se microempresas as sociedades empresárias, as sociedades simples, a empresa individual de responsabilidade limitada e os empresários, devidamente registrados, que aufiram, em cada ano-calendário, receita bruta igual ou inferior a R$ 360.000,00. Ao revés, essas entidades serão consideradas empresas de pequeno porte se auferirem, em cada ano-calendário, receita bruta superior a R$ 360.000,00 e igual ou inferior

---

VI – A responsabilidade subsidiária do tomador de serviços abrange todas as verbas decorrentes da condenação referentes ao período da prestação laboral". O referido enunciado sofreu alteração após a decisão do STF proferida no julgamento da ADC 16/DF (*Informativo de Jurisprudência do STF* n. 610).

[42] Tema 725 da Tese de Repercussão Geral do STF, Tribunal Pleno, RE 958.252/MG, Rel. Min. Luiz Fux, *DJe*-199, 13.09.2019.

[43] Ressalte-se que o TCU considerou constitucional o tratamento diferenciado consagrado por estes diplomas normativos às microempresas e às empresas de pequeno porte (TCU, Plenário, Acórdão 1231/08, Rel. Min. Guilherme Palmeira, *DOU* 30.06.2008).

Cap. 3 – TEMAS ESPECIAIS DE LICITAÇÕES E CONTRATOS ADMINISTRATIVOS | 257

a R$ 4.800.000,00 (art. 3.º, I e II, da LC 123/2006, com redação dada pela LC 155/2016).[44] O Estatuto das microempresas e das empresas de pequeno porte consagrou algumas novidades em relação às licitações e contratos administrativos.

3.4.1. Saneamento de falhas na regularidade fiscal e trabalhista

A LC 123/2006 prevê a possibilidade de saneamento de falhas nos documentos de regularidade fiscal e trabalhista na fase de habilitação.

A regularidade fiscal e trabalhista é exigida apenas para efeitos de assinatura do contrato, e não para participação dessas entidades na licitação (art. 42).[45]

As microempresas e empresas de pequeno porte devem apresentar os documentos relacionados à regularidade fiscal e trabalhista na fase de habilitação, mesmo que esses documentos contenham vícios ou restrições (art. 43).

Em caso de restrições, o licitante tem o prazo de cinco dias úteis, contados da declaração do vencedor do certame, prorrogável por igual período, a critério da Administração Pública, para a regularização da documentação, pagamento ou parcelamento do débito e emissão de eventuais certidões negativas ou positivas com efeito de certidão negativa (art. 43, § 1.º, da LC 123/2006, alterado pela LC 155/2016).[46]

---

[44] De acordo com o TCU, em caso de dúvidas sobre o enquadramento da licitante na condição de ME ou EPP, além da realização das pesquisas pertinentes nos sistemas de pagamento da Administração Pública, deve ser solicitado à licitante a apresentação dos documentos contábeis aptos a demonstrar a correção e a veracidade de sua declaração de qualificação como ME ou EPP para fins de aplicação dos benefícios da LC 123/2006 TCU, Acórdão 1370/2015, Plenário, Rel. Min. Ana Arraes, 03.06.2015 (*Informativo de Jurisprudência sobre Licitações e Contratos do TCU* n. 245). Segundo a Corte de Contas: "É indevida, em avaliação inicial, a concessão do benefício estipulado no art. 44 da Lei Complementar 123/2006 a consórcio de empresas cuja soma dos faturamentos anuais extrapole o limite previsto no art. 3.º, inciso II, dessa lei". TCU, Comunicação de Cautelar, TC-042.183/2012-0, Rel. Min. José Jorge, 21.11.2012 (*Informativo de Jurisprudência sobre Licitações e Contratos do TCU* n. 133). O TCU decidiu, também, que o enquadramento na definição de ME ou EPP previsto na LC 123/2006 depende da receita bruta a ser considerada é a referente à atividade efetivamente exercida como fato gerador dos tributos, não importando para tanto a natureza jurídica da empresa ou a descrição de suas atividades no cadastro de pessoas jurídicas. TCU, Acórdão 1.702/2017, Plenário, Pedido de Reexame, Rel. Min. Walton Alencar Rodrigues, 09.08.2017 (*Informativo de Jurisprudência sobre Licitações e Contratos do TCU* n. 329). O TCU afirmou, ainda, que o enquadramento como ME ou EPP, de acordo com os parâmetros de receita bruta definidos pelo art. 3.º da LC 123/2006, considera-se o período de apuração das receitas auferidas pela empresa como sendo de janeiro a dezembro do ano-calendário anterior à licitação, e não os doze meses anteriores ao certame (Acórdão 250/2021, Plenário, Pedido de Reexame, Rel. Ministro-substituto Weder de Oliveira, *Informativo de Jurisprudência sobre Licitações e Contratos do TCU* n. 408).

[45] Da mesma forma, o art. 4.º do Decreto 8.538/2015 dispõe: "A comprovação de regularidade fiscal das microempresas e empresas de pequeno porte somente será exigida para efeito de contratação, e não como condição para participação na licitação". Nesse sentido: TCU, Acórdão 976/12, Plenário, Rel. Min. José Jorge, 25.04.2012 (*Informativo de Jurisprudência sobre Licitações e Contratos do TCU* n. 103).

[46] Antes da alteração promovida pela LC 147/2014, o prazo para regularização da documentação era de dois dias úteis. Registre-se que o art. 43, § 1.º, da LC 123/2006, alterado pela LC 147/2014, conferiu discricionariedade ao administrador para prorrogar esse prazo ("prorrogável por igual período, a critério da Administração Pública").

258 | LICITAÇÕES E CONTRATOS ADMINISTRATIVOS – *Rafael Carvalho Rezende Oliveira*

Na hipótese de ausência de regularização da documentação fiscal e trabalhista no prazo assinalado, ocorrerá a decadência do direito à contratação, sem prejuízo das sanções previstas no art. 156 da Lei 14.133/2021, abrindo-se a possibilidade de convocação dos licitantes remanescentes, na ordem de classificação, para a assinatura do contrato, ou a revogação da licitação (art. 43, § 2.º).

3.4.2. Empate ficto ou presumido

O art. 44 da LC 123/2006 presume o empate nas hipóteses em que as propostas apresentadas pelas microempresas e empresas de pequeno porte forem iguais ou até 10% superiores à melhor proposta (a diferença percentual será de 5% em caso de pregão).

O empate ficto pressupõe que a melhor proposta tenha sido apresentada por empresa de grande porte, dado que o objetivo é fomentar a contratação de empresas, de microempresas e empresas de pequeno porte (art. 45, § 2.º).

Apesar do silêncio da Lei, entendemos que o empate ficto somente será possível se a licitação for pautada pelo critério de preço (exs.: "menor preço", "maior lance"), não sendo viável a presunção do empate nos tipos de licitação fundados na técnica ("melhor técnica" ou "técnica e preço"), tendo em vista que a legislação, ao tratar do empate ficto e do desempate, utilizou constantemente a expressão "preço" (art. 44, § 2.º; art. 45, I e III, da LC 123/2006).[47]

Em caso de empate ficto, a microempresa ou empresa de pequeno porte com melhor classificação poderá apresentar proposta de preço inferior àquela considerada vencedora do certame, situação em que será adjudicado em seu favor o objeto licitado (art. 45, I). Caso não seja apresentada proposta mais vantajosa, a Administração convocará as microempresas ou empresas de pequeno porte remanescentes, que estiverem dentro dos limites percentuais do empate ficto, na ordem classificatória, para o exercício do mesmo direito (art. 45, II). Se houver duas ou mais entidades empatadas com valores iguais (empate real), a escolha da licitante que poderá oferecer, em primeiro lugar, nova proposta será definida mediante sorteio (art. 45, III).

No caso de pregão, a microempresa ou empresa de pequeno porte melhor classificada será convocada para apresentar nova proposta no prazo máximo de cinco minutos após o encerramento dos lances, sob pena de preclusão (art. 45, § 3.º).

Na hipótese em que as microempresas ou empresas de pequeno porte, devidamente convocadas para desempatarem a licitação, não apresentarem propostas mais vantajosas, o objeto licitado será adjudicado em favor da proposta originalmente vencedora do certame (art. 45, § 1.º).

3.4.3. Possibilidade de licitações diferenciadas

Os arts. 47 a 49 da LC 123/2006 estabelecem, por fim, hipóteses especiais de licitações direcionadas, direta ou indiretamente, às microempresas e empresas de pequeno porte, a saber:

---

[47] Nesse sentido: JUSTEN FILHO, Marçal. *O estatuto da microempresa e as licitações públicas.* São Paulo: Dialética, 2007. p. 69; GARCIA, Flavio Amaral. As microempresas e as empresas de pequeno porte nas licitações públicas – aspectos polêmicos. *Licitações e contratos administrativos.* 2. ed. Rio de Janeiro: Lumen Juris, 2007. p. 86. Em sentido contrário, admitindo o empate ficto nos tipos de licitação "melhor técnica" e "técnica e preço": FERNANDES, Jorge Ulisses Jacoby. *Licitações e o novo estatuto da pequena e microempresa:* reflexos práticos da LC 123/06. Belo Horizonte: Fórum, 2007. p. 37.

Cap. **3** – TEMAS ESPECIAIS DE LICITAÇÕES E CONTRATOS ADMINISTRATIVOS | **259**

a) deverá realizar processo licitatório destinado exclusivamente à participação de microempresas e empresas de pequeno porte nos itens de contratação cujo valor seja de até R$ 80.000,00 (oitenta mil reais);[48]

b) poderá, em relação aos processos licitatórios destinados à aquisição de obras e serviços, exigir dos licitantes a subcontratação de microempresa ou empresa de pequeno porte (nesse caso, o art. 48, § 2.º, inova ao admitir que os empenhos e pagamentos sejam destinados diretamente às microempresas e empresas de pequeno porte subcontratadas);

c) deverá estabelecer, em certames para aquisição de bens de natureza divisível, cota de até 25% (vinte e cinco por cento) do objeto para a contratação de microempresas e empresas de pequeno porte.

Em relação à última hipótese (alínea c), é possível tecer as seguintes considerações:

c.1) a reserva de cota tem aplicação restrita às aquisições de bens de natureza divisível, sendo inaplicável às contratações de serviços, execução de obra ou outro objeto;

c.2) apesar de mencionar "até 25%", o percentual máximo deve ser aplicado até que os respectivos entes da Federação disponham sobre percentuais diferentes, respeitado o teto legal e os princípios da razoabilidade e da proporcionalidade, tendo em vista a necessidade de máxima efetividade das normas constitucionais que exigem o tratamento favorável às ME e EPP;

c.3) a reserva de cota do objeto licitado às ME e EPP não se aplica às licitações com valores de até R$ 80.000,00, uma vez que os referidos certames já são destinados exclusivamente às ME e EPP;

c.4) quanto ao procedimento, o legislador não foi claro sobre a efetivação da contratação da cota. Teoricamente, poderia se pensar na divisão do item licitado em dois subitens: um relativo a 75% do objeto e o outro ao restante (25%), que seria destinado exclusivamente à ME e EPP. O problema dessa interpretação é a perda de economia de escala (economicidade), pois a competição ampla e irrestrita para maior parte do objeto (75%) certamente levaria à apresentação de preços menores que aqueles encontrados no âmbito de uma competição restrita à ME e EPP para aquisição de quantitativo inferior (25%). Ao prevalecer o raciocínio, na aquisição do mesmo bem, a Administração pagaria valores diferentes pelo mesmo bem e – o que é pior – sem qualquer limite legal à diferença que poderia existir entre os referidos valores, o que revelaria, inclusive, violação ao princípio da proporcionalidade.

---

[48] Sobre o valor, a Orientação Normativa/AGU 10/2009 dispõe: "A definição do valor da contratação levará em conta o período de vigência do contrato e as possíveis prorrogações para: [...] a) a realização de licitação exclusiva (microempresa, empresa de pequeno porte e sociedade cooperativa) [...]". Mencione-se, ainda, a Orientação Normativa/AGU 47/2014: "Em licitação dividida em itens ou lotes/grupos, deverá ser adotada a participação exclusiva de microempresa, empresa de pequeno porte ou sociedade cooperativa (art. 34 da Lei 11.488, de 2007) em relação aos itens ou lotes/grupos cujo valor seja igual ou inferior a R$ 80.000,00 (oitenta mil reais), desde que não haja a subsunção a quaisquer das situações previstas pelo art. 9.º do Decreto 6.204, de 2007".

260 | LICITAÇÕES E CONTRATOS ADMINISTRATIVOS – *Rafael Carvalho Rezende Oliveira*

Por essa razão, entendemos que a norma em comento deve ser interpretada para seguir o procedimento abaixo descrito:

1) nas aquisições de bens divisíveis – licitação por itens –, cada item representa uma licitação própria, como se houvesse diversas licitações nos mesmos autos do processo administrativo, o que justifica a aplicação da cota de até 25% em cada item licitado;
2) a Administração deve realizar procedimento único para o item licitado, com a participação de toda e qualquer interessada, inclusive as ME e EPP (procedimento único e competição aberta);
3) ao final da etapa de julgamento, a Administração deve apresentar a ordem de classificação de todas as participantes, sendo possível ocorrer uma das seguintes hipóteses: 3.1) na hipótese em que a vencedora for ME ou EPP, o contrato será celebrado com a primeira colocada, afastando a necessidade de aplicação do tratamento diferenciado previsto na LC 123/2006; 3.2) quando a primeira colocada não for ME ou EPP, mas ocorrer o empate ficto ou presumido, a ME ou EPP, que apresentar proposta inferior à primeira colocada (média ou grande sociedade empresária), será contratada pela Administração, sendo inaplicável a cota de até 25%; 3.3) nas demais hipóteses, quando não ocorrer o empate ficto ou presumido, com a contratação da ME ou EPP, a Administração Pública deverá verificar a ME ou EPP mais bem classificada que poderá contratar 25% do objeto licitado pelo preço apresentado na proposta vencedora; 3.4) se a ME ou EPP melhor classificada não aceitar a oportunidade de ser contratada para fornecer 25% do objeto licitado pelo preço vencedor, a Administração Pública deverá oferecer a mesma oportunidade para as demais ME e EPP, observada, em qualquer caso, a ordem de classificação.

Verifica-se, portanto, que o benefício da cota de até 25% do objeto licitado, nas aquisições de bens divisíveis, não pode acarretar, s.m.j., a contratação da ME ou EPP por preço superior àquele apresentado pelo primeiro colocado do certame, sob pena de afronta ao princípio da economicidade.

O afastamento do referido tratamento diferenciado é ratificado, inclusive pelo art. 49, III, da LC 123/2006, no caso em que "não for vantajoso para a Administração Pública ou representar prejuízo ao conjunto ou complexo do objeto a ser contratado". Ora a contratação da ME ou EPP por preço superior ao apresentado pela primeira colocada no certame não seria, por óbvio, vantajosa para o Município.

Ademais, lembre-se mais uma vez de que a LC 123/2006, ao estabelecer as hipóteses de tratamento diferenciado para ME e EPP, não estabelece, em momento algum, a possibilidade de contratação dessas entidades por preço superior ao apresentado pelo primeiro colocado.

Tanto isso é verdade que, mesmo no empate ficto ou presumido, quando há diferença entre as propostas da primeira colocada e as apresentadas por ME ou EPP, a legislação apenas oportuniza a possibilidade de apresentação de nova proposta por parte da ME ou EPP, que deve ser, necessariamente, inferior à proposta da primeira colocada.

É verdade que, ao contrário do que ocorre no empate ficto, na cota de até 25%, o legislador não exigiu a apresentação de proposta inferior por parte da ME ou EPP, sendo suficiente a destinação da cota para ME ou EPP mais bem classificada pelo mesmo preço da primeira colocada.

De fato, quando o legislador pretendeu estabelecer a obrigatoriedade de contratação por parte do Poder Público por preço superior ao ofertado pelo primeiro colocado, ele o fez de maneira expressa. Mencione-se, por exemplo, o tratamento favorável concedido às sociedades

Cap. 3 – TEMAS ESPECIAIS DE LICITAÇÕES E CONTRATOS ADMINISTRATIVOS | 261

empresárias para fornecimento de produtos manufaturados ou prestação de serviços nacionais quando concorrerem com sociedades empresárias estrangeiras, hipótese em que o Poder Público contratará a sociedade nacional desde que o preço não seja superior a 25% do preço ofertado pela sociedade estrangeira classificada em primeiro lugar no certame.

No caso do tratamento favorável concedido à ME e EPP, a LC 123/2006, com a redação dada pela LC 147/2014, não estabeleceu exceção ao princípio da economicidade, o que implica a contratação dessas entidades pelo menor preço apresentado no certame.

Não obstante a interpretação e o procedimento aqui defendidos para a cota de até 25% do objeto para a contratação de ME e EPP, o art. 8.º do Decreto 8.538/2015 adotou solução diversa, com a realização de procedimentos distintos para contratação da "cota principal" e da "cota reservada". Nesse caso, o edital deverá prever que, na hipótese de não haver vencedor para a cota reservada, esta poderá ser adjudicada ao vencedor da cota principal ou, diante de sua recusa, aos licitantes remanescentes, desde que pratiquem o preço do primeiro colocado da cota principal (§ 2.º). Na hipótese em que a mesma empresa vencer a cota reservada e a cota principal, a contratação das cotas deverá ocorrer pelo menor preço (§ 3.º). Nas licitações por Sistema de Registro de Preço ou por entregas parceladas, o edital deverá estabelecer a prioridade de aquisição dos produtos das cotas reservadas, ressalvados os casos em que a cota reservada for inadequada para atender as quantidades ou as condições do pedido, justificadamente (§ 4.º).

O problema do procedimento previsto no Decreto 8.538/2015 é a possibilidade de vencedores e preços distintos para o fornecimento do mesmo bem, salvo nas situações em que não houver vencedor para a cota reservada ou a mesma empresa vencer as duas disputas (principal e reservada). Conforme demonstrado anteriormente, entendemos que a intenção do legislador foi garantir tratamento favorável à ME e à EPP, sem abdicar do princípio da economicidade.

Outro ponto importante refere-se à prioridade que pode ser estabelecida em favor da ME e da EPP em razão da localização da sua sede. De acordo com a autorização prevista no art. 48, § 3.º, da LC 123/2006, alterado pela LC 147/2014, a Administração, ao aplicar os benefícios indicados acima (alíneas *a*, *b* e *c*), poderá, justificadamente, estabelecer a prioridade de contratação para as microempresas e as empresas de pequeno porte sediadas local ou regionalmente, até o limite de 10% do melhor preço válido. O intuito é garantir a promoção do desenvolvimento econômico e social nos âmbitos municipal e regional, a ampliação da eficiência das políticas públicas e o incentivo à inovação tecnológica, diretrizes elencadas no art. 47 da LC 123/2006, com redação dada pela LC 147/2014.

Não obstante a aparente faculdade, prevista na redação originária dos arts. 47 e 48 da LC 123/2006, na instituição do tratamento diferenciado e simplificado para as microempresas e empresas de pequeno porte (o art. 47 da LC 123/2006 utilizava a expressão "poderá"), sempre sustentamos que a hipótese seria de obrigatoriedade/vinculação por parte da Administração, tendo em vista a necessidade de efetivação das normas constitucionais que impõem o referido tratamento diferenciado em favor daquelas entidades (arts. 146, III, *d*, 170, IX, e 179 da CRFB).[49] A obrigatoriedade do tratamento diferenciado, defendida nas edições anteriores desta obra, foi prestigiada na alteração promovida pela LC 147/2014, que utilizou a expressão "deverá" nos arts. 47, *caput*, e 48, I e III, da LC 123/2006.

---

[49] Nesse sentido: MOTTA, Carlos Pinto Coelho. *Eficácia nas licitações e contratos*. 12. ed. Belo Horizonte: Del Rey, 2011. p. 999; SANTANA, Jair Eduardo; GUIMARÃES, Edgar. *Licitações e o novo estatuto da pequena e microempresa*: reflexos práticos da LC 123/06. 2 ed. Belo Horizonte: Fórum, 2009. p. 128.

Cabe destacar, contudo, que, na forma do art. 49 da LC 123/2006, alterado pela LC 147/2014, as sobreditas licitações diferenciadas não se aplicam quando: a) não houver, no mínimo, três fornecedores competitivos enquadrados como microempresas ou empresas de pequeno porte sediados local ou regionalmente e capazes de cumprir as exigências estabelecidas no instrumento convocatório; b) o tratamento diferenciado e simplificado para as microempresas e empresas de pequeno porte não for vantajoso para a Administração Pública ou representar prejuízo ao conjunto ou complexo do objeto a ser contratado; c) a licitação for dispensável ou inexigível, nos termos dos arts. 74 e 75 da Lei 14.133/2021.

3.4.4. Exigências para aplicação do tratamento diferenciado previsto na LC 123/2006

O tratamento diferenciado dispensado às ME e EPP não está vinculado ao tratamento tributário diferenciado. A LC 123/2006 não impõe a utilização do Simples Nacional por ME e EPP, nem condiciona o recebimento de benefícios nas licitações à questão tributária.[50]

Por outro lado, a ME e a EPP, que pretenderem usufruir do tratamento favorecido nas licitações, deverão apresentar declaração afirmando que cumprem os requisitos legais para a qualificação como ME ou EPP, na forma do art. 13, § 2.º, do Decreto 8.538/2015. A ausência da referida declaração não impede a participação na licitação, mas afasta o tratamento favorável.

O tratamento diferenciado previsto no Decreto 8.538/2015, na forma do seu art. 13-A, incluído pelo Decreto 10.273/2020, é aplicável aos consórcios formados exclusivamente por ME e EPP, desde que a soma das receitas brutas anuais não ultrapassem o limite previsto no inciso II do *caput* do art. 3.º, II, da LC 123/2006.

Anteriormente, sustentávamos que o tratamento diferenciado deveria ser aplicado à ME e à EPP, inclusive, nas hipóteses em que a própria contratação pública acarretasse a desqualificação da entidade como ME e EPP, em razão da majoração da receita bruta anual e descumprimento dos limites fixados no art. 3.º, I e II, da LC 123/2006. Vale dizer: a perda da qualificação de ME ou EPP no curso da execução do contrato não acarretaria a rescisão do pacto, pois o ordenamento jurídico, ao estabelecer o regime diferenciado, teve por objetivo fomentar a contratação de ME e de EPP pelo Estado, abrindo caminho para sua consolidação e crescimento, inexistindo previsão legal e razoabilidade na "punição" (rescisão contratual) da entidade que aumenta a sua receita bruta após celebrar contrato com o Poder Público.[51]

Contudo, como será destacado no item 3.4.7, com o advento da Lei 14.133/2021, o tratamento favorecido da ME e EPP não é aplicável nas licitações com valor estimado superior à receita bruta máxima admitida para fins de enquadramento como EPP (art. 4.º, § 1.º, I e II, da

---

[50] Em abono à nossa tese, o TCU decidiu: "O fato de a empresa estar excluída do regime de tributação do Simples Nacional por realizar cessão ou locação de mão de obra (art. 17, inciso XII, da Lei Complementar 123/2006) não implica o seu impedimento para participar de certames licitatórios auferindo os benefícios da referida lei complementar, pois o que confere a condição de micro ou empresa de pequeno porte é a receita bruta obtida em cada ano-calendário, e não o regime de tributação". TCU, Plenário, Acórdão 1.100/14, Rel. Min. Benjamin Zymler, 30.04.2014 (*Informativo de Jurisprudência sobre Licitações e Contratos do TCU* n. 195). Vide também: TCU, *Informativo de Jurisprudência sobre Licitações e Contratos do TCU* n. 232.

[51] No mesmo sentido: SANTANA, Jair Eduardo; GUIMARÃES, Edgar. Licitações e o novo estatuto da pequena e microempresa: reflexos práticos da LC 123/06. 2. ed. Belo Horizonte: Fórum, 2009. p. 37-39; GARCIA, Flávio Amaral. *Licitações e contratos administrativos*. 3. ed. Rio de Janeiro: Lumen Juris, 2010. p. 82.

Lei 14.133/2021). Ademais, nas contratações diretas, com dispensa de licitação em razão do valor (art. 75, I e II, da Lei 14.133/2021), a Administração deve contratar, preferencialmente, ME ou EPP, em razão do disposto no art. 49, IV, da LC 123/2006, alterado pela LC 147/2014.

Quanto à efetividade do tratamento diferenciado, a aplicação das duas primeiras novidades (saneamento de falhas e empate ficto) decorre diretamente da Lei, independentemente de regulamentação específica ou de previsão no edital de licitação.[52]

Em relação à terceira novidade (possibilidade de licitações diferenciadas), a sua efetivação dependia de regulamentação específica no âmbito de cada ente federado, conforme exigência contida na redação originária do art. 47 da LC 123/2006 ("desde que previsto e regulamentado na legislação do respectivo ente"), bem como a previsão do tratamento diferenciado no edital de licitação (art. 49, I, da LC 123/2006).

Atualmente, as licitações diferenciadas decorrem diretamente da Lei e a sua implementação não está condicionada à regulamentação ou à previsão editalícia, na forma do art. 47, *caput* e parágrafo único, da LC 123/2006, com a alteração promovida pela LC 147/2014.[53]

Tem prevalecido o entendimento de que a regulamentação dos arts. 47 a 49 da LC 123/2006 deve ser feita por meio de lei ordinária, não sendo suficiente a simples edição de decreto regulamentar.[54] Todavia, na esfera federal, as licitações diferenciadas foram regulamentadas pelo Decreto 8.538/2015.

3.4.5. Cédula de crédito microempresarial

Outra novidade no Estatuto das microempresas e empresas de pequeno porte é a denominada "cédula de crédito microempresarial" (art. 46 da LC 123/2006).

---

[52] TCU, Acórdão 2505/2009, Plenário, Rel. Min. Augusto Nardes, *DOU* 30.10.2009; TCU, Acórdão 2144/2007, Plenário, Rel. Min. Aroldo Cedraz, *DOU* 15.10.2007. Da mesma forma, a Orientação Normativa/AGU 7/2009 dispõe: "O tratamento favorecido de que tratam os arts. 43 a 45 da Lei Complementar 123, de 2006, deverá ser concedido às microempresas e empresas de pequeno porte independentemente de previsão editalícia".

[53] Art. 47, *caput* e parágrafo único, da LC 123/2006, com redação dada pela LC 147/2014: "Art. 47. Nas contratações públicas da administração direta e indireta, autárquica e fundacional, federal, estadual e municipal, deverá ser concedido tratamento diferenciado e simplificado para as microempresas e empresas de pequeno porte objetivando a promoção do desenvolvimento econômico e social no âmbito municipal e regional, a ampliação da eficiência das políticas públicas e o incentivo à inovação tecnológica. Parágrafo único. No que diz respeito às compras públicas, enquanto não sobrevier legislação estadual, municipal ou regulamento específico de cada órgão mais favorável à microempresa e empresa de pequeno porte, aplica-se a legislação federal". Saliente-se que o art. 49, I, da LC 123/2006, que exigia previsão editalícia, para aplicação dos benefícios às MEs e EPPs, foi revogado pela LC 147/2014, razão pela qual deve ser revista a Orientação Normativa/AGU 7/2009, que dispõe: "O tratamento favorecido de que tratam os arts. 43 a 45 da Lei Complementar 123, de 2006, deverá ser concedido às microempresas e empresas de pequeno porte independentemente de previsão editalícia".

[54] Nesse sentido: JUSTEN FILHO, Marçal. *O estatuto da microempresa e as licitações públicas*. São Paulo: Dialética, 2007. p. 77; SANTANA, Jair Eduardo; GUIMARÃES, Edgar. *Licitações e o novo estatuto da pequena e microempresa*: reflexos práticos da LC 123/06. 2. ed. Belo Horizonte: Fórum, 2009. p. 26; GARCIA, Flávio Amaral. *Licitações e contratos administrativos*. 3. ed. Rio de Janeiro: Lumen Juris, 2010. p. 76. Em sentido contrário, admitindo a regulamentação por decreto, vide: MOTTA, Carlos Pinto Coelho. *Eficácia nas licitações e contratos*. 12. ed. Belo Horizonte: Del Rey, 2011. p. 998.

A microempresa e a empresa de pequeno porte titular de direitos creditórios decorrentes de empenhos liquidados por órgãos e entidades estatais não pagos em até trinta dias, contados da data de liquidação, poderão emitir a mencionada cédula.

3.4.6. Aplicação do tratamento diferenciado da LC 123/2006 às cooperativas

Por fim, as normas diferenciadas de licitação previstas na LC 123/2006 para as microempresas e empresas de pequeno porte também serão aplicadas às cooperativas que tenham receita bruta anual equivalente às da empresa de pequeno porte, na forma do art. 34 da Lei 11.488/2007.[55]

3.4.7. ME e EPP na Lei 14.133/2021

De acordo com o art. 4.º, *caput* e § 1.º, da Lei 14.133/2021, aplicam-se às licitações e contratos as disposições constantes dos arts. 42 a 49 da LC 123/2006 (Estatuto das Microempresas – MEs e empresa de pequeno porte – EPPs), salvo nos seguintes casos: a) licitação para aquisição de bens ou contratação de serviços em geral, ao item cujo valor estimado for superior à receita bruta máxima admitida para fins de enquadramento como EPP; e b) contratação de obras e serviços de engenharia, às licitações cujo valor estimado for superior à receita bruta máxima admitida para fins de enquadramento como EPP.

A obtenção de benefícios a que se refere o *caput* do art. 4.º fica limitada às MEs e EPPs que, no mesmo ano-calendário de realização da licitação, ainda não tenham celebrado contratos com a Administração Pública em valores somados que extrapolem a receita bruta máxima admitida para fins de enquadramento como empresa de pequeno porte, devendo o órgão ou entidade exigir do licitante declaração de observância desse limite na licitação (art. 4.º, § 2.º, da Lei 14.133/2021).

Nas contratações com prazo de vigência superior a um ano, será considerado o valor anual do contrato na aplicação dos limites previstos nos §§ 1.º e 2.º do art. 4.º (art. 4.º, § 3.º, da Lei 14.133/2021).

Além do regime jurídico previsto na LC 123/2006, a Lei 14.133/2021 consagra, ainda, os seguintes tratamentos diferenciados às ME e EPP:

a) inaplicabilidade aos consórcios compostos, em sua totalidade, de ME e EPP da exigência de fixação de acréscimo de 10% a 30% sobre o valor exigido de licitante individual para a habilitação econômico-financeira (art. 15, § 2.º);

b) o Procedimento de Manifestação de Interesse (PMI) poderá ser restrito a *startups*, assim considerados os microempreendedores individuais, as microempresas e as empresas de pequeno porte, de natureza emergente e com grande potencial, que se dediquem a pesquisa, desenvolvimento e implementação de novos produtos ou serviços baseados em soluções tecnológicas inovadoras que possam causar alto impacto, exigindo-se, na seleção definitiva da inovação, validação prévia fundamentada em métricas objetivas, de modo a demonstrar o atendimento das necessidades da Administração (art. 81, § 4.º); e

c) possibilidade de alteração da ordem cronológica de pagamento, mediante prévia justificativa da autoridade competente e posterior comunicação ao órgão de controle

---

[55] Art. 34 da Lei 11.488/2007: "Aplica-se às sociedades cooperativas que tenham auferido, no ano-calendário anterior, receita bruta até o limite definido no inciso II do *caput* do art. 3.º da Lei Complementar 123, de 14 de dezembro de 2006, nela incluídos os atos cooperados e não cooperados, o disposto nos Capítulos V a X, na Seção IV do Capítulo XI, e no Capítulo XII da referida Lei Complementar".

Cap. 3 – TEMAS ESPECIAIS DE LICITAÇÕES E CONTRATOS ADMINISTRATIVOS | 265

interno da Administração e ao tribunal de contas competente, para pagamentos a ME e EPP, desde que demonstrado o risco de descontinuidade do cumprimento do objeto do contrato (art. 141, § 1.º).

3.5. A PARTICIPAÇÃO DE CONSÓRCIOS EMPRESARIAIS NAS LICITAÇÕES

Os consórcios empresariais encontram-se regulados pelos arts. 278 e 279 da Lei 6.404/1976. As características básicas dos consórcios podem ser assim resumidas: a) trata-se de reunião de sociedades, por meio de contrato, para execução de determinado empreendimento; b) o consórcio não possui personalidade jurídica e as sociedades consorciadas preservam a sua autonomia; c) as empresas consorciadas assumem as obrigações previstas no contrato de consórcio, não havendo presunção de solidariedade; e d) o consórcio é transitório, com prazo de duração previsto no ajuste.

De acordo com o art. 15 da Lei 14.133/2021, salvo vedação devidamente justificada no processo licitatório, é permitida a participação de consórcio na licitação, desde que sejam observadas as seguintes exigências: a) comprovação de compromisso público ou particular de constituição de consórcio, subscrito pelos consorciados; b) indicação de empresa líder do consórcio, que será responsável por sua representação perante a Administração; c) admissão, para efeito de habilitação técnica, do somatório dos quantitativos de cada consorciado e, para efeito de habilitação econômico-financeira, do somatório dos valores de cada consorciado; d) impedimento, na mesma licitação, de participação de empresa consorciada, isoladamente ou por meio de mais de um consórcio; e) responsabilidade solidária dos integrantes pelos atos praticados em consórcio, tanto na fase de licitação quanto na de execução do contrato.

Verifica-se, aqui, uma mudança importante em relação à disciplina dos consórcios nas licitações previstas na antiga Lei 8.666/1993. Ao contrário da regra tradicional (art. 33 da Lei 8.666/1993), que exigia expressa previsão no instrumento convocatório como condição para participação de consórcios nas licitações, a nova regra prevista no art. 15 da Lei 14.133/2021 garante a participação dos consórcios, salvo expressa vedação no processo licitatório.

É verdade que o consórcio de empresas não acarreta, necessariamente, prejuízo à competitividade nas licitações. Ao contrário, a formação de consórcios, em determinados casos, permite a participação de empresas menores que não teriam condições técnicas e/ou financeiras de concorrer isoladamente de licitações.

Nesse sentido, o art. 90, parágrafo único, da Lei 12.529/2011 dispõe que a celebração de consórcio entre duas ou mais empresas com o objetivo de participação em licitações públicas não configura, em princípio, ato de concentração.

A Administração Pública deverá atuar com maior cautela na elaboração do instrumento convocatório, notadamente para estabelecer, de forma tecnicamente justificada, limites quanto ao número de pessoas jurídicas que poderão integrar o mesmo consórcio (art. 15, § 4.º, da Lei 14.133/2021).

Não por outra razão, o art. 18, IX, da Lei 14.133/2021, ao dispor sobre a fase preparatória da licitação, exige a motivação circunstanciada das condições do edital, incluída a justificativa das regras pertinentes à participação de empresas em consórcio.

De acordo com o art. 15, §§ 1.º e 2.º, da Lei 14.133/2021, o edital pode estabelecer, para o consórcio, acréscimo de 10% até 30% sobre o valor exigido para a habilitação econômico-financeira de licitante individual, sendo inaplicável esse acréscimo para consórcios compostos, em sua totalidade, por micro e pequenas empresas.

O licitante vencedor é obrigado a promover, antes da celebração do contrato, a constituição e o registro do consórcio, na forma do art. 15, § 3.º da Lei 14.133/2021.

A atual Lei de Licitações deixou de exigir que, no consórcio constituído por empresas brasileiras e estrangeiras, a liderança caberia, obrigatoriamente, à empresa brasileira.

De fato, parcela da doutrina criticava o art. 33, § 1.º, da antiga Lei 8.666/1993, que estabelecia a referida exigência, em razão da própria possibilidade, no regime anterior, de contratação, por parte da Administração, de empresas estrangeiras, bem como pela interferência indevida do legislador na liberdade de concorrência e de exercício de profissões.[56]

A eventual substituição de consorciado deverá ser expressamente autorizada pelo órgão ou pela entidade contratante, condicionada à comprovação de que a nova empresa do consórcio possui, no mínimo, os mesmos quantitativos para efeito de habilitação técnica e os mesmos valores para efeito de qualificação econômico-financeira apresentados pela empresa substituída para fins de habilitação do consórcio no processo licitatório que originou o contrato (art. 15, § 5.º, da Lei 14.133/2021).

3.6. CONCESSÕES COMUNS DE SERVIÇOS PÚBLICOS (LEI 8.987/1995)

No presente tópico, o objetivo é apresentar o regime jurídico das concessões de serviços públicos, previstas, especialmente, no art. 175 da CRFB e na Lei 8.987/1995.

3.6.1. Conceito, fontes normativas e espécies

A concessão de serviços públicos pode ser conceituada como a delegação temporária de serviços públicos implementada pela Administração Pública (concedente), por meio de negócios jurídicos, à terceiros (concessionários) para prestação de serviços públicos aos administrados (usuários).

É importante esclarecer a polissemia do termo "concessão" no universo jurídico (concessão de serviços públicos, concessão de obras públicas, concessão de uso de bem público, concessão de direito real de uso, concessão de uso especial para fins de moradia, concessão florestal etc.).[57] No presente capítulo, o foco é a concessão de serviço público.

---

[56] JUSTEN FILHO, Marçal. *Comentários à lei de licitações e contratos administrativos*. 18. ed. São Paulo: Thomson Reuters Brasil, 2019. p. 839; SCHWIND, Rafael Wallbach. *Licitações internacionais:* participação de estrangeiros e licitações realizadas com financiamento externo. Belo Horizonte: Fórum, 2013. p. 71.

[57] Na França, por exemplo, que inspirou o nosso Direito Administrativo, Pierre Devolvé elenca quatro espécies de delegação de serviços públicos: a) *concession de service public*: é a modalidade clássica de delegação, definida como contrato pelo qual uma pessoa pública transfere a prestação do serviço público para outra pessoa, que se compromete a prestá-lo, normalmente, mediante remuneração, oriunda dos preços pagos pelos usuários. Existem concessões, no entanto, sem encargos (*redevances*) dos usuários. O concessionário se obriga a realizar investimentos, instituindo a infraestrutura necessária à prestação adequada do serviço; b) *Affermage de service public*: é uma convenção pela qual a pessoa pública transfere ao concessionário a execução do serviço público, mediante remuneração dos usuários. O concessionário, aqui, não recebe a incumbência de realizar investimentos ou criar infraestrutura, já que tais obrigações continuam sob responsabilidade do poder público; c) *Régie intéressée*: o serviço público é executado pelo concessionário, mediante remuneração paga diretamente pelo Estado, variável em função da qualidade do serviço e da quantidade de usuários; e d) *gérance*: a gestão do serviço público é atribuída ao concessionário, mas os riscos relativos aos

Sob a ótica da Análise Econômica do Direito, os contratos de concessão, que são complexos e mutáveis, podem ser enquadrados na categoria dos contratos incompletos e relacionais.[58]

De acordo com a teoria dos contratos incompletos (*incomplete contract theory*), não seria possível, na realidade fática, a celebração de contratos completos com a estipulação de todos os direitos e obrigações das partes, além da antecipação de todas as possíveis consequências advindas da execução do ajuste.

Por desconsiderar a assimetria de informações entre as partes, os custos de transação, as externalidades contratuais, a racionalidade limitada (*bounded rationality*) dos contratantes, entre outros fatores, a ideia clássica de contratos completos foi substituída pela teoria dos contratos incompletos.

A incompletude contratual, concebida como a impossibilidade de definição *ex ante* de todos os riscos e cenários futuros relacionados à execução contratual, especialmente nas avenças de longa duração, acarreta a necessidade de maior flexibilidade nos contratos de concessão para melhor adaptação às situações que não foram previstas no momento da celebração do ajuste. A incompletude contratual revela, ainda, que os contratos de concessão são relacionais, uma vez que envolvem relações jurídicas de longo prazo que dependem, necessariamente, da cooperação e diálogo entre os contratantes para solução de contingências que surgirem *ex post*.

No ordenamento jurídico pátrio, a concessão de serviço público é prevista no texto constitucional como uma forma de prestação de serviços públicos. Ao lado da prestação direta do serviço público pela própria Administração Pública, o art. 175 da CRFB prevê a prestação indireta de serviços públicos por meio da concessão e permissão.

As principais fontes das concessões e permissões comuns de serviços públicos podem ser enumeradas da seguinte forma:

a) fontes constitucionais: art. 21, XI e XII, da CRFB; art. 175 da CRFB etc.;
b) fontes infraconstitucionais: Leis 8.987/1995, 9.074/1995 etc.

De acordo com o art. 2.º, II e IV, da Lei 8.987/1995, as concessões comuns de serviços públicos podem ser divididas em duas espécies:

a) **concessão de serviço público:** é a delegação da prestação do serviço público, realizada pelo poder concedente, mediante licitação, na modalidade concorrência ou diálogo competitivo, a pessoa jurídica ou consórcio de empresas que demonstre capacidade para seu desempenho, por sua conta e risco e por prazo determinado;

---

déficits e aos lucros permanecem com o poder público. Devolvé, Pierre. *Droit public de l'économie.* Paris: Dalloz, 1998, p. 611-615. Além das quatro formas de delegação de serviços públicos citados por Devolvé, é possível fazer menção ainda a outros dois tipos de contratos: a) *marché d'entreprise de travaux publics:* o concessionário tem a incumbência de realizar uma obra pública e de explorá--la, com o pagamento de remuneração pelo poder público; b) *bail emphytéotique administratif:* o particular realiza obra em imóvel público, necessária à prestação do serviço público, remunerando-se por meio da exploração de outras obras realizadas no imóvel (ex.: construção de um hospital e um *shopping*). Sobre o itinerário histórico das concessões, vide: MARQUES NETO, Floriano de Azevedo. *Concessões.* Belo Horizonte: Fórum, 2015.

[58] Sobre o tema, vide: ARAÚJO, Fernando. *Teoria econômica do contrato.* Coimbra: Almedina, 2007. p. 147-189.

b) concessão de serviço público precedida da execução de obra pública: é "a construção, total ou parcial, conservação, reforma, ampliação ou melhoramento de quaisquer obras de interesse público, delegados pelo poder concedente, mediante licitação, na modalidade concorrência ou diálogo competitivo, a pessoa jurídica ou consórcio de empresas que demonstre capacidade para a sua realização, por sua conta e risco, de forma que o investimento da concessionária seja remunerado e amortizado mediante a exploração do serviço ou da obra por prazo determinado".

3.6.2. Concessão × permissão × autorização

De acordo com o art. 175 da CRFB, a prestação indireta do serviço público pode ocorrer por meio de concessão ou permissão.

Tradicionalmente, a concessão e a permissão representavam duas hipóteses distintas de delegação negocial de serviços públicos. A doutrina e a jurisprudência costumavam apontar as seguintes distinções:

a) quanto à formalização da delegação: a concessão seria formalizada por contrato administrativo, enquanto a permissão seria efetivada por meio de ato administrativo discricionário e precário;

b) prazo e indenização: a concessão, como ocorre em qualquer contrato administrativo, deveria ter prazo determinado e a sua extinção, antes do termo final e sem culpa do concessionário, geraria direito à indenização do particular; ao revés, a permissão não possuía, em regra, prazo determinado e a sua revogação não gerava indenização;

c) vulto dos investimentos necessários à exploração dos serviços: a concessão era utilizada para os serviços públicos que exigissem significativos investimentos por parte do concessionário, já que o contrato garantiria ao particular maior segurança jurídica (os direitos e deveres das partes estariam insculpidos nas cláusulas contratuais); a permissão, por sua vez, era recomendável para os serviços públicos que não envolvessem investimentos vultosos do permissionário, pois o vínculo precário do ajuste aumentaria consideravelmente os riscos do permissionário.

Atualmente, no entanto, a distinção entre as duas modalidades de delegação de serviços públicos, nos moldes acima citados, não pode subsistir, especialmente pela contratualização da permissão de serviço público. O art. 175, *caput* e parágrafo único, inciso I, da CRFB exige a realização de licitação para formalização da concessão e permissão de serviços públicos e afirma o caráter contratual da delegação. O caráter contratual da permissão de serviço público foi corroborado pelo art. 40 da Lei 8.987/1995, que define a permissão "contrato de adesão".[59]

A interpretação literal das definições legais de concessão e de permissão, contidas no art. 2.º, II e IV, da Lei 8.987/1995, ensejaria, em tese, duas diferenças entre os institutos, a saber:

a) quanto à figura do delegatário: na concessão, o concessionário deve ser pessoa jurídica ou consórcio de empresas, ao passo que, na permissão, o permissionário é pessoa física ou jurídica;

---

[59] Em sentido semelhante, afirmando a inexistência de diferenças entre a concessão e a permissão de serviços públicos: CARVALHO FILHO, José dos Santos. *Manual de direito administrativo*. 18. ed. Rio de Janeiro: Lumen Juris, 2007. p. 369. Em sentido contrário, sustentando que a permissão deve ser compreendida como ato administrativo: SOUTO, Marcos Juruena Villela. *Direito das concessões*. 5. ed. Rio de Janeiro: Lumen Juris, 2004. p. 29.

Cap. 3 – TEMAS ESPECIAIS DE LICITAÇÕES E CONTRATOS ADMINISTRATIVOS | **269**

b) **quanto à modalidade de licitação:** concorrência ou diálogo competitivo para a concessão e qualquer modalidade de licitação para a permissão, desde que seja compatível com a delegação de serviços.[60]

Verifica-se, no entanto, que as diferenças formais, retiradas da interpretação literal da Lei de Concessões, não são suficientes para estabelecer a distinção entre concessão e permissão, especialmente pelas características comuns desses institutos jurídicos: a) são formalizados por contratos administrativos; b) servem para o mesmo fim: delegação de serviços públicos; e c) submetem-se ao mesmo regime jurídico (o art. 40, parágrafo único, da Lei 8.987/1995 prevê a aplicação das normas que tratam das concessões às permissões). Portanto, independentemente da nomenclatura utilizada (concessão ou permissão), o regime jurídico da delegação negocial será idêntico.

Parcela da doutrina insiste na tentativa de diferenciação entre as formas de delegação de serviços públicos, afirmando o caráter precário da permissão (arts. 2.º, II e IV, e 40, *caput*, da Lei 8.987/1995) que, ao contrário da concessão, não admitiria indenização ao permissionário na hipótese de extinção antecipada do contrato, especialmente pela inexistência de bens reversíveis.[61]

Entendemos que a precariedade não pode ser um critério diferenciador entre a concessão e a permissão. A extinção dos negócios jurídicos antes do termo final pode suscitar o direito à indenização do particular, ainda que não existam bens reversíveis, tendo em vista os princípios da boa-fé, da segurança jurídica e da confiança legítima. Por esta razão, não existem diferenças substanciais entre a concessão e a permissão de serviços públicos.

Há controvérsia acerca da possibilidade de utilização da autorização como modalidade de delegação de serviços públicos, ao lado da concessão e da permissão. A controvérsia se justifica em razão da falta de clareza do texto constitucional que, ao tratar, especificamente, da delegação de serviços públicos, menciona apenas a concessão e a permissão (art. 175 da CRFB), mas, em outros dispositivos, faz referência à autorização, ao lado da concessão e da permissão (art. 21, XI e XII, da CRFB).

Primeira posição: autorização pode ser considerada como instrumento de delegação de serviços públicos, em razão da sua previsão expressa no art. 21, XI e XII, da CRFB. Ao contrário da concessão e permissão, a autorização de serviços públicos é considerada como ato administrativo precário e discricionário, editado no interesse preponderante do autorizatário, sendo desnecessária a licitação. Nesse sentido: Hely Lopes Meirelles, Diogo de Figueiredo Moreira Neto, Maria Sylvia Zanella Di Pietro e Marcos Juruena Villela Souto.[62]

---

[60] A utilização do diálogo competitivo foi permitida com a nova Lei de Licitações, uma vez que a alteração promovida no art. 2.º, II, da Lei 8.987/1995 incluiu referida modalidade de licitação. Ressalte-se que, em relação à modalidade de licitação, não pode prevalecer a interpretação literal, notadamente pela possibilidade de concessão de serviço público instrumentalizada por outra modalidade que não a concorrência. O STF já admitiu, no âmbito da desestatização, a realização de leilão para formalização da concessão de determinados serviços públicos, na forma do art. 4.º, § 3.º, da Lei 9.491/1997 (STF, Tribunal Pleno, MS 27.516/DF, Rel. Min. Ellen Gracie, *DJe*-232, 05.12.2008, *Informativo de Jurisprudência do STF* n. 525).

[61] JUSTEN FILHO, Marçal. *Teoria geral das concessões de serviço público.* São Paulo: Dialética, 2003. p. 114; ARAGÃO, Alexandre Santos de. *Direito dos serviços públicos.* Rio de Janeiro: Forense, 2007. p. 719-724; DI PIETRO, Maria Sylvia Zanella. *Parcerias na Administração Pública*: concessão, permissão, franquia, terceirização, parceria público-privada e outras formas. 5. ed. São Paulo: Atlas, 2005. p. 150.

[62] MEIRELLES, Hely Lopes. *Direito administrativo brasileiro.* 22. ed. São Paulo: Malheiros, 1997. p. 357-358; MOREIRA NETO, Diogo de Figueiredo. *Curso de direito administrativo.* 14. ed. Rio de

Segunda posição: a delegação de serviços públicos deve ser formalizada por concessão ou permissão, na forma do art. 175 da CRFB, sendo certo que a autorização representa manifestação do poder de polícia do Estado. Nesse sentido: Marçal Justen Filho, José dos Santos Carvalho Filho, Alexandre Santos de Aragão e Celso Antônio Bandeira de Mello.[63]

Em nossa opinião, a autorização, em princípio, não representa instrumento hábil para delegação de serviços públicos, em razão dos seguintes argumentos: a) os instrumentos específicos de delegação de serviços públicos são a concessão e a permissão, mencionadas especificamente no art. 175 da CRFB; b) o art. 21, XI e XII, da CRFB elenca serviços públicos, sujeitos à concessão e à permissão, e serviços privados de interesse coletivo, prestados no interesse predominante do prestador, sujeitos à autorização; c) é inconcebível a afirmação de que determinado serviço público seja prestado no interesse primordial do próprio prestador, pois a noção de serviço público pressupõe benefícios para coletividade; e d) a autorização para prestação de atividades privadas de interesse coletivo possui natureza jurídica de consentimento de polícia por se tratar de condicionamento ao exercício da atividade econômica (art. 170, parágrafo único, da CRFB).

Assim, por exemplo, a autorização para exploração de energia prevista no art. 7.º da Lei 9.074/1995 seria considerada delegação de serviço público para o primeiro entendimento doutrinário e consentimento de polícia para a segunda corrente, tendo em vista a sua destinação exclusiva ao autorizatário (autoprodutor).[64]

Excepcionalmente, contudo, seria possível, nas hipóteses indicadas pelo art. 21, XI e XII, da CRFB, a utilização da autorização para prestação de serviços públicos federais, desde que a sua implementação seja realizada por meio de processos simplificados de seleção, que respeitem a isonomia e a transparência, ou por meio de previsão de autorizações vinculadas para todos os interessados que preencherem os requisitos previamente fixados em ato normativo.

Nesse sentido, o STF admitiu a autorização de serviço público para prestação de transporte rodoviário interestadual e internacional de passageiros, desvinculados da exploração da infraestrutura, em razão da inexistência de restrições à oferta que justifiquem a oposição de barreiras à entrada de concorrentes no setor, além da universalização do serviço decorrente da abertura do mercado para novos entrantes.[65]

Janeiro: Forense, 2006. p. 274-275; DI PIETRO, Maria Sylvia Zanella. *Parcerias na Administração Pública*: concessão, permissão, franquia, terceirização, parceria público-privada e outras formas. 5. ed. São Paulo: Atlas, 2005. p. 150-153; SOUTO, Marcos Juruena Villela. *Direito das concessões*. 5. ed. Rio de Janeiro: Lumen Juris, 2004. p. 31-32.

[63] JUSTEN FILHO, Marçal. *Curso de direito administrativo*. São Paulo: Saraiva, 2006. p. 562-563; CARVALHO FILHO, José dos Santos. *Manual de direito administrativo*. 18. ed. Rio de Janeiro: Lumen Juris, 2007. p. 392-394; ARAGÃO, Alexandre Santos de. *Direito dos serviços públicos*. Rio de Janeiro: Forense, 2007. p. 224-237 e 724-730; MELLO, Celso Antônio Bandeira de. *Curso de direito administrativo*. 21. ed. São Paulo: Malheiros, 2006. p. 661. É importante ressaltar que o professor Celso Antônio admite, excepcionalmente, a autorização de serviços públicos para hipóteses emergenciais até a adoção definitiva das medidas necessárias à consumação da concessão e da permissão.

[64] Lei 9.074/1995: "Art. 7.º São objeto de autorização: I – a implantação de usinas termoelétricas de potência superior a 5.000 kW (cinco mil quilowatts) destinadas a uso exclusivo do autoprodutor e a produção independente de energia; II – o aproveitamento de potenciais hidráulicos de potência superior a 5.000 kW (cinco mil quilowatts) e igual ou inferior a 50.000 kW (cinquenta mil quilowatts) destinados a uso exclusivo do autoprodutor e a produção independente de energia".

[65] ADI 5.549/DF, Rel. Min. Luiz Fux, Tribunal Pleno, DJe 01.06.2023, *Informativo de Jurisprudência do STF* n. 1.089.

Cap. 3 – TEMAS ESPECIAIS DE LICITAÇÕES E CONTRATOS ADMINISTRATIVOS | 271

3.6.3. Remuneração do concessionário: tarifas e outras receitas

A remuneração do concessionário, que explora o serviço público por sua conta e risco, é uma característica essencial do contrato de concessão.

Em regra, a remuneração do concessionário é efetivada pela cobrança da tarifa dos usuários do serviço público concedido. A tarifa, prevista no contrato de concessão e fixada nos termos da proposta vencedora na licitação, deverá ser atualizada e revista durante a execução do contrato, como forma de preservação do equilíbrio econômico-financeiro do ajuste.[66]

A tarifa deve remunerar o serviço público utilizado pelo usuário. Não obstante, o STJ admite, em alguns casos, a cobrança de "tarifa básica" do usuário para cobrir custos de disponibilização do serviço, mesmo que o particular dele não se utilize efetivamente. Nesse sentido, a Súmula 356 do STJ dispõe: "É legítima a cobrança da tarifa básica pelo uso dos serviços de telefonia fixa".

A tarifa, portanto, possui duas dimensões importantes: a) remunera o concessionário e b) constitui o preço de acesso ao serviço público pelo usuário

Existem diversos modelos de sistemas tarifários, cabendo destacar, exemplificativamente:[67]

a) **tarifa vinculada à estimativa do custo do serviço** (*cost plus* ou *rate of return*): é estabelecida uma taxa de retorno máxima para o concessionário fundada na análise dos custos operacionais e financeiros do contrato, com a estipulação de percentual de retorno assegurado ao concessionário;

b) **tarifa desvinculada do custo contabilizado do serviço e baseada em preçoslimite** (*price cap* e *yardstick competition*): é estipulada uma tarifa máxima (valor-teto), desvinculada da análise da contabilização dos custos do concessionário. Já a *yardstick competition*, que funciona como uma técnica regulatória complementar a outros métodos de fixação tarifária, consiste na adoção de uma parametrização baseada no bom desempenho de alguns prestadores, com o objetivo de criar critérios de avaliação e comparação entre as empresas, uma vez que os prestadores passam a ser avaliados segundo o desempenho de prestadores titulares dos melhores resultados; e

c) **tarifa relacionada aos custos de oportunidade** (*efficient componentprice rule*): é utilizada, normalmente, na hipótese em que existe a necessidade de uma empresa utilizar a infraestrutura de outra empresa concorrente, com a fixação de tarifa que leve em consideração o custo de utilização e o custo de oportunidade que deve ser pago à detentora da infraestrutura.

Admite-se a estipulação de tarifas diferenciadas em função das características técnicas e dos custos específicos provenientes do atendimento aos distintos segmentos de usuários, na forma do art. 13 da Lei 8.987/1995 (exs.: tarifas de energia distintas para o uso residencial ou comercial; tarifa social de energia para população de baixa renda). Nesse sentido, a Súmula 407 do STJ dispõe: "É legítima a cobrança da tarifa de água fixada de acordo com as categorias de usuários e as faixas de consumo".

Aqui, é possível perceber que a tarifa possui, também, uma função regulatória, uma vez que a fixação do seu valor pode induzir os comportamentos dos usuários, com a criação de

---

[66] Arts. 9.º, *caput* e parágrafos, e 10 da Lei 8.987/1995.

[67] Sobre o tema: GUIMARÃES, Fernando Vernalha. *Concessão de serviço público*. 2. ed. São Paulo: Saraiva, 2014. p. 188/197.

272 | LICITAÇÕES E CONTRATOS ADMINISTRATIVOS – *Rafael Carvalho Rezende Oliveira*

estímulos ou desestímulos à utilização do serviço, de forma a atender o interesse público bus-cado pela Administração Pública (ex.: tarifa de energia mais elevada nos "horários de pico").[68]

Ao lado da tarifa, é possível a instituição de "alternativas, complementares, acessórias ou de projetos associados", que deverão constar do edital e do contrato de concessão, na forma dos arts. 11 e 18, VI, da Lei 8.987/1995.

Ainda que seja recomendada a previsão detalhada as receitas "alternativas, complementares, acessórias ou de projetos associados" no edital, a ausência de previsão específica não impediria a estipulação das citadas receitas no curso do contrato de concessão. Deve ser admitida a pró-pria previsão genérica no edital, que permita a exploração de atividades geradoras das citadas receitas, inclusive para viabilizar a exploração de oportunidades supervenientes que não exis-tiam ou não poderiam ser antecipadas no momento da celebração do contrato de concessão.[69]

A ausência de previsão no edital não impediria, ainda, a celebração de termo aditivo ao contrato de concessão, por meio de consenso das partes, para estipulação das mencionadas receitas, inclusive como forma de reequilíbrio econômico-financeiro.

As referidas receitas têm sido denominadas como receitas, "extraordinárias", "marginais", "ancilares" ou simplesmente "alternativas" e contribuem com a modicidade tarifária e serão obrigatoriamente consideradas para a aferição do inicial equilíbrio econômico-financeiro do contrato (art. 11, caput e parágrafo único, da Lei 8.987/1995).[70]

Enquanto a tarifa relaciona-se ao serviço público e ao respectivo usuário, as receitas extraordinárias referem-se aos serviços privados conexos ao serviço público delegado (ex.: remuneração decorrente da exploração de publicidade em ônibus que prestam o transporte público de passageiros).[71]

---

[68] Nesse sentido: SCHWIND, Rafael Wallbach. Remuneração do concessionário: concessões comuns e parcerias público-privadas, Belo Horizonte: Fórum, 2010, p. 121. O STF já admitiu a cobrança de tarifa com função regulatória: "(...) 1. O valor arrecadado como tarifa especial ou **sobretarifa** imposta ao consumo de energia elétrica acima das metas estabelecidas pela **Medida Provisória** em exame será utilizado para custear despesas adicionais, decorrentes da implementação do próprio plano de racio-namento, além de beneficiar os consumidores mais poupadores, que serão merecedores de bônus. Este acréscimo não descaracteriza a tarifa como tal, tratando-se de um mecanismo que permite a continui-dade da prestação do serviço, com a captação de recursos que têm como destinatários os fornecedores/ concessionários do serviço. Implementação, em momento de escassez da oferta de serviço, de política tarifária, por meio de regras com força de lei, conforme previsto no artigo 175, III, da Constituição Federal. (...) 4. Ação **declaratória** de constitucionalidade cujo pedido se julga procedente" (STF, ADC 9/ DF, Rel. Min. Néri da Silveira, Redatora do acórdão Min(a). Ellen Gracie, Tribunal Pleno, *DJ* 23.04.2004).

[69] Sobre a possibilidade de implementação de receitas "alternativas, complementares, acessórias ou de projetos associados" durante a execução da concessão e o aproveitamento superveniente de opor-tunidades, vide: GUIMARÃES, Fernando Vernalha. *Concessão de serviço público*. 2. ed. São Paulo: Saraiva, 2014. p. 227/230; SCHWIND, Rafael Wallbach. Remuneração do concessionário: concessões comuns e parcerias público-privadas. Belo Horizonte: Fórum, 2010. p. 285/290; ARAGÃO, Alexandre Santos de. *Direito dos serviços públicos*. Rio de Janeiro: Forense, 2007. p. 612.

[70] A doutrina, de modo geral, não apresenta distinções entre as expressões mencionadas no art. 11 da Lei 8.987/1995. Rafael Schwind, após apresentar uma tentativa de distinção das expressões, destaca que o legislador fixou o mesmo regime jurídico para todas as receitas extraordinárias. SCHWIND, Rafael Wallbach. *Remuneração do concessionário:* concessões comuns e parcerias público-privadas, Belo Horizonte: Fórum. 2010, p. 273.

[71] De acordo com o STJ, a concessionária de rodovia pode cobrar da concessionária de energia elétrica pelo uso de faixa de domínio de rodovia para a instalação de postes e passagem de cabos aéreos

Cap. 3 – TEMAS ESPECIAIS DE LICITAÇÕES E CONTRATOS ADMINISTRATIVOS | **273**

As receitas extraordinárias podem possuir vínculo material com o objeto da concessão (ex.: a hipótese já mencionada de publicidade em ônibus utilizados na prestação do serviço público de passageiros; a publicidade em praças de pedágio nas rodovias concedidas; a exploração de restaurantes e centros comerciais nas margens de uma rodovia concedida à iniciativa privada etc.).

Entretanto, é admitida, também, a estipulação de receitas extraordinárias sem relação material ou sem vinculação direta com a concessão de serviço público, uma vez que o art. 11 da Lei 8.987/1995 não restringe a cobrança das referidas receitas (exs.: exploração de publicidade em espaços físicos não ligados fisicamente ao local da prestação do serviço público concedido; cessão de uso de bens públicos para exploração econômica sem qualquer relação com o objeto da concessão etc.).[72]

Há, contudo, controvérsia a respeito da possibilidade de essas receitas advirem do orçamento ou de outra contribuição pública, tendo em vista o veto presidencial ao art. 24 do Projeto de Lei 179/1990, que deu origem à legislação vigente e admitia uma receita bruta mínima paga pelo Poder Concedente ao concessionário. Não obstante o sobredito veto presidencial, a doutrina majoritária admite que o Estado contribua com a remuneração do concessionário desde que tal colaboração tenha o escopo de assegurar a modicidade da tarifa, garantindo o acesso ao serviço a um número maior de pessoas (universalidade do serviço).[73]

As vantagens e os subsídios estatais dependem, em princípio, de previsão legal e devem constar do edital e da minuta do contrato de concessão (art. 17 da Lei 8.987/1995). Excepcionalmente, as subvenções estatais serão efetivadas, sem previsão contratual, caso haja superveniência de fatos imprevisíveis durante a execução do contrato.

3.6.4. Equilíbrio econômico-financeiro nos contratos de concessão comum

A necessidade de preservação do equilíbrio econômico-financeiro dos contratos de concessão comum de serviço público decorre do art. 37, XXI, da CRFB, bem como dos arts. 9.º, §§ 2.º, 3.º e 4.º, e 10 da Lei 8.987/1995.

Com efeito, o art. 37, XXI, da CRFB consagra o princípio da manutenção do equilíbrio econômico-financeiro dos contratos administrativos em geral, o que abrange os contratos de concessão.

---

efetivadas com o intuito de ampliar a rede de energia, na hipótese em que o contrato de concessão da rodovia preveja a possibilidade de obtenção de receita alternativa decorrente de atividades vinculadas à exploração de faixas marginais, na forma do art. 11 da Lei 8.987/1995 (STJ, 1.ª Seção, EREsp 985.695/ RJ, Rel. Min. Humberto Martins, j. 26.11.2014, *DJe* 12.12.2014, *Informativo de Jurisprudência do STJ* n. 554). A cobrança de valores entre concessionárias pelo uso da faixa de domínio da rodovia não se confunde com a cobrança de taxa para uso do espaço público. Nesse último caso, o STF afirmou: "É inconstitucional a cobrança de taxa, espécie tributária, pelo uso de espaços públicos dos municípios por concessionárias prestadoras do serviço público de fornecimento de energia elétrica" (Tema 261 da Tese de Repercussão Geral).

72 Nesse sentido: GUIMARÃES, Fernando Vernalha. *Concessão de serviço público*. 2. ed. São Paulo: Saraiva, 2014, p. 218/225; SCHWIND, Rafael Wallbach. *Remuneração do concessionário*: concessões comuns e parcerias público-privadas, Belo Horizonte: Fórum, 2010. p. 268-271.

73 Nesse sentido: JUSTEN FILHO, Marçal. *Teoria geral das concessões de serviço público*. São Paulo: Dialética, 2003. p. 93 e 103; Celso Antônio Bandeira de Mello admite a adoção de tarifas subsidiadas pelo Poder Público (MELLO, Celso Antônio Bandeira de. *Curso de direito administrativo*. 21. ed. São Paulo: Malheiros, 2006. p. 705).

No âmbito infraconstitucional, o art. 9.º, § 2.º, da Lei 8.987/1995 prevê que os contratos de concessão poderão prever mecanismos de revisão das tarifas, com o intuito de manter o equilíbrio econômico-financeiro.

Já o § 3.º do art. 9.º da Lei 8.987/1995 dispõe que, ressalvados os impostos sobre a renda, a criação, alteração ou extinção de quaisquer tributos ou encargos legais, após a apresentação da proposta na licitação, quando comprovado seu impacto, implicará a revisão da tarifa, para mais ou para menos, conforme o caso.

O § 4.º do art. 9.º da Lei 8.987/1995, por sua vez, estabelece o dever do poder concedente de restabelecer o equilíbrio econômico-financeiro inicial na hipótese de alteração unilateral do contrato.

De forma ampla, o art. 10 da Lei 8.987/1995 considera mantido o equilíbrio econômico--financeiro sempre que forem atendidas as condições do contrato. Assim, contrario sensu, os eventuais desatendimentos das condições contratuais poderiam ensejar, em princípio, o dever de reequilíbrio contratual.

Não obstante a consagração normativa do princípio da manutenção do equilíbrio eco-nômico-financeiro dos contratos de concessão, a legislação é omissa em relação aos critérios utilizados para definição do equilíbrio e para implementação do reequilíbrio contratual.

O equilíbrio econômico-financeiro dos contratos administrativos ganha maior impor-tância nos contratos de concessão que são, naturalmente, complexos, incompletos e de longo prazo, o que gera a dificuldade de antecipação dos eventos que podem ocorrer durante a sua execução.

Não se pode perder de vista que as concessões são dinâmicas e devem possuir grau de flexibilidade adequado para adaptação às frequentes alterações econômicas, sociais, tecnoló-gicas e políticas. Aliás, conforme já destacado em outro momento, os limites indicados no art. 125 da Lei 14.133/2021 para alteração unilateral de contratos administrativos não se aplicam aos contratos de concessão, justamente em razão da longa duração, complexidade e incerteza desses ajustes.[74]

Ademais, nas concessões, o concessionário é responsável pelos aportes iniciais e criação ou adaptação da infraestrutura, recebendo a contraprestação em momento futuro e não de forma imediata. Tradicionalmente, o equilíbrio econômico-financeiro dos contratos adminis-trativos é fundada na relação entre as obrigações e os encargos assumidos pelo concessionário e a remuneração que receberá pela execução adequada do contrato.

Nesse ponto, a equação econômico-financeira não deve ser resumida, de forma simplista, à análise do edital e da proposta vencedora da licitação, devendo ser consideradas outras variá-veis, tais como: custo de oportunidade de capital, investimento realizado, fluxos de receitas e despesas etc.[75]

Existem diversas técnicas de cálculo financeiro do projeto concessionário e de avalia-ção do equilíbrio econômico-financeiro, tais como aquelas destacadas por Egon Bockmann Moreira:[76]

---

[74]   O tema foi abordado no item 2.12.2.

[75]   MOREIRA, Egon Bockmann. *Direito das concessões de serviço público*. 2. ed. Belo Horizonte: Fórum, 2022. p. 364-366.

[76]   MOREIRA, Egon Bockmann. *Direito das concessões de serviço público*. 2. ed. Belo Horizonte: Fórum, 2022. p. 366-373.

a) **Valor Presente Líquido (VPL):** é uma fórmula matemática que considera o valor do dinheiro no tempo: no valor presente de pagamentos futuros, descontados a uma taxa apropriada, menos o custo de investimento total;[77]

b) **Taxa Interna de Retorno (TIR):** apesar de não existir um conceito uniforme, é possível considerar a TIR como a taxa necessária para igualar o valor de um investimento presente (valor presente) com seus respectivos retornos futuros, levando-se em consideração o fluxo de caixa do projeto (por isso, fala-se em taxa "interna") que leva em consideração os recebimentos e pagamentos projetados para determinados períodos;[78]

c) **Custo Médio Ponderado de Capital (CMPC):** utilizado para calcular estatisticamente a média ponderada dos custos de capitais obtidos para o projeto de investimento (capital próprio e de terceiros), tendo como um dos eixos o mercado de ações ordinárias e preferenciais (custo de mercado, não o contábil)", motivo pelo qual "o custo da obtenção de capital em Bolsa desempenha papel decisivo na ponderação relativa ao CMPC".[79]

Existem, basicamente, três importantes instrumentos de reequilíbrio do contrato de concessão, que revelam o caráter dinâmico do equilíbrio, a saber:[80]

a) **reajuste:** é realizado por meio da fixação de índice, geral ou específico, que vai atualizar, automaticamente, os valores contratuais, respeitada a periodicidade anual, com o intuito de atenuar os efeitos inflacionários;[81]

b) **revisão ordinária:** é realizada na periodicidade prevista no próprio contrato (trienal, quinquenal etc.), permitindo que as partes recomponham o equilíbrio contratual, independentemente da (im)previsibilidade dos fatos que geraram o desequilíbrio, dentro dos parâmetros e limites previstos no próprio contrato; e

c) **revisão extraordinária:** é implementada na hipótese de fato imprevisível que desequilibra a relação contratual, inexistindo periodicidade mínima para sua efetivação.

De acordo com o art. 29, V, da Lei 8.987/1995, cabe ao poder concedente homologar reajustes e proceder à revisão das tarifas.

Não é qualquer evento que gera o direito ao reequilíbrio contratual.

---

[77] Conforme destaca Marcos Nóbrega, "o VPL é igual ao fluxo de caixa agregado para um determinado período, descontado a uma determinada taxa". NÓBREGA, Marcos. Os limites e a aplicação da taxa interna de retorno. In: MOREIRA, Egon Bockmann. *Tratado do equilíbrio econômico-financeiro.* 2. ed. Belo Horizonte: Fórum, 2019. p. 531.

[78] A TIR pode ser dividida em duas categorias: a) TIR do projeto (TIR do Empreendimento ou TIR Desalavancada): corresponde à rentabilidade estimada, a partir de investimento realizados exclusivamente por capital interno, sem recursos de terceiros; e b) TIR do acionista (TIR do Capital Social ou TIR Alavancada): refere-se à rentabilidade do projeto, considerando a utilização de capital de terceiros (recursos oriundos de financiamentos). MOREIRA, Egon Bockmann. *Direito das concessões de serviço público.* 2. ed. Belo Horizonte: Fórum, 2022. p. 370.

[79] MOREIRA, Egon Bockmann. *Direito das concessões de serviço público.* 2. ed. Belo Horizonte: Fórum, 2022. p. 372.

[80] MARQUES NETO, Floriano de Azevedo. *Concessões.* Belo Horizonte: Fórum, 2015. p. 194-195.

[81] Lei 10.192/2001 (Plano Real): "Art. 2.º É admitida estipulação de correção monetária ou de reajuste por índices de preços gerais, setoriais ou que reflitam a variação dos custos de produção ou dos insumos utilizados nos contratos de prazo de duração igual ou superior a um ano. § 1.º É nula de pleno direito qualquer estipulação de reajuste ou correção monetária de periodicidade inferior a um ano".

Inicialmente, é preciso considerar se o evento decorre da própria conduta da parte, hipótese que não ensejaria o pedido de reequilíbrio. Nesse caso, a parte responsável pelo evento que desequilibra o contrato, em razão da gestão ineficiente de suas atividades ou de inadimplemento contratual, não pode pleitear o reequilíbrio do ajuste.

Ao revés, se o evento causar prejuízo à outra parte, caberá à parte responsável pelo evento o dever de compensar os prejuízos causados. Dessa forma, nos casos de inadimplemento contratual, abre-se o caminho para a parte prejudicada pleitear o reequilíbrio. Assim, por exemplo, se o poder concedente assume o risco de efetivar as desapropriações necessárias para que a área seja liberada e o concessionário possa iniciar as obras de infraestrutura, a não realização das citadas desapropriações nos prazos fixados vai gerar, em princípio, direito do concessionário ao reequilíbrio contratual.

Aqui, é preciso destacar que a alocação de riscos nos contratos de concessão exerce papel relevante na fixação do equilíbrio econômico-financeiro e nos eventuais pleitos de reequilíbrio.

Quando a alocação de riscos leva em consideração a capacidade da parte de melhor gerenciá-lo, tal como estipulado no art. 103, § 1.º, da Lei 14.133/2021, o efeito é positivo para segurança jurídica e economicidade da relação contratual.

Lembre-se de que o art. 2.º, II, da Lei 8.987/1995 dispõe que, nas concessões comuns, o concessionário presta o serviço "por sua conta e risco", mas tal previsão não constitui vedação para fixação de matriz de riscos contratuais inclusive em relação aos eventos previsíveis. Aliás, os contratos, na sua essência, são instrumentos de alocação de riscos.

No tocante ao equilíbrio econômico-financeiro, a análise da matriz de riscos é fundamental, uma vez que a parte que assumiu o risco relacionado a determinado evento, não poderá, em regra, pleitear o reequilíbrio caso o evento se concretize.

Outro fator relevante para definição do equilíbrio econômico-financeiro da concessão é o prazo do contrato. Com efeito, a definição do prazo contratual deve ser suficiente para a amortização dos investimentos realizados pelo concessionário.

Por derradeiro, o reequilíbrio contratual pode ser realizado por mecanismos tarifários (ex.: reajuste ou revisão da tarifa) ou não tarifários (ex.: subsídios para garantir a modicidade tarifária; prorrogação do prazo contratual).

3.6.5. Projeto básico, projeto executivo e Procedimento de Manifestação de Interesse (PMI): elaboração por entidades privadas e participação na licitação para contratação de concessão comum de serviços públicos

O primeiro ponto que merece destaque nas licitações para contratação de concessões em geral refere-se à responsabilidade pela elaboração dos projetos básico e executivo.

Tradicionalmente, a realização de obras e a prestação de serviços pressupõem a elaboração do "projeto básico" (art. 6.º, XXV, da Lei 14.133/2021) e do "projeto executivo" (art. 6.º, XXVI, da Lei 14.133/2021), que devem estabelecer, de maneira clara e precisa, todos os aspectos técnicos e econômicos do objeto a ser contratado, tendo em vista o dever de planejamento estatal.

A atual Lei de Licitações admite, excepcionalmente, a dispensa de projeto básico nas contratações integradas, exigindo-se, contudo, a elaboração do anteprojeto pela Administração Pública (art. 46, § 2.º, da Lei 14.133/2021). A possibilidade excepcional de realização de licitação sem projeto executivo também encontra previsão nos arts. 14, § 4.º, 18, § 3.º, e 46, § 1.º, da Lei 14.133/2021.

Cap. 3 – TEMAS ESPECIAIS DE LICITAÇÕES E CONTRATOS ADMINISTRATIVOS | **277**

De acordo com o art. 14 da Lei 14.133/2021, estão impedidos de disputar a licitação ou participar da execução de contrato, direta ou indiretamente: a) autor do anteprojeto, do projeto completo ou do projeto executivo, pessoa física ou jurídica, quando a licitação versar sobre obra, serviços ou fornecimento de bens a ele relacionados; b) empresa, isoladamente ou em consórcio, responsável pela elaboração do projeto básico ou do projeto executivo ou empresa da qual o autor do projeto seja dirigente, gerente, controlador, acionista ou detentor de mais de 5% do capital com direito a voto, responsável técnico ou subcontratado, quando a licitação versar sobre obra, serviços ou fornecimento de bens a ela necessários; c) pessoa física ou jurídica que se encontre, ao tempo da licitação, impossibilitada de participar da licitação em decorrência de sanção que lhe foi imposta; d) aquele que mantiver vínculo de natureza técnica, comercial, econômica, financeira, trabalhista ou civil, ou seja cônjuge, companheiro ou parente em linha reta, colateral ou por afinidade, até o terceiro grau, de dirigente do órgão ou entidade contratante ou com agente público que desempenhe função na licitação ou que atue na fiscalização ou na gestão do contrato, devendo essa proibição constar expressamente no edital de licitação; e) empresas controladoras, controladas ou coligadas, nos termos da Lei 6.404/1976, concorrendo entre si; e f) pessoa física ou jurídica que, nos cinco anos anteriores à divulgação do edital, tenha sido condenada judicialmente, com trânsito em julgado, por exploração de trabalho infantil, por submissão de trabalhadores a condições análogas às de escravo ou por contratação de adolescentes nos casos vedados pela legislação trabalhista.

Contudo, o art. 31 da Lei 9.074/1995 estabelece que, nas licitações para concessão e permissão de serviços públicos ou de uso de bem público, os autores ou responsáveis economicamente pelos projetos (básico ou executivo) podem participar, direta ou indiretamente, da licitação ou da execução de obras ou serviços.

Em consequência, as vedações indicadas no art. 14 da Lei 14.133/2021 não se aplicam às licitações para concessão de serviços públicos.

A Administração Pública pode instituir, inclusive, Procedimento de Manifestação de Interesse (PMI) para apresentação de projetos, levantamentos, investigações ou estudos, por pessoa física ou jurídica de direito privado, com a finalidade de subsidiar a Administração na estruturação de empreendimentos objeto de concessão ou permissão de serviços públicos, de parceria público-privada, de arrendamento de bens públicos ou de concessão de direito real de uso. Ao lado do PMI, é possível utilizar a expressão Manifestação de Interesse da Iniciativa Privada (MIP), especialmente nas hipóteses em que o projeto é apresentado pela iniciativa privada, por iniciativa própria, à Administração Pública.

O PMI é inserido no rol dos procedimentos auxiliares das licitações e das contratações, na forma dos arts. 78, III, e 81 da Lei 14.133/2021.

Nas concessões, o PMI encontra fundamento legal no art. 21 da Lei 8.987/1995.[82] Em âmbito federal, o PMI encontra-se regulamentado pelo Decreto 8.428/2015, que revogou o Decreto 5.977/2006, o qual, em síntese, apresenta as seguintes características:[83]

---

[82] Lei 8.987/1995: "Art. 21. Os estudos, investigações, levantamentos, projetos, obras e despesas ou investimentos já efetuados, vinculados à concessão, de utilidade para a licitação, realizados pelo poder concedente ou com a sua autorização, estarão à disposição dos interessados, devendo o vencedor da licitação ressarcir os dispêndios correspondentes, especificados no edital". A nova Lei de Licitações passou a permitir a realização do PMI para contratações em geral (arts. 78, III, e 81 da Lei 14.133/2021).

[83] Diversos Estados editaram regulamentação específica sobre PMI, a saber: Minas Gerais (Decreto 44.565/2007, revogado pelo Decreto 48.377/2022), Ceará (Decreto 30.328/2010), Bahia (Decreto

a) apresentação de projetos, levantamentos, investigações ou estudos, por pessoa física ou jurídica de direito privado, com a finalidade de subsidiar a administração pública na estruturação de desestatização de empresa e de contratos de parcerias, nos termos do disposto no § 2.º do art. 1.º da Lei 13.334/2016.

b) a instituição do PMI é uma faculdade da Administração Pública (art. 1.º, § 1.º);

c) as normas do Decreto 8.428/2015 não se aplicam aos PMIs previstos em legislação específica e aos projetos, levantamentos, investigações e estudos elaborados por organismos internacionais dos quais o Brasil faça parte e por autarquias, fundações públicas, empresas públicas ou sociedades de economia mista (art. 1.º, § 3.º);

d) o PMI possui três fases: (i) abertura, de ofício ou por provocação de pessoa física ou jurídica interessada, por meio de publicação de edital de chamamento público; (ii) autorização para a apresentação de projetos, levantamentos, investigações ou estudos; e (iii) avaliação, seleção e aprovação (arts. 1.º, § 4.º, e 3.º);

e) a competência para abertura, autorização e aprovação de PMI será exercida pela autoridade máxima ou pelo órgão colegiado máximo do órgão ou entidade da Administração Pública federal competente para proceder à licitação do empreendimento ou para a elaboração dos projetos, levantamentos, investigações ou estudos (art. 2.º);

f) a autorização para apresentação de projetos, levantamentos, investigações e estudos no PMI possui as seguintes características: (i) será conferida sem exclusividade ou a número limitado de interessados;[84] (ii) não gerará direito de preferência no processo licitatório do empreendimento; (iii) não obrigará o Poder Público a realizar licitação; (iv) não implicará, por si só, direito a ressarcimento de valores envolvidos em sua elaboração; (v) será pessoal e intransferível; (vi) não implica, em nenhuma hipótese, responsabilidade da Administração perante terceiros por atos praticados por pessoa autorizada (art. 6.º, *caput* e § 1.º);

g) os valores relativos a projetos, levantamentos, investigações e estudos selecionados serão ressarcidos pelo vencedor da licitação, desde que sejam efetivamente utilizados no certame, inexistindo, em qualquer hipótese, responsabilidade pecuniária pelo Poder Público (art. 16, *caput* e parágrafo único); e

h) os autores ou responsáveis economicamente pelos projetos, levantamentos, investigações e estudos poderão participar direta ou indiretamente da licitação ou da execução de obras ou serviços, exceto se houver disposição em contrário no edital de abertura do chamamento público do PMI (art. 18).

3.6.6. Modalidades de licitação

A exigência de licitação para formalização da delegação de concessão de serviço público decorre da própria natureza contratual do ajuste (art. 37, XXI, da CRFB), mas, também, por

---

12.653/2011), Goiás (Decreto 7.365/2011), Rio de Janeiro (Decreto 45.294/2015), São Paulo (Decreto 57.289/2011, revogado pelo Decreto 61.371/2015).

[84]   O Enunciado 1 da I Jornada de Direito Administrativo realizada pelo Centro de Estudos Judiciários do Conselho da Justiça Federal (CEJ/CJF) dispõe: "A autorização para apresentação de projetos, levantamentos, investigações ou estudos no âmbito do Procedimento de Manifestação de Interesse, quando concedida mediante restrição ao número de participantes, deve se dar por meio de seleção imparcial dos interessados, com ampla publicidade e critérios objetivos".

Cap. 3 – TEMAS ESPECIAIS DE LICITAÇÕES E CONTRATOS ADMINISTRATIVOS | 279

conta da exigência específica contida no art. 175 da CRFB que exige "sempre" licitação para as concessões e permissões de serviços públicos.[85]

A modalidade de licitação adequada para as concessões e permissões de serviços públicos será, em regra, a concorrência ou o diálogo competitivo, conforme dispõe o art. 2.º, II, III e IV, c/c o art. 40, parágrafo único, da Lei 8.987/1995, admitida, ainda, a utilização do diálogo competitivo nas concessões.

Ressalte-se, contudo, a possibilidade de utilização de outras modalidades de licitação, quando autorizadas por legislações específicas, como ocorre nos seguintes casos: a) o art. 27, I, da Lei 9.074/1995, na hipótese de serviço público inicialmente prestado por pessoas controladas, direta ou indiretamente, pelo Poder Público, admite o leilão "para promover a privatização simultaneamente com a outorga de nova concessão ou com a prorrogação das concessões existentes", exceto quanto aos serviços públicos de telecomunicações; b) o art. 24 da Lei 9.427/1996 estabelece que as licitações para exploração de potenciais hidráulicos serão processadas nas modalidades de concorrência ou de leilão; c) o art. 4.º, § 3.º, da Lei 9.491/1997, que trata do Programa Nacional de Desestatização (PND), admite a utilização do leilão para delegações de serviços públicos[86] etc.

Em relação ao procedimento, o art. 18-A da Lei 8.987/1995 consagra a possibilidade de inversão da ordem das fases de habilitação e julgamento nas licitações. Com a inversão, após o julgamento das propostas, o Poder Público verificará os documentos de habilitação apenas do licitante vencedor, o que, por certo, afigura-se medida salutar e de acordo com a eficiência administrativa. Aliás, no âmbito da Lei 14.133/2021, as licitações são preferencialmente eletrônicas e o julgamento é realizado antes da fase de habilitação, admitida, de forma justificada, a inversão das fases (art. 17, *caput* e § 1.º, da Lei 14.133/2021).

3.6.7. Tipos de licitação

Em relação aos critérios objetivos que poderão ser utilizados para escolha da proposta mais vantajosa para o Poder Público, a legislação também consagra novidades em relação à legislação tradicional de licitações e contratos.

Consoante dispõe o art. 15 da Lei 8.987/1995, os tipos de licitação para concessão de serviços públicos são: a) o menor valor da tarifa do serviço público a ser prestado (inciso I); b) a maior oferta, nos casos de pagamento ao poder concedente pela outorga da concessão (inciso II);[87] c) a combinação, dois a dois, dos critérios referidos nos incisos I, II e VII (inciso

---

[85] Ao tratar dos concursos de prognósticos (loterias), o STF definiu o Tema 1.323 de Repercussão Geral da seguinte forma: "A execução do serviço público de loteria por agentes privados depende de delegação estatal precedida de licitação".

[86] Vale lembrar que o STF considerou constitucional a utilização do leilão para desestatização de linhas de serviço de transporte rodoviário. STF, Tribunal Pleno, MS 27.516/DF, Rel. Min. Ellen Gracie, *DJe* 05.12.2008, p. 104 (*Informativo de Jurisprudência do STF* n. 525).

[87] Cabe destacar a possibilidade de utilização do precatório pelo credor como meio de pagamento de outorga nas concessões. De acordo com o art. 100, § 11, III, da CRFB, incluído pela EC 113/2021: "É facultada ao credor, conforme estabelecido em lei do ente federativo devedor, com auto aplicabilidade para a União, a oferta de créditos líquidos e certos que originariamente lhe são próprios ou adquiridos de terceiros reconhecidos pelo ente federativo ou por decisão judicial transitada em julgado para: (...) III – pagamento de outorga de delegações de serviços públicos e demais espécies de concessão negocial promovidas pelo mesmo ente".

III); d) melhor proposta técnica, com preço fixado no edital (inciso IV); e) melhor proposta em razão da combinação dos critérios de menor valor da tarifa do serviço público a ser prestado com o de melhor técnica (inciso V); f) melhor proposta em razão da combinação dos critérios de maior oferta pela outorga da concessão com o de melhor técnica (inciso VI); ou g) melhor oferta de pagamento pela outorga após qualificação de propostas técnicas (inciso VII).

Os critérios técnicos, quando o tipo de licitação assim exigir (art. 15, IV, V, VI e VII), deverão ser definidos no edital de licitação, conforme exigência contida no art. 15, § 2.º, da Lei 8.987/1995.

As propostas manifestamente inexequíveis ou financeiramente incompatíveis com os objetivos da licitação serão recusadas pelo poder concedente (art. 15, § 3.º, da Lei 8.987/1995).

Por fim, em igualdade de condições, a legislação reconhece a preferência à proposta apresentada por empresa brasileira (art. 15, § 4.º, da Lei 8.987/1995).

3.6.8. Contratação direta: dispensa e inexigibilidade

A regra constitucional da licitação é colocada em termos peremptórios para delegação de serviços de serviços públicos. Nesse sentido, o art. 175 da CRFB dispõe que "incumbe ao Poder Público, na forma da lei, diretamente ou sob regime de concessão ou permissão, **sempre** através de licitação, a prestação de serviços públicos".

Não obstante a literalidade da norma supracitada, a possibilidade, excepcional, de delegação direta de serviços públicos, sem a realização prévia da licitação tem sido reconhecida pela doutrina.

Em primeiro lugar, a concessão direta será possível nas hipóteses de inviabilidade de competição, quando a licitação será declarada inexigível. Conforme já asseveramos em outro momento desta obra, a inexigibilidade relaciona-se com a impossibilidade de competição prévia, e as situações elencadas no art. 74 da Lei 14.133/2021 são meramente exemplificativas.

Em segundo lugar, é possível vislumbrar casos de concessão direta por meio de dispensa de licitação.

Todavia, não é possível aplicar todas as hipóteses de dispensa, previstas no art. 75 da Lei 14.133/2021, às concessões de serviços públicos. As hipóteses de dispensa, além de taxativas, relacionam-se, normalmente, às contratações de bens e serviços particulares pelo Poder Público, o que não ocorre nas concessões, quando o Poder Público transfere o serviço público de sua titularidade aos particulares para exploração por sua conta e risco.

Por essa razão, Maria Sylvia Zanella Di Pietro não admite a aplicação indiscriminada das hipóteses de dispensa da licitação às concessões, tendo em vista a incompatibilidade daquelas hipóteses com as peculiaridades dos contratos de concessão. No entanto, a autora admite a concessão de serviços públicos, sem licitação, nos casos de guerra, grave perturbação da ordem ou calamidade pública; nos casos de emergência; e nos casos de licitação deserta, em que não acudirem interessados.[88]

Da mesma forma, Alexandre Santos de Aragão sustenta a viabilidade de concessões diretas, por meio de dispensa de licitação, em dois casos: contratações urgentes e de baixo valor do serviço concedido (art. 75, I e VIII, da Lei 14.133/2021).[89]

---

[88] DI PIETRO, Maria Sylvia Zanella. *Parcerias na administração pública.* 5. ed. São Paulo: Atlas, 2005. p. 137.

[89] ARAGÃO, Alexandre Santos de. *Direito dos serviços públicos.* Rio de Janeiro: Forense, 2007. p. 577.

Cap. 3 – TEMAS ESPECIAIS DE LICITAÇÕES E CONTRATOS ADMINISTRATIVOS | **281**

Entendemos que a aplicação da dispensa de licitação às concessões de serviços públicos só será possível nas hipóteses de urgência ou necessidade da contratação direta (exs.: art. 75, VI, VII e VIII, da Lei 14.133/2021), quando a licitação seria um obstáculo à promoção célere do interesse público, bem como na hipótese de licitação deserta ou fracassada (art. 75, III, da Lei 14.133/2021), sempre com a devida motivação por parte do Poder Público.[90]

3.6.9. Cláusulas essenciais

O contrato de concessão de serviço público é caracterizado como contrato administrativo típico, razão pela qual a legislação reconhece prerrogativas em favor do poder concedente (cláusulas exorbitantes) e sujeições por parte do concessionário.

As cláusulas essenciais do contrato de concessão, na forma do art. 23 da Lei 8.987/1995, podem ser assim enumeradas:

> I – ao objeto, à área e ao prazo da concessão; II – ao modo, forma e condições de prestação do serviço; III – aos critérios, indicadores, fórmulas e parâmetros definidores da qualidade do serviço; IV – ao preço do serviço e aos critérios e procedimentos para o reajuste e a revisão das tarifas;[91] V – aos direitos, garantias e obrigações do poder concedente e da concessionária, inclusive os relacionados às previsíveis necessidades de futura alteração e expansão do serviço e consequente modernização, aperfeiçoamento e ampliação dos equipamentos e das instalações; VI – aos direitos e deveres dos usuários para obtenção e utilização do serviço; VII – à forma de fiscalização das instalações, dos equipamentos, dos métodos e práticas de execução do serviço, bem como a indicação dos órgãos competentes para exercê-la; VIII – às penalidades contratuais e administrativas a que se sujeita a concessionária e sua forma de aplicação; IX – aos casos de extinção da concessão; X – aos bens reversíveis; XI – aos critérios para o cálculo e a forma de pagamento das indenizações devidas à concessionária, quando for o caso; XII – às condições para prorrogação do contrato; XIII – à obrigatoriedade, forma e periodicidade da prestação de contas da concessionária ao poder concedente; XIV – à exigência da publicação de demonstrações financeiras periódicas da concessionária; e XV – ao foro e ao modo amigável de solução das divergências contratuais.

3.6.10. Prazo

Os contratos de concessão de serviços públicos, espécies de contratos administrativos, devem possuir prazo determinado (arts. 2.º, II e III; 18, I; e 23, I, da Lei 8.987/1995).[92]

---

[90] Nesse sentido: SOUTO, Marcos Juruena Villela. *Direito das concessões*. 5. ed. Rio de Janeiro: Lumen Juris, 2004. p. 46-47.

[91] O Enunciado 34 da I Jornada de Direito Administrativo realizada pelo Centro de Estudos Judiciários do Conselho da Justiça Federal (CEJ/CJF) dispõe: "Nos contratos de concessão e PPP, o reajuste contratual para reposição do valor da moeda no tempo é automático e deve ser aplicado independentemente de alegações do Poder Público sobre descumprimentos contratuais ou desequilíbrio econômico-financeiro do contrato, os quais devem ser apurados em processos administrativos próprios para este fim, nos quais garantir-se-ão ao parceiro privado os direitos ao contraditório e à ampla defesa".

[92] A exigência de prazo determinado nos contratos administrativos é estabelecida, genericamente, no art. 105 da Lei 14.133/2021.

Todavia, a Lei 8.987/1995 não prevê o prazo máximo do contrato de concessão, que deverá ser estabelecido nas legislações específicas dos entes federados[93] e, de forma específica, pelo Poder Concedente em cada contrato.

É importante ressaltar a inaplicabilidade da regra do prazo anual dos contratos prevista no art. 105 da Lei 14.133/2021. De acordo com a referida norma, os contratos celebrados pela Administração Pública têm, normalmente, duração de até um ano, pois a vigência desses contratos está adstrita à respectiva vigência dos créditos orçamentários.

Isso porque o art. 105 da Lei 14.133/2021 dirige-se aos contratos em que a remuneração do contratado advém dos cofres públicos (recursos orçamentários), o que não ocorre na concessão de serviço público comum, cuja remuneração da concessionária é efetivada, em regra, por meio de tarifa paga pelos usuários.

Ademais, a concessão de serviço público, em razão dos investimentos de grande vulto realizados pela concessionária, depende de um prazo contratual maior para amortização de seus investimentos e retorno financeiro pactuado, de modo a garantir a modicidade tarifária.

Quanto à concessão especial (PPP), a legislação estabeleceu previamente o prazo mínimo de 5 (cinco) anos e o prazo máximo de 35 (trinta e cinco) anos para o contrato de PPP (arts. 2.º, § 4.º, II, e 5.º, I, da Lei 11.079/2004).

A estipulação desses prazos leva em consideração a necessidade de amortização dos investimentos realizados pelo parceiro privado e a diluição dos pagamentos devidos pelo Poder Público, além de satisfazer a modicidade tarifária (neste último caso, em relação à concessão patrocinada).

A fixação exata do prazo das concessões não é matéria de lei. Ao ato normativo caberá, tão somente, fixar os prazos máximos e mínimos desses contratos de longo prazo. Essa competência é privativa do poder concedente que, ao examinar o empreendimento que será delegado à iniciativa privada, estipulará um prazo que integre a equação econômico-financeira do contrato de concessão, suficiente para que o concessionário obtenha o retorno econômico projetado quando da apresentação de sua proposta na licitação.[94]

Essa equação se materializa na Taxa Interna de Retorno (TIR) do empreendimento, a qual se decompõe pela amortização dos investimentos realizados (em razão da aquisição de bens reversíveis, por exemplo) e pela sua remuneração (seja pelos usuários, ou pelo Poder Público, nas hipóteses de parcerias público-privadas), sem que se desrespeite o dever de modicidade tarifária (previsto no art. 6.º, § 1.º, da Lei 8.987/1995).

3.6.11. Prorrogação

A viabilidade da prorrogação do contrato de concessão de serviço público tem despertado debate doutrinário.

Alguns autores sustentam o descabimento jurídico e econômico da previsão, no edital e no contrato de concessão, da prorrogação do prazo contratual. Sob o ponto de vista jurídico, a prorrogação asseguraria ao concessionário uma vantagem incompatível com o princípio da isonomia. Afirma o autor que "o particular obtém a concessão em vista da vitória numa licitação,

---

[93]   No Município do Rio de Janeiro, por exemplo, o art. 140, § 3.º, da Lei Orgânica admite o prazo de até cinquenta anos.

[94]   OLIVEIRA, Rafael Carvalho Rezende; FREITAS, Rafael Véras de. A prorrogação dos contratos de concessão de aeroportos. *Interesse Público*, v. 17, n. 93, p. 152-153, 2015.

a qual se orientou à contratação por prazo determinado". Sob a ótica econômica, a prorrogação não se justifica, dado que "as tarifas são fixadas segundo critérios que permitam a recuperação dos investimentos realizados ao longo do prazo de concessão". Eventual prorrogação, de caráter excepcional, somente seria possível ao final da concessão, "como decorrência de desvios que ocorreram de modo indesejável".[95]

Entendemos, contudo, que a prorrogação deve ser encarada como medida excepcional, mas isso não impede a sua previsão nos editais de licitação e nos respectivos contratos de concessão.[96]

A excepcionalidade da prorrogação é justificada especialmente pelo fato de que o prazo inicialmente estipulado para o contrato de concessão levou em consideração a amortização dos investimentos e a taxa de retorno do concessionário, com a fixação do equilíbrio econômico-financeiro do ajuste.

Ademais, a prorrogação contratual acarreta o prolongamento do contrato vigente e posterga a realização da licitação que abriria a oportunidade para novos potenciais interessados concorrerem para a celebração do novo contrato de concessão.

Em consequência, a prorrogação só pode ser feita pela Administração Pública, por meio de decisão justificada que demonstre a conveniência da prorrogação em detrimento da realização de nova licitação, sendo inconstitucional a prorrogação efetivada pela lei, em razão do princípio da separação de poderes e da impessoalidade, conforme já decidiu o STF.[97]

O contrato deve estabelecer, de maneira objetiva e razoável, os casos em que a prorrogação terá lugar, sendo vedada a autorização genérica e sem parâmetros da prorrogação. Com isso, os licitantes, cientes dos casos em que a prorrogação seria possível, levariam em conta este aspecto na formulação de suas propostas, em respeito ao princípio da impessoalidade.

Com efeito, a possibilidade de prorrogação deve estar prevista no edital e na minuta do contrato, anexa ao instrumento convocatório (art. 23, XII, da Lei 8.987/1995), ressalvadas as hipóteses de prorrogação como instrumento de recomposição do equilíbrio econômico-financeiro do contrato.[98]

---

[95] Nesse sentido: JUSTEN FILHO, Marçal. *Teoria geral das concessões de serviço público*. São Paulo: Dialética, 2003. p. 269-270.

[96] Nesse sentido: ARAGÃO, Alexandre Santos de. *Direito dos serviços públicos*. Rio de Janeiro: Forense, 2007. p. 580-582; DI PIETRO, Maria Sylvia Zanella. *Parcerias na administração pública*. 5. ed. São Paulo: Atlas, 2005. p. 131. De acordo com Pedro Gonçalves, a prorrogação "consiste no prolongamento de sua vigência, que determina o protelamento do termo da concessão". GONÇALVES, Pedro. *A concessão de serviços públicos*. Coimbra: Almedina, 1999. p. 328.

[97] Nesse sentido: ADI 118 MC/PR, Rel. p/ acórdão Min. Néri da Silveira, Tribunal Pleno, *DJ* 03.12.1993, p. 26337. Posteriormente, o STF afirmou que a lei pode estabelecer apenas os "prazos-limites" para os contratos de concessão ou permissão, cabendo ao administrador público definir, em cada caso concreto, o prazo de duração contratual e, se for o caso, o de sua prorrogação, os quais podem ser até mesmo inferiores aos previstos pelo Poder Legislativo (STF, ADI 3.497/DF, Rel. Min. Dias Toffoli, Tribunal Pleno, DJe 16.09.2024).

[98] OLIVEIRA, Rafael Carvalho Rezende; FREITAS, Rafael Véras de. A prorrogação dos contratos de concessão de aeroportos. *Interesse Público*, v. 17, n. 93, p. 145-162, 2015; MARQUES NETO, Floriano de Azevedo. *Concessões*. Belo Horizonte: Fórum, 2015. p. 168; DI PIETRO, Maria Sylvia Zanella. *Parcerias na administração pública*. 11. ed. Rio de Janeiro: Forense, 2017. p. 126. Existem decisões, contudo, do Superior Tribunal de Justiça que concluíram pela impossibilidade da prorrogação de contrato de concessão para restabelecimento de equilíbrio econômico-financeiro dos contratos: STJ,

LICITAÇÕES E CONTRATOS ADMINISTRATIVOS – Rafael Carvalho Rezende Oliveira

Aqui, é importante ressaltar que a prorrogação como medida de reequilíbrio contratual deve ser precedida de certas cautelas, como, por exemplo: a) comprovação do desequilíbrio contratual; b) demonstração fundamentada de que a prorrogação contratual revela a melhor medida para o reequilíbrio quando comparada com outros instrumentos, tal como o aumento da tarifa; c) a prorrogação deve ser pelo período estritamente necessário para compensar o desequilíbrio contratual; d) impossibilidade de prorrogações sucessivas ad aeternum que transformem o contrato por prazo determinado em relação com prazo indeterminado.

Mencione-se as hipóteses de "prorrogação premial" e de "prorrogação antecipada" em contratos de concessão.

No primeiro caso, a possibilidade da prorrogação deve estar prevista no edital e no contrato, com a estipulação, de forma clara e objetiva, de todos os critérios e metas que viabilizarão a prorrogação contratual.

Já a prorrogação antecipada é efetivada antes do término do prazo contratual, em razão da inclusão de novos investimentos não previstos no instrumento contratual vigente, realizada a critério da autoridade competente e com a concordância do contratado.[99]

Normalmente, a prorrogação dos contratos de concessão é compreendida como uma decisão discricionária do Poder Concedente, constituindo mera expectativa de direito do concessionário.[100] Todavia, nas hipóteses em que os contratos estipularem o direito à prorrogação em razão do cumprimento das condições estipuladas no próprio instrumento contratual, a prorrogação passa a ser considerada um dever do Poder Concedente quando comprovado o cumprimento das respectivas condições pelo concessionário.[101]

É possível distinguir, em síntese, duas espécies de prorrogações dos contratos de concessão: **a) prorrogações ordinárias**: a partir da previsão legal e contratual, a Administração Pública, dentro do prazo de vigência do ajuste, decide pela prorrogação do contrato e **b) prorrogações extraordinárias (ou corretoras)**: são aquelas implementadas como forma de restabelecer o equilíbrio econômico-financeiro do contrato, independentemente de previsão no edital e no contrato.[102]

3.6.12. Subcontratação, subconcessão e transferência da concessão ou do controle acionário

A concessionária é a responsável pela prestação do serviço público concedido, "cabendo-lhe responder por todos os prejuízos causados ao poder concedente, aos usuários ou a terceiros,

---

REsp 1.549.406/SC, Rel. Min. Herman Benjamin, 2ª Turma, *DJe* 06.09.2016; REsp 912.402/GO, Rel. Min. Mauro Campbell Marques, 2ª Turma, *DJe* 19.08.2009.

[99] Mencione-se, por exemplo, a prorrogação antecipada prevista nos arts. 4.º, II, e 5.º ao 11 da Lei 13.448/2017 para os contratos de parceria nos setores rodoviário e ferroviário. O STF considerou constitucional a legislação do Município de São Paulo que estabeleceu diretrizes gerais para a prorrogação antecipada dos contratos de parceria entre o Município de São Paulo e a iniciativa privada. STF, ADPF 971/SP, ADPF 987 e ADPF 992/SP, Rel. Min. Gilmar Mendes, Tribunal Pleno, *DJe* 02.8.2023, 03.08.2023 e 04.08.2023.

[100] STF, RMS 34.203/DF, Rel. Min. Dias Toffoli, Segunda Turma, *DJe*-053 20.03.2018; MS 24.785/DF, Rel. p/ Acórdão Min. Joaquim Barbosa, Tribunal Pleno, *DJ* 03.02.2006, p. 15.

[101] MARQUES NETO, Floriano de Azevedo. *Concessões*. Belo Horizonte: Fórum, 2015. p. 169.

[102] TORGAL, Lino. Prorrogação do prazo de concessões de obras e de serviços públicos. *Revista de Contratos Públicos,* Coimbra, n. 1, p. 219-263, jan./abr. 2011.

sem que a fiscalização exercida pelo órgão competente exclua ou atenue essa responsabilidade" (art. 25 da Lei 8.987/1995).

Admite-se, contudo, a contratação (ou subcontratação) com terceiros de atividades inerentes, acessórias ou complementares ao serviço concedido, bem como a implementação de projetos associados ao serviço público, hipóteses em que a concessionária mantém a responsabilidade exclusiva pela correta prestação do serviço público (art. 25, § 1.º, da Lei 8.987/1995).

Nessas hipóteses, as relações jurídicas travadas entre as concessionárias de serviços públicos e os terceiros, subcontratados, são de direito privado, inexistindo vínculo jurídico entre os terceiros e o poder concedente (arts. 25, § 2.º, e 31, parágrafo único, da Lei 8.987/1995).

A subconcessão do serviço público, por sua vez, somente será admitida quando respeitados três requisitos: a) previsão dessa possibilidade no contrato de concessão; b) autorização do poder concedente; e c) realização de licitação, sob a modalidade concorrência (art. 26, *caput* e § 1.º, da Lei 8.987/1995).

Em relação ao terceiro requisito, a doutrina diverge sobre a responsabilidade pela realização da concorrência na subconcessão.

Alguns autores sustentam que o poder concedente pode realizar a concorrência ou outorgar essa prerrogativa à concessionária, sendo preferível esta última hipótese, posto que a relação contratual vai estabelecer-se entre a concessionária (subconcedente) e a subconcessionária.[103]

Entendemos, todavia, que a realização da concorrência incumbe ao poder concedente, por se tratar de procedimento administrativo típico, bem como pela instituição de relação jurídica entre a subconcessionária e o poder concedente.[104]

Por meio da subconcessão, a prestação do serviço público será subdelegada, parcialmente, ao terceiro (subconcessionário), que se sub-rogará em todos os direitos e obrigações do subconcedente (art. 26, § 2.º, da Lei 8.987/1995).

Além da subconcessão, é possível a transferência da concessão ou do controle societário da concessionária, após a anuência do poder concedente, sob pena de caducidade da concessão (art. 27 da Lei 8.987/1995).

A transferência da concessão implica verdadeira cessão da posição jurídica da figura do concessionário. Com essa modificação subjetiva do contrato de concessão, substitui-se o concessionário por outra pessoa jurídica, com a qual o poder concedente passará a se relacionar.

Por outro lado, a transferência do controle acionário da concessionária, a rigor, acarreta uma alteração do quadro societário, mas a pessoa jurídica permanece a mesma, não havendo, tecnicamente, alteração subjetiva no contrato.

A efetivação da transferência e do controle acionário da concessionária pressupõe o atendimento, pelo novo concessionário ou pelo controlador, das exigências de capacidade técnica, idoneidade financeira e regularidade jurídica e fiscal necessárias à assunção do serviço e o comprometimento de que serão observadas todas as cláusulas do contrato em vigor (art. 27, § 1.º, da Lei 8.987/1995).

---

[103] Nesse sentido: DI PIETRO, Maria Sylvia Zanella. *Parcerias na administração pública*. 5. ed. São Paulo: Atlas, 2005. p. 127.

[104] Nesse sentido: JUSTEN FILHO, Marçal. *Teoria geral das concessões de serviço público*. São Paulo: Dialética, 2003. p. 526; BANDEIRA DE MELLO, Celso Antônio. *Curso de direito administrativo*. 21. ed. São Paulo: Malheiros, 2006. p. 693.

É relevante destacar que o STF declarou constitucional o art. 27, *caput* e § 1.º, da Lei 8.987/1995 para afirmar a desnecessidade de licitação para efetivação da transferência da concessão ou do controle societário da concessionária. Após afastar o caráter personalíssimo (*intuito personae*) dos contratos de concessão, sob o argumento de que é a proposta mais vantajosa que vincula a Administração Pública e não a identidade ou os atributos subjetivos do contratado, a Suprema Corte afirmou que a exigência de licitação para a concessão de serviços públicos, contida no art. 175 da CRFB, é atendida com o certame realizado para delegação inicial do serviço públicos e os referidos efeitos jurídicos do contrato de concessão são preservados no ato de transferência mediante a anuência administrativa.[105]

3.6.13. Encargos do poder concedente e da concessionária

O poder concedente, titular do serviço público, tem o dever de fiscalizar permanentemente o fiel cumprimento das cláusulas contratuais e da legislação pelo concessionário (art. 29 da Lei 8.987/1995).

Constatada eventual irregularidade na execução do contrato de concessão, o poder concedente, após a efetivação da ampla defesa e do contraditório, deve aplicar sanções à concessionária, intervir na concessão ou extingui-la, conforme o caso (art. 29, II, III e IV, da Lei 8.987/1995).

No tocante à intervenção na concessão, tal medida deve ser formalizada por decreto do poder concedente, que conterá a designação do interventor, o prazo da intervenção e os objetivos e limites da medida (art. 32, *caput* e parágrafo único, da Lei 8.987/1995).

Efetivada a intervenção, o poder concedente deverá instaurar, no prazo de trinta dias, procedimento administrativo para comprovar as supostas irregularidades e apurar responsabilidades, respeitado o princípio da ampla defesa e do contraditório (art. 33 da Lei 8.987/1995).

Caso seja constatada a possibilidade de continuidade do contrato de concessão, ao final da intervenção será efetuada a prestação de contas pelo interventor, que responderá pelos atos praticados durante a sua gestão, e o serviço será devolvido à concessionária (art. 34 da Lei 8.987/1995).

Além das prerrogativas mencionadas, a legislação reconhece ao poder concedente duas prerrogativas relacionadas à intervenção estatal na propriedade, a saber: a) o poder concedente pode declarar de utilidade pública os bens necessários à execução do serviço ou obra pública, promovendo as desapropriações, diretamente ou mediante outorga de poderes à concessionária, caso em que será desta a responsabilidade pelas indenizações cabíveis (art. 29, VIII, da Lei 8.987/1995); e b) o poder concedente pode declarar a necessidade ou a utilidade pública, para fins de instituição de servidão administrativa, dos bens necessários à execução de serviço ou obra pública, promovendo-a diretamente ou mediante outorga de poderes à concessionária, caso em que será desta a responsabilidade pelas indenizações cabíveis (art. 29, IX, da Lei 8.987/1995).

Os demais encargos do poder concedente, previstos no art. 29 da Lei 8.987/1995, são: homologar reajustes e proceder à revisão das tarifas na forma desta Lei, das normas pertinentes

---

[105] STF, ADI 2.946/DF, Rel. Min. Dias Toffoli, Tribunal Pleno, *DJe* 18.05.2022 (*Informativo de Jurisprudência do STF* n. 1.046). Na doutrina, em sentido contrário, com a exigência de licitação para transferência da concessão: DI PIETRO, Maria Sylvia Zanella. *Parcerias na administração pública.* 5. ed. São Paulo: Atlas, 2005. p. 128. A polêmica, em nossa opinião, somente era aplicável à transferência da concessão, e não à transferência do controle acionário, que não acarretava a alteração da concessionária, mas apenas do seu controle.

Cap. 3 – TEMAS ESPECIAIS DE LICITAÇÕES E CONTRATOS ADMINISTRATIVOS | **287**

e do contrato (inciso V); estimular o aumento da qualidade, produtividade, preservação do meio ambiente e conservação (inciso X); incentivar a competitividade (inciso XI); e estimular a formação de associações de usuários para defesa de interesses relativos ao serviço (inciso XII).

Da mesma forma, a concessionária, responsável pela execução do serviço público, possui uma série de encargos ou obrigações, previstas no art. 31 da Lei 8.987/1995, que devem ser observadas durante todo o contrato, sob pena de caracterização de inadimplemento contratual e aplicação de sanções.

A concessionária, inicialmente, tem o dever de prestar serviço adequado, na forma prevista na legislação, nas normas técnicas aplicáveis ao serviço e no contrato, em atenção ao princípio da continuidade do serviço público (art. 31, I, da Lei 8.987/1995).

É oportuno ressaltar que a continuidade do serviço público não impede a sua interrupção em situação de emergência ou após prévio aviso, quando motivada por razões de ordem técnica ou de segurança das instalações e por inadimplemento do usuário, considerado o interesse da coletividade (art. 6.º, § 3.º, I e II, da Lei 8.987/1995).

Os demais encargos são mencionados no art. 31 da Lei 8.987/1995, a saber: a) cumprimento das normas do serviço e as cláusulas contratuais da concessão (inciso IV); b) possibilidade de promoção das desapropriações e constituição de servidões, autorizadas pelo poder concedente, conforme previsto no edital e no contrato (inciso VI); c) zelar pela integridade dos bens vinculados à prestação do serviço, bem como segurá-los adequadamente (inciso VII); e d) captar, aplicar e gerir os recursos financeiros necessários à prestação do serviço (inciso VIII).

Por fim, a concessionária deve propiciar a fiscalização do contrato de serviço público por parte do poder concedente, adotando as seguintes medidas: a) manter em dia o inventário e o registro dos bens vinculados à concessão (inciso II); prestar contas da gestão do serviço ao poder concedente e aos usuários, nos termos definidos no contrato (inciso III); permitir aos encarregados da fiscalização livre acesso, em qualquer época, às obras, aos equipamentos e às instalações integrantes do serviço, bem como a seus registros contábeis (inciso V).

3.6.14. Direitos e obrigações dos usuários

O usuário do serviço público, destinatário final do serviço, recebe proteção especial do ordenamento jurídico. O art. 175, parágrafo único, inciso II, da CRFB remeteu ao legislador ordinário a tarefa de estabelecer os direitos dos usuários. Nesse sentido, o art. 7.º da Lei 8.987/1995 elenca direitos e obrigações dos usuários, sem prejuízo daqueles previstos no CDC, conforme será abordado a seguir.

Os usuários possuem os seguintes direitos: a) recebimento do serviço público adequado, assim considerado aquele que "satisfaz as condições de regularidade, continuidade, eficiência, segurança, atualidade, generalidade, cortesia na sua prestação e modicidade das tarifas" (art. 6.º, § 1.º, da Lei 8.987/1995); b) obtenção de informações do poder concedente e da concessionária para a defesa de interesses individuais ou coletivos; e c) utilização do serviço, com liberdade de escolha entre vários prestadores de serviços, quando for o caso, observadas as normas do poder concedente (art. 7.º, I a III, da Lei 8.987/1995).

Vale mencionar, ainda, que as concessionárias de serviços públicos, de direito público e privado, nos Estados e no Distrito Federal, devem oferecer ao consumidor e ao usuário, dentro do mês de vencimento, o mínimo de seis datas opcionais para escolherem os dias de vencimento de seus débitos (art. 7.º-A da Lei 8.987/1995).

Os usuários, por outro lado, possuem deveres que devem ser observados na fruição do serviço público, a saber: a) levar ao conhecimento do poder público e da concessionária as irregularidades das quais tenham ciência, referentes ao serviço prestado; b) comunicar às autoridades competentes os atos ilícitos praticados pela concessionária na prestação do serviço; e c) contribuir para a permanência das boas condições dos bens públicos por meio dos quais lhes são prestados os serviços (art. 7.º, IV a VI, da Lei 8.987/1995).

Ademais, o usuário tem o dever de pagar a tarifa à concessionária pelo serviço público utilizado, havendo previsão de interrupção do serviço público em caso de eventual inadimplemento, na forma do art. 6.º, § 3.º, II, da Lei 8.987/1995.

Prevalece, na doutrina e na jurisprudência, a tese que admite, em regra, a suspensão do serviço público, pois, a partir do critério da especialidade, a Lei 8.987/1995 (art. 6.º, § 3.º, II) deve ser considerada norma especial em relação ao CDC (art. 22).[106] Nesse caso, a interrupção do serviço não poderá se iniciar na sexta-feira, no sábado ou no domingo, nem em feriado ou no dia anterior a feriado (art. 6.º, § 4.º, da Lei 8.987/1995, incluído pela Lei 14.015/2020).[107]

Em hipóteses excepcionais, a interrupção do serviço público pode ser afastada, garantindo a continuidade do atendimento de direitos fundamentais, sendo lícito mencionar dois exemplos:

a) Poder Público como usuário do serviço concedido e prestação de serviços essenciais à população: a concessionária não pode interromper a prestação do serviço público ao Poder Público inadimplente quando este último prestar serviços essenciais à coletividade (ex.: impossibilidade de interrupção do serviço de energia para hospitais públicos, postos de saúde, escolas públicas), admitindo-se, por outro lado, o corte do serviço para as unidades estatais que não prestam serviços não essenciais (ex.:

---

[106] STJ, REsp 363.943/MG, 1.ª Seção, Rel. Min. Humberto Gomes de Barros, *DJ* 1.º.03.2004, p. 119; CARVALHO FILHO, José dos Santos. *Manual de direito administrativo*. 18. ed. Rio de Janeiro: Lumen Juris, 2007. p. 297-298. O STJ fixou, ainda, a seguinte tese: "Na hipótese de débito estrito de recuperação de consumo efetivo por fraude no aparelho medidor atribuída ao consumidor, desde que apurado em observância aos princípios do contraditório e da ampla defesa, é possível o corte administrativo do fornecimento do serviço de energia elétrica, mediante prévio aviso ao consumidor, pelo inadimplemento do consumo recuperado correspondente ao período de 90 (noventa) dias anterior à constatação da fraude, contanto que executado o corte em até 90 (noventa) dias após o vencimento do débito, sem prejuízo do direito de a concessionária utilizar os meios judiciais ordinários de cobrança da dívida, inclusive antecedente aos mencionados 90 (noventa) dias de retroação" (STJ, Tema/Repetitivo 699).

[107] De forma semelhante, a Lei 13.460/2017, alterada pela Lei 14.015/2020, estabelece: "Art. 5.º O usuário de serviço público tem direito à adequada prestação dos serviços, devendo os agentes públicos e prestadores de serviços públicos observar as seguintes diretrizes: [...] XVI – comunicação prévia ao consumidor de que o serviço será desligado em virtude de inadimplemento, bem como do dia a partir do qual será realizado o desligamento, necessariamente durante horário comercial. Parágrafo único. A taxa de religação de serviços não será devida se houver descumprimento da exigência de notificação prévia ao consumidor prevista no inciso XVI do *caput* deste artigo, o que ensejará a aplicação de multa à concessionária, conforme regulamentação. Art. 6.º São direitos básicos do usuário: [...] VII – comunicação prévia da suspensão da prestação de serviço. Parágrafo único. É vedada a suspensão da prestação de serviço em virtude de inadimplemento por parte do usuário que se inicie na sexta-feira, no sábado ou no domingo, bem como em feriado ou no dia anterior a feriado".

Cap. **3** – TEMAS ESPECIAIS DE LICITAÇÕES E CONTRATOS ADMINISTRATIVOS | **289**

possibilidade de interrupção do serviço concedido para ginásio de esportes, piscina municipal, biblioteca pública), conforme jurisprudência do STJ;[108] e

b) risco de lesão ao núcleo essencial de direitos fundamentais dos particulares (ex.: impossibilidade de interrupção do serviço ao usuário, internado em seu domicílio e que sobrevive com ajuda de aparelhos elétricos).

3.6.15. Extinção do contrato de concessão

As formas de extinção do contrato de concessão encontram-se enumeradas, exemplificativamente, no art. 35 da Lei 8.987/1995, bem como outras hipóteses de extinção consagradas na legislação em vigor, com destaque para as seguintes hipóteses: a) advento do termo contratual; b) encampação; c) caducidade; d) rescisão; e) anulação; f) falência ou extinção da empresa concessionária e falecimento ou incapacidade do titular, no caso de empresa individual; g) distrato, acordo ou extinção amigável; h) desaparecimento do objeto; i) caso fortuito e força maior.

3.6.15.1. Advento do termo contratual

A primeira hipótese de extinção do contrato de concessão, indicada no art. 35, I, da Lei 8.987/1995, é o advento do termo contratual. Trata-se de extinção natural em virtude do término do prazo pactuado pelas partes no contrato de concessão, com o cumprimento de suas cláusulas.

Enquanto o advento do termo contratual constitui a extinção natural do contrato de concessão, em razão da sua completa execução, as demais hipóteses representam extinções prematuras de extinção contratual, uma vez que a avença será finalizada antes do prazo inicialmente estipulado pelas partes e sem o cumprimento integral de suas cláusulas.

3.6.15.2. Encampação

A encampação, consagrada nos arts. 35, II, e 37 da Lei 8.987/1995, é a extinção prematura do contrato de concessão por razões de interesse público, mediante lei autorizativa específica e após prévio pagamento da indenização.

A decretação da encampação pressupõe a apresentação, motivada, das razões de interesse público que justifiquem a extinção precoce do contrato de concessão. Aqui, é importante destacar que não é suficiente a alegação genérica do "interesse público" para o desfazimento da relação jurídica, revelando-se fundamental a demonstração, clara e justificada, dos motivos concretos que justificam a decisão administrativa, bem como a ponderação das consequências jurídicas e econômicas da extinção prematura do contrato, inclusive o impacto decorrente do dever de indenização ao concessionário, na forma do art. 20 da Lei de Introdução às Normas do Direito Brasileiro (LINDB), incluído pela Lei 13.655/2018.

Nesse ponto, cabe sublinhar que a encampação somente deverá ser decretada caso não seja possível satisfazer as novas necessidades públicas por meio de alterações contratuais, respeitados os limites permitidos pelo *jus variandi*.[109] A continuidade da relação contratual, com as alterações que se fizerem necessárias, revela alternativa menos onerosa à extinção prematura e unilateral da avença.

---

[108] STJ, 2.ª Turma, REsp 460.271/SP, Rel. Min. Eliana Calmon, *DJ* 21.02.2005, *Informativo de Jurisprudência do STJ* n. 207. Vide, ainda, outras decisões noticiadas nos *Informativos de Jurisprudência do STJ* n. 294, 297, 365 e 378.

[109] GONÇALVES, Pedro. *A concessão de serviços públicos*. Coimbra: Almedina, 1999. p. 347-348.

Quanto ao valor da indenização, poderia haver alguma dúvida em relação ao montante devido à concessionária. Isso porque o art. 37 da Lei 8.987/1995, ao fazer remissão ao art. 36 do mesmo diploma legal, poderia sugerir que o valor da indenização estaria restrito às parcelas dos investimentos vinculados a bens reversíveis, ainda não amortizados ou depreciados. Em suma: a indenização levaria em consideração os danos emergentes, mas não os lucros cessantes. A interpretação, contudo, seria inadequada.

A indenização, na encampação, deve englobar os danos emergentes e os lucros cessantes, com a compensação de todos os prejuízos comprovados pela concessionária, uma vez que esta não contribuiu para a extinção prematura do contrato de concessão, não sendo razoável exigir que venha a suportar prejuízos em relação aos quais não deu causa.[110]

Por fim, quanto à exigência de lei autorizativa específica para formalização da encampação, o objetivo do legislador, certamente, foi o de conferir maior segurança jurídica à relação contratual e à concessionária contra a extinção prematura nas hipóteses em que o contrato é executado de forma válida e escorreita.

Não obstante o relevante objetivo buscado pelo legislador e a presunção de constitucionalidade das normas, entendemos que a exigência de autorização legislativa para encampação é inconstitucional, pois representa uma interferência indevida do Legislativo sobre a atuação do Executivo, o que afronta o princípio da separação de poderes.[111]

3.6.15.3. Caducidade

A caducidade, por sua vez, é a extinção do contrato de concessão decorrente da inexecução total ou parcial das suas cláusulas por parte da concessionária, na forma do art. 35, III, da Lei 8.987/1995.[112]

As hipóteses de inadimplemento contratual que acarretam a caducidade estão previstas no § 1° do art. 38 da Lei 8.987/1995, a saber: a) o serviço estiver sendo prestado de forma inadequada ou deficiente, tendo por base as normas, critérios, indicadores e parâmetros definidores da qualidade do serviço; b) a concessionária descumprir cláusulas contratuais ou disposições legais ou regulamentares concernentes à concessão; c) a concessionária paralisar o serviço ou concorrer para tanto, ressalvadas as hipóteses decorrentes de caso fortuito ou força maior; d) a concessionária perder as condições econômicas, técnicas ou operacionais para manter a adequada prestação do serviço concedido; e) a concessionária não cumprir as penalidades impostas por

---

[110] No mesmo sentido: GUIMARÃES, Fernando Vernalha. *Concessão de serviço público*. 2. ed. São Paulo: Saraiva, 2014. p. 354-356; JUSTEN FILHO, Marçal. *Teoria geral das concessões de serviço público*. São Paulo: Dialética, 2003, p. 587; GUIMARÃES, Bernardo Strobel. Fundamentos constitucionais para indenização dos lucros cessantes em caso de extinção de contratos administrativos por interesse da Administração Pública. *Revista de Contratos Públicos* – RCP, n. 4, Belo Horizonte: Fórum, 2014, p. 21.

[111] No sentido da inconstitucionalidade: DI PIETRO, Maria Sylvia Zanella. *Parcerias na administração pública*. 5. ed. São Paulo: Atlas, 2005. p. 132. Em sentido contrário, afirmando a constitucionalidade da exigência de lei específica para encampação: JUSTEN FILHO, Marçal. *Teoria geral das concessões de serviço público*. São Paulo: Dialética, 2003. p. 582-583.

[112] A expressão "caducidade" não tem sentido unívoco. No campo dos atos administrativos, a caducidade refere-se, geralmente, à extinção do ato administrativo quando a situação nele contemplada não é mais tolerada pela nova legislação. OLIVEIRA, Rafael Carvalho Rezende. *Curso de direito administrativo*. 7. ed. São Paulo: Método, 2019. p. 350.

infrações, nos devidos prazos; f) a concessionária não atender a intimação do poder concedente no sentido de regularizar a prestação do serviço; e g) a concessionária não atender a intimação do poder concedente para, em 180 (cento e oitenta) dias, apresentar a documentação relativa a regularidade fiscal, no curso da concessão, na forma do art. 68 da Lei 14.133/2021.

Frise-se que o rol de situações ensejadoras da caducidade, contido no § 1.º do art. 38 da Lei 8.987/1995, não é exaustivo. Além de admitida a inclusão de outras hipóteses no instrumento contratual, o art. 27 da Lei 8.987/1995 prevê a decretação da caducidade na hipótese de transferência de concessão ou do controle societário da concessionária sem prévia anuência do poder concedente.

A caducidade deve ser precedida de processo administrativo, em que seja assegurado o direito de ampla defesa. Antes da instauração do processo de verificação de inadimplência, o poder concedente fixará prazo ("prazo de cura") para que a concessionária corrija as supostas falhas e descumprimentos contratuais, o que revela a consensualidade na ação administrativa, inclusive em matéria sancionatória.[113] Instaurado o processo administrativo e comprovada a inadimplência da concessionária, a caducidade será declarada por decreto do poder concedente (art. 38, §§ 2.º a 4.º, da Lei 8.987/1995).

O Poder Público deve decretar a caducidade apenas em situações de maior gravidade, quando constatada a prática de infração contratual ou legal grave por parte da concessionária, em razão do princípio da proporcionalidade. Quando constatada a possibilidade de continuidade da relação contratual, o Poder Público deve prestigiar a manutenção do contrato, com a aplicação das sanções contratualmente previstas.

Em virtude do inadimplemento contratual do concessionário, a caducidade não pressupõe indenização prévia, ressalvados os valores devidos por parte do poder concedente em virtude dos bens reversíveis. A reversibilidade relaciona-se aos bens da concessionária, necessários à prestação do serviço público, que serão transferidos ao patrimônio do poder concedente, no final do contrato de concessão, mediante indenização, uma vez que não se admite o confisco (art. 38, § 5.º, da Lei 8.987/1995).

A extinção da concessão por caducidade não acarreta responsabilidade ao poder concedente em relação aos encargos, ônus, obrigações ou compromissos com terceiros ou com empregados da concessionária (art. 38, § 6.º, da Lei 8.987/1995).

Saliente-se, mais uma vez, que a caducidade é medida extrema e deve ficar restrita aos casos graves de inadimplemento. Por essa razão, nas PPPs, antes da sua adoção, o contrato poderá estabelecer os requisitos e condições em que o parceiro público autorizará a transferência do controle ou a administração temporária da sociedade de propósito específico (SPE) aos seus financiadores e garantidores com quem não mantenha vínculo societário direto, com o objetivo de promover a sua reestruturação financeira e assegurar a continuidade da prestação dos serviços, na forma do art. 5.º, I, da Lei 11.079/2004.

---

[113] A consensualidade no âmbito do Direito Público Sancionador não é novidade. Mencionem-se, por exemplo, os termos de ajustamento de conduta – TAC (art. 211 da Lei 8.069/1990 e art. 5.º, § 6.º, da Lei 7.347/1985), os acordos de leniência (art. 86 da Lei 12.529/2011 e art. 16 da Lei 12.846/2013), entre outros instrumentos jurídicos. O tema foi reforçado com a promulgação da Lei 13.655/2018, que incluiu o art. 26 na Lei de Introdução às Normas do Direito Brasileiro (LINDB) para admitir a celebração de compromisso com os interessados para eliminar irregularidade, incerteza jurídica ou situação contenciosa na aplicação do direito público. OLIVEIRA, Rafael Carvalho Rezende. A consensualidade no Direito Público Sancionador e os acordos nas ações de improbidade administrativa. *Revista Forense*, v. 114, n. 427, p. 197-218, jan./jun. 2018.

292 | LICITAÇÕES E CONTRATOS ADMINISTRATIVOS – *Rafael Carvalho Rezende Oliveira*

Por fim, as principais diferenças entre a encampação e a caducidade podem ser resumidas no quadro comparativo a seguir:

	Encampação	**Caducidade**
Fundamento	Interesse público	Inadimplemento da concessionária
Formalização	Lei autorizativa e decreto	Processo administrativo e decreto
Indenização	Indenização prévia do concessionário	Indenização eventual e posterior do concessionário

3.6.15.4. Rescisão

A rescisão do contrato de concessão relaciona-se ao descumprimento das normas contratuais pelo poder concedente (arts. 35, IV e 39 da Lei 8.987/1995). Enquanto a caducidade refere-se ao inadimplemento do concessionário, a rescisão concerne ao inadimplemento do poder concedente.

Ausente o acordo administrativo sobre a extinção do negócio jurídico, a rescisão do contrato de concessão deverá ser declarada por sentença judicial.

Conforme já destacado, a expressão "rescisão" apresenta significados diversos no campo dos contratos administrativos. O art. 39 da Lei 8.987/1995, por exemplo, menciona a rescisão como forma de extinção prematura do contrato, em razão do inadimplemento do poder concedente. Lembre-se, aqui, de que a atual Lei de Licitações substituiu a expressão "rescisão" por "extinção" no tratamento dos casos de término prematuro do ajuste (art. 137 da Lei 14.133/2021).

A concessionária, no caso, não poderá se valer da "exceção de contrato não cumprido", tendo em vista o princípio da continuidade do serviço público. Nesse sentido, o parágrafo único do art. 39 da Lei 8.987/1995 dispõe que "os serviços prestados pela concessionária não poderão ser interrompidos ou paralisados, até a decisão judicial transitada em julgado".

É importante ressaltar que a interpretação literal da norma em comento colocaria em risco, em determinadas hipóteses concretas, a existência da própria concessionária, prejudicada pelo inadimplemento do poder concedente e pela demora do processo judicial. Destarte, é razoável admitir a possibilidade de suspensão dos serviços por decisão judicial liminar, quando houver risco à própria existência da concessionária, notadamente pelo fato de não ser lícito excluir do Poder Judiciário a apreciação não só de lesões, mas também de ameaças de lesão aos direitos (art. 5.º, XXXV, da CRFB).[114]

3.6.15.5. Anulação

A anulação do contrato de concessão decorre da ilegalidade na licitação ou no respectivo contrato (art. 35, V, da Lei 8.987/1995).

---

[114] JUSTEN FILHO, Marçal. *Teoria geral das concessões de serviço público.* São Paulo: Dialética, 2003. p. 610-611; ARAGÃO, Alexandre Santos de. *Direito dos serviços públicos.* Rio de Janeiro: Forense, 2007. p. 660.

Cap. 3 – TEMAS ESPECIAIS DE LICITAÇÕES E CONTRATOS ADMINISTRATIVOS

A anulação deve ser declarada na própria via administrativa, no exercício da autotutela administrativa (Súmulas 346 e 473 do STF), ou na esfera judicial, assegurado, em qualquer caso, o direito à ampla defesa e ao contraditório.

O dever de declarar a nulidade das licitações e dos contratos administrativos em geral pode ser mitigado quando se reconhecer, por meio do processo de ponderação, que a invalidação do ajuste acarretará maiores prejuízos aos interesses da coletividade. Trata-se da possibilidade de convalidação dos atos e negócios jurídicos exercida dentro dos limites da legislação.[115]

Na anulação do contrato de concessão, caso o concessionário não tenha contribuído para o vício e esteja de boa-fé, deverá ser indenizado pelo poder concedente, na forma do art. 149 da Lei 14.133/2021.[116]

3.6.15.6. Falência ou desaparecimento do concessionário

A extinção do contrato de concessão pode ocorrer em razão da falência ou extinção da empresa concessionária e falecimento ou incapacidade do titular, no caso de empresa individual (art. 35, VI, da Lei 8.987/1995).[117] Trata-se de extinção subjetiva do contrato de concessão, em razão da extinção da própria contratada.

É importante notar que a legislação não prevê a extinção da concessão no caso de recuperação judicial da concessionária. Nessa situação, a concessionária não deixa de existir, submetendo-se, contudo, ao regime previsto nos arts. 47 a 72 da Lei 11.101/2005, que tem por objetivo viabilizar a superação da crise econômico-financeira do devedor, com a preservação da empresa, a efetivação da sua função social e o estímulo à atividade econômica.

O que pode ocorrer, contudo, é a eventual extinção da concessão por meio da decretação da caducidade se for demonstrado o grave descumprimento das cláusulas contratuais por parte da concessionária, especialmente em razão das suas dificuldades econômicas.

3.6.15.7. Distrato, acordo ou extinção amigável

Conforme destacado anteriormente, os casos indicados no art. 35 da Lei 8.987/1995 não são exaustivos, cabendo destacar outras situações legítimas de extinção contratual.

Mencione-se, inicialmente, o distrato ou "rescisão amigável" que é a extinção do contrato de concessão por ato bilateral e consensual. Trata-se de solução inerente a todo e qualquer negócio jurídico, uma vez que o consenso tem a força de inaugurar a relação negocial, bem como de extingui-la.

A possibilidade de extinção amigável dos contratos administrativos foi contemplada expressamente no art. 138, II, da Lei 14.133/2021 e no art. 23, XV, da Lei 8.987/1995, aplicável, também, aos contratos de PPPs.

---

[115] Em âmbito federal, o art. 55 da Lei 9.784/1999 dispõe: "Art. 55. Em decisão na qual se evidencie não acarretarem lesão ao interesse público nem prejuízo a terceiros, os atos que apresentarem defeitos sanáveis poderão ser convalidados pela própria Administração".

[116] Nesse sentido: JUSTEN FILHO, Marçal. *Teoria geral das concessões de serviço público*. São Paulo: Dialética, 2003. p. 614. Em sentido contrário, Hely Lopes Meirelles defendia a ausência de indenização do concessionário, pois a anulação pressupõe ilegalidade e produz efeitos *ex tunc* ou retroativos. MEIRELLES, Hely Lopes. *Direito administrativo brasileiro*. 22. ed. São Paulo: Malheiros, 1997. p. 354.

[117] De forma semelhante, o art. 195 da Lei 11.101/2005 dispõe: "A decretação da falência das concessionárias de serviços públicos implica extinção da concessão, na forma da lei".

294 | LICITAÇÕES E CONTRATOS ADMINISTRATIVOS – *Rafael Carvalho Rezende Oliveira*

Cabe destacar a consagração de uma forma especial de distrato no âmbito do Programa de Parcerias de Investimentos – PPI. Trata-se da "relicitação", definida como "a extinção amigável do contrato de parceria e a celebração de novo ajuste negocial para o empreendimento, em novas condições contratuais e com novos contratados, mediante licitação promovida para esse fim" (art. 4.º, III, da Lei 13.448/2017).

Com o objetivo de assegurar a continuidade dos serviços contratados, o Poder Público poderá realizar a relicitação do objeto dos contratos de parceria nos setores rodoviário, ferroviário e aeroportuário quando houver o descumprimento das respectivas cláusulas ou a demonstração da incapacidade do contratado de adimplir as obrigações contratuais ou financeiras assumidas originalmente, na forma do art. 13 da Lei 13.448/2017.

Nesse caso, o Poder Público e o contratado deverão celebrar termo aditivo, com a suspensão do processo de caducidade e a definição das condições para execução do contrato até a sua finalização, que ocorrerá com a celebração do novo contrato com outro parceiro privado (art. 15, II, da Lei 13.448/2017).[118]

Verifica-se, portanto, que a relicitação constitui uma espécie de distrato diferido ou postergado, uma vez que as partes consentem que o contrato vigente não será extinto imediatamente, mas após a celebração do novo contrato com outra entidade privada.[119]

A relicitação dos contratos de parceria pressupõe a elaboração de estudo técnico pelo Poder Público contratante, com o objetivo de assegurar sua viabilidade econômico-financeira e operacional, que será submetido à consulta pública e encaminhado ao Tribunal de Contas (arts. 17 ao 19 da Lei 13.448/2017).[120]

3.6.15.8. *Caso fortuito e força maior*

A concessão pode ser extinta, ainda, em razão do caso fortuito e da força maior.

Conforme destacado no item 2.13.2.3, a antiga Lei 8.666/1993 previa o dever de indenização por parte da Administração em relação ao contratado na hipótese de caso fortuito e força maior (arts. 78, XVII, e 79, § 2.º, da Lei), o que gerava discussão sobre a sua constitucionalidade, em razão da fixação de responsabilidade do Poder Público sem a ocorrência do nexo causal. Sempre sustentamos que a Administração, nesses casos, deveria indenizar apenas os prejuízos até o momento do evento imprevisível (casos elencados nos incisos I a III do § 2.º do art. 79 da antiga Lei: devolução de garantia, pagamentos devidos pela execução do contrato até a data

---

[118] O contratado, ao aderir ao processo de relicitação do contrato de parceria, deve renunciar à participação no novo certame ou no futuro contrato de parceria relicitado (art. 14, § 2.º, IV, da Lei 13.448/2017).

[119] O STF considerou constitucional a legislação do Município de São Paulo que estabeleceu diretrizes gerais para a prorrogação e relicitação dos contratos de parceria entre o Município de São Paulo e a iniciativa privada. STF, ADPF 971/SP, ADPF 987 e ADPF 992/SP, Rel. Min. Gilmar Mendes, Tribunal Pleno, *DJe* 02.8.2023, 03.08.2023 e 04.08.2023.

[120] O estudo técnico deve abordar, ao menos, os seguintes elementos (art. 17, § 1.º, da Lei 13.448/2017): a) o cronograma de investimentos previstos; b) as estimativas dos custos e das despesas operacionais; c) as estimativas de demanda; d) a modelagem econômico-financeira; e) as diretrizes ambientais, quando exigíveis, observado o cronograma de investimentos; f) as considerações sobre as principais questões jurídicas e regulatórias existentes; e g) o levantamento de indenizações eventualmente devidas ao contratado pelos investimentos em bens reversíveis vinculados ao contrato de parceria realizados e não amortizados ou depreciados.

da rescisão e pagamento do custo da desmobilização), mas não os lucros cessantes, sob pena de caracterização de enriquecimento sem causa do particular.

Ao contrário do art. 79, § 2.º, da Lei 8.666/1993, o art. 138, § 2.º, da Lei 14.133/2021 estabeleceu a responsabilidade da Administração apenas nos casos de sua culpa exclusiva.

Não obstante o art. 2.º, II, da Lei 8.987/1995 disponha que a concessionária preste o serviço "por sua conta e risco", a responsabilidade não engloba os riscos extraordinários, admitindo-se, em princípio, a aplicação da solução prevista no art. 79, § 2.º, da Lei 8.666/1993. Contudo, a partir do art. 138, § 2.º, da Lei 14.133/2021, inexistiria responsabilidade civil automática da Administração Pública na hipótese de extinção prematura do contrato, com fundamento no caso fortuito e na força maior, salvo disposição em contrário na matriz de riscos inserida na relação contratual.

Nos contratos de PPPs, por sua vez, a responsabilidade dependerá da repartição de riscos estabelecida no edital e no contrato, na forma do arts. 4.º, VI, e 5.º, III, da Lei 11.079/2004.

3.6.16. Arbitragem nos contratos de concessão

A utilização de métodos alternativos ao Poder Judiciário para solução de conflitos (*Alternative Dispute Resolution – ADRs*) tem sido intensificada no âmbito das contratações púbicas nos últimos anos, com destaque para negociação, mediação, conciliação, *dispute boards* e arbitragem.

Nos contratos de concessão, por exemplo, a utilização da arbitragem encontra previsão específica no art. 23-A da Lei 8.987/1995 e no art. 11, III, da Lei 11.079/2004, que tratam, respectivamente, das concessões comuns e das PPPs. As normas em referência limitam-se a dispor que a arbitragem deve ser realizada no Brasil e em língua portuguesa.

A Lei de Arbitragem, alterada pela Lei 13.129/2015, estabelece que a Administração Pública, direta e indireta, por meio da autoridade competente para realização de acordos e transações, poderá estabelecer convenção de arbitragem de direito (e não por equidade) para dirimir conflitos relativos a direitos patrimoniais disponíveis, respeitado o princípio da publicidade (art. 1.º, § 1.º e § 2.º e art. 2.º, § 3.º, da Lei 9.307/1996).

Em âmbito federal, o Decreto 10.025/2019 dispõe sobre a arbitragem para dirimir litígios que envolvam a Administração Pública federal nos setores portuário e de transporte rodoviário, ferroviário, aquaviário e aeroportuário.

O estudo da arbitragem e de outros métodos adequados de solução de conflitos nas contratações públicas foi aprofundado no item 2.14.3.

3.6.17. Reversão dos bens

A reversão é a transferência ao poder concedente dos bens do concessionário, afetados ao serviço público e necessários à sua continuidade, na hipótese de extinção do contrato de concessão (arts. 35 e 36 da Lei 8.987/1995).

O fundamento da reversão é o princípio da continuidade do serviço público, já que os bens, necessários à prestação do serviço público, deverão ser utilizados pelo poder concedente, após o término do contrato de concessão. O edital de licitação e o respectivo contrato devem dispor sobre os bens reversíveis, na forma dos arts. 18, X e XI, e 23, X, da Lei 8.987/1995.

A reversão dos bens da concessionária ao poder concedente deve ser efetivada mediante indenização, sob pena de confisco, conforme dispõe o art. 36 da Lei 8.987/1995.

3.7. CONCESSÕES ESPECIAIS (LEI 11.079/2004) – PARCERIAS PÚBLICO-PRIVADAS (PPPS)

Ao lado da concessão comum de serviços públicos (Lei 8.987/1995), a legislação consagra, atualmente, a concessão especial de serviços públicos, denominada Parceria Público-Privada (PPP), submetida ao regime jurídico diferenciado previsto na Lei 11.079/2004.

3.7.1. Conceito, fontes normativas e espécies

A inserção do novo modelo de concessões (PPP) no ordenamento jurídico pátrio, inspirado no formato utilizado no direito comparado,[121] pode ser justificada pelos seguintes fatores:

a) **limitação ou esgotamento da capacidade de endividamento público**, tendo em vista os limites colocados pela Lei de Responsabilidade Fiscal (LC 101/2000) que restringem a capacidade de investimento pelo Poder Público na prestação direta dos serviços públicos e na criação de infraestrutura adequada ("gargalos" de infraestrutura);

b) **necessidade de prestação de serviços públicos não autossustentáveis**: após o período de desestatização na década de 90, quando grande parte dos serviços públicos "atrativos" foi concedida aos particulares, o Estado permaneceu com a obrigação de prestar serviços não autossustentáveis, assim definidos por necessitarem de investimentos de grande vulto ou pela impossibilidade jurídica ou política de cobrança de tarifa do usuário;

c) **princípio da subsidiariedade e necessidade de eficiência do serviço**: o Estado subsidiário valoriza a atuação privada, considerada mais eficiente que a atuação estatal direta.

Em consequência, o legislador estabeleceu regime jurídico especial para as PPPs, com a introdução de novas garantias, a repartição de riscos na prestação dos serviços, novas formas de remuneração do parceiro privado, entre outras mudanças, que objetivam atrair investidores privados na parceria a ser formalizada com o Estado no atendimento do interesse público.

A União, autorizada pelo art. 22, XXVII, da CRFB, estabeleceu normas gerais de PPPs na Lei 11.079/2004, assim como os demais entes federados que já fixaram normas específicas sobre o tema.[122]

---

[121] Costuma-se afirmar que as PPPs foram inspiradas na *Private Finance Iniciative* (PFI) inglesa, uma forma especial de concessão em que a remuneração do parceiro privado, em vez de ser necessariamente proveniente dos usuários (tarifa), advém do próprio Poder Público. Oficialmente, a PFI foi lançada em 1992, durante o governo conservador do Primeiro-Ministro John Major, mas a sua existência remonta ao ano de 1987, data da assinatura do contrato da ponte Queen Elizabeth II. A utilização da PFI ocorre de forma mais intensa a partir de 1997, durante o governo Blair. MARTY, Frédéric; TROSA, Sylvie; VOISIN, Arnaud. *Les partenariats public-privé*. Paris: La Découverte, 2006. p. 11-12. Nos países desenvolvidos, segundo esses autores, a maior parte dos contratos de parcerias público-privadas tem por objeto a concessão de serviços de transportes. Na Inglaterra, por exemplo, cerca de 51% dos contratos são relacionados ao transporte público, com destaque para as operações de modernização e manutenção do metrô londrino (p. 13-14). Vide, ainda: MOREIRA, Vital. A tentação da "Private Finance Iniciative (PFI)". In: MARQUES, Maria Manuel Leitão; MOREIRA, Vital. *A mão visível*: mercado e regulação. Coimbra: Almedina, 2003. p. 188.

[122] Diversos Estados já possuem normas próprias de PPPs, por exemplo: Minas Gerais (Lei 14.868/2003 – essa foi a primeira lei no País sobre o assunto, posteriormente revogada pela Lei 22.606/2017), São Paulo (Lei 11.688/2004), Bahia (Lei 9.290/2004), Goiás (Lei 14.910/2004), Santa Catarina (Lei 17.156/2017), Ceará (Lei 14.391/2009), Rio Grande do Sul (Lei 12.234/2005), Pernambuco (Lei

Cap. 3 – TEMAS ESPECIAIS DE LICITAÇÕES E CONTRATOS ADMINISTRATIVOS | 297

A expressão "parcerias público-privadas" admite dois sentidos:

a) **sentido amplo**: PPP é todo e qualquer ajuste firmado entre o Estado e o particular para consecução do interesse público (ex.: concessões, permissões, convênios, terceirizações, contratos de gestão, termos de parceria etc.);[123]

b) **sentido restrito**: PPP refere-se exclusivamente às parcerias público-privadas previstas na Lei 11.079/2004, sob a modalidade patrocinada ou administrativa.

As PPPs (Lei 11.0179/2004) não se confundem com as concessões comuns (Lei 8.987/1995). As principais diferenças entre a concessão comum e a concessão especial (PPP) podem ser descritas no quadro sinótico a seguir:

	CONCESSÃO COMUM Lei 8.987/1995	CONCESSÃO ESPECIAL (PPP) Lei 11.079/2004
Contraprestação do Parceiro Público	Facultativa	Obrigatória
Risco ordinário do negócio	Risco do concessionário	Repartição objetiva dos riscos
Valor mínimo	Inexistente	R$ 10.000.000,00
Prazo	Não prevê prazo mínimo ou máximo	Mínimo: 5 anos Máximo: 35 anos
Objeto	Serviços públicos	Serviços públicos e/ou administrativos

As PPPs reguladas pela Lei 11.079/2004 podem ser divididas em duas espécies:

a) **PPP patrocinada**: "é a concessão de serviços públicos ou de obras públicas de que trata a Lei 8.987, de 13 de fevereiro de 1995, quando envolver, adicionalmente à tarifa

---

12.765/2005), Piauí (Lei 5.494/2005), Rio Grande do Norte (LC 740/2023), Distrito Federal (Lei 3.792/2006), Rio de Janeiro (Lei 5.068/2007) etc. Vale ressaltar que a ausência de legislação específica não impede a utilização das PPPs por Estados e Municípios, posto que estes poderão se valer das normas gerais previstas na Lei 11.079/2004.

[123] A expressão *Public-Private Partnerships* (PPPs), no sentido amplo, é utilizada no Direito inglês, norte-americano e canadense. Na França, emprega-se a nomenclatura *partenariats public-privé* (PPPs); na Itália, *partenariato pubblico-privato* (PPP) e *Finanza de Progetto*; em Portugal, adota-se a mesma expressão encontrada no ordenamento brasileiro. No Brasil, o sentido amplo foi utilizado por Maria Sylvia Zanella Di Pietro em sua obra *Parcerias na administração pública*. 5. ed. São Paulo: Atlas, 2005. O sentido amplo foi utilizado, também, pela Lei 13.334/2016, que criou o Programa de Parcerias de Investimentos (PPI), e inseriu na expressão "contratos de parceria" a concessão comum, a concessão patrocinada, a concessão administrativa, a concessão regida por legislação setorial, a permissão de serviço público, o arrendamento de bem público, a concessão de direito real e os outros negócios público-privados que, em função de seu caráter estratégico e de sua complexidade, especificidade, volume de investimentos, longo prazo, riscos ou incertezas envolvidos, adotem estrutura jurídica semelhante (art. 1.º, § 2.º).

cobrada dos usuários contraprestação pecuniária do parceiro público ao parceiro privado" (art. 2.º, § 1.º, da Lei 11.079/2004);

b) **PPP administrativa**: "é o contrato de prestação de serviços de que a Administração Pública seja a usuária direta ou indireta, ainda que envolva execução de obra ou fornecimento e instalação de bens" (art. 2.º, § 2.º, da Lei 11.079/2004).

Os conceitos fornecidos pela legislação permitem concluir pela existência de, ao menos, duas diferenças entre as espécies de PPPs:

a) **Quanto à remuneração**: enquanto na PPP patrocinada o concessionário será remunerado por meio de tarifa e dinheiro do orçamento, na PPP administrativa, o concessionário será remunerado integralmente pelo Estado (orçamento ou uma das formas previstas no art. 6.º da Lei 11.079/2004), não havendo previsão de cobrança de tarifa dos usuários.[124]

Vale ressaltar que, nas PPPs patrocinadas, há necessidade de lei autorizativa quando a Administração Pública for responsável por mais de 70% da remuneração do parceiro privado (art. 10, § 3.º, da Lei 11.079/2004). Apesar da omissão legal, entendemos que a exigência de autorização legislativa deve ser aplicada também às PPPs administrativas, uma vez que a remuneração, nessas concessões, será realizada integralmente pelo Estado.

b) **Quanto ao objeto da parceria**: de um lado, a PPP patrocinada tem por objeto a prestação de serviços públicos; por outro lado, o objeto da PPP administrativa pode ser a execução de serviços públicos ou de serviços administrativos prestados ao Estado.

Isso porque a Lei, de um lado, na definição da PPP patrocinada, utiliza a expressão "serviços públicos" (art. 2.º, § 1.º, da Lei 11.079/2004) e, por outro lado, na conceituação de PPP administrativa, menciona os "serviços", afirmando, ainda, que a Administração Pública pode ser usuária direta ou indireta desses serviços (art. 2.º, § 2.º, da Lei 11.079/2004).

O termo "serviços" comporta duas aplicações distintas:

a) **serviços públicos**: prestados pelo Estado, diretamente ou por meio de delegação, a fim de satisfazer necessidades coletivas, sob regime de direito público. Nesse caso, os

---

[124] Não há qualquer óbice constitucional à previsão de concessões sem pagamento de tarifa por parte do usuário, pois o art. 175 da CRFB, ao se referir à "política tarifária", não pretendeu que a remuneração, na concessão, tivesse que ser efetivada, ainda que parcialmente, por tarifa. Pode ser mais interessante para o atendimento do interesse público a ausência de cobrança de tarifa, o que desoneraria os usuários, permitindo o acesso universal aos serviços delegados. Em suma: a "política tarifária" significa que o administrador, com fundamento na lei, terá a possibilidade de decidir politicamente pela utilização ou não da tarifa como forma de remuneração da concessão. Em Portugal, por exemplo, no setor rodoviário, as concessões receberam, em alguns casos, a denominação "SCUT" (Sem Custo para o Utilizador), pois o pedágio não seria pago pelo usuário do serviço, mas sim pelo próprio Estado. Trata-se do "pedágio-sombra" (*shadow toll*) em que não há cobrança de tarifa do usuário e a remuneração do concessionário, auferida em razão do número de veículos que utilizaram a rodovia, vem diretamente do Poder Público (orçamento). Disponível em: <http://www.portugal.gov.pt/Portal/PT/Governos>. Acesso em: 10 mar. 2009. Sobre as PPPs em Portugal e no Direito comparado, vide: MARTINS, Licínio Lopes. *Empreitada de obras públicas*: o modelo normativo do regime do contrato administrativo e do contrato público (em especial, o equilíbrio económico-financeiro), Coimbra: Almedina, 2015. p. 333-389.

Cap. 3 – TEMAS ESPECIAIS DE LICITAÇÕES E CONTRATOS ADMINISTRATIVOS | **299**

particulares são, em regra, os usuários diretos do serviço público e a Administração Pública é a beneficiária indireta, pois esta implementa, por meio da concessão, o seu dever constitucional de satisfazer as necessidades da coletividade; e

b) **serviços administrativos**: são atividades privadas prestadas ao Estado por entidades selecionadas, em regra, por meio de licitação. Na hipótese, o beneficiário direto desses serviços é a Administração Pública e a coletividade, a beneficiária indireta.

Desta forma, as PPPs apresentam, em resumo, as seguintes características básicas:

a) **PPP patrocinada**: tem por objeto a prestação de serviços públicos e a remuneração envolve o pagamento de tarifas, além da contraprestação pecuniária por parte da Administração (ex.: exploração de rodovias pelo parceiro privado com remuneração por meio de tarifa e contraprestação pecuniária do Estado);

b) **PPP administrativa de serviços públicos**: tem por finalidade a execução de serviços públicos (a Administração é a "usuária indireta" e a coletividade a "usuária direta") que serão remunerados integralmente pelo Poder Público (ex.: serviço de coleta de lixo domiciliar, sem contraprestação específica dos usuários); e

c) **PPP administrativa de serviços administrativos**: tem por objetivo a contratação de empresa privada que prestará serviços ao Estado (a Administração será a "usuária direta" e a coletividade, a "usuária indireta") com remuneração integralmente assumida pelo Estado (ex.: serviço de "hotelaria" em presídios, construção e operação de uma rede de creches ou restaurantes para servidores públicos, construção e gestão de arenas esportivas etc.).

As modalidades de PPPs podem ser visualizadas no quadro sinótico abaixo:

PPPs / Critérios	PPP patrocinada	PPP administrativa
Remuneração	Tarifa + orçamento e outras modalidades de contraprestação estatal	Orçamento ou outras modalidades de contraprestação estatal
Objeto	Serviços públicos Usuário direto: particular Usuário indireto: Administração Pública	Serviços públicos Usuário direto: particular Usuário indireto: Administração Pública
		Serviços administrativos Usuário direto: Administração Pública Usuário indireto: particular

As PPPs representam uma nova forma de parceria entre o Estado e os particulares na prestação de serviços públicos ou administrativos. A Lei 11.079/2004 prevê, por exemplo, algumas características que não eram encontradas no modelo tradicional de concessão, a saber: a) valor mínimo do contrato (o valor tem que ser igual ou superior a dez milhões de reais);[125] b) prazo de vigência não inferior a 5, nem superior a 35 anos, incluindo eventual

---

[125] Tradicionalmente, o valor mínimo do contrato de PPP era de R$ 20.000.000,00 (vinte milhões de reais). Ocorre que a Lei 13.529/2017 alterou o art. 2.º, § 4.º, I, da Lei 11.079/2004 e estabeleceu o valor mínimo de R$ 10.000.000,00 (dez milhões de reais) para os contratos de PPPs.

prorrogação; c) remuneração pelo parceiro público ao parceiro privado somente após a disponibilização do serviço; d) remuneração variável pelo parceiro público ao parceiro privado vinculada ao seu desempenho; e) compartilhamento de risco entre o parceiro público e o parceiro privado; f) garantias diferenciadas de adimplemento das obrigações financeiras do parceiro público relativamente ao parceiro privado, com destaque para o fundo garantidor (FGP).

3.7.2. Projeto básico, projeto executivo e Procedimento de Manifestação de Interesse (PMI): elaboração por entidades privadas e participação na licitação para contratação de concessão especial de serviços públicos (PPPs)

Assim como ocorre com as concessões comuns de serviços públicos, aplica-se às PPPs o disposto no art. 31 da Lei 9.074/1995, que permite a participação, direta ou indireta, dos autores ou responsáveis economicamente pelos projetos (básico ou executivo) da licitação ou da execução de obras ou serviços, afastando-se, portanto, as vedações constantes do art. 14, I e II, da Lei 14.133/2021, que não se aplicam às licitações para concessão de serviços públicos.

No tocante às licitações para celebração de PPPs administrativas, o art. 3.º da Lei 11.079/2004 determina a aplicação do art. 31 da Lei 9.074/1995, que admite a participação, direta ou indireta, dos autores ou responsáveis pelos projetos, básico ou executivo, nas licitações para concessão e permissão de serviços públicos ou de uso de bem público.[126] A norma em comento também é aplicável às PPPs patrocinadas, tendo em vista o disposto no art. 3.º, § 1.º, da Lei 11.079/2004, que prevê a aplicação subsidiária da Lei 8.987/1995 e legislação correlata, incluindo, portanto, a Lei 9.074/1995, que dispõe sobre normas para outorga e prorrogações das concessões e permissões de serviços públicos.

É oportuno registrar que o inciso II do art. 11 da Lei 11.079/2004, que permitia atribuir ao contratado a responsabilidade pela elaboração dos projetos executivos das obras, foi vetado pelo Chefe do Executivo sob o argumento de que a referida atribuição deveria englobar também a elaboração dos projetos básicos.[127]

O intuito é permitir que o particular contribua com a sua *expertise* para elaboração do caminho que será utilizado para prestação do serviço, garantindo maior eficiência à parceria.

---

[126] O art. 31 da Lei 9.074/1995 dispõe: "Art. 31. Nas licitações para concessão e permissão de serviços públicos ou uso de bem público, os autores ou responsáveis economicamente pelos projetos básico ou executivo podem participar, direta ou indiretamente, da licitação ou da execução de obras ou serviços".

[127] Em suas razões de veto, o chefe do Executivo afirmou: "O inciso II do art. 11 permite que apenas a elaboração do projeto executivo das obras seja delegada ao parceiro privado. Dessume-se do seu texto que a Administração teria a obrigação de realizar o projeto básico das obras. Isto seria reproduzir para as parcerias público-privadas o regime vigente para as obras públicas, ignorando a semelhança entre as parcerias e as concessões – semelhança esta que levou o legislador a caracterizar as parcerias público-privadas brasileiras como espécies de concessões, a patrocinada e a administrativa. As parceiras público-privadas só se justificam se o parceiro privado puder prestar os serviços contratados de forma mais eficiente que a administração pública. Este ganho de eficiência pode advir de diversas fontes, uma das quais vem merecendo especial destaque na experiência internacional: a elaboração dos projetos básico e executivo da obra pelo parceiro privado. [...]". As razões de veto foram apresentadas na Mensagem 1.006, de 30.12.2004. Disponível em: <http://www.planalto.gov.br/ccivil_03/_ato2004-2006/2004/Msg/Vep/VEP-1006-04.htm>. Acesso em: 10 maio 2012.

Cap. 3 – TEMAS ESPECIAIS DE LICITAÇÕES E CONTRATOS ADMINISTRATIVOS | **301**

Vale ressaltar que, nas concessões tradicionais de serviços públicos e nas PPPs, quando o projeto envolver a execução de obras, a Administração Pública não está obrigada a elaborar o projeto básico, o que não afasta a obrigatoriedade de definir os "elementos do projeto básico que permitam sua plena caracterização" (art. 18, XV, da Lei 8.987/1995).[128]

Verifica-se, destarte, que o legislador admitiu que os projetos básico e executivo fossem elaborados pelos concessionários/parceiros privados, devendo ser afastadas das PPPs as vedações constantes do art. 14, I e II, da Lei 14.133/2021.[129] Aliás, a elaboração dos projetos mencionados pelo particular interessado na contratação também foi admitida pelo denominado "Regime Diferenciado de Contratações Públicas" (RDC).

Tal como permitido para as contratações de concessão ou permissão de serviços públicos, de arrendamento de bens públicos e de concessão de direito real de uso, admite-se a utilização do Procedimento de Manifestação de Interesse (PMI) para apresentação de projetos, levantamentos, investigações ou estudos, por pessoa física ou jurídica de direito privado, com a finalidade de subsidiar a Administração na estruturação de empreendimentos objeto de PPP.[130]

---

[128] Na lição de Mauricio Portugal Ribeiro: "no caso do projeto de concessão ou PPP envolver obras, a Lei de Concessões, no que é seguida pela Lei de PPP, exige que a Administração disponibilize os 'elementos do projeto básico' da obra (art. 18, inc. XV, da Lei 8.987/95). 'Elementos do projeto básico' é bem menos do que o projeto básico da obra". O estudo deve ser suficiente, afirma o autor, para definir claramente os indicadores de desempenho que o parceiro privado deverá cumprir e para estimar os custos de investimento e operacionais ao longo de todo o contrato. RIBEIRO, Mauricio Portugal. *Concessões e PPPs*: melhores práticas em licitações e contratos. São Paulo: Atlas, 2011. p. 40-41.

[129] Nesse sentido, admitindo a elaboração dos projetos, básico e executivo, pelos concessionários, posiciona-se a maioria da doutrina: MOREIRA, Egon Bockmann. A experiência das licitações para obras de infraestrutura e a nova Lei de Parcerias Público-Privadas. *Parcerias Público-Privadas*. São Paulo: Malheiros, 2005. p. 131; FREITAS, Juarez. PPPs: natureza jurídica. *Curso de direito administrativo econômico*. São Paulo: Malheiros, 2006. v. I, p. 706; NETO, Benedicto Porto. Licitação para contratação de Parceria Público-Privada. *Parcerias Público-Privadas*. São Paulo: Malheiros, 2005. p. 147-148; ARAGÃO, Alexandre Santos de. As Parcerias Público-Privadas – PPPs no Direito positivo brasileiro. *Revista de Direito da Associação dos Procuradores do Novo Estado do Rio de Janeiro*, Rio de Janeiro, vol. XVII, p. 80-82, 2006; MOTTA, Carlos Pinto Coelho. *Eficácia nas concessões, permissões e parcerias*. Belo Horizonte: Del Rey, 2007. p. 270; SUNDFELD, Carlos Ari. Guia Jurídico das Parcerias Público-Privadas. *Parcerias Público-Privadas*. São Paulo: Malheiros, 2005. p. 40. Aliás, a elaboração dos projetos mencionados pelo particular interessado na contratação também foi admitida pelo denominado "Regime Diferenciado de Contratações Públicas" (RDC), na forma do art. 9.º, *caput* e § 1.º, da Lei 12.462/2011.

[130] Em síntese, os projetos podem ser elaborados a partir de três caminhos: a) elaboração pela própria Administração Pública (ex.: o BNDES, além da função tradicional de financiamento, tem atuado na elaboração de projetos em contratos de concessão e de infraestrutura); b) contratação de pessoa da iniciativa privada para elaboração do projeto, por meio de licitação, seja na modalidade concurso (arts. 6.º, XXXIX, e 30, da Lei 14.133/2021), seja na modalidade concorrência ("melhor técnica" ou "técnica e preço", na forma dos arts. 35, parágrafo único, e 36, § 1.º, da Lei 14.133/2021), admitindo--se, ainda, a inexigibilidade de licitação, com fundamento no art. 74, III, *a*, da Lei 14.133/2021; e c) realização de PMI para seleção de projeto. No campo privado, algumas entidades têm apresentado projetos à Administração, tais como a Fundação Getulio Vargas e a Estruturadora Brasileira de Projetos (EBP), empresa privada sob a forma de sociedade anônima de capital fechado, que tem como acionistas oito instituições financeiras do Brasil e o BNDES, que coordena e integra atividades

O PMI encontra fundamento legal no art. 21 da Lei 8.987/1995, aplicável às PPPs, na forma do art. 3.º, *caput* e § 1.º, da Lei 11.079/2004, bem como do Decreto 8.428/2015.[131]

3.7.3. Justificativa para formatação da PPP

O Estado pode realizar obras e prestar serviços públicos diretamente, por meio de seus agentes públicos, ou indiretamente, com a formatação de parcerias (em sentido amplo) com os particulares (ex.: contratos administrativos de obras e serviços –Lei 14.133/2021, concessões comuns de serviços públicos simples ou precedidas de obras públicas – Lei 8.987/1995, PPPs patrocinada ou administrativa – Lei 11.079/2004). A escolha do meio mais adequado para satisfação do interesse público depende da ponderação de uma série de fatores, tais como: risco do negócio, necessidade de financiamento público, capacidade de endividamento público, potencial interesse de investidores privados na execução do projeto etc.

No caso das PPPs, a sua utilização depende da elaboração de estudo técnico que demonstre a conveniência e a oportunidade da contratação, com a identificação das respectivas razões que justifiquem a utilização desse modelo (art. 10, I, *a*, da Lei 11.079/2004).[132] A apresentação das razões que justifiquem a utilização da PPP, em detrimento de outras formas de parceria, especialmente a concessão comum, pode ser explicada pelo fato de que a parceria envolve contribuições pecuniárias por parte do Poder Público, o que não ocorre, em regra, no modelo tradicional de concessão.

3.7.4. PPP e responsabilidade fiscal: a interpretação do art. 28 da Lei 11.079/2004

A responsabilidade fiscal é uma diretriz para celebração e execução das PPPs, na forma do art. 4.º, IV, da Lei 11.079/2004.[133] A necessidade de responsabilidade fiscal nas contratações públicas não representa novidade, pois se trata de exigência contida na LC 101/2000 (Lei de Responsabilidade Fiscal – LRF). No caso dos contratos de PPPs, todavia, o legislador consagrou exigências mais intensas no tocante à responsabilidade fiscal, notadamente pelo fato de essas contratações envolverem contraprestações orçamentárias vultosas por grande período, ultrapassando, inclusive, os limites temporais do Plano Plurianual.

---

voltadas à realização de investigações, levantamentos e estudos de viabilidade para a estruturação de concessões e parcerias público-privadas a serem licitados pelo ente estatal.

[131] Art. 21 da Lei 8.987/1995: "Art. 21. Os estudos, investigações, levantamentos, projetos, obras e despesas ou investimentos já efetuados, vinculados à concessão, de utilidade para a licitação, realizados pelo poder concedente ou com a sua autorização, estarão à disposição dos interessados, devendo o vencedor da licitação ressarcir os dispêndios correspondentes, especificados no edital".

[132] As vantagens na utilização da PPP não devem ficar adstritas ao campo econômico (economicidade), devendo ser ponderadas e demonstradas, também, as vantagens sociais, ambientais, dentre outras. Nesse sentido: FREITAS, Juarez. PPPs: natureza jurídica. *Curso de direito administrativo econômico*. São Paulo: Malheiros, 2006. v. I. p. 707.

[133] Sobre a relação entre a PPP e a Lei de Responsabilidade Fiscal, vide: VALLE, Vanice Lírio do. *Parcerias público-privadas e responsabilidade fiscal*: uma conciliação possível. Rio de Janeiro: Lumen Juris, 2005. Apesar da polêmica no enquadramento do contrato de PPP como endividamento de despesas de capital ou pagamento de despesas de custeio, Marcos Juruena Villela Souto sustenta que o instituto se enquadra melhor como despesa de custeio, pois a Administração busca a gestão privada do serviço. SOUTO, Marcos Juruena Villela. *Direito administrativo das parcerias*. Rio de Janeiro: Lumen Juris, 2005. p. 43.

Em síntese, as principais exigências de caráter fiscal que deverão ser adimplidas pelo Poder Público no momento de instaurar o procedimento licitatório para celebração de PPP são:

a) a realização da licitação depende da elaboração de estudo técnico que demonstre: a.1) que as despesas criadas ou aumentadas não afetarão as metas de resultados fiscais previstas no Anexo referido no art. 4.º, § 1.º, da LC 101/2000 (LRF), devendo seus efeitos financeiros, nos períodos seguintes, ser compensados pelo aumento permanente de receita ou pela redução permanente de despesa (art. 10, I, b, da Lei 11.079/2004); e a.2) quando for o caso, conforme as normas editadas na forma do art. 25 da Lei de PPP, a observância dos limites e condições decorrentes da aplicação dos arts. 29, 30 e 32 da LRF, pelas obrigações contraídas pela Administração Pública relativas ao objeto do contrato (art. 10, I, c, da Lei 11.079/2004).[134] O estudo técnico deverá apontar as premissas e a metodologia de cálculo utilizadas, observadas as normas gerais para consolidação das contas públicas, sem prejuízo do exame de compatibilidade das despesas com as demais normas do Plano Plurianual e da Lei de Diretrizes Orçamentárias (art. 10, § 1.º, da Lei 11.079/2004);

b) elaboração de estimativa do impacto orçamentário-financeiro nos exercícios em que deva vigorar o contrato de parceria público-privada (art. 10, II, da Lei 11.079/2004);

c) declaração do ordenador da despesa de que as obrigações contraídas pela Administração Pública no decorrer do contrato são compatíveis com a Lei de Diretrizes Orçamentárias e estão previstas na Lei Orçamentária Anual, bem como que seu objeto se encontra previsto no Plano Plurianual (PPA) em vigor (art. 167, § 1.º, da CRFB e art. 10, III e V, da Lei 11.079/2004); e

d) estimativa do fluxo de recursos públicos suficientes para o cumprimento, durante a vigência do contrato e por exercício financeiro, das obrigações contraídas pela Administração Pública.

A referida exigência é importante para o cumprimento dos limites fixados nos arts. 22 e 28 da Lei 11.079/2004.

O art. 22 da Lei 11.079/2004 dispõe:

Art. 22. A União somente poderá contratar parceria público-privada quando a soma das despesas de caráter continuado derivadas do conjunto das parcerias já contratadas não tiver excedido, no ano anterior, a 1% (um por cento) da receita corrente líquida do exercício, e as despesas anuais dos contratos vigentes, nos 10 (dez) anos subsequentes, não excedam a 1% (um por cento) da receita corrente líquida projetada para os respectivos exercícios.

O art. 22 da Lei 11.079/2004 é regra direcionada especificamente para a União Federal, havendo a necessidade de estabelecimento de regra de limitação semelhante aplicável para estados e municípios. Nesse contexto, surge o art. 28 da mencionada lei:

Art. 28. A União não poderá conceder garantia ou realizar transferência voluntária aos Estados, Distrito Federal e Municípios se a soma das despesas de caráter continuado

---

[134] A Portaria da Secretaria do Tesouro Nacional 614, de 21 de agosto de 2006, estabelece normas gerais relativas à consolidação das contas públicas aplicáveis aos contratos de Parceria Público-Privada – PPP, de que trata a Lei 11.079/2004.

derivadas do conjunto das parcerias já contratadas por esses entes tiver excedido, no ano anterior, a 5% (cinco por cento) da receita corrente líquida do exercício ou se as despesas anuais dos contratos vigentes nos 10 (dez) anos subsequentes excederem a 5% (cinco por cento) da receita corrente líquida projetada para os respectivos exercícios. (Redação dada pela Lei 12.766, de 2012.)

O dispositivo busca induzir a observância, pelos Estados e Municípios, de limites para a celebração de PPP, notadamente pelo fato de que a maioria desses entes federados depende das transferências voluntárias e das garantias fornecidas pela União.

Enquanto o art. 22 estabelece o limite de celebração de PPPs pela União Federal, o art. 28 apenas estabelece que a União não poderá conceder garantia ou realizar transferência voluntária aos Estados, Distrito Federal e Municípios se a soma das despesas de caráter continuado derivadas do conjunto das parcerias já contratadas por esses entes tiver excedido os limites estabelecidos.

Inserem-se nos limites indicados no *caput* do art. 28 da Lei 11.079/2004 as despesas derivadas de contratos de PPP celebrados pela Administração Pública direta, autarquias, fundações públicas, empresas públicas, sociedades de economia mista e demais entidades controladas, direta ou indiretamente, pelo respectivo ente, excluídas as empresas estatais não dependentes (art. 28, § 2.º, da Lei 11.079/2004).[135]

O art. 28 da Lei 11.079/2004 suscita intensa controvérsia na doutrina acerca de sua constitucionalidade, especialmente em razão de sua compatibilidade ou não com o art. 163, I, da CRFB, que exige lei complementar para dispor sobre normas gerais de finanças públicas.

De um lado, parcela da doutrina sustenta a inconstitucionalidade formal do dispositivo legal, uma vez que apenas a lei complementar poderia tratar de finanças públicas.[136]

De outro lado, alguns autores apontam a constitucionalidade do referido dispositivo normativo, tendo em vista que não impõe o cumprimento dos limites pelos Estados, DF e Municípios, mas apenas condiciona as transferências voluntárias e a concessão de garantia pela União aos entes que observam o limite.[137]

---

[135] Na forma do art. 2.º, III, da LRF, a empresa estatal dependente é a "empresa controlada que receba do ente controlador recursos financeiros para pagamento de despesas com pessoal ou de custeio em geral ou de capital, excluídos, no último caso, aqueles provenientes de aumento de participação acionária". Em sentido semelhante, o art. 1.º, § 1.º, II, da Resolução 40/2001 do Senado Federal dispõe: "Art. 1.º [...] § 1.º Considera-se, para os fins desta Resolução, as seguintes definições: [...] II – empresa estatal dependente: empresa controlada pelo Estado, pelo Distrito Federal ou pelo Município, que tenha, no exercício anterior, recebido recursos financeiros de seu controlador, destinados ao pagamento de despesas com pessoal, de custeio em geral ou de capital, excluídos, neste último caso, aqueles provenientes de aumento de participação acionária, e tenha, no exercício corrente, autorização orçamentária para recebimento de recursos financeiros com idêntica finalidade".

[136] Nesse sentido: RIBEIRO, Maurício Portugal; PRADO, Lucas Navarro. *Comentários à Lei de PPP*: fundamentos econômico-jurídicos. São Paulo: Malheiros, 2007. p. 449; GUIMARÃES, Fernando Vernalha. A responsabilidade fiscal na parceria público-privada. *Revista Eletrônica de Direito Administrativo Econômico*, Salvador: Instituto Brasileiro de Direito Público, n. 20, nov./dez./jan. 2010, p. 20-21; MONTEIRO, Vera. Legislação de parceria público-privada no Brasil – aspectos fiscais desse novo modelo de contratação. In: SUNDFELD, Carlos Ari. *Parcerias público-privadas*. São Paulo: Malheiros, 2005. p. 107.

[137] Nesse sentido: ARAGÃO, Alexandre dos Santos. As parcerias público-privadas: PPP's no direito positivo brasileiro. *Revista de Direito Administrativo*, Rio de Janeiro, 240, abr./jun. 2005, p. 105-145.

Entendemos que o art. 28 da Lei 11.079/2004 deve ser considerado constitucional, em razão dos seguintes argumentos: a) desnecessidade de lei complementar para tratar do tema, já que o art. 25, § 1.º, da LRF admite que a Lei de Diretrizes Orçamentárias (lei ordinária) estabeleça condições para as transferências voluntárias; e b) inexistência de violação à autonomia dos Estados, DF e Municípios, pois o dispositivo não impede a celebração de PPPs pelos referidos entes federados que venham a superar o limite contido no art. 28 da Lei 11.079/2004, mas o recebimento de transferências voluntárias e de garantias da União.

Não obstante a constitucionalidade do art. 28 da Lei 11.079/2004, é preciso efetuar interpretação sistemática e conforme à Constituição com a fixação das seguintes balizas interpretativas:

a) Não é qualquer despesa pública relativa à PPP que deve ser contabilizada no cálculo do limite fixado no art. 28 da Lei 11.079/2004, mas apenas as "despesas de caráter continuado" que, na forma do art. 17 da LRF, são caracterizadas pela periodicidade. Assim, por exemplo, os aportes do Poder Concedente, realizados em ato único, ou mesmo em momentos pontuais, mas sem a periodicidade típica das despesas continuadas, devem ser afastados dos limites do art. 28 da Lei de PPP.

b) De acordo com o art. 17 da LRF, somente as despesas correntes são classificadas como despesas obrigatórias de caráter continuado, afastando-se, portanto, da referida classificação as despesas de capital que agregam elemento novo ao patrimônio público (ex.: aportes de recursos destinados a obras e aquisição de bens reversíveis).

c) O art. 28 da Lei 11.079/2004 utiliza a expressão "despesas de caráter continuado derivadas do conjunto das parcerias". O termo "derivadas" indica que, nas hipóteses em que os contratos de PPP tenham por objeto a substituição de prestação de serviços já prestados pela Administração Pública, para o cálculo do limite devem ser computadas apenas as "despesas novas" verificadas a partir da adoção da PPP. Assim, o valor que deve ser contabilizado para efeito do limite consiste apenas na diferença entre os pagamentos que serão realizados ao parceiro privado e o valor que o ente público já despendia para o custeio dos serviços que foram transferidos ao parceiro privado.

d) Não deverão ser computados para efeito de atingimento do limite recursos públicos utilizados para a PPP que já estão vinculados, pela Constituição ou pela lei, a determinada finalidade exclusiva. Isso porque a *mens legis* do dispositivo é justamente evitar o excesso de recursos públicos livremente disponíveis para a PPP, situação que não se verifica no caso de recursos já vinculados a determinada despesa.

e) Por fim, as contraprestações estatais não pecuniárias, previstas no art. 6.º da Lei 11.079/2004 (ex.: outorga de direitos em face da Administração Pública, outorga de direitos sobre bens públicos dominicais), não estão incluídas no limite de 5% da receita corrente líquida previsto no art. 28 da mesma Lei.[138]

---

[138] Nesse sentido: PRADO, Lucas Navarro. Condições prévias para a licitação de uma PPP. *Estudos sobre a lei das parcerias público-privadas.* Belo Horizonte: Fórum, 2011. p. 67. Essa também é a tese consagrada no Manual de demonstrativos fiscais, aprovado pela Portaria STN 407/2011, que, ao tratar do demonstrativo das despesas de PPP, estabelece: "Devem abranger as despesas com a parcela fixa da contraprestação pecuniária, com a parcela variável vinculada ao desempenho do parceiro privado e com os diferentes riscos provisionados". Brasil. Secretaria do Tesouro Nacional. *Manual de demonstrativos fiscais: aplicado à União e aos Estados, Distrito Federal e Municípios / Ministério da Fazenda, Secretaria do Tesouro Nacional.* 4. ed. Brasília: Secretaria do Tesouro Nacional, Coordenação-Geral de Normas de Contabilidade Aplicadas à Federação, 2011. p. 353.

3.7.5. Edital e consulta pública

Na fase interna (ou preparatória) da licitação para celebração do futuro contrato de PPP, a legislação impõe a submissão das minutas do edital e do contrato de PPP à consulta pública prévia (art. 10, VI, da Lei 11.079/2004).

É importante destacar que a atual Lei de Licitações permite, de forma ampla, a realização de audiências e consultas públicas (art. 21, *caput* e parágrafo único, da Lei 14.133/2021).

A realização de consultas e audiências públicas representa uma tendência do Direito Administrativo moderno, fortemente marcado pela democratização da Administração Pública por meio da participação do cidadão na formação da decisão do agente público e o consequente reforço de sua legitimidade.[139]

Apesar do avanço na previsão da consulta pública das minutas do edital e dos contratos de PPPs, a legislação foi tímida na fixação das regras que deverão ser observadas pelo poder concedente, sendo possível a aplicação subsidiária dos arts. 31 a 35 da Lei 9.784/1999.

Desta forma, a consulta pública na PPP deve observar, ao menos, as seguintes regras: a) ampla divulgação da consulta para possibilitar a participação do maior número de cidadãos, mediante publicação na imprensa oficial, em jornais de grande circulação e por meio eletrônico, que deverá informar a justificativa para a contratação, a identificação do objeto, o prazo de duração do contrato, seu valor estimado; b) fixação de prazo razoável para apresentação das manifestações (prazo mínimo de 30 dias para recebimento de sugestões, cujo termo dar-se-á pelo menos sete dias antes da data prevista para a publicação do edital); c) dever de apresentação, pelo poder concedente, de resposta fundamentada, que poderá ser comum a todas as alegações substancialmente iguais; d) publicação do resultado da consulta.

Em caso de ausência ou deficiência da consulta pública, a licitação será nula e, por consequência, o respectivo contrato de PPP. É possível, em casos extremos, quando o vício é constatado no curso do contrato, que a irregularidade no procedimento não acarrete necessariamente a declaração de nulidade do próprio contrato de PPP, garantindo-se a continuidade da prestação do serviço público, sem olvidar da possibilidade, em qualquer caso, de punição dos agentes públicos responsáveis pelo vício formal.

3.7.6. Licenciamento ambiental

A preocupação com a sustentabilidade ambiental é uma das principais tendências nas contratações públicas naquilo que se convencionou chamar de "licitações verdes".[140] Nas licitações públicas para contratação de empreendimentos que exigem licenciamento ambiental,

---

[139] Já tivemos a oportunidade de tratar do princípio da participação administrativa em outro trabalho: OLIVEIRA, Rafael Carvalho Rezende. *A constitucionalização do direito administrativo*: o princípio da juridicidade, a releitura da legalidade administrativa e a legitimidade das agências reguladoras. Rio de Janeiro: Lumen Juris, 2009. p. 107-120. A exigência de submissão da minuta do edital de licitação à prévia consulta popular também se encontra em outras legislações, por exemplo: art. 8.º da Lei 11.284/2006 (concessão florestal), art. 39 da Lei 8.666/1993 (licitações para contratações de valores elevados) etc.

[140] Sobre a preocupação ambiental nas licitações, podem ser citados os seguintes exemplos: art. 6.º, XII da Lei 12.187/2009, que institui a Política Nacional sobre Mudança do Clima (PNMC); Instrução Normativa 1/2010 do Ministério do Planejamento, Orçamento e Gestão, que "dispõe sobre os

o projeto básico deve conter o Estudo de Impacto Ambiental (EIA) e o Relatório de Impacto Ambiental (RIMA).[141]

Em relação às licitações para contratação de PPPs, a legislação exige a licença ambiental prévia ou da expedição das diretrizes para o licenciamento ambiental do empreendimento, na forma do regulamento, sempre que o objeto do contrato exigir (art. 10, VII, da Lei 11.079/2004). De acordo com a referida norma, o Poder Público pode dispensar a apresentação inicial do licenciamento ambiental para execução do contrato de PPP, restringindo-se a apresentar diretrizes para o licenciamento ambiental que deverão ser observadas pelo futuro contrato. A hipótese é justificada pela possibilidade, já aventada anteriormente, de licitação para concessão de serviços públicos, sem a elaboração prévia do projeto básico, cuja responsabilidade pode ser transferida ao próprio interessado (art. 3.º, *caput* e § 1.º, da Lei 11.079/2004 e art. 31 da Lei 9.074/1995), limitando-se o Poder Público a fixar os "elementos do projeto básico". Nesse caso, o parceiro privado poderia apresentar o licenciamento ambiental no momento da confecção do projeto básico necessário à execução das obras.[142]

3.7.7. Necessidade de autorização legislativa em determinados casos

Outra novidade que diz respeito à fase interna relaciona-se com a exigência de autorização legislativa prévia para realização de licitação e celebração de contrato de PPP patrocinada, quando mais de 70% da remuneração do parceiro privado for paga pela Administração Pública (art. 10, § 3.º, da Lei 11.079/2004).

Entendemos que, apesar do silêncio da Lei, a necessidade de autorização legislativa deve ser aplicada também às PPPs administrativas, uma vez que a remuneração, nessas concessões, será realizada integralmente pelo Estado.

3.7.8. Modalidades de licitação: concorrência, lances de viva voz e procedimento

As modalidades de licitação que podem ser utilizadas para celebração do contrato de PPP são a concorrência e o diálogo competitivo, na forma do art. 10 da Lei 11.079/2004.

Na concorrência, o poder concedente pode inverter as fases de habilitação e julgamento, hipótese em que o julgamento será realizado com a fixação da ordem de classificação e posterior análise dos documentos de habilitação do licitante vencedor (art. 13 da Lei 11.079/2004), prerrogativa também inserida nas concessões comuns (art. 18-A da Lei 8.987/1995, incluído pela Lei 11.196/2005). Aliás, a Lei 14.133/2021 estabeleceu a realização, em regra, do julgamento antes da habilitação, salvo decisão motivada em sentido diverso.

A realização do julgamento antes da fase de habilitação acarreta maior celeridade ao certame, uma vez que a Administração Pública, após identificar o licitante vencedor, restringe a análise dos documentos relacionados à habilitação apresentados pelo primeiro colocado na ordem de

---

critérios de sustentabilidade ambiental na aquisição de bens, contratação de serviços ou obras pela Administração Pública Federal direta, autárquica e fundacional").

[141] Art. 10 da Lei 6.938/1981, Anexo 1 da Resolução 237/1997 e art. 2.º da Resolução 1/1986 do CONAMA.

[142] De acordo com Lucas Navarro Prado, "a expedição das diretrizes também se assenta na ideia de explorar a eficiência produtiva do particular, fazendo-o realizar o licenciamento ao ensejo da elaboração do projeto básico das obras necessárias à execução do escopo contratual". PRADO, Lucas Navarro. Condições prévias para a licitação de uma PPP. *Estudos sobre a lei das parcerias público-privadas.* Belo Horizonte: Fórum, 2011. p. 85.

classificação, sem a necessidade de verificação dos documentos dos demais licitantes que não serão contratados. Ademais, como a etapa de habilitação se circunscreve aos documentos do vencedor, não se abre a oportunidade para eventual interposição de recurso administrativo, com efeito suspensivo, contra inabilitação dos demais interessados.

É recomendável que a Administração realize o julgamento antes da habilitação para garantir maior eficiência à licitação, conforme explicado anteriormente. Nesse caso, encerrada a fase de classificação das propostas ou o oferecimento de lances, será aberto o envelope com os documentos de habilitação do licitante classificado em primeiro lugar, para verificação do atendimento das condições fixadas no edital e, uma vez habilitado, será declarado vencedor.

Na hipótese de inabilitação do primeiro colocado, a Administração analisará os documentos de habilitação do segundo colocado e assim sucessivamente, até que um licitante classificado atenda às condições fixadas no edital, na forma do art. 13, III, da Lei 11.079/2004. Com a proclamação do resultado final, o objeto será adjudicado ao vencedor nas condições técnicas e econômicas por ele ofertadas (art. 13, IV, da Lei 11.079/2004).

Mencione-se, ainda, a possibilidade de lances em viva voz, após a apresentação de propostas escritas na concorrência (art. 12, III e § 1.º, da Lei 11.079/2004). Existe, aqui, discricionariedade por parte da Administração Pública, que deve definir no edital a melhor forma de apresentação das propostas: a) propostas escritas, apresentadas em envelopes lacrados, ou b) propostas escritas, seguidas de lances em viva voz. Admitida a apresentação de propostas verbais, os lances em viva voz serão sempre oferecidos na ordem inversa da classificação das propostas escritas, sendo vedado ao edital limitar a quantidade de lances. No entanto, o edital pode restringir a apresentação de lances em viva voz aos licitantes cuja proposta escrita for, no máximo, 20% maior que o valor da melhor proposta (art. 12, § 1.º, I e II, da Lei 11.079/2004).

As novidades acima foram inspiradas na legislação do pregão, que também estabelece a possibilidade de apresentação de lances verbais, complementares às propostas escritas, bem como a inversão das fases de habilitação e julgamento. Em razão dessa combinação, alguns autores denominam a concorrência na PPP de "concorrência-pregão".[143]

3.7.9. Qualificação técnica e tipos de licitação

A fase de julgamento, nas licitações para PPPs, poderá ser precedida de etapa de qualificação técnica das propostas, admitindo-se a desclassificação dos licitantes que não alcançarem a pontuação mínima estabelecida no edital (art. 12, I, da Lei 11.079/2004).

Em relação aos tipos de licitação, além dos critérios previstos nos incisos I e V do art. 15 da Lei 8.987/1995 (menor valor da tarifa do serviço público a ser prestado e combinação dos critérios de menor valor da tarifa do serviço público com o de melhor técnica), o art. 12, II, da Lei 11.079/2004 acrescenta duas outras possibilidades: a) menor valor da contraprestação a ser paga pela Administração Pública e b) melhor proposta em razão da combinação do critério da alínea *a* com o de melhor técnica, de acordo com os pesos estabelecidos no edital. Não se admite a utilização do critério da maior outorga (ou maior oferta) paga pelo licitante vencedor e prevista no art. 15, II, da Lei 8.987/1995, pois, além de não mencionado na legislação específica da PPP, tal critério é naturalmente incompatível com o perfil da parceria que pressupõe,

---

[143] SUNDFELD, Carlos Ari. Guia Jurídico das Parcerias Público-Privadas. *Parcerias público-privadas.* São Paulo: Malheiros, 2005. p. 39-40.

ao contrário, contraprestação pecuniária do parceiro público ao parceiro privado (art. 2.º, §
3.º, da Lei 11.079/2004).[144]

Os dois primeiros critérios de julgamento (menor valor da tarifa do serviço público a ser
prestado e combinação dos critérios de menor valor da tarifa e melhor técnica) são utilizados,
exclusivamente, nas licitações para celebração de PPPs patrocinadas, que admitem a cobrança
de tarifa dos usuários, devendo ser consideradas incompatíveis com as PPPs administrativas
que não envolvem o pagamento de tarifa (art. 2.º, §§ 1.º e 2.º, da Lei 11.079/2004).

As propostas manifestamente inexequíveis ou financeiramente incompatíveis com os
objetivos da licitação serão recusadas pelo poder concedente (art. 11 da Lei 11.079/2004 e art.
15, § 3.º, da Lei 8.987/1995).

Em caso de empate, será dada preferência à proposta apresentada por empresa brasileira e, se for o caso, sorteio entre os empatados (art. 11 da Lei 11.079/2004 e art. 15, § 4.º,
da Lei 8.987/1995). O ideal, no entanto, seria a fixação de outro critério para desempate de
propostas que levasse em consideração fatores de eficiência econômica, social ou ambiental,
por exemplo.[145]

3.7.10. Saneamento de falhas

É possível o saneamento de falhas de documentação no curso do procedimento dentro
dos prazos fixados no edital, na forma do art. 12, IV, da Lei 11.079/2004.

O saneamento de falhas nas licitações para contratação de PPPs confirma que o formalismo deve ser moderado, a fim de não prejudicar a contratação de propostas mais vantajosas
por equívocos formais que não contaminam substancialmente.

A correção de falhas pode ocorrer em relação a qualquer ato praticado no certame, mas
deve ser utilizado com parcimônia, em estrita observância dos princípios da isonomia, da
razoabilidade e da boa-fé, entre outros.

---

[144] Em sentido semelhante: GARCIA, Flavio Amaral. *Licitações e contratos administrativos*. 3. ed. Rio
de Janeiro: Lumen Juris, 2010. p. 420.

[145] Nesse ponto, por exemplo, a nova Lei de Licitações apresenta melhores alternativas para desempate
de propostas. De acordo com a Lei 14.133/2021: "Art. 60. Em caso de empate entre duas ou mais
propostas, serão utilizados os seguintes critérios de desempate, nesta ordem: I – disputa final,
hipótese em que os licitantes empatados poderão apresentar nova proposta em ato contínuo à
classificação; II – avaliação do desempenho contratual prévio dos licitantes, para a qual deverão
preferencialmente ser utilizados registros cadastrais para efeito de atesto de cumprimento de obrigações previstos nesta Lei; III – desenvolvimento pelo licitante de ações de equidade entre homens
e mulheres no ambiente de trabalho, conforme regulamento; IV – desenvolvimento pelo licitante
de programa de integridade, conforme orientações dos órgãos de controle. § 1.º Em igualdade
de condições, se não houver desempate, será assegurada preferência, sucessivamente, aos bens e
serviços produzidos ou prestados por: I – empresas estabelecidas no território do Estado ou do
Distrito Federal do órgão ou entidade da Administração Pública estadual ou distrital licitante
ou, no caso de licitação realizada por órgão ou entidade de Município, no território do Estado
em que este se localize; II – empresas brasileiras; III – empresas que invistam em pesquisa e no
desenvolvimento de tecnologia no País; IV – empresas que comprovem a prática de mitigação,
nos termos da Lei 12.187, de 29 de dezembro de 2009. § 2.º As regras previstas no caput deste
artigo não prejudicarão a aplicação do disposto no art. 44 da Lei Complementar 123, de 14 de
dezembro de 2006".

310 | LICITAÇÕES E CONTRATOS ADMINISTRATIVOS – *Rafael Carvalho Rezende Oliveira*

3.7.11. Remuneração do concessionário

Na concessão comum (Lei 8.987/1995), a remuneração do concessionário ocorre, normalmente, por meio do pagamento da tarifa pelo usuário como contrapartida da efetiva utilização do serviço público. Ao lado da tarifa, existe a possibilidade de "receitas alternativas" relacionadas à exploração de atividades conexas ao serviço público (ex.: serviços de publicidade), havendo a possibilidade, inclusive, de receitas advindas do orçamento (arts. 11 e 18, VI, da Lei 8.987/1995).[146]

Por outro lado, na concessão especial (PPP), a remuneração do parceiro privado pressupõe a contraprestação pecuniária (orçamento) por parte do parceiro público (Poder Concedente).

Por isso, o art. 2.º, § 3.º, da Lei 11.079/2004 dispõe que não constitui PPP a concessão comum de serviços públicos, prevista na Lei 8.987/1995, "quando não envolver contraprestação pecuniária do parceiro público ao parceiro privado". A remuneração na PPP, destarte, pode ser feita integralmente com dinheiro público (concessão administrativa) ou apenas parcialmente com recursos orçamentários, caso em que haverá também o pagamento de tarifa pelo usuário (concessão patrocinada).

Entendemos que, apesar da sobredita exigência, é possível admitir uma hipótese de PPP sem a contraprestação pecuniária do Poder Público: a PPP administrativa de serviços administrativos.[147]

Conforme será destacado a seguir, as PPPs podem ser divididas em: PPP patrocinada de serviços públicos e PPP administrativa de serviços públicos ou de serviços administrativos.

O art. 2.º, § 3.º, da Lei 11.079/2004, ao exigir a remuneração com recursos orçamentários, refere-se apenas às concessões que envolvam a prestação de serviços públicos, tradicionalmente previstas na Lei 8.987/1995, não se aplicando às PPPs administrativas de serviços administrativos.

Ademais, nos conceitos legais de PPPs, contidos nos §§ 1.º e 2.º do art. 2.º da Lei 11.079/2004, apenas se exige "contraprestação pecuniária" do parceiro público na PPP patrocinada, sendo silente a lei em relação à PPP administrativa. Em vez de recursos orçamentários, o Poder Público

---

[146] De acordo com o STJ, a concessionária de rodovia pode cobrar da concessionária de energia elétrica pelo uso de faixa de domínio de rodovia para a instalação de postes e passagem de cabos aéreos efetivadas com o intuito de ampliar a rede de energia, na hipótese em que o contrato de concessão da rodovia preveja a possibilidade de obtenção de receita alternativa decorrente de atividades vinculadas à exploração de faixas marginais, na forma do art. 11 da Lei 8.987/1995 (STJ, 1.ª Seção, EREsp 985.695/RJ, Rel. Min. Humberto Martins, j. 26.11.2014, *DJe* 12.12.2014, *Informativo de Jurisprudência do STJ* n. 554). A cobrança de valores entre concessionárias pelo uso da faixa de domínio da rodovia não se confunde com a cobrança de taxa para uso do espaço público. Nesse último caso, o STF afirmou: "É inconstitucional a cobrança de taxa, espécie tributária, pelo uso de espaços públicos dos municípios por concessionárias prestadoras do serviço público de fornecimento de energia elétrica" (Tema 261 da Tese de Repercussão Geral).

[147] Carlos Ari Sundfeld admite concessões administrativas sem contraprestação pecuniária do Poder Público (Guia jurídico das Parcerias Público-Privadas. *Parcerias Público-Privadas*. São Paulo: Malheiros, 2005. p. 55-56). Entendemos, a partir dos argumentos colocados pelo próprio autor, que a exceção citada só pode se referir às PPPs administrativas de serviços administrativos, pois, em relação às PPPs administrativas de serviços públicos, existe o óbice do art. 2.º, § 3.º, da Lei 11.079/2004. Lembre-se, ainda, da posição sustentada por Di Pietro que admite contraprestação não pecuniária tanto nas PPPs patrocinadas quanto nas PPPs administrativas, com fundamento no art. 6.º da Lei 11.079/2004 (DI PIETRO, Maria Sylvia Zanella. *Parcerias na administração pública*. 5. ed. São Paulo: Atlas, 2005. p. 170).

Cap. 3 – TEMAS ESPECIAIS DE LICITAÇÕES E CONTRATOS ADMINISTRATIVOS | 311

poderia se utilizar de outras formas de contraprestação, previstas, exemplificativamente, no art. 6.º da Lei 11.079/2004.[148]

É possível, ainda, a previsão de remuneração variável em função do desempenho do concessionário, vinculada ao seu desempenho, conforme metas e padrões de qualidade e disponibilidade definidos no contrato (art. 6.º, § 1.º, da Lei 11.079/2004, incluído pela Lei 12.766/2012).

Admite-se, ainda, a estipulação contratual de aporte de recursos em favor do parceiro privado para a realização de obras e aquisição de bens reversíveis, nos termos dos incisos X e XI do *caput* do art. 18 da Lei 8.987/1995, desde que autorizado no edital de licitação, se contratos novos, ou em lei específica, se contratos celebrados até 8/8/2012 (art. 6.º, § 2.º, da Lei 11.079/2004). Nesse caso, no momento da extinção do contrato, o parceiro privado não receberá indenização pelas parcelas de investimentos vinculados a bens reversíveis ainda não amortizadas ou depreciadas, quando tais investimentos houverem sido realizados com valores provenientes do referido aporte de recursos (art. 6.º, § 5.º, da Lei 11.079/2004).

Em princípio, a contraprestação da Administração Pública somente será efetivada após a disponibilização do serviço objeto do contrato de parceria público-privada (art. 7.º da Lei 11.079/2004).

3.7.12. Repartição objetiva de riscos

Na concessão comum, os riscos ordinários, inerentes a todo e qualquer negócio jurídico, são suportados pelo concessionário (art. 2.º, II, da Lei 8.987/1995).[149]

Em relação aos riscos extraordinários, advindos de eventos imprevisíveis ou previsíveis, mas de consequências incalculáveis (ex.: teoria da imprevisão, fato do príncipe e o caso fortuito e a força maior), eles são suportados pelo Poder concedente, uma vez que a legislação consagra o direito à revisão do contrato para restaurar o equilíbrio perdido (art. 9.º, §§ 2.º e 3.º; 18, VIII; 23, IV; 29, V; da Lei 8.987/1995).

Na concessão especial (PPP), por sua vez, não existe uma repartição abstrata dos riscos. Ao contrário, a legislação exige a repartição objetiva de riscos que será definida no contrato (arts. 4.º, VI, e 5.º, III, da Lei 11.079/2004).

A repartição objetiva não significa compartilhamento equânime dos riscos, mas, sim, que a questão seja definida de maneira clara no instrumento contratual.[150]

---

[148] O art. 6.º da Lei 11.079/2004 dispõe: "Art. 6.º A contraprestação da Administração Pública nos contratos de parceria público-privada poderá ser feita por: I – ordem bancária; II – cessão de créditos não tributários; III – outorga de direitos em face da Administração Pública; IV – outorga de direitos sobre bens públicos dominicais; V – outros meios admitidos em lei".

[149] Frise-se que a atual Lei de Licitações estabeleceu a possibilidade de previsão de matriz de alocação de riscos (art. 103 da Lei 14.133/2021).

[150] É importante anotar, na linha defendida por Juarez Freitas, que a repartição objetiva dos riscos não altera o regime da responsabilidade civil inerente à prestação do serviço público (art. 37, § 6.º, da CRFB). O parceiro privado, quando prestador de serviço público, possui responsabilidade civil primária e objetiva pelos danos causados a terceiros, enquanto o Estado pode ser responsabilizado subsidiariamente. Destarte, a repartição dos riscos possui natureza interna (contratual), como fator importante para a fixação da remuneração do parceiro privado e para a manutenção do equilíbrio econômico-financeiro do contrato, não gerando responsabilidade solidária perante terceiros (As PPPs: natureza jurídica. In: CARDOZO, José Eduardo Martins e outros (Org.). *Curso de direito econômico*. São Paulo: Malheiros, 2006. v. I, p. 692).

É preciso destacar que o art. 5.º, III, da Lei 11.079/2004 prevê que a repartição objetiva dos riscos versará, inclusive, sobre caso fortuito, força maior, fato do príncipe e álea econômica extraordinária.

Nesse caso, a repartição objetiva, ao que parece, corrige o problema de interpretação do art. 78, XVII, c/c o art. 79, § 2.º, da antiga Lei 8.666/1993. As citadas normas estipulam, nos contratos em geral, o dever de a Administração Pública indenizar o contratado mesmo diante do caso fortuito e da força maior. Fato é que essa previsão legal sempre gerou controvérsia doutrinária quanto à constitucionalidade de impor, abstratamente, ao Poder Público o dever de indenizar, mesmo em hipóteses tradicionais de excludentes do nexo causal, tendo em vista o disposto no art. 37, § 6.º, da CRFB. Agora, com a possibilidade de repartição de riscos no contrato de PPP, a Administração Pública pode afastar a sua responsabilidade por tais eventos.[151]

Lembre-se de que o art. 138, § 2.º, da Lei 14.133/2021 corrigiu as dificuldades geradas na interpretação do art. 79, § 2.º, da antiga Lei 8.666/1993. A partir da nova Lei de Licitações, não haveria responsabilidade civil automática da Administração Pública nos casos de extinção do contrato, em razão do caso fortuito ou força maior, salvo disposição em contrário na matriz de riscos inserida na relação contratual.

Não obstante a ausência de previsão expressa na Lei 11.079/2004 sobre os parâmetros da distribuição efetiva dos riscos contratuais, o ideal seria a imputação dos riscos para a parte que possui melhores condições de gerenciá-los, o que refletirá, naturalmente, na maior segurança jurídica e economicidade da contratação.[152]

Assim, por exemplo, os riscos políticos, cambiais, de interpretação judicial, de disponibilidade financeira, de relações internacionais, que não são gerenciáveis pelo particular, deveriam ser assumidos, preferencialmente, pelo Poder Concedente, e os riscos ligados a construção, operação, rendimento, tecnologia e competição seriam alocados à concessionária.[153]

Deve ser evitada, na mesma linha de raciocínio, a imputação à concessionária dos riscos relacionados aos eventos praticados pelo Poder Concedente, especialmente as hipóteses de inadimplemento contratual (fato da administração) ou atos externos à relação jurídica que repercutem no equilíbrio econômico-financeiro do contrato (fato do príncipe).[154]

A solução aqui defendida foi adotada na atual Lei de Licitações. Nesse sentido, o art. 103, § 1.º, da Lei 14.133/2021 dispõe que a alocação de riscos considerará, em compatibilidade com as obrigações e os encargos atribuídos às partes no contrato, a natureza do risco, o beneficiário das prestações a que se vincula e a capacidade de cada setor para melhor gerenciá-lo. O art.

---

[151] Nesse sentido: SOUTO, Marcos Juruena Villela. Parcerias Público-Privadas. *Revista de Direito da Associação dos Procuradores do Novo Estado do Rio de Janeiro*, Rio de Janeiro: Lumen Juris, v. XVII, p. 35, 2006.

[152] Em abono à nossa tese, o Enunciado 28 da I Jornada de Direito Administrativo realizada pelo Centro de Estudos Judiciários do Conselho da Justiça Federal (CEJ/CJF) prevê: "Na fase interna da licitação para concessões e parcerias público-privadas, o Poder Concedente deverá indicar as razões que o levaram a alocar o risco no concessionário ou no Poder Concedente, tendo como diretriz a melhor capacidade da parte para gerenciá-lo".

[153] VILLELA, Marcos Juruena. Parcerias público-privadas. *Revista de Direito da Associação dos Procuradores do Novo Estado do Rio de Janeiro*, Rio de Janeiro: Lumen Juris, v. XVII, p. 35, 2006.

[154] DI PIETRO, Maria Sylvia Zanella. *Parcerias na administração pública*. 5. ed. São Paulo: Atlas, 2005. p. 171.

Cap. 3 – TEMAS ESPECIAIS DE LICITAÇÕES E CONTRATOS ADMINISTRATIVOS | 313

103, § 2.º, da Lei 14.133/2021, por sua vez, prevê que serão preferencialmente transferidos ao contratado os riscos que tenham cobertura oferecida por seguradoras.

Ressalte-se que a repartição objetiva de riscos não contraria o princípio da manutenção do equilíbrio econômico-financeiro do contrato, consagrado no art. 37, XXI, da CRFB, uma vez que o edital de licitação (e a minuta de contrato a ele anexada) já deve estipular a repartição de riscos, razão pela qual o concessionário já conhecia, quando da apresentação de sua proposta, os riscos do negócio e, em razão deles, quantificou o seu preço.[155]

3.7.13. Equilíbrio econômico-financeiro nos contratos de concessão especial

O regime jurídico do equilíbrio econômico-financeiro dos contratos de concessão especial (PPPs) não difere muito do regime aplicado aos contratos de concessão comum e já analisado anteriormente.

É possível, contudo, destacar algumas peculiaridades.

Ao contrário do que ocorre nas concessões comuns, que prevê abstratamente a alocação de riscos ordinários ao concessionário, a Lei 11.079/2004 estabelece a obrigatoriedade de repartição objetiva de riscos entre as partes, inclusive os referentes a caso fortuito, força maior, fato do príncipe e álea econômica extraordinária (arts. 4º, VI, e 5º, III, da Lei 11.079/2004). Ao levar em consideração a melhor capacidade da parte para gerir o risco, a repartição objetiva acarreta maior segurança jurídica e eficiência ao contrato de PPP, Inclusive na eventual necessidade de definir os termos do reequilíbrio contratual.

Outro ponto de destaque, que também contribui para segurança jurídica e eficiência do contrato de PPP é a previsão de garantias diferenciadas, com destaque para o FGP, o que reduz os riscos oriundos do inadimplemento das obrigações pecuniárias assumidas pelo parceiro público.

Ademais, o contrato de PPP deve conter cláusula sobre as formas de remuneração e de atualização dos valores contratuais, destacando-se a desnecessidade de homologação pela Administração Pública na implementação das cláusulas contratuais de atualização automática de valores baseadas em índices e fórmulas matemáticas, "exceto se esta publicar, na imprensa oficial, onde houver, até o prazo de 15 (quinze) dias após apresentação da fatura, razões fundamentadas nesta Lei ou no contrato para a rejeição da atualização" (art. 5.º, IV e § 1.º, da Lei 11.079/2004).

3.7.14. Valor mínimo do contrato

Ao contrário do que ocorre na concessão comum, exige-se valor mínimo para a celebração de contrato de PPP. Nesse sentido, o art. 2.º, § 4.º, I, da Lei 11.079/2004, alterado pela Lei 13.529/2017, veda a utilização de PPP quando o valor do contrato seja inferior a R$ 10.000.000,00.

---

[155] Nesse sentido: PINTO, Marcos Barbosa. A função econômica das PPPs. *REDAE*, Salvador: Instituto de Direito Público da Bahia, n. 2, p. 9, maio/jul. 2005. Acesso em: 20 jan. 2009; BINENBOJM, Gustavo. As parcerias público-privadas (PPPs e a Constituição). *Revista de Direito da Associação dos Procuradores do Novo Estado do Rio de Janeiro, Rio de Janeiro*: Lumen Juris, v. XVII, p. 99, 2006. De forma categórica, a nova Lei de Licitações estipula que a matriz de alocação de riscos definirá o equilíbrio econômico-financeiro inicial do contrato em relação a eventos supervenientes e deverá ser observada na solução de eventuais pleitos das partes (art. 103, § 4.º, da Lei 14.133/2021).

314 | LICITAÇÕES E CONTRATOS ADMINISTRATIVOS – *Rafael Carvalho Rezende Oliveira*

O referido valor mínimo para as PPPs será representado pelo valor constante da proposta apresentada pelo parceiro privado na licitação, na qual são estimados os custos, os riscos e as receitas necessárias para execução do contrato.[156]

Há discussão quanto ao alcance federativo da exigência do valor mínimo nos contratos de PPPs:

> **Primeira posição**: o valor mínimo deve ser observado por todos os entes da Federação, uma vez que a Lei 11.079/2004 consagra, como regra, normas gerais de PPPs (art. 1.º, *caput* e parágrafo único) e as normas específicas, direcionadas exclusivamente à União, constam do capítulo VI da Lei (arts. 14 a 22). Por outro lado, o caráter nacional da norma não ofenderia o princípio federativo, pois a eventual insuficiência econômica dos entes federados para alcance do valor mínimo poderia ser suprida pela formatação prévia de consórcios públicos. Nesse sentido: Alexandre Santos de Aragão e Carlos Ari Sundfeld.[157]

> **Segunda posição**: o valor mínimo de R$ 10.000.000,00 aplica-se apenas à União, sob pena de inviabilizar a utilização de PPPs no âmbito da maioria dos Estados e Municípios que não teriam capacidade econômica para celebração de contratos vultosos, colocando em risco a federação. Nesse sentido: Juarez Freitas, Gustavo Binenbojm e Flávio Amaral Garcia.[158]

Perfilhamos o entendimento de que a norma deve ser considerada federal e não nacional, aplicando-se exclusivamente à União, tendo em vista dois argumentos: a) o elenco de normas federais no capítulo VI (arts. 14 a 22) da Lei 11.079/2004 não significa que as demais normas sejam, necessariamente, gerais;[159] b) o eventual caráter nacional da norma impediria o uso da PPP pela maioria dos Estados e Municípios, o que contrariaria o princípio federativo (art. 18 da CRFB), razão pela qual cada ente federativo tem autonomia para fixar os respectivos valores mínimos, levando em consideração a respectiva realidade socioeconômica.

---

[156] Há divergência doutrinária em relação ao critério de cálculo do valor mínimo do contrato de PPP. Alguns autores, como Carlos Ari Sundfeld, sustentam que o valor representa o montante mínimo a ser investido pelo parceiro privado e não o montante deve ser pago pelo Poder público ao concessionário. SUNDFELD, Carlos Ari. Guia jurídico das Parcerias Público-Privadas. *Parcerias público-privadas*. São Paulo: Malheiros, 2005. p. 26. Por outro lado, parte da doutrina, como Floriano de Azevedo Marques e Diógenes Gasparini, afirma que o valor mínimo corresponde ao montante a ser pago para o parceiro privado ao longo do contrato de PPP (As Parcerias Público-Privadas no saneamento ambiental. In: SUNDFELD, Carlos Ari. *Parcerias público-privadas*. São Paulo: Malheiros, 2005. p. 304); GASPARINI, Diógenes. *Direito administrativo*. 12. ed. São Paulo: Saraiva, 2007. p. 414.

[157] ARAGÃO, Alexandre Santos de. *Direito dos serviços públicos*. Rio de Janeiro: Forense, 2007. p. 683, nota 37; SUNDFELD, Carlos Ari. Guia jurídico das Parcerias Público-Privadas. *Parcerias público-privadas*. São Paulo: Malheiros, 2005. p. 26-27.

[158] FREITAS, Juarez. As PPPs: natureza jurídica. In: CARDOZO, José Eduardo Martins e outros (Org.). *Curso de direito econômico*. São Paulo: Malheiros, 2006. v. I. p. 698-699; BINENBOJM, Gustavo. As Parcerias Público-Privadas (PPPs e a Constituição). *Revista de Direito da Associação dos Procuradores do Novo Estado do Rio de Janeiro*, Rio de Janeiro: Lumen Juris, v. XVII, p. 99, 2006; GARCIA, Flávio Amaral. *Licitações e contratos administrativos*. 3. ed. Rio de Janeiro: Lumen Juris, 2010. p. 287.

[159] Vale lembrar que, em relação à Lei 8.666/1993, o STF já teve a oportunidade de decidir que, não obstante a afirmação de que todas as normas ali previstas fossem gerais (art. 1.º), os dispositivos do art. 17, I, "b", e II, "b", seriam aplicáveis apenas à União (ADI-MC 927/RS, Pleno, Min. Rel. Carlos Veloso, j. 03.11.1993, *DJ* 11.11.1994, p. 30635).

3.7.15. Prazo contratual

Na concessão comum, a Lei 8.987/1995 não estabelece prazo máximo para o respectivo contrato. Existe apenas a previsão de que o contrato de concessão, assim como ocorre com os demais contratos administrativos, deve ter prazo determinado (art. 2.º, II, da Lei 8.987/1995). O prazo poderá ser definido na legislação específica ou, na falta dela, em cada caso concreto.

Ao revés, na concessão especial (PPP), a legislação estabeleceu o prazo mínimo de 5 anos e o prazo máximo de 35 anos, incluindo eventual prorrogação, para o contrato de concessão (art. 2.º, § 4.º, II, e art. 5.º, I, da Lei 11.079/2004).

O prazo máximo de 35 anos nos contratos de PPP inclui eventuais prorrogações, como expressamente indicado no art. 5.º, I, da Lei 11.079/2004, o que impede, *a priori*, qualquer prorrogação que extrapole o referido limite temporal.

Entendemos, contudo, que o referido limite temporal não seria aplicável nas hipóteses excepcionais de extensão do prazo decorrente da necessidade de reequilíbrio econômico-financeiro do contrato de PPP. Assim, o limite de 35 anos seria aplicável às prorrogações ordinárias, mas não às prorrogações "extraordinárias" ou "corretoras" que são implementadas para recomposição do equilíbrio econômico-financeiro da avença.[160]

Os prazos alargados nas PPPs são justificados pela necessidade de amortização dos investimentos vultosos realizados pelo parceiro privado e da diluição dos pagamentos devidos pelo Poder Público, além de satisfazerem a modicidade tarifária (quando houver tarifa, como ocorre na PPP patrocinada).

Em razão do comprometimento dos orçamentos futuros, o Poder Concedente tem que atuar com responsabilidade fiscal, realizando planejamento prévio para diagnosticar os impactos orçamentários da PPP, destacando-se, nesse caso, as exigências legais para instauração da licitação, a saber: a) apresentação de estudo técnico, aprovado pela autoridade competente e que respeite a LC 101/2000 (LRF); b) elaboração de estimativa do impacto orçamentário-financeiro nos exercícios respectivos ao prazo do contrato; c) declaração do ordenador da despesa atestando a compatibilidade do contrato com a lei de diretrizes orçamentárias e com a lei orçamentária anual; d) "estimativa do fluxo de recursos públicos suficientes para o cumprimento, durante a vigência do contrato e por exercício financeiro, das obrigações contraídas pela Administração Pública"; e) previsão do objeto contratual no Plano Plurianual; f) realização de consulta pública em relação às minutas do edital e do contrato; g) licença ambiental e adequação às exigências ambientais (art. 10 da Lei 11.079/2004).

3.7.16. Objeto complexo

A concessão comum tem por objeto a prestação de serviço público ou, ainda, a prestação do serviço, precedida da execução de obra pública (art. 2.º, II e III, da Lei 8.987/1995).

Na concessão especial (PPP), por sua vez, o art. 2.º, § 4.º, III, da Lei 11.079/2004 impõe restrições em relação ao objeto do contrato, vedando a celebração da concessão "que tenha como objeto único o fornecimento de mão de obra, o fornecimento e instalação de equipamentos ou a execução de obra pública".

Desta forma, mesmo na hipótese de PPP administrativa de serviços administrativos, a concessão não poderá envolver o simples fornecimento de mão de obra, mas, também, outras

---

[160] MARQUES NETO, Floriano de Azevedo. *Concessões*. Belo Horizonte: Fórum, 2015. p. 211-212.

prestações por parte do parceiro privado (ex.: fornecimento de mão de obra e de materiais etc.). Caso a intenção seja apenas a contratação de serviços (mão de obra), o Poder Público deverá se valer da tradicional terceirização regulada na Lei 14.133/2021.

3.7.17. Cláusulas essenciais

De acordo com o art. 5.º da Lei 11.079/2004, as cláusulas essenciais dos contratos de PPPs são: I – o prazo de vigência do contrato, compatível com a amortização dos investimentos realizados, não inferior a 5 (cinco), nem superior a 35 (trinta e cinco) anos, incluindo eventual prorrogação; II – as penalidades aplicáveis à Administração Pública e ao parceiro privado em caso de inadimplemento contratual, fixadas sempre de forma proporcional à gravidade da falta cometida, e às obrigações assumidas; III – a repartição de riscos entre as partes, inclusive os referentes a caso fortuito, força maior, fato do príncipe e álea econômica extraordinária; IV – as formas de remuneração e de atualização dos valores contratuais; V – os mecanismos para a preservação da atualidade da prestação dos serviços; VI – os fatos que caracterizem a inadimplência pecuniária do parceiro público, os modos e o prazo de regularização e, quando houver, a forma de acionamento da garantia; VII – os critérios objetivos de avaliação do desempenho do parceiro privado; VIII – a prestação, pelo parceiro privado, de garantias de execução suficientes e compatíveis com os ônus e riscos envolvidos, observados os limites dos arts. 98, 99 e 101 da Lei 14.133/2021 e, no que se refere às concessões patrocinadas, o disposto no inciso XV do art. 18 da Lei 8.987/1995; IX – o compartilhamento com a Administração Pública de ganhos econômicos efetivos do parceiro privado decorrentes da redução do risco de crédito dos financiamentos utilizados pelo parceiro privado; X – a realização de vistoria dos bens reversíveis, podendo o parceiro público reter os pagamentos ao parceiro privado, no valor necessário para reparar as irregularidades eventualmente detectadas; XI – o cronograma e os marcos para o repasse ao parceiro privado das parcelas do aporte de recursos, na fase de investimentos do projeto e/ou após a disponibilização dos serviços, sempre que verificada a hipótese do § 2.º do art. 6.º desta Lei (incluído pela Lei 12.766/2012).

Além das mencionadas cláusulas essenciais, os contratos de PPPs podem prever, também: a) os requisitos e condições em que o parceiro público autorizará a transferência do controle da SPE para os seus financiadores, com o objetivo de promover a sua reestruturação financeira e assegurar a continuidade da prestação dos serviços, não se aplicando para este efeito o previsto no inciso I do parágrafo único do art. 27 da Lei 8.987/1995; b) a possibilidade de emissão de empenho em nome dos financiadores do projeto em relação às obrigações pecuniárias da Administração Pública; c) a legitimidade dos financiadores do projeto para receber indenizações por extinção antecipada do contrato, bem como pagamentos efetuados pelos fundos e empresas estatais garantidores de PPPs (art. 5.º, § 2.º, da Lei 11.079/2004).

3.7.18. Sociedade de Propósito Específico (SPE)

De acordo com o art. 9.º da Lei 11.079/2004, o contrato de PPP deve ser formalizado pelo parceiro público com uma sociedade de propósito específico (SPE).

O objetivo do legislador é facilitar o controle e a gestão da PPP, visto que a SPE, que pode ser instituída sob qualquer roupagem societária, tem o único objetivo de implantar e gerir o objeto da parceria.

Cap. 3 – TEMAS ESPECIAIS DE LICITAÇÕES E CONTRATOS ADMINISTRATIVOS | **317**

Vale dizer: a instituição da SPE pelo parceiro privado acarreta a segregação patrimonial, contábil e jurídica entre esta sociedade e a empresa licitante vencedora.[161] No modelo tradicional de concessão, a possibilidade de execução de outras atividades econômicas pela concessionária dificultava o controle do contrato, tendo em vista a dificuldade de separação das receitas e despesas inerentes à prestação do serviço público e aquelas relativas às demais atividades desenvolvidas pela concessionária.[162]

Quanto ao momento de instituição da SPE, o art. 9.º da Lei 11.079/2004 limita-se a dizer que a sociedade deve ser criada antes do contrato de PPP, especialmente pelo fato de que a entidade será parte da relação contratual (princípio da relatividade dos contratos).

Apesar de não haver vedação legal, deve ser considerada ilegal a exigência, no edital, de instituição da SPE como condição para participação na licitação, tendo em vista que tal exigência frustraria a competitividade, reduzindo o número de interessados, bem como violaria o princípio da proporcionalidade/razoabilidade, visto que apenas a licitante vencedora assinará o contrato de PPP, sendo desnecessário onerar excessivamente os demais participantes.

Entendemos, contudo, que, apesar do silêncio legislativo, algumas limitações devem ser aplicadas à instituição da SPE, por exemplo: a) em decorrência dos princípios da isonomia e da competitividade, apenas as pessoas que venceram a licitação podem fazer parte da SPE, evitando-se que pessoas estranhas à licitação se beneficiem do contrato; b) pelas mesmas razões, deve ser vedada a união entre a primeira colocada na licitação com outras licitantes, pois, nesse caso, o contrato seria formalizado com entidade que efetivamente não apresentou a melhor proposta, além do risco de conluio entre as licitantes para elevar os valores de suas propostas.

Com o intuito de evitar a contrariedade aos princípios que regem as licitações, duas sugestões poderiam ser adotadas nas licitações: a) o licitante vencedor deverá constituir uma subsidiária; b) caso o licitante vencedor seja um consórcio, este deverá receber personalidade jurídica, transformandose em SPE;[163] ou c) a participação minoritária do Estado na SPE, ao lado da sociedade vencedora da licitação, o que viabiliza, inclusive, maior ingerência estatal na gestão do empreendimento.

A SPE poderá assumir a forma de companhia aberta, com valores mobiliários negociados no mercado, e a eventual transferência do controle acionário dependerá de expressa autorização da Administração Pública, nos termos do edital e do contrato, observado o disposto no parágrafo único do art. 27 da Lei 8.987/1995 (art. 9.º, §§ 1.º e 2.º, da Lei 11.079/2004).

Ademais, a SPE deverá obedecer a padrões de governança corporativa e adotar contabilidade e demonstrações financeiras padronizadas, conforme regulamento (art. 9.º, § 3.º, da Lei 11.079/2004).

Por fim, a Administração Pública não pode ser titular da maioria do capital votante da SPE, o que não impede a sua participação no quadro societário como acionista minoritária. Excepcionalmente, instituição financeira controlada pelo Poder Público poderá se tornar controladora da SPE quando adquirir a maioria do capital votante em caso de inadimplemento de contratos de financiamento (art. 9.º, §§ 4.º e 5.º, da Lei 11.079/2004).

---

[161] Nesse sentido: ARAGÃO, Alexandre Santos de. *Direito dos serviços públicos*. Rio de Janeiro: Forense, 2007. p. 713-714.

[162] A instituição de SPE é facultativa nas concessões tradicionais (arts. 19 e 20 da Lei 8.987/1995) e obrigatória nas PPPs (art. 9.º da Lei 11.079/2004).

[163] No mesmo sentido: ARAGÃO, Alexandre Santos de. *Direito dos serviços públicos*. Rio de Janeiro: Forense, 2007. p. 714.

318 | LICITAÇÕES E CONTRATOS ADMINISTRATIVOS – *Rafael Carvalho Rezende Oliveira*

3.7.19. Garantias diferenciadas e o Fundo Garantidor de Parcerias (FGP)

As garantias de cumprimento das obrigações assumidas pela Administração nos contratos de PPPs encontram-se enumeradas no art. 8.º da Lei 11.079/2004: a) vinculação de receitas, observado o disposto no inciso IV do art. 167 da Constituição; b) instituição ou utilização de fundos especiais previstos em lei; c) contratação de seguro-garantia com as companhias seguradoras que não sejam controladas pelo Poder Público; d) garantia prestada por organismos internacionais ou instituições financeiras; e) garantias prestadas por fundo garantidor ou empresa estatal criada para essa finalidade; e f) outros mecanismos admitidos em lei.

No rol de garantias previstas na legislação, destaca-se o Fundo Garantidor de Parcerias (FGP), mencionado nos arts. 16 e seguintes da Lei 11.079/2004.[164]

As normas definidoras do FGP, conforme disposição expressa da Lei 11.079/2004, são aplicáveis apenas à União, razão pela qual os entes interessados na utilização da referida garantia deverão editar normas específicas sobre o tema.[165] Registre-se, no entanto, que o art. 16 da Lei 11.079/2004, alterado pela Lei 12.766/2012, permite que o FGP federal seja utilizado para garantir também o pagamento de obrigações pecuniárias assumidas pelos parceiros públicos distritais, estaduais ou municipais.

O FGP possui natureza privada e patrimônio separado dos cotistas (União, autarquias e fundações públicas), devendo ser administrado por instituição financeira controlada, direta ou indiretamente, pela União (arts. 16 e 17 da Lei 11.079/2004).

Apesar de ser considerado sujeito de direitos e obrigações (art. 16, *caput* e § 1.º, da Lei 11.079/2004), há controvérsias doutrinárias a respeito da personificação do FGP.

Primeira posição: o FGP não possui personalidade jurídica, mas, em razão da possibilidade legal de contrair direitos e obrigações, o Fundo seria considerado uma espécie de "patrimônio de afetação" ou universalidade de direito. Nesse sentido: Alexandre Santos de Aragão e José dos Santos Carvalho Filho.[166]

Segunda posição: o FGP possui personalidade jurídica e pode ser considerado como uma espécie de empresa pública. Nesse sentido: Carlos Ari Sundfeld e Gustavo Binenbojm.[167]

---

[164] O art. 16, *caput*, da Lei 11.079/2004, alterado pela Lei 12.766/2012, dispõe: "Ficam a União, seus fundos especiais, suas autarquias, suas fundações públicas e suas empresas estatais dependentes autorizadas a participar, no limite global de R$ 6.000.000.000,00 (seis bilhões de reais), em Fundo Garantidor de Parcerias Público-Privadas – FGP que terá por finalidade prestar garantia de pagamento de obrigações pecuniárias assumidas pelos parceiros públicos federais, distritais, estaduais ou municipais em virtude das parcerias de que trata esta Lei".

[165] No Estado do Rio de Janeiro, por exemplo, os arts. 30 e seguintes da Lei 5.068/2007 tratam do FGP.

[166] ARAGÃO, Alexandre Santos de. *Direito dos serviços públicos*. Rio de Janeiro: Forense, 2007. p. 693. CARVALHO FILHO, José dos Santos. *Manual de direito administrativo*. 22. ed. Rio de Janeiro: Lumen Juris, 2009. p. 417. Em Minas Gerais, por exemplo, a legislação afirma, expressamente, a ausência de personalidade jurídica do fundo (art. 1.º da Lei 14.869/2003).

[167] SUNDFELD, Carlos Ari. Guia jurídico das Parcerias Público-Privadas. *Parcerias Público-Privadas*. São Paulo: Malheiros, 2005. p. 43; BINENBOJM, Gustavo. As Parcerias Público-Privadas (PPPs e a Constituição). *Revista de Direito da Associação dos Procuradores do Novo Estado do Rio de Janeiro*, Rio de Janeiro: Lumen Juris, v. XVII, p. 104, 2006. Em São Paulo, por exemplo, a legislação autorizou a criação da Companhia Paulista de Parcerias (CPP), sob a forma de sociedade anônima, que pode dar garantias para as obrigações assumidas pelo Estado (arts. 12 e 15, VI e VII, da Lei 11.688/2004).

Entendemos que o FGP deve ser considerado pessoa jurídica, pois tratase de sujeito de direitos e obrigações, e as suas características são similares àquelas previstas para as empresas públicas (a criação depende de autorização legal, os cotistas são entes e entidades da Administração Pública e a sua natureza é privada).

Outra polêmica em torno do FGP concerne à sua constitucionalidade.

Primeira posição: inconstitucionalidade do FGP, tendo em vista os seguintes argumentos: a) violação ao art. 100 da CRFB, pois o Fundo seria uma maneira de burlar o regime dos precatórios. As pessoas públicas, cotistas do Fundo, normalmente respondem por seus débitos judiciais por meio dos precatórios, mas, com a criação de um Fundo de natureza privada, o pagamento seria feito diretamente por ele; b) violação ao art. 165, § 9.º, II, da CRFB, uma vez que a criação de fundos só poderia ser feita por Lei Complementar. Nesse sentido: Celso Antônio Bandeira de Mello e Maria Sylvia Zanella Di Pietro.[168]

Segunda posição: o FGP é constitucional. Nesse sentido: possui personalidade jurídica e pode ser considerado como uma espécie de empresa pública. Nesse sentido: Carlos Ari Sundfeld, Alexandre Santos de Aragão, Gustavo Binenbojm e José dos Santos Carvalho Filho.[169]

Sustentamos a compatibilidade do FGP com o texto constitucional pelas seguintes razões: a) não há violação ao art. 100 da CRFB, que estabelece a regra geral do precatório, pois a referida norma constitucional somente se aplica aos débitos judiciais das pessoas jurídicas de direito público, sendo inaplicável às pessoas de direito privado, como ocorre na instituição do FGP e das entidades com personalidade de direito privado integrantes da Administração Indireta (empresas públicas, sociedades de economia mista e fundações estatais de direito privado); b) não há violação ao art. 165, § 9.º, II, da CRFB, tendo em vista que a norma constitucional em comento exige lei complementar apenas para fixação das "condições para a instituição e funcionamento de fundos", e não para criação específica de cada fundo, sendo certo que as referidas condições encontram-se previstas, basicamente, na Lei 4.320/1964, recepcionada com *status* de lei complementar.

Por fim, quanto às garantias públicas, admite-se a indicação, no contrato de concessão, de agente financeiro, não controlado pelo Poder Concedente, que atuará como agente de pagamento ou garantidor das obrigações assumidas pelo Poder Concedente.

Nesse caso, o agente financeiro será responsável por administrar uma conta de pagamento destinada exclusivamente ao pagamento das parcelas devidas ao parceiro privado. É o caso, por exemplo, de uma concessão municipal em que as obrigações do Poder Concedente sejam garantidas por meio da vinculação de receitas advindas do fundo de participação dos Municípios (FPM). Com o objetivo de viabilizar essa estrutura, deverá existir um contrato celebrado entre

---

[168] BANDEIRA DE MELLO, Celso Antônio. *Curso de direito administrativo*. 21. ed. São Paulo: Malheiros, 2006. p. 748-750; DI PIETRO, Maria Sylvia Zanella. *Direito administrativo*. 22. ed. São Paulo: Atlas, 2009. p. 323-324.

[169] Nesse sentido: SUNDFELD, Carlos Ari. Guia jurídico das Parcerias Público-Privadas. *Parcerias Público-Privadas*. São Paulo: Malheiros, 2005. p. 43-44; ARAGÃO, Alexandre Santos de. *Direito dos serviços públicos*. Rio de Janeiro: Forense, 2007. p. 694-695; BINENBOJM, Gustavo. As Parcerias Público-Privadas (PPPs e a Constituição). *Revista de Direito da Associação dos Procuradores do Novo Estado do Rio de Janeiro*, Rio de Janeiro: Lumen Juris, v. XVII, p. 104, 2006; CARVALHO FILHO, José dos Santos. *Manual de direito administrativo*. 22. ed. Rio de Janeiro: Lumen Juris, 2009. p. 416-417.

o Poder Concedente e o agente financeiro responsável pela administração dos recursos do FPM para que, em caso de inadimplemento do contrato de concessão, os recursos, que seriam repassados ao Município, sejam destinados a pagamento do parceiro privado.

3.7.20. Verificador Independente nas concessões comuns e PPPs

A necessidade de maior eficiência e independência na fiscalização dos contratos de concessão, especialmente para a verificação do cumprimento dos indicadores de desempenho que impactam na remuneração do parceiro privado, justificou a formatação do denominado "Verificador Independente".

O Verificador Independente, como o nome sugere, é uma entidade privada, sem vinculação com as partes do contrato de concessão, que possui independência técnica para auxiliar na fiscalização contratual, notadamente na verificação do cumprimento das metas de desempenho pela concessionária e na implementação dos pagamentos previstos no contrato.

Trata-se de importante mecanismo de governança regulatória nos contratos de concessão, uma vez que garante maior independência e imparcialidade na verificação do cumprimento adequado das cláusulas contratuais, evitando a captura da relação jurídica por uma das partes.[170]

É importante destacar que a previsão contratual do verificador independente não afasta o dever do Poder Concedente na gestão e na fiscalização contratual, na forma do art. 67 da Lei 8.666/1993; do art. 117 da Lei 14.133/2021; dos arts. 3.º, 29, I, e 30 da Lei 8.987/1995; e dos arts. 3.º, *caput* e § 1.º, e 15 da Lei 11.079/2004.[171]

Não há caminho único para modelagem jurídica da contratação do Verificador Independente nos contratos de concessão. É possível, por exemplo, a contratação do Verificador Independente pelo Poder Concedente, após regular processo de licitação. Outra possibilidade seria a previsão de compartilhamento da escolha do Verificador Independente: a concessionária apresentaria ao Poder Concedente uma lista de empresas, a partir de requisitos definidos no edital e no contrato de concessão; o Poder Concedente indicaria a empresa a ser contratada pela concessionária. Mencione-se, ainda, a possibilidade de cadastramento de verificadores independentes por parte da Administração Pública por meio de critérios objetivos e proporcionais; nesse caso, a escolha da entidade verificadora credenciada seria realizada, em cada caso, pela concessionária no prazo estipulado no contrato de concessão.

---

[170] De forma semelhante: SOUZA, Mara Clécia Dantas; SILVA, Camila Aguiar; ARAÚJO, Thiago C. *Tratado de parcerias público-privadas*: teoria e prática. Rio de Janeiro: CEEJ, 2019. v. 10, p. 142-143.

[171] No mesmo sentido do texto: GAROFANO, Rafael; FAJARDO, Gabriel. Avaliação de desempenho e remuneração variável nas parcerias público-privadas. *Tratado de parcerias público-privadas*: teoria e prática. Rio de Janeiro: CEEJ, 2019. v. 5. p. 237. Sobre o tema, o TCU: "O art. 67 da Lei 8.666/1993 exige a designação, pela Administração, de representante para acompanhar e fiscalizar a execução, facultando-se a contratação de empresa supervisora para assisti-lo. Assim, parece-me claro que o contrato de supervisão tem natureza eminentemente assistencial ou subsidiária, no sentido de que a responsabilidade última pela fiscalização da execução não se altera com sua presença, permanecendo com a Administração Pública. Apesar disso, em certos casos, esta Corte tem exigido a contratação de supervisora quando a fiscalização reconhecidamente não dispuser de condições para, com seus próprios meios, desincumbir-se adequadamente de suas tarefas, seja pelo porte ou complexidade do empreendimento, seja pelo quadro de carência de recursos humanos e materiais que, não raro, prevalece no setor público" (TCU, Acórdão 1.930/2006, Plenário, Rel. Min. Augusto Nardes, *DOU* 18.10.2006).

Cap. 3 – TEMAS ESPECIAIS DE LICITAÇÕES E CONTRATOS ADMINISTRATIVOS | 321

É fundamental que o instrumento convocatório ou o contrato de concessão defina a forma de seleção e de pagamento do Verificador Independente.

3.8. LICITAÇÕES E CONTRATOS NAS EMPRESAS ESTATAIS

As licitações e contratações realizadas por empresas públicas e sociedades de economia mista são reguladas pela Lei 13.303/2016 (Lei das Estatais), cujo regime jurídico será destacado nos tópicos a seguir.

3.8.1. Visão geral das empresas estatais e fontes normativas

As empresas públicas e as sociedades de economia mista que exploram atividades econômicas se sujeitarão ao regime próprio de licitação, na forma do art. 173, § 1.º, III, da CRFB, pois essas entidades concorrem com empresas privadas, razão pela qual necessitam de maior velocidade em suas contratações.

Quanto às estatais prestadoras de serviços públicos, não há qualquer ressalva constitucional, o que acarretaria, em princípio, a aplicação da regra geral de licitação aplicável à Administração Pública. Após, aproximadamente, 18 anos de espera, foi elaborado o estatuto jurídico das estatais, que dispõe, inclusive, sobre licitações e contratos.

Ao regulamentar o art. 173, § 1.º, da CRFB, alterado pela EC 19/1998, a Lei 13.303/2016 (Lei das Estatais) estabeleceu normas de licitações e contratos para empresas públicas, sociedades de economia mista e suas subsidiárias, exploradoras de atividades econômicas, ainda que em regime de monopólio, e prestadoras de serviços públicos. Em âmbito federal, o Decreto 8.945/2016 regulamenta a Lei 13.303/2016.

Verifica-se que a Lei 13.303/2016 fixou normas homogêneas de licitação para toda e qualquer empresa estatal, sem distinção entre o tipo de objeto prestado: serviço público e/ou atividade econômica. O regime jurídico das licitações nas estatais foi claramente inspirado nos regimes previstos na Lei 10.520/2002 (pregão) e na Lei 12.462/2011 (Regime Diferenciado de Contratações Públicas – RDC).

Entendemos que a Lei das Estatais extrapolou os limites fixados na Constituição, pois, em vez de tratar apenas das estatais econômicas que atuam em regime de concorrência, englobou, também, as estatais que atuam em regime de monopólio e as que prestam serviços públicos.[172]

Ora, a Lei das Estatais regulamenta o art. 173, § 1.º, da CRFB, que dispõe sobre as estatais econômicas e está inserido no Capítulo I do Título VII da Constituição ("princípios gerais da atividade econômica"). A referida norma constitucional, no campo das contratações, remeteu ao legislador ordinário a tarefa de elaborar o estatuto jurídico das empresas estatais exploradoras de atividade econômica que deveria dispor, entre outros temas, sobre "licitação e contratação de obras, serviços, compras e alienações, observados os princípios da administração pública". O

---

[172] Existem três ADIs que questionam a constitucionalidade da Lei das Estatais no STF: 5.624, 5.846 e 5.924. Na primeira ADI, foi deferida liminar para conferir interpretação conforme à Constituição ao art. 29, *caput*, XVIII, da Lei 13.303/2016, para afirmar que a venda de ações de empresas estatais e de suas subsidiárias ou controladas exige prévia autorização legislativa, nas hipóteses de alienação do controle acionário, bem como para afirmar que a dispensa de licitação só pode ser aplicada à venda de ações que não importem a perda de controle acionário (ADI 5.624 MC/DF, Rel. Min. Ricardo Lewandowski, *DJe-129* 29.06.2018).

objetivo foi estabelecer regime distinto daquele aplicado às demais entidades da Administração Pública, na forma dos arts. 21, XXVII, e 37, XXI, da CRFB.

É verdade que há uma dificuldade cada vez maior em identificar e caracterizar, nos objetivos sociais das diversas empresas estatais, as respectivas atividades como serviços públicos ou atividades econômicas, sem olvidar a existência de estatais que prestam as duas atividades. Aliás, a dificuldade, por vezes, encontra-se na própria conceituação do serviço público, que também pode ser considerado, ao lado da atividade econômica em sentido estrito, espécie de atividade econômica em sentido lato.

Contudo, não nos parece adequada a fixação de normas homogêneas para toda e qualquer empresa estatal, independentemente da atividade desenvolvida (atividade econômica ou serviço público) e do regime de sua prestação (exclusividade, monopólio ou concorrência).

A ausência de assimetria normativa no tratamento da licitação entre as diversas estatais, a partir das respectivas atividades desenvolvidas, pode ser questionada sobre diversos aspectos.

Em primeiro lugar, os Tribunais Superiores, o TCU e parcela da doutrina sempre apresentaram distinções quanto ao regime jurídico das estatais a partir da atividade desenvolvida, aproximando, com maior intensidade, o regime das estatais econômicas, que atuam em regime de concorrência no mercado, ao regime das demais empresas privadas.

No campo das licitações, o entendimento tradicional também sustentava a necessidade do tratamento diferenciado entre as estatais a partir dos respectivos objetos sociais. Enquanto as empresas estatais prestadoras de serviços públicos seriam tratadas como as demais entidades da Administração Pública Direta e Indireta, submetendo-se à Lei de Licitações, as estatais econômicas estariam autorizadas a celebrar contratações diretas para exploração de suas atividades econômicas (atividades finalísticas), aplicando-se às demais contratações (atividades instrumentais) as normas de licitação existentes até o advento do regime próprio exigido pela Constituição (ex.: a Petrobras não precisa realizar licitação para o transporte de combustíveis, tendo em vista tratar-se de desempenho de atividade-fim, mas a licitação é necessária para aquisição de material de almoxarifado).[173]

A mencionada assimetria no tocante às licitações era justificada em razão da necessidade de maior celeridade na exploração das atividades econômicas, uma vez que as referidas estatais, ao contrário das demais entidades administrativas, concorrem com empresas privadas que, por sua vez, não se submetem às regras da licitação.

Em resumo, a distinção relativa ao objeto da estatal influencia decisivamente no respectivo regime licitatório. Enquanto a atividade econômica encontra-se submetida ao princípio da livre concorrência, a prestação do serviço público é de titularidade estatal.

---

[173]   A tese foi sustentada nas edições anteriores deste livro. No mesmo sentido: CARVALHO FILHO, José dos Santos. *Manual de direito administrativo*. 22. ed. Rio de Janeiro: Lumen Juris, 2009. p. 229; BANDEIRA DE MELLO, Celso Antônio. *Curso de direito administrativo*. 21. ed. São Paulo: Malheiros, 2006. p. 514; JUSTEN FILHO, Marçal. *Comentários à lei de licitações e contratos administrativos*. 9. ed. São Paulo: Dialética, 2002. p. 24-26; FURTADO, Lucas Rocha. *Curso de licitações e contratos administrativos*. Belo Horizonte: Fórum, 2007. p. 431-438; TCU, Plenário, Acórdão 121/1998, Rel. Min. Iram Saraiva, *DOU* 04.09.1998. Note-se, contudo, que alguns autores criticam a distinção entre atividade-fim e atividade-meio por ser de difícil operacionalização. Segundo essa visão doutrinária, as estatais competitivas não se submetem à Lei de Licitações (SUNDFELD, Carlos Ari; SOUZA, Rodrigo Pagani de. Licitação nas estatais: levando a natureza empresarial a sério. *RDA*, n. 245, maio 2007).

Cap. 3 – TEMAS ESPECIAIS DE LICITAÇÕES E CONTRATOS ADMINISTRATIVOS | 323

Não se pode desconsiderar, contudo, que, mesmo na prestação de serviços públicos, a Administração deve promover a concorrência entre diversos prestadores, na forma do art. 16 da Lei 8.987/1995, o que poderia justificar a submissão às regras diferenciadas de licitação.

O que não parece razoável é a fixação de normas homogêneas de licitação para toda e qualquer empresa estatal, independentemente da atividade desenvolvida (atividade econômica ou serviço público) e do regime de sua prestação (exclusividade, monopólio ou concorrência).

É preciso levar a sério a personalidade jurídica de direito privado e a atuação concorrencial por parte das estatais. Assim como as pessoas jurídicas de direito privado não devem ser submetidas ao idêntico tratamento dispensado às pessoas jurídicas de direito público da Administração Direta e Indireta, não seria prudente fixar o mesmo tratamento jurídico para pessoas jurídicas de direito privado que atuam em exclusividade (ou monopólio) e em regime concorrencial.

A possível solução é a interpretação conforme a Constituição da Lei 13.303/2016 para que as suas normas de licitação sejam aplicadas às empresas estatais que exploram atividades econômicas *lato sensu* em regime concorrencial, excluindo-se da sua incidência as estatais que atuam em regime de monopólio e na prestação de serviços públicos em regime de exclusividade.[174]

A despeito das polêmicas interpretativas, a Lei 13.303/2016, assim como ocorre com a legislação em geral, possui a presunção de constitucionalidade, motivo pelo qual os seus termos deverão ser observados por todas as empresas estatais, independentemente do respectivo campo de atuação (atividade econômica ou serviço público) e da (in)existência de concorrência.

Em razão do caráter especial da Lei 13.303/2016, as empresas estatais devem observar as suas respectivas normas de licitação e contratação, afastando-se, por consequência, a incidência da Lei 14.133/2021, o que é corroborado pelo art. 1.º, § 1.º, deste último diploma legal. Excepcionalmente, a Lei 14.133/2021 será aplicada às empresas estatais nas hipóteses expressamente previstas na Lei 13.303/2016 (arts. 32, IV, 41 e 55, III).[175]

3.8.2. Licitação nas empresas estatais

As principais características das licitações previstas na Lei 13.303/2016 são:

a) **âmbito federativo (lei nacional):** a Lei das Estatais contém normas gerais aplicáveis às estatais da União, Estados, DF e Municípios, na forma do art. 22, XXVII, da CRFB (art. 1.º da Lei 13.303/2016);

---

[174] Sobre o tema: OLIVEIRA, Rafael Carvalho Rezende. As licitações na Lei 13.303/2016 (Lei das Estatais): mais do mesmo? Revista Colunistas de Direito do Estado, n. 230, publicado em 09.08.2016; OLIVEIRA, Rafael Carvalho Rezende. *Curso de direito administrativo.* 5. ed. São Paulo: Método, 2017. p. 394/397. Para o aprofundamento do regime jurídico das empresas estatais, remetemos o leitor ao livro: OLIVEIRA, Rafael Carvalho Rezende. *Curso de direito administrativo.* 5. ed. São Paulo: Método, 2017.

[175] O art. 32, IV, remete à Lei 10.520/2002 (Lei do pregão) e os arts. 41 e 55, III, mencionam a aplicação da Lei 8.666/1993). Nesses casos, deve ser observado o art. 189 da Lei 14.133/2021, que dispõe: "Aplica-se esta Lei às hipóteses previstas na legislação que façam referência expressa à Lei nº 8.666, de 21 de junho de 1993, à Lei nº 10.520, de 17 de julho de 2002, e aos arts. 1.º a 47-A da Lei nº 12.462, de 4 de agosto de 2011". De forma semelhante, o TCU decidiu: "Não se aplica subsidiariamente a Lei 8.666/1993 a eventuais lacunas da Lei 13.303/2016 (Lei das Estatais), exceto nas hipóteses nela expressamente previstas (arts. 41 e 55, III), sob pena de violação aos arts. 22, XXVII, e 173, § 1°, III, da Constituição Federal" (TCU, Acórdão 739/2020, Plenário, Rel. Min. Benjamin Zymler, 01.04.2020).

b) destinatários: não obstante as críticas apresentadas anteriormente, o Estatuto, em sua literalidade, incide sobre estatais, prestadora de atividades econômicas, em regime de concorrência ou monopólio, e de serviços públicos (art. 1.º da Lei 13.303/2016);

c) objeto dos contratos: a exigência de licitação aplica-se aos contratos de prestação de serviços, inclusive de engenharia e de publicidade, aquisição, locação de bens, alienação de bens e ativos integrantes do respectivo patrimônio ou execução de obras a serem integradas a esse patrimônio, bem como implementação de ônus real sobre tais bens, ressalvadas as hipóteses de contratação direta previstas na Lei das Estatais (art. 28 da Lei 13.303/2016);[176]

d) as licitações devem observar o tratamento diferenciado conferido às microempresas e empresas de pequeno porte pelos arts. 42 a 49 da LC 123/2006 (art. 28, § 1.º, da Lei 13.303/2016);

e) inaplicabilidade da licitação (licitação dispensada): e.1) comercialização, prestação ou execução, de forma direta, pelas empresas estatais, de produtos, serviços ou obras especificamente relacionados com seus respectivos objetos sociais (atividades finalísticas);[177] e e.2) casos em que a escolha do parceiro esteja associada a suas características particulares, vinculada a oportunidades de negócio definidas e específicas, justificada a inviabilidade de procedimento competitivo (art. 28, § 3.º, I e II, da Lei 13.303/2016);

É possível perceber que a Lei 13.303/2016 prevê as seguintes hipóteses de contratação direta para as empresas estatais: a) licitação dispensada ou inaplicabilidade de licitação (art. 28, § 3.º); b) dispensa de licitação ou licitação dispensável (art. 29); e c) inexigibilidade de licitação ou licitação inexigível (art. 30).

Na primeira hipótese (licitação dispensada ou inaplicabilidade de licitação), a própria legislação afasta a incidência da licitação. As situações indicadas no art. 28, § 3.º, I e II, da Lei 13.303/2016 englobam, na verdade, casos de inviabilidade de licitação que caracterizavam, tradicionalmente, os casos de inexigibilidade de licitação.

O art. 28, § 3.º, I, da Lei 13.303/2016 declara a licitação dispensada para contratações relacionadas às atividades finalísticas das empresas estatais, delimitadas nos respectivos objetos sociais. Verifica-se que o legislador positivou a tese da desnecessidade de licitação para as contratações relacionadas às atividades finalísticas das empresas estatais. Ao que parece, a velha incerteza na qualificação de uma atividade como "atividade-fim" ou "atividade-meio" permanece, mas, agora, com outra roupagem dada pela lei, qual seja a de saber se uma determinada atividade é ou não especificamente relacionada ao objeto social da empresa estatal.

---

[176] As normas de licitações e contratos da Lei das Estatais são aplicáveis, também, aos convênios e contratos de patrocínio celebrados com pessoa física ou jurídica para promoção de atividades culturais, sociais, esportivas, educacionais e de inovação tecnológica, desde que comprovadamente vinculadas ao fortalecimento da marca da estatal (art. 27, § 3.º, e art. 28, § 2.º, da Lei 13.303/2016).

[177] O TCU decidiu que, embora as empresas estatais estejam dispensadas de licitar a prestação de serviços relacionados com seus respectivos objetos sociais (art. 28, § 3.º, inciso I, da Lei 13.303/2016), devem conferir lisura e transparência a essas contratações, em atenção aos princípios que regem a atuação da Administração Pública, selecionando seus parceiros por meio de processo competitivo, isonômico, impessoal e transparente (Acórdão 2.033/2017, Plenário, Denúncia, Rel. Min. Benjamin Zymler, 13.09.2017, *Informativo de Jurisprudência sobre Licitações e Contratos do TCU* n. 331).

Por outro lado, o art. 28, § 3.º, II, da Lei 13.303/2016 prevê a inaplicabilidade da licitação para os casos em que a escolha de parceiros das estatais esteja vinculada à oportunidades de negócio, "justificada a inviabilidade de procedimento competitivo".[178]

De acordo com o TCU, são requisitos para a contratação direta de empresa parceira, com fundamento no art. 28, § 3.º, II, da Lei 13.303/2016: a) avença obrigatoriamente relacionada com o desempenho de atribuições inerentes aos respectivos objetos sociais das empresas envolvidas; b) configuração de oportunidade de negócio, o qual pode ser estabelecido por meio dos mais variados modelos associativos, societários ou contratuais, nos moldes do art. 28, § 4.º, da referida Lei; c) demonstração da vantagem comercial para a estatal; d) comprovação, pelo administrador público, de que o parceiro escolhido apresenta condições que demonstram sua superioridade em relação às demais empresas que atuam naquele mercado; e e) demonstração da inviabilidade de procedimento competitivo, servindo a esse propósito, por exemplo, a pertinência e a compatibilidade de projetos de longo prazo, a comunhão de filosofias empresariais, a complementariedade das necessidades e a ausência de interesses conflitantes.[179]

As hipóteses de licitação dispensada contempladas nas "oportunidades de negócio" referem-se aos casos de associações cooperativas estratégicas formalizadas por empresas estatais, tais como os consórcios empresariais, *joint ventures*, aquisição de participações societárias no mercado etc. Não obstante a menção à expressão genérica "parcerias" e outras formas "contratuais", entendemos que a interpretação não pode acarretar a licitação dispensada para celebração de contratos bilaterais de prestação de serviços que não tenham relação específica com o objeto social das empresas estatais, sob pena de a licitação ser afastada, de forma ampla, de todas as contratações promovidas pela entidade, inclusive os contratos de concessão de serviços públicos comuns (Lei 8.987/1995) ou especiais (Lei 11.079/2004).[180]

---

[178] De acordo com o art. 28, § 4.º, da Lei 13.303/2016, consideram-se oportunidades de negócio "a formação e a extinção de parcerias e outras formas associativas, societárias ou contratuais, a aquisição e a alienação de participação em sociedades e outras formas associativas, societárias ou contratuais e as operações realizadas no âmbito do mercado de capitais, respeitada a regulação pelo respectivo órgão competente". Os Enunciados 22, 27 e 30 da I Jornada de Direito Administrativo realizada pelo Centro de Estudos Judiciários do Conselho da Justiça Federal (CEJ/CJF) dispõem: 22 – "A participação de empresa estatal no capital de empresa privada que não integra a Administração Pública enquadra--se dentre as hipóteses de 'oportunidades de negócio' prevista no art. 28, § 4.º, da Lei 13.303/2016, devendo a decisão pela referida participação observar os ditames legais e os regulamentos editados pela empresa estatal a respeito desta possibilidade"; 27 – "A contratação para celebração de oportunidade de negócios, conforme prevista pelo art. 28, § 3.º, II, e § 4.º da Lei n. 13.303/2016 deverá ser avaliada de acordo com as práticas do setor de atuação da empresa estatal. A menção à inviabilidade de competição para concretização da oportunidade de negócios deve ser entendida como impossibilidade de comparação objetiva, no caso das propostas de parceria e de reestruturação societária e como desnecessidade de procedimento competitivo, quando a oportunidade puder ser ofertada a todos os interessados"; e 30 – "A 'inviabilidade de procedimento competitivo' prevista no art. 28, § 3.º, inc. II, da Lei 13.303/2016 não significa que, para a configuração de uma oportunidade de negócio, somente poderá haver apenas um interessado em estabelecer uma parceria com a empresa estatal. É possível que, mesmo diante de mais de um interessado, esteja configurada a inviabilidade de procedimento competitivo".

[179] TCU, Acórdão 2.488/2018, Plenário, Representação, Rel. Min. Benjamin Zymler, 31.10.2018, *Informativo de Jurisprudência sobre Licitações e Contratos do TCU* n. 358.

[180] OLIVEIRA, Rafael Carvalho Rezende; PIRES, Youssef Yunes Borges. O regime jurídico da contratação direta nas empresas estatais instituído pela Lei 13.303/2016. *Juris Plenum Direito Administrativo*, n. 19, p. 181, jul./set. 2018.

Na segunda hipótese de contratação direta (dispensa de licitação ou licitação dispensável), prevista no art. 29 da Lei 13.303/2016, tal como ocorre nos casos tradicionais de dispensa indicados no art. 75 da Lei 14.133/2021, a licitação seria, em tese, viável, tendo em vista a possibilidade de competição entre dois ou mais interessados, mas o legislador abre a possibilidade para que o administrador público decida, de forma justificada e nos casos taxativamente enumerados no art. 29 da Lei das Estatais, pela contratação direta.

Por fim, na terceira hipótese (inexigibilidade de licitação ou licitação inexigível), inserida no art. 30 da Lei 13.303/2016, a licitação não ocorrerá em razão da inviabilidade de competição. Nesses casos, não existe, portanto, o pressuposto fático da licitação, que é a competição entre dois ou mais interessados, para que se possa garantir o tratamento isonômico deles ao contratar com o Poder Público. Trata-se de hipótese de não incidência da regra constitucional da licitação, o que justifica o caráter exemplificativo do art. 30 da Lei das Estatais.

Entendemos, contudo, que os casos de licitação dispensada (ou inaplicabilidade de licitação), tal como ocorre na inexigibilidade, envolvem a inviabilidade de competição. Todavia, é possível perceber uma diferença entre a licitação dispensada (inaplicação de licitação) e os casos de licitação dispensável e inexigível. Enquanto na dispensa e inexigibilidade é determinado um procedimento formal, instruído com os elementos descritos no art. 30, § 3.º, da Lei 13.303/2016, na licitação dispensada ou inaplicabilidade de licitação, por não haver a regra da licitação, não há essa exigência procedimental.[181]

f) **licitação dispensável** (art. 29 da Lei das Estatais), nos seguintes casos taxativos: f.1) para obras e serviços de engenharia de valor até R$ 100.000,00, desde que não se refiram a parcelas de uma mesma obra ou serviço ou ainda a obras e serviços de mesma natureza e no mesmo local que possam ser realizadas conjunta e concomitantemente; f.2) para outros serviços e compras de valor até R$ 50.000,00 e para alienações, nos casos previstos na Lei das Estatais, desde que não se refiram a parcelas de um mesmo serviço, compra ou alienação de maior vulto que possa ser realizado de uma só vez;[182] f.3) licitação deserta, quando, justificadamente, não puder ser repetida sem prejuízo para a estatal, desde que mantidas as condições preestabelecidas; f.4) quando as propostas apresentadas consignarem preços manifestamente superiores aos praticados no mercado nacional ou incompatíveis com os fixados pelos órgãos oficiais competentes; f.5) para a compra ou locação de imóvel destinado ao atendimento de suas finalidades precípuas, quando as necessidades de instalação e localização condicionarem a escolha do imóvel, desde que o preço seja compatível com o valor de mercado, segundo avaliação prévia; f.6) na contratação de remanescente de obra, de serviço ou de fornecimento, em consequência de rescisão contratual, desde que atendida a ordem de classificação da licitação anterior e aceitas as mesmas condições do contrato encerrado por rescisão ou distrato, inclusive quanto ao preço, devidamente corrigido;[183] f.7) na contratação de

---

[181] OLIVEIRA, Rafael Carvalho Rezende; PIRES, Youssef Yunes Borges. O regime jurídico da contratação direta nas empresas estatais instituído pela Lei 13.303/2016. *Juris Plenum Direito Administrativo*, n. 19, p. 179, jul./set. 2018.

[182] Os valores estabelecidos nos incisos I e II do art. 29 da Lei podem ser alterados, para refletir a variação de custos, por deliberação do Conselho de Administração da estatal, admitindo-se valores diferenciados para cada sociedade (art. 29, § 3.º, da Lei 13.303/2016).

[183] Na hipótese de nenhum dos licitantes aceitar a contratação nas mesmas condições do contrato encerrado, a empresa estatal poderá convocar os licitantes remanescentes, na ordem de classifica-

Cap. 3 – TEMAS ESPECIAIS DE LICITAÇÕES E CONTRATOS ADMINISTRATIVOS | 327

instituição brasileira incumbida regimental ou estatutariamente da pesquisa, do ensino ou do desenvolvimento institucional ou de instituição dedicada à recuperação social do preso, desde que a contratada detenha inquestionável reputação ético-profissional e não tenha fins lucrativos; f.8) para a aquisição de componentes ou peças de origem nacional ou estrangeira necessários à manutenção de equipamentos durante o período de garantia técnica, junto ao fornecedor original desses equipamentos, quando tal condição de exclusividade for indispensável para a vigência da garantia; f.9) na contratação de associação de pessoas com deficiência física, sem fins lucrativos e de comprovada idoneidade, para a prestação de serviços ou fornecimento de mão de obra, desde que o preço contratado seja compatível com o praticado no mercado; f.10) na contratação de concessionário, permissionário ou autorizado para fornecimento ou suprimento de energia elétrica ou gás natural e de outras prestadoras de serviço público, segundo as normas da legislação específica, desde que o objeto do contrato tenha pertinência com o serviço público; f.11) nas contratações entre empresas públicas ou sociedades de economia mista e suas respectivas subsidiárias, para aquisição ou alienação de bens e prestação ou obtenção de serviços, desde que os preços sejam compatíveis com os praticados no mercado e que o objeto do contrato tenha relação com a atividade da contratada prevista em seu estatuto social;[184] f.12) na contratação de coleta, processamento e comercialização de resíduos sólidos urbanos recicláveis ou reutilizáveis, em áreas com sistema de coleta seletiva de lixo, efetuados por associações ou cooperativas formadas exclusivamente por pessoas físicas de baixa renda que tenham como ocupação econômica a coleta de materiais recicláveis, com o uso de equipamentos compatíveis com as normas técnicas, ambientais e de saúde pública; f.13) para o fornecimento de bens e serviços, produzidos ou prestados no País, que envolvam, cumulativamente, alta complexidade tecnológica e defesa nacional, mediante parecer de comissão especialmente designada pelo dirigente máximo da empresa pública ou da sociedade de economia mista; f.14) nas contratações visando ao cumprimento do disposto nos arts. 3.º, 4.º, 5.º e 20 da Lei 10.973/2004, observados os princípios gerais de contratação dela constantes; f.15) em situações de emergência, quando caracterizada urgência de atendimento de situação que possa ocasionar prejuízo ou comprometer a segurança de pessoas, obras, serviços, equipamentos e outros bens, públicos ou particulares, e somente para os bens necessários ao atendimento da situação emergencial e para as parcelas de obras e serviços que possam ser concluídos no prazo máximo de 180

ção, para a celebração do contrato nas condições ofertadas por estes, desde que o respectivo valor seja igual ou inferior ao orçamento estimado para a contratação, inclusive quanto aos preços atualizados nos termos do instrumento convocatório (art. 29, § 1.º, da Lei 13.303/2016). Nesse caso, a solução adotada pela Lei das Estatais se assemelha àquela prevista no art. 40, parágrafo único, da Lei 12.462/2011 (Regime Diferenciado de Contratações Públicas – RDC), afastando-se da solução tradicionalmente indicada no art. 64, § 2.º, da Lei 8.666/1993 que apenas admitia a contratação do licitante remanescente "nas mesmas condições propostas pelo primeiro classificado".

[184] A Lei das Estatais exige que "o objeto do contrato tenha relação com a atividade da contratada prevista em seu estatuto social". Não nos parece uma grande novidade, uma vez que as contratações realizadas por empresas estatais devem possuir alguma relação com os respectivos objetos sociais, sob pena de serem consideradas ato *ultra vires societatis*. Ademais, nas situações em que as contratações compreenderem a comercialização, prestação ou execução, de forma direta, de produtos, serviços ou obras especificamente relacionadas com os respectivos objetos sociais das empresas estatais, a licitação seria dispensada pelo art. 28, § 3.º, I, da Lei 13.303/2016.

dias consecutivos e ininterruptos, contado da ocorrência da emergência, vedada a prorrogação dos respectivos contratos;[185] f.16) na transferência de bens a órgãos e entidades da Administração Pública, inclusive quando efetivada mediante permuta; f.17) na doação de bens móveis para fins e usos de interesse social, após avaliação de sua oportunidade e conveniência socioeconômica relativamente à escolha de outra forma de alienação; e f.18) na compra e venda de ações, de títulos de crédito e de dívida e de bens que produzam ou comercializem;[186]

g) **licitação inexigível ou "contratação direta"** (art. 30 da Lei das Estatais), quando houver inviabilidade de competição, nos casos seguintes exemplificativos:[187] g.1) aquisição de materiais, equipamentos ou gêneros que só possam ser fornecidos por produtor, empresa ou representante comercial exclusivo; g.2) contratação dos seguintes serviços técnicos especializados, com profissionais ou empresas de notória especialização,[188] vedada a

---

[185] No caso de contratação emergencial, sem licitação, deverá ser promovida a responsabilização de quem, por ação ou omissão, tenha dado causa a situação emergencial, inclusive no tocante à improbidade administrativa (art. 29, § 2.º, da Lei 13.303/2016).

[186] Parece desnecessária a menção à compra e venda de bens comercializados pelas estatais, uma vez que a hipótese configuraria licitação dispensada, na forma do art. 28, § 3.º, I, da Lei 13.303/2016. Segundo o STF, a alienação das ações, que conferem o controle acionário das empresas estatais, acarretam a sua privatização, motivo pelo qual exige autorização legislativa e licitação, afastada a necessidade de autorização legislativa para alienação do controle das empresas subsidiária e controladas (STF, ADI 5.624/DF, Rel. Min. Ricardo Lewandowski, julg. 6.6.2019, *Informativo de Jurisprudência do STF* n. 943).

[187] Entendemos que o legislador deveria ter utilizado a nomenclatura "licitação inexigível" ou "inexigibilidade de licitação", consagrada em outros diplomas legislativos. Isso porque a expressão "contratação direta" envolveria toda e qualquer contratação sem licitação prévia, abarcando, por isso, também os casos de dispensa. Aliás, o próprio título da Seção I do Capítulo I da Lei das Estatais utiliza as expressões consagradas "dispensa e inexigibilidade".

[188] De acordo com o art. 30, § 1.º, da Lei 13.303/2016: "Considera-se de notória especialização o profissional ou a empresa cujo conceito no campo de sua especialidade, decorrente de desempenho anterior, estudos, experiência, publicações, organização, aparelhamento, equipe técnica ou outros requisitos relacionados com suas atividades, permita inferir que o seu trabalho é essencial e indiscutivelmente o mais adequado à plena satisfação do objeto do contrato". Não obstante o silêncio da Lei das Estatais, entendemos que deve ser observada na contratação direta de serviços técnicos especializados o disposto nos §§ 3.º e 4.º do art. 74 da Lei 14.133/2021 que estabelecem, respectivamente: a) "considera-se de notória especialização o profissional ou a empresa cujo conceito no campo de sua especialidade, decorrente de desempenho anterior, estudos, experiência, publicações, organização, aparelhamento, equipe técnica ou outros requisitos relacionados com suas atividades, permita inferir que o seu trabalho é essencial e reconhecidamente adequado à plena satisfação do objeto do contrato"; e b) é vedada a subcontratação de empresas ou a atuação de profissionais distintos daqueles que tenham justificado a inexigibilidade. Ademais, apesar de não mencionar literalmente a singularidade do serviço como requisito da inexigibilidade, tal como ocorria no art. 25, II, da antiga Lei 8.666/1993, entendemos que a natureza singular do serviço seria condição para contratação direta, com fundamento no art. 30, II, da Lei das Estatais, em razão da necessidade de demonstração da inviabilidade de competição. Nesse sentido, por exemplo: TCU, Acórdão 2.436/2019, Plenário, Rel. Min. Ana Arraes, j. 09.10.2019; TCU, Acórdão 2.761/2020, Plenário, Rel. Raimundo Carreiro, j. 14.10.2020; NIEBUHR, Joel de Menezes; NIEBUHR, Pedro de Menezes. *Licitações e contratos das estatais*. Belo Horizonte: Fórum, 2018. p. 64; BARCELOS, Dawison; TORRES, Ronny Charles Lopes de. *Licitações e contratos nas empresas estatais*: regime licitatório e contratual da Lei 13.303/2016, Salvador: JusPodivm, 2018. p. 198-199.

inexigibilidade para serviços de publicidade e divulgação:[189] (i) estudos técnicos, planejamentos e projetos básicos ou executivos; (ii) pareceres, perícias e avaliações em geral; (iii) assessorias ou consultorias técnicas e auditorias financeiras ou tributárias; (iv) fiscalização, supervisão ou gerenciamento de obras ou serviços; (v) patrocínio ou defesa de causas judiciais ou administrativas; (vi) treinamento e aperfeiçoamento de pessoal; (vii) restauração de obras de arte e bens de valor histórico;

h) **nos casos de dispensa ou inexigibilidade (contratação direta) de licitação, o processo será instruído, no que couber, com os seguintes dados**: h.1) caracterização da situação emergencial ou calamitosa que justifique a dispensa, quando for o caso; h.2) razão da escolha do fornecedor ou do executante; h.3) justificativa do preço (art. 30, § 3.º, da Lei 13.303/2016). Na hipótese de comprovação, pelo órgão de controle externo, de sobrepreço ou superfaturamento, respondem solidariamente pelo dano causado quem houver decidido pela contratação direta e o fornecedor ou o prestador de serviços (art. 30, § 2.º, da Lei 13.303/2016);

i) **fundamentos e princípios**: as licitações destinam-se a assegurar a seleção da proposta mais vantajosa, inclusive no que se refere ao ciclo de vida do objeto, e a evitar operações em que se caracterize sobrepreço ou superfaturamento, devendo observar os princípios da impessoalidade, da moralidade, da igualdade, da publicidade, da eficiência, da probidade administrativa, da economicidade, do desenvolvimento nacional sustentável, da vinculação ao instrumento convocatório, da obtenção de competitividade e do julgamento objetivo (art. 31 da Lei 13.303/2016);

j) **Procedimento de Manifestação de Interesse (PMI)**: possibilidade de adoção do procedimento de manifestação de interesse privado para o recebimento de propostas e projetos de empreendimentos com o intuito de atender necessidades previamente identificadas, cabendo a regulamento a definição de suas regras específicas (art. 31, § 4.º, da Lei 13.303/2016). Nesse caso, o autor ou financiador do projeto poderá participar da licitação para a execução do empreendimento, podendo ser ressarcido pelos custos aprovados pela estatal caso não vença o certame, desde que seja promovida a cessão de direitos patrimoniais e autorais do projeto (art. 31, § 5.º, da Lei 13.303/2016);

k) **diretrizes** (art. 32 da Lei 13.303/2016): k.1) padronização do objeto da contratação, dos instrumentos convocatórios e das minutas de contratos; k.2) busca da maior vantagem competitiva para a estatal, considerando custos e benefícios, diretos e indiretos, de natureza econômica, social ou ambiental, inclusive os relativos à manutenção, ao desfazimento de bens e resíduos, ao índice de depreciação econômica e a outros fatores de igual relevância; k.3) parcelamento do objeto, visando ampliar a participação de

---

[189] Os serviços técnicos enumerados no art. 30 da Lei das Estatais devem ser considerados, em nossa opinião, exemplificativos, tendo em vista os mesmos argumentos que são normalmente apresentados para se considerar também exemplificativo o rol de serviços técnicos do art. 13 da Lei 8.666/1993. Ao contrário do art. 25, II, da Lei 8.666/1993, o art. 30, II, da Lei das Estatais não exige, expressamente, que o serviço técnico seja "de natureza singular". Trata-se, em nossa opinião, de mero esquecimento do legislador, motivo pelo qual a inexigibilidade de licitação no caso em tela dependeria, necessariamente, da demonstração da singularidade do serviço técnico, capaz de relevar a inviabilidade de competição. De forma semelhante, o TCU decidiu: "A contratação direta de escritório de advocacia por empresa estatal encontra amparo no art. 30, inciso II, alínea 'e', da Lei 13.303/2016, desde que presentes os requisitos concernentes à especialidade e à singularidade do serviço, aliados à notória especialização do contratado" (TCU, Acórdão 2761/2020, Plenário, Representação, Rel. Min. Raimundo Carreiro, *Informativo de Jurisprudência sobre Licitações e Contratos do TCU* n. 402).

licitantes, sem perda de economia de escala, e desde que não atinja valores inferiores aos limites estabelecidos para dispensa (art. 29, I e II, da Lei); k.4) adoção preferencial do pregão para a aquisição de bens e serviços comuns; k.5) observação da política de integridade nas transações com partes interessadas;

l) **função regulatória da licitação** que deve respeitar (art. 32, § 1.º, da Lei 13.303/2016): l.1) disposição final ambientalmente adequada dos resíduos sólidos gerados pelas obras contratadas; l.2) mitigação dos danos ambientais por meio de medidas condicionantes e de compensação ambiental, que serão definidas no procedimento de licenciamento ambiental; l.3) utilização de produtos, equipamentos e serviços que, comprovadamente, reduzam o consumo de energia e de recursos naturais; l.4) avaliação de impactos de vizinhança; l.5) proteção do patrimônio cultural, histórico, arqueológico e imaterial, inclusive por meio da avaliação do impacto direto ou indireto causado por investimentos realizados por estatais; l.6) acessibilidade para pessoas com deficiência ou com mobilidade reduzida. Caso se verifique potencial impacto negativo sobre bens tombados, a contratação dependerá de autorização da esfera de governo encarregada da proteção do respectivo patrimônio, devendo o impacto ser compensado (art. 32, § 2.º, da Lei 13.303/2016);

m) **sigilo do orçamento**: o valor estimado do contrato será sigiloso, salvo para os órgãos de controle, facultando-se à contratante, mediante justificação na fase de preparação, conferir publicidade ao valor estimado do objeto da licitação sem prejuízo da divulgação do detalhamento dos quantitativos e das demais informações necessárias para a elaboração das propostas (art. 34, *caput* e § 3.º, da Lei 13.303/2016);[190]

n) **sociedades impedidas de participar de licitação promovida por estatais (art. 38 da Lei 13.303/2016): n.1)** sociedade cujo administrador ou sócio detentor de mais de 5% do capital social seja diretor ou empregado da estatal; n.2) suspensa pela estatal; n.3) declarada inidônea pelo ente federado a que está vinculada a estatal, enquanto perdurarem os efeitos da sanção; n.4) constituída por sócio de empresa que estiver suspensa, impedida ou declarada inidônea; n.5) cujo administrador seja sócio de empresa suspensa, impedida ou declarada inidônea; n.6) constituída por sócio que tenha sido sócio ou administrador de empresa suspensa, impedida ou declarada inidônea, no período dos fatos que deram ensejo à sanção; n.7) cujo administrador tenha sido sócio ou administrador de empresa suspensa, impedida ou declarada inidônea, no período dos fatos que deram ensejo à sanção; n.8) que tiver, nos seus quadros de diretoria, pessoa que participou, em razão de vínculo de mesma natureza, de empresa declarada inidônea.[191]

---

[190] O sigilo do orçamento não se aplica às licitações que adotarem o critério de julgamento "maior desconto", quando o valor estimado será informado no instrumento convocatório, bem como no julgamento "melhor técnica" em que o valor do prêmio ou remuneração será incluído no edital (art. 34, §§ 1.º e 2.º, da Lei 13.303/2016).

[191] O impedimento para participar de licitações das estatais também se aplica aos seguintes casos: a) à contratação do próprio empregado ou dirigente, como pessoa física, bem como à participação dele em procedimentos licitatórios, na condição de licitante; b) a quem tenha relação de parentesco, até o terceiro grau civil, com: b.1) dirigente de estatal; b.2) empregado de estatal cujas atribuições envolvam a atuação na área responsável pela licitação ou contratação; b.3) autoridade do ente público a que a estatal esteja vinculada; c) cujo proprietário, mesmo na condição de sócio, tenha terminado seu prazo de gestão ou rompido seu vínculo com a respectiva estatal promotora da licitação ou contratante há menos de 6 meses (art. 38, parágrafo único, da Lei 13.303/2016).

Nas contratações para obras e serviços, a Lei 13.303/2016 prevê os seguintes regimes:

a) empreitada por preço unitário, nos casos em que os objetos, por sua natureza, possuam imprecisão inerente de quantitativos em seus itens orçamentários;
b) empreitada por preço global, quando for possível definir previamente no projeto básico, com boa margem de precisão, as quantidades dos serviços a serem posteriormente executados na fase contratual;
c) contratação por tarefa, em contratações de profissionais autônomos ou de pequenas empresas para realização de serviços técnicos comuns e de curta duração;
d) empreitada integral, nos casos em que o contratante necessite receber o empreendimento, normalmente de alta complexidade, em condição de operação imediata;
e) contratação semi-integrada, quando for possível definir previamente no projeto básico as quantidades dos serviços a serem posteriormente executados na fase contratual, em obra ou serviço de engenharia que possa ser executado com diferentes metodologias ou tecnologias;
f) contratação integrada, quando a obra ou o serviço de engenharia for de natureza predominantemente intelectual e de inovação tecnológica do objeto licitado ou puder ser executado com diferentes metodologias ou tecnologias de domínio restrito no mercado.[192]

A contratação integrada é a única hipótese em que a licitação não será precedida de projeto básico, mas é necessária a elaboração de anteprojeto de engenharia, com elementos técnicos que permitam a caracterização da obra ou do serviço e a elaboração e comparação, de forma isonômica, das propostas a serem ofertadas pelos particulares (art. 42, § 1.º, I, *a*, e 43, § 1.º, da Lei). A execução de obras e serviços de engenharia, em qualquer caso, exige projeto executivo (art. 43, § 2.º, da Lei).

Não podem participar, direta ou indiretamente, das licitações para obras e serviços de engenharia (art. 44 da Lei das Estatais): a) pessoa física ou jurídica que tenha elaborado o anteprojeto ou o projeto básico da licitação; b) pessoa jurídica que participar de consórcio responsável pela elaboração do anteprojeto ou do projeto básico da licitação; c) pessoa jurídica da qual o autor do anteprojeto ou do projeto básico da licitação seja administrador, controlador, gerente, responsável técnico, subcontratado ou sócio, neste último caso quando a participação superar 5% do capital votante.[193]

Na contratação de obras e serviços, inclusive de engenharia, poderá ser estabelecida remuneração variável vinculada ao desempenho do contratado, com base em metas, padrões

---

[192] A contratação semi-integrada envolve a elaboração e o desenvolvimento do projeto executivo, a execução de obras e serviços de engenharia, a montagem, a realização de testes, a pré-operação e as demais operações necessárias e suficientes para a entrega final do objeto (art. 42, V, da Lei das Estatais). A contratação integrada envolve a elaboração e o desenvolvimento dos projetos básico e executivo, a execução de obras e serviços de engenharia, a montagem, a realização de testes, a pré--operação e as demais operações necessárias e suficientes para a entrega final do objeto (art. 42, VI, da Lei das Estatais). A contratação semi-integrada será utilizada preferencialmente para obras e serviços de engenharias contratados por estatais, salvo se a estatal justificar a adoção de outro regime de execução (art. 42, § 4.º).

[193] As duas últimas vedações (*b* e *c*) não impedem que a pessoa física ou jurídica participe, como consultor ou técnico, nas funções de fiscalização, supervisão ou gerenciamento, exclusivamente a serviço da estatal interessada (art. 44, § 2.º, da Lei).

de qualidade, critérios de sustentabilidade ambiental e prazos de entrega definidos no instrumento convocatório e no contrato (art. 45 da Lei das Estatais).

É possível a divisão do objeto contratado, mediante justificativa expressa e desde que não implique perda de economia de escala, com a celebração de mais de um contrato para executar serviço de mesma natureza quando o objeto puder ser executado de forma concorrente e simultânea por mais de um contratado (art. 46 da Lei das Estatais).

Na contratação que tenha por objeto a aquisição de bens pelas estatais, as licitações poderão: a) indicar marca ou modelo, nas seguintes hipóteses: a.1) em decorrência da necessidade de padronização do objeto; a.2) quando determinada marca ou modelo comercializado por mais de um fornecedor constituir o único capaz de atender o objeto do contrato; a.3) quando for necessária, para compreensão do objeto, a identificação de determinada marca ou modelo apto a servir como referência, situação em que será obrigatório o acréscimo da expressão "ou similar ou de melhor qualidade"; b) exigir amostra do bem no procedimento de pré-qualificação e na fase de julgamento das propostas ou de lances, desde que justificada a necessidade de sua apresentação; c) solicitar a certificação da qualidade do produto ou do processo de fabricação, inclusive sob o aspecto ambiental, por instituição previamente credenciada. Além disso, o edital poderá exigir, como condição de aceitabilidade da proposta, a adequação às normas da Associação Brasileira de Normas Técnicas (ABNT) ou a certificação da qualidade do produto por instituição credenciada pelo Sistema Nacional de Metrologia, Normalização e Qualidade Industrial (Sinmetro) (art. 47, *caput* e parágrafo único, da Lei das Estatais).

Na alienação de bens, as estatais deverão efetuar (i) a avaliação formal do bem contemplado e (ii) a licitação (art. 49 da Lei das Estatais).[194]

As licitações realizadas pelas estatais, independentemente do objeto a ser contratado, observarão a seguinte sequência de fases (art. 51 da Lei das Estatais): a) preparação; b) divulgação; c) apresentação de lances ou propostas, conforme o modo de disputa adotado; d) julgamento; e) verificação de efetividade dos lances ou propostas; f) negociação; g) habilitação; h) interposição de recursos; i) adjudicação do objeto; j) homologação do resultado ou revogação do procedimento.

O procedimento segue a tendência já consagrada na legislação do pregão e em outras normas específicas, com a realização da habilitação após o julgamento.

Todavia, a habilitação poderá, excepcionalmente, anteceder a fase de apresentação de lances e as fases subsequentes, desde que expressamente prevista no instrumento convocatório (art. 51, § 1.º, da Lei).

Ainda inspirada na legislação do pregão, a Lei das Estatais dispõe que o procedimento deverá ser preferencialmente eletrônico, com divulgação dos avisos dos resumos dos editais e dos contratos no Diário Oficial do ente federado e na internet (art. 51, § 2.º, da Lei 13.303/2016).

---

[194] A avaliação formal não é necessária em dois casos que envolvem, inclusive, dispensa de licitação: a) transferência de bens a órgãos e entidades da Administração, inclusive quando efetivada mediante permuta; e b) compra e venda de ações, de títulos de crédito e de dívida e de bens que produzam ou comercializem. A licitação para alienação de bens das estatais não é exigida nos casos em que a licitação é dispensada pela própria Lei, na forma do art. 28, § 3.º, da Lei das Estatais. As regras para alienação e os casos de dispensa e inexigibilidade de licitação são aplicáveis à atribuição de ônus real a bens integrantes do acervo patrimonial de estatais (art. 50 da Lei das Estatais).

Cap. 3 – TEMAS ESPECIAIS DE LICITAÇÕES E CONTRATOS ADMINISTRATIVOS | **333**

Nas licitações das estatais, poderão ser adotados os modos de disputa aberto, inclusive com a admissão de lances intermediários, ou fechado (arts. 52 e 53 da Lei 13.303/2016).[195]

Na etapa de julgamento, a estatal não levará em consideração vantagens não previstas no instrumento convocatório e os critérios de julgamento (tipos de licitação) que poderão ser utilizados são: a) menor preço; b) maior desconto;[196] c) melhor combinação de técnica e preço;[197] d) melhor técnica; e) melhor conteúdo artístico; f) maior oferta de preço; g) maior retorno econômico;[198] h) melhor destinação de bens alienados[199] (art. 54, *caput* e § 3.º, da Lei das Estatais).

Em caso de empate, serão utilizados, nesta ordem, os seguintes critérios de desempate (art. 55 da Lei 13.303/2016): a) disputa final, em que os licitantes empatados poderão apresentar nova proposta fechada, em ato contínuo ao encerramento da etapa de julgamento; b) avaliação do desempenho contratual prévio dos licitantes, desde que exista sistema objetivo de avaliação instituído; c) os critérios estabelecidos no art. 3.º da Lei 8.248/1991 e no art. 60, § 1.º, da Lei 14.133/2021 (o art. 55 da Lei das Estatais menciona o § 2.º do art. 3.º da Lei 8.666/1993 e, de acordo com o art. 189 da Lei 14.133/2021, as referências à Lei 8.666/1993 devem ser consideradas como referências à atual Lei de Licitações); e d) sorteio.

Após o julgamento dos lances ou propostas, será promovida a sua efetividade, que poderá se restringir aos que tiverem melhor classificação, promovendo-se a desclassificação daqueles que: a) contenham vícios insanáveis; b) descumpram especificações técnicas constantes do instrumento convocatório; c) apresentem preços manifestamente inexequíveis; d) se encontrem acima do orçamento estimado para a contratação;[200] e) não tenham sua exequibilidade demonstrada, quando exigida pela estatal; f) apresentem desconformidade com outras exigências do instrumento convocatório, salvo se for possível a acomodação a seus termos antes da adjudicação do objeto e sem que se prejudique a atribuição de tratamento isonômico entre os licitantes (art. 56, *caput* e § 1.º, da Lei 13.303/2016).

---

[195] Consideram-se intermediários os lances: a) iguais ou inferiores ao maior já ofertado, quando adotado o julgamento pelo critério da maior oferta; e b) iguais ou superiores ao menor já ofertado, quando adotados os demais critérios de julgamento (art. 53, parágrafo único, da Lei das Estatais).

[196] O critério "maior desconto" terá como referência o preço global fixado no instrumento convocatório, estendendo-se o desconto oferecido nas propostas ou lances vencedores a eventuais termos aditivos. No caso de obras e serviços de engenharia, o desconto incidirá de forma linear sobre a totalidade dos itens constantes do orçamento estimado, que deverá obrigatoriamente integrar o instrumento convocatório (art. 54, § 4.º, da Lei 13.303/2016).

[197] Nesse critério de julgamento, a avaliação das propostas técnicas e de preço considerará o percentual de ponderação mais relevante, limitado a 70% (art. 54, § 5.º, da Lei 13.303/2016).

[198] No critério "maior retorno econômico", os lances ou propostas terão o objetivo de proporcionar economia à estatal, por meio da redução de suas despesas correntes, remunerando-se o licitante vencedor com base em percentual da economia de recursos gerada (art. 54, § 6.º, da Lei 13.303/2016).

[199] Nesse último critério de julgamento, será obrigatoriamente considerada, nos termos do respectivo instrumento convocatório, a repercussão, no meio social, da finalidade para cujo atendimento o bem será utilizado pelo adquirente. O descumprimento dessa finalidade resultará na imediata restituição do bem alcançado ao acervo patrimonial da estatal, vedado o pagamento de indenização em favor do adquirente (art. 54, §§ 7.º e 8.º, da Lei 13.303/2016).

[200] De acordo com o TCU, nas licitações realizadas por empresas estatais, o preço estimado é o preço máximo a ser admitido, devendo ser desclassificadas as propostas que permanecerem acima do valor estimado após a negociação (TCU, Acórdão 1.464/2024, Plenário, Rel. Min. Augusto Nardes).

Confirmada a efetividade do lance ou proposta mais bem classificada, inicia-se a fase de negociação de condições mais vantajosas (art. 57 da Lei das Estatais). Caso o preço do primeiro colocado permaneça acima do orçamento estimado, a estatal deverá negociar com os demais licitantes, observada a ordem de classificação, e, se não for obtido preço igual ou inferior ao referido orçamento, a licitação será revogada (art. 57, §§ 1.º e 3.º, da Lei 13.303/2016).

Na etapa seguinte, a estatal verificará a habilitação do primeiro colocado a partir dos seguintes parâmetros: a) exigência da apresentação de documentos aptos a comprovar a possibilidade da aquisição de direitos e da contração de obrigações por parte do licitante; b) qualificação técnica, restrita a parcelas do objeto técnica ou economicamente relevantes, de acordo com parâmetros estabelecidos de forma expressa no instrumento convocatório; c) capacidade econômica e financeira; d) recolhimento de quantia a título de adiantamento, tratando-se de licitações em que se utilize como critério de julgamento a maior oferta de preço (art. 58 da Lei 13.303/2016).[201]

O procedimento licitatório possui, em regra, fase recursal única, e o recurso, que poderá discutir questões relacionadas à habilitação, ao julgamento e à efetividade dos lances e propostas, será interposto no prazo de cinco dias úteis após a habilitação (art. 59, § 1.º, da Lei 13.303/2016). Excepcionalmente, quando houver a inversão de fases, com a realização da habilitação anterior à etapa de julgamento, serão admitidos recursos após a habilitação e a verificação da efetividade dos lances ou propostas (art. 59, § 2.º, da Lei 13.303/2016).

A homologação do resultado acarreta o direito do licitante vencedor à celebração do contrato, sendo vedada a celebração de contrato com preterição da ordem de classificação ou com pessoas estranhas à licitação (arts. 60 e 61 da Lei 13.303/2016).

Admite-se a revogação da licitação por razões de interesse público decorrentes de fato superveniente que constitua óbice manifesto e incontornável (art. 62 da Lei 13.303/2016).[202]

Na hipótese de ilegalidade, quando não for possível a convalidação, a licitação será anulada pela estatal de ofício ou por provocação de terceiros (art. 62 da Lei 13.303/2016).

---

[201] Quando o critério de julgamento utilizado for a maior oferta de preço, os requisitos de qualificação técnica e de capacidade econômica e financeira poderão ser dispensados. Nesse caso, reverterá a favor da estatal o valor de quantia eventualmente exigida no instrumento convocatório a título de adiantamento, caso o licitante não efetue o restante do pagamento devido no prazo para tanto estipulado (art. 58, §§ 1.º e 2.º, da Lei 13.303/2016). De acordo com o TCU: no âmbito das empresas estatais, a exigência, para fins de habilitação, de que a licitante comprove possuir inscrição ou visto no conselho regional profissional da unidade federativa em que será executado o objeto afronta o disposto nos arts. 37, XXI, e 173, § 1.º, III, da CRFB c/c o art. 58 da Lei 13.303/2016 (Acórdão 739/2020, Plenário, Pedido de Reexame, Rel. Min. Benjamin Zymler, *Informativo de Jurisprudência sobre Licitações e Contratos do TCU* n. 388). Em outra oportunidade, o TCU admitiu, para fins de qualificação técnica em licitações realizadas por empresas públicas e sociedades de economia mista, a utilização de indicadores de avaliação de desempenho de licitantes na execução de contratos anteriores com a entidade promotora do certame, desde que prevista no instrumento convocatório e restrita às parcelas do objeto técnica ou economicamente relevantes, com fundamento no art. 58 da Lei 13.303/2016 (Acórdão 1.312/2023, Plenário, Representação, Rel. Min. Jorge Oliveira, *Informativo de Jurisprudência sobre Licitações e Contratos do TCU* n. 463).

[202] A revogação também é possível quando a proposta apresentada, mesmo após a fase de negociação, for superior ao valor do orçamento estimado (art. 57, § 3.º), bem como na hipótese em que o licitante vencedor convocado pela estatal não assinar o termo de contrato no prazo e nas condições estabelecidos (art. 75, § 2.º, II, da Lei 13.303/2016).

Cap. 3 – TEMAS ESPECIAIS DE LICITAÇÕES E CONTRATOS ADMINISTRATIVOS | **335**

A nulidade da licitação ou do procedimento de contratação direta induz à do contrato e não gera obrigação de indenizar (art. 62, §§ 1.º, 2.º e 4.º, da Lei 13.303/2016).

Entendemos que a nulidade decretada no curso da execução do contrato não pode afastar o dever de indenização por tudo aquilo que foi executado até aquele momento, salvo comprovada má-fé da contratada, tendo em vista a presunção de boa-fé e a vedação do enriquecimento sem causa.

A revogação e a anulação efetivadas após a fase de apresentação de lances ou propostas deverão ser precedidas do contraditório e da ampla defesa (art. 62, § 3.º, da Lei 13.303/2016).

O art. 63 da Lei das Estatais prevê os seguintes procedimentos auxiliares das licitações: a) pré-qualificação permanente; b) cadastramento; c) sistema de registro de preços; e d) catálogo eletrônico de padronização.

O procedimento de pré-qualificação, com prazo de validade de até um ano, será público e permanentemente aberto à inscrição de qualquer interessado, com o objetivo de identificar a) fornecedores que reúnam condições de habilitação exigidas para o fornecimento de bem ou a execução de serviço ou obra nos prazos, nos locais e nas condições previamente estabelecidos; e b) bens que atendam às exigências técnicas e de qualidade da Administração (art. 64, *caput* e §§ 1.º e 5.º, da Lei 13.303/2016).

A estatal poderá restringir a participação em suas licitações a fornecedores ou produtos pré-qualificados, nas condições estabelecidas em regulamento (art. 64, § 2.º, da Lei 13.303/2016).

A pré-qualificação poderá ser efetuada nos grupos ou segmentos, segundo as especialidades dos fornecedores, bem como poderá ser parcial ou total, contendo alguns ou todos os requisitos de habilitação ou técnicos necessários à contratação, assegurada, em qualquer hipótese, a igualdade de condições entre os concorrentes (art. 64, §§ 3.º e 4.º, da Lei 13.303/2016).

No tocante ao cadastramento, os registros cadastrais poderão ser mantidos para efeito de habilitação dos inscritos em procedimentos licitatórios e serão válidos por um ano, no máximo, podendo ser atualizados a qualquer tempo (art. 65 da Lei 13.303/2016).

Os registros cadastrais serão amplamente divulgados e ficarão permanentemente abertos para a inscrição de interessados que serão admitidos segundo requisitos previstos em regulamento (art. 65, §§ 1.º e 2.º da Lei 13.303/2016).

No registro cadastral, será anotada a atuação do licitante no cumprimento das obrigações assumidas, admitindo-se a alteração, a suspensão ou o cancelamento, a qualquer tempo, do registro do inscrito que deixar de satisfazer as exigências estabelecidas para habilitação ou para admissão cadastral (art. 65, §§ 3.º e 4.º, da Lei 13.303/2016).

Quanto ao Registro de Preços, que será regulado por decreto do Poder Executivo, o procedimento deverá respeitar as seguintes disposições (art. 66, *caput*, §§ 1.º, 2.º e 3.º, da Lei 13.303/2016):[203] a) possibilidade de adesão ao registro de qualquer estatal, independentemente da atividade desenvolvida; b) realização prévia de ampla pesquisa de mercado; c) seleção de acordo com os procedimentos previstos em regulamento; d) rotina de controle

---

[203] De acordo com o TCU, o Sistema de Registro de Preços previsto na Lei das Estatais pode ser aplicado para obras e serviços simples de engenharia, padronizáveis e replicáveis, que não exigem a realização de estudos específicos e a elaboração de projetos básicos individualizados para cada contratação (Acórdão 2.176/2022 Plenário, Rel. Min. Jorge Oliveira, *Informativo de Jurisprudência sobre Licitações e Contratos do TCU* n. 447).

e atualização periódicos dos preços registrados; e) definição da validade do registro; f) inclusão, na respectiva ata, do registro dos licitantes que aceitarem cotar os bens ou serviços com preços iguais aos do licitante vencedor na sequência da classificação do certame, assim como dos licitantes que mantiverem suas propostas originais; g) a existência de preços registrados não obriga a estatal a firmar os contratos que deles poderão advir, sendo facultada a realização de licitação específica, assegurada ao licitante registrado preferência em igualdade de condições.

Por fim, o catálogo eletrônico de padronização de compras, serviços e obras, que poderá ser utilizado nas licitações com critério de julgamento menor preço ou maior desconto, consiste em sistema informatizado, de gerenciamento centralizado, destinado a permitir a padronização dos itens a serem adquiridos pela estatal que estarão disponíveis para a realização de licitação (art. 67, *caput* e parágrafo único, da Lei).

3.8.3. Contratos das empresas estatais

A Lei 13.303/2016 (Lei das Estatais) estabelece as normas aplicáveis aos contratos celebrados por empresas públicas e sociedades de economia mista que, independentemente do objeto ou área de atuação, possuem as seguintes características:

a) os contratos são regulados por suas cláusulas, pela Lei 13.303/2016 e pelos preceitos de direito privado, o que denota a caracterização como contratos privados da Administração Pública (art. 68 da Lei das Estatais).[204] Entendemos, contudo, que os contratos celebrados por empresas estatais que tenham por objeto a prestação de serviços públicos deveriam ser considerados contratos administrativos, com a aplicação do regime público no tocante à execução do serviço público;

b) são cláusulas necessárias (art. 69 da Lei das Estatais): b.1) o objeto e seus elementos característicos; b.2) o regime de execução ou a forma de fornecimento; b.3) o preço e as condições de pagamento, os critérios, a data-base e a periodicidade do reajustamento de preços e os critérios de atualização monetária entre a data do adimplemento das obrigações e a do efetivo pagamento; b.4) os prazos de início de cada etapa de execução, de conclusão, de entrega, de observação, quando for o caso, e de recebimento; b.5) as garantias oferecidas para assegurar a plena execução do objeto contratual, quando exigidas; b.6) os direitos e as responsabilidades das partes, as tipificações das infrações e as respectivas penalidades e valores das multas; b.7) os casos de rescisão do contrato e os mecanismos para alteração de seus termos; b.8) a vinculação ao instrumento convocatório da respectiva licitação ou ao termo de dispensas ou inexigibilidade, bem como ao lance ou proposta do licitante vencedor; b.9) a obrigação do contratado de manter, durante a execução do contrato, em compatibilidade com as obrigações por ele assumidas, as condições de habilitação e qualificação exigidas no curso do procedimento licitatório; b.10) matriz de riscos;

---

[204] De acordo com o Enunciado 17 da I Jornada de Direito Administrativo realizada pelo Centro de Estudos Judiciários do Conselho da Justiça Federal (CEJ/CJF): "Os contratos celebrados pelas empresas estatais, regidos pela Lei n. 13.303/16, não possuem aplicação subsidiária da Lei n. 8.666/93. Em casos de lacuna contratual, aplicam-se as disposições daquela Lei e as regras e os princípios de direito privado".

Cap. 3 – TEMAS ESPECIAIS DE LICITAÇÕES E CONTRATOS ADMINISTRATIVOS | 337

c) possibilidade de exigência de prestação de garantia nas contratações de obras, serviços e compras, cabendo ao contratado optar por uma das seguintes modalidades: caução em dinheiro, seguro-garantia ou fiança bancária (art. 70, *caput* e § 1.º, da Lei das Estatais);[205]

d) não se admitem contratos por prazo indeterminado e os prazos não podem ultrapassar cinco anos, salvo em duas hipóteses (art. 71, *caput* e parágrafo único, da Lei das Estatais): d.1) projetos contemplados no plano de negócios e investimentos da estatal; e d.2) casos em que a pactuação por prazo superior a cinco anos seja prática rotineira de mercado e a imposição desse prazo inviabilize ou onere excessivamente a realização do negócio;

e) impossibilidade de alteração unilateral do contrato (art. 72 da Lei das Estatais), admitindo-se apenas alterações por acordo das partes nas hipóteses previstas no art. 81 da Lei. O art. 81, §§ 1.º e § 2.º, da Lei das Estatais estabelece limites para as alterações contratuais.[206] A criação, a alteração ou a extinção de quaisquer tributos ou encargos legais, bem como a superveniência de disposições legais, quando ocorridas após a data da apresentação da proposta, com comprovada repercussão nos preços contratados, implicarão a revisão destes para mais ou para menos, conforme o caso (art. 81, § 5.º, da Lei). Em caso de alteração do contrato que aumente os encargos do contratado, a estatal deverá restabelecer, por aditamento, o equilíbrio econômico-financeiro inicial, sendo vedada a celebração de aditivos decorrentes de eventos supervenientes alocados, na matriz de riscos, como de responsabilidade da contratada (art. 81, §§ 6.º e 8.º, da Lei);

f) vedação de contratos verbais, salvo no caso de pequenas despesas de pronta entrega e pagamento das quais não resultem obrigações futuras por parte da estatal, o que não afasta o dever de registro contábil dos valores despendidos e a exigência de recibo por parte dos respectivos destinatários (art. 73, *caput* e parágrafo único, da Lei das Estatais). Contudo, a Lei não define o que seriam "pequenas despesas", o que pode abrir a possibilidade para aplicação analógica do art. 95, § 2.º, da Lei 14.133/2021;

g) qualquer interessado poderá obter cópia autenticada de seu inteiro teor ou de qualquer de suas partes, admitida a exigência de ressarcimento dos custos (art. 74 da Lei das Estatais);

h) responsabilidade objetiva do contratado por danos causados diretamente a terceiros ou à estatal na execução do contrato (art. 76 da Lei das Estatais);

i) responsabilidade do contratado pelos encargos trabalhistas, fiscais e comerciais resultantes da execução do contrato, inexistindo, em caso de inadimplemento, responsabilidade da estatal pelo pagamento dos referidos encargos (art. 77, caput e § 1.º, da Lei das Estatais). Trata-se, a nosso ver, de vedação semelhante àquela prevista no art.

---

[205] A garantia não excederá a 5% do valor do contrato e terá seu valor atualizado nas mesmas condições nele estabelecidas, admitindo-se a elevação para 10% para obras, serviços e fornecimentos de grande vulto envolvendo complexidade técnica e riscos financeiros elevados (art. 70, §§ 2.º e 3.º, da Lei). A garantia prestada pelo contratado será liberada ou restituída após a execução do contrato, devendo ser atualizada monetariamente na hipótese de caução em dinheiro (art. 70, § 4.º, da Lei).

[206] "Art. 81. [...] § 1.º O contratado poderá aceitar, nas mesmas condições contratuais, os acréscimos ou supressões que se fizerem nas obras, serviços ou compras, até 25% (vinte e cinco por cento) do valor inicial atualizado do contrato, e, no caso particular de reforma de edifício ou de equipamento, até o limite de 50% (cinquenta por cento) para os seus acréscimos. § 2.º Nenhum acréscimo ou supressão poderá exceder os limites estabelecidos no § 1.º, salvo as supressões resultantes de acordo celebrado entre os contratantes."

121, § 1.º, da Lei 14.133/2021. Dessa forma, não afasta a eventual responsabilidade subsidiária da Administração Pública em casos de omissão culposa na fiscalização do cumprimento das obrigações contratuais e legais da prestadora de serviço como empregadora.[207] Aliás, o art. 121, § 2.º, da Lei 14.133/2021, ao tratar das contratações de serviços contínuos com regime de dedicação exclusiva de mão de obra, prevê a responsabilidade solidária da Administração pelos encargos previdenciários e subsidiária pelos encargos trabalhistas se comprovada falha na fiscalização do cumprimento das obrigações do contratado;

j) admite-se a subcontratação parcial da obra, serviço ou fornecimento, até o limite admitido, em cada caso, pela estatal, conforme previsto no edital (art. 78 da Lei das Estatais). É vedada, no entanto, a subcontratação de empresa ou consórcio que tenha participado da licitação ou, direta ou indiretamente, da elaboração de projeto básico ou executivo (art. 78, § 2.º, da Lei das Estatais);[208]

k) os direitos patrimoniais e autorais de projetos ou serviços técnicos especializados desenvolvidos por profissionais autônomos ou por empresas contratadas passam a ser propriedade da estatal que os tenha contratado, sem prejuízo da preservação da identificação dos respectivos autores e da responsabilidade técnica a eles atribuída (art. 80 da Lei das Estatais);

l) o contrato deve prever as sanções administrativas decorrentes de atraso injustificado na execução do contrato, sujeitando o contratado a multa de mora, na forma prevista no instrumento convocatório ou no contrato, que será aplicada após regular processo administrativo e descontada da garantia do respectivo contratado (art. 82, caput, §§ 2.º e 3.º, da Lei das Estatais);[209]

m) as estatais podem aplicar, após a ampla defesa, as seguintes sanções ao contratado inadimplente (art. 83 da Lei das Estatais):[210] advertência; multa, na forma prevista no instrumento convocatório ou no contrato; e suspensão temporária de participação em

---

[207] Teses de Repercussão Geral do STF: a) Tema 246: "O inadimplemento dos encargos trabalhistas dos empregados do contratado não transfere automaticamente ao Poder Público contratante a responsabilidade pelo seu pagamento, seja em caráter solidário ou subsidiário, nos termos do art. 71, § 1.º, da Lei 8.666/93"; e b) Tema 725: "É lícita a terceirização ou qualquer outra forma de divisão do trabalho entre pessoas jurídicas distintas, independentemente do objeto social das empresas envolvidas, mantida a responsabilidade subsidiária da empresa contratante". Registre-se que o § 2.º do art. 77 do PL 555/2015, que resultou na Lei das Estatais e estabelecia a responsabilidade solidária das estatais pelos encargos previdenciários decorrentes da execução do contrato, foi vetado pelo Presidente da República, sob o argumento de que o art. 31 da Lei 8.212/1991 não mais prevê a referida solidariedade, salvo nas contratações de construção civil, na forma do art. 30 da mesma Lei.

[208] As empresas de prestação de serviços técnicos especializados deverão garantir que os integrantes de seu corpo técnico executem pessoal e diretamente as obrigações a eles imputadas, quando a respectiva relação for apresentada em procedimento licitatório ou em contratação direta (art. 78, § 3.º, da Lei).

[209] Se a multa for de valor superior ao valor da garantia prestada, além da perda desta, responderá o contratado pela sua diferença, a qual será descontada dos pagamentos eventualmente devidos pela estatal ou, ainda, quando for o caso, cobrada judicialmente (art. 82, § 3.º, da Lei).

[210] De acordo com o Enunciado 24 da I Jornada de Direito Administrativo realizada pelo Centro de Estudos Judiciários do Conselho da Justiça Federal (CEJ/CJF): "Viola a legalidade o regulamento interno de licitações e contratos editado por empresa estatal de qualquer ente da federação que estabelece prazo inferior ao previsto no artigo 83, § 2.º, da Lei Federal 13.303/2016, referente à apresentação de defesa prévia no âmbito de processo administrativo sancionador".

Cap. 3 – TEMAS ESPECIAIS DE LICITAÇÕES E CONTRATOS ADMINISTRATIVOS | **339**

licitação e impedimento de contratar com a entidade sancionadora, por prazo não superior a dois anos.[211] A norma em comento não prevê a aplicação da sanção de declaração de inidoneidade às empresas contratadas por estatais. Contudo, as empresas declaradas inidôneas pelo respectivo ente federado não poderão participar de licitações e contratações das empresas estatais (art. 38, III, da Lei). Registre-se, ainda, que a multa é a única sanção que pode ser aplicada, de forma cumulativa, com as demais sanções, e se a multa for superior ao valor da garantia prestada, além da perda desta, responderá o contratado pela sua diferença, que será descontada dos pagamentos eventualmente devidos pela estatal ou cobrada judicialmente (art. 83, §§ 1.º e 2.º, da Lei).

3.9. CONSÓRCIOS PÚBLICOS

3.9.1. Conceito e fontes normativas

Os consórcios públicos são ajustes celebrados entre os entes federados para gestão associada de serviços públicos, bem como a transferência total ou parcial de encargos, serviços, pessoal e bens essenciais à continuidade dos serviços transferidos.[212]

Ao lado dos consórcios públicos, o art. 241 da CRFB indica o convênio de cooperação como instrumento adequado para gestão associada de serviços públicos.

Em sua redação inicial, a Lei 11.107/2005 preocupou-se em fixar o regime jurídico dos consórcios públicos, com raras menções aos convênios de cooperação, o que gerava dúvida quanto ao procedimento para sua formalização e a definição do respectivo regime jurídico.

Com a inclusão do § 4.º no art. 1.º da Lei 11.107/2005 pela Lei 14.026/2020, restou consignada a aplicação aos convênios de cooperação, no que couber, das disposições legais relativas aos consórcios públicos, o que sugere, *a priori*, a ausência de distinção legal relevante entre os referidos ajustes.

A formalização de parcerias público-público, por meio de consórcios, fundamenta-se no denominado federalismo cooperativo, em que os entes federados devem atuar harmonicamente.

Registre-se que as parcerias também são fomentadas entre o Poder Público e o particular (parcerias público-privadas no sentido amplo do termo: PPP, parcerias com o Terceiro Setor, contratações em geral etc.), tendo em vista a necessidade de eficiência na satisfação do interesse público naquilo que se convencionou denominar de Administração Pública de Resultados e Administração Pública Consensual.

As principais fontes normativas dos consórcios públicos podem ser assim resumidas: a) fonte constitucional: art. 241 da CRFB, com a redação dada pela EC 19/1998; b) fonte legal: Lei 11.107/2005; e c) fonte infralegal: Decreto 6.017/2007.

---

[211] A suspensão temporária de participação em licitação e o impedimento de contratar com a entidade sancionadora, por prazo não superior a dois anos, poderão ser aplicados também a quem: a) tenha sofrido condenação definitiva por praticar, por meios dolosos, fraude fiscal no recolhimento de quaisquer tributos; b) tenha praticado atos ilícitos visando a frustrar os objetivos da licitação; c) demonstrar não possuir idoneidade para contratar com a estatal em virtude de atos ilícitos praticados (art. 84 da Lei).

[212] O estudo específico e aprofundado dos consórcios públicos foi apresentado em outra obra: OLIVEIRA, Rafael Carvalho Rezende. *Administração pública, concessões e terceiro setor*. Rio de Janeiro: Lumen Juris, 2009. p. 139-167.

3.9.2. Características principais dos consórcios públicos antes e depois da Lei 11.107/2005

A Lei 11.107/2005 representa o atual marco regulatório dos consórcios públicos. Até o advento desta Lei, não havia tratamento normativo homogêneo do instituto e a doutrina procurava estabelecer as principais características do consórcio.

Por esta razão, é possível fazer uma comparação entre as características tradicionalmente apontadas pela doutrina majoritária e aquelas consagradas na Lei 11.107/2005.

1) Características dos consórcios públicos antes da Lei 11.107/2005:

1.a) os consórcios públicos não eram considerados contratos: de um lado, os consórcios e os convênios administrativos, espécies de atos administrativos complexos, caracterizavam-se pela busca de interesses comuns dos partícipes e não se confundiam com os contratos administrativos. Por outro lado, nos contratos, as partes contratantes possuíam interesses antagônicos;[213]

1.b) a União não poderia integrar consórcios, mas apenas os convênios: os convênios tradicionais seriam ajustes firmados por entidades administrativas, de natureza diversa, ou por estas entidades e particulares sem fins lucrativos (ex.: convênio celebrado entre a União e um Município ou entre o Estado e entidade privada).[214] Os consórcios, por sua vez, seriam ajustes formalizados por entidades administrativas da mesma espécie (ex.: consórcio celebrado entre Municípios ou entre Estados).[215] Em consequência, afirmava-se que a União não poderia integrar os consórcios públicos, uma vez que inexistiria outra pessoa da mesma espécie.

Entendemos que a distinção entre consórcios e convênios a partir da qualidade dos partícipes, além de não constar da legislação, não acarretava qualquer consequência concreta relevante, especialmente pela aplicação do mesmo regime jurídico aos dois ajustes;[216]

1.c) desnecessidade de autorização legislativa para formatação dos consórcios: afirmava-se, majoritariamente, que a exigência de lei autorizativa, no caso, violaria o princípio da separação de poderes;[217]

---

[213] Vide, por exemplo: MEIRELLES, Hely Lopes. *Direito administrativo brasileiro*. 22. ed. São Paulo: Malheiros, 1997. p. 359; DI PIETRO, Maria Sylvia Zanella. *Direito administrativo*. 22. ed. São Paulo: Atlas, 2009. p. 336-337; CARVALHO FILHO, José dos Santos. *Manual de direito administrativo*. 22. ed. Rio de Janeiro: Lumen Juris, 2009. p. 214.

[214] A partir da vigência da Lei 13.204/2015, a expressão convênio somente será utilizada para parcerias: a) entre entes federados ou pessoas jurídicas a eles vinculadas; b) com entidades filantrópicas e sem fins lucrativos no âmbito do SUS. As parcerias com entidades privadas sem fins lucrativos em geral serão denominadas termo de colaboração, termo de fomento ou acordo de cooperação, conforme o caso (arts. 2.º, VII, VIII e VIII-A, e 84 e 84-A, todos da Lei 13.019/2014).

[215] MEIRELLES, Hely Lopes. *Direito administrativo brasileiro*. 22. ed. São Paulo: Malheiros, 1997. p. 359-361.

[216] Nesse sentido: CARVALHO FILHO, José dos Santos. *Manual de direito administrativo*. 22. ed. Rio de Janeiro: Lumen Juris, 2009. p. 217.

[217] Nesse sentido, por exemplo: STF, Tribunal Pleno, ADI 1166/DF, Rel. Min. Ilmar Galvão, j. 05.09.2002, *DJ* 25.10.2002, p. 24. Em sentido contrário: MEIRELLES, Hely Lopes. *Direito administrativo brasileiro*. 22. ed. São Paulo: Malheiros, 1997. p. 360.

Cap. 3 – TEMAS ESPECIAIS DE LICITAÇÕES E CONTRATOS ADMINISTRATIVOS | 341

1.d) facultatividade de personificação dos consórcios: em virtude da omissão legislativa em relação ao funcionamento e organização dos consórcios, a doutrina reconhecia a existência de decisão discricionária por parte da Administração Pública para dispor sobre a melhor forma de implementar a gestão desses ajustes (ex.: escolha de um dos entes associados para ser o gestor/executor, criação de uma pessoa jurídica distinta para administrar o objeto do ajuste etc.).[218]

2) Características dos consórcios públicos após a Lei 11.107/2005:

2.a) os consórcios públicos são contratos: em diversas passagens, a Lei 11.107/2005 menciona o caráter contratual dos consórcios, com destaque para o art. 3.º que determina: "O consórcio público será constituído por contrato cuja celebração dependerá da prévia subscrição de protocolo de intenções".

Cabe registrar que, mesmo antes do advento da Lei dos Consórcios Públicos, alguns autores já apontavam o seu caráter contratual. De acordo com essa doutrina, que não era majoritária no Direito Administrativo, os contratos poderiam ser divididos em duas categorias: a) "contratos de intercâmbio": contratos com interesses antagônicos (ex.: contrato entre a Administração e uma empreiteira para execução de obra); e b) "contratos de comunhão de escopo": contratos com interesses comuns (ex.: contrato de consórcio público);[219]

2.b) a União pode integrar consórcios: o art. 1.º da Lei 11.107/2005 dispõe: "Esta Lei dispõe sobre normas gerais para a União, os Estados, o Distrito Federal e os Municípios contratarem consórcios públicos para a realização de objetivos de interesse comum e dá outras providências";

2.c) exigência de autorização legislativa para formatação dos consórcios: o art. 5.º da Lei 11.107/2005 exige a autorização legislativa para que o Executivo celebre consórcios públicos;

2.d) imposição de personificação dos consórcios: os arts. 1.º, § 1.º, e 6.º da Lei 11.107/2005 exigem a instituição de pessoa jurídica de direito público (associação pública) ou de direito privado para execução do contrato de consórcio.

---

[218] Vide, por exemplo: MEIRELLES, Hely Lopes. *Direito administrativo brasileiro*. 22. ed. São Paulo: Malheiros, 1997. p. 361.

[219] GRAU, Eros Roberto. *Licitação e contrato administrativo*. São Paulo: Malheiros, 1995. p. 91. Da mesma forma, no âmbito do Direito Civil, Antonio Junqueira de Azevedo afirma o caráter contratual do consórcio, qualificando-o, a partir de diversos critérios, como ato bilateral/plurilateral de caráter obrigacional (contrato) ou, ainda, como um contrato de colaboração e relacional (AZEVEDO, Antonio Junqueira de. Natureza jurídica do contrato de consórcio. Classificação dos atos jurídicos quanto ao número de partes e quanto aos efeitos. Os contratos relacionais. A boa-fé nos contratos relacionais. Contratos de duração. Alteração das circunstâncias e onerosidade excessiva. Sinalagma e resolução contratual. Resolução parcial do contrato. Função social do contrato. *RT*, São Paulo, ano 94, v. 832, p. 120-123, fev. 2005). Na Espanha, por exemplo, Rafael Entrena Cuesta diferencia os contratos administrativos de cooperação dos contratos de colaboração da seguinte maneira: nos contratos de cooperação, os entes possuem a titularidade dos serviços contratados e atuam em pé de igualdade; já nos contratos de colaboração, apenas um dos entes possui titularidade sobre o serviço, objeto do contrato, o que gera privilégios em seu favor (CUESTA, Rafael Entrena. Consideraciones sobre la teoría general de los contratos de la administración. *RAP*, n. 24, p. 71-72, 1957).

3.9.3. Constitucionalidade das normas gerais sobre consórcios

A Lei 11.107/2005, conforme previsto no seu art. 1.º, "dispõe sobre normas gerais para a União, os Estados, o Distrito Federal e os Municípios contratarem consórcios públicos para a realização de objetivos de interesse comum e dá outras providências".

É fácil notar que o legislador federal pretendeu estabelecer normas gerais aplicáveis a todos os entes da Federação, conferindo à Lei 11.107/2005 o caráter de "lei nacional". Todos os entes podem dispor a respeito de normas específicas sobre consórcios, desde que respeitadas as normas gerais.

Há controvérsia, no entanto, em relação à possibilidade de fixação, pela União, de normas gerais sobre consórcios:

Primeira posição: impossibilidade de normas gerais sobre consórcios, tendo em vista a autonomia federativa. De acordo com o art. 241 da CRFB:

A União, os Estados, o Distrito Federal e os Municípios *disciplinarão por meio de lei* os consórcios públicos e os convênios de cooperação entre os entes federados, autorizando a gestão associada de serviços públicos, bem como a transferência total ou parcial de encargos, serviços, pessoal e bens essenciais à continuidade dos serviços transferidos.

Vale dizer: cada ente teria competência autônoma para disciplinar os consórcios. Ademais, a contratualização do consórcio, efetivada pela Lei 11.107/2005, teria o único objetivo de "legitimar" a atuação do legislador federal na fixação de normas gerais sobre contratos de consórcio, na forma do art. 22, XXVII, da CRFB. Por esta razão, a Lei 11.107/2005 deve ser interpretada em conformidade com a Constituição para ser considerada "lei federal" (e não "lei nacional"), aplicável apenas à União. Nesse sentido: Diogo de Figueiredo Moreira Neto.[220]

Segunda posição: constitucionalidade das normas gerais da Lei 11.107/2005, tendo em vista o art. 22, XXVII, da CRFB. Nesse sentido: Marçal Justen Filho, José dos Santos Carvalho Filho, Odete Medauar, Floriano de Azevedo Marques Neto, Andréas Krell.[221]

Concordamos com a segunda posição, que tem prevalecido atualmente, em razão dos seguintes argumentos: a) o art. 22, XXVII, da CRFB dispõe que a União pode legislar sobre normas gerais de contratos, e não haveria vedação de contratualização do consórcio, tese, como visto, tradicionalmente defendida por parcela da doutrina; b) o art. 241 da CRFB estabelece

---

[220] MOREIRA NETO, Diogo de Figueiredo. Novo enfoque jurídico nos contratos administrativos. *Mutações do direito administrativo*. 3. ed. Rio de Janeiro: Renovar, 2007. p. 457. Em sentido semelhante, Jessé Torres afirma que a Lei 11.107/2005 é de duvidosa constitucionalidade à luz dos arts. 18 e 23, parágrafo único, da Constituição da República. PEREIRA JUNIOR, Jessé Torres. *Comentários à lei das licitações e contratações da administração pública*. 7. ed. Rio de Janeiro: Renovar, 2007. p. 286.

[221] JUSTEN FILHO, Marçal. Novos sujeitos na administração pública: os consórcios criados pela Lei 11.107. *Direito administrativo*: estudos em homenagem a Diogo de Figueiredo Moreira Neto. Rio de Janeiro: Lumen Juris, 2006. p. 689; CARVALHO FILHO, José dos Santos. *Consórcios públicos*. Rio de Janeiro: Lumen Juris, 2009. p. 13; MEDAUAR, Odete; OLIVEIRA, Gustavo Justino de. Consórcios públicos: comentários à Lei 11.107/05. São Paulo: RT, 2006. p. 17-20; MARQUES NETO, Floriano de Azevedo. Os consórcios públicos. *REDAE*, Salvador, Instituto de Direito Público da Bahia, n. 3, jul./ago./set. 2005. Disponível em: <www.direitodoestado.com.br>. Acesso em: 6 ago. 2011, p. 36; KRELL, Andréas J. *Leis de normas gerais, regulamentação do Poder Executivo e cooperação intergovernamental em tempos de Reforma Federativa*. Belo Horizonte: Fórum, 2008. p. 57 e 60.

Cap. 3 – TEMAS ESPECIAIS DE LICITAÇÕES E CONTRATOS ADMINISTRATIVOS | **343**

competência concorrente para os entes da Federação legislarem sobre os consórcios públicos e, desta forma, independentemente da discussão à respeito da natureza contratual do consórcio, a União, com fundamento no art. 24, *caput* e parágrafos, da CRFB, poderia editar normas gerais, de caráter nacional; c) necessidade de uniformização dos consórcios públicos em âmbito nacional, mormente pelo fato de esse instrumento jurídico tratar da cooperação entre diversos entes federados, sendo certo que os interesses em jogo extrapolam os limites territoriais da cada ente; d) o federalismo cooperativo pressupõe, por óbvio, a relativização de uma partilha rígida de competências para se buscar uma integração racional entre os entes federados, garantindo segurança jurídica (homogeneidade normativa para assuntos que extrapolam os interesses de cada ente) e efetividade dos interesses constitucionais que o Poder Público deve satisfazer.[222]

3.9.4. Partícipes do consórcio público

Os consórcios públicos, nos termos dos arts. 1.º e 4.º, II, da Lei 11.107/2005, são integrados pelos entes da Federação (União, Estados, DF e Municípios). Da mesma forma, o art. 2.º, I, do Decreto 6.017/2007, ao definir o consórcio, afirma tratar-se de "pessoa jurídica formada exclusivamente por entes da Federação".

É oportuno registrar, contudo, que a legislação prevê limitação para participação da União em consórcios públicos. Nesse sentido, o art. 1.º, § 2.º, da Lei 11.107/2005 dispõe que "a União somente participará de consórcios públicos em que também façam parte todos os Estados em cujos territórios estejam situados os Municípios consorciados".

Entendemos que a referida restrição é inconstitucional. O condicionamento da formalização da gestão associada à participação obrigatória do respectivo Estado viola a autonomia federativa da União e dos Municípios (princípio federativo, art. 18 da CRFB) e diminui a efetividade da gestão associada prevista no art. 241 da CRFB, posto que os interesses da União e dos Municípios não são necessariamente idênticos aos interesses dos Estados, sendo desproporcional condicionar a atuação de demais entes à vontade do ente estadual.[223]

3.9.5. Procedimento para instituição do consórcio público

A instituição do consórcio público depende da implementação do procedimento previsto na Lei 11.107/2005, que pode ser assim resumido:

1) Subscrição do protocolo de intenções: os entes da Federação, que pretendem se consorciar, devem subscrever o denominado "protocolo de intenções", que representa uma espécie de minuta do futuro "contrato" de consórcio (art. 3.º da Lei 11.107/2005).

As cláusulas essenciais do protocolo de intenções encontram-se definidas no art. 4.º da Lei 11.107/2005: a) a denominação, a finalidade, o prazo de duração e a sede do consórcio; b) a identificação dos entes da Federação consorciados; c) a indicação da área de atuação do consórcio; d) a previsão de que o consórcio público é associação pública ou pessoa jurídica de direito privado sem fins econômicos; e) os critérios para, em assuntos de interesse comum, autorizar o consórcio público a representar os entes da Federação consorciados perante outras esferas de governo; f) as normas de convocação e funcionamento da assembleia geral, inclusive

---

[222] KRELL, Andréas J. *Leis de normas gerais, regulamentação do poder executivo e cooperação intergovernamental em tempos de reforma federativa*. Belo Horizonte: Fórum, 2008. p. 60-64.

[223] Nesse sentido: CARVALHO FILHO, José dos Santos. *Consórcios públicos*. Rio de Janeiro: Lumen Juris, 2009. p. 21.

para a elaboração, aprovação e modificação dos estatutos do consórcio público; g) a previsão de que a assembleia geral é a instância máxima do consórcio público e o número de votos para as suas deliberações; h) a forma de eleição e a duração do mandato do representante legal do consórcio público que, obrigatoriamente, deverá ser chefe do Poder Executivo de ente da Federação consorciado; i) o número, as formas de provimento e a remuneração dos empregados públicos, bem como os casos de contratação por tempo determinado para atender a necessidade temporária de excepcional interesse público; j) as condições para que o consórcio público celebre contrato de gestão ou termo de parceria; k) a autorização para a gestão associada de serviços públicos, explicitando: as competências cujo exercício se transferiu ao consórcio público; os serviços públicos objeto da gestão associada e a área em que serão prestados; e a autorização para licitar ou outorgar concessão, permissão ou autorização da prestação dos serviços; as condições a que deve obedecer o contrato de programa, no caso de a gestão associada envolver também a prestação de serviços por órgão ou entidade de um dos entes da Federação consorciados; os critérios técnicos para cálculo do valor das tarifas e de outros preços públicos, bem como para seu reajuste ou revisão; e l) o direito de qualquer dos contratantes, quando adimplente com suas obrigações, de exigir o pleno cumprimento das cláusulas do contrato de consórcio público.

2) Ratificação do protocolo pelo legislador: o protocolo de intenções deve ser ratificado por lei de cada ente que pretende se consorciar, salvo na hipótese de o legislador respectivo já disciplinar previamente as condições de participação no consórcio (art. 5.º, *caput* e § 4.º, da Lei 11.107/2005).

O legislador, no caso, pode ratificar o protocolo com reserva que, aceita pelos demais entes subscritores, implicará consorciamento parcial ou condicional (art. 5.º, § 2.º, da Lei 11.107/2005).

3) Celebração do contrato de consórcio: com a ratificação legislativa, os entes da Federação assinarão o contrato definitivo de consórcio. Nesse sentido, o art. 5.º da Lei 11.107/2005 dispõe: "O contrato de consórcio público será celebrado com a ratificação, mediante lei, do protocolo de intenções".

4) Personificação do consórcio: a opção pela instituição de pessoa de direito público (associação pública) ou pessoa de direito privado deve constar em cláusula específica no protocolo de intenções (art. 4.º, IV, da Lei 11.107/2005).

A associação pública é instituída mediante a vigência das leis de ratificação do protocolo de intenções (art. 6.º, I, da Lei 11.107/2005). Por outro lado, a pessoa de direito privado é instituída pelo registro do ato constitutivo, após aprovação do protocolo de intenções (art. 6.º, II, da Lei 11.107/2005 c/c o art. 45 do CC).

5) Contrato de rateio: tem por objeto o repasse de recursos ao consórcio público (art. 8.º da Lei 11.107/2005).

6) Contrato de programa: tem por objeto a regulação das obrigações, no âmbito da gestão associada, que um ente da Federação constituir para com outro ente da Federação ou para com consórcio público em que haja a prestação de serviços públicos ou a transferência total ou parcial de encargos, serviços, pessoal ou de bens necessários à continuidade dos serviços transferidos (art. 13 da Lei 11.107/2005).

3.9.6. Personificação do consórcio

Conforme demonstrado anteriormente, os entes consorciados deverão instituir pessoa jurídica, de direito público (consórcio público de direito público) ou privado (consórcio público de direito privado), para a execução e gestão do objeto do consórcio.

Cap. 3 – TEMAS ESPECIAIS DE LICITAÇÕES E CONTRATOS ADMINISTRATIVOS | 345

3.9.6.1. Consórcio público de direito público: associação pública

A associação pública integra a Administração Indireta de todos os entes consorciados, na forma do art. 6.º, § 1.º, da Lei 11.107/2005, constituindo-se em verdadeira entidade interfederativa ou multifederativa.

Há, todavia, controvérsia na doutrina e na jurisprudência sobre a possibilidade de instituição de entidade administrativa interfederativa.

Primeira posição: impossibilidade de entidades interfederativas no ordenamento jurídico pátrio, tendo em vista o princípio federativo que consagra a autonomia dos entes federados. Nesse sentido: Odete Medauar e Gustavo Justino de Oliveira.[224]

Segunda posição: viabilidade constitucional de entidades interfederativas. Nesse sentido: Floriano de Azevedo Marques Neto, Alice Gonzalez Borges, Alexandre Santos de Aragão.[225]

Sustentamos a possibilidade de instituição de entidades interfederativas, tendo em vista os seguintes argumentos: a) compatibilidade com o federalismo cooperativo, sendo certo que a formatação da cooperação não é definida previamente pela Constituição, admitindo-se, portanto, a eventual personificação pelos entes consorciados que teriam a autonomia preservada; b) o art. 241 da CRFB, após redação dada pela EC 19/1998, remete ao legislador ordinário a disciplina da gestão associada por meio de consórcios públicos, o que viabilizaria a opção pela instituição de entidades interfederativas; c) as entidades interfederativas não representam novidade no ordenamento jurídico, havendo, inclusive, previsão em algumas Constituições estaduais.[226]

É oportuno registrar que o STF já afirmou a impossibilidade de constituição de autarquia interestadual de fomento ou desenvolvimento regional. O caso tratava do Banco Regional do

---

[224] MEDAUAR, Odete; OLIVEIRA, Gustavo Justino de. *Consórcios públicos*: comentários à Lei 11.107/05. São Paulo: RT, 2006, p. 77.

[225] MARQUES NETO, Floriano de Azevedo. Os consórcios públicos. *REDAE*, Salvador, Instituto de Direito Público da Bahia, n. 3, jul./ago./set. 2005. Disponível em: <www.direitodoestado.com.br>. Acesso em: 6 ago. 2011, p. 29; BORGES, Alice Gonzalez. Consórcios públicos, nova sistemática e controle. *REDAE*, Salvador, Instituto de Direito Público da Bahia, n. 6, maio/jun./jul. 2006. Disponível em: <www.direitodoestado.com.br>. Acesso em: 6 ago. 2011, p. 6; ARAGÃO, Alexandre Santos de. *Direito dos serviços públicos*. Rio de Janeiro: Forense, 2007. p. 758.

[226] Nesse sentido, por exemplo, dispõe o art. 351, parágrafo único, da Constituição do Estado do Rio de Janeiro: "Art. 351. Os Municípios podem celebrar convênios para execução de suas leis, de seus serviços ou de suas decisões por outros órgãos ou servidores públicos federais, estaduais ou de outros Municípios. Parágrafo único. Os Municípios podem também através de convênios, prévia e devidamente autorizados por leis municipais, criar entidades intermunicipais de administração indireta para a realização de obras, atividades e serviços específicos de interesse comum, dotadas de personalidade jurídica própria, com autonomia administrativa e financeira e sediadas em um dos Municípios convenentes". Da mesma forma, o art. 181, III, da Constituição do Estado de Minas Gerais estabelece: "Art. 181. É facultado ao Município: [...] III – participar, autorizado por lei municipal, da criação de entidade intermunicipal para realização de obra, exercício de atividade ou execução de serviço específico de interesse comum". Por fim, cite-se, por exemplo, o caso da Companhia do Metropolitano de São Paulo (METRÔ), em que o Estado de São Paulo e o Município de São Paulo participam como acionistas. O exemplo é citado por: MARQUES NETO, Floriano de Azevedo. Os consórcios públicos. *REDAE*, Salvador, Instituto de Direito Público da Bahia, n. 3, p. 28, jul./ago./set. 2005. Disponível em: <www.direitodoestado. com.br>. Acesso em: 14 jan. 2007.

Desenvolvimento do Extremo Sul (BRDES), criado em 1962, e assentou as seguintes premissas básicas: a) a criação legítima de autarquia pressupõe que as suas finalidades institucionais estejam compreendidas no âmbito material e territorial da entidade estatal matriz, o que reclama, em princípio, a unidade desta; b) a instituição de autarquias interestaduais, à falta de entidades intermediárias entre a União e os Estados, só se poderia legitimar por força de norma constitucional federal, que não existe; c) as atividades estatais de planejamento e fomento do desenvolvimento regional, a partir de 1934, foram reservadas privativamente à União que, no caso, não integrava a autarquia interestadual.[227]

Contudo, o precedente do STF não tem o condão, salvo melhor juízo, de inviabilizar a instituição de entidade interfederativa, na linha prevista na lei dos consórcios, desde que o consórcio seja formatado para execução de atividades que sejam de titularidade de um ou mais entes consorciados. Ademais, a decisão do STF foi proferida com fundamento na EC 1/1969 e a composição da Corte foi profundamente alterada nos últimos anos.

Fixada a característica interfederativa da associação pública, o próximo passo é definir a sua natureza jurídica. Aqui também existe forte controvérsia doutrinária.

> **Primeira posição**: a associação pública é uma nova entidade da Administração indireta distinta das entidades tradicionais (autarquias, empresas públicas, sociedades de economia mista e fundações estatais). Nesse sentido: Maria Sylvia Zanella Di Pietro e Marçal Justen Filho.[228]

> **Segunda posição**: a associação pública é uma espécie de autarquia. Nesse sentido: Floriano de Azevedo Marques Neto, Alice Gonzalez Borges, Alexandre Santos de Aragão e José dos Santos Carvalho Filho.[229]

Em nossa opinião, as associações públicas são autarquias interfederativas (multi ou plurifederativas), tendo em vista os seguintes argumentos: a) as associações possuem as mesmas características essenciais das autarquias (pessoas de direito público, criadas por lei, que exercem atividades não econômicas e integram a Administração Indireta); b) o art. 37, XIX, da CRFB, ao tratar das entidades integrantes da Administração Indireta, cita apenas as autarquias, empresas públicas, sociedades de economia mista e as fundações públicas, o que gera, em princípio, a necessidade de enquadramento da associação pública em uma daquelas quatro categorias de sujeitos; c) o art. 16 da Lei 11.107/2005 alterou o inciso IV do art. 41 do

---

[227] STF, 1.ª Turma, RE 120932/RS, Rel. Min. Sepúlveda Pertence, j. 24.03.1992, *DJ* 30.04.1992, p. 5725. Vide, ainda: STF, Tribunal Pleno, ACO 503/RS, Rel. Min. Moreira Alves, j. 25.10.2001, *DJ* 05.09.2003, p. 30 (*Informativo* n. 247 do STF).

[228] DI PIETRO, Maria Sylvia Zanella. *Direito administrativo*. 22. ed. São Paulo: Atlas, 2009. p. 421 e 475; JUSTEN FILHO, Marçal. Novos sujeitos na administração pública: os consórcios criados pela Lei 11.107. *Direito administrativo*: estudos em homenagem a Diogo de Figueiredo Moreira Neto. Rio de Janeiro: Lumen Juris, 2006. p. 690.

[229] MARQUES NETO, Floriano de Azevedo. Os consórcios públicos. *REDAE*, Salvador, Instituto de Direito Público da Bahia, n. 3, p. 28, jul./ago./set. 2005. Disponível em: <www.direitodoestado. com.br>. Acesso em: 14 jan. 2007; BORGES, Alice Gonzáles. Os consórcios públicos na sua legislação reguladora. IP, v. 32, p. 236, jul./ago. 2005; ARAGÃO, Alexandre Santos de. *Direito dos serviços públicos*. Rio de Janeiro: Forense, 2007. p. 758. O Professor José dos Santos Carvalho Filho chama essas autarquias de "autarquias associativas" (*Consórcios públicos*. Rio de Janeiro: Lumen Juris, 2009. p. 29).

Cap. 3 – TEMAS ESPECIAIS DE LICITAÇÕES E CONTRATOS ADMINISTRATIVOS | **347**

Código Civil para enquadrar a associação pública como espécie de autarquia;[230] e d) a natureza autárquica da associação pública foi consagrada no art. 2.º, I, do Decreto 6.017/2007, que regulamenta a Lei 11.107/2005.

A peculiaridade da associação pública, quando comparada às autarquias tradicionais, é a natureza interfederativa. Atualmente, portanto, além das tradicionais autarquias federais, estaduais, distritais e municipais, o ordenamento admite a autarquia plurifederativa (multi ou interfederativa).

3.9.6.2. *Consórcio público de direito privado*

Além da associação pública, os entes consorciados podem instituir pessoa jurídica de direito privado para gerir e executar o contrato de consórcio (art. 6.º, II, da Lei 11.107/2005).

Apesar do silêncio da Lei 11.107/2005, a pessoa de direito privado insere-se na Administração Indireta dos entes consorciados, pois trata-se de entidade instituída pelo Estado.[231]

Entendemos que a pessoa jurídica de direito privado, verdadeira associação estatal privada interfederativa, poderia ser enquadrada como espécie de empresa pública, prestadora de serviço público, ou de fundação estatal de direito privado.[232]

Por fim, vale ressaltar que o consórcio público de direito privado é regido, predominantemente, pelo direito civil, submetendo-se, contudo, às normas de direito público no que concerne à realização de licitação, celebração de contratos, prestação de contas e admissão de pessoal, que será regido pela Consolidação das Leis do Trabalho (CLT).

3.9.7. **Contrato de rateio**

O contrato de rateio, previsto no art. 8.º da Lei 11.107/2005, que trata dos consórcios públicos, é o instrumento adequado para que os entes consorciados repassem recursos financeiros ao consórcio público.

O prazo de vigência do contrato de rateio não pode ser superior a um ano, uma vez que os recursos financeiros, objeto do ajuste, devem estar previstos nas respectivas leis orçamentárias anuais, conforme dispõe o art. 8.º, § 1.º, da Lei 11.107/2005.

Em sua redação originária, o referido dispositivo legal admitia, excepcionalmente, a celebração de contrato de rateio por prazo superior a um ano em duas hipóteses: a) projetos consistentes em programas e ações contemplados em plano plurianual; e b) gestão associada de serviços públicos custeados por tarifas ou outros preços públicos.

---

[230] "Art. 41. São pessoas de direito público interno: [...] IV – as autarquias, inclusive as associações públicas."

[231] Nesse sentido: DI PIETRO, Maria Sylvia Zanella. *Direito administrativo*. 22. ed. São Paulo: Atlas, 2009. p. 475; GASPARINI, Diógenes. *Direito administrativo*. 12. ed. São Paulo: Saraiva, 2007. p. 421; CARVALHO FILHO, José dos Santos. *Consórcios públicos*. Rio de Janeiro: Lumen Juris, 2009. p. 40.

[232] Por óbvio, essa pessoa de direito privado não poderia ser enquadrada nos gêneros "autarquias e fundações públicas de direito público", pois estas pessoas têm personalidade jurídica de direito público. Também não poderia ser considerada espécie de sociedade de economia mista, já que é integrada apenas por pessoas políticas (não há a participação da iniciativa privada no quadro societário, como acontece na sociedade de economia mista). Por fim, em razão da vedação do exercício de atividades econômicas, a entidade não poderia ser considerada uma empresa pública econômica.

348 | LICITAÇÕES E CONTRATOS ADMINISTRATIVOS – *Rafael Carvalho Rezende Oliveira*

Quanto à primeira exceção, o plano plurianual já ultrapassa o prazo anual, o que justifica a possibilidade de fixação de prazo diferenciado, assim como ocorre na legislação tradicional (art. 105 da Lei 14.133/2021).

No entanto, sempre criticamos a segunda exceção, uma vez que a celebração do contrato de rateio sequer faria sentido, pois os serviços seriam custeados por tarifa ou outros preços públicos, e não por dotação orçamentária. Nesse caso, a eventual celebração do contrato de rateio envolverá o repasse de recurso orçamentário e dependerá, por óbvio, da previsão dos respectivos recursos na legislação orçamentária, o que atrairia a restrição do prazo anual.

Em abono à nossa crítica, o art. 8.º, § 1.º, da Lei 11.107/2005 foi alterado pela Lei 14.026/2020 e passou a prever apenas uma exceção à regra do prazo anual do contrato de rateio, qual seja a hipótese de previsão no plano plurianual, excluindo a outra exceção inicialmente indicada na redação originária do citado dispositivo legal.

O ente consorciado, que não consignar, em sua respectiva lei orçamentária ou em créditos adicionais, as dotações necessárias para cobrir as despesas previstas no contrato de rateio poderá ser excluído do consórcio público, após prévia suspensão (art. 8.º, § 5.º, da Lei 11.107/2005).

É importante ressaltar que configura ato de improbidade administrativa a celebração de contrato de rateio sem suficiente e prévia dotação orçamentária, ou sem observância das formalidades previstas na lei (art. 10, inciso XV, da Lei 8.429/1992).

3.9.8. Contrato de programa

O contrato de programa, previsto na Lei 11.107/2005, que dispõe sobre os consórcios públicos, tem por objetivo constituir e regulamentar as obrigações que um ente da Federação constituir para com outro ente da Federação ou para com consórcio público no âmbito de gestão associada de serviços públicos.

O objeto do contrato de programa envolve "a prestação de serviços públicos ou a transferência total ou parcial de encargos, serviços, pessoal ou de bens necessários à continuidade dos serviços transferidos" (art. 13 da Lei 11.107/2005).

Lembre-se, por oportuno, de que a expressão "contrato de programa", apesar de ser uma novidade no ordenamento brasileiro, já é utilizada há bastante tempo no direito comparado, mas com enfoque diverso. Enquanto na França, por exemplo, o contrato de programa normalmente é formalizado entre o Governo e as empresas públicas, com o objetivo de melhorar a situação deficitária destas últimas, na Itália o contrato de programa é formalizado entre o Estado e empresas privadas, relacionando-se com as atividades econômicas.[233]

Em regra, o contrato de programa pode ser celebrado entre entes federados ou entre estes e o consórcio.

É possível, no entanto, a celebração deste ajuste por entidades da Administração Indireta, desde que haja previsão expressa no contrato de consórcio ou no convênio de cooperação (art. 13, § 5.º, da Lei 11.107/2005).

O art. 13, § 4.º, da Lei 11.107/2005 prevê a continuidade do contrato de programa "mesmo quando extinto o consórcio público ou o convênio de cooperação que autorizou a gestão associada de serviços públicos". Trata-se da denominada ultratividade do contrato de programa,

---

[233] Vide: MEDAUAR, Odete; OLIVEIRA, Gustavo Justino de. *Consórcios públicos*: comentários à Lei 11.107/05. São Paulo: RT, 2006. p. 101-104.

Cap. 3 – TEMAS ESPECIAIS DE LICITAÇÕES E CONTRATOS ADMINISTRATIVOS | **349**

uma vez que o contrato de programa permanece válido e eficaz mesmo com a permanência de uma única parte no ajuste.[234]

Não se trata, é verdade, de novidade na legislação pátria, havendo exemplos de ultratividade contratual, com apenas uma parte, em outras normas jurídicas (ex.: art. 206, I, *d*, da Lei 6.404/1976).[235]

Na visão de Floriano de Azevedo Marques Neto, o contrato de programa constitui uma forma peculiar de delegação de serviço público, no âmbito da cooperação federativa (art. 241 da CRFB), distinta das formas tradicionais de delegação de serviço público a particulares (art. 175 da CRFB).[236]

Com a inclusão do § 8.º no art. 13 da Lei 11.107/2005 pela Lei 14.026/2020, os contratos de prestação de serviços públicos de saneamento básico deverão observar o art. 175 da CRFB, vedada a formalização de novos contratos de programa para essa finalidade.

3.9.9. Dispensa de licitação

De acordo com o inciso XI do art. 75 da Lei 14.133/2021, é dispensável a licitação para celebração de contrato de programa entre o consórcio e o ente da Federação ou com entidade da Administração indireta.

Conforme já mencionado, o contrato de programa constitui e regula as obrigações que um ente da Federação constituir para com outro ente da Federação ou para com consórcio público no âmbito de gestão associada de serviços públicos, envolvendo a "a prestação de serviços públicos ou a transferência total ou parcial de encargos, serviços, pessoal ou de bens necessários à continuidade dos serviços transferidos" (art. 13 da Lei 11.107/2005).

O art. 75, XI, da Lei 14.133/2021 parece não mencionar o contrato de programa firmado entre entes federados, independentemente da formalização do contrato de consórcio. Entendemos que, mesmo nesse caso, o referido contrato de programa não seria precedido de licitação, pois trata-se de espécie do gênero convênios.

Igualmente, sustentamos a inaplicabilidade de regra da licitação para celebração dos contratos de rateio no âmbito dos consórcios públicos, uma vez que, na forma já destacada anteriormente, os referidos ajustes são celebrados entre os entes consorciados e o consórcio público, com o objetivo de viabilizar o repasse de recursos financeiros (art. 8.º da Lei 11.107/2005), inexistindo qualquer prejuízo aos princípios da isonomia e da competitividade.

Outro ponto de destaque é a ampliação dos valores para dispensa da licitação nos contratos firmados pelos consórcios públicos.

---

[234] Odete Medauar e Gustavo Justino de Oliveira entendem que esta autonomia ou ultratividade do contrato de programa (continuidade do ajuste mesmo com o fim do consórcio) é essencial à segurança jurídica e à confiança legítima, sendo reforçada no art. 11, § 2.º, da Lei. MEDAUAR, Odete; OLIVEIRA, Gustavo Justino de. *Consórcios públicos*: comentários à Lei 11.107/05. São Paulo: RT, 2006. p. 110-111.

[235] "Art. 206. Dissolve-se a companhia: I – de pleno direito: [...] d) pela existência de 1 (um) único acionista, verificada em assembleia-geral ordinária, se o mínimo de 2 (dois) não for reconstituído até a do ano seguinte, ressalvado o disposto no artigo 251."

[236] MARQUES NETO, Floriano de Azevedo. Os consórcios públicos. *REDAE*, Salvador, Instituto de Direito Público da Bahia, n. 3, p. 42-43, jul./ago./set. 2005. Disponível em: <www.direitodoestado. com.br>. Acesso em: 14 jan. 2007.

Com efeito, o art. 75, § 2.º, da Lei 14.133/2021 dispõe que os valores referidos nos incisos I (R$ 125.451,15) e II (R$ 62.725,59) do *caput* do mencionado dispositivo legal, atualizados pelo Decreto 12.343/2024, serão duplicados para compras, obras e serviços contratados por consórcio público ou autarquia ou fundação qualificadas, na forma da lei, como agências executivas.

Com isso, levando em consideração os valores indicados nos incisos I e II do art. 75 da Lei 14.133/2021, os consórcios públicos e as agências executivas poderão dispensar a licitação nas contratações: a) de obras e serviços de engenharia ou de serviços de manutenção de veículos automotores: até R$ 228.833,30; e b) outros serviços e compras: até R$ 114.416,66.

3.10. PARCERIAS COM AS ENTIDADES DO TERCEIRO SETOR

A expressão "Terceiro Setor" compreende as entidades da sociedade civil sem fins lucrativos, que desempenham atividades de interesse social mediante vínculo formal de parceria com o Estado.

O surgimento do Terceiro Setor pode ser justificado a partir de três fundamentos:

a) passagem da Administração Pública imperativa para a Administração Pública consensual: incremento das parcerias entre o Estado e a sociedade civil;
b) princípio da subsidiariedade (Estado Subsidiário): primazia do indivíduo e da sociedade civil no desempenho de atividades sociais, restringindo-se a atuação direta do Estado aos casos excepcionais; e
c) fomento: o Poder Público deve incentivar o exercício de atividades sociais pelos indivíduos (ex.: subvenções).

As entidades que integram o Terceiro Setor não representam novidades intrínsecas do ponto de vista organizacional. São entidades privadas que assumem formas organizacionais conhecidas há bastante tempo e compatíveis com a ausência do escopo do lucro: fundações privadas ou associações civis. O que existe de novidade, destarte, é a qualificação jurídica que será atribuída a tais entidades.

O Terceiro Setor está localizado entre o Estado e o mercado, englobando as entidades "públicas não estatais". As polêmicas em relação ao regime jurídico do Terceiro Setor são justificadas pelo caráter híbrido das respectivas entidades que são "públicas", por executarem atividades sociais e receberem benefícios públicos, mas "não estatais", pois não integram formalmente a Administração Pública.

Ao lado das técnicas tradicionais de organização administrativa, em que o Estado desconcentrava e descentralizava atividades administrativas, por meio de lei ou de negócios jurídicos, hoje existem novas formas de instrumentalização de parcerias com a iniciativa privada para a consecução do interesse público. No caso do Terceiro Setor, as entidades públicas não estatais ("entidades de colaboração"), depois de reconhecidas pelo Estado (ato de reconhecimento), normalmente pela concessão de qualificações diferenciadas (ex.: organizações sociais, organizações da sociedade civil de interesse público etc.), formalizam acordos administrativos para o alcance de metas sociais, incentivadas por ajudas públicas (fomento).

A parceria com o Estado influencia no regime jurídico aplicável ao Terceiro Setor, fazendo incidir, quando expressamente previsto no ordenamento, normas de caráter público.

Cap. 3 – TEMAS ESPECIAIS DE LICITAÇÕES E CONTRATOS ADMINISTRATIVOS | **351**

As entidades do Terceiro Setor possuem as seguintes características:

a) são criadas pela iniciativa privada;
b) não possuem finalidade lucrativa;
c) não integram a Administração Pública Indireta;
d) prestam atividades privadas de relevância social;
e) possuem vínculo legal ou negocial com o Estado;
f) recebem benefícios públicos.

O Estado, com o intuito de valorizar a sociedade civil, sem fins lucrativos, tem criado qualificações jurídicas de modo a viabilizar o reconhecimento de benefícios públicos e a formalização de parcerias para consecução de objetivos sociais. Dessa forma, cada ente federado, no âmbito de sua autonomia político-administrativa, possui liberdade para criar qualificações jurídicas diversas, não havendo um rol exaustivo e definitivo para tais qualificações.

Não obstante a variedade de nomenclaturas e de fontes normativas, merecem destaque as seguintes qualificações jurídicas: os "Serviços Sociais Autônomos" (Sistema "S"), as "Organizações Sociais" ("OS"), as "Organizações da Sociedade Civil de Interesse Público" ("OSCIP"), as fundações de apoio e as "Organizações da Sociedade Civil" ("OSC").

As variações de nomenclaturas também podem ser observadas nos instrumentos jurídicos de parceria, destacando-se as seguintes nomenclaturas: a) OS: contrato de gestão; b) OSCIP: termo de parceria; c) OSC: termo de colaboração, termo de fomento e acordo de cooperação etc.[237]

3.10.1. Serviços Sociais Autônomos (Sistema S)

Os Serviços Sociais Autônomos são criados por Confederações privadas (Confederação Nacional do Comércio – CNC – e da Indústria – CNI), após autorização legal, para exercerem atividade de amparo a determinadas categorias profissionais, recebendo contribuições sociais, cobradas compulsoriamente da iniciativa privada, na forma do art. 240 da CRFB. Ex.: Serviço Social da Indústria (SESI), Serviço Social do Comercio (SESC), Serviço Nacional de Aprendizagem Industrial (SENAI), Serviço Nacional de Aprendizagem Comercial (SENAC).[238]

As contribuições sociais destinadas aos Serviços Sociais Autônomos são instituídas pela União (art. 149 da CRFB), que exerce a fiscalização sobre tais entidades.[239] Isso não impede

---

[237] O rol de instrumentos é exemplificativo e não afasta outros instrumentos previstos na legislação específica. Assim, por exemplo, no âmbito do fomento à cultura, o art. 4.º da Lei 14.903/2024 (Marco regulatório do fomento à cultura) prevê regras próprias de chamamento público e os seguintes instrumentos de parceria: a) com repasse de recursos pela administração pública: a.1) termo de execução cultural; a.2) termo de premiação cultural; a.3) termo de bolsa cultural; b) sem repasse de recursos pela Administração Pública: b.1) termo de ocupação cultural; e b.2) termo de cooperação cultural.

[238] Mencionem-se, por exemplo, alguns diplomas normativos que autorizaram a instituição de Serviços Sociais Autônomos: Decreto-lei 4.048/1942 (SENAI), Decreto-lei 9.403/1946 (SESI), Decreto-lei 8.621/1946 (SENAC) e Decreto-lei 9.853/1946 (SESC).

[239] O Decreto-lei 200/1967, em seu art. 183, estabelece: "As entidades e organizações em geral, dotadas de personalidade jurídica de direito privado, que recebem contribuições parafiscais e prestam serviços de interesse público ou social, estão sujeitas à fiscalização do Estado nos termos e condições estabelecidas na legislação pertinente a cada uma". O SESI, SENAI, SESC e SENAC, por exemplo, vinculam-se ao Ministério do Trabalho, por força do Decreto 74.296/1974.

352 | LICITAÇÕES E CONTRATOS ADMINISTRATIVOS – *Rafael Carvalho Rezende Oliveira*

a constituição de Serviços Sociais nos Estados, DF e municípios, que seriam custeados de outras formas.[240]

Em razão dos recursos públicos recebidos, os Serviços Sociais Autônomos são diretamente responsáveis por fornecer as informações referentes à parcela dos recursos provenientes das contribuições e dos demais recursos públicos recebidos, inclusive por meio de divulgação, independentemente de requerimento, das informações de interesse coletivo ou geral por elas produzidas ou custodiadas em local de fácil visualização em sítios oficiais na Internet.[241]

A exigência de autorização legal para a criação dos Serviços Sociais Autônomos decorre da necessidade de lei impositiva das contribuições sociais, espécie tributária, e da sua respectiva destinação. Em outras palavras: não se trata da autorização legislativa prevista no art. 37, XIX, da CRFB, mas, sim, da necessidade de lei (princípio da legalidade) para criação de tributos e para o seu repasse às mencionadas pessoas privadas, tendo em vista o disposto no art. 240 da CRFB.

Registre-se que os Serviços Sociais Autônomos, por constituírem pessoas jurídicas privadas, não se submetem ao regime do precatório em relação ao pagamento de seus débitos oriundos de sentença judicial, conforme já decidiu o STF.[242]

3.10.2. Contratos de gestão com as Organizações Sociais (OS)

As Organizações Sociais são entidades privadas, qualificadas na forma da Lei Federal 9.637/1998, que celebram "contrato de gestão" com o Estado para cumprimento de metas de desempenho e recebimento de benefícios públicos (ex.: recursos orçamentários, permissão de uso de bens públicos, cessão especial de servidores públicos).[243] Em âmbito federal, o Decreto 9.190/2017 dispõe sobre o Programa Nacional de Publicização – PNP.[244]

Conforme autorizado pelo art. 1.º da Lei 9.637/1998, o Poder Executivo poderá qualificar como organizações sociais pessoas jurídicas de direito privado, sem fins lucrativos, cujas atividades sejam dirigidas ao ensino, à pesquisa científica, ao desenvolvimento tecnológico, à

---

[240] Nesse sentido: MOREIRA NETO, Diogo de Figueiredo. *Curso de direito administrativo.* 14. ed. Rio de Janeiro: Forense, 2006. p. 267.

[241] Sobre o tema, vide: arts. 64, 64-A, 64-B e 64-C do Decreto 7.724/2012, alterado pelo Decreto 9.781/2019, que regulamenta a Lei de Acesso à Informação.

[242] STF, 2.ª Turma, AI-RG 349.477/PR, Rel. Min. Celso de Mello, *DJU* 28.02.2003.

[243] O STF julgou parcialmente procedente a ADI 1923/DF, para conferir interpretação conforme à Constituição para que, observando os princípios do *caput* do art. 37 da CRFB: (i) o procedimento de qualificação seja conduzido de forma pública, objetiva e impessoal; (ii) a celebração do contrato de gestão seja conduzida de forma pública, objetiva e impessoal; (iii) as hipóteses de dispensa de licitação para contratações (Lei 8.666/1993, art. 24, XXIV) e outorga de permissão de uso de bem público (Lei 9.637/1998, art. 12, § 3.º) sejam conduzidas de forma pública, objetiva e impessoal; (iv) os contratos a serem celebrados pela Organização Social com terceiros, com recursos públicos, sejam conduzidos de forma pública, objetiva e impessoal, e nos termos do regulamento próprio a ser editado por cada entidade; (v) a seleção de pessoal pelas Organizações Sociais seja conduzida de forma pública, objetiva e impessoal, e nos termos do regulamento próprio a ser editado por cada entidade; e (vi) para afastar qualquer interpretação que restrinja o controle, pelo Ministério Público e pelo TCU, da aplicação de verbas públicas. ADI 1923/DF, Rel. Min. Luiz Fux, Tribunal Pleno, *DJe* 17.12.2015, *Informativo de Jurisprudência do STF* n. 781.

[244] O referido Decreto dispõe sobre as diretrizes para qualificação de OS; a decisão de publicização; as regras para seleção da entidade; a publicação do ato de qualificação; a celebração, execução e avaliação do contrato de gestão; orçamento; e o processo de desqualificação.

Cap. 3 – TEMAS ESPECIAIS DE LICITAÇÕES E CONTRATOS ADMINISTRATIVOS | **353**

proteção e preservação do meio ambiente, à cultura e à saúde, cumpridas, ainda, as exigências específicas elencadas no art. 2.º da referida Lei.

A elaboração do contrato de gestão deverá observar os princípios da Administração Pública (legalidade, impessoalidade, moralidade, publicidade, economicidade etc.) e, ainda, os seguintes preceitos (art. 7.º da Lei 9.637/1998):

a) especificação do programa de trabalho proposto pela organização social, a estipulação das metas a serem atingidas e os respectivos prazos de execução, bem como previsão expressa dos critérios objetivos de avaliação de desempenho a serem utilizados, mediante indicadores de qualidade e produtividade;

b) a estipulação dos limites e critérios para despesa com remuneração e vantagens de qualquer natureza a serem percebidas pelos dirigentes e empregados das organizações sociais, no exercício de suas funções.

O contrato de gestão será fiscalizado pelo órgão ou entidade supervisora da área de atuação correspondente à atividade fomentada e pelo Tribunal de Contas (arts. 8.º e 9.º da Lei 9.637/1998).

As organizações sociais, consideradas entidades de interesse social e utilidade pública, para todos os efeitos legais, poderão receber recursos orçamentários e bens públicos necessários ao cumprimento do contrato de gestão (arts. 11 e 12 da Lei 9.637/1998). É dispensada a licitação para cessão de bens públicos às organizações sociais, que será formalizada por meio de cláusula de permissão de uso no contrato de gestão (art. 12, § 3.º).

Admite-se, ainda, a cessão especial de servidor público para as organizações sociais, com ônus para a origem (art. 14 da Lei 9.637/1998).

A OS publicará, no prazo máximo de noventa dias contado da assinatura do contrato de gestão, regulamento próprio contendo os procedimentos que adotará para a contratação de obras e serviços, bem como para compras com emprego de recursos provenientes do Poder Público (art. 17 da Lei 9.637/1998).

Em razão do descumprimento do contrato de gestão, o Poder Executivo poderá desqualificar a entidade como OS (art. 16 da Lei 9.637/1998). Nesse caso, a desqualificação será precedida de processo administrativo, assegurado o direito de ampla defesa, respondendo os dirigentes da OS, individual e solidariamente, pelos danos ou prejuízos decorrentes de sua ação ou omissão, com a reversão dos bens e dos valores repassados à OS, sem prejuízo de outras sanções cabíveis (art. 16, §§ 1.º e 2.º).

É oportuno destacar que a expressão "contrato de gestão" possui duas aplicações distintas no ordenamento pátrio:[245]

a) **contrato de gestão interno ou endógeno ou "contrato de desempenho"**: é o ajuste formalizado no âmbito interno da Administração Pública com o objetivo de garantir uma maior eficiência administrativa, por meio da estipulação de metas de desempenho e aumento da autonomia gerencial, orçamentária e financeira do órgão ou entidade administrativa (art. 37, § 8.º, CRFB e Lei 13.934/2019);[246] e

---

[245] OLIVEIRA, Gustavo Justino de. *Contrato de gestão*. São Paulo: RT, 2008. p. 253-255.

[246] O art. 51 da Lei 9.649/1998 consagrou a expressão "contrato de gestão" quando tratou das agências executivas. A qualificação "agência executiva", prevista na norma em comento, que dispõe sobre a

b) contrato de gestão externo ou exógeno: é o ajuste formalizado entre a Administração Pública e determinada entidade privada, sem fins lucrativos, qualificada como Organização Social ("OS"), com a previsão, de um lado, de metas de desempenho, e, de outro lado, de incentivos públicos (fomento) à entidade privada (art. 5.º da Lei 9.637/1998).

Em relação ao contrato de gestão interno ou contrato de desempenho, a doutrina tem criticado a previsão da possibilidade de celebração de contratos por órgãos públicos, posto que o aludido contrato seria, em verdade, "contrato consigo mesmo" ou autocontrato, pois os órgãos públicos não possuem personalidade jurídica e sua atuação é imputada à respectiva pessoa jurídica da qual eles são partes integrantes. Exemplo: a atuação do Ministério da Saúde, órgão público federal, é imputada à União. Nesse caso eventual, "contrato" celebrado entre a União e o Ministério seria um autocontrato, no qual a pessoa jurídica estabeleceria direitos e obrigações para ela mesma.

Outra crítica à natureza contratual refere-se à inexistência de interesses contrapostos no ajuste. No "contrato de gestão" não há interesses antagônicos, característica tradicional dos contratos, mas, sim, interesses comuns e convergentes dos partícipes, o que revelaria a natureza de ato complexo ou de acordo administrativo do ajuste.[247]

Destarte, o "contrato" do art. 37, § 8.º, da CRFB deve ser encarado como verdadeiro ato administrativo complexo ou acordo administrativo.[248]

Em razão da ausência do caráter contratual, entendemos que cada ente federado tem autonomia para regulamentar, por meio de lei ordinária, o art. 37, § 8.º, da CRFB.[249]

De acordo com o art. 2.º da Lei 13.934/2019, contrato de desempenho "é o acordo celebrado entre o órgão ou entidade supervisora e o órgão ou entidade supervisionada, por meio de seus administradores, para o estabelecimento de metas de desempenho do supervisionado, com os respectivos prazos de execução e indicadores de qualidade, tendo como contrapartida a concessão de flexibilidades ou autonomias especiais".

---

organização da Presidência da República, e no Decreto 2.487/1998, será atribuída à autarquia ou à fundação que cumprir dois requisitos: (i) possuir um plano estratégico de reestruturação e de desenvolvimento institucional em andamento e (ii) tiver celebrado contrato de gestão com o respectivo Ministério supervisor.

[247] Segundo Diogo de Figueiredo Moreira Neto, "a denominação *contrato de gestão* não é exata nem feliz, pois não existem nem *prestações recíprocas* ajustadas entre as partes acordantes nem, tampouco, *interesses antagônicos* a serem compostos que possam caracterizar a instituição contratual, nem mesmo, por vezes, sequer entes dotados de *personalidade jurídica* para contratar. Há, nitidamente, um pacto: um simples *acordo* de vontades concorrentes, em que se *programam* atuações específicas e exercícios de competência legalmente *flexibilizados*, que visam ao atingimento de resultados, especificados, quando não quantificados, de *interesse comum* dos pactuantes" (*Curso de direito administrativo*. 15. ed. Rio de Janeiro: Forense, 2009. p. 215).

[248] Nesse sentido: DI PIETRO, Maria Sylvia Zanella. *Direito administrativo*. 22. ed. São Paulo: Atlas, 2009. p. 335; MOREIRA NETO, Diogo de Figueiredo. *Curso de direito administrativo*. 15. ed. Rio de Janeiro: Forense, 2009. p. 212; BANDEIRA DE MELLO, Celso Antônio. *Curso de direito administrativo*. 21. ed. São Paulo: Malheiros, 2006. p. 224-225.

[249] No mesmo sentido, reconhecendo a autonomia legislativa para regulamentação dos contratos de gestão: MOREIRA NETO, Diogo de Figueiredo. Coordenação gerencial na administração pública. *RDA*, n. 214, p. 43, out./dez. 1998; OLIVEIRA, Gustavo Justino de. *Contrato de gestão*. São Paulo: RT, 2008. p. 189.

Cap. 3 – TEMAS ESPECIAIS DE LICITAÇÕES E CONTRATOS ADMINISTRATIVOS | **355**

A celebração do contrato de desempenho permite, durante a sua vigência, as seguintes flexibilizações e autonomias especiais ao supervisionado, sem prejuízo de outras previstas em lei ou decreto (art. 6.º da referida Lei):[250] a) definição de estrutura regimental, sem aumento de despesas, conforme os limites e as condições estabelecidos em regulamento; b) ampliação de autonomia administrativa quanto a limites e delegações relativos a celebração de contratos, estabelecimento de limites específicos para despesas de pequeno vulto e autorização para formação de banco de horas.

Vale ressaltar que a contratualização da gestão e do controle da Administração é uma tendência da denominada "Administração Pública de Resultados",[251] que tem sido buscada por meio de instrumentos análogos no Direito comparado, tais como: a) França: Relatório Nora (1967), com o objetivo de melhorar as relações entre o Estado e as empresas públicas, bem como outros contratos consagrados posteriormente, tais como os contratos de programa (1970), os contratos de empresa (1976), os contratos de plano (1982) e os contratos de objetivos (1988); b) Inglaterra: *Framework document* ou *framework agreement* (1979): criação de agências executivas para implementação de metas estatais; c) Itália: *Accordo di programma* (Lei 241/1990): coordenação entre órgãos e entidades administrativas com exigência de resultados, bem como estipulação de prazos e simplificação dos processos; d) EUA: *Performance Plan* (acordo de desempenho – *Nacional Performance Review* de 1993): a gestão pública seria baseada em resultados e avaliação de desempenho.[252]

Já o contrato de gestão externo ou exógeno, conforme destacado ao longo do presente tópico, é o negócio jurídico formalizado entre a Administração Pública e as Organizações Sociais, com o objetivo de fomentar o desempenho de atividade sociais relevantes.

3.10.3. Termos de parceria com as Organizações da Sociedade Civil de Interesse Público (OSCIPs)

A qualificação "Organização da Sociedade Civil de Interesse Público" ("OSCIP"), na forma do art. 1.º da Lei Federal 9.790/1999, alterada pela Lei 13.019/2014, será conferida às entidades privadas, constituídas e em regular funcionamento há, no mínimo, três anos, que não exercerem atividades lucrativas e desempenharem as atividades especialmente citadas pela Lei. A outorga da qualificação de OSCIP é ato vinculado (art. 1.º, § 2.º).

As entidades interessadas na qualificação de OSCIP devem atender a um dos seguintes objetivos sociais (art. 3.º da Lei 9.790/1999, alterado pela Lei 13.204/2015): assistência social; cultura, defesa e conservação do patrimônio histórico e artístico; promoção gratuita da educação

---

[250] O Enunciado 11 da I Jornada de Direito Administrativo realizada pelo Centro de Estudos Judiciários do Conselho da Justiça Federal (CEJ/CJF) prevê: "O contrato de desempenho previsto na Lei 13.934/2019, quando celebrado entre órgãos que mantêm entre si relação hierárquica, significa a suspensão da hierarquia administrativa, por autovinculação do órgão superior, em relação ao objeto acordado, para substituí-la por uma regulação contratual, nos termos do art. 3.º da referida Lei".

[251] Sobre a Administração de Resultados, vide: SORRENTINO, Giancarlo. *Diriti e partecipazione nell'amministrazione di risultato*. Napoli: Editoriale Scientifica, 2003; SPASIANO, Mario R. *Funzione amministrativa e legalità di risultato*. Torino: G. Giappichelli, 2003; IANNOTTA, Lucio. *Economia, diritto e politica nell'amministrazione di risultato*. Torino: G. Giappichelli, 2003; IMMORDINO, Maria; POLICE, Aristide. *Principio di legalità e amministrazione di risultati*. Torino: G. Giappichelli, 2004.

[252] Para aprofundamento do tema, vide: OLIVEIRA, Gustavo Justino de. *Contrato de gestão*. São Paulo: RT, 2008.

de forma complementar; promoção gratuita da saúde de forma complementar; segurança alimentar e nutricional; defesa, preservação e conservação do meio ambiente e promoção do desenvolvimento sustentável; voluntariado; desenvolvimento econômico e social e combate à pobreza; experimentação, não lucrativa, de novos modelos socioprodutivos e de sistemas alternativos de produção, comércio, emprego e crédito; promoção de direitos estabelecidos, construção de novos direitos e assessoria jurídica gratuita de interesse suplementar; promoção da ética, da paz, da cidadania, dos direitos humanos, da democracia e de outros valores universais; estudos e pesquisas, desenvolvimento de tecnologias alternativas, produção e divulgação de informações e conhecimentos técnicos e científicos que digam respeito às atividades mencionadas no referido artigo; estudos e pesquisas para o desenvolvimento, a disponibilização e a implementação de tecnologias voltadas à mobilidade de pessoas, por qualquer meio de transporte. Além das referidas finalidades, as entidades interessadas na obtenção do rótulo de OSCIP deverão cumprir os requisitos elencados no art. 4.º da Lei.

É vedada a concessão da qualificação de OSCIP às seguintes entidades (art. 2.º da Lei 9.790/1999): sociedades comerciais; sindicatos, associações de classe ou de representação de categoria profissional; instituições religiosas ou voltadas para a disseminação de credos, cultos, práticas e visões devocionais e confessionais; organizações partidárias e assemelhadas, inclusive suas fundações; entidades de benefício mútuo destinadas a proporcionar bens ou serviços a um círculo restrito de associados ou sócios; entidades e empresas que comercializam planos de saúde e assemelhados; instituições hospitalares privadas não gratuitas e suas mantenedoras; escolas privadas dedicadas ao ensino formal não gratuito e suas mantenedoras; organizações sociais;[253] cooperativas; fundações públicas; fundações, sociedades civis ou associações de direito privado criadas por órgão público ou por fundações públicas; organizações creditícias que tenham qualquer tipo de vinculação com o sistema financeiro nacional a que se refere o art. 192 da Constituição Federal.

A pessoa jurídica de direito privado sem fins lucrativos, interessada em obter a qualificação de OSCIP, deverá formular requerimento escrito ao Ministério da Justiça (art. 5.º da Lei 9.790/1999).

Uma vez qualificadas, tais entidades poderão firmar "termo de parceria" com o Poder Público, que estabelecerá programas de trabalho (metas de desempenho), e estarão aptas a receber recursos orçamentários do Estado (art. 10). A celebração do Termo de Parceria será precedida de consulta aos Conselhos de Políticas Públicas das áreas correspondentes de atuação existentes, nos respectivos níveis de governo (art. 10, § 1.º, da Lei 9.790/1999).[254]

São cláusulas essenciais do Termo de Parceria (art. 10, § 2.º, da Lei 9.790/1999):

a) objeto do ajuste: programa de trabalho proposto pela OSCIP (inciso I);
b) estipulação de metas e dos resultados a serem atingidos e os respectivos prazos de execução ou cronograma (inciso II);
c) critérios objetivos para avaliação de desempenho (inciso III);

---

[253] De acordo com o Enunciado 9 da I Jornada de Direito Administrativo realizada pelo Centro de Estudos Judiciários do Conselho da Justiça Federal (CEJ/CJF): "Em respeito ao princípio da autonomia federativa (art. 18 da CF), a vedação ao acúmulo dos títulos de OSCIP e OS prevista no art. 2.º, inc. IX, c/c art. 18, §§ 1.º e 2.º, da Lei n. 9.790/1999 apenas se refere à esfera federal, não abrangendo a qualificação como OS nos Estados, no Distrito Federal e nos Municípios".

[254] O problema em relação à efetivação dessa exigência é a aparente desnecessidade de criação do referido Conselho (art. 10, § 2.º, do Decreto 3.100/1999).

Cap. 3 – TEMAS ESPECIAIS DE LICITAÇÕES E CONTRATOS ADMINISTRATIVOS | 357

d) previsão das receitas e despesas a serem realizadas em seu cumprimento, estipulando item por item as categorias contábeis usadas pela organização e o detalhamento das remunerações e benefícios de pessoal a serem pagos, com recursos oriundos ou vinculados ao Termo de Parceria, a seus diretores, empregados e consultores (inciso IV);

e) prestação de contas periódicas (inciso V); e

f) publicação, na imprensa oficial do Município, do Estado ou da União, conforme o alcance das atividades celebradas entre o órgão parceiro e a Organização da Sociedade Civil de Interesse Público, de extrato do Termo de Parceria e de demonstrativo da sua execução física e financeira, sob pena de não liberação dos recursos previstos no Termo de Parceria (inciso VI).

O Termo de Parceria será fiscalizado pelo órgão ou entidade supervisora da área de atuação correspondente à atividade fomentada, bem como pelos Conselhos de Políticas Públicas das áreas correspondentes de atuação existentes, em cada nível de governo, e pelo Tribunal de Contas. Deverá ser criada, por comum acordo entre o órgão parceiro e a OSCIP, comissão de avaliação, com atribuição para analisar os resultados atingidos com a execução do Termo de Parceria, que deverá enviar à autoridade competente relatório conclusivo sobre a avaliação procedida (art. 11, *caput*, §§ 1.º e 2.º, e art. 12 da Lei 9.790/1999).

A OSCIP publicará, no prazo máximo de trinta dias, contado da assinatura do Termo de Parceria, regulamento próprio com os procedimentos que adotará para a contratação de obras e serviços, bem como para compras com emprego de recursos provenientes do Poder Público, observados os princípios da legalidade, impessoalidade, moralidade, publicidade, economicidade e da eficiência (art. 14 da Lei 9.790/1999).

Os bens imóveis adquiridos pela OSCIP com recursos provenientes do Termo de Parceria serão gravados com cláusula de inalienabilidade (art. 15 da Lei 9.790/1999).

As OSCIPs não podem participar de campanhas de interesse político-partidário ou eleitorais (art. 16 da Lei 9.790/1999).

A desqualificação da entidade como OSCIP poderá ser implementada a pedido ou mediante decisão proferida em processo administrativo ou judicial, de iniciativa popular ou do Ministério Público, no qual serão assegurados, ampla defesa e o devido contraditório (art. 7.º da Lei 9.790/1999). Qualquer cidadão, vedado o anonimato e amparado por fundadas evidências de erro ou fraude, poderá requerer, judicial ou administrativamente, a perda da qualificação de OSCIP (art. 8.º da Lei 9.790/1999).

3.10.4. Termo de fomento, termo de colaboração e acordo de cooperação com as Organizações da Sociedade Civil (OSCs)

A Lei 13.019/2014, alterada pela Lei 13.204/2015, estabelece o novo marco regulatório das parcerias entre a Administração Pública e as organizações da sociedade civil (OSCs).[255] As OSCs são entidades privadas sem fins lucrativos que desempenham atividades de

---

[255] De acordo com o art. 88 da Lei 13.019/2014, alterado pela Lei 13.204/2015, o diploma legal entrou em vigor 540 dias após a sua publicação. Em relação aos Municípios, a vigência ocorreu a partir de 01.01.2017, admitindo-se que, por meio de ato administrativo, esta fosse iniciada na mesma data fixada como regra geral para os demais entes federados. Em âmbito federal, a lei foi regulamentada pelo Decreto 8.726/2016.

358 | LICITAÇÕES E CONTRATOS ADMINISTRATIVOS – Rafael Carvalho Rezende Oliveira

relevância pública, mediante a celebração de termos de colaboração, termos de fomento ou acordos de cooperação.

Com efeito, a referida legislação tem por objetivo regular, em âmbito nacional, o regime jurídico das parcerias voluntárias, envolvendo ou não transferências de recursos financeiros, firmadas entre a Administração Pública e as organizações da sociedade civil sem fins lucrativos. Tradicionalmente, as parcerias entre a Administração e as OSCs eram reguladas por normas jurídicas esparsas e, muitas vezes, lacunosas, o que sempre acarretou insegurança jurídica aos administradores públicos e particulares.[256]

O novo marco regulatório das parcerias entre a Administração Pública e as organizações da sociedade civil (OSCs), introduzido pela Lei 13.019/2014, representa importante avanço na busca de segurança jurídica, democratização e eficiência na atuação consensual da Administração Pública brasileira.

Não obstante os inúmeros avanços da nova Lei, sustentamos a ausência de competência da União para impor normas gerais sobre o tema, aplicáveis aos Estados, Distrito Federal, Municípios e respectivas entidades da Administração Indireta.

Isso porque as referidas parcerias não são instrumentalizadas por contratos, mas, sim, por convênios (ou, como prefere a norma, termo de colaboração ou termo de fomento).

A diferenciação entre os contratos e os convênios é encontrada também no próprio ordenamento constitucional (exs.: arts. 22, XXVII; 37, XXII e § 8.º; 39, § 2.º; 71, VI; 199, § 1.º; e 241, todos da CRFB), o que sugere instrumentos jurídicos diversos, uma vez que o legislador não utiliza palavras inúteis.

É forçoso concluir que a Constituição apenas estabelece a competência da União para elaborar normas gerais sobre contratos, na forma do art. 22, XXVII, da CRFB, inexistindo idêntica autorização em relação aos convênios.[257]

Em consequência, ausente norma constitucional que contemple a prerrogativa de fixação de normas gerais, por parte da União, para os convênios, a conclusão é no sentido de reconhecer a autonomia federativa dos entes para estabelecerem as suas próprias normas, na forma do art. 18 da CRFB.[258] A Lei 13.019/2014 deve ser interpretada em conformidade com a Constituição

---

[256] Em âmbito federal, os convênios de natureza financeira são regulamentados no Decreto 11.531/2023. Podem ser mencionadas, ainda, outras normas importantes que tratam, em alguma medida, de convênios: art. 84, parágrafo único, e art. 84-A da Lei 13.019/2014; Lei 9.637/1998; Lei 9.790/1999; Lei 8.080/1990 etc.

[257] "Art. 22. Compete privativamente à União legislar sobre: [...] XXVII – normas gerais de licitação e contratação, em todas as modalidades, para as administrações públicas diretas, autárquicas e fundacionais da União, Estados, Distrito Federal e Municípios, obedecido o disposto no art. 37, XXI, e para as empresas públicas e sociedades de economia mista, nos termos do art. 173, § 1.º, III". Destaque-se que a literalidade do art. 1.º da Lei 13.019/2014, que afirma o caráter geral (nacional) de suas normas, por si só, não tem o condão de afastar o raciocínio aqui defendido. Mencione-se, por exemplo, a Lei 8.666/1993, que, de forma semelhante, afirmava o seu caráter geral (art. 1.º), o que não impediu que o STF afirmasse que alguns de seus dispositivos devem ser considerados apenas federais, vinculando a União, mas não os demais entes da Federação (ADI 927 MC/RS, Pleno, Rel. Min. Carlos Veloso, j. 03.11.1993, *DJ* 11.11.1994, p. 30.635). De forma semelhante, o art. 1.º da Lei 14.133/2021 prevê o caráter geral das suas normas, o que não impede a discussão quanto ao caráter específico de alguns dispositivos legais.

[258] Em sentido semelhante, Diogo de Figueiredo Moreira Neto leciona: "Quanto aos consórcios e convênios, não obstante o art. 116, da Lei 8.666, de 21 de junho de 1993, fazer menção abrangente

Cap. 3 – TEMAS ESPECIAIS DE LICITAÇÕES E CONTRATOS ADMINISTRATIVOS | 359

para ser considerada, em princípio, lei federal (e não nacional) aplicável à União, não obstante seja recomendável que os demais entes federados adotem, em suas respectivas legislações, as exigências, os princípios e as demais ideias consagradas pelo legislador federal, especialmente pelo caráter moralizador das referidas normas.

Destaquem-se as principais novidades da Lei 13.019/2014, alterada pela Lei 13.204/2015:[259]

a) **Aplicabilidade:** parcerias entre a Administração Direta e Indireta (exceto estatais prestadoras de serviços públicos não dependentes e estatais econômicas) e organizações da sociedade civil (entidades privadas sem fins lucrativos).[260]

b) **Inaplicabilidade da Lei** (art. 3.º): b.1) transferências de recursos homologadas pelo Congresso Nacional ou autorizadas pelo Senado Federal naquilo em que as disposições dos tratados, acordos e convenções internacionais específicas conflitarem com a Lei 13.019/2014, quando os recursos envolvidos forem integralmente oriundos de fonte externa de financiamento; b.2) contratos de gestão celebrados com Organizações Sociais (OS), na forma estabelecida pela Lei 9.637/1998; b.3) convênios e contratos celebrados com entidades filantrópicas e sem fins lucrativos no âmbito do SUS, nos termos do § 1.º do art. 199 da CRFB; b.4) termos de compromisso cultural, mencionados no § 1.º do art. 9.º da Lei 13.018/2014; b.5) termos de parceria celebrados com Organizações da Sociedade Civil de Interesse Público (OSCIPs), desde que cumpridos os requisitos previstos na Lei 9.790/1999; b.6) transferências referidas no art. 2.º da Lei 10.845/2004 (Programa de Complementação ao Atendimento Educacional Especializado às Pessoas Portadoras de Deficiência – PAED), e nos arts. 5.º e 22 da Lei 11.947/2009 (Programa Nacional de Alimentação Escolar – PNAE e Programa Dinheiro Direto na Escola – PDDE); b.7) pagamentos realizados a título de anuidades, contribuições ou taxas associativas em favor de organismos internacionais ou entidades que sejam obrigatoriamente constituídas por membros de Poder ou do Ministério Público; dirigentes de órgão ou de entidade da Administração Pública; pessoas jurídicas de direito público interno; pessoas jurídicas integrantes da

---

a convênios, acordos, ajustes e outros instrumentos congêneres, por não se tratarem de pactos do gênero contrato, mas do gênero acordo, obviamente, não estão sujeitos às normas gerais de contratação que passaram à competência da União, pois elas só teriam aplicação a esses pactos de natureza não contratual se fosse possível admitir-se uma interpretação extensiva do art. 22, XXVII, da Constituição – uma exegese incompatível com a sistemática da partilha de competências político-administrativas adotada, na qual, em princípio, cada entidade da Federação dispõe sobre sua própria administração, só se admitindo exceções explícitas à autonomia administrativa federativa – portanto, contrárias ao princípio federativo". MOREIRA NETO, Diogo de Figueiredo. *Curso de direito administrativo*. 16. ed. Rio de Janeiro: Forense, 2014. p. 182.

[259] Para aprofundar as novidades da referida Lei, remetemos o leitor ao livro: OLIVEIRA, Rafael Carvalho Rezende. *Licitações e contratos administrativos*. 5. ed. São Paulo: Método, 2015. Em verdade, muitas "novidades" foram inspiradas na doutrina, na jurisprudência, inclusive do TCU, e nas normas já existentes sobre convênios, Ficha Limpa (inelegibilidades), licitações, entre outras.

[260] O art. 2.º da Lei 13.019/2015, alterado pela Lei 13.204/2015, ao definir Administração Pública, menciona a "União, Estados, Distrito Federal, Municípios e respectivas autarquias, fundações, empresas públicas e sociedades de economia mista prestadoras de serviço público, e suas subsidiárias, alcançadas pelo disposto no § 9.º do art. 37 da Constituição Federal", afastando da sua incidência as estatais não dependentes (aquelas que não recebem do ente controlador recursos financeiros para pagamento de despesas com pessoal ou de custeio em geral) e as estatais econômicas.

Administração Pública; b.8) parcerias entre a Administração Pública e os serviços sociais autônomos (Sistema S).[261]

c) **Procedimentos de seleção das organizações: c.1) Procedimento de Manifestação de Interesse Social – PMIS** (arts. 18 a 21 da Lei): instrumento por meio do qual as organizações da sociedade civil, movimentos sociais e cidadãos poderão apresentar propostas ao Poder Público para que este avalie a possibilidade de realização de um chamamento público, objetivando a celebração de parceria;[262] e **c.2) Chamamento público (arts. 23 a 32 da Lei)**:[263] procedimento que tem por objetivo selecionar organização da sociedade civil para firmar parceria por meio de termo de colaboração ou de fomento, com a observância dos princípios da isonomia, da legalidade, da impessoalidade, da moralidade, da igualdade, da publicidade, da probidade administrativa, da vinculação ao instrumento convocatório, do julgamento objetivo, dentre outros.[264] Algumas peculiaridades do chamamento público merecem destaque: o critério de julgamento deve levar em consideração o grau de adequação da proposta aos objetivos específicos objeto da parceria e, quando for o caso, o valor de referência constante do chamamento público (art. 27); o julgamento antecede a fase da habilitação (art. 28) etc.

---

[261] Antes da alteração promovida pela Lei 13.204/2015, o art. 3.º da Lei 13.019/2015 afastava da sua incidência, por exemplo, as OS, mas determinava a sua aplicação sobre as OSCIPs. Na 3ª edição desta obra sustentamos a ausência de justificativa razoável para a apontada distinção de tratamento, especialmente pelas semelhanças entre as referidas entidades do Terceiro Setor. A nossa tese foi, agora, consagrada com a nova redação dada pela Lei 13.204/2015.

[262] Trata-se de instituto semelhante àquele previsto nas concessões comuns e especiais (PPPs) de serviços públicos. O PMI encontra fundamento legal no art. 21 da Lei 8.987/1995, aplicável às PPPs (art. 3.º, *caput* e § 1.º, da Lei 11.079/2004 e Decreto Federal 8.428/2015). O Procedimento de Manifestação de Interesse (PMI) ou Manifestação de Interesse da Iniciativa Privada (MIP), no âmbito das PPPs, tem por objeto a apresentação de propostas, estudos ou levantamentos de Parcerias Público-Privadas, por pessoas físicas ou jurídicas da iniciativa privada. Assim como ocorre com o PMI das PPPs, o PMIS não acarreta o dever de realização do chamamento público, existindo discricionariedade administrativa sobre o tema (art. 21 da Lei 13.019/2014). A realização do PMIS não dispensa a realização do chamamento público na hipótese em que a Administração decidir pela formalização da parceria, sendo admitida a participação da organização da sociedade civil, que apresentou o PMIS, no certame (art. 21, §§ 1.º e 2.º, da Lei 13.019/2014). Ademais, o art. 21, § 3.º, da referida, alterado pela Lei 13.204/2015, veda o condicionamento da realização de chamamento público ou a celebração de parceria à prévia realização de PMIS.

[263] A exigência de chamamento público já era consagrada no TCU (ex.: TCU, Plenário, Acórdão 1.331/08, Rel. Min. Benjamin Zymler, *DOU* 11.07.2008).

[264] Com a revogação do inciso VII do § 1.º do art. 24 da Lei 13.019/2014 pela Lei 13.204/2015, não se exige mais a comprovação do prazo mínimo de 3 anos de existência da OSC; da experiência prévia na realização, com efetividade, do objeto da parceria ou de natureza semelhante; e da capacidade técnica e operacional para o desenvolvimento das atividades previstas e o cumprimento das metas estabelecidas. De acordo com o art. 24, § 2.º da Lei, o ato convocatório pode prever a seleção de propostas apresentadas exclusivamente por concorrentes sediados ou com representação atuante e reconhecida na unidade da Federação onde será executado o objeto da parceria, bem como estabelecer cláusula que delimite o território ou a abrangência da prestação de atividades ou da execução de projetos, conforme estabelecido nas políticas setoriais.

Cap. 3 – TEMAS ESPECIAIS DE LICITAÇÕES E CONTRATOS ADMINISTRATIVOS | 361

d) **Parcerias diretas: casos de dispensa (art. 30)**[265] e inexigibilidade (art. 31)[266] de chamamento público.

e) **Instrumentos jurídicos de parceria: e.1) termo de colaboração** (art. 16 da Lei): instrumento de parceria para consecução de finalidades públicas propostas pela Administração; **e.2) termo de fomento** (art. 17 da Lei): instrumento de parceria para consecução de finalidades públicas propostas pelas organizações da sociedade civil; e **e.3) acordo de cooperação** (art. 2.º, VIII-A, da Lei): instrumento de parceria que não envolva a transferência de recursos financeiros. Os referidos ajustes não se submetem à Lei de Licitações (art. 84 da Lei) e somente produzirão efeitos jurídicos após a publicação dos respectivos extratos no meio oficial de publicidade da Administração (art. 38 da Lei). Em relação aos termos de colaboração e de fomento, entendemos a diferenciação sem qualquer relevância jurídica, pois os dois termos são, na essência, idênticos: quanto ao conteúdo, ambos têm por objetivo a viabilização de parcerias entre a Administração e entidades privadas sem fins lucrativos; e quanto à formalização, ambos são precedidos de chamamento público. Em verdade, o legislador, mais uma vez, institui nomenclaturas diversas para fazer referência aos tradicionais convênios, cuja característica básica é a formalização de parcerias entre a Administração e entidades privadas para consecução de objetivos comuns (exs.: contratos de gestão, contratos de repasse, termos de parcerias, termos de cooperação etc.).[267] Até a promulgação da Lei 13.204/2015, o art. 84 da Lei 13.019/2014 determinava que a expressão "convênios" ficaria restrita às parcerias celebradas entre os entes federados, o que foi objeto de crítica de nossa parte nas edições anteriores desta obra, quando sustentamos a possibilidade de utilização da nomenclatura também para parcerias entre a Administração e as entidades privadas sem fins lucrativos, reguladas por legislação especial, especial-

---

[265] De acordo com o art. 30 da Lei 13.019/2014, alterado pela Lei 13.204/2015, os casos de dispensa de chamamento público são: a) urgência decorrente de paralisação ou iminência de paralisação de atividades de relevante interesse público, pelo prazo de até 180 dias; b) guerra, calamidade pública, grave perturbação da ordem pública ou ameaça à paz social; c) realização de programa de proteção a pessoas ameaçadas ou em situação que possa comprometer a sua segurança; d) atividades voltadas ou vinculadas a serviços de educação, saúde e assistência social, desde que executadas por organizações da sociedade civil previamente credenciadas pelo órgão gestor da respectiva política.

[266] Será considerado inexigível o chamamento público na hipótese de inviabilidade de competição entre as OSCs, em razão da natureza singular do objeto da parceria ou se as metas somente puderem ser atingidas por uma entidade específica, especialmente quando: a) o objeto da parceria constituir incumbência prevista em acordo, ato ou compromisso internacional, no qual sejam indicadas as instituições que utilizarão os recursos; b) a parceria decorrer de transferência para OSC que esteja autorizada em lei na qual seja identificada expressamente a entidade beneficiária, inclusive quando se tratar da subvenção prevista no inciso I do § 3.º do art. 12 da Lei 4.320/1964, observado o disposto no art. 26 da Lei Complementar 101/2000.

[267] No mesmo sentido, Alexandre Santos de Aragão afirma que: "Muitas vezes os convênios são formalmente denominados por outros termos. A expressão 'Termo de cooperação', por exemplo, não corresponde a uma natureza jurídica própria, a um instituto específico do Direito Administrativo. Trata-se de mais uma expressão entre as muitas análogas que têm sido adotadas na práxis administrativa ('termo de Cooperação Técnica', 'termo de Cooperação Institucional', 'Acordo de Programa', 'Protocolo de Intenções', 'ajuste de desenvolvimento de projetos', etc.), que vai corresponder a uma das duas modalidades de negócios jurídicos travados pela Administração Pública: o contrato administrativo ou o convênio administrativo". ARAGÃO, Alexandre Santos de. *Direito dos serviços públicos.* 3. ed. Rio de Janeiro: Forense, 2013. p. 717.

mente em razão da aplicação do critério da especialidade na resolução de antinomias jurídicas. A tese foi corroborada pela nova redação dos arts. 84, parágrafo único, e 84-A da Lei 13.019/2014, que determinam a utilização da expressão "convênios" para os ajustes celebrados entre entes federados ou pessoas jurídicas a eles vinculadas, bem como aqueles celebrados no âmbito do SUS.

f) **Parcerias "ficha limpa":** com o objetivo de garantir moralidade nas relações entre a Administração e as entidades privadas, o art. 39 da Lei 13.019/2014 veda a celebração de parcerias nos seguintes casos exemplificativos: entidade omissa no dever de prestar contas de parceria anteriormente celebrada; que tenha como dirigente membro de Poder ou do Ministério Público, ou dirigente de órgão ou entidade da Administração Pública da mesma esfera governamental na qual será celebrado o termo de colaboração ou de fomento, estendendo-se a vedação aos respectivos cônjuges ou companheiros, bem como parentes em linha reta, colateral ou por afinidade, até o segundo grau; que tenha tido as contas rejeitadas pela Administração nos últimos cinco anos (exceto nas seguintes hipóteses: saneamento da irregularidade que motivou a rejeição e quitados os débitos eventualmente imputados; reconsideração ou revisão da decisão que rejeitou as contas; e quando a apreciação das contas estiver pendente de decisão sobre recurso com efeito suspensivo); punida com suspensão de participação em licitação e impedimento de contratar com a administração, bem como declaração de inidoneidade; que tenha contas de parceria julgadas irregulares ou rejeitadas por Tribunal ou Conselho de Contas de qualquer esfera da Federação, em decisão irrecorrível, nos últimos oito anos etc. Em qualquer caso, independentemente dos prazos fixados, os impedimentos permanecem até o momento em que houver o ressarcimento do dano ao erário (art. 39, § 2.º, da Lei).

g) **Contratações realizadas pelas organizações da sociedade civil:** os arts. 34, VIII, e 43 da Lei 13.019/2014 dispunham que as contratações de bens e serviços realizadas pelas entidades da sociedade, com recursos públicos, deveriam observar procedimento que atendesse aos princípios da Administração, com a elaboração do "regulamento de compras e contratações" pela OSC, devidamente aprovado pela Administração. Ocorre que as referidas normas foram revogadas pela Lei 13.204/2015, e, atualmente, o art. 80 da Lei 13.019/2014 determina que as compras e contratações que envolvam recursos financeiros provenientes de parceria poderão ser efetuadas por meio de sistema eletrônico disponibilizado pela Administração às OSCs, aberto ao público via internet, que permita aos interessados formularem propostas.[268]

h) **Despesas vedadas (art. 45 da Lei):** utilizar recursos para finalidade alheia ao objeto da parceria.[269]

---

[268] Em âmbito federal, o Decreto 8.726/2016 dispõe: "Art. 36. As compras e contratações de bens e serviços pela organização da sociedade civil com recursos transferidos pela administração pública federal adotarão métodos usualmente utilizados pelo setor privado. [...] § 4.º Será facultada às organizações da sociedade civil a utilização do portal de compras disponibilizado pela administração pública federal".

[269] A Lei 13.204/2015 afastou outras vedações que constavam do art. 45 da Lei 13.019/2014, tais como: despesas a título de taxa de administração, de gerência ou similar; realização de despesa em data anterior à vigência da parceria; pagamento em data posterior à vigência da parceria, salvo se expressamente autorizado pela autoridade competente da administração pública; transferência de recursos para clubes, associações de servidores, partidos políticos ou quaisquer entidades congêneres etc.

Cap. 3 – TEMAS ESPECIAIS DE LICITAÇÕES E CONTRATOS ADMINISTRATIVOS | 363

i) **Pessoal contratado pela entidade parceira:** a inadimplência da Administração não transfere à OSC a responsabilidade pelo pagamento de obrigações vinculadas à parceria com recursos próprios (art. 46, § 1.º, da Lei), e a remuneração da equipe de trabalho com recursos da parceria não gera vínculo trabalhista com a Administração (art. 46, § 3.º, da Lei).

j) **Atuação em rede das entidades privadas:** admite-se a atuação em rede, por duas ou mais organizações da sociedade civil, mantida a integral responsabilidade da organização celebrante do termo de fomento ou de colaboração, desde que a OSC signatária do termo possua: mais de cinco anos de inscrição no CNPJ e capacidade técnica e operacional para supervisionar e orientar diretamente a atuação da organização que com ela estiver atuando em rede (art. 35-A da Lei). Apesar da revogação do art. 25, I, da Lei 13.019/2014, entendemos que a possibilidade de participação em rede deve constar expressamente do instrumento convocatório a partir da aplicação analógica do entendimento consagrado para participação de consórcios empresariais nas licitações e o risco de restrição à competitividade.

k) **Transparência, participação social, prestação de contas e _accountability_:** com o intuito de garantir maior transparência, a Administração deverá manter, em seu sítio oficial na internet, a relação das parcerias celebradas e dos respectivos planos de trabalho, até 180 dias após o respectivo encerramento, bem como deverá divulgar os meios de representação sobre a aplicação irregular dos recursos envolvidos na parceria (arts. 10 e 12 da Lei). A administração divulgará, na forma de regulamento, nos meios públicos de comunicação por radiodifusão de sons e de sons e imagens, campanhas publicitárias e programações desenvolvidas por OSCs, mediante o emprego de recursos tecnológicos e de linguagem adequados à garantia de acessibilidade por pessoas com deficiência, sendo facultada a criação, pelo Poder Executivo federal, do Conselho Nacional de Fomento e Colaboração, de composição paritária entre representantes governamentais e organizações da sociedade civil, com a finalidade de divulgar boas práticas e de propor e apoiar políticas e ações voltadas ao fortalecimento das relações de fomento e de colaboração (arts. 14 e 15 da Lei).[270] A OSC, por sua vez, deverá divulgar na internet e em locais visíveis de suas sedes sociais e dos estabelecimentos em que exerça suas ações todas as parcerias celebradas com a Administração (art. 11 da Lei). A Lei contém normas detalhadas sobre a prestação de contas por parte da entidade privada (arts. 63 a 72 da Lei). A organização da sociedade civil é obrigada a prestar contas finais da boa e regular aplicação dos recursos recebidos no prazo de até 90 dias a partir do término da vigência da parceria ou no final de cada exercício, se a duração da parceria exceder 1 ano (art. 69 da Lei).

l) **Destino dos bens remanescentes:** os termos de colaboração e de fomento devem conter cláusula com a definição do destino dos bens remanescentes, assim considerados aqueles de natureza permanente adquiridos com recursos financeiros envolvidos na parceria, necessários à consecução do objeto, mas que a ele não se incorporam, admitindo-se a doação, ao término da parceria, quando os bens não forem necessários à continuidade do objeto pactuado (arts. 2.º, XIII; 36, _caput_ e parágrafo único;

---

[270] O art. 83 do Decreto 8.726/2016 instituiu, em âmbito federal, o Conselho Nacional de Fomento e Colaboração (Confoco), órgão colegiado paritário de natureza consultiva, integrante da estrutura do Ministério do Planejamento, Orçamento e Gestão, com a finalidade de divulgar boas práticas e de propor e apoiar políticas e ações voltadas ao fortalecimento das relações de parceria das organizações da sociedade civil com a administração pública federal.

e 42, X, da Lei). Os equipamentos e materiais permanentes adquiridos pela OSC, com recursos provenientes da celebração da parceria, serão gravados com cláusula de inalienabilidade, e a entidade parceira deverá formalizar promessa de transferência da propriedade à Administração, na hipótese de sua extinção (art. 35, § 5.º, da Lei).

m) Responsabilidade e sanções: a organização da sociedade civil possui responsabilidade exclusiva pelos encargos trabalhistas, previdenciários, fiscais e comerciais relacionados à execução do objeto da parceria, inexistindo responsabilidade solidária ou subsidiária da Administração na hipótese de inadimplemento (art. 42, XX, da Lei).[271] O descumprimento do instrumento de parceria e da legislação em vigor acarreta, após prévia defesa, as seguintes sanções administrativas: a) advertência; b) suspensão temporária da participação em chamamento público e impedimento de celebrar parceria ou contrato com órgãos e entidades da esfera de governo da Administração Pública sancionadora, por prazo não superior a dois anos; c) declaração de inidoneidade para participarem de chamamento público ou celebrar parceria ou contrato com órgãos e entidades de todas as esferas de governo, enquanto perdurarem os motivos determinantes da punição ou até que seja promovida a reabilitação perante a própria autoridade que aplicou a penalidade, que será concedida sempre que a OSC ressarcir a Administração pelos prejuízos resultantes, e após decorrido o prazo de 2 anos.[272] As sanções submetem-se ao prazo prescricional de 5 anos, contado a partir da data da apresentação da prestação de contas, que será interrompido com a edição de ato administrativo voltado à apuração da infração (art. 73, §§ 2.º e 3.º, da Lei). Ao contrário do art. 87 da Lei 8.666/1993 e do 156 da nova Lei de Licitações, a Lei 13.019/2014 não prevê a multa no rol de sanções. Da mesma forma, a nova legislação não menciona o ressarcimento integral do dano. Contudo, apesar da omissão legislativa, deve ser reconhecida a prerrogativa da Administração em buscar o ressarcimento integral do dano, para recompor o erário, sendo certo que o ressarcimento não possui caráter de sanção.[273]

---

[271] Verifica-se que, ao contrário da previsão contida no art. 121, § 2.º, da Lei 14.133/2021, a Lei 13.019/2014 não estabelece responsabilidade solidária entre o Poder Público e a pessoa jurídica de direito privado pelos encargos previdenciários.

[272] A suspensão temporária e a declaração de inidoneidade são de competência exclusiva do Ministro de Estado ou do Secretário Estadual, Distrital ou Municipal, conforme o caso, facultada a defesa do interessado no respectivo processo, no prazo de 10 dias da abertura de vista, podendo a reabilitação ser requerida após 2 anos de sua aplicação (art. 73, § 1.º, da Lei 13.019/2014). A Lei 14.133/2021, em seu art. 156, § 6.º, dispõe que a declaração de inidoneidade, no âmbito do Poder Executivo, será de competência exclusiva de ministro de Estado, de secretário estadual ou de secretário municipal e, quando aplicada por autarquia ou fundação, de competência exclusiva da autoridade máxima da entidade. De outro lado, nos Poderes Legislativo e Judiciário, no Ministério Público e na Defensoria Pública, no desempenho da função administrativa, a competência exclusiva será de autoridade de nível hierárquico equivalente às autoridades referidas anteriormente.

[273] "Apesar da imprescritibilidade da pretensão de ressarcimento ao erário ser reconhecida pelo STJ (REsp 1.089.492/RO, 1ª Turma, Rel. Min. Luiz Fux, *DJe* 18.11.2010; REsp 1.069.723/SP, 2ª Turma, Rel. Min. Humberto Martins, *DJe* 02.04.2009), o STF, em sede de repercussão geral, decidiu que 'é prescritível a ação de reparação de danos à Fazenda Pública decorrente de ilícito civil' (RE 669.069/MG, Tribunal Pleno, Rel. Min. Teori Zavascki, julgado em 03/02/2016). Quanto à não caracterização de sanção do ressarcimento ao erário, que se revela consequência necessária do prejuízo causado, vide: STJ, REsp 1.184.897/PE, Rel. Min. Herman Benjamin, *DJe* 27.04.2011".

3.10.5. Desnecessidade de licitação e o processo seletivo objetivo nas parcerias com o Terceiro Setor

O tema relativo à aplicação das regras de licitação ao Terceiro Setor deve ser abordado a partir de duas questões distintas: a) formalização da parceria (contrato de gestão e termo de parceria); e b) utilização de recursos públicos nas contratações realizadas pelas entidades do Terceiro Setor com terceiros. A primeira questão será apresentada no presente tópico e a segunda questão no tópico seguinte.

Existe discussão doutrinária sobre a eventual obrigatoriedade de licitação para escolha da entidade do Terceiro Setor ("OS", "OSCIP", "OSC" etc.) que formalizará o instrumento jurídico de parceria com a Administração Pública (contrato de gestão, termo de parceria, termo de colaboração, termo de fomento etc.). Sobre o tema, é possível apontar dois entendimentos:

1.º **entendimento:** obrigatoriedade de licitação. Nesse sentido: Marçal Justen Filho.[274]

2.º **entendimento:** inaplicabilidade da licitação, uma vez que os instrumentos jurídicos de parceria celebrados com as entidades do Terceiro Setor são ajustes caracterizados pela busca de interesses comuns dos partícipes, sendo certo que a regra da licitação é direcionada, tradicionalmente, aos contratos administrativos marcados pelos interesses contrapostos das partes. Nesse sentido: José dos Santos Carvalho Filho, TCU e STF.[275]

Concordamos com a segunda posição. A licitação é aplicável aos contratos administrativos que tenham por objeto obras, serviços, compras e alienações, o que não alcança os ajustes com interesses convergentes e celebrados com entidades privadas sem fins lucrativos (art. 37, XXI, da CRFB e art. 2.º da Lei 14.133/2021). Dessa forma, o art. 184 da Lei 14.133/2021 determina a aplicação das normas de licitação aos convênios, acordos, ajustes e outros instrumentos congêneres apenas "no que couber" e desde que não haja disposição legal específica em sentido diverso. Ora, se os ajustes de comunhão de interesses (contratos de gestão, termos de parceria, termos de fomento, termos de colaboração etc.) e os contratos fossem sinônimos, não faria sentido a ressalva feita pelo legislador, uma vez que o tratamento jurídico seria o mesmo.

Todavia, a ausência de licitação formal não afasta a necessidade de obediência aos princípios constitucionais, notadamente a impessoalidade e a moralidade, na celebração de ajustes com entidades privadas do Terceiro Setor, motivo pelo qual a Administração Pública deve realizar procedimento administrativo prévio para a escolha da entidade que executará o ajuste. Nesse sentido, por exemplo, o art. 23 do Decreto 3.100/1999, com redação conferida pelo Decreto 7.568/2011, que regulamenta a Lei 9.790/1999, que prevê a obrigatoriedade do

---

[274] Marçal Justen Filho, ao analisar a formalização do contrato de gestão, afirma a "necessidade de prévia licitação para configurar o contrato de gestão e escolher a entidade privada que será contratada", salvo as situações de dispensa e de inexigibilidade, bem como de credenciamento (JUSTEN FILHO, Marçal. *Comentários à lei de licitações e contratos administrativos*. 9. ed. São Paulo: Dialética, 2002. p. 36). No mesmo sentido: STJ, 1.ª Turma, REsp 623.197/RS, Min. José Delgado, *DJ* 08.11.2004, p. 177.

[275] CARVALHO FILHO, José dos Santos. *Manual de direito administrativo*. 22. ed. Rio de Janeiro: Lumen Juris, 2009. p. 244-245; TCU, Plenário, Acórdão 1.006/2011, Rel. Min. Ubiratan Aguiar, 20.04.2011, *Informativo de Jurisprudência sobre Licitações e Contratos do TCU* n. 59. Quanto às Organizações Sociais, o STF decidiu que a celebração do contrato de gestão deve ser conduzida de forma pública, objetiva e impessoal (ADI 1.923/DF, Rel. Min. Luiz Fux, Tribunal Pleno, *DJe* 17.12.2015, *Informativo de Jurisprudência do STF* n. 781).

366 | LICITAÇÕES E CONTRATOS ADMINISTRATIVOS – *Rafael Carvalho Rezende Oliveira*

denominado "concurso de projetos" como forma de restringir a subjetividade na escolha da "OSCIP". Da mesma forma, os arts. 23 a 32 da Lei 13.019/2014 exigem a realização do "chamamento público" para seleção das organizações da sociedade civil que celebrarão parcerias com a Administração Pública.[276]

3.10.6. Desnecessidade de licitação e o processo seletivo objetivo nas contratações com dinheiro público pelo Terceiro Setor

Conforme destacado no item anterior, a segunda questão controvertida refere-se à necessidade de licitação para contratações realizadas por entidades do Terceiro Setor com dinheiro público. Existem três entendimentos doutrinários sobre o assunto:

1.º entendimento: desnecessidade de licitação. Seria inconstitucional a inclusão das "entidades controladas direta ou indiretamente" pela Administração Direta e Indireta no rol dos destinatários da regra da licitação (arts. 1.º, parágrafo único, e art. 1.º, II, da Lei 14.133/2021), tendo em vista a impossibilidade de interferência estatal em associações (art. 5.º, XVII, da CRFB), salvo nos casos expressamente autorizados pelo próprio texto constitucional, não sendo mencionada qualquer exceção no tocante à exigência de licitação. A Lei de Licitações não poderia ampliar o rol de destinatários da regra constitucional da licitação, que menciona apenas as entidades da Administração Pública, não incluídas as entidades privadas do Terceiro Setor. Nesse sentido, Diogo de Figueiredo Moreira Neto.[277]

2.º entendimento: necessidade de licitação para as contratações realizadas pelo Terceiro Setor, inseridas na expressão "demais entidades controladas direta ou indiretamente" pela Administração Direta, contida no art. 1.º, II, da Lei 14.133/2021. A Constituição Federal menciona as entidades da Administração como destinatárias da licitação, mas não impede a menção legal a outras pessoas que possuem vínculos formais com o Poder Público. Nesse sentido: José dos Santos Carvalho Filho.[278]

3.º entendimento: desnecessidade de licitação na forma da Lei 14.133/2021, mas obrigatoriedade de realização de procedimento simplificado, previsto pela própria entidade privada, que assegure o respeito aos princípios constitucionais (impessoalidade, moralidade etc.). Essa a exigência disposta, por exemplo, nos arts. 17 da Lei 9.637/1998 e 14 da Lei 9.790/1999, que estabelecem a necessidade de edição de regulamentos próprios, respectivamente, pela "OS" e pela "OSCIP", contendo os procedimentos que tais entidades devem adotar "para a contratação de obras e serviços, bem como para compras com emprego de recursos provenientes do Poder Público". Nesse sentido: TCU e STF.[279]

---

[276] Registre-se, ainda, a existência de regras especiais de chamamento público previstas na legislação específica, tal como ocorre com os arts. 6.º a 11 da Lei 14.903/2024 (Marco regulatório do fomento à cultura).

[277] MOREIRA NETO, Diogo de Figueiredo. Natureza jurídica dos serviços sociais autônomos. *RDA*, v. 207, p. 93, jan./mar. 1997.

[278] CARVALHO FILHO, José dos Santos. *Manual de direito administrativo*. 22. ed. Rio de Janeiro: Lumen Juris, 2009. p. 512-513.

[279] Em relação ao Sistema "S": TCU, Plenário, Decisão 907/97, Rel. Min. Lincoln Magalhães da Rocha, *DOU* 26.12.1997. Quanto às "OS" e "OSCIP": TCU, Plenário, Acórdão 1.777/2005, Rel. Min. Marcos Vinicios Vilaça, *DOU* 22.11.2005. Ao tratar das Organizações Sociais, o STF decidiu que os contratos celebrados com terceiros, com recursos públicos, devem ser conduzidos de forma pública, objetiva

Cap. 3 – TEMAS ESPECIAIS DE LICITAÇÕES E CONTRATOS ADMINISTRATIVOS | **367**

Conforme manifestação em estudo anterior sobre o tema, entendemos que a razão está com o terceiro entendimento.[280] A interpretação moderada da questão evita o engessamento das entidades privadas, que seria causado pela aplicação da Lei 14.133/2021, mas garante a observância dos princípios constitucionais por meio da exigência de procedimento simplificado e objetivo para contratações realizadas com dinheiro público repassado.

Aliás, essa solução foi consagrada na legislação especial (arts. 17 da Lei 9.637/1998 e 14 da Lei 9.790/1999). Isso porque a legislação remete às entidades, e não ao Chefe do Executivo, a atribuição para a criação de procedimentos adequados na contratação de terceiros. O chefe do Executivo, portanto, ao editar o decreto em comento, exorbitou do seu poder regulamentar na parte em que exigiu a realização de licitação, na modalidade pregão, às OS e OSCIPs.

Registre-se que o art. 80 da Lei 13.019/2014, alterado pela Lei 13.204/2015, determina que as compras e contratações que envolvam recursos financeiros provenientes de parceria poderão ser efetuadas por meio de sistema eletrônico disponibilizado pela Administração às Organizações da Sociedade Civil, aberto ao público via internet, que permita aos interessados a formulação de propostas.[281]

3.11. CONVÊNIOS ADMINISTRATIVOS

É relevante destacar, desde logo, que a expressão "convênio" envolve os seguintes ajustes (arts. 84, *caput* e parágrafo único, e 84-A da Lei 13.019/2014): a) entre entes federados ou pessoas jurídicas a eles vinculadas; e b) celebrados com entidades filantrópicas e sem fins lucrativos no âmbito do Sistema Único de Saúde.

De fato, o legislador tem substituído a tradicional nomenclatura "convênio" por nomenclaturas e regimes jurídicos específicos para determinados ajustes celebrados pela Administração Pública e entidades privadas sem fins lucrativos (exs.: contratos de gestão com as Organizações Sociais – OS; termos de parceria com as Organizações da Sociedade Civil de Interesse Público – OSCIPs; termos de colaboração, termos de fomento ou acordos de cooperação com as Organizações da Sociedade Civil – OSCs; etc.).

Tradicionalmente, a doutrina distingue os contratos e os convênios administrativos a partir de diversos critérios, com destaque para os apontados a seguir:

1) Quanto aos interesses envolvidos nos ajustes: enquanto os contratos administrativos são caracterizados pela existência de interesses contrapostos das partes (o Poder Público tem por objetivo promover o interesse público e o particular pretende auferir lucro), os convênios administrativos são caracterizados pela comunhão de interesses dos conveniados (os partícipes possuem os mesmos interesses).[282]

---

e impessoal, e nos termos do regulamento próprio a ser editado por cada entidade (ADI 1923/DF, Rel. Min. Luiz Fux, Tribunal Pleno, *DJe* 17.12.2015, *Informativo de Jurisprudência do STF* n. 781).

[280] OLIVEIRA, Rafael Carvalho Rezende. *Administração Pública, concessões e terceiro setor*. Rio de Janeiro: Lumen Juris, 2009. p. 293-297.

[281] Nas parcerias de fomento à cultura formalizadas por meio do termo de execução cultural, com fundamento no art. 15, § 1.º, da Lei 14.903/2024 (Marco regulatório do fomento à cultura), as escolhas da equipe de trabalho e de fornecedores na execução da ação cultural serão de responsabilidade do agente cultural, vedada a exigência de que nesse processo decisório sejam adotados procedimentos similares aos realizados no âmbito da Administração Pública em contratações administrativas.

[282] Nesse sentido, por exemplo: MEIRELLES, Hely Lopes. *Direito administrativo brasileiro*. 22. ed. São Paulo: Malheiros, 1997. p. 359. No mesmo sentido, vide: DI PIETRO, Maria Sylvia Zanella. *Direito*

Ressalte-se que a nomenclatura conferida ao instrumento jurídico não é fundamental para caracterização da sua natureza jurídica, mas, sim, o seu conteúdo, em razão da predominância do conteúdo dos negócios jurídicos e das intenções das partes sobre as nomenclaturas utilizadas pelas partes, na forma do art. 112 do Código Civil.

Os convênios e outros instrumentos congêneres aparecem na legislação, por vezes, com nomes distintos ("convênio", "termo de parceria", "termo de cooperação" etc.). Em determinadas hipóteses, apesar da utilização da expressão "contrato", tais instrumentos devem ser considerados verdadeiros convênios quando o objeto retratar a busca de interesses comuns ("contrato de gestão", "contrato de repasse" etc.).

2) Quanto à remuneração: nos contratos, os contratados recebem remuneração pela prestação de determinado objeto (obra, serviço etc.), e o valor, ao ingressar no patrimônio privado, deixa de ser considerado "dinheiro público", razão pela qual o contratado pode dispor livremente sobre a sua destinação. Por outro lado, nos convênios, o valor repassado pelo Poder Público ao particular continua sendo reputado "dinheiro público", que deve ser necessariamente aplicado no objeto do convênio, o que acarreta a necessidade de prestação de contas pelo particular ao Poder Público (inclusive Tribunal de Contas) para demonstrar que a verba foi utilizada para atendimento das finalidades do ajuste.[283]

3) Quanto à necessidade de licitação: a celebração de contratos pela Administração Pública depende, em regra, da realização de licitação prévia, na forma do art. 37, XXI, da CRFB e do art. 2.º da Lei 14.133/2021. Ao contrário, a formalização de convênios não depende de licitação, o que não afasta a necessidade de instauração, quando possível, de processo seletivo que assegure o tratamento impessoal entre os potenciais interessados.[284] De acordo com o disposto no art. 184 da Lei 14.133/2021, as normas de licitação são aplicadas aos referidos ajustes apenas "no que couber" e desde que não haja disposição legal específica em sentido diverso. Se os convênios (e instrumentos similares) e os contratos fossem sinônimos, não haveria justificativa para a ressalva realizada pelo legislador.

O fato de não ser aplicável a regra da licitação aos convênios não significa dizer que a sua celebração não precise observar o princípio da impessoalidade.

Nas hipóteses em que houver dois ou mais possíveis interessados na celebração do convênio, a Administração Pública deverá instaurar procedimento administrativo, com critérios

---

administrativo. 22. ed. São Paulo: Atlas, 2009. p. 336-337; CARVALHO FILHO, José dos Santos. *Manual de direito administrativo*. 22. ed. Rio de Janeiro: Lumen Juris, 2009. p. 214.

[283] Nesse sentido: DI PIETRO, Maria Sylvia Zanella. *Parcerias na administração pública*. 5. ed. São Paulo: Atlas, 2005. p. 251. É oportuno registrar que os convênios não têm por objeto, necessariamente, o repasse de valores, sendo possível a estipulação de outros objetos, como, por exemplo, a transferência de atividades de uma entidade à outra. Vide: RIGOLIN, Ivan Barbosa. *Contrato administrativo*. Belo Horizonte: Fórum, 2007. p. 132. Com fundamento na antiga Lei 8.666/1993, a Orientação Normativa/AGU 45/2014 dispunha: "O acréscimo do valor do convênio com entidades privadas sem fins lucrativos submete-se ao limite do § 1.º do art. 65 da Lei 8.666, de 1993. I – O limite deve ser aferido pelo cotejo entre o valor total original do convênio e a soma dos aportes adicionais realizados pelo concedente e pelo convenente. II – O acréscimo exige aquiescência dos partícipes e formalização por meio de aditivo. III – Se houver contrapartida, seu valor será acrescido em equivalência ao acréscimo realizado no objeto pactuado".

[284] Nesse sentido: DI PIETRO, Maria Sylvia Zanella. *Direito administrativo*. 22. ed. São Paulo: Atlas, 2009. p. 339; PEREIRA JUNIOR, Jessé Torres. *Comentários à lei das licitações e contratações da administração pública*. 7. ed. Rio de Janeiro: Renovar, 2007. p. 55.

Cap. 3 – TEMAS ESPECIAIS DE LICITAÇÕES E CONTRATOS ADMINISTRATIVOS | 369

objetivos para seleção da entidade privada, sem fins lucrativos, que será signatária do ajuste, salvo situações excepcionais devidamente justificadas. Com isso, evita-se a escolha arbitrária, motivada por situações subjetivas, que favoreça determinada entidade em detrimento de outras possíveis interessadas, o que violaria os princípios da impessoalidade e da moralidade.[285]

Não por outra razão, ao tratar de instrumentos análogos aos convênios, a legislação tem exigido a realização de procedimento seletivo para escolha impessoal das entidades privadas sem fins lucrativos (ex.: chamamento público para celebração de termo de colaboração ou de fomento com OSCs, na forma do arts. 2.º, XII, e 24 da Lei 13.019/2014).

Destarte, a realização de processo seletivo objetivo para escolha de projetos e entidades que formalizarão convênios com o Poder Público está em consonância com os princípios que regem a Administração. Apenas em hipóteses excepcionais e justificadas, o Poder Público poderá celebrar convênios diretamente com terceiros, sendo recomendável a edição de norma jurídica que consagre a exigência do processo seletivo e as respectivas exceções, com o intuito de assegurar maior segurança jurídica aos agentes públicos e aos beneficiários destes ajustes.

Não obstante a desnecessidade de licitação para formalização de convênios, o interessado deve comprovar a regularidade em relação à seguridade social, na forma do art. 195, § 3.º, da CRFB e do art. 56 da Lei 8.212/1991.

4) Quanto ao prazo: os contratos administrativos são celebrados por prazo determinado, conforme exigência contida no art. 105 da Lei 14.133/2021. Em relação aos convênios, espécies de atos administrativos complexos, admite-se que os ajustes não estabeleçam prazo determinado, não obstante seja recomendável a fixação de sua duração para fins de planejamento e controle.[286]

A cooperação associativa é uma característica dos convênios, razão pela qual os partícipes têm a liberdade de ingresso e de retirada (denúncia) a qualquer momento, sendo vedada cláusula de permanência obrigatória.[287]

Os convênios podem ser firmados entre entidades administrativas ou entre estas e entidades privadas sem fins lucrativos. Na primeira hipótese, os convênios são instrumentos de descentralização (ou desconcentração) administrativa; no segundo caso, os convênios funcionam como mecanismos de implementação do fomento, viabilizando o exercício de atividades sociais relevantes por entidades privadas.[288]

---

[285] Nesse sentido: FURTADO, Lucas Rocha. *Curso de direito administrativo*. 2. ed. Belo Horizonte: Fórum, 2010. p. 356; GARCIA, Flávio Amaral. *Licitações e contratos administrativos*. 3. ed. Rio de Janeiro: Lumen Juris, 2010. p. 229; TCU, Plenário, Acórdão 1331/08, Rel. Min. Benjamin Zymler, *DOU* 11.07.2008.

[286] Sobre a desnecessidade de prazo para os convênios, vide: RIGOLIN, Ivan Barbosa. *Contrato administrativo*. Belo Horizonte: Fórum, 2007. p. 132. No tocante ao prazo, cabe destacar, ainda, a Orientação Normativa/AGU 44/2014: "I – A vigência do convênio deverá ser dimensionada segundo o prazo previsto para o alcance das metas traçadas no plano de trabalho, não se aplicando o inciso II do art. 57 da Lei 8.666, de 1993. II – Ressalvadas as hipóteses previstas em lei, não é admitida a vigência por prazo indeterminado, devendo constar no plano de trabalho o respectivo cronograma de execução. III – É vedada a inclusão posterior de metas que não tenham relação com o objeto inicialmente pactuado".

[287] Nesse sentido: MEIRELLES, Hely Lopes. *Direito administrativo brasileiro*. 22. ed. São Paulo: Malheiros, 1997. p. 359-360; CARVALHO FILHO, José dos Santos. *Manual de direito administrativo*. 22. ed. Rio de Janeiro: Lumen Juris, 2009. p. 215.

[288] Nesse sentido: DI PIETRO, Maria Sylvia Zanella. *Parcerias na administração pública*. 5. ed. São Paulo: Atlas, 2005. p. 248.

Existem controvérsias em relação à constitucionalidade de exigência de autorização legislativa para formalização de convênios:

Primeira posição: constitucionalidade da eventual imposição de autorização legislativa para que as entidades administrativas celebrem convênios. Nesse sentido: Hely Lopes Meirelles.[289]

Segunda posição: inconstitucionalidade da exigência, tendo em vista o princípio da separação de poderes. Nesse sentido: José dos Santos Carvalho Filho, Jessé Torres Pereira Junior, Ivan Barbosa Rigolin e STF.[290]

Entendemos que a razão está com aqueles que defendem a inconstitucionalidade da previsão de lei autorizativa como condição para celebração de convênios, uma vez que a edição de atos administrativos complexos se insere no núcleo essencial da atividade administrativa, e a interferência legislativa, sem previsão expressa da Constituição, viola o princípio da separação de poderes.

De acordo com a Súmula 286 do TCU, "a pessoa jurídica de direito privado destinatária de transferências voluntárias de recursos federais feitas com vistas à consecução de uma finalidade pública responde solidariamente com seus administradores pelos danos causados ao erário na aplicação desses recursos".

Como já pontuado, o art. 184 da Lei 14.133/2021 dispõe que são aplicadas as disposições da Lei de Licitações e Contratos Administrativos, no que couber e na ausência de norma específica, aos convênios, acordos, ajustes e outros instrumentos congêneres celebrados por órgãos e entidades da Administração Pública, na forma estabelecida em regulamento do Poder Executivo federal.

A própria Lei 14.133/2021 prevê algumas normas específicas aplicadas aos referidos ajustes.

Nesse sentido, o § 2.º do art. 184, incluído pela Lei 14.770/2023, estabelece que nas alterações consensuais nas hipóteses indicadas no art. 124, II, *d* (força maior, caso fortuito, fato do príncipe ou fatos imprevisíveis ou previsíveis de consequências incalculáveis), quando o valor global inicialmente pactuado demonstrar-se insuficiente para a execução do objeto, poderão ser: a) utilizados saldos de recursos ou rendimentos de aplicação financeira; b) aportados novos recursos pelo concedente; e c) reduzidas as metas e as etapas, desde que isso não comprometa a fruição ou a funcionalidade do objeto pactuado.

Além disso, o § 3.º do art. 184, também incluído pela Lei 14.770/2023 permite a implementação de ajustes nos instrumentos celebrados com recursos de transferências voluntárias, para promover alterações em seu objeto, desde que: a) isso não importe transposição, remanejamento ou transferência de recursos de uma categoria de programação para outra ou de

---

[289]   MEIRELLES, Hely Lopes. *Direito administrativo brasileiro*. 22. ed. São Paulo: Malheiros, 1997. p. 360.

[290]   CARVALHO FILHO, José dos Santos. *Manual de direito administrativo*. 22. ed. Rio de Janeiro: Lumen Juris, 2009. p. 216; PEREIRA JUNIOR, Jessé Torres. *Comentários à lei das licitações e contratações da administração pública*. 7. ed. Rio de Janeiro: Renovar, 2007. p. 1016; RIGOLIN, Ivan Barbosa. *Contrato administrativo*. Belo Horizonte: Fórum, 2007. p. 140; STF, Tribunal Pleno, ADI 1.166/DF, Rel. Min. Ilmar Galvão, j. 05.09.2002, *DJ* 25.10.2002, p. 24; ADI 342/PR, Rel. Min. Sydney Sanches, Tribunal Pleno, j. 06.02.2003, *DJ* 11.04.2003, p. 25; ADI 1.857/SC, Rel. Min. Moreira Alves, Tribunal Pleno, j. 05.02.2003, *DJ* 07.03.2003, p. 33.

Cap. 3 – TEMAS ESPECIAIS DE LICITAÇÕES E CONTRATOS ADMINISTRATIVOS | 371

um órgão para outro; b) seja apresentada justificativa objetiva pelo convenente; e c) quando se tratar de obra, seja mantido o que foi pactuado quanto a suas características.

Por fim, a legislação institui o regime simplificado para celebração, execução, acompanhamento e prestação de contas dos convênios, contratos de repasse e instrumentos congêneres em que for parte a União, com valor global de até R$ 1.500.000,00 (um milhão e quinhentos mil reais), observando-se as seguintes exigências (art. 184-A da Lei 14.133/2021, incluído pela Lei 14.770/2023):[291] a) o plano de trabalho aprovado conterá parâmetros objetivos para caracterizar o cumprimento do objeto; b) a minuta dos instrumentos deverá ser simplificada; e c) a verificação da execução do objeto ocorrerá mediante visita de constatação da compatibilidade com o plano de trabalho.

3.12. CONVÊNIOS DE NATUREZA FINANCEIRA, CONTRATOS DE REPASSE, ACORDOS DE COOPERAÇÃO TÉCNICA E ACORDOS DE ADESÃO (DECRETO 11.531/2023)

Em âmbito federal, o Decreto 11.531/2023 regulamenta os convênios de natureza financeira, os contratos de repasse, os acordos de cooperação técnica e os acordos de adesão que são conceituados da seguinte forma:

a) **convênio**: é o instrumento que, na ausência de legislação específica, dispõe sobre a transferência de recursos financeiros provenientes do Orçamento Fiscal e da Seguridade Social da União para a execução de programas, projetos e atividades de interesse recíproco e em regime de mútua colaboração (art. 2.º, I);[292]

b) **contrato de repasse**: é o instrumento jurídico que dispõe sobre a transferência dos recursos financeiros por intermédio de instituição ou agente financeiro público federal, que atua como mandatário da União (art. 2.º, II);

c) **acordo de cooperação técnica**: é o instrumento de cooperação para a execução de ações de interesse recíproco e em regime de mútua colaboração, a título gratuito, sem transferência de recursos ou doação de bens, no qual o objeto e as condições da cooperação são ajustados de comum acordo entre as partes (art. 2.º, XIII);

---

[291] O citado regime simplificado aplica-se aos convênios, contratos de repasse e instrumentos congêneres celebrados após a publicação Lei de Licitações e Contratos Administrativos (art. 184-A, § 4.º, da Lei 14.133/2021, incluído pela Lei 14.770/2023). No regime simplificado, o acompanhamento pela concedente ou mandatária será realizado pela verificação dos boletins de medição e fotos georreferenciadas registradas pela empresa executora e pelo convenente do Transferegov e por vistorias in loco, realizadas considerando o marco de execução de 100% (cem por cento) do cronograma físico, podendo ocorrer outras vistorias, quando necessárias (art. 184-A, § 1.º, da Lei 14.133/2021, incluído pela Lei 14.770/2023).

[292] O art. 2.º, III, do Decreto 11.531/2023 define, ainda, o "convênio de receita" como "ajuste, sob regime de mútua cooperação, em que: a) órgão ou entidade da administração pública federal recebe recursos para a execução de programa estadual, distrital ou municipal; ou b) órgão ou entidade da administração pública federal integrante do Orçamento Fiscal e da Seguridade Social da União recebe recursos para a execução de programa a cargo de entidade integrante do Orçamento de Investimento da União". De acordo com o art. 4.º do citado Decreto, "os órgãos e as entidades da administração pública federal poderão celebrar convênios de receita, em regime de mútua cooperação, para a execução de programas estaduais, distritais, municipais ou a cargo de entidade da administração pública federal integrante do Orçamento de Investimento da União".

d) acordo de adesão: é o instrumento de cooperação para a execução de ações de interesse recíproco e em mútua colaboração, a título gratuito, sem transferência de recursos ou doação de bens, no qual o objeto e as condições da cooperação são previamente estabelecidos por órgão ou por entidade da Administração Pública federal (art. 2.º, XIV).

A partir dos conceitos apresentados pelo referido diploma normativo, enquanto os convênios de natureza financeira e os contratos de repasse envolvem transferências de recursos da União, os acordos de cooperação técnica e os acordos de adesão são parcerias sem transferências de recursos, o que é reforçado pelo art. 1.º do Decreto 11.531/2023.

Conforme dispõe o parágrafo único do art. 1.º do Decreto 11.531/2023, as suas normas não são aplicáveis aos termos de colaboração, aos termos de fomento e aos acordos de cooperação que são regidos pela Lei 13.019/2014 e respectivo decreto regulamentar.

Em relação aos convênios e contratos de repasse, o art. 3.º do Decreto 11.531/2023 prevê que os referidos instrumentos serão celebrados por órgãos e entidades da Administração Pública federal para transferências de recursos com órgãos e entidades da Administração Pública estadual, distrital e municipal, consórcios públicos, entidades privadas sem fins lucrativos e serviços sociais autônomos, para a execução de programas, projetos e atividades de interesse recíproco e em regime de mútua colaboração.

É vedada a celebração de convênios e de contratos de repasse nos seguintes casos (art. 5.º do Decreto 11.531/2023): a) com valores de repasse inferiores aos estabelecidos no art. 10 do Decreto (R$ 400.000,00 para execução de obras e R$ 200.000,00 para demais objetos); b) com órgãos e entidades da Administração Pública estadual, distrital e municipal cadastrados como filiais no CNPJ; c) entre órgãos e entidades da Administração Pública federal integrantes do Orçamento Fiscal e da Seguridade Social da União; d) cuja vigência se encerre no último trimestre do mandato do Chefe do Poder Executivo do ente federativo convenente ou no primeiro trimestre do mandato seguinte; e) com entidades privadas sem fins lucrativos, exceto: e.1) os serviços sociais autônomos; e.2) nas transferências do Ministério da Saúde destinadas a serviços de saúde integrantes do Sistema Único de Saúde, segundo critérios observados pelo Ministério da Saúde; f) com entidades privadas sem fins lucrativos que: f.1) tenham como dirigente:[293] agente político do Poder Executivo, Legislativo ou Judiciário ou do Ministério Público; dirigente de órgão ou de entidade da Administração Pública de qualquer esfera de governo; ou cônjuge, companheiro ou parente em linha reta, colateral ou por afinidade, até o segundo grau, daqueles referidos nos itens 1 e 2; f.2.) não comprovem experiência prévia na execução do objeto do convênio ou do contrato de repasse ou de objeto de mesma natureza; f.3) cujo corpo de dirigentes contenha pessoas que tiveram, nos últimos cinco anos, atos julgados irregulares por decisão definitiva do Tribunal de Contas da União, em decorrência das hipóteses previstas no art. 16, III, da Lei 8.443/1992; ou f.4.) que tenham, em suas relações anteriores com a União, incorrido em, ao menos, uma das seguintes condutas: omissão no dever de prestar contas; descumprimento injustificado na execução do objeto dos instrumentos; desvio de finalidade na aplicação dos recursos transferidos; ocorrência de dano ao erário; ou prática de outros atos ilícitos na execução dos instrumentos; e g) em outras hipóteses previstas na Lei de Diretrizes Orçamentárias e na legislação aplicável à matéria.

---

[293] As vedações indicadas na alínea f serão extintas no momento que a entidade privada sem fins lucrativos comprovar o saneamento da pendência ou o cumprimento da sanção correspondente (art. 5.º, parágrafo único, do Decreto 11.531/2023).

Quanto ao procedimento para celebração de convênios e contratos de repasse, os órgãos e as entidades da Administração Pública federal devem cadastrar os programas a serem executados de forma descentralizada no Transferegov.br, na forma do art. 6.º do Decreto 11.531/2023.

Realizada a divulgação do programa, o proponente manifestará o seu interesse em celebrar os convênios ou os contratos de repasse por meio do encaminhamento da proposta ou do plano de trabalho no Transferegov.br. (art. 7.º do Decreto 11.531/2023).

No momento da celebração do convênio ou do contrato de repasse, o concedente (órgão ou entidade da Administração Pública federal responsável pela transferência dos recursos financeiros) deverá empenhar o valor total previsto no cronograma de desembolso do exercício da celebração e registrar os valores programados para cada exercício subsequente, no caso de convênio ou de contrato de repasse com vigência plurianual, no Sistema Integrado de Administração Financeira do Governo Federal – Siafi, em conta contábil específica (art. 8.º do Decreto 11.531/2023).

Quanto à contrapartida, que pode ser de bens e serviços, se economicamente mensuráveis, o cálculo será realizado sobre o valor total do objeto e a contrapartida financeira será depositada na conta bancária específica do convênio ou do contrato de repasse nos prazos estabelecidos no cronograma de desembolso (art. 9.º, *caput* e § 4.º, do Decreto 11.531/2023).

Os convênios e os contratos de repasse devem possuir, no mínimo, as seguintes cláusulas (art. 11, § 3.º, do Decreto 11.531/2023): a) objeto e seus elementos característicos, em conformidade com o plano de trabalho, que integrará o termo celebrado independentemente de transcrição; b) vigência, fixada de acordo com o prazo previsto para a consecução do objeto e em função das metas estabelecidas; c) forma e metodologia de comprovação da consecução do objeto; d) descrição dos parâmetros objetivos que servirão de referência para a avaliação do cumprimento do objeto; e) obrigações dos partícipes; e f) titularidade dos bens remanescentes.

Ademais, a celebração dos referidos instrumentos depende do preenchimento das seguintes condições (art. 12 do Decreto 11.531/2023): a) cadastro do proponente atualizado no Transferegov.br; b) aprovação do plano de trabalho; c) apresentação dos documentos de que trata o art. 13 do Decreto; d) comprovação da disponibilidade da contrapartida do convenente; e) empenho da despesa pelo concedente; e f) parecer jurídico favorável do órgão jurídico do concedente ou da mandatária.

Na celebração dos convênios e contratos de repasse para a execução de obras e serviços de engenharia, o proponente deverá apresentar os seguintes documentos (art. 13, I, do Decreto 11.531/2023): a) o anteprojeto, na hipótese de ser adotado o regime de contratação integrada, ou o projeto básico, para os demais regimes de contratação; b) a comprovação do exercício pleno dos poderes inerentes à propriedade do imóvel, ressalvadas as hipóteses em que a responsabilidade pela desapropriação seja delegada ao contratado, nos termos do disposto no inciso II do § 5.º do art. 25 da Lei 14.133/2021; c) a comprovação da instauração de procedimento de licenciamento ambiental, o comprovante de dispensa do licenciamento ambiental ou a declaração de que a responsabilidade pela obtenção do licenciamento ambiental será delegada ao contratado, nos termos do disposto no inciso I do § 5.º do art. 25 da Lei nº 14.133, de 2021; e d) o plano de sustentabilidade.

Para os demais objetos, que não envolvem obras e serviços de engenharia, o proponente deverá apresentar (art. 13, II, do Decreto 11.531/2023): a) o termo de referência; b) a comprovação da instauração de procedimento de licenciamento ambiental, o comprovante de dispensa do licenciamento ambiental ou a declaração de que a responsabilidade pela obtenção do licenciamento ambiental será delegada ao contratado, nos termos do disposto no inciso I do § 5.º do art. 25 da Lei 14.133/2021; e c) o plano de sustentabilidade do equipamento a ser adquirido.

Independentemente do objeto do convênio e do contrato de repasse, os documentos poderão ser apresentados pelo proponente após a data de celebração do instrumento, desde que sejam submetidos previamente à liberação da primeira parcela dos recursos (art. 13, § 1.º, do Decreto 11.531/2023).[294]

É admitido o subconveniamento, desde que haja previsão no plano de trabalho para a execução do objeto. Nesse caso, o convenente poderá celebrar parcerias com (art. 14 do Decreto 11.531/2023):[295] a) outros entes federativos, consórcios públicos, serviços sociais autônomos ou entidades filantrópicas e sem fins lucrativos, nos termos do disposto no § 1.º do art. 199 da CRFB, por meio da celebração de convênios; e b) OSCs, observadas as disposições da Lei nº 13.019/2014.

Os convênios e os contratos de repasse poderão ser alterados mediante proposta de qualquer das partes (art. 15 do Decreto 11.531/2023).

Quanto aos bens remanescentes, a titularidade será do convenente,[296] exceto se houver disposição em contrário no convênio ou no contrato de repasse celebrado (art. 16 do Decreto 11.531/2023).

De acordo com o art. 17 do Decreto 11.531/2023, as transferências financeiras para órgãos públicos e entidades públicas e privadas decorrentes da celebração de convênios e de contratos de repasse serão feitas exclusivamente por intermédio de instituições financeiras oficiais.

Devem ser registrados no Transferegov.br os atos relativos a execução física, acompanhamento e fiscalização dos convênios ou dos contratos de repasse (art. 18 do Decreto 11.531/2023).

O art. 19 do Decreto 11.531/2023 prevê as situações de denúncia, rescisão e extinção dos convênios e contratos de repasse.

---

[294] O prazo para apresentação dos documentos será estabelecido em cláusula específica e não poderá exceder ao prazo de nove meses, contado da data de assinatura do convênio ou do contrato de repasse, admitida a prorrogação do referido prazo por até nove meses, desde que o prazo total para o cumprimento da condição suspensiva não exceda a dezoito meses e que o convenente comprove ter iniciado os procedimentos para o saneamento da referida condição suspensiva (art. 13, §§ 2.º e 3.º, do Decreto 11.531/2023). Após o cumprimento da condição suspensiva pelo convenente, o concedente ou a mandatária da União analisará a documentação encaminhada e, se for o caso, solicitará complementação, com vistas à retirada posterior da condição suspensiva (art. 13, § 4.º, do Decreto 11.531/2023). A transferência dos recursos da União não será realizada enquanto não houver a retirada da condição suspensiva pelo concedente ou pela mandatária, exceto nas hipóteses de haver a liberação de recursos para: a) a elaboração de: a.1) estudos de viabilidade técnica, econômica ou ambiental; e a.2) anteprojetos, projetos básicos ou executivos; ou b) o custeio das despesas necessárias à obtenção do licenciamento ambiental (art. 13, § 5.º, do Decreto 11.531/2023).

[295] As movimentações dos recursos das parcerias no subconveniamento serão efetuadas em conta corrente específica (art. 14, parágrafo único, do Decreto 11.531/2023).

[296] O convenente, na forma do art. 2.º, V, do Decreto 11.531/2023, é o "órgão ou entidade da administração pública estadual, distrital ou municipal, consórcio público, entidade privada sem fins lucrativos ou serviço social autônomo, com o qual a administração pública federal pactua a execução de programa, projeto, atividade, obra ou serviço de engenharia, por meio da celebração de convênio ou de contrato de repasse".

Os instrumentos jurídicos poderão ser denunciados a qualquer tempo, por desistência de qualquer um dos partícipes, hipótese em que ficarão responsáveis somente pelas obrigações e auferirão as vantagens do tempo em que participaram voluntariamente do acordo, não admitida cláusula obrigatória de permanência ou sancionadora dos denunciantes.

Admite-se a rescisão dos referidos instrumentos nos seguintes casos: a) inadimplemento de qualquer uma de suas cláusulas; b) constatação, a qualquer tempo, de falsidade ou de incorreção de informação em qualquer documento apresentado; ou c) verificação de qualquer circunstância que enseje a instauração de tomada de contas especial.

Os convênios e os contratos de repasse serão extintos quando não forem cumpridas as condições suspensivas nos prazos estabelecidos no convênio ou no contrato de repasse, desde que não tenha ocorrido repasse de recursos da União.

Nos casos de denúncia ou de rescisão do convênio ou do contrato de repasse, o convenente deverá cumprir as seguintes exigências, sob pena de instauração da tomada de contas especial (art. 19, §§ 1.º e 3.º, do Decreto 11.531/2023): a) devolver os saldos remanescentes no prazo de trinta dias, inclusive aqueles provenientes de rendimentos de aplicações no mercado financeiro; e b) apresentar a prestação de contas no prazo de sessenta dias.

Após a fixação de regras específicas para prestação de contas nos arts. 20 e 21, o Decreto 11.531/2023, em seu art. 22, trata da tomada de contas especial que será instaurada pelo concedente ou pela mandatária, após esgotadas as medidas administrativas sem a elisão do dano, quando caracterizado, no mínimo, um dos seguintes fatos: a) omissão no dever de prestar contas; b) não comprovação da regular aplicação dos recursos repassados pela União; c) ocorrência de desfalque, alcance, desvio ou desaparecimento de dinheiro, bens ou valores públicos; e d) prática de qualquer ato ilegal, ilegítimo ou antieconômico que resulte em dano ao erário.

O art. 23 do Decreto 11.531/2023, por sua vez, prevê o registro do convenente, em cadastros de inadimplência, nos seguintes casos: a) após o julgamento da tomada de contas especial ou de procedimento análogo pelo TCU, nas hipóteses de rejeição total ou parcial da prestação de contas; ou b) após a notificação do convenente e o decurso do prazo previsto no § 3.º do art. 20 do Decreto, nas hipóteses de omissão na apresentação da prestação de contas, independentemente de instauração ou de julgamento da tomada de contas especial.

Conforme já destacado, as parcerias sem transferências de recursos ou de bens materiais são formalizadas por meio de (art. 24 do Decreto 11.531/2023):[297] a) acordos de cooperação técnica: o objeto e as condições da cooperação são ajustados por acordo entre as partes e b) acordos de adesão: o objeto e as condições da cooperação são previamente estabelecidos pelo órgão ou pela entidade da Administração Pública federal responsável por determinada política pública.

Segundo o art. 25 do Decreto 11.531/2023, os acordos de cooperação técnica e os acordos de adesão poderão ser celebrados: a) entre órgãos e entidades da Administração Pública federal; b) com órgãos e entidades da Administração Pública estadual, distrital e municipal; c) com serviços sociais autônomos; e d) com consórcios públicos.

Por fim, a CGU manterá o Cadastro de Entidades Privadas sem Fins Lucrativos Impedidas – Cepim disponível no Portal da Transparência do Poder Executivo federal, com a relação das entidades privadas sem fins lucrativos impedidas de celebrar convênios, contratos de repasse, termos de parceria, termos de fomento ou termos de colaboração com a Administração Pública federal (art. 28 do Decreto 11.531/2023).

---

[297] Registre-se que as despesas relacionadas à execução da parceria não configuram transferência de recursos entre as partes (art. 24, parágrafo único, do Decreto 11.531/2023).

3.13. LICITAÇÕES INCLUSIVAS: OS IMPACTOS DO ESTATUTO DA PESSOA COM DEFICIÊNCIA (LEI 13.146/2015) NAS CONTRATAÇÕES PÚBLICAS

3.13.1. A proteção das pessoas com deficiência no Direito Administrativo

A Lei 13.146/2015, que instituiu o Estatuto da Pessoa com Deficiência, promoveu importantes alterações em diversos diplomas legislativos, inclusive no Estatuto de Licitações.

A Lei Brasileira de Inclusão da Pessoa com Deficiência (Estatuto da Pessoa com Deficiência) tem por fundamento a Convenção sobre os Direitos das Pessoas com Deficiência e seu Protocolo Facultativo, ratificados pelo Congresso Nacional por meio do Decreto Legislativo 186/2008, em conformidade com o procedimento previsto no § 3.º do art. 5.º da CRFB, e promulgados pelo Decreto 6.949/2009.

Trata-se de importante avanço na efetivação do princípio da dignidade da pessoa humana e na proteção dos direitos e das liberdades fundamentais das pessoas com deficiência, garantindo a sua inclusão social e o exercício da cidadania, na forma exigida nos arts. 1.º, III, e 23, II, da CRFB.[298]

Em relação ao Direito Administrativo, o fomento à proteção e inclusão das pessoas com deficiência tem sido crescentemente implementado, especialmente a partir do tratamento favorável garantido no âmbito dos serviços públicos, dos concursos públicos e das contratações administrativas, com o objetivo de garantir a inserção no mercado de trabalho, finalidade que foi ratificada no art. 35 do Estatuto da Pessoa com Deficiência.

No campo dos serviços públicos, por exemplo, a Lei 8.899/1994 garantiu a gratuidade (passe livre) no transporte público interestadual às pessoas com deficiência "comprovadamente carentes", tratamento favorável que foi considerado constitucional pelo STF, conforme ementa a seguir:

> Ação direta de inconstitucionalidade: Associação Brasileira das Empresas de Transporte Rodoviário Intermunicipal, Interestadual e Internacional de passageiros – Abrati. Constitucionalidade da Lei n. 8.899, de 29 de junho de 1994, que concede passe livre às pessoas portadoras de deficiência. Alegação de afronta aos princípios da ordem econômica, da isonomia, da livre iniciativa e do direito de propriedade, além de ausência de indicação de fonte de custeio (arts. 1.º, inc. IV, 5.º, inc. XXII, e 170 da Constituição da República): Improcedência. 1. A Autora, associação de classe, teve sua legitimidade para ajuizar ação direta de inconstitucionalidade reconhecida a partir do julgamento do Agravo Regimental na Ação Direta de Inconstitucionalidade n. 3.153, Rel. Min. Celso de Mello, *DJ* 09.09.2005. 2. Pertinência temática entre as finalidades da Autora e a matéria veiculada na lei questionada reconhecida. 3. **Em 30.03.2007, o Brasil assinou, na sede das Organizações das Nações Unidas, a Convenção sobre os Direitos das Pessoas com Deficiência, bem como seu Protocolo Facultativo, comprometendo-se a implementar medidas para dar efetividade ao que foi ajustado. 4. A Lei n. 8.899/1994 é parte das políticas públicas para inserir os portadores de necessidades especiais na sociedade e**

---

[298] CRFB: "Art. 1.º A República Federativa do Brasil, formada pela união indissolúvel dos Estados e Municípios e do Distrito Federal, constitui-se em Estado Democrático de Direito e tem como fundamentos: [...] III – a dignidade da pessoa humana; [...] Art. 23. É competência comum da União, dos Estados, do Distrito Federal e dos Municípios [...] II – cuidar da saúde e assistência pública, da proteção e garantia das pessoas portadoras de deficiência".

Cap. 3 – TEMAS ESPECIAIS DE LICITAÇÕES E CONTRATOS ADMINISTRATIVOS | 377

objetiva a igualdade de oportunidades e a humanização das relações sociais, em cumprimento aos fundamentos da República de cidadania e dignidade da pessoa humana, o que se concretiza pela definição de meios para que eles sejam alcançados. 5. Ação Direta de Inconstitucionalidade julgada improcedente (grifos nossos).[299]

No tocante aos concursos públicos, o art. 37, VIII, da CRFB exige que a lei estabeleça reserva de percentual dos cargos e empregos públicos para as pessoas com deficiência, bem como os critérios de sua admissão.[300]

Em consequência, a Lei 7.853/1989 dispõe sobre o apoio às pessoas com deficiência e sua integração social. O art. 8.º, II, da lei em comento, alterado pelo Estatuto da Pessoa com Deficiência, define como crime, punível com reclusão de um a quatro anos, além da multa: "obstar inscrição em concurso público ou acesso de alguém a qualquer cargo ou emprego público, em razão de sua deficiência".

Ao regulamentar a citada Lei, o Decreto 3.298/1999 definiu, em seu art. 4.º, as espécies de deficiência (deficiência física, deficiência auditiva, deficiência visual, deficiência mental e deficiência múltipla). É assegurado à pessoa com deficiência o direito de se inscrever em concurso público e processos seletivos para a contratação temporária, em igualdade de condições com os demais candidatos. Deverá ser reservado, no mínimo, 5% do total das vagas aos candidatos com deficiência e, caso a aplicação deste percentual resulte em número fracionado, este deverá ser elevado até o primeiro número inteiro subsequente (art. 1.º, §§ 1.º e 3.º, do Decreto 9.508/2018).[301]

Em âmbito federal, o art. 5.º, § 2.º, da Lei 8.112/1990 assegura às pessoas com deficiência o direito de inscrição em concurso público para provimento de cargo cujas atribuições sejam compatíveis com a deficiência, devendo ser reservadas "até 20% (vinte por cento) das vagas oferecidas no concurso". Assim, na Administração Federal, existe limite mínimo (5%) e máximo (20%) para reserva de vagas em concursos.

Note-se, contudo, que, em determinados casos, não será possível a reserva de vagas para deficientes, quando houver poucas vagas em aberto e não for possível alcançar os limites percentuais mínimos e máximos das vagas reservadas aos deficientes. Nesse sentido, o STF, em concurso público destinado ao preenchimento de dois cargos de serviços notariais e de registro do Distrito Federal, reconheceu a razoabilidade da inexistência de vagas reservadas aos deficientes, pois a obediência dos aludidos percentuais não levaria ao número inteiro (5% e 20% do total de duas vagas equivalem, respectivamente, a um décimo e quatro décimos de vaga). Nesse caso, o arredondamento para uma vaga geraria, ao final, a reserva de 50% das vagas disponíveis, o que não seria harmônico com o princípio da razoabilidade.[302]

---

[299] STF, Tribunal Pleno, ADIn 2.649/DF, Rel. Min. Cármen Lúcia, *DJe* 197, 17.10.2008, p. 29, *Informativo de Jurisprudência do STF* n. 505.

[300] Sobre o tema, vide: OLIVEIRA, Rafael Carvalho Rezende. *Curso de Direito Administrativo*. 3. ed. São Paulo: Método, 2015. p. 672. Registre-se que a obrigação de empregar pessoas com deficiência no setor público foi assumida pelo Brasil no art. 27, 1, g, da Convenção Internacional sobre os Direitos das Pessoas com Deficiência.

[301] Em relação às empresas estatais federais, a reserva de vagas deve respeitar o disposto no art. 93 da Lei 8.213/1991 (art. 1.º, § 2.º, do Decreto 9.508/2018).

[302] STF, Tribunal Pleno, MS 26.310/DF, Rel. Min. Marco Aurélio, *DJe* 134, 31.10.07. Os Ministros Menezes Direito e Cármen Lúcia foram vencidos, pois entendiam que, no caso, deveria ser reservada ao menos uma vaga aos deficientes.

378 LICITAÇÕES E CONTRATOS ADMINISTRATIVOS – Rafael Carvalho Rezende Oliveira

Ao lado do tratamento favorável em concursos públicos, o ordenamento jurídico igualmente consagra instrumentos de inclusão das pessoas com deficiência no mercado de trabalho por meio das contratações públicas, como será destacado no próximo tópico.

3.13.2. Licitações inclusivas e a Lei 14.133/2021

A atual Lei de Licitações e Contratos Administrativos estabelece regime jurídico que incentiva a inclusão das pessoas com deficiência no mercado de trabalho.

Inicialmente, é preciso destacar que a Lei 14.133/2021 transformou em exigência de habilitação (art. 63, IV, da Lei 14.133/2021) a tradicional margem de preferência em favor das empresas que comprovem cumprimento de reserva de cargos prevista em lei para pessoa com deficiência ou para reabilitado da Previdência Social e que atendam às regras de acessibilidade previstas na legislação.

Assim, as empresas que não cumprirem a reserva de cargos para pessoas com deficiência ou reabilitadas da Previdência Social, na forma da legislação em vigor, não poderão ser contratadas pela Administração Pública.

De acordo com o art. 92, XVII, da Lei 14.133/2021, os contratos administrativos devem conter, entre outras previsões, cláusula que disponha sobre a obrigação de o contratado cumprir as exigências de reserva de cargos prevista em lei para pessoa com deficiência e para reabilitado da Previdência Social.

É relevante notar que a exigência deve ser cumprida durante toda a execução do ajuste, sob pena de extinção do contrato e aplicação de sanções, na forma dos arts. 116 e 137, IX, da Lei 14.133/2021.

Outro exemplo que demonstra a preocupação com as licitações inclusivas é o disposto no art. 45, VI, da Lei 14.133/2021, que prevê a necessidade de implementação das normas que tratam da acessibilidade para pessoas com deficiência ou com mobilidade reduzida nas licitações de obras e serviços de engenharia.

Assim como permitia a legislação anterior (art. 24, XX, da antiga Lei 8.666/1993), a atual Lei de Licitações admite a dispensa de licitação para contratação de associação de pessoas com deficiência, sem fins lucrativos e de comprovada idoneidade, por órgão ou entidade da Administração Pública, para a prestação de serviços, desde que o preço contratado seja compatível com o praticado no mercado e os serviços contratados sejam prestados exclusivamente por pessoas com deficiência (art. 75, XIV, da Lei 14.133/2021).

3.14. LICITAÇÕES E CONTRATAÇÕES DE SOLUÇÕES INOVADORAS PELA ADMINISTRAÇÃO PÚBLICA: O REGIME JURÍDICO DA LC 182/2021

A Lei Complementar 182, de 1.º de junho de 2021, instituiu o marco legal das *startups* e do empreendedorismo inovador, bem como promoveu alterações na Lei 6.404/1976 e na LC 123/2006.

É preciso destacar, desde logo, que a roupagem de lei complementar foi justificada pelas alterações promovidas na LC 123/2006 (Estatuto Nacional da Microempresa e da Empresa de Pequeno Porte), em razão do disposto nos arts. 146, III, *d*, 170, IX, e 179 da CRFB, uma vez que os demais conteúdos poderiam ser tratados por meio de lei ordinária.

Nesse ponto, os dispositivos que tratam dos temas não submetidos à reserva de lei complementar possuem *status* de normas ordinárias e podem ser alterados, no futuro, por mera lei ordinária.

Aos dispositivos da LC 182/2021, na forma do seu art. 1.º, parágrafo único, a) estabelecem os princípios e as diretrizes para a atuação da Administração Pública no âmbito da União, dos Estados, do Distrito Federal e dos Municípios; b) apresentam medidas de fomento ao ambiente de negócios e ao aumento da oferta de capital para investimento em empreendedorismo inovador; e c) disciplinam a licitação e a contratação de soluções inovadoras pela Administração Pública.

Além disso, o referido diploma legal é apoiado nos seguintes princípios e diretrizes (art. 3.º da LC 182/2021): a) reconhecimento do empreendedorismo inovador como vetor de desenvolvimento econômico, social e ambiental; b) incentivo à constituição de ambientes favoráveis ao empreendedorismo inovador, com valorização da segurança jurídica e da liberdade contratual como premissas para a promoção do investimento e do aumento da oferta de capital direcionado a iniciativas inovadoras; c) importância das empresas como agentes centrais do impulso inovador em contexto de livre mercado; d) modernização do ambiente de negócios brasileiro, à luz dos modelos de negócios emergentes; e) fomento ao empreendedorismo inovador como meio de promoção da produtividade e da competitividade da economia brasileira e de geração de postos de trabalho qualificados; f) aperfeiçoamento das políticas públicas e dos instrumentos de fomento ao empreendedorismo inovador; g) promoção da cooperação e da interação entre os entes públicos, entre os setores público e privado e entre empresas, como relações fundamentais para a conformação de ecossistema de empreendedorismo inovador efetivo; h) incentivo à contratação, pela Administração Pública, de soluções inovadoras elaboradas ou desenvolvidas por *startups*, reconhecidos o papel do Estado no fomento à inovação e as potenciais oportunidades de economicidade, de benefício e de solução de problemas públicos com soluções inovadoras; e i) promoção da competitividade das empresas brasileiras e da internacionalização e da atração de investimentos estrangeiros.

O art. 4.º da LC 182/2021 enquadra no conceito de *startups* as organizações empresariais ou societárias, nascentes ou em operação recente, cuja atuação caracteriza-se pela inovação aplicada a modelo de negócios ou a produtos ou serviços ofertados.

O tratamento especial de fomento de *startup*, fixado na LC 182/2021, será conferido ao empresário individual, empresa individual de responsabilidade limitada, sociedades empresárias, sociedades cooperativas e sociedades simples: a) com receita bruta de até R$ 16.000.000,00 (dezesseis milhões de reais) no ano-calendário anterior ou de R$ 1.333.334,00 (um milhão, trezentos e trinta e três mil, trezentos e trinta e quatro reais) multiplicado pelo número de meses de atividade no ano-calendário anterior, quando inferior a 12 meses, independentemente da forma societária adotada; b) com até 10 anos de inscrição no Cadastro Nacional da Pessoa Jurídica (CNPJ) da Secretaria Especial da Receita Federal do Brasil do Ministério da Economia; e c) que atendam a um dos seguintes requisitos, no mínimo: c.1) declaração em seu ato constitutivo ou alterador e utilização de modelos de negócios inovadores para a geração de produtos ou serviços, nos termos do art. 2.º, IV, da Lei 10.973/2004; ou c.2) enquadramento no regime especial Inova Simples, nos termos do art. 65-A da LC 123/2006.

As *startups* poderão admitir aporte de capital por pessoa física ou jurídica, que poderá resultar ou não em participação no capital social da *startup*, a depender da modalidade de investimento escolhida pelas partes (art. 5.º da LC 182/2021).

O art. 5.º, § 1.º, da LC 182/2021 informa que os aportes não integram o capital social da empresa quando realizados pelos seguintes instrumentos: a) contrato de opção de subscrição de ações ou de quotas celebrado entre o investidor e a empresa; b) contrato de opção de compra de ações ou de quotas celebrado entre o investidor e os acionistas ou sócios da empresa; c) debênture conversível emitida pela empresa nos termos da Lei 6.404/1976; d) contrato de mútuo conversível em participação societária celebrado entre o investidor e a empresa; e) estruturação de sociedade em conta de participação celebrada entre o investidor e a empresa; f) contrato de investimento-anjo na forma da Lei Complementar 123/2006;[303] g) outros instrumentos de aporte de capital em que o investidor, pessoa física ou jurídica, não integre formalmente o quadro de sócios da *startup* e/ou não tenha subscrito qualquer participação representativa do capital social da empresa.

Conforme estabelecido no art. 8.º da LC 182/2021, o investidor que realizar o aporte de capital, nos moldes do art. 5.º, a) não será considerado sócio ou acionista nem possuirá direito a gerência ou a voto na administração da empresa, conforme pactuação contratual; e b) não responderá por qualquer dívida da empresa, inclusive em recuperação judicial, e a ele não se estenderá o disposto no art. 50 do Código Civil, no art. 855-A da CLT, nos arts. 124, 134 e 135 do Código Tributário Nacional, e outras disposições atinentes à desconsideração da personalidade jurídica existentes na legislação vigente.[304]

O art. 9.º da LC 182/2021 dispõe que as empresas que possuem obrigações de investimento em pesquisa, desenvolvimento e inovação, decorrentes de outorgas ou de delegações firmadas por meio de agências reguladoras, ficam autorizadas a cumprir seus compromissos com aporte de recursos em *startups* por meio de: a) fundos patrimoniais de que trata a Lei 13.800/2019, destinados à inovação, na forma do regulamento; b) Fundos de Investimento em Participações (FIP), autorizados pela CVM, nas categorias: capital semente, empresas emergentes e empresas com produção econômica intensiva em pesquisa, desenvolvimento e inovação; e c) investimentos em programas, em editais ou em concursos destinados a financiamento, a aceleração e a escalabilidade de *startups*, gerenciados por instituições públicas, tais como empresas públicas direcionadas ao desenvolvimento de pesquisa, inovação e novas tecnologias, fundações universitárias, entidades paraestatais e bancos de fomento que tenham como finalidade o desenvolvimento de empresas de base tecnológica, de ecossistemas empreendedores e de estímulo à inovação.

É permitida a instituição de programas de ambiente regulatório experimental (ou experimentalismo regulatório).

Trata-se do *sandbox* (caixa de areia, na tradução literal) regulatório que representa a instituição de nova regulação em ambiente delimitado, no tempo e/ou no espaço, permitindo a análise controlada dos custos e dos benefícios do experimento público.[305]

O *sandbox* regulatório é o conjunto de condições especiais simplificadas para que as pessoas jurídicas participantes possam receber autorização temporária dos órgãos ou das entidades com competência de regulamentação setorial para desenvolver modelos de negócios inovadores e testar técnicas e tecnologias experimentais, mediante o cumprimento de critérios e de limites previamente estabelecidos pelo órgão ou entidade reguladora e por meio de procedimento facilitado (art. 2.º, II, da LC 182/2021).

Na forma autorizada pelo art. 11 da LC 182/2021, os órgãos e as entidades da Administração Pública com competência de regulamentação setorial poderão, individualmente ou em

---

[303] Quanto ao investidor-anjo, o art. 2.º, I, da LC 182/2021 considera aquele "que não é considerado sócio nem tem qualquer direito a gerência ou a voto na administração da empresa, não responde por qualquer obrigação da empresa e é remunerado por seus aportes".

[304] As disposições indicadas na alínea b não se aplicam às hipóteses de dolo, de fraude ou de simulação com o envolvimento do investidor (art. 8.º, parágrafo único, da LC 182/2021).

[305] Alguns fazem a analogia entre o *sandbox* e os parquinhos de diversão, onde se pode experimentar sob o olhar de terceiros (nos parquinhos, os adultos; na regulação; o Estado Regulador).

Cap. 3 – TEMAS ESPECIAIS DE LICITAÇÕES E CONTRATOS ADMINISTRATIVOS | **381**

colaboração, no âmbito de programas de ambiente regulatório experimental (*sandbox* regulatório), afastar a incidência de normas sob sua competência em relação à entidade regulada ou aos grupos de entidades reguladas.[306]

Merece destaque o regime jurídico especial estabelecido pelos arts. 12 a 15 da LC 182/2021 para licitação e contratação de soluções inovadoras pela Administração Pública.

Os certames e os contratos disciplinados pela LC 182/2021 têm duas finalidades principais, quais sejam (art. 12): a) resolver demandas públicas que exijam solução inovadora com emprego de tecnologia; e b) promover a inovação no setor produtivo por meio do uso do poder de compra do Estado.

Quanto à incidência subjetiva do regime jurídico especial de licitações e contratações, verifica-se a sua aplicação à Administração Pública Direta, autarquias e fundações da União, Estados, DF e Municípios (art. 12, § 1.º).

Em relação às empresas estatais (empresas públicas, sociedades de economia mista e subsidiárias), admite-se a adoção do regime jurídico especial fixado na LC 182/2021 por meio de previsão de seus regulamentos internos, inclusive a fixação, por decisão do respectivo conselho de administração, de valores diversos daqueles indicados no § 2.º do art. 14 e no § 3.º do art. 15 (art. 12, § 2.º).

Na forma autorizada pela LC 182/2021, a Administração Pública poderá contratar pessoas físicas ou jurídicas, isoladamente ou em consórcio, para o teste de soluções inovadoras por elas desenvolvidas ou a serem desenvolvidas, com ou sem risco tecnológico, por meio de licitação na modalidade especialmente delimitada na referida legislação (art. 13).

Admite-se que o escopo da licitação seja restrito à indicação do problema a ser resolvido e dos resultados esperados pela Administração Pública, incluídos os desafios tecnológicos a serem superados, dispensada a descrição de eventual solução técnica previamente mapeada e suas especificações técnicas, e caberá aos licitantes a proposição de diferentes meios para a resolução do problema (art. 13, § 1.º).

Ora, a desnecessidade de indicação prévia da solução técnica por parte da Administração Pública é plenamente justificada pelo fato de que o objetivo da contratação é justamente obter soluções inovadoras dos licitantes.

Em verdade, nas hipóteses de problemas ou desafios administrativos, sem a existência, em princípio, de uma definição sobre o caminho a ser adotado, a Administração Pública já possuía algumas alternativas para a busca da solução, tais como o diálogo competitivo e o Procedimento de Manifestação de Interesse (PMI) previstos, respectivamente, nos arts. 32 e 82 da Lei 14.133/2021.[307] Agora, outra opção é apresentada à Administração Pública: a realização da licitação e da contratação com fundamento na LC 182/2021.

O edital da licitação será divulgado, com antecedência de, no mínimo, 30 dias corridos até a data de recebimento das propostas, (i) em sítio eletrônico oficial centralizado de divulgação de licitações ou mantido pelo ente público licitante e (ii) no *Diário Oficial* do ente federativo (art. 13, § 2.º).

---

[306] O art. 11, § 3.º, da LC 182/2021 prevê que o órgão ou a entidade administrativa disporá sobre o funcionamento do programa de ambiente regulatório experimental e estabelecerá: a) os critérios para seleção ou para qualificação do regulado; b) a duração e o alcance da suspensão da incidência das normas; e c) as normas abrangidas.

[307] Frise-se a possibilidade de realização de PMI com a participação exclusiva de *startups*, na forma do art. 81, § 4.º, da Lei 14.133/2021.

A avaliação e o julgamento das propostas são de competência da comissão especial integrada por, no mínimo, três pessoas de reputação ilibada e reconhecido conhecimento no assunto, das quais (art. 13, § 3.º): a) um será servidor público integrante do órgão para o qual o serviço está sendo contratado; e b) um deverá ser professor de instituição pública de educação superior na área relacionada ao tema da contratação.

Os critérios para julgamento das propostas deverão considerar, sem prejuízo de outros definidos no edital, os seguintes parâmetros: a) o potencial de resolução do problema pela solução proposta e, se for o caso, da provável economia para a Administração Pública; b) o grau de desenvolvimento da solução proposta; c) a viabilidade e a maturidade do modelo de negócio da solução; d) a viabilidade econômica da proposta, considerados os recursos financeiros disponíveis para a celebração dos contratos; e e) a demonstração comparativa de custo e benefício da proposta em relação às opções funcionalmente equivalentes. O preço indicado pelos proponentes para a execução do objeto será critério de julgamento somente na forma disposta nas alíneas *d* e *e* (art. 13, § 5.º).

É facultada a seleção de mais de uma proposta para a celebração do Contrato Público para Solução Inovadora (CPSI), hipótese em que caberá ao edital limitar a quantidade de propostas selecionáveis (art. 13, § 6.º).

Na linha da tendência consagrada, inclusive, na nova Lei de Licitações (Lei 14.133/2021), o julgamento antecede a fase de habilitação (art. 13, § 7.º, da LC 182/2021).

Ressalvada a exigência de documentação relativa à seguridade social, na forma do § 3.º do art. 195 da CRFB, admite-se, mediante justificativa expressa, a dispensa, total ou parcial, dos seguintes documentos (art. 13, § 8.º, da LC 182/2021): a) a documentação de habilitação de que tratam os incisos I, II e III, bem como a regularidade fiscal prevista no inciso IV do *caput* do art. 27 da Lei 8.666, de 21 de junho de 1993, correspondentes aos incisos, I, II, III e IV do art. 62 da Lei 14.133/2021; e b) a prestação de garantia para a contratação.

Ultrapassada a fase de julgamento das propostas, abre-se o caminho para negociação com os selecionados de condições econômicas mais vantajosas para a Administração e os critérios de remuneração que serão adotados (art. 13, § 9.º, da LC 182/2021).

Na hipótese de o preço ser superior à estimativa, a Administração Pública, mediante justificativa expressa, com base na demonstração comparativa entre o custo e o benefício da proposta, poderá aceitar o preço ofertado, desde que seja superior em termos de inovações, de redução do prazo de execução ou de facilidade de manutenção ou operação, limitado ao valor máximo que se propõe a pagar (art. 13, § 10).

Homologado o resultado da licitação, a Administração Pública celebrará Contrato Público para Solução Inovadora (CPSI) com as proponentes selecionadas, com vigência limitada a 12 meses, prorrogável por mais um período de até 12 meses (art. 14 da LC 182/2021).

As cláusulas necessárias do CPSI são, entre outras (art. 14, § 1.º): a) as metas a serem atingidas para que seja possível a validação do êxito da solução inovadora e a metodologia para a sua aferição; b) a forma e a periodicidade da entrega à Administração Pública de relatórios de andamento da execução contratual, que serviráo de instrumento de monitoramento, e do relatório final a ser entregue pela contratada após a conclusão da última etapa ou meta do projeto; c) a matriz de riscos entre as partes, incluídos os riscos referentes a caso fortuito, força maior, risco tecnológico, fato do príncipe e álea econômica extraordinária; d) a definição da titularidade dos direitos de propriedade intelectual das criações resultantes do CPSI; e e) a participação nos resultados de sua exploração, assegurados às partes os direitos de exploração comercial, de licenciamento e de transferência da tecnologia de que são titulares.

Cap. 3 – TEMAS ESPECIAIS DE LICITAÇÕES E CONTRATOS ADMINISTRATIVOS | 383

O valor máximo a ser pago à contratada será de R$ 1.600.000,00 (um milhão e seiscentos mil reais) por CPSI, admitindo-se a fixação de valores inferiores no edital de licitação (art. 14, § 2.º).[308] Lembre-se, mais uma vez, de que nas contratações realizadas por empresas estatais os conselhos de administração podem fixar valores diversos (maiores ou menores) daqueles indicados no § 2.º do art. 14, na forma autorizada pelo art. 12, § 2.º, da LC 182/2021).

Quanto à remuneração da contratada, deverão ser observados os seguintes critérios (art. 14, § 3.º): a) preço fixo; b) preço fixo mais remuneração variável de incentivo; c) reembolso de custos sem remuneração adicional; d) reembolso de custos mais remuneração variável de incentivo; ou e) reembolso de custos mais remuneração fixa de incentivo.

Nos casos de risco tecnológico, os pagamentos serão efetuados proporcionalmente aos trabalhos executados, de acordo com o cronograma físico-financeiro aprovado, observado o critério de remuneração previsto contratualmente (art. 14, § 4.º).

Ressalvadas as hipóteses de remunerações variáveis de incentivo vinculadas ao cumprimento das metas contratuais (contratos de desempenho), a Administração Pública deverá efetuar o pagamento conforme o critério adotado, ainda que os resultados almejados não sejam atingidos em decorrência do risco tecnológico, sem prejuízo da rescisão antecipada do contrato caso seja comprovada a inviabilidade técnica ou econômica da solução.

Se a execução do objeto contratual foi dividida em etapas, o pagamento relativo a cada etapa poderá observar critérios distintos de remuneração (art. 14, § 6.º).

Em regra, os pagamentos serão feitos após a execução dos trabalhos.

Todavia, com o intuito de garantir os meios financeiros para que a contratada implemente a etapa inicial do projeto, o edital deverá estabelecer o pagamento antecipado de uma parcela do preço anteriormente ao início da execução do objeto, mediante justificativa expressa (art. 14, § 7.º). Nesse caso, a Administração Pública deverá certificar a execução da etapa inicial e, na hipótese de inexecução injustificada, exigirá a devolução do valor antecipado ou efetuará as glosas necessárias nos pagamentos subsequentes, se houver (art. 14, § 8.º).

Além dos Contratos Públicos para Solução Inovadora (CPSI), a LC 182/2021 também disciplina os contratos de fornecimento.

De acordo com o art. 15 da LC 182/2021, após o encerramento do Contrato Público para Solução Inovadora (CPSI), a Administração Pública poderá celebrar com a mesma contratada, sem nova licitação, contrato para o fornecimento do produto, do processo ou da solução resultante do CPSI ou, se for o caso, para integração da solução à infraestrutura tecnológica ou ao processo de trabalho da Administração Pública.

Conforme já destacado, a Administração Pública pode selecionar mais de uma proposta para a celebração do CPSI, na forma autorizada pelo art. 13, § 6.º. Nesse caso, o contrato de fornecimento será firmado, mediante justificativa, com aquela cujo produto, processo ou solução atenda melhor às demandas públicas em termos de relação de custo e benefício com dimensões de qualidade e preço (art. 15, § 1.º).

O contrato de fornecimento será celebrado com prazo de até 24 meses, prorrogável por mais um período de até 24 meses (art. 15, § 2.º).

---

[308] Os referidos valores poderão ser anualmente atualizados pelo Poder Executivo federal, de acordo com o Índice Nacional de Preços ao Consumidor Amplo (IPCA) ou outro que venha a substituí-lo (art. 12, § 3.º, da LC 182/2021).

Os valores dos contratos de fornecimento não poderão ultrapassar cinco vezes o valor máximo previsto no § 2.º do art. 14 para o CPSI, incluídas as eventuais prorrogações, hipótese em que o limite poderá ser ultrapassado nos casos de reajuste de preços e dos acréscimos de que trata o § 1.º do art. 65 da antiga Lei 8.666/1993, correspondente ao art. 125 da Lei 14.133/2021 (art. 15, § 3.º, da LC 182/2021).

3.15. PROGRAMAS DE INTEGRIDADE E *COMPLIANCE* NAS CONTRATAÇÕES PÚBLICAS

No Brasil, a promulgação da Lei 12.846/2013 (Lei Anticorrupção), que dispõe sobre a responsabilização administrativa e civil de pessoas jurídicas pela prática de atos contra a Administração Pública, nacional ou estrangeira, revelou o esforço positivo no combate à corrupção e na busca de maior integridade nas relações público-privadas.

Com o objetivo de responsabilizar, de forma objetiva, as pessoas jurídicas consideradas responsáveis por atos lesivos que atentem contra o patrimônio público nacional ou estrangeiro, contra princípios da Administração Pública ou contra os compromissos internacionais assumidos pelo Brasil (art. 4.º), a lei estabelece as sanções aplicáveis, em cuja dosimetria devem ser levadas em consideração, entre outros critérios, "a existência de mecanismos e procedimentos internos de integridade, auditoria e incentivo à denúncia de irregularidades e a aplicação efetiva de códigos de ética e de conduta no âmbito da pessoa jurídica" (art. 7º, VIII).

Nesse contexto, o art. 56 do Decreto federal 11.129/2022, que regulamenta a Lei Anticorrupção, define, como programa de integridade, o "conjunto de mecanismos e procedimentos internos de integridade, auditoria e incentivo à denúncia de irregularidades e na aplicação efetiva de códigos de ética e de conduta, políticas e diretrizes, com objetivo de: I – prevenir, detectar e sanar desvios, fraudes, irregularidades e atos ilícitos praticados contra a Administração Pública, nacional ou estrangeira; e II – fomentar e manter uma cultura de integridade no ambiente organizacional".

Nesse contexto, especialmente a partir da grave crise ética descortinada pela operação "Lava Jato", intensificou-se a preocupação com a busca da maior lisura nas contratações públicas, a partir de regras que fomentem à instituição de programas de integridade e *compliance* por parte das empresas que pretendem contratar com o Poder Público.[309]

É verdade que a preocupação com a institucionalização de programas de integridade, que tem por objetivo prevenir a prática de atos de corrupção nas relações das empresas privadas com o Poder Público, já pode ser percebida em alguns diplomas legislativos, como, por exemplo: a) a Lei 12.846/2013 (Lei Anticorrupção), que prevê, como critério para fixação de sanções, a existência de mecanismos e procedimentos internos de integridade, auditoria e incentivo à denúncia de irregularidades e a aplicação efetiva de códigos de ética e de conduta no âmbito da pessoa jurídica; b) a Lei 13.303/2016 (Lei das Estatais), que exige a elaboração e a divulgação do Código de Conduta e Integridade no âmbito das empresas estatais.

---

[309] Sobre o tema: OLIVEIRA, Rafael Carvalho Rezende; ACOCELLA, Jéssica. *Governança corporativa e* compliance. 2. ed. Salvador: JusPodivm, 2021. Vide, também: OLIVEIRA, Rafael Carvalho Rezende; MARÇAL, Thaís Boia. Programas de integridade nas contratações públicas. Fonte: <http://genjuridico.com.br/2018/01/15/programas-integridade-contratacoes-publicas/>. Acesso em: 15 jan. 2018.

Cap. 3 – TEMAS ESPECIAIS DE LICITAÇÕES E CONTRATOS ADMINISTRATIVOS | 385

A partir da premissa da função regulatória das licitações públicas, parece razoável a exigência de programa de integridade efetivo por parte das empresas que pretendem participar de licitações públicas, notadamente nos casos de contratações com valores elevados.

No Estado do Rio de Janeiro, por exemplo, a Lei estadual 7.753/2017 foi pioneira ao estabelecer a necessidade de implementação de programas de *compliance* nas empresas que celebrarem negócios jurídicos públicos nos casos de valores elevados e com prazo contratual igual ou superior a 180 dias.[310]

Na sequência, além do Distrito Federal (Lei distrital 6.112/2018), outros Estados também passaram a exigir a instituição de programa de integridade nas empresas que celebrarem contratos com a respectiva Administração Pública, cabendo mencionar, exemplificativamente: Rio Grande do Sul (Lei estadual 15.228/2018); Amazonas (Lei estadual 4.730/2019); Goiás (Lei estadual 20.489/2019); e Pernambuco (Lei estadual 16.722/2019).

É possível perceber, a partir dos diplomas legais mencionados, a crescente exigência de instituição de programas de integridade das empresas que celebram negócios jurídicos com o Poder Público, o que vai ao encontro da preocupação salutar da moralização nas contratações públicas.

Não por outra razão, a Lei 14.133/2021 revela a preocupação com a integridade nas contratações públicas em diversos momentos.

Inicialmente, o art. 25, § 4.º, da Lei 14.133/2021 dispõe que, nas contratações de obras, serviços e fornecimentos de grande vulto, o edital deverá prever a obrigatoriedade de implantação de programa de integridade pelo licitante vencedor, no prazo de 6 (seis) meses, contado da celebração do contrato, conforme regulamento que disporá sobre as medidas a serem adotadas, a forma de comprovação e as penalidades pelo seu descumprimento.

De acordo com o art. 6.º, XXII, da Lei 14.133/2021 e o Decreto 12.343/2024, considera-se contrato de grande vulto aquele que possui valor superior a R$ 250.902.323,87 (duzentos e cinquenta milhões, novecentos e dois mil, trezentos e vinte e três reais e oitenta e sete centavos).

De nossa parte, sustentamos que os Estados, DF e Municípios possuem autonomia federativa para definição de valores adequados às suas respectivas realidades financeiras, especialmente pelo fato de que a fixação de valores menores implementaria, com maior intensidade, a obrigatoriedade da integridade nas relações público-privadas, conferindo maior efetividade ao princípio da moralidade.[311]

---

[310] Lei estadual 7.753/2017: "Art. 1.º Fica estabelecida a exigência do Programa de Integridade às empresas que celebrarem contrato, consórcio, convênio, concessão ou parceria público-privado com a administração pública direta, indireta e fundacional do Estado do Rio de Janeiro, cujos limites em valor sejam superiores ao da modalidade de licitação por concorrência, sendo R$ 1.500.000,00 (um milhão e quinhentos mil reais) para obras e serviços de engenharia e R$ 650.000,00 (seiscentos e cinquenta mil reais) para compras e serviços, mesmo que na forma de pregão eletrônico, e o prazo do contrato seja igual ou superior a 180 (cento e oitenta) dias." A referida norma fez expressa referência aos valores da concorrência vigentes à época da promulgação da Lei. Contudo, o Decreto 9.412/2018 atualizou os valores da concorrência.

[311] Nesse sentido, o STF considerou constitucional a norma municipal que exigiu a instituição de programa de integridade em contratações menores que aquele indicado na Lei 14.133/2021, em razão da necessidade de adaptação da exigência à realidade econômico-financeira do ente federado, com fundamento no princípio da moralidade (RE 1.410.340 AgR/SP, Rel. Min. Dias Toffoli, Segunda Turma, *DJe* 06.10.2023).

Além da obrigatoriedade de instituição de programas de integridade nas contratações de grande vulto, a Lei 14.133/2021 estabelece, em outros momentos, incentivos para instituição dos referidos programas por empresas contratadas pela Administração Pública, independentemente do valor do ajuste, cabendo destacar:

a) o desenvolvimento pelo licitante de programa de integridade, conforme orientações dos órgãos de controle, constitui critério de desempate nos certames (art. 60, IV);
b) na aplicação de sanções em razão de infrações administrativas previstas na Lei de Licitações será considerada, dentre outros critérios, a implantação ou aperfeiçoamento de programa de integridade, conforme normas e orientações dos órgãos de controle (art. 155, § 1.º, V);
c) a sanção pelas infrações previstas no art. 155, VIII (apresentação de declaração ou documentação falsa exigida para o certame ou de declaração falsa durante a licitação ou a execução do contrato) e XII (prática de ato lesivo previsto no art. 5.º da Lei Anticorrupção), exigirá, como condição de reabilitação do licitante ou contratado, a implantação ou aperfeiçoamento de programa de integridade pelo responsável (art. 163, parágrafo único).

Em relação à exigência de programa de integridade para reabilitação do licitante nos casos indicados pelo legislador, a medida constitui importante incentivo para o autossaneamento (*self-cleaning*) das empresas punidas, que deverão adotar medidas corretivas e preventivas que reduzam o risco de prática de ilícitos, para recuperarem a sua condição de potencial contratante do Poder Público.

Na Administração Pública federal, o Decreto 12.304/2024 regulamenta os arts. 25, § 4.º, 60, IV, e 163, parágrafo único, da Lei 14.133/2021, para dispor sobre os parâmetros e a avaliação dos programas de integridade, nas hipóteses de contratação de obras, serviços e fornecimentos de grande vulto, de desempate de propostas e de reabilitação de licitante ou contratado.

3.16. CONTRATAÇÕES PÚBLICAS NO ESTADO DE CALAMIDADE PÚBLICA E A LEI 14.981/2024

A inter-relação entre o direito e a realidade é inerente à regulação da vida em sociedade. Assim como a legislação pretende transformar a realidade, os fatos, invariavelmente, impactam na produção normativa. Neste contexto, a legislação reativa tem a finalidade de apresentar uma resposta normativa, com a fixação de regras gerais e abstratas, a partir de determinado fato, geralmente de impacto relevante para sociedade, economia e o meio ambiente.

No Brasil, não raras as vezes, o legislador tem sido reativo aos fatos, o que pode ser simbolizado por dois eventos trágicos recentes que motivaram a elaboração de normas jurídicas específicas de licitações e contratações públicas.

Mencione-se, inicialmente, que os desafios enfrentados pelo ordenamento jurídico para adoção de medidas urgentes em situações emergenciais e de calamidade pública já foram apresentados durante a pandemia de Covid-19, reconhecida pela Organização Mundial da Saúde (OMS) em 11 de março de 2020.

Em razão da pandemia de Covid-19 e das limitações da Lei 8.666/1993, vigente à época, foi promulgada legislação especial e temporária para instaurar quadro normativo adequado e proporcional aos desafios sem precedentes gerados pela pandemia, com a flexibilização das

Cap. 3 – TEMAS ESPECIAIS DE LICITAÇÕES E CONTRATOS ADMINISTRATIVOS | 387

amarras normativas da Lei de Licitações. Nesse contexto, a Lei 13.979/2020, alterada pela Lei 14.035/2020, fixou normas sobre as medidas emergenciais para o enfrentamento do coronavírus.

O segundo evento foi a maior tragédia climática da história do Rio Grande do Sul, ocorrida nos meses de abril e maio de 2024, que revelou a face severa das consequências das mudanças climáticas e a necessidade de adoção de medidas preventivas e reparadoras para proteger as pessoas. Aqui, de forma semelhante, mais uma vez restou demonstrada a insuficiência da Lei de Licitações, especificamente a Lei 14.133/2021, o que justificou a edição da Medida Provisória 1.221/2024, que perdeu a eficácia e foi posteriormente revogada pela Lei 14.981/2024, que flexibilizou as exigências burocráticas da Lei de Licitações e Contratos Administrativos para permitir a adoção de medidas céleres e excepcionais para contratações destinadas ao enfrentamento de impactos decorrentes de estado de calamidade pública.

É possível perceber que as duas tragédias, uma de escopo regional e a outra mundial, compartilham uma característica comum no âmbito do direito contratual público: a insuficiência do regime jurídico previsto na Lei de Licitações e Contratos Administrativos – tanto a Lei 8.666/1993, revogada no final de 2023, quanto a Lei 14.133/2021, atual diploma legal a respeito do tema.

As respostas normativas às duas tragédias reforçam a importância de avançarmos em busca de um estatuto jurídico voltado para o Direito Administrativo das emergências públicas ou o estado de necessidade administrativo, notadamente no campo das contratações públicas.

Os desafios decorrentes de catástrofes sanitárias e climáticas evidenciam a insuficiência do regime jurídico tradicional das licitações e contratações públicas para o célere atendimento do interesse público, confirmando a maior velocidade dos fatos quando comparada ao tempo da resposta normativa.

No ordenamento jurídico pátrio, as reações normativas apresentadas no combate à pandemia da Covid-19 e, mais recentemente, a tragédia climática do Rio Grande do Sul, parecem confirmar esse diagnóstico. Aliás, o regime jurídico excepcional introduzido pela Lei 14.981/2024, que revogou a MP 1.221/2024, foi significativamente influenciado pelo regime jurídico indicado na Lei 13.979/2020, alterada pela Lei 14.035/2020, elaborada à época para enfrentar os desafios gerados pela pandemia da Covid-19, revelando a insuficiência parcial dos regimes tradicionais da Lei 14.133/2021 e da revogada Lei 8.666/1993.

É provável, infelizmente, que novas catástrofes ocorram, o que reforça a necessidade de uma atuação não apenas reativa do ordenamento jurídico, mas também preventiva para lidar com tragédias de grandes proporções. Nesse cenário, a Lei 13.979/2020 e a Lei 14.981/2024 podem representar embriões de um futuro estatuto jurídico voltado para o Direito Administrativo das emergências públicas ou o estado de necessidade administrativo, especialmente no campo das contratações públicas. Nesse contexto, destaca-se a relevância do regime jurídico especial instituído pela Lei 14.981/2024.

3.16.1. Direito Administrativo das catástrofes e estado de necessidade administrativo

As catástrofes sanitárias e climáticas, notadamente a pandemia da Covid-19, entre 2020 e 2023, e as enchentes e alagamentos no Rio Grande do Sul em 2024, expuseram a insuficiência do Direito Administrativo brasileiro para gerir tragédias de grandes proporções.

Tradicionalmente, além das medidas excepcionais que podem ser adotadas na eventual decretação do estado de defesa (art. 136 da CRFB) ou do estado de sítio (arts. 137 a 139 da CRFB), é possível encontrar no texto constitucional diversos dispositivos relacionados ao Direito

Administrativo voltados para o tratamento de medidas urgentes, tais como: a) desapropriação por necessidade pública (art. 5.º, XXIV, da CRFB e DL 3.365/1941); b) requisição de bens no caso de iminente perigo público (art. 5.º, XXV, da CRFB); c) contratação temporária de servidores públicos, sem concurso público, para atender a necessidade temporária de excepcional interesse público (art. 37, IX, da CRFB); d) contratação direta, com dispensa de licitação, de empresas para prestação de serviços, fornecimento de bens e execução de obras, nos casos de guerra ou grave perturbação da ordem, bem como nos casos de emergência ou de calamidade pública, quando houver risco de prejuízo ou comprometimento à segurança de pessoas, obras, serviços, equipamentos e outros bens, públicos ou particulares (art. 75, VIII, da Lei 14.133/2021) etc.

Apesar de o Direito Administrativo oferecer ferramentas para lidar com situações emergenciais, percebe-se que não havia soluções adequadas para superar de forma rápida e eficiente os desafios gerados por catástrofes de grande escala, que demandam soluções mais flexíveis e céleres do que aquelas previstas na ordem jurídica vigente, mesmo considerando as normas direcionadas a emergências.

Não por outra razão, revelou-se necessária a instituição de um regime jurídico excepcional para responder, de forma adequada, às necessidades apresentadas pela Covid-19 e pela recente tragédia do Rio de Grande do Sul, com a elaboração, respectivamente, da Lei 13.979/2020, alterada pela Lei 14.035/2020, e da Lei 14.981/2024, que serão destacadas nos próximos tópicos do artigo.

É possível perceber, portanto, que o ordenamento jurídico pátrio é repleto de normas esparsas que, em alguma medida, estabelecem medidas jurídicas a serem adotadas em situações emergenciais e excepcionais. Em contextos de anormalidade, o próprio ordenamento jurídico reconhece medidas excepcionais (legalidade extraordinária) para atender ao interesse público.

Não há, contudo, um diploma legal que discipline, de forma concentrada, as referidas medidas excepcionais no âmbito do denominado "Direito Administrativo das catástrofes" que englobe os diversos tipos de atuação estatal, como o exercício do poder de polícia, a contratação de fornecedores, a contratação de servidores etc. Igualmente, com raras exceções, inexistem normas e estudos doutrinários a respeito do denominado "estado de necessidade administrativo",[312] ao contrário do que ocorre em outros países.[313] Em razão das circunstâncias fáticas

---

[312] Sobre o tema, *vide*: OLIVEIRA, Rafael Carvalho Rezende. Estado de necessidade administrativo e poder de polícia: o caso do novo coronavírus. *Revista Brasileira de Direito Público*, Belo Horizonte, ano 18, n. 68, p. 9-23, jan./mar. 2020. De acordo com Gustavo Binenbojm, o estado de necessidade administrativo é uma tentativa de "preservar um elo, ainda que tênue, entre o poder e o direito em situações de grave perturbação da normalidade". BINENBOJM, Gustavo. *Poder de polícia, ordenação, regulação*. Belo Horizonte: Fórum, 2016, p. 151.

[313] Em Portugal, o estado de necessidade não é reconhecido apenas pela doutrina, mas, também, é consagrado no art. 3.º, 2, do Código do Procedimento Administrativo que dispõe: "Os atos administrativos praticados em estado de necessidade, com preterição das regras estabelecidas no presente Código, são válidos, desde que os seus resultados não pudessem ter sido alcançados de outro modo, mas os lesados têm o direito de ser indemnizados nos termos gerais da responsabilidade da Administração". De acordo com José Manuel Sérvulo Correia, o "estado de necessidade" no Direito Administrativo constitui princípio geral de direito que condiciona a atuação administrativa em situações de vida caracterizadas pela anormalidade, devendo preencher os seguintes pressupostos: (i) perigo iminente e atual: risco de lesão ou ofensa, com caráter de urgência "que, tratando-se de situação de evolução rápida, só uma intervenção célere poderá ser eficaz na prevenção dos efeitos danosos"; (ii) interesse público essencial: essencialidade do interesse público tutelado que justifique a inaplicabilidade da "legalidade ordinária"; (iii)

Cap. 3 – TEMAS ESPECIAIS DE LICITAÇÕES E CONTRATOS ADMINISTRATIVOS | 389

excepcionais, que demandam atuações estatais urgentes, admite-se, no estado de necessidade administrativo, a preterição das regras ordinariamente aplicadas à Administração Pública, abrindo caminho para aplicação de uma legalidade excepcional ou alternativa.[314]

Nas situações de estado de necessidade, a visão rígida e tradicional sobre o princípio da legalidade, segundo a qual a Administração Pública somente poderia atuar se autorizada pela lei, sem qualquer margem de inovação – um tema bastante controvertido na doutrina –, sofre mitigações para viabilizar atuações administrativas normativas (regulamentos de necessidade) ou concretas caracterizadas como urgentes, excepcionais, temporárias e proporcionais.[315]

É verdade que o reconhecimento do estado de necessidade não depende, necessariamente, de sua normatização, mas a sua previsão no ordenamento jurídico teria o mérito de garantir, de forma explícita, os parâmetros (não exaustivos) para atuações administrativas em situações excepcionais. A elaboração de um estatuto jurídico das catástrofes teria o condão de garantir mecanismos flexíveis e céleres para aplicação em situações trágicas, com repercussões coletivas relevantes e anormais, com grave risco à vida e à saúde das pessoas.

No âmbito das licitações e contratações públicas, os dispositivos legais que permitem contratações mais céleres em situações emergenciais e de calamidade pública não foram modelados para situações de catástrofes de grandes proporções. Nesse contexto, o art. 75, VIII, da Lei 14.133/2021, ainda que permita contratações emergenciais por até um ano, ampliando o prazo previsto no art. 24, IV, da revogada Lei 8.666/1993, revelou-se insuficiente para lidar com as catástrofes da Covid-19 e da tragédia climática do Rio Grande do Sul. O referido dispositivo legal da atual Lei de Licitações e Contratos Administrativos talvez seja adequado para permitir contratações mais flexíveis e céleres nas situações emergenciais que ocorrem com alguma frequência na rotina da Administração Pública, seja nas emergências produzidas por eventos naturais restritos à área geográfica reduzida, seja nas emergências ocasionadas pela desídia de

---

circunstância excepcional: realidade social anormal, revestida "de características cuja raridade não tenha permitido a sua previsão para efeito de, através de uma regra excepcional, prevenir os graves inconvenientes da sujeição à regra geral"; (iv) não provocada pelo agente: a situação de anormalidade não pode ter sido provocada pelo agente, tendo em vista o princípio da boa-fé; e (v) adequação da inaplicabilidade da regra estabelecida: juízo sobre a instrumentalidade do afastamento das regras estabelecidas para afastamento ou atenuação do perigo iminente e atual, com o atendimento do interesse público essencial.

[314] Ao tratar do tema, Paulo Otero sustenta que o estado de necessidade administrativo funciona como verdadeira causa de exclusão da ilicitude de uma atuação administrativa *contra legem*, tendo em vista que a atuação será submetida a uma "legalidade alternativa". Segundo o autor, a natureza *contra legem* da atividade administrativa relaciona-se com o seu "confronto face à legalidade jurídico-positiva que normalmente rege a Administração Pública, sabendo-se, no entanto, que a mesma é substituída, desde que se verifiquem os pressupostos do estado de necessidade administrativa, por uma legalidade excepcional". OTERO, Paulo. *Legalidade e administração pública*: o sentido da vinculação administrativa à juridicidade. Coimbra: Almedina, 2003, p. 998.

[315] Sobre os regulamentos de necessidade e a releitura do princípio da legalidade administrativa, *vide*: OLIVEIRA, Rafael Carvalho Rezende. *A constitucionalização do direito administrativo*: o princípio da juridicidade, a releitura da legalidade administrativa e a legitimidade das agências reguladoras. 2. ed. Rio de Janeiro: Lumen Juris, 2010, p. 62. Segundo, Juan Carlos Cassagne, a admissibilidade desses regulamentos, que não se encontram previstos expressamente no texto constitucional, é fundamentada pelo princípio da subsistência e continuidade do Estado. CASSAGNE, Juan Carlos. Sobre la fundamentación y los límites de la potestad reglamentaria de necesidad y urgencia en el derecho argentino. In: *Revista Española de Derecho Administrativo*, n. 73, p. 17/28, Madrid: Civitas, 1992.

agentes públicos que deixam de realizar licitações ou prorrogações contratuais nos momentos adequados, ocasionando a necessidade de contratação emergencial.

Contudo, assim como o art. 24, IV, da revogada Lei 8.666/1993 foi insuficiente para regular as necessidades durante a pandemia da Covid-19, o art. 75, VIII, da Lei 14.133/2021 revelou-se insuficiente para viabilizar, de forma adequada, contratações urgentes nas inundações e enchentes na tragédia do Rio Grande do Sul em 2024. A complexidade das situações concretas pode revelar diferentes níveis de intensidade de urgência ou de calamidade, sugerindo a viabilidade de instituição de graus diversos de flexibilização das formalidades burocráticas nas contratações públicas, abrindo-se o caminho para maior desburocratização e celeridade nas contratações públicas em períodos de catástrofes.

Não por outra razão, tornou-se necessária a instituição de regime jurídico excepcional para responder adequadamente às necessidades apresentadas pela Covid-19 e pela tragédia do Rio de Grande do Sul, com a elaboração, respectivamente, da Lei 13.979/2020, alterada pela Lei 14.035/2020, e da Lei 14.981/2024, que serão abordadas a seguir.

3.16.2. Visão geral da Lei 14.981/2024 e as medidas excepcionais para contratações administrativas decorrentes de estado de calamidade pública

Conforme já salientado, a legislação em vigor revelou-se insuficiente para o enfrentamento dos desafios ocasionados por catástrofes de grandes proporções.

De forma reativa, a Lei 14.981/2024, que dispõe sobre as medidas excepcionais para contratação de bens, obras e serviços, inclusive de engenharia, destinados ao enfrentamento de impactos decorrentes de estado de calamidade pública, representa uma resposta normativa à tragédia do Rio Grande do Sul. Importante destacar, contudo, que a Lei 14.981/2024 possui aplicação nacional e não se limita a dispor sobre medidas urgentes no âmbito da tragédia gaúcha, revelando que, ao lado do caráter reativo, o citado ato normativo possui, também, caráter preventivo, uma vez que pretende dispor de regime jurídico excepcional a ser aplicado em futuras catástrofes enquadradas como "estado de calamidade". Ademais, o regime jurídico excepcional contido na Lei 14.981/2024 não se limita à dispensa da licitação, abrangendo, também, a fase preparatória da licitação, o procedimento auxiliar do registro de preços e a etapa de execução contratual.

De acordo com o art. 2.º da Lei 14.981/2024, a Administração Pública pode: a) dispensar a licitação para a aquisição de bens, a contratação de obras e de serviços, inclusive de engenharia, observado o disposto no Capítulo III da citada Lei; b) reduzir pela metade os prazos mínimos de que tratam o art. 55 e o § 3.º do art. 75 da Lei 14.133/2021, para a apresentação das propostas e dos lances, nas licitações ou nas contratações diretas com disputa eletrônica; c) prorrogar contratos para além dos prazos estabelecidos na Lei 8.666/1993 e na Lei 14.133/2021, por, no máximo, doze meses, contados da data de encerramento do contrato; d) firmar contrato verbal, nos termos do disposto no § 2.º do art. 95 da Lei 14.133/2021, desde que o seu valor não seja superior a R$ 100.000,00 (cem mil reais), nas hipóteses cuja urgência não permita a formalização do instrumento contratual; e e) adotar o regime especial previsto no Capítulo IV da referida Lei para a realização de registro de preços. É relevante notar que o regime jurídico especial instituído pela Lei 14.981/2024 não impede a aplicação do disposto na Lei 14.133/2021, naquilo que não lhe for contrário, em conformidade com o art. 23 daquela Lei.

As medidas excepcionais introduzidas pela Lei 14.981/2024, que serão detalhadas nos tópicos seguintes, foram inspiradas, em grande medida, no regime jurídico excepcional e temporário previsto na Lei 13.979/2020, alterada pela Lei 14.035/2020, para o enfrentamento da Covid-19.

Cap. 3 – TEMAS ESPECIAIS DE LICITAÇÕES E CONTRATOS ADMINISTRATIVOS | 391

3.16.2.1. A exigência de declaração do estado de calamidade pública e a competência da sua decretação: necessidade de interpretação conforme a Constituição para prestigiar a autonomia dos Municípios

Inicialmente, a Lei 14.981/2024 dispõe sobre medidas excepcionais para contratação de bens, obras e serviços, inclusive de engenharia, destinados ao enfrentamento de impactos decorrentes de estado de calamidade pública, além de outras providências.

Verifica-se, desde logo, que a adoção das medidas excepcionais indicadas no referido diploma legal pressupõe o "estado de calamidade pública", revelando-se insuficiente a caracterização da situação emergencial para acionamento do regime jurídico especial.

A distinção entre estado de calamidade pública e situações emergenciais não é simples, muito menos consensual. Nesse ponto, o art. 75, VIII, da Lei 14.133/2021 parece permitir a citada distinção quando estabelece a possibilidade de contratação direta, sem licitação, "nos casos de emergência ou de calamidade pública".[316] No entanto, dentro do contexto de aplicação do art. 75, VIII, da Lei 14.133/2021, o efeito é semelhante, uma vez que abre a possibilidade de contratação (emergencial em sentido amplo) sem licitação para "atendimento de situação que possa ocasionar prejuízo ou comprometer a continuidade dos serviços públicos ou a segurança de pessoas, obras, serviços, equipamentos e outros bens, públicos ou particulares" pelo prazo máximo de 1 (um) ano, contado da data de ocorrência da emergência ou da calamidade, vedadas a prorrogação dos respectivos contratos e a recontratação de empresa anteriormente contratada com base no referido disposto legal.[317]

Ao contrário do que ocorre na contratação emergencial, a contratação por dispensa de licitação na hipótese de calamidade pública dependeria da sua decretação formal pelo chefe do Executivo, em situações de graves danos, tais como aqueles ocorridos em situações de catástrofes com danos de maior proporção, tal como ocorreu com a declaração de calamidade, em razão da Covid-19, por meio do Decreto Legislativo 6, de 20 de março de 2020.

Nesse contexto, a aplicação das medidas excepcionais previstas na Lei 14.981/2024 depende do preenchimento das seguintes condições (art. 1.º, § 1.º): a) declaração ou reconhecimento do estado de calamidade pública pelo chefe do Poder Executivo do Estado ou do Distrito Federal ou pelo Poder Executivo federal, nos termos do disposto na Lei 12.608/2012 e na LC 101/2000 (LRF); e b) ato específico do Poder Executivo federal ou do chefe do Poder Executivo do Estado ou do Distrito Federal, com a autorização para aplicação das medidas excepcionais e a indicação do prazo dessa autorização.[318] Cabe notar que o regime jurídico previsto na Lei 14.981/2024 somente poderá ser aplicado nas situações em que a decretação do estado de

---

[316] Sobre a distinção entre emergência e calamidade pública, *vide* item 1.10.2.13.

[317] O STF, ao julgar a constitucionalidade do art. 75, VIII, da Lei 14.133/2021, decidiu: "1. É constitucional a vedação à recontratação de empresa contratada diretamente por dispensa de licitação nos casos de emergência ou calamidade pública, prevista no inciso VIII do art. 75 da Lei 14.133/2021. 2. A vedação incide na recontratação fundada na mesma situação emergencial ou calamitosa que extrapole o prazo máximo legal de 1 (um) ano, e não impede que a empresa participe de eventual licitação substitutiva à dispensa de licitação ou seja contratada diretamente por fundamento diverso previsto em lei, inclusive outra emergência ou calamidade pública, sem prejuízo do controle por abusos ou ilegalidades verificados na aplicação da norma" (STF, ADI 6.890/DF, Rel. Min. Cristiano Zanin, Tribunal Pleno, *DJe* 18.09.2024).

[318] De acordo com o § 4.º do art. 1.º da Lei 14.981/2024, cabe ao regulamento dispor sobre o procedimento para a edição do ato autorizativo específico de que trata o inciso II do § 1.º pelo Poder Executivo federal.

calamidade pública ocorra após a edição da citada lei. No tocante ao Estado do Rio Grande do Sul, o art. 24 da Lei 14.981/2024 prevê que as medidas excepcionais poderão ser adotadas no prazo previsto no Decreto Legislativo 36, de 7 de maio de 2024, dispensada a edição dos atos previstos no § 1.º do art. 1.º da referida lei.[319]

É possível perceber que a aplicação do regime jurídico especial e excepcional previsto na Lei 14.981/2024 depende da atuação do chefe do Poder Executivo que deve (i) declarar ou reconhecer o estado de calamidade pública e (ii) autorizar, por meio de ato específico e prazo determinado, a adoção das respectivas medidas excepcionais. Ocorre que o art. 1.º, § 1.º, da Lei 14.981/2024 determina que as declarações, reconhecimentos e autorizações sejam emitidas pelo "chefe do Poder Executivo do Estado ou do Distrito Federal ou pelo Poder Executivo federal", sem mencionar explicitamente o chefe do Poder Executivo do Município. Isso sugere uma limitação na capacidade dos Municípios de agir independentemente em tais situações, potencialmente dificultando a resposta rápida em cenários locais de calamidade.

A partir da literalidade do dispositivo normativo em comento, em situações de calamidade pública envolvendo os Municípios, a declaração ou o reconhecimento do estado de calamidade e a autorização para adoção de medidas excepcionais não seriam responsabilidade dos respectivos prefeitos, mas sim dos chefes dos Poderes Executivos estaduais ou federal. Nesse ponto, entendemos que o art. 1.º, § 1.º, da Lei 14.981/2024 deve ser interpretado em conformidade com a Constituição Federal para abranger a possibilidade de decretação ou reconhecimento do estado de calamidade pública, além da autorização para adoção das medidas excepcionais, pelos Municípios, por meio dos respectivos chefes do Poder Executivo, em razão da autonomia federativa estabelecida no art. 18 da CRFB. Ora, no âmbito municipal, cabe ao prefeito a gestão e a adoção das medidas executivas urgentes necessárias ao enfrentamento dos desafios gerados pela calamidade, revelando-se inconstitucional a tentativa normativa de enfraquecer a autonomia federativa municipal, com o condicionamento da adoção de regime jurídico excepcional previsto na Lei 14.981/2024 à atuação do chefe do Executivo de outro ente federativo.

Igualmente, afigura-se inconstitucional a interpretação literal do art. 1.º, § 1.º, da Lei 14.981/2024 para tentar justificar o condicionamento do regime jurídico especial à atuação dos chefes dos Executivos estaduais e federal, cabendo aos prefeitos, na ausência de decretação de estado de calamidade pública, utilizar o regime jurídico ordinário das contratações emergenciais previstas no art. 75, VIII, da Lei 14.133/2021. Isso porque as medidas excepcionais indicadas na Lei 14.981/2024 afiguram-se necessárias ao enfrentamento das graves consequências oriundas da calamidade pública que não deve ser compreendida estritamente em termos geográficos. A definição de calamidade pública deve considerar a intensidade dos riscos e dos prejuízos causados à população, independentemente do ente federado afetado. A afirmação é corroborada pelo disposto no art. 1.º, § 2.º, da Lei 14.981/2024, que, sem efetuar qualquer menção de ordem geográfica, afirma a aplicabilidade das medidas excepcionais apenas para o enfrentamento das consequências decorrentes do estado de calamidade, "quando caracterizada urgência de atendimento de situação que possa ocasionar prejuízo ou comprometer a continuidade dos serviços públicos ou a segurança de pessoas, de obras, de serviços, de equipamentos e de outros bens, públicos ou particulares".

---

[319] Em relação ao Estado do Rio Grande do Sul, cabe destacar, ainda, o art. 25 da Lei 14.981/2024 que admite a suspensão, por ato do Poder Executivo federal, dos prazos processuais e prescricionais relativos a processos administrativos sancionadores em curso no âmbito da administração pública federal, em razão do estado de calamidade pública naquele Estado, até o limite do prazo previsto no Decreto Legislativo 36/2024.

Cap. 3 – TEMAS ESPECIAIS DE LICITAÇÕES E CONTRATOS ADMINISTRATIVOS | 393

Não há qualquer razoabilidade ou proporcionalidade em diminuir a relevância de uma calamidade que se restrinja a determinado município em comparação com uma calamidade que abranja dois ou mais Municípios. Aliás, eventualmente a calamidade restrita ao âmbito de um Município pode apresentar consequências danosas para um maior número de pessoas que a calamidade incidente sobre dois ou mais Municípios, especialmente se levados em consideração o tamanho geográfico e a densidade demográfica dos Municípios envolvidos.

Assim, na situação de calamidade pública restrita aos limites geográficos de determinado Município, o ordenamento jurídico infraconstitucional não poderia afastar a autonomia do próprio Município, por meio do chefe do Poder Executivo local, decretar ou reconhecer o estado de calamidade pública e autorizar as medidas excepcionais previstas para todos os entes federados.

3.16.2.2. *Flexibilização na fase preparatória da licitação*

As contratações públicas destinadas ao enfrentamento de impactos decorrentes de estado de calamidade pública necessitam ser céleres, em razão da necessidade de atendimento urgente do interesse público, o que justifica, como já salientado, diversas flexibilizações das formalidades ordinariamente exigidas nas contratações realizadas pelo Poder Público.

No tocante à fase preparatória, o art. 3.º da Lei 14.981/2024 estabelece o seguinte tratamento jurídico: a) será dispensada a elaboração de estudos técnicos preliminares, quando se tratar de aquisição de bens e contratação de obras e serviços comuns, inclusive de engenharia;[320] b) o gerenciamento de riscos da contratação será exigível somente durante a gestão do contrato;[321] e c) será admitida a apresentação simplificada de termo de referência, de anteprojeto ou de projeto básico.[322]

Independentemente do objeto da contratação, os preços obtidos a partir da estimativa de preços não impedem a contratação por valores superiores decorrentes de oscilações ocasionadas pela variação de preços, desde que observadas as seguintes condições (art. 3.º, § 3.º, da Lei 14.981/2024): a) negociação prévia com os demais fornecedores, segundo a ordem de classificação, para obtenção de condições mais vantajosas; e b) fundamentação, nos autos do processo administrativo da contratação correspondente, da variação de preços praticados no mercado por motivo superveniente. Trata-se de previsão relevante para garantir segurança

---

[320] Destaca-se que a elaboração de ETP é facultativa nas contratações em situações emergenciais e de instabilidade institucional indicadas nos incisos VII e VIII do art. 75 da Lei 14.133/2021, na forma do art. 14, I, da Instrução Normativa SEGES 58/2022. Nas contratações decorrentes do estado de calamidade pública, por sua vez, o art. 3.º, I, da Lei 14.981/2024 dispensa a elaboração do ETP.

[321] Trata-se de previsão semelhante àquela prevista no art. 4.º-D da Lei 13.979/2020, alterada pela Lei 14.035/2020, para o enfrentamento da Covid-19.

[322] A elaboração de TR simplificado ou projeto básico simplificado foi permitida também pelo art. 4.º-E, *caput* e § 1.º, da Lei 13.979/2020, alterada pela Lei 14.035/2020, para o enfrentamento da Covid-19. Quanto ao TR, anteprojeto e ETP simplificados, o § 1.º do art. 3.º da Lei 14.981/2024 dispõe que os referidos instrumentos conterão: a) a declaração do objeto; b) a fundamentação simplificada da contratação; c) a descrição resumida da solução apresentada; d) os requisitos da contratação; e) os critérios de medição e de pagamento; f) a estimativa de preços obtida por meio de, no mínimo, um dos seguintes parâmetros: f.1) composição de custos unitários menores ou iguais à mediana do item correspondente nos sistemas oficiais de Governo; f.2) contratações similares feitas pela Administração Pública; f.3) utilização de dados de pesquisa publicada em mídia especializada, de tabela de referência formalmente aprovada pelo Poder Executivo e de sítios eletrônicos especializados ou de domínio amplo; f.4) pesquisa realizada com os potenciais fornecedores; ou f.5) pesquisa na base nacional de notas fiscais eletrônicas; e g) a adequação orçamentária.

jurídica ao gestor público responsável pela contratação durante períodos de calamidade, onde a oscilação de preços é comum devido à escassez, dificuldades logísticas, entre outros fatores que afetam a oferta e a demanda.

Em relação à documentação de habilitação, admite-se, também, margem de flexibilização. Em conformidade com o art. 4.º da Lei 14.981/2024, nas hipóteses de restrição de fornecedores ou de prestadores de serviço, a autoridade competente, excepcionalmente e mediante justificativa, poderá dispensar a apresentação de documentação relacionada às regularidades fiscal e econômico-financeira, e delimitar os requisitos de habilitação jurídica e técnica ao que for estritamente necessário para a execução adequada do objeto contratual.[323]

3.16.2.3. *Tratamento especial para dispensa de licitação*

Na dispensa de licitação para contratações excepcionais voltadas ao atendimento das necessidades decorrentes do estado de calamidade pública, o art. 5.º da Lei 14.981/2024 presume a comprovação das seguintes condições:[324] a) ocorrência do estado de calamidade pública, na forma do art. 1.º da lei; b) necessidade de pronto atendimento da situação de calamidade; c) risco iminente e gravoso à segurança de pessoas, de obras, de prestação de serviços, de equipamentos e de outros bens, públicos ou particulares; e d) limitação da contratação à parcela necessária ao atendimento da situação de calamidade.

A referida presunção, que é relativa e admite prova em sentido contrário, tem por objetivo agilizar o processo de contratação e garantir segurança jurídica ao gestor público responsável pela decisão de contratação direta. É importante lembrar que, normalmente, nas contratações emergenciais e no estado de calamidade pública, a legislação autoriza a dispensa de licitação, respeitadas as exigências indicadas no art. 75, VIII, da Lei 14.133/2021, cabendo ao gestor público a apresentação das justificativas e a demonstração do cumprimento das exigências dispostas do referido dispositivo legal.

3.16.2.4. *Redução de prazos para a apresentação das propostas e dos lances nas licitações ou nas contratações diretas com disputa eletrônica*

A administração pública está autorizada a reduzir pela metade os prazos mínimos de que tratam o art. 55 e o § 3.º do art. 75 da Lei 14.133/2021 para a apresentação das propostas e dos lances em licitações ou contratações diretas com disputa eletrônica, na forma do art. 2.º, II, da Lei 14.981/2024.[325]

Esta medida possibilita a institucionalização do "*fast track* licitatório", com a simplificação e abreviação do rito procedimental, notadamente a diminuição dos prazos para apresentação de

---

[323] De forma semelhante, o art. 4.º-F da Lei 13.979/2020, alterada pela Lei 14.035/2020, permitiu a flexibilização da documentação de habilitação nas contratações para o enfrentamento da Covid-19: "Art. 4º-F. Na hipótese de haver restrição de fornecedores ou de prestadores de serviço, a autoridade competente, excepcionalmente e mediante justificativa, poderá dispensar a apresentação de documentação relativa à regularidade fiscal ou, ainda, o cumprimento de 1 (um) ou mais requisitos de habilitação, ressalvados a exigência de apresentação de prova de regularidade trabalhista e o cumprimento do disposto no inciso XXXIII do *caput* do art. 7.º da Constituição Federal".

[324] No enfrentamento da Covid-19, o art. 4.º-B da Lei 13.979/2020, alterada pela Lei 14.035/2020, também estabeleceu presunções para facilitar a dispensa de licitação.

[325] No contexto da Covid-19, o art. 4.º-H da Lei 13.979/2020, alterada pela Lei 14.035/2020, reduziu pela metade os prazos do procedimento do pregão.

propostas e lances nas licitações e do prazo para dispensa eletrônica, com o intuito de agilizar os processos seletivos durante o estado de calamidade pública.

3.16.2.5. *Regime jurídico especial do registro de preços*

Outra inovação contida na Lei 14.981/2024 refere-se à fixação de regime jurídico especial para formalização do Registro de Preços.

Inicialmente, uma inovação relevante para o sistema de registro de preços na Lei 14.981/2024 refere-se à fixação de prazos menores para implementação da intenção de registro de preços (IRP) que será de dois a oito dias úteis (art. 8.º).[326] Normalmente, o referido prazo seria de, no mínimo, oito dias úteis (art. 86 da Lei 14.133/2021).

Após o prazo de trinta dias, contados da data de assinatura da ata de registro de preços, durante o estado de calamidade, o órgão ou a entidade realizará, previamente à contratação, estimativa de preços a fim de verificar se os preços registrados permanecem compatíveis com os praticados no mercado, promovido o reequilíbrio econômico-financeiro, caso necessário (art. 9.º da Lei 14.981/2024).

As principais inovações apresentadas pela Lei 14.981/2024 no SRP concentram-se, contudo, no tratamento jurídico da adesão às atas de registro de preços.

Com efeito, o art. 7.º da Lei 14.981/2024 permite a adesão à ata de registro de preços nos seguintes casos: a) adesão por órgão ou entidade pública federal à ata de registro de preços de órgão ou entidade gerenciadora do Estado, do Distrito Federal ou dos Municípios atingidos; e b) adesão por órgão ou entidade do Estado ou de Município atingido à ata de registro de preços de órgão ou entidade gerenciadora dos Municípios atingidos. Aqui, a previsão normativa estabelece tratamento jurídico diverso daquele contido na Lei 14.133/2021 que não admite a adesão por parte da União às atas dos demais entes federados (art. 86, § 8.º) e adesão dos estados às atas dos Municípios (art. 86, § 3.º, II).

Ademais, o art. 10 da Lei 14.981/2024 permite a adesão à ata de registro de preços formalizada sem a indicação do total a ser adquirido, com fundamento no § 3.º do art. 82 da Lei 14.133/2021, inclusive em relação às obras e aos serviços de engenharia, mantida a obrigação de indicação do valor máximo da despesa. Frise-se que, normalmente, as atas de registro de preços formalizadas sem a indicação do total a ser adquirido, com fundamento no permissivo excepcional contido no § 3.º do art. 82 da Lei 14.133/2021, devem indicar, obrigatoriamente, o valor máximo da despesa e não permitem a participação de outro órgão ou entidade na ata, em razão do disposto no § 4.º do art. 82 da referida lei.

Já o art. 11 da Lei 14.981/2024 amplia os limites quantitativos para adesão à ata de registro de preços. Normalmente, a adesão à ata de registro de preços deve respeitar os limites quantitativos previstos na Lei 14.133/2021: a) limite individual de adesão por órgão ou entidade: as aquisições ou as contratações adicionais, decorrentes da adesão (carona), não poderão exceder, por órgão ou entidade, a 50% dos quantitativos dos itens do instrumento convocatório registrados na ata de registro de preços para o órgão gerenciador e para os órgãos participantes (art. 86, § 4.º); e b) limite global das adesões à ata: o quantitativo decorrente das adesões à ata de registro de preços não poderá exceder, na totalidade, ao dobro do quantitativo de cada item registrado na ata de registro de preços para o órgão gerenciador e órgãos participantes, independentemente

---

[326] O dispositivo legal em comento foi inspirado na redação do art. 4.º, § 6.º, da Lei 13.979/2020, alterada pela Lei 14.035/2020, para o enfrentamento da Covid-19.

do número de órgãos não participantes que aderirem (art. 86, § 5.º). Diferentemente da previsão contida nos §§ 4.º e 5.º do art. 86 da Lei 14.133/2021, o art. 11 da Lei 14.981/2024 amplia o limite quantitativo total das adesões às atas de registro de preços. Ao invés do limite tradicional (dobro dos itens registrados), no regime especial de calamidade pública, as adesões não poderão ultrapassar, na totalidade, cinco vezes o quantitativo de cada item registrado na ata de registro de preços, independentemente do número de órgãos não participantes que aderirem.

Mencione-se, ainda, o art. 12 da Lei 14.981/2024 que afasta os limites previstos tanto no art. 11 da citada lei, quanto nos §§ 4.º e 5.º do art. 86 da Lei 14.133/2021, para adesões às atas de registros de preços gerenciados pela Central de Compras da Secretaria de Gestão e Inovação do Ministério da Gestão e da Inovação em Serviços Públicos.

3.16.2.6. *Regime jurídico especial dos contratos*

Em relação ao regime jurídico especial dos contratos, destaca-se inicialmente a previsão contida no art. 2.º, III, da Lei 14.981/2024, que permite a prorrogação dos prazos de vigência dos contratos para além dos prazos estabelecidos na Lei 8.666/1993 e na Lei 14.133/2021, por, no máximo, doze meses, contados da data de encerramento do contrato.[327]

No contexto do estado de calamidade pública, o regime jurídico excepcional para prorrogação contratual é aplicável aos contratos firmados com fundamento na Lei 8.666/1993 e na Lei 14.133/2021. Nesse ponto, o art. 2.º, III, da Lei 14.981/2024 não faz distinção entre contratos celebrados por meio de licitação ou de forma direta, em razão da emergência. Assim, na hipótese de contrato celebrado por meio de um processo regular de licitação, com a superveniência da decretação do estado de calamidade, seria possível prorrogar, excepcionalmente, a vigência contratual por mais doze meses, ainda que o contrato tenha atingido o prazo máximo indicado na Lei 8.666/1993 e na Lei 14.133/2021.

Igualmente, no caso de contrato emergencial, apesar de a legislação anterior e atual não admitir prorrogações além dos respectivos limites legais estabelecidos, seria possível, na forma da literalidade do art. 2.º, III, da Lei 14.981/2024, a prorrogação do contrato emergencial, no estado de calamidade, por mais doze meses. Causa estranheza a menção à Lei 8.666/1993, uma vez que o diploma legal, que somente permitia a contratação emergencial pelo prazo máximo de seis meses (art. 24, IV) foi revogado no dia 20.12.2023, na forma do art. 193, II, *a*, da Lei 14.133/2021, o que demonstra a inviabilidade jurídica de existência de contrato emergencial celebrado com fundamento naquele diploma legal na data da Lei 14.981, de 20 de setembro de 2024.

A menção à Lei 8.666/1993 fazia sentido no contexto da MP 1.221, de 17 de maio de 2024, já que seria possível imaginar que uma contratação emergencial celebrada, por exemplo, em dezembro de 2023 pelo prazo máximo permitido à época estaria vigente no momento da edição da MP 1.221/2024. Contudo, a referida MP, frise-se mais uma vez, foi revogada pela Lei 14.981/2024.

Em relação aos contratos emergenciais celebrados com fundamento no art. 75, VIII, da Lei 14.133/2021, o prazo máximo seria de doze meses, vedada a prorrogação e a recontratação da mesma empresa. Contudo, na hipótese de decretação do estado de calamidade, seria possível

---

[327] De forma similar, no enfrentamento da Covid-19, o art. 4.º-G da Lei 13.979/2020, alterada pela Lei 14.035/2020, permitiu prorrogações sucessivas dos contratos, enquanto vigorasse o Decreto Legislativo 6/2020.

a prorrogação por mais doze meses, em razão do art. 2.º, III, da Lei 14.981/2024, afastando-se a vedação de prorrogação contida na atual Lei de Licitações e Contratos Administrativos.

Outra inovação pode ser encontrada na ampliação dos contratos verbais.

Em regra, o instrumento de contrato é obrigatório nas contratações formalizadas pela Administração Pública, salvo nas seguintes hipóteses, em que a Administração poderá substituí-lo por outro instrumento hábil, como carta-contrato, nota de empenho de despesa, autorização de compra ou ordem de execução de serviço (art. 95, *caput* e incisos I e II, da Lei 14.133/2021): a) dispensa de licitação em razão de valor;[328] ou b) compras com entrega imediata e integral dos bens adquiridos e dos quais não resultem obrigações futuras, inclusive quanto a assistência técnica, independentemente de seu valor.

A regra do contrato escrito é corroborada pelo art. 95, § 2.º, da Lei 14.133/2021, que indica a nulidade e a ausência de efeito do contrato verbal com a Administração, salvo o de pequenas compras ou o de prestação de serviços de pronto pagamento, assim entendidos aqueles de valor não superior a R$ 12.545,11 (doze mil quinhentos e quarenta e cinco reais e onze centavos), em razão da atualização efetivada pelo Decreto 12.343/2024.

Com a promulgação da Lei 14.981/2024, ampliou-se o limite para contratação verbal durante o estado de calamidade pública. Nesse caso, o art. 2.º da referida lei autoriza a celebração de contrato verbal, nos termos do disposto no § 2.º do art. 95 da Lei 14.133/2021, desde que o seu valor não seja superior a R$ 100.000,00 (cem mil reais), nas hipóteses em que a urgência não permitir a formalização do instrumento contratual.

Por fim, os arts. 13 a 16 da Lei 14.981/2024 estabelecem outras regras especiais para as contratações firmadas durante o estado de calamidade pública.

Em razão do disposto no art. 13 da Lei 14.981/2024, as contratações realizadas com fundamento na citada lei serão disponibilizadas no prazo de sessenta dias, contado da data da aquisição ou da contratação, no PNCP,[329] e conterão: a) o nome da empresa contratada e o número de sua inscrição na Secretaria Especial da Receita Federal do Brasil do Ministério da Fazenda ou o identificador congênere no caso de empresa estrangeira que não funcione no País;

---

[328] Em conformidade com o disposto no art. 75, I e II, da Lei 14.133/2021, levando-se em consideração a atualização implementada pelo Decreto 12.343/2024, é dispensável a licitação: a) para contratação que envolva valores inferiores a R$ 125.451,15, no caso de obras e serviços de engenharia ou de serviços de manutenção de veículos automotores; e b) para contratação que envolva valores inferiores a R$ 62.725,59, no caso de outros serviços e compras. Não obstante a substituição do instrumento contratual por outros documentos seja admitida para dispensa em razão do valor, o mesmo raciocínio deve ser aplicado para os casos de inexigibilidade que se encaixem nos valores da dispensa. Nesse sentido, a Orientação Normativa AGU 84/2024 dispõe: "I – É possível a substituição do instrumento de contrato a que alude o art. 92 da Lei 14.133, de 2021, por outro instrumento mais simples, com base no art. 95, inciso I, do mesmo diploma legal, sempre que: a) o valor de contratos relativos a obras, serviços de engenharia e de manutenção de veículos automotores se encaixe no valor atualizado autorizativo da dispensa de licitação prevista no inciso I do art. 75 da Lei 14.133, de 2021; ou b) o valor de contratos relativos a compras e serviços em geral se encaixe no valor atualizado que autoriza a dispensa de licitação prevista no inciso II do art. 75 da Lei 14.133, de 2021. II – Não importa para a aplicação do inciso I do art. 95 da Lei 14.133, de 2021, se a contratação resultou de licitação, inexigibilidade ou dispensa".

[329] O art. 13, § 1.º, da Lei 14.981/2024 dispõe: "O registro no Portal Nacional de Contratações Públicas deverá indicar expressamente que a aquisição, a contratação ou a prorrogação foi realizada com fundamento nesta Lei".

b) o prazo contratual, o valor e o respectivo processo de aquisição ou de contratação; c) o ato autorizativo da contratação direta ou o extrato decorrente do contrato; d) a discriminação do bem adquirido ou do serviço contratado e o local de entrega ou de prestação do serviço; e) o valor global do contrato, as parcelas do objeto, os montantes pagos e, caso exista, o saldo disponível ou bloqueado; f) as informações sobre eventuais aditivos contratuais; g) a quantidade entregue ou prestada durante a execução do contrato, nas contratações de bens e serviços, inclusive de engenharia; e h) as atas de registros de preços das quais a contratação se origina, se for o caso.

É possível, excepcionalmente, a contratação de sociedade empresária punida com a sanção de impedimento ou de suspensão de contratar com o Poder Público, quando a empresa, comprovadamente, for a única fornecedora do bem ou prestadora do serviço, exigindo-se, nesse caso, a prestação de garantia nas modalidades de que trata o art. 96 da Lei 14.133/2021, que não poderá exceder a 10% do valor do contrato, na forma do art. 13, §§ 2.º e 3.º, da Lei 14.981/2024.[330]

Inovação importante relacionada à alteração unilateral dos contratos encontra-se prevista no art. 14 da Lei 14.981/2024, que autoriza, nos contratos firmados nos termos da referida lei, a estipulação de cláusula que permita acréscimos ou supressões, limitados a 50% do valor inicial atualizado do contrato.[331] Trata-se de previsão normativa aplicável apenas aos contratos firmados nos termos da Lei 14.981/2024, inaplicável, portanto, aos contratos firmados em data anterior.

Interessante notar que o exercício dessa maior flexibilidade de alteração unilateral depende de previsão expressa no contrato, uma vez que o art. 14 da Lei 14.981/2024 utiliza a expressão "a administração pública poderá prever cláusula", o que revela a discricionariedade da inserção da referida cláusula, devendo ser observados, no caso de omissão contratual, os limites do art. 125 da Lei 14.133/2021.

Quanto ao alcance da referida flexibilidade para alteração unilateral, pode haver dúvida a respeito da sua incidência nas alterações qualitativas, uma vez que o art. 14 da Lei 14.981/2024 utiliza a expressão "acréscimos ou supressões", o que pode sugerir a sua aplicação restrita às alterações quantitativas. O ideal seria a adequação da redação do dispositivo legal para permitir, com maior segurança jurídica, que a flexibilização dos limites das alterações unilaterais seja aplicável às alterações unilaterais quantitativas e qualitativas nos contratos firmados durante o estado de calamidade, especialmente em razão da desproporcionalidade da restrição e da eventual necessidade de alterações qualitativas em patamares superiores ao normalmente permitido pela legislação, com o intuito de melhor atender o excepcional interesse público.

Em relação à vigência dos contratos firmados durante o estado de calamidade, o art. 15 da Lei 14.981/2024 estabelece o prazo de duração de até um ano, prorrogável por igual período, desde que as condições e os preços permaneçam vantajosos para a Administração Pública, enquanto perdurar a necessidade de enfrentamento da situação de calamidade pública de que trata o art. 1.º da citada lei.

Nas contratações de obras e serviços de engenharia com escopo predefinido, o prazo de conclusão do objeto contratual será de, no máximo, três anos, na forma do § 1.º do art. 15 da Lei 14.981/2024. Nos contratos de escopo, o prazo de vigência será automaticamente prorrogado

---

[330] Previsão semelhante foi prevista no art. 4.º, §§ 3.º e 3.º-A, da Lei 13.979/2020, alterada pela Lei 14.035/2020, para o enfrentamento da COVID-19.

[331] No enfrentamento da COVID-19, foi prevista solução semelhante no art. 4.º, I, da Lei 13.979/2020, alterada pela Lei 14.035/2020.

Cap. 3 – TEMAS ESPECIAIS DE LICITAÇÕES E CONTRATOS ADMINISTRATIVOS | 399

quando seu objeto não for concluído no período firmado no contrato, em razão do disposto no art. 15, § 2.º, da Lei 14.981/2024 e do art. 111 da Lei 14.133/2021.

Quanto aos contratos celebrados anteriormente e em execução na data de publicação do ato autorizativo específico do chefe do Executivo para aplicação do regime jurídico excepcional, o art. 16 da Lei 14.981/2024 permite a alteração dos ajustes para enfrentamento das situações de calamidade, observados os seguintes parâmetros: a) apresentação de justificativa; b) deve haver concordância do contratado; c) a alteração pode ocorrer em percentual superior aos limites previstos no § 1.º do art. 65 da Lei 8.666/1993 e no art. 125 da Lei 14.133/2021, limitado o acréscimo a 100% do valor inicialmente pactuado; e d) não pode transfigurar o objeto da contratação.

3.17. LEI GERAL DE PROTEÇÃO DE DADOS PESSOAIS (LGPD) E CONTRATAÇÕES PÚBLICAS

A exigência de tratamento de dados pessoais de acordo com os limites e possibilidades fixados pelo ordenamento jurídico alcança não apenas o mercado, mas também a Administração Pública, incluídas as contratações públicas.[332]

A coleta e o tratamento de dados pela Administração Pública e pelo mercado são essenciais para eficiente prestação de serviços públicos e de atividades econômicas. Contudo, revela-se necessária a regulação jurídica para estabelecer as condições, os limites e as responsabilidade para o uso adequado e proporcional dos dados pessoais, com o intuito de evitar o uso indevido e reprimir eventuais infrações. Aliás, a Administração Pública é uma das maiores protagonistas na coleta de dados e de proteção de dados pessoais. Do nascimento à morte de um indivíduo, os respectivos dados são coletados, com intensidades distintas, pela Administração Pública que, inclusive, confere informações e documentos que passarão a constituir, eles próprios, dados pessoais da pessoa natural (ex.: RG, CPF etc.).

No campo da Administração Pública, a relevância da coleta e tratamento dos dados pessoais é justificada pela própria necessidade de celebração de contratos administrativos e implementação de políticas públicas e prestação eficiente dos serviços públicos. A formalização de contratos administrativos, invariavelmente, demandará a coleta de dados pessoais dos representantes legais das pessoas jurídicas envolvidas na avença. Ademais, a identificação dos usuários e dos respectivos dados pessoais, inclusive aqueles considerados sensíveis (origem racial, saúde etc.), podem ser fundamentais para implementação de políticas públicas. Exemplos: a definição do local de construção de um novo hospital público e das respectivas especialidades depende, em alguma medida, da coleta de informações sobre a renda, endereço e dados de saúde das pessoas de determinada bairro ou cidade; a elaboração de política de cotas para ingresso nas faculdades públicas ou no serviço público pressupõe a coleta de dados relacionados à origem racial.

3.17.1. Importância da proteção dos dados pessoais e visão geral da LGPD

No cenário brasileiro, a proteção de dados encontrava, tradicionalmente, proteção em leis esparsas, o que dificultava a institucionalização de um sistema jurídico coerente, racional e seguro.

Com o intuito de avançar na proteção de dados pessoais, conferindo tratamento concentrado em diploma legal específico sobre o tema, foi elaborada a Lei 13.709/2018 (Lei Geral de

---

[332] Para aprofundamento do tema, *vide*: VALE, Luís Manoel Borges do; OLIVEIRA, Rafael Carvalho Rezende. *LGPD na administração pública*. Rio de Janeiro: Forense, 2025.

Proteção de Dados Pessoais – LGPD) que dispõe, nos termos do art. 1.º, sobre o tratamento de dados pessoais, inclusive nos meios digitais, por pessoa natural ou por pessoa jurídica de direito público ou privado, com o objetivo de proteger os direitos fundamentais de liberdade e de privacidade e o livre desenvolvimento da personalidade da pessoa natural.

A LGPD foi fortemente inspirada no *General Data Protection Regulation* (GDPR), que é o regulamento da União Europeia sobre proteção de dados pessoais, editado em abril de 2016 e em vigor desde maio de 2018.

O caráter de direito fundamental da proteção de dados foi reconhecido pelo Supremo Tribunal Federal (STF) no julgamento de ações diretas de inconstitucionalidade que questionavam a MP 954/2020, editada para dispor sobre o compartilhamento de dados (nomes, números de telefone e endereços de todos os seus usuários, pessoas físicas e jurídicas) por empresas de telecomunicações com a Fundação Instituto Brasileiro de Geografia e Estatística (IBGE), para fins de suporte à produção estatística oficial durante a situação de emergência de saúde pública de importância internacional decorrente do coronavírus (Covid-19).[333]

De acordo com a Suprema Corte, a inconstitucionalidade da MP 954/2020 decorreu da ausência de demonstração satisfatória da finalidade e do modo de utilização dos dados, uma vez que não delimitou o objeto da estatística a ser produzida, nem a finalidade específica, tampouco a amplitude, bem como não esclareceu a necessidade de disponibilização dos dados nem como serão efetivamente utilizados, o que afrontou as cláusulas constitucionais assecuratórias da liberdade individual (art. 5.º, *caput*, da CRFB), da privacidade e do livre desenvolvimento da personalidade (art. 5.º, X e XII, da CRFB).

Com a promulgação da Emenda Constitucional 115/2022, foi inserido o inciso LXXIX no art. 5.º da CRFB que reconhece, definitivamente e de forma destacada, a proteção de dados pessoais, inclusive nos meios digitais, como direito fundamental.

A referida emenda constitucional inseriu, ainda, previsões que reforçaram o papel da União na disciplina, organização e fiscalização da proteção de dados pessoais. O inciso XXVII do art. 21 da CRFB prevê a competência privativa da União para "organizar e fiscalizar a proteção e o tratamento de dados pessoais, nos termos da lei". O inciso XXX do art. 22 da CRFB, por sua vez, dispõe sobre a competência privativa da União para legislar sobre proteção e tratamento de dados pessoais.

Nesse contexto, a LGPD, na forma do art. 1.º, parágrafo único, possui aplicação nacional e deve ser observada pela União, Estados, Distrito Federal e Municípios.

Os fundamentos da proteção de dados são indicados no art. 2.º da LGPD, a saber: a) o respeito à privacidade; b) a autodeterminação informativa; c) a liberdade de expressão, de informação, de comunicação e de opinião; d) a inviolabilidade da intimidade, da honra e da imagem; e) o desenvolvimento econômico e tecnológico e a inovação; f) a livre-iniciativa, a

---

[333] STF, ADIs 6.387, 6.388, 6.389, 6.390 e 6.393 MC-Ref/DF, Rel. Min. Rosa Weber, Tribunal Pleno, *DJe-270*, 12.11.2020. Destaca-se que o art. 8.º da Carta dos Direitos Fundamentais da União Europeia de 2000 já estabelecia o direito fundamental à proteção de dados pessoais: "Artigo 8.º Protecção de dados pessoais. 1. Todas as pessoas têm direito à protecção dos dados de carácter pessoal que lhes digam respeito. 2. Esses dados devem ser objecto de um tratamento leal, para fins específicos e com o consentimento da pessoa interessada ou com outro fundamento legítimo previsto por lei. Todas as pessoas têm o direito de aceder aos dados coligidos que lhes digam respeito e de obter a respectiva rectificação. 3. O cumprimento destas regras fica sujeito a fiscalização por parte de uma autoridade independente". Disponível em: <https://www.europarl.europa.eu/charter/pdf/text_pt.pdf>. Acesso em: 22 jan. 2024.

Cap. 3 – TEMAS ESPECIAIS DE LICITAÇÕES E CONTRATOS ADMINISTRATIVOS | 401

livre concorrência e a defesa do consumidor; e g) os direitos humanos, o livre desenvolvimento da personalidade, a dignidade e o exercício da cidadania pelas pessoas naturais.

Já os princípios da proteção de dados são apresentados pelo art. 6.º da LGPD que indica: a) boa-fé, b) finalidade; c) adequação; d) necessidade; e) livre acesso; f) qualidade dos dados; g) transparência; h) segurança; i) prevenção; j) não discriminação; k) responsabilização e prestação de contas.

De acordo com o art. 5.º, I, da LGPD, dado pessoal é conceituado como "informação relacionada a pessoa natural identificada ou identificável". Trata-se de conceito amplo que vincula a noção de dado pessoal aos respectivos titulares que devem ser pessoas naturais identificadas ou que possam ser identificadas. É possível inserir na noção de dado pessoal exemplos variados de informações, tais como: nome, estado civil, profissão, endereço, filiação, CPF, RG, número do passaporte, título de eleitor, número de telefone, endereço de e-mail, hábitos, perfil comportamental etc.).

Destaca-se, ainda, a noção de dados pessoais sensíveis, apresentada pelo art. 5.º, II, da LGPD que engloba os dados pessoais "sobre origem racial ou étnica, convicção religiosa, opinião política, filiação a sindicato ou a organização de caráter religioso, filosófico ou político, dado referente à saúde ou à vida sexual, dado genético ou biométrico, quando vinculado a uma pessoa natural".

Conforme assinalado, a noção de dado pessoal é ampla e relaciona-se à pessoa natural identificada ou identificável, o que não impede a subtração de determinados dados do referido conceito, notadamente:

a) dados de pessoas jurídicas (exs.: razão social, nome fantasia, balanço patrimonial, endereço, número de telefone etc.) que não são tratados na LGPD, mas recebem a proteção jurídica em outros diplomas legais (exs.: Lei 9.279/1996 – Lei de Propriedade Industrial; Lei 9.610/1998 – Lei de Direitos Autorais etc.); e

b) dados anonimizados que são os dados do titular que não possam ser identificados, "considerando a utilização de meios técnicos razoáveis e disponíveis na ocasião de seu tratamento" (art. 5.º, III, da LGPD). O caráter anônimo do dado relaciona-se com a impossibilidade de identificação do seu titular, o que pode ocorrer por meio de técnicas diversas de anonimização, assim considerada a "utilização de meios técnicos razoáveis e disponíveis no momento do tratamento, por meio dos quais um dado perde a possibilidade de associação, direta ou indireta, a um indivíduo", na forma do art. 5.º, XI, da LGPD (exs.: supressão de informações, randomização, generalização etc.).[334]

Não obstante a amplitude da proteção conferida pela LGPD, o referido diploma legal não é aplicável às hipóteses de tratamento de dados pessoais mencionadas no art. 4.º, a saber:[335]

---

[334] A LGPD apresenta, ainda, a noção de pseudonimização, que é considerado "o tratamento por meio do qual um dado perde a possibilidade de associação, direta ou indireta, a um indivíduo, senão pelo uso de informação adicional mantida separadamente pelo controlador em ambiente controlado e seguro". Existem diversas técnicas de pseudonimização, tais como: a) criptografia, permitindo que apenas o destinatário ou o detentor da chave criptográfica tenha acesso e compreendam a informação; b) tokenização, no qual o token gera um código específico, aleatório e temporário para permitir o acesso aos dados protegidos etc.

[335] A inaplicabilidade da LGPD nos casos mencionados no art. 4.º da LGPD não significa a ausência de proteção legal, uma vez que os titulares dos dados pessoais poderão invocar as proteções existentes

a) realizado por pessoa natural para fins exclusivamente particulares, e não econômicos;
b) realizado para fins exclusivamente: b.1) jornalístico e artísticos; ou b.2) acadêmicos, aplicando-se a esta hipótese os arts. 7.º e 11 da LGPD;
c) realizado para fins exclusivos de: c.1) segurança pública; c.2) defesa nacional; c.3) segurança do Estado; ou c.4) atividades de investigação e repressão de infrações penais; ou
d) provenientes de fora do território nacional e que não sejam objeto de comunicação, uso compartilhado de dados com agentes de tratamento brasileiros ou objeto de transferência internacional de dados com outro país que não o de proveniência, desde que o país de proveniência proporcione grau de proteção de dados pessoais adequado ao previsto na LGPD.

O tratamento de dados pessoais engloba "toda operação realizada com dados pessoais, como as que se referem a coleta, produção, recepção, classificação, utilização, acesso, reprodução, transmissão, distribuição, processamento, arquivamento, armazenamento, eliminação, avaliação ou controle da informação, modificação, comunicação, transferência, difusão ou extração" (art. 5.º, X, da LGPD).

O tratamento de dados pessoais somente poderá ser realizado nas hipóteses (bases legais) indicadas no art. 7.º da LGPD, a saber: a) mediante o fornecimento de consentimento pelo titular; b) para o cumprimento de obrigação legal ou regulatória pelo controlador; c) pela administração pública, para o tratamento e uso compartilhado de dados necessários à execução de políticas públicas previstas em leis e regulamentos ou respaldadas em contratos, convênios ou instrumentos congêneres, observadas as disposições do Capítulo IV da LGPD; d) para a realização de estudos por órgão de pesquisa, garantida, sempre que possível, a anonimização dos dados pessoais; e) quando necessário para a execução de contrato ou de procedimentos preliminares relacionados a contrato do qual seja parte o titular, a pedido do titular dos dados; f) para o exercício regular de direitos em processo judicial, administrativo ou arbitral; g) para a proteção da vida ou da incolumidade física do titular ou de terceiro; h) para a tutela da saúde, exclusivamente, em procedimento realizado por profissionais de saúde, serviços de saúde ou autoridade sanitária; i) quando necessário para atender aos interesses legítimos do controlador ou de terceiro, exceto no caso de prevalecerem direitos e liberdades fundamentais do titular que exijam a proteção dos dados pessoais; ou j) para a proteção do crédito, inclusive quanto ao disposto na legislação pertinente.

É preciso destacar que todas as hipóteses acima mencionadas constituem bases legais suficientes para autorizar o tratamento de dados pessoais, inexistindo hierarquia entre elas. Dessa forma, ressalvada a primeira base legal, que indica o consentimento do titular, as demais bases legais não necessitam do referido consentimento para o tratamento dos dados pessoais.

No âmbito do tratamento de dados pessoais pela Administração Pública, verificam-se bases legais específicas que não dependem do consentimento dos respectivos titulares.[336] Assim,

---

não apenas no texto constitucional, mas também em outros diplomas normativos (exs.: Código Civil, Código de Defesa do Consumidor etc.).

[336] De acordo com o guia orientativo do tratamento de dados pessoais pelo Poder Público, elaborado pela ANPD: "Diante dessas características, em muitas ocasiões, o consentimento não será a base legal mais apropriada para o tratamento de dados pessoais pelo Poder Público, notadamente quando o tratamento for necessário para o cumprimento de obrigações e atribuições legais. Nesses casos, o órgão ou a entidade exerce prerrogativas estatais típicas, que se impõem sobre os titulares em

Cap. 3 – TEMAS ESPECIAIS DE LICITAÇÕES E CONTRATOS ADMINISTRATIVOS | 403

por exemplo, é autorizado o tratamento de dados para cumprimento de obrigações legais ou regulatórias pelo controlador (art. 7.º, II, da LGPD). Da mesma forma, o tratamento de dados pessoais pode ser realizado pela Administração Pública, para o tratamento e uso comparti-lhado de dados necessários à execução de políticas públicas previstas em leis e regulamentos ou respaldadas em contratos, convênios ou instrumentos congêneres (art. 7.º, III, da LGPD). Quanto aos contratos, públicos ou privados, é admitido, ainda, o tratamento de dados pessoais para execução de contratos ou de procedimentos preliminares relacionados a contrato do qual seja parte o titular, a pedido do titular dos dados (art. 7.º, V, da LGPD).

O tratamento de dados pessoais sensíveis recebe tratamento jurídico específico na LGPD, em razão da relevância dos dados e do risco incrementado de utilização para fins discrimi-natórios, com grave violação aos direitos fundamentais. Considera-se dado pessoal sensível aquele relacionado à origem racial ou étnica, convicção religiosa, opinião política, filiação a sindicato ou a organização de caráter religioso, filosófico ou político, dado referente à saúde ou à vida sexual, dado genético ou biométrico, quando vinculado a uma pessoa natural (art. 5.º, II, da LGPD).

Segundo o art. 11 da LGPD, o tratamento de dados pessoais sensíveis somente poderá ocorrer nos seguintes casos: a) quando o titular ou seu responsável legal consentir, de forma específica e destacada, para finalidades específicas; b) sem fornecimento de consentimento do titular, nas hipóteses em que for indispensável para: b.1) cumprimento de obrigação legal ou regulatória pelo controlador; b.2) tratamento compartilhado de dados necessários à execução, pela Administração Pública, de políticas públicas previstas em leis ou regulamentos; b.3) rea-lização de estudos por órgão de pesquisa, garantida, sempre que possível, a anonimização dos dados pessoais sensíveis; b.4) exercício regular de direitos, inclusive em contrato e em processo judicial, administrativo e arbitral, este último nos termos da Lei 9.307/1996 (Lei de Arbitragem); b.5) proteção da vida ou da incolumidade física do titular ou de terceiro; b.6) tutela da saúde, exclusivamente, em procedimento realizado por profissionais de saúde, serviços de saúde ou autoridade sanitária; ou b.7) garantia da prevenção à fraude e à segurança do titular, nos pro-cessos de identificação e autenticação de cadastro em sistemas eletrônicos, resguardados os direitos mencionados no art. 9.º da LGPD e exceto no caso de prevalecerem direitos e liberdades fundamentais do titular que exijam a proteção dos dados pessoais.

A LGPD indica os principais responsáveis pelo tratamento de dados pessoais: a) contro-lador (art. 5.º, VI): pessoa natural ou jurídica, de direito público ou privado, a quem compe-tem as decisões referentes ao tratamento de dados pessoais; b) operador (art. 5.º, VII): pessoa natural ou jurídica, de direito público ou privado, que realiza o tratamento de dados pessoais em nome do controlador; e c) encarregado (art. 5.º, VIII): pessoa indicada pelo controlador e operador para atuar como canal de comunicação entre o controlador, os titulares dos dados e a Autoridade Nacional de Proteção de Dados (ANPD).

Nos termos do art. 5.º, IX da LGPD, apenas o controlador e o operador são considerados "agentes de tratamento". O encarregado de dados ou *DPO* (*Data Protection Officer*), por sua vez, é indicado pelo controlador para atuar como canal de comunicação entre o controlador, os titulares dos dados e a ANPD.

---

uma relação de desbalanceamento de forças, na qual o cidadão não possui condições efetivas de se manifestar livremente sobre o uso de seus dados pessoais". ANPD, *Guia orientativo*: tratamento de dados pessoais pelo poder público, versão 2.0, junho de 2023, p. 11. Disponível em: <https://www. gov.br/anpd/pt-br/documentos-e-publicacoes/documentos-de-publicacoes/guia-poder-publico--anpd-versao-final.pdf>. Acesso em: 22 jan. 2024.

Registre-se, que não devem ser considerados como "agentes de tratamento" (controladores e operadores) as pessoas naturais subordinadas à direção da instituição, tal como ocorre, por exemplo, com os funcionários de uma empresa privada ou servidores públicos da Administração Pública.[337] No tocante ao tratamento de dados realizado pela Administração Pública, é possível visualizar, com maior nitidez, a distribuição das referidas atribuições entre pessoas e órgãos distintos. Assim, por exemplo, na Administração Pública federal, a União pode ser considerada controladora, ainda que as funções sejam exercidas, na prática, pelos respectivos órgãos (ex.: Ministérios). Lembre-se, aqui, que os órgãos públicos não possuem personalidade jurídica e são considerados "braços" da entidade estatal, resultantes da desconcentração administrativa, motivo pelo qual não possuem, em regra, capacidade contratual e processual, devendo a sua atuação ser imputada à pessoa jurídica da qual fazem parte. A operadora, nesse caso, poderá ser uma pessoa jurídica instituída pela União ou por ela contratada para armazenamento de dados. Já o encarregado, poderá ser o servidor público federal indicado para atuar como canal de comunicação entre o controlador, os titulares dos dados e a ANPD.

3.17.2. Tratamento de dados pessoais pelo Poder Público

Frise-se que a Administração Pública recebe tratamento jurídico destacado no Capítulo IV da LGPD (arts. 23 a 32), o que é justificado, em grande medida, pela sua relevância no tratamento de dados das pessoas naturais, constituindo-se em um dos principais agentes de tratamento de dados pessoais de pessoas naturais, desde o momento em que adquirem a personalidade civil, com o nascimento, até o fim da personalidade, com a morte. O tratamento de dados pessoais pela Administração Pública revela-se essencial para o reconhecimento e concessão de direitos, bem como para formulação e implementação de políticas públicas.

A relevância do papel da Administração Pública no tratamento de dados pessoais é intensificada no campo digital, com a crescente digitalização de informações e documentos para implementação de políticas públicas, prestação de serviços públicos, poder de polícia, entre outras atividades estatais. Nesse cenário, ao dispor sobre o governo digital, a Lei 14.129/2021, nos arts. 1.º, parágrafo único, e 3.º, XVII, prevê a proteção de dados pessoais como princípio e diretriz, com a necessária observância da LGPD.

Conforme já mencionado, a LGPD reservou o seu Capítulo IV (arts. 23 a 32) para regular o tratamento de dados pelo Poder Público, estabelecendo uma disciplina específica voltada às particularidades da atividade pública, com destaque para a previsão de que o tratamento de dados pessoais pelas pessoas jurídicas de direito público deverá ser realizado para o atendimento de sua finalidade pública, na persecução do interesse público, com o objetivo de executar as competências legais ou cumprir as atribuições legais do serviço público.

---

[337] Nesse sentido, o Guia orientativo da ANPD a respeito do tema dispõe: "Ressalta-se que os agentes de tratamento devem ser definidos a partir de seu caráter institucional. Não são considerados controladores (autônomos ou conjuntos) ou operadores os indivíduos subordinados, tais como os funcionários, os servidores públicos ou as equipes de trabalho de uma organização, já que atuam sob o poder diretivo do agente de tratamento. (...) Daí decorre que não são controladoras as pessoas naturais que atuam como profissionais subordinados a uma pessoa jurídica ou como membros de seus órgãos. É o caso de empregados, administradores, sócios, servidores e outras pessoas naturais que integram a pessoa jurídica e cujos atos expressam a atuação desta". ANPD, *Guia orientativo para definições dos agentes de tratamento de dados pessoais e do encarregado*, versão 2.0, abril de 2022, p. 6-9. Disponível em: <https://www.gov.br/anpd/pt-br/documentos-e-publicacoes/guiaagentesde-tratamentoeencarregadodefesoeleitoral.pdf>. Acesso em: 22 jan. 2024.

Cap. 3 – TEMAS ESPECIAIS DE LICITAÇÕES E CONTRATOS ADMINISTRATIVOS | **405**

Não obstante a assimetria terminológica e a imprecisão conceitual, entendemos que a expressão "Poder Público", a partir da interpretação sistemática da LGPD, deve ser compreendida de forma ampla para abarcar as pessoas jurídicas de direito público e as pessoas jurídicas de direito privado da Administração Pública.[338]

Em suma, o capítulo IV da LGPD deve ser aplicado ao "Poder Público", expressão que compreende os órgãos públicos e a Administração Pública direta e indireta de qualquer dos Poderes da União, dos Estados, do Distrito Federal e dos Municípios, a saber:[339]

a) órgãos públicos: são as repartições internas do Estado, criadas a partir da desconcentração administrativa e necessárias à sua organização, em razão da necessidade de especialização de funções administrativas (exs.: Ministérios, Secretarias estaduais, Secretarias municipais, Ministério Público, Defensoria Pública, AGU, Procuradorias estaduais, Procuradorias municipais etc.);

b) pessoas jurídicas de direito público: compreendem os entes federativos (União, Estados, DF e Municípios), as autarquias (exs.: INSS, Ibama, agências reguladoras etc.) e fundações estatais de direito público (ex.: Fiocruz etc.); e

c) pessoas jurídicas de direito privado da Administração Pública Indireta: são as empresas públicas (exs.: BNDES, Caixa Econômica Federal etc.) e sociedades de economia mista (ex.: Banco do Brasil etc.) quando operacionalizarem políticas públicas, bem como as fundações estatais de direito privado (ex.: FUNAI).[340]

Em relação às empresas estatais, gênero que compreende as empresas públicas e as sociedades de economia mista, a LGPD estabelece uma assimetria regulatória, nos termos do art. 24, *caput* e parágrafo único, em razão da atividade prestada: enquanto as estatais que desempenham atividades econômicas em regime concorrencial recebem o mesmo tratamento dispensado às pessoas jurídicas privadas, as estatais que operacionalizarem políticas públicas recebem o mesmo tratamento dispensado aos órgãos e entidades do Poder Público, nos termos do capítulo IV da LGPD.

---

[338] Segundo a ANPD, "o conceito de 'administração pública' deve ser delimitado a partir da definição de Poder Público, conforme já exposta neste Guia. Assim, abrange tanto órgãos e entidades do Poder Executivo quanto dos Poderes Legislativo e Judiciário, inclusive das Cortes de Contas e do Ministério Público, desde que estejam atuando no exercício de funções administrativas". ANPD, Guia orientativo: tratamento de dados pessoais pelo poder público, versão 2.0, junho de 2023, p. 23. Disponível em: <https://www.gov.br/anpd/pt-br/documentos-e-publicacoes/documentos-de--publicacoes/guia-poder-publico-anpd-versao-final.pdf>. Acesso em: 22 jan. 2024.

[339] O regime jurídico especial indicado no Capítulo IV da LGPD (arts. 23 a 32) não se limita aos órgãos e entidades da Administração pública, aplicando-se também aos órgãos notariais e de registro, que prestam serviços notariais e de registro exercidos em caráter privado, por delegação do Poder Público, que devem fornecer, inclusive, acesso aos dados por meio eletrônico para a Administração Pública, em razão do disposto no art. 23, §§ 4.º e 5.º, da LGPD.

[340] Lembre-se que as fundações estatais podem ser instituídas com personalidade jurídica de direito público ou privado, como destacado no Tema 545 das Teses de Repercussão Geral do STF: "1. A qualificação de uma fundação instituída pelo Estado como sujeita ao regime público ou privado depende (i) do estatuto de sua criação ou autorização e (ii) das atividades por ela prestadas. As atividades de conteúdo econômico e as passíveis de delegação, quando definidas como objetos de dada fundação, ainda que essa seja instituída ou mantida pelo Poder público, podem-se submeter ao regime jurídico de direito privado".

O tratamento de dados pessoais pelos órgãos e entidades da Administração Pública direta e indireta, nos termos do art. 23 da LGPD, deverá ser realizado para o atendimento de sua finalidade pública, na persecução do interesse público, com o objetivo de executar as competências legais ou cumprir as atribuições legais do serviço público, desde que:

a) sejam informadas as hipóteses em que, no exercício de suas competências, realizam o tratamento de dados pessoais, fornecendo informações claras e atualizadas sobre a previsão legal, a finalidade, os procedimentos e as práticas utilizadas para a execução dessas atividades, em veículos de fácil acesso, preferencialmente em seus sítios eletrônicos;

b) seja indicado um encarregado quando realizarem operações de tratamento de dados pessoais, nos termos do art. 39 da LGPD.

O compartilhamento de dados pessoais pela Administração Pública recebe tratamento específico nos arts. 25 e 26 da LGPD, que permite a sua implementação entre órgãos e entidades administrativas (compartilhamento interno), bem como entre a Administração Pública e a iniciativa privada (compartilhamento externo), desde que atendidas as exigências contidas nos citados dispositivos legais.

Em relação ao compartilhamento interno, o art. 25 da LGPD dispõe que os dados deverão ser mantidos em formato interoperável e estruturado para o uso compartilhado, com vistas à execução de políticas públicas, à prestação de serviços públicos, à descentralização da atividade pública e à disseminação e ao acesso das informações pelo público em geral.[341]

Quanto ao compartilhamento externo de dados pessoais da Administração Pública com os entes privados, o art. 26, § 1.º, da LGPD apenas admite a sua implementação nos seguintes casos: a) execução descentralizada de atividade pública que exija a transferência, exclusivamente para esse fim específico e determinado, observado o disposto na Lei 12.527/2011 (Lei de Acesso à Informação); b) dados que forem acessíveis publicamente; c) quando houver previsão legal ou a transferência for respaldada em contratos, convênios ou instrumentos congêneres, cujos instrumentos serão enviados à ANPD (art. 26, § 2.º); ou c) transferência de dados com a finalidade exclusiva de prevenir fraudes e irregularidades, ou proteger e resguardar a segurança e a integridade do titular dos dados, desde que vedado o tratamento para outras finalidades.

A comunicação ou o compartilhamento de dados pessoais de pessoa jurídica de direito público a pessoa de direito privado será informado à ANPD e dependerá de consentimento do titular, salvo nas seguintes situações (art. 27 da LGPD): a) hipóteses de dispensa de consentimento previstas na LGPD; b) casos de uso compartilhado de dados, com a devida publicidade nos termos do art. 23, I, da LGPD; ou c) nas exceções constantes do § 1.º do art. 26 da LGPD.

É relevante notar que, em razão do descumprimento das normas de proteção dos dados pessoais, o art. 52 da LGPD tipifica as sanções administrativas que poderão ser aplicadas pela Autoridade Nacional de Proteção de Dados (ANPD), a saber: a) advertência, com indicação de prazo para adoção de medidas corretivas; b) multa simples, de até 2% do faturamento da pessoa jurídica de direito privado, grupo ou conglomerado no Brasil no seu último exercício, excluídos

---

[341] O compartilhamento interno de dados no âmbito da Administração Pública deve observar os parâmetros estabelecidos pelo Supremo Tribunal Federal no julgamento que conferiu interpretação conforme a Constituição ao Decreto 10.046/2019, que dispõe sobre a governança no compartilhamento de dados no âmbito da administração pública federal e institui o Cadastro Base do Cidadão e o Comitê Central de Governança de Dados. STF, ADI 6.649/DF e ADPF 695/DF, Rel. Min. Gilmar Mendes, Tribunal Pleno, *DJe* 19.06.2023.

os tributos, limitada, no total, a R$ 50.000.000,00 (cinquenta milhões de reais) por infração; c) multa diária, observado o limite total de R$ 50.000.000,00 (cinquenta milhões de reais); d) publicização da infração após devidamente apurada e confirmada a sua ocorrência; e) bloqueio dos dados pessoais a que se refere a infração até a sua regularização; f) eliminação dos dados pessoais a que se refere a infração; g) suspensão parcial do funcionamento do banco de dados a que se refere a infração pelo período máximo de seis meses, prorrogável por igual período, até a regularização da atividade de tratamento pelo controlador; h) suspensão do exercício da atividade de tratamento dos dados pessoais a que se refere a infração pelo período máximo de 6 (seis) meses, prorrogável por igual período; i) proibição parcial ou total do exercício de atividades relacionadas a tratamento de dados.

Destaca-se que as sanções administrativas previstas na LGPD não afastam as sanções administrativas, civis ou penais previstas no CDC e na legislação específica (art. 52, § 2.º, da LGPD).

Quanto às sanções aplicadas aos órgãos e entidades administrativas, o art. 52, § 3.º, da LGPD menciona a advertência, publicização da infração, bloqueio dos dados, eliminação de dados, suspensão parcial do funcionamento do banco de dados e proibição parcial ou total do exercício de atividades relacionadas a tratamento de dados, sem afastar a possibilidade de aplicação das sanções previstas na Lei 8.112/1990 (Estatuto dos servidores públicos federais), Lei 8.429/1992 (Lei de Improbidade Administrativa) e Lei 12.527/2011 (Lei de Acesso à Informação).

Verifica-se, portanto, que o art. 52, § 3.º, da LGPD, ao tratar das sanções aplicáveis aos órgãos e entidades administrativas, não menciona as multas (simples e diária), previstas nos incisos II e III do *caput* do referido dispositivo legal. Em consequência, as multas não poderiam ser aplicadas pela ANPD aos órgãos e entidades administrativas.

3.17.3. LGPD × LAI: necessidade de harmonização

É relevante destacar que a compatibilidade entre a Lei 12.527/2011 (Lei de Acesso à Informação – LAI) e a LGPD tem sido objeto de debate na doutrina e na jurisprudência.

A LAI regula, no âmbito infraconstitucional, o direito fundamental à informação disposto no art. 5.º, XXXIII, da CRFB, com a finalidade de concretizar os princípios da publicidade e da transparência. Nesse sentido, a LAI elenca as seguintes diretrizes: (a) observância da publicidade como preceito geral e do sigilo como exceção; b) divulgação de informações de interesse público, independentemente de solicitações; c) utilização de meios de comunicação viabilizados pela tecnologia da informação; d) fomento ao desenvolvimento da cultura de transparência na Administração Pública; e e) desenvolvimento do controle social da Administração Pública.[342] A LAI assegura, assim, que qualquer interessado, devidamente identificado e independente de motivação, pode solicitar informações de interesse público perante as entidades públicas ou privadas.

No entanto, tratando-se de informações de natureza pessoal, à primeira vista, podem colidir, de um lado, o direito à privacidade e o direito à proteção de dados pessoais e, de outro, o direito de todos os indivíduos à informação sobre as atividades do Poder Público, especialmente, às informações relativas à execução de políticas públicas e ao exercício de competências legais pelos órgãos e entes públicos que permitam aos cidadãos o exercício do controle social. Frequentemente, todavia, para atender ao princípio da publicidade, o Estado é obrigado a divulgar dados pessoais.

---

[342] OLIVEIRA, Rafael Carvalho Rezende. *Princípios do direito administrativo*. 2. ed. Rio de Janeiro: Forense, 2013. p. 101-102.

408 | LICITAÇÕES E CONTRATOS ADMINISTRATIVOS – *Rafael Carvalho Rezende Oliveira*

A partir do sobredito conflito, a LAI excepciona o acesso à informação em duas hipóteses: a) informações classificadas como sigilosas, consideradas imprescindíveis à segurança da sociedade ou do Estado (art. 23); e b) informações pessoais relacionadas à intimidade, vida privada, honra e imagem. Nesse último caso, as informações pessoais terão seu acesso restrito, independentemente de classificação de sigilo e pelo prazo máximo de cem anos a contar da sua data de produção, a agentes públicos legalmente autorizados e à pessoa a que elas se referirem; e poderão ter autorizada sua divulgação ou acesso por terceiros diante de previsão legal ou consentimento expresso da pessoa a que elas se referirem (salvo as hipóteses excepcionadas pela lei).[343]

Por outro lado, a divulgação pública de dados pessoais deve ser realizada também em conformidade com a LGPD, que reforça e amplia as normas que garantem a proteção integral dos dados pessoais (consistindo estes em qualquer informação relacionada a pessoa natural ou identificável – conceito não restrito, portanto, às informações tão somente relacionadas à intimidade, vida privada, honra e imagem), incluindo a autodeterminação informativa[344] e o respeito à privacidade dos titulares durante todo o ciclo do tratamento.

Não obstante a existência de controvérsias sobre o tema,[345] entendemos que o acesso público a quaisquer informações pessoais deve observar tanto as restrições impostas pela LAI, como pela LGPD – esta, como dito, com escopo mais amplo de proteção.

Isso significa que a divulgação, a terceiros, de dados pessoais detidos pelas entidades estatais deve ocorrer, de forma geral e independente da natureza da informação, mediante o consentimento do titular (salvo as hipóteses legais excepcionais),[346] consistente na sua

---

[343] LAI: "Art. 31 (...) § 3.º O consentimento referido no inciso II do § 1.º não será exigido quando as informações forem necessárias: I – à prevenção e diagnóstico médico, quando a pessoa estiver física ou legalmente incapaz, e para utilização única e exclusivamente para o tratamento médico; II – à realização de estatísticas e pesquisas científicas de evidente interesse público ou geral, previstos em lei, sendo vedada a identificação da pessoa a que as informações se referirem; III – ao cumprimento de ordem judicial; IV – à defesa de direitos humanos; ou V – à proteção do interesse público e geral preponderante. § 4.º A restrição de acesso à informação relativa à vida privada, honra e imagem de pessoa não poderá ser invocada com o intuito de prejudicar processo de apuração de irregularidades em que o titular das informações estiver envolvido, bem como em ações voltadas para a recuperação de fatos históricos de maior relevância".

[344] A autodeterminação informativa é um dos fundamentos da disciplina legal da proteção de dados pessoais (art. 2.º, II) e consiste em garantir ao titular os meios necessários ao exercício do controle sobre seus próprios dados pessoais.

[345] Para ilustrar a controvérsia em questão, o STF, em decisão polêmica e paradigmática, decidiu, em sede de recurso extraordinário, que é constitucional a publicação, em sítio eletrônico mantido pelo Município de São Paulo, do nome de seus servidores e do valor dos correspondentes vencimentos. Nesse sentido, a Tese de Repercussão Geral no Tema 483 do STF: "É legítima a publicação, inclusive em sítio eletrônico mantido pela Administração Pública, dos nomes dos seus servidores e do valor dos correspondentes vencimentos e vantagens pecuniárias".

[346] LGPD: "Art. 26. O uso compartilhado de dados pessoais pelo Poder Público deve atender a finalidades específicas de execução de políticas públicas e atribuição legal pelos órgãos e pelas entidades públicas, respeitados os princípios de proteção de dados pessoais elencados no art. 6.º desta Lei. § 1.º É vedado ao Poder Público transferir a entidades privadas dados pessoais constantes de bases de dados a que tenha acesso, exceto: I – em casos de execução descentralizada de atividade pública que exija a transferência, exclusivamente para esse fim específico e determinado, observado o disposto na Lei 12.527, de 18 de novembro de 2011 (Lei de Acesso

Cap. 3 – TEMAS ESPECIAIS DE LICITAÇÕES E CONTRATOS ADMINISTRATIVOS | 409

manifestação livre, informada e inequívoca quanto a tal finalidade. Nas hipóteses, porém, em que a LGPD dispensa o consentimento, abre-se caminho para algumas medidas mitigadoras de possíveis danos decorrentes da divulgação de informações pessoais, tais como: a) maior cautela quando a divulgação envolver dados pessoais sensíveis (arts. 5.º, II, e 11 da LGPD), que recebem proteção jurídica especial, a exemplo da vedação de serem revelados dados pessoais sensíveis por ocasião da divulgação de resultados de estudos em saúde pública (art. 13, § 1.º, da LGPD); b) observância dos princípios da finalidade, adequação e necessidade, verificando-se a proporcionalidade do ato de divulgação em face da restrição gerada para a esfera privada de direitos do titular da informação. Nesse caso, uma possível salvaguarda a ser adotada consistiria na limitação da divulgação àqueles dados estritamente necessários para a finalidade pública pretendida.

É possível perceber a relevância da adequação da Administração Pública às exigências contidas na LGPD. Aliás, com o intuito de garantir que o tratamento de dados seja realizado dentro dos limites legais e éticos, com respeito aos direitos dos titulares, a LGPD, nos arts. 46 a 51, estabelece regras próprias voltadas à segurança, boas práticas e governança. Nesse sentido, nos termos do art. 46, *caput* e § 2.º, da LGPD, os agentes de tratamento devem adotar, desde a fase de concepção do produto ou do serviço (*privacy by design*)[347] até a sua execução, medidas de segurança, técnicas e administrativas aptas a protegerem os dados pessoais de acessos não autorizados e de situações acidentais ou ilícitas de destruição, perda, alteração, comunicação ou qualquer forma de tratamento inadequado ou ilícito.

3.17.4. LGPD nas licitações e contratos administrativos

No âmbito das licitações e dos contratos administrativos, é inerente a utilização de dados pessoais, especialmente dos representantes legais da Administração Pública e da pessoa jurídica contratada, em razão da necessidade de identificação e controle dos poderes de representação das partes indicadas no contrato. Frise-se, mais uma vez, que os dados das pessoas jurídicas não são objeto de proteção da LGPD, cuja incidência está relacionada aos dados pessoais das pessoas naturais identificadas ou identificáveis, na forma do art. 5.º, I, da LGPD.

Contudo, o tratamento de dados pessoais não se resume aos dados dos referidos representantes das partes do contrato. Outros dados pessoais são tratados ao longo do processo de contratação. Assim, por exemplo, na fase preparatória da licitação, notadamente no momento

---

à Informação); II – (Vetado); III – nos casos em que os dados forem acessíveis publicamente, observadas as disposições desta Lei; IV – quando houver previsão legal ou a transferência for respaldada em contratos, convênios ou instrumentos congêneres; ou V – na hipótese de a transferência dos dados objetivar exclusivamente a prevenção de fraudes e irregularidades, ou proteger e resguardar a segurança e a integridade do titular dos dados, desde que vedado o tratamento para outras finalidades".

[347] De acordo com Ana Frazão, Angelo Carvalho e Giovanna Milanez: "É nesse contexto que cresce a implementação do que se chama de *privacy by design* e *privacy by default*. A primeira diz respeito ao fato de que, quando algum agente decide realizar um tratamento de dados pessoais, deve pensar na privacidade em cada passo adotado, incluindo o projeto, desenvolvimento de produtos e *softwares*, sistemas de informática, dentre outros, garantindo a privacidade durante todo o tratamento. Já a segunda diz respeito ao fato de que, ao lançar qualquer produto ou serviço, a privacidade deve ser protegida sem que se exija do usuário qualquer iniciativa para tanto". FRAZÃO, Ana; CARVALHO, Angelo Prata de; MILANEZ, Giovanna. *Curso de proteção de dados pessoais*: fundamentos da LGPD. Rio de Janeiro: Forense, 2022. p. 417.

da pesquisa para fixação do valor estimado da contratação, os dados pessoais dos representantes de outras empesas deverão ser tratados em observância à LGPD.

Ao longo da execução contratual, a comprovação, pelo contratado, do cumprimento da reserva de cargos prevista em lei para pessoa com deficiência, para reabilitado da Previdência Social ou para aprendiz, pode envolver a indicação dos empregados que preencherem as referidas vagas, com fundamento no art. 116, parágrafo único, da Lei 14.133/2021, o que acarreta o tratamento de dados pessoais.

Nos contratos de serviços contínuos, com dedicação exclusiva de mão de obra, também ocorre o tratamento de dados pessoais relacionados aos empregados, especialmente para comprovação do cumprimento das obrigações trabalhistas e com o Fundo de Garantia do Tempo de Serviço (FGTS) em relação aos empregados diretamente envolvidos na execução do contrato, na forma do art. 50 da Lei 14.133/2021.

É possível perceber que o tratamento de dados pessoais nas licitações e contratações administrativas encontra fundamento, por exemplo, nas bases legais indicadas nos incisos III e V do art. 7.º da LGPD que tratam, respectivamente: a) do tratamento, pela Administração Pública, de dados necessários à execução de políticas públicas respaldadas em contratos, convênios ou instrumentos congêneres; e b) do tratamento de dados pessoais necessários à execução de contrato ou de procedimentos preliminares relacionados a contrato, o que inclui, naturalmente, as licitações e os contratos administrativos.

Os dados pessoais exigidos nas licitações e contratações administrativas devem ser apenas aqueles que são necessários à participação nos certames e à celebração dos contratos administrativos. Assim, por exemplo, na contratação pública, é legítima a exigência de identificação do representante legal da pessoa jurídica que será contratada pela Administração, com a indicação do seu nome e CPF, para verificação dos poderes de representação da respectiva pessoa jurídica. Por outro lado, deve ser considerada irregular a exigência de dados pessoais do representante legal da pessoa jurídica contratada que não possuem relevância para a contratação pública, tais como o endereço pessoal, origem racial, convicção religiosa, opinião política, filiação a sindicato etc.

Afigura-se relevante a previsão no estudo técnico preliminar, termo de referência ou projeto básico de disposições relacionadas ao cumprimento da LGPD, bem como a inclusão de cláusula nos contratos administrativos, convênios e instrumentos congêneres, incluídas as minutas padronizadas, relacionadas à aplicação da LGPD.[348] Igualmente, admite-se que a Administração Pública exija declaração da contratada de que seu pessoal cumpre adequadamente a LGPD.[349]

Na publicização dos atos praticados nas licitações e dos contratos administrativos, notadamente no PNCP, entendemos que devem ser anonimizados ou suprimidos, ainda, que parcialmente, os dados pessoais que possam ser utilizados indevidamente por terceiros, com

---

[348] De forma semelhante: Parecer 00001/2024/CNCIC/CGU/AGU.

[349] Nesse sentido: Parecer 04/2022/CNMLC/CGU/AGU. No referido parecer, a AGU afirmou: "Pode ser exigida declaração da contratada de que seu pessoal cumpre adequadamente a LGPD, todavia, caso se entenda necessário que seus empregados firmem declaração individual de que cumprem essa Lei, (...) entende-se possível a exigência de uma declaração que dê conta da adaptação da licitante ou contratada aos termos da LGPD, inclusive no que se refere ao conhecimento necessário dos empregados para o cumprimento dos deveres da Lei; (...) é possível que a Administração realize diligências para aferir o cumprimento da LGPD pela licitante ou pela contratada".

prejuízos aos respectivos titulares dos dados. Assim, por exemplo, deve ser conferida publicidade do nome do representante legal da pessoa jurídica contratada, mas não do CPF que deve ser anonimizado. Quanto ao representante legal da Administração Pública, o servidor público deve ser indicado a partir do seu nome e matrícula funcional, afastando-se a utilização do respectivo CPF.[350]

Quanto ao término do tratamento de dados pessoais, os dados fornecidos pelos licitantes não contratados e pelos contratados devem ser conservados, mesmo após o encerramento do contrato, com o cumprimento de obrigação legal, na forma do art. 16, I, da LGPD.

Em suma, a preocupação com a correta aplicação da LGPD no âmbito das contratações públicas deve abranger as fases pré-contratual, contratual e pós-contratual.

---

[350] Nesse sentido: Parecer 04/2022/CNMLC/CGU/AGU. Posteriormente, a AGU, por meio do Parecer 00001/2024/CNCIC/CGU/AGU, concluiu "pela supressão de números de documentos pessoais das pessoas físicas (RG e CPF), além de dados como estado civil e endereço residencial dos representantes dos partícipes nos convênios e instrumentos congêneres, bem como em atos de designação de fiscais. (...) Em relação aos representantes da Administração Pública, que sejam identificados com a matrícula funcional ou indicação do ato de nomeação/designação (Portaria)."

REFERÊNCIAS BIBLIOGRÁFICAS

ALMEIDA, Aline Paola C. B. Camara de. O regime licitatório das empresas estatais. In: JURUENA, Marcos. *Direito administrativo empresarial*. Rio de Janeiro: Lumen Juris, 2006.

AMARAL, Antônio Carlos Cintra do. *Licitação e contrato administrativo*: estudos, pareceres e comentários. Belo Horizonte: Fórum, 2010.

AMARAL, Paulo Osternack. *Arbitragem e administração pública*: aspectos processuais, medidas de urgência e instrumentos de controle. Belo Horizonte: Fórum, 2012.

ARAGÃO, Alexandre Santos de. As parcerias público-privadas: PPP's no direito positivo brasileiro. *Revista de Direito Administrativo*, Rio de Janeiro, 240, abr./jun. 2005.

ARAGÃO, Alexandre Santos de. *Direito dos serviços públicos*. Rio de Janeiro: Forense, 2007.

ARAÚJO, Fernando. *Teoria econômica do contrato*. Coimbra: Almedina, 2007.

ÁVILA, Humberto. Moralidade, razoabilidade e eficiência. *REDE*, Salvador, Instituto de Direito Público da Bahia, n.º 4, out.-nov.-dez., 2005, p. 21 e 23-24. Disponível na internet: <www.direitodoestado.com.br>. Acesso em 1º jun. 2010.

AZEVEDO, Antonio Junqueira de. Natureza jurídica do contrato de consórcio. Classificação dos atos jurídicos quanto ao número de partes e quanto aos efeitos. Os contratos relacionais. A boa-fé nos contratos relacionais. Contratos de duração. Alteração das circunstâncias e onerosidade excessiva. Sinalagma e resolução contratual. Resolução parcial do contrato. Função social do contrato. *RT*, São Paulo, ano 94, v. 832, fev. 2005.

BARCELOS, Dawison; TORRES, Ronny Charles Lopes de. *Licitações e contratos nas empresas estatais*: regime licitatório e contratual da Lei 13.303/2016. Salvador: JusPodivm, 2018.

BARROSO, Luís Roberto. *Temas de direito constitucional*. 2. ed. Rio de Janeiro: Renovar, 2002.

BARROSO, Luís Roberto. Tribunais de Contas: algumas incompetências. *Revista de Direito Administrativo*, Rio de Janeiro, v. 203, p. 131-140, jan./mar. 1996.

BINENBOJM, Gustavo. Inteligência artificial e as decisões administrativas. *Revista Eletrônica da PGE-RJ*, v. 5, n. 3, 2022. Disponível em: <https://revistaeletronica.pge.rj.gov.br/index.php/pge/article/view/327/251>. Acesso em: 10 out. 2023.

BINENBOJM, Gustavo. *Poder de polícia, ordenação, regulação*. Belo Horizonte: Fórum, 2016.

BINENBOJM, Gustavo. A advocacia pública e o estado democrático de direito. *Revista Brasileira de Direito Público*, Belo Horizonte, v. 8, n. 31, out. 2010.

BINENBOJM, Gustavo. *Temas de direito administrativo e constitucional*. Rio de Janeiro: Renovar, 2008.

BINENBOJM, Gustavo. As parcerias público-privadas (PPPs e a Constituição). *Revista de Direito da Associação dos Procuradores do Novo Estado do Rio de Janeiro*, Rio de Janeiro: Lumen Juris, v. XVII, 2006.

BITTENCOURT, Sidney. *Manual de convênios administrativos*. 2. ed. Belo Horizonte: Fórum, 2011.

BORGES, Alice González. Consórcios públicos, nova sistemática e controle. In: *REDAE*, Salvador, Instituto de Direito Público da Bahia, n.º 6, mai.-jun.-jul., 2006. Disponível na internet: <www.direitodoestado.com.br>. Acesso em: 6 ago. 2011.

BORGES, Alice González. *Normas gerais no Estatuto de Licitações e Contratos administrativos*. São Paulo: RT, 1991.

BORGES, Alice González. Os consórcios públicos na sua legislação reguladora. *IP*, v. 32, p. 236, jul./ago. 2005.

BORGES, Alice González. Pressupostos e limites da revogação e da anulação das licitações. *JAM Jurídica*, ano 11, n. 12, dez. 2006.

CAMELO, Bradson; NÓBREGA, Marcos Nóbrega; TORRES, Ronny Charles L. de. *Análise econômica das licitações e contratos*: de acordo com a Lei n.º 14.133/2021 (nova Lei de Licitações). Belo Horizonte: Fórum, 2022.

CANOTILHO, José Joaquim Gomes. *Direito constitucional e teoria da Constituição*. 5. ed. Coimbra: Almedina, 2002.

CARVALHO, Victor Aguiar de. *Cartéis em licitações*. Rio de Janeiro: Lumen Juris, 2018.

CARVALHO, Victor Aguiar de. O Estatuto das Estatais sob a ótica da Teoria dos Leilões: alguns aprimoramentos para a prevenção à corrupção e aos cartéis nas licitações. *Revista de Direito Público da Economia*, Belo Horizonte, ano 16, n. 64, p. 175-203, out./dez. 2018.

CARVALHO FILHO, José dos Santos. *Consórcios públicos*. Rio de Janeiro: Lumen Juris, 2009.

CARVALHO FILHO, José dos Santos. *Manual de direito administrativo*. 22. ed. Rio de Janeiro: Lumen Juris, 2009.

CASSAGNE, Juan Carlos. Sobre la fundamentación y los límites de la potestad reglamentaria de necesidad y urgencia en el Derecho argentino. *Revista Española de Derecho Administrativo*, n. 73, p. 17/28, Madrid: Civitas, 1992.

CHAPUS, Réné. *Droit administratif general*. 15. ed. Paris: Montcherestien, 2001. t. I.

COSTA, Marcos Bemquerer; BASTOS, Patrícia Reis Leitão. Controle Externo. *Revista do Tribunal de Contas do Estado de Goiás*, Belo Horizonte, ano 2, n. 3, p. 11-34, jan./jun. 2020.

CSIPAI, Luciana Pires. *Guia prático de licitações sustentáveis do núcleo de assessoramento jurídico em São Paulo – AGU*. Disponível em: <http://www.agu.gov.br/sistemas/site/templatetexto.aspx?idconteudo=138067&id_site=777>. Acesso em: 20 dez. 2010.

CUESTA, Rafael Entrena. Consideraciones sobre la teoría general de los contratos de la administración. *RAP*, n. 24, p. 71-72, 1957.

DALLARI, Adilson Abreu. Licitação nas empresas estatais. *RDA*, n. 229, jul./set. 2002.

DANTAS, Adriana; VIANA, Fernando Villela de Andrade. *As margens de preferência na Nova Lei de Licitações, o risco de captura e o paradoxo regulatório*. Disponível em: <https://www.agenciainfra.com/blog/infradebate-as-margens-de-preferencia-na-nova-lei-de--licitacoes-o-risco-de-captura-e-o-paradoxo-regulatorio/>. Acesso em: 8 fev. 2021.

DEVOLVÉ, Pierre. *Droit public de l'économie*, Paris: Dalloz, 1998.

DI PIETRO, Maria Sylvia Zanella. *Direito administrativo*. 22. ed. São Paulo: Atlas, 2009.

DI PIETRO, Maria Sylvia Zanella. *Parcerias na administração pública*. 5. ed. São Paulo: Atlas, 2005.

DI PIETRO, Maria Sylvia Zanella. *Temas polêmicos sobre licitações e contratos*. 3. ed. São Paulo: Malheiros, 1998.

EASTMAN, Chuck; TEICHOLZ, Paul; SACKS, Rafael; LISTON, Kathleen. *Manual de BIM*: um guia de modelagem da informação da construção para arquitetos, engenheiros, gerentes, construtores e incorporadores. Porto Alegre: Bookman, 2014.

ESTORNINHO, Maria João. *Curso de direito dos contratos públicos*. Coimbra: Almedina, 2012.

FENILI, Renato; ACHE, Andrea. *A Lei de Licitações e Contratos*: visão sistêmica. Guarulhos: Format Comunicação gráfica e Editora, 2022. v. 1. *E-book*.

FERNANDES, Jorge Ulisses Jacoby. Carona em sistema de registro de preços: uma opção inteligente para a redução de custos e controle. *FCGP*, Belo Horizonte, ano 6, n. 70, out. 2007.

FERNANDES, Jorge Ulisses Jacoby. *Contratação direta sem licitação*. 7. ed. Belo Horizonte: Fórum, 2008.

FERNANDES, Jorge Ulisses Jacoby. Controle das licitações pelo tribunal de contas. *RDA*, n. 239, jan./mar. 2005.

FERNANDES, Jorge Ulisses Jacoby. *Licitações e o novo estatuto da pequena e microempresa: reflexos práticos da LC n. 123/06*. Belo Horizonte: Fórum, 2007.

FERNANDES, Jorge Ulisses Jacoby. *Sistema de registro de preços e pregão presencial e eletrônico*. Belo Horizonte: Fórum, 2009.

FERNANDES, Jorge Ulisses Jacoby. *Vade-mécum de licitações e contratos*. Belo Horizonte: Fórum, 2004.

FERNANDES, Jorge Ulisses Jacoby; REOLON, Jaques Fernando. Regime Diferenciado de Contratações Públicas (RDC). *FCGP*, Belo Horizonte, ano 10, n. 117, set. 2011.

FERRAZ, Luciano. Função regulatória da licitação. *A&C Revista de Direito Administrativo e Constitucional*, v. 37, 2009.

FIGUEIREDO, Lúcia Valle. Contratos administrativos: a equação econômico-financeira do contrato de concessão. Aspectos pontuais. *Direito Público*: estudos. Belo Horizonte: Fórum, 2007.

FITCHNER, José Antonio. A confidencialidade no projeto da nova lei de arbitragem – PLS n. 406/2003. In: ROCHA, Caio Cesar Vieira; SALOMÃO, Luis Felipe (coord.). *Arbitragem e mediação*: a reforma da legislação brasileira. São Paulo: Atlas, 2015.

FORTINI, Cristiana. *Contratos administrativos:* franquia, concessão, permissão e PPP. 2. ed. São Paulo: Atlas, 2009.

FRAZÃO, Ana; CARVALHO, Angelo Prata de; MILANEZ, Giovanna. *Curso de proteção de dados pessoais*: fundamentos da LGPD. Rio de Janeiro: Forense, 2022.

FREITAS, Juarez. As PPPs: Natureza Jurídica. In: CARDOZO, José Eduardo Martins e outros (Org.). *Curso de direito econômico*. São Paulo: Malheiros, 2006. v. I.

FREITAS, Rafael Véras de. O combate aos cartéis nas licitações (visando à Copa do Mundo de 2014 e às Olimpíadas de 2016). *RDPE*, Belo Horizonte, ano 9, n. 33, jan./mar. 2011.

FURTADO, Lucas Rocha. *Curso de direito administrativo*. 2. ed. Belo Horizonte: Fórum, 2010.

FURTADO, Lucas Rocha. *Curso de licitações e contratos administrativos*. Belo Horizonte: Fórum, 2007.

GALIZA, Francisco. *Uma análise comparativa do seguro garantia de obras públicas*. Rio Janeiro: ENS-CPES, 2015.

GARCIA, Flávio Amaral. *Licitações e contratos administrativos*. 3. ed. Rio de Janeiro: Lumen Juris, 2010.

GARCÍA DE ENTERRÍA, Eduardo. *Curso de derecho administrativo*. 12. ed. Madrid: Civitas Ediciones, 2005. v. I.

GARCIA FIGUEROA, Alfonso. La teoria del derecho en tiempos de constitucionalismo. In: CARBONELL, Miguel (Org.). *Neoconstitucionalismo(s)*. 2. ed. Madrid: Editorial Trotta, 2005.

GAROFANO, Rafael; FAJARDO, Gabriel. Avaliação de desempenho e remuneração variável nas parcerias público-privadas. *Tratado de parcerias público-privadas*: teoria e prática. Rio de Janeiro: CEEJ, 2019. v. 5.

GASPARINI, Diógenes. *Direito administrativo*. 12. ed. São Paulo: Saraiva, 2007.

GIANNINI, Massimo Severo. *Derecho administrativo*. Madrid: MAP, 1991. v. I.

GONÇALVES, Pedro. *A concessão de serviços públicos*. Coimbra: Almedina, 1999.

GRAU, Eros Roberto. *Licitação e contrato administrativo*. São Paulo: Malheiros, 1995.

GUIMARÃES, Bernardo Strobel. Fundamentos constitucionais para indenização dos lucros cessantes em caso de extinção de contratos administrativos por interesse da Administração Pública. *Revista de Contratos Públicos – RCP*, n. 4, Belo Horizonte: Fórum, 2014.

GUIMARÃES, Edgar. Instrumentos auxiliares das licitações e contratações. In: DI PIETRO, Maria Sylvia Zanella (Coord.). *Licitações e contratos administrativos*: inovações da Lei 14.133, de 1º de abril de 2021. 2. ed. Rio de Janeiro: Forense, 2022.

GUIMARÃES, Fernando Vernalha. *Concessão de serviço público*. 2. ed. São Paulo: Saraiva, 2014.

GUIMARÃES, Fernando Vernalha. A responsabilidade fiscal na parceria público-privada. *Revista Eletrônica de Direito Administrativo Econômico*, Salvador: Instituto Brasileiro de Direito Público, n. 20, nov./dez. 2009-jan. 2010.

IANNOTTA, Lucio. *Economia, diritto e politica nell'amministrazione di risultato*. Torino: G. Giappichelli, 2003.

IMMORDINO, Maria; POLICE, Aristide. *Principio di legalità e amministrazione di risultati*. Torino: G. Giappichelli, 2004.

JORDÃO, Eduardo. A intervenção do TCU sobre editais de licitação não publicados: controlador ou administrador? *Revista Brasileira de Direito Público – RBDP*, Belo Horizonte, ano 12, n. 47, out./dez. 2014.

JUSTEN FILHO, Marçal. *Comentários à lei de licitações e contratações administrativas*. São Paulo: Thomson Reuters Brasil, 2021.

JUSTEN FILHO, Marçal. Considerações acerca da modificação subjetiva dos contratos administrativos. *FCGP*, Belo Horizonte, ano 4, n. 41, maio 2005.

JUSTEN FILHO, Marçal. Novos sujeitos na administração pública: os consórcios criados pela Lei n.º 11.107. *Direito Administrativo*: estudos em homenagem a Diogo de Figueiredo Moreira Neto. Rio de Janeiro: Lumen Juris, 2006.

REFERÊNCIAS BIBLIOGRÁFICAS | **417**

JUSTEN FILHO, Marçal. *O estatuto da microempresa e as licitações públicas*. São Paulo: Dialética, 2007.

JUSTEN FILHO, Marçal. *Pregão*: comentários à legislação do pregão comum e eletrônico. 5. ed. São Paulo: Dialética, 2009.

JUSTEN FILHO, Marçal. *Teoria geral das concessões de serviço público*. São Paulo: Dialética, 2003.

KLEINBERG, Jon; LUDWIG, Jens; MULLAINATHAN, Sendhil; SUNSTEIN, Cass R. Discrimination in the Age of Algorithms. *Journal of Legal Analysis*, v. 10, p. 113-174, 2018.

KLEMPERER, Paul. Auction Theory: A guide to the literature. *Journal of Economic Surveys*, v. 13, n. 3, p. 227-286, jul. 1999.

KLEMPERER, Paul. What Really Matters in Auction Design. *Journal of Economic Perspectives*, v. 16, n. 1, p. 169-189, Winter 2002.

KRELL, Andréas J. *Leis de normas gerais, regulamentação do Poder Executivo e cooperação intergovernamental em tempos de Reforma Federativa*. Belo Horizonte: Fórum, 2008.

LACERDA, Bruno Torquato Zampier. *Estatuto jurídico da inteligência artificial*. Indaiatuba: Editora Foco, 2022.

LAUBADÈRE, André de. *Direito público econômico*. Coimbra: Almedina, 1985.

LOEWENSTEIN, Karl. *Teoria de la Constitución*. Barcelona: Ariel, 1976.

LONG, M; WEIL, P.; BRAIBANT, G.; DEVOLVÉ, P.; GENEVOIS, B. *Les grands arrêts de la jurisprudence administrative*. 16. ed. Paris: Dalloz, 2007.

MARQUES NETO, Floriano de Azevedo. As parcerias público-privadas no saneamento ambiental. In: SUNDFELD, Carlos Ari. *Parcerias público-privadas*. São Paulo: Malheiros, 2005.

MARQUES NETO, Floriano de Azevedo. *Concessões*. Belo Horizonte: Fórum, 2015.

MARQUES NETO, Floriano de Azevedo. Limitação no número de consorciados admitidos em licitações. *BLC*, v. 5, 2004.

MARQUES NETO, Floriano de Azevedo. Os consórcios públicos. *REDE*, Salvador, Instituto de Direito Público da Bahia, n. 3, jul./ago.-set., 2005. Disponível na internet: <www.direitodoestado.com.br>. Acesso em: 6 ago. 2011.

MARTINS, Licínio Lopes. *Empreitada de obras públicas*: o modelo normativo do regime do contrato administrativo e do contrato público (em especial, o equilíbrio económico-financeiro). Coimbra: Almedina, 2015.

MARTY, Frédéric; TROSA, Sylvie; VOISIN, Arnaud. *Les partenariats public-privé*. Paris: La Découverte, 2006.

MEDAUAR, Odete. *Direito administrativo moderno*. 5. ed. São Paulo: RT, 2001.

MEDAUAR, Odete; OLIVEIRA, Gustavo Justino de. *Consórcios públicos*: comentários à Lei 11.107/2005. São Paulo: RT, 2006.

MEIRELLES, Hely Lopes. *Direito administrativo brasileiro*. 22. ed. São Paulo: Malheiros, 1997.

MEIRELLES, Hely Lopes. *Licitação e contrato administrativo*. 13. ed. São Paulo: Malheiros, 2002.

MELLO, Celso Antônio Bandeira de. *Curso de direito administrativo*. 21. ed. São Paulo: Malheiros, 2006.

MENDONÇA, José Vicente Santos de. A responsabilidade pessoal do parecerista público em quatro Standards. *RBDP*, v. 27, p. 177-199, 2009.

MODESTO, Paulo. *O direito administrativo do terceiro setor*: a aplicação do direito público às entidades privadas sem fins lucrativos. Terceiro setor e parcerias na área de saúde. Belo Horizonte: Fórum, 2011.

MONTEIRO, Vera. Legislação de parceria público-privada no Brasil – aspectos fiscais desse novo modelo de contratação. In: SUNDFELD, Carlos Ari. *Parcerias público-privadas*. São Paulo: Malheiros, 2005.

MOREIRA, Egon Bockmann. *Direito das concessões de serviço público*. 2. ed. Belo Horizonte: Fórum, 2022.

MOREIRA, Egon Bockmann. Notas sobre os sistemas de controle dos atos e contratos administrativos. *Fórum Administrativo*, Belo Horizonte, ano 5, n. 5, set. 2005.

MOREIRA, Egon Bockmann. Os consórcios empresariais e as licitações públicas – considerações em torno do art. 33 da Lei n. 8.666/93. *ILC*, ano XI, n. 126, ago. 2004.

MOREIRA, Egon Bockmann; GARCIA, Flávio Amaral. *Contratos administrativos na lei de licitações*: comentários aos artigos 89 a 154 da Lei n.º 14.133/2021. São Paulo: Thomson Reuters Brasil, 2024.

MOREIRA, Egon Bockmann; GUIMARÃES, Fernando Vernalha. *Licitação Pública*: A Lei Geral de Licitação – LGL e o Regime Diferenciado de Contratação – RDC. São Paulo: Malheiros, 2012.

MOREIRA, Vital. A tentação da Private Finance Iniciative (PFI). In: MARQUES, Maria Manuel Leitão; MOREIRA, Vital. *A mão visível:* mercado e regulação. Coimbra: Almedina, 2003.

MOREIRA NETO, Diogo de Figueiredo. A responsabilidade do advogado de Estado. *Revista de Direito da Procuradoria-Geral*, n. 63, p. 95-118, Rio de Janeiro, 2008.

MOREIRA NETO, Diogo de Figueiredo. Competência concorrente limitada: o problema da conceituação das normas gerais. *Revista de Informação Legislativa*, Brasília: Senado Federal, n. 100, out./dez. 1988.

MOREIRA NETO, Diogo de Figueiredo. Coordenação gerencial na Administração Pública. *RDA*, 214, out./dez. 1998.

MOREIRA NETO, Diogo de Figueiredo. *Curso de direito administrativo*. 15. ed. Rio de Janeiro: Forense, 2009.

MOREIRA NETO, Diogo de Figueiredo. *Mutações do direito administrativo*. 3. ed. Rio de Janeiro: Renovar, 2007.

MOREIRA NETO, Diogo de Figueiredo. Natureza jurídica dos Serviços Sociais Autônomos. *RDA*, v. 207, jan./mar. 1997.

MOREIRA NETO, Diogo de Figueiredo. A advocacia de estado e as novas competências federativas. *Revista de Informação Legislativa*, v. 33, n. 129, jan./mar. 1996.

MOREIRA NETO, Diogo de Figueiredo. O futuro das cláusulas exorbitantes nos contratos administrativos. In: ARAGÃO, Alexandre Santos de; MARQUES NETO, Floriano de Azevedo (Coord.). *Direito administrativo e seus novos paradigmas*. Belo Horizonte: Fórum, 2008.

MOREIRA NETO, Diogo de Figueiredo. *Quatro paradigmas do direito administrativo pós--moderno*. Belo Horizonte: Fórum, 2008.

MOREIRA NETO, Diogo de Figueiredo; SOUTO, Marcos Juruena Villela. Arbitragem em contratos firmados por empresas estatais. *RDA*, n. 236, p. 215-261, abr./jun. 2004.

REFERÊNCIAS BIBLIOGRÁFICAS | **419**

MOTTA, Carlos Pinto Coelho. *Divulgação institucional e contratação de serviços de publicidade*. Belo Horizonte: Fórum, 2010.

MOTTA, Carlos Pinto Coelho. *Eficácia nas licitações e contratos*. 12. ed. Belo Horizonte: Del Rey, 2011.

MOTTA, Carlos Pinto Coelho. Temas polêmicos de licitações e contratos. *FCGP*, Belo Horizonte, ano 8, n. 92, ago. 2009.

MOTTA, Fabrício. Contratação direta: inexigibilidade e dispensa de licitação. DI PIETRO, Maria Sylvia Zanella (Coord.). *Licitações e contratos administrativos*: inovações da Lei 14.133, de 1.º de abril de 2021. 2. ed. Rio de Janeiro: Forense, 2022.

MUNIZ, Joaquim de Paiva. *Curso de direito arbitral*: aspectos práticos do procedimento. 2. ed. Curitiba: CRV, 2014.

MUKAI, Toshio. O efeito "carona" no Registro de Preços: um crime legal? *FCGP*, Belo Horizonte, ano 8, n. 87, mar. 2009.

NIEBHUR, Joel de Menezes. *Licitação pública e contrato administrativo*. 5. ed. Belo Horizonte: Fórum, 2022.

NIEBUHR, Joel de Menezes. *Dispensa e inexigibilidade de licitação pública*. Belo Horizonte: Fórum, 2011.

NIEBUHR, Joel de Menezes. *Pregão presencial e eletrônico*. Belo Horizonte: Fórum, 2011.

NIEBUHR, Joel de Menezes; NIEBUHR, Pedro de Menezes. *Licitações e contratos das estatais*. Belo Horizonte: Fórum, 2018.

NÓBREGA, Marcos. Novos marcos teóricos em Licitação no Brasil – Olhar para além do sistema jurídico. *Revista Brasileira de Direito Público – RBDP*, Belo Horizonte, n. 40, p. 47-72, jan./mar. 2013.

NÓBREGA, Marcos. Os limites e a aplicação da taxa interna de retorno. In: MOREIRA, Egon Bockmann. *Tratado do equilíbrio econômico-financeiro*. 2. ed. Belo Horizonte: Fórum, 2019.

NUSDEO, Fábio. *Curso de economia:* introdução ao direito econômico. São Paulo: RT, 1997.

NUSDEO, Fábio. Desenvolvimento econômico – um retrospecto e algumas perspectivas. In: SALOMÃO FILHO, Calixto (Coord.). *Regulação e desenvolvimento*. São Paulo: Malheiros, 2002.

OLIVEIRA, Ana Perestrelo de. *Arbitragem de litígios com entes públicos*. 2. ed. Coimbra: Almedina, 2015.

OLIVEIRA, Gustavo Justino de. *Contrato de gestão*. São Paulo: RT, 2008.

OLIVEIRA, Rafael Carvalho Rezende. A arbitragem nos contratos da Administração Pública. *Revista Brasileira de Alternative Dispute Resolution – RBADR*, v. 01, p. 101-123, 2019.

OLIVEIRA, Rafael Carvalho Rezende. A arbitragem nos contratos da Administração Pública e a Lei n. 13.129/2015: novos desafios. *Revista Brasileira de Direito Público* – RBDP, v. 13, n. 51, p. 59-79, out./dez. 2015.

OLIVEIRA, Rafael Carvalho Rezende. *A constitucionalização do direito administrativo:* o princípio da juridicidade, a releitura da legalidade administrativa e a legitimidade das agências reguladoras. Rio de Janeiro: Lumen Juris, 2009.

OLIVEIRA, Rafael Carvalho Rezende. A nova Lei de Licitações: um museu de novidades? *Revista Colunistas de Direito do Estado*, n. 474, 23 dez. 2020. Disponível em: <http://

www.direitodoestado.com.br/colunistas/rafael-carvalho-rezende-oliveira/a-nova-lei-de-licitacoes-um-museu-de--novidades>. Acesso em: 5 jan. 2021.

OLIVEIRA, Rafael Carvalho Rezende. A releitura do direito administrativo à luz do pragmatismo jurídico. *RDA*, vol. 256, jan./abr. 2011.

OLIVEIRA, Rafael Carvalho Rezende. *Administração Pública, concessões e terceiro setor.* Rio de Janeiro: Lumen Juris, 2009.

OLIVEIRA, Rafael Carvalho Rezende. As tendências das licitações públicas na Administração Pública de Resultados. *Consulex*, v. 17, n. 393, p. 32-33, jun. 2013.

OLIVEIRA, Rafael Carvalho Rezende. Concorrência, tomada de preços e convite: os novos valores do Decreto 9.412/2018 e seus reflexos sistêmicos. *SLC – Solução em Licitações e Contratos*, v. 6, p. 25-32, 2018.

OLIVEIRA, Rafael Carvalho Rezende. *Curso de direito administrativo.* 8. ed. São Paulo: Método, 2020.

OLIVEIRA, Rafael Carvalho Rezende. Inexigibilidade de licitação na escolha do árbitro ou instituição arbitral nas contratações públicas. *Revista Colunistas de Direito do Estado*, n. 285, 26 out. 2016. Disponível em: <http://www.direitodoestado.com.br/colunistas/rafael-carvalho-rezende-oliveira/inexigibilidade-de-licitacao-na-escolha-do-arbitro-ou-instituicao-arbitral-nas-contratacoes-publicas>.

OLIVEIRA, Rafael Carvalho Rezende. *Nova Lei de Licitações e Contratos Administrativos: comparada e comentada.* Rio de Janeiro: Forense, 2021.

OLIVEIRA, Rafael Carvalho Rezende. Estado de necessidade administrativo e poder de polícia: o caso do novo coronavírus. *Revista Brasileira de Direito Público*, Belo Horizonte, ano 18, n. 68, p. 9-23, jan./mar. 2020.

OLIVEIRA, Rafael Carvalho Rezende. O papel da advocacia pública no dever de coerência na Administração Pública. *Revista Estudos Institucionais*, v. 5, n. 2, p. 382-400, maio/ago. 2019.

OLIVEIRA, Rafael Carvalho Rezende. *Organização administrativa.* 4. ed. São Paulo: Método, 2018.

OLIVEIRA, Rafael Carvalho Rezende. Os serviços públicos e o Código de Defesa do Consumidor: Limites e Possibilidades. *BDA*, v. 2, p. 172-188, 2010.

OLIVEIRA, Rafael Carvalho Rezende. *Precedentes no direito administrativo.* Rio de Janeiro: Forense, 2018.

OLIVEIRA, Rafael Carvalho Rezende. *Princípios do direito administrativo.* 2. ed. Rio de Janeiro: Forense, 2013.

OLIVEIRA, Rafael Carvalho Rezende; ACOCELLA, Jéssica. A Exigência de Programas de Compliance e Integridade nas Contratações Públicas: os Estados-Membros na Vanguarda. In: OLIVEIRA, Rafael Carvalho Rezende Oliveira; ACOCELLA, Jéssica (Org.). *Governança corporativa e* compliance. 3. ed. São Paulo: JusPodivm, 2022.

OLIVEIRA, Rafael Carvalho Rezende; CARMO, Thiago Gomes do. Administração pública experimental: licitação e contratação de soluções inovadoras. *Boletim de Licitações e Contratos, Curitiba*, v. 19, n. 217, p. 412-421, maio 2023.

OLIVEIRA, Rafael Carvalho Rezende; CARMO, Thiago Gomes do. O Self-Cleaning e a sua aplicação sob a perspectiva da Lei n. 14.133/2021. *Solução em Licitações e Contratos – SLC*, v. 51, p. 39-52, 2022.

OLIVEIRA, Rafael Carvalho Rezende; CARMO, Thiago Gomes do. Acordos substitutivos de sanção e seus desafios. *Revista de Direito Público da Economia*, Belo Horizonte, v. 19, n. 76, out./dez. 2021.

OLIVEIRA, Rafael Carvalho Rezende; FREITAS, Rafael Véras de. O Regime Diferenciado de Contratações públicas (RDC) e a administração de resultados. *Revista Brasileira de Direito Público*, n. 35, out./dez. 2011.

OLIVEIRA, Rafael Carvalho Rezende; HALPERN, Erick. A duração dos contratos na futura nova Lei de Licitações. *Revista de Contratos Públicos – RCP*, Belo Horizonte, ano 10, n. 18, p. 155-175, set. 2020/fev. 2021.

OLIVEIRA, Rafael Carvalho Rezende; HALPERN, Erick. A repactuação nos contratos administrativos: regime jurídico atual e análise econômica do direito. *Revista Brasileira de Direito Público – RBDP*, Belo Horizonte, ano 18, n. 69, p. 33-55, abr./jun. 2020.

OLIVEIRA, Rafael Carvalho Rezende; HALPERN, Erick. O controle dos Tribunais de Contas e o art. 171 da Lei 14.133/2021 (nova Lei de Licitações). *Zênite Fácil*, categoria Doutrina, 25 maio 2021. Disponível em: <https://www.zenite.blog.br/o-controle-dos-tribunais-de--contas-e-o-art-171-da-lei-14-133-2021-nova-lei-de-licitacoes/>. Acesso em: 24 maio 2021.

OLIVEIRA, Rafael Carvalho Rezende; MARÇAL, Thaís Boia. *Programas de integridade nas contratações públicas*. Disponível em: <http://genjuridico.com.br/2018/01/15/programas-integridade-contratacoes-publicas/>. Acesso em: 15 jan. 2018.

OLIVEIRA, Rafael Carvalho Rezende; MAZZOLA, Marcelo. *Arbitragem e Poder Público: pagamento voluntário burla o sistema de precatórios*? Disponível em: <http://genjuridico.com.br/2016/12/19/arbitragem-e-poder-publico-pagamento-voluntario-burla-o-sistema-de-precatorios/>. Acesso em: 20 dez. 2016.

OLIVEIRA, Rafael Carvalho Rezende; PIRES, Youssef Yunes Borges. O regime jurídico da contratação direta nas empresas estatais instituído pela Lei 13.303/2016. *Juris Plenum Direito Administrativo*, n. 19, p. 175-190, jul./set. 2018.

OLIVEIRA, Rafael Sérgio Lima de; AMORIM, Victor Aguiar Jardim de. *Pregão eletrônico*: comentários ao Decreto Federal n. 10.024/2019. Belo Horizonte: Fórum, 2020.

OTERO, Paulo. *Legalidade e administração pública*: o sentido da vinculação administrativa à juridicidade. Coimbra: Almedina, 2003.

PAREJO ALFONSO, Luciano. *Derecho administrativo*. Barcelona: Ariel, 2003.

PEDRA, Anderson Sant'Ana; TORRES, Ronny Charles Lopes de. O papel da assessoria jurídica na nova lei de licitações e contratos administrativos. In: BELÉM, Bruno e outros (Coord.). *Temas controversos na nova lei de licitações*. Salvador: JusPodivm, 2021.

PEREIRA, Ana Lucia. A função das entidades arbitrais. *Manual de arbitragem para advogados*, CEMCA/CFOAB, 2015.

PEREIRA JUNIOR, Jessé Torres. *Comentários à Lei das Licitações e Contratações da Administração Pública*. 7. ed. Rio de Janeiro: Renovar, 2007.

PEREIRA JUNIOR, Jessé Torres. Manutenção da frota e fornecimento de combustível por rede credenciada, gerida por empresa contratada: prenúncio da "quarteirização" na gestão pública? *FCGP*, Belo Horizonte, ano 9, n. 102, jun. 2010.

PEREIRA JUNIOR, Jessé Torres; DOTTI, Marinês Restelatto. Gestão e probidade na parceria entre Estado, OS e OSCIP: apontamentos sob a perspectiva dos princípios e normas regentes das licitações e contratações administrativas. *FCGP*, Belo Horizontes, ano 8, n. 91, jul. 2009.

PINTO, Marcos Barbosa. A função Econômica das PPPs. *REDAE*, Salvador: Instituto de Direito Público da Bahia, n.º 2, mai.-jul. 2005, Acesso em: 20 jan. 2009.

POSNER, Richard A. *Natural Monopoly and its regulation*. Washington, EUA: Cato, 1999.

PRADO, Lucas Navarro. Condições prévias para a licitação de uma PPP. *Estudos sobre a Lei das Parcerias Público-Privadas*. Belo Horizonte: Fórum, 2011.

RIBEIRO, Leonardo Coelho. O regime de licitações e contratos administrativos para Copa do Mundo de 2014 e as Olimpíadas de 2016. In: *Boletim de Licitações e Contratos*, maio 2011.

RIBEIRO, Maurício Portugal. *Concessões e PPPs:* melhores práticas em licitações e contratos. São Paulo: Atlas, 2011.

RIBEIRO, Maurício Portugal; PRADO, Lucas Navarro. *Comentários à Lei de PPP*: fundamentos econômicos-jurídicos. São Paulo: Malheiros, 2007.

RIGOLIN, Ivan Barbosa. *Contrato administrativo*. Belo Horizonte: Fórum, 2007.

ROSILHO, André. *Tribunal de Contas da União*: competências, jurisdição e instrumentos de controle. São Paulo: Quartier Latin, 2019.

SAINZ MORENO, Fernando: La "exception non adimpleti contractus" en la contratación administrativa. *REDA*, Madrid, n. 16, jan. 1978.

SALOMÃO FILHO, Calixto. *Direito concorrencial:* as condutas. São Paulo: Malheiros, 2003.

SANTAMARÍA PASTOR, Juan Alfonso. *Principios de derecho administrativo general*. Madrid: Iustel, 2004. v. II.

SANTANA, Jair Eduardo; GUIMARÃES, Edgar. *Licitações e o novo estatuto da pequena e microempresa*: reflexos práticos da LC n. 123/06. 2. ed. Belo Horizonte: Fórum, 2009.

SARAI, Leandro. *Tratado da nova lei de licitações e contratos administrativos*: Lei 14.133/2021 comentada por advogados públicos. 2. ed. São Paulo: Editora JusPodivm, 2022.

SARMENTO, Daniel (Org.). *Interesses públicos versus interesses privados:* desconstruindo o princípio de supremacia do interesse público. Rio de Janeiro: Lumen Juris, 2005.

SCHMIDT, Gustavo da Rocha. *Arbitragem na Administração Pública*. Curitiba: Juruá, 2018.

SCHMIDT, Gustavo da Rocha. *Curso de direito tributário brasileiro*. 2. ed. São Paulo: Quartier Latin, 2010. v. 3.

SCHWAB, Klaus. *A quarta revolução industrial*. São Paulo: Edipro, 2017.

SCHWIND, Rafael Wallbach. *Licitações internacionais*: participação de estrangeiros e licitações realizadas com financiamento externo. 3. ed. Belo Horizonte: Fórum, 2022.

SCHWIND, Rafael Wallbach. *Remuneração do concessionário:* concessões comuns e parcerias público-privadas. Belo Horizonte: Fórum, 2010.

SEN, Amartya. *Desenvolvimento como liberdade*. São Paulo: Companhia das Letras, 2000.

SILVA, Almiro do Couto e. Responsabilidade pré-negocial e culpa in contrahendo no Direito Administrativo brasileiro. *RDA* 217, Rio de Janeiro, 1999.

SORRENTINO, Giancarlo. *Diritti e partecipazione nell'amministrazione di resultato*. Napoli: Editoriale Scientifica, 2003.

SOUTO, Marcos Juruena Villela. *Direito administrativo contratual*. Rio de Janeiro: Lumen Juris, 2004.

SOUTO, Marcos Juruena Villela. O papel da advocacia pública no controle da legalidade da administração. *Interesse Público*, Belo Horizonte, v. 6, n. 28, nov. 2004.

REFERÊNCIAS BIBLIOGRÁFICAS | 423

SOUTO, Marcos Juruena Villela. *Direito administrativo das parcerias*. Rio de Janeiro: Lumen Juris, 2005.

SOUTO, Marcos Juruena Villela. *Direito administrativo em debate*. 2.ª série. Rio de Janeiro: Lumen Juris, 2007.

SOUTO, Marcos Juruena Villela. *Direito das concessões*. 5. ed. Rio de Janeiro: Lumen Juris, 2004.

SOUTO, Marcos Juruena Villela. Parcerias público-privadas. *Revista de Direito da Associação dos Procuradores do Novo Estado do Rio de Janeiro*. Rio de Janeiro: Lumen Juris, v. XVII, p. 35, 2006.

SOUZA, Mara Clécia Dantas; SILVA, Camila Aguiar; ARAÚJO, Thiago C. *Tratado de parcerias público-privadas*: teoria e prática. Rio de Janeiro: CEEJ, 2019. v. 10.

SPASIANO, Mario R. *Funzione amministrativa e legalità di resultado*. Torino: Giappichelli, 2003.

SPECK, Bruno Wilhelm. *Inovação e rotina no Tribunal de Contas da União*: o papel da instituição superior de controle financeiro no sistema político administrativo do Brasil. São Paulo: Fundação Konrad Adenauer, 2000.

STROPPA, Christianne de Carvalho; BRAGAGNOLI, Renila Lacerda. A indicação e vedação de marca ou produto: requisitos a serem observados. In: OLIVEIRA, Rafael Carvalho Rezende (Coord.). *Nova Lei de Licitações e Contratos Administrativos*: temas relevantes. Rio de Janeiro: Processo, 2023.

SUNDFELD, Carlos Ari. Guia Jurídico das Parcerias Público-Privadas. *Parcerias Público-Privadas*. São Paulo: Malheiros, 2005.

SUNDFELD, Carlos Ari. *Licitação e contrato administrativo*. São Paulo: Malheiros, 1994.

SUNDFELD, Carlos Ari; CÂMARA, Jacintho Arruda. Competências de controle dos Tribunais de Contas: Possibilidade e limites. In: SUNDFELD, Carlos Ari (Org.). *Contratações públicas e seu controle*. São Paulo: Malheiros, 2013.

SUNDFELD, Carlos Ari; CÂMARA, Jacintho Arruda. Controle das contratações públicas pelos Tribunais de Contas. *Revista de Direito Administrativo*, Rio de Janeiro, v. 257, p. 111-144, maio/ago. 2011.

SUNDFELD, Carlos Ari; SOUZA, Rodrigo Pagani de. Licitação nas estatais: levando a natureza empresarial a sério. *RDA* n. 245, maio 2007.

SUNDFELD, Carlos Ari; SOUZA, Rodrigo Pagani de. O cabimento da arbitragem nos contratos administrativos. *RDA* n.º 248, mai./ago. 2008.

SUNSTEIN, Cass R. Algorithms, Correcting Biases. *Social Research: An International Quarterly*, v. 86, n. 2, p. 499-51, Summer 2019.

TÁCITO, Caio. Arbitragem nos litígios administrativos. *RDA* n. 210, p. 111-115, out./dez. 1997.

TALAMINI, Eduardo. Arbitragem e parceria público-privada (PPP). In: TALAMINI, Eduardo; JUSTEN, Monica Spezia (Orgs.). *Parcerias Público-Privadas: um enfoque multidisciplinar*. São Paulo: Revista dos Tribunais, 2005.

TCU. *Licitações & contratos*: orientações e jurisprudência do TCU. 4. ed. Brasília, 2010.

TEPEDINO, Gustavo. A evolução da responsabilidade civil no Direito brasileiro e suas controvérsias na atividade estatal. *Temas de Direito Civil*. 3. ed. Rio de Janeiro: Renovar, 2004.

THALER, Richard H. Anomalies: The Winner's Curse. *Journal of Economic Perspectives*, v. 2, n. 1, p. 191-202, Winter 1988.

TORGAL, Lino. Prorrogação do prazo de concessões de obras e de serviços públicos. *Revista de contratos públicos*. Coimbra, n. 1, p. 219-263, jan./abr. 2011.

TORRES, Ronny Charles. *Leis de licitações públicas comentadas*. 12. ed. São Paulo: JusPodivm, 2021.

VALE, Luís Manoel Borges do; PEREIRA, João Sergio dos Santos Soares. *Teoria geral do processo tecnológico*. São Paulo: Thomson Reuters Brasil, 2023.

VALE, Luís Manoel Borges do; OLIVEIRA, Rafael Carvalho Rezende. *LGPD na administração pública*. Rio de Janeiro: Forense, 2025.

VALE, Luís Manoel Borges do; OLIVEIRA, Rafael Carvalho Rezende. A inconstitucionalidade do artigo 10 da nova Lei de Licitações. *Consultor Jurídico*, 23 abr. 2021. Disponível em: <https://www.conjur.com.br/2021-abr-23/opiniao-inconstitucionalidade-artigo-lei-licitacoes>. Acesso em: 23 abr. 2021.

VALE, Luís Manoel Borges do; OLIVEIRA, Rafael Carvalho Rezende. A inconstitucionalidade do art. 10 da Nova Lei de Licitações: a invasão de competência dos estados e municípios. *Solução em Licitações e Contratos – SLC* n. 41, p. 31-40, ago. 2021.

VALE, Luís Manoel Borges do; OLIVEIRA, Rafael Carvalho Rezende. Os impactos da reforma da Lei de Improbidade Administrativa na advocacia pública. *Revista Brasileira de Direito Público – RBDP*, n. 76, p. 9-29, jan./mar. 2022.

VALLE, Vanice Lírio do. *Parcerias público-privadas e responsabilidade fiscal:* uma conciliação possível. Rio de Janeiro: Lumen Juris, 2005.

VICKREY, William. Counterspeculation, Auctions, and Competitive Sealed Tenders. *The Journal of Finance*, v. 16, n. 1, p. 8-37, mar. 1961.

WILLEMAN, Marianna Montebello. Accountability *democrática e o desenho institucional dos Tribunais de Contas do Brasil*. Belo Horizonte: Fórum, 2017.

WILLEMAN, Marianna Montebello. O controle de licitações e contratos administrativos pelos tribunais de contas. In: SOUTO, Marcos Juruena Villela. (Org.). *Direito administrativo:* estudos em homenagem a Francisco Mauro Dias. Rio de Janeiro: Lumen Juris, 2009.

ZARDO, Francisco. *Infrações e sanções em licitações e contratos administrativos*. São Paulo: RT, 2014.

ZYMLER, Benjamin. *Direito administrativo e controle*. 2. ed. Belo Horizonte: Fórum, 2010.

ZYMLER, Benjamin; DIOS, Laureano Canabarro. *Regime Diferenciado de Contratação – RDC*. Belo Horizonte: Fórum, 2013.